FINANCIAMENTO PÚBLICO À INOVAÇÃO EMPRESARIAL

FABIO GOMES DOS SANTOS

Prefácio
Fernando Menezes de Almeida

Apresentação
Elival da Silva Ramos

FINANCIAMENTO PÚBLICO À INOVAÇÃO EMPRESARIAL

Belo Horizonte

FÓRUM
CONHECIMENTO JURÍDICO

2025

© 2025 Editora Fórum Ltda.

É proibida a reprodução total ou parcial desta obra, por qualquer meio eletrônico, inclusive por processos xerográficos, sem autorização expressa do Editor.

Conselho Editorial

Adilson Abreu Dallari
Alécia Paolucci Nogueira Bicalho
Alexandre Coutinho Pagliarini
André Ramos Tavares
Carlos Ayres Britto
Carlos Mário da Silva Velloso
Cármen Lúcia Antunes Rocha
Cesar Augusto Guimarães Pereira
Clovis Beznos
Cristiana Fortini
Dinorá Adelaide Musetti Grotti
Diogo de Figueiredo Moreira Neto (in memoriam)
Egon Bockmann Moreira
Emerson Gabardo
Fabrício Motta
Fernando Rossi
Flávio Henrique Unes Pereira

Floriano de Azevedo Marques Neto
Gustavo Justino de Oliveira
Inês Virgínia Prado Soares
Jorge Ulisses Jacoby Fernandes
Juarez Freitas
Luciano Ferraz
Lúcio Delfino
Marcia Carla Pereira Ribeiro
Márcio Cammarosano
Marcos Ehrhardt Jr.
Maria Sylvia Zanella Di Pietro
Ney José de Freitas
Oswaldo Othon de Pontes Saraiva Filho
Paulo Modesto
Romeu Felipe Bacellar Filho
Sérgio Guerra
Walber de Moura Agra

FÓRUM
CONHECIMENTO JURÍDICO

Luís Cláudio Rodrigues Ferreira
Presidente e Editor

Coordenação editorial: Leonardo Eustáquio Siqueira Araújo
Thaynara Faleiro Malta
Revisão: Carolina Sueto Moreira
Capa e projeto gráfico: Walter Santos
Diagramação: João Oliveira

Rua Paulo Ribeiro Bastos, 211 – Jardim Atlântico – CEP 31710-430
Belo Horizonte – Minas Gerais – Tel.: (31) 99412.0131
www.editoraforum.com.br – editoraforum@editoraforum.com.br

Técnica. Empenho. Zelo. Esses foram alguns dos cuidados aplicados na edição desta obra. No entanto, podem ocorrer erros de impressão, digitação ou mesmo restar alguma dúvida conceitual. Caso se constate algo assim, solicitamos a gentileza de nos comunicar através do *e-mail* editorial@editoraforum.com.br para que possamos esclarecer, no que couber. A sua contribuição é muito importante para mantermos a excelência editorial. A Editora Fórum agradece a sua contribuição.

Dados Internacionais de Catalogação na Publicação (CIP) de acordo com ISBD

S237f   Santos, Fábio Gomes dos
         Financiamento público à inovação empresarial / Fábio Gomes dos Santos.
         Belo Horizonte: Fórum, 2025.

         560 p. 14,5x21,5cm

         ISBN impresso 978-65-5518-972-8
         ISBN digital 978-65-5518-973-5

         1. Inovação. 2. Ciência e tecnologia. 3. Fomento. 4. Direito administrativo. 5. Política industrial. 6. Intervenção do Estado na economia. 7. *Startups*. 8. Empresas. 9. Desenvolvimento. I. Título.

                                                                CDD: 342
                                                                CDU: 342

Ficha catalográfica elaborada por Lissandra Ruas Lima – CRB/6 – 2851

Informação bibliográfica deste livro, conforme a NBR 6023:2018 da Associação Brasileira de Normas Técnicas (ABNT):

SANTOS, Fábio Gomes dos. *Financiamento público à inovação empresarial*. Belo Horizonte: Fórum, 2025. 560 p. ISBN 978-65-5518-972-8.

*Aos meus pais, Adalberto e Rosângela,
por seu incansável apoio.*

AGRADECIMENTOS

Antes de iniciar o doutorado eu já tinha consciência de que o maior desafio para a obtenção desse grau acadêmico não é propriamente escrever uma tese. É conjugar um profundo processo de amadurecimento profissional com todo o restante da nossa vida pessoal.

Superei esse desafio de uma posição privilegiada. Fui beneficiário do Programa de Incentivo à Pós-Graduação – PIPG da Finep, empresa da qual tenho o privilégio de ser funcionário. Apoiado por uma das mais importantes agências de fomento à inovação do país pude dedicar-me integralmente à pesquisa, chegando inclusive a desenvolvê-la parcialmente no exterior.

Nesses agradecimentos concentro-me nas pessoas que me acompanharam durante os anos de elaboração inicial desta pesquisa, entre 2019 e 2022. Cito algumas pelo nome, me escusando antecipadamente por omissões que em nada representam qualquer forma de ingratidão.

Do largo de São Francisco, minha *alma mater* e instituição perante a qual defendi esta tese, lembro em primeiro lugar o meu orientador, Professor Fernando Menezes de Almeida. Sua sabedoria, precisão teórica e generosidade possibilitaram a existência deste trabalho. Agradeço também aos professores Maria Paula Dallari Bucci, Vitor Rhein Schirato, Vera Monteiro, Juliana Bonacorsi de Palma, Carlos Américo Pacheco e Elival da Silva Ramos por comporem as bancas às quais esse trabalho foi submetido. Faço também um registro especial ao Professor Elival da Silva Ramos, pelos diálogos nesses anos de doutorado, e ao Professor Glauco Arbix, pelas lições sobre inovação e incentivo à internacionalização.

Das incontáveis amizades que as Arcadas me propiciaram algumas foram bastante presentes durante a elaboração desta tese. Lembro-me, para falar por todos, dos colegas de pós-graduação Anelise Domingues Schuler; Karlin Olbertz Niebuhr; Ingrid

Garbuio Mian; Viviane Limongi; Paulo Henrique Macera; Carolina Mota Mourão; Alexandre Jorge Carneiro da Cunha Filho; Mariana Carnaes; e Melanie Merlin de Andrade.

Nos anos em que a tese foi elaborada, mudei-me de São Paulo para o Rio de Janeiro e Nova York. No Rio de Janeiro preciso agradecer ao meu tio José Carlos Gomes e tia Nadja Maria Fernandes Gomes pela acolhida, e a Suzan Alves, por ter compartilhado comigo momentos muito felizes da vida carioca. Muitos colegas de trabalho foram também importantes durante esse período em que tive a minha primeira experiência como gestor. Cito entre eles Guilherme Fonseca; Joanna Kampe Bastos; André de Castro Pereira Nunes; Joana de Souza Meirelles; Eduardo Lopes de Oliveira e Silva; Alexandre de Castro Almeida; Maurício Broxado de França Teixeira; Roberto Oliveira Neves; Maurício Alves Syrio; Rodrigo Secioso; Newton Hamatsu; Elza Rodrigues de Aguiar; Bruno Mattos Figueiredo; Patrícia Lima Maçol; Julia Rotstein Smith da Silva Costa e Cecília Maria Barcellos Zerbini. Ainda da Finep, mas lotados em São Paulo, cito Henrique Chain Costa; Rafael Roberto Hage Tonetti; Marco Polli; Rosemeire Fernandes Benevides; Nádia Regina Nogueira Apra e Ronaldo de França, por sempre estarem prontos a ajudar. Também agradeço a Rennys Frota, a quem eu estive subordinado durante esse período carioca, pelo apoio.

A estada em Nova York, para onde fui como pesquisador visitante na Faculdade de Direito da Universidade de Columbia, foi dividida em dois períodos por conta da COVID-19. Dos professores de lá agradeço primeiramente ao meu *sponsor*, Peter L. Strauss, e a Charles Frederick Sabel, pelas suas aulas geniais e marcantes lições sobre experimentalismo. Também merecem ser citados os professores Ana Paula Huback; Carlos Augusto Calil; Sidney Nakahodo e Fumiko Sasaki, todos muito generosos e por terem me ensinado muito, cada um ao seu jeito.

Entre os *Visiting Scholars*, relembro Gustavo Fontana Pedrollo; Georgia Rodrigues Ferreira da Silva; Maria Emília Mamberti; Anna Ventouratou; Anna Carolina Migueis e Anne-Sophie Bouvy que, mais do que colegas pesquisadores, se tornaram amigos. Também a todos os colegas da academia no Brasil que, com sua experiência internacional, me impulsionaram para concretizar esse projeto: Aline

Bertolin; André Castro Carvalho; Juliana Palma; Guilherme Jardim Jurksaitis; Gabriel Romitelli e Sofia Preto Villa Real.

Parte central da minha experiência estadunidense foi meu tempo na International House de Nova York. Instituição única na sua história e forma de ser, ela me brindou com uma vivência internacional intensa e de grande impacto na minha formação.

Da primeira estada por lá, cito Ronilso Pacheco e Juliana Maia Victoriano, casal de grandes amigos que pude rever inclusive no meu segundo retorno à cidade; Débora Serrenho, pelo incentivo durante toda a elaboração da tese e por todas as partilhas decorrentes da primeira experiência internacional de ambos; Clara Mota; Victor Marcel Pinheiro; Elisabeth Henschel, fechando o time dos amigos brasileiros; Wahrda Sahtout; Tehreem Arif; Shahira Khan; Daniel Mansour; Ece Nur Özaslan; Aurora Crego; Amir Hossein; Zeinab Fazlali; Anna Rautenberg; Eugene Mckee; Beyza Sahin Gun; Denitza Vidolova; Irene Sanchez-Martin e Nadia Acevedo Cordero.

Da segunda, menciono Neil Law, parceiro para todas as horas e todos os assuntos; Huy Do; Iva Stojanovic; Julia Whalen; Sasha Potter; Giulia Donatello; Franklyn Telles; Fengwei Zou; Anthony Gordon; Matthew Sharkey; Khaire Vaughan; Gabriella Melaku; e Kévin Beltou. De fora da i-house, Yifan Liao; Xiaomin Ren; Mário André Machado Cabral (*in memoriam*); e Pedro Vormittag. Também Momoka Shiozumi, minha namorada durante o fim desse período, pelas vivências que partilhamos.

São também devidos agradecimentos especialíssimos àqueles que me honraram com leitura cuidadosa de trechos desta obra e ideias para o seu aprimoramento. Muito obrigado pelas contribuições de alto nível Vitor Monteiro; Igor Bueno; Anna Venturini; Carolina Foss; Fernanda Borges e Carolina Rosado.

No âmbito acadêmico, faço cumprimento geral a todos os a colegas do Observatório de Inovação e Competitividade do Instituto de Estudos Avançados da USP e do Centro de Estudos de Direito Administrativo, Ambiental e Urbanístico (CEDAU).

No pessoal, representando os amigos mais antigos, lembro de Gianpiero Proietti Sperati; Felipe Almeida Brás; Bruno Caetano Galhardo e Thiago Brancatelli. Também às esposas deles, Natália Salgado, Paula Amor e Milena Almeida, e aos seus familiares, em especial aos pais Mari e Alcino Brás e Oreste Sperati e Tiziana Ardore, extremamente carinhosos comigo todos esses anos.

Antes de passar aos familiares preciso ainda agradecer a pessoas essenciais para a publicação desse livro, que acabou ocorrendo nos primeiros anos da minha vida brasiliense. Por todos agradeço à Helena Sampaio, por ter me trazido ao Ministério da Educação e iniciado minha vida na capital; ao Ministro Enrique Ricardo Lewandowski e sua equipe, em especial Ana Maria Alvarenga Mamede Neves, Marcelo Pimentel de Oliveira, Lilian Cintra de Melo e Angelica Schulz pela ajuda com a efetiva publicação do texto; e a Carolina de Miranda, companheira durante esses primeiros anos na capital.

E, por fim, agradeço à minha família; meu pai Adalberto, minha mãe Rosangela e irmã Patrícia. Pelo indispensável apoio e infinito amor, sempre dado livremente.

Reality often does not conform to scholarly theories or popular prejudices.

JAMES Q. WILSON

LISTA DE ABREVIATURAS E SIGLAS

A*STAR	*Agency for Science, Technology and Research*
ABDI	Agência Brasileira de Desenvolvimento Industrial
ANEEL	Agência Nacional de Energia Elétrica
ANP	Agência Nacional do Petróleo, Gás Natural e Biocombustíveis
ANPEI	Associação Nacional de Pesquisa e Desenvolvimento das Empresas Inovadoras
BADESC	Agência de Fomento de Santa Catarina S.A.
BANDES	Banco de Desenvolvimento do Espírito Santo
BDMG	Banco de Desenvolvimento de Minas Gerais
BID	Banco Interamericano de Desenvolvimento
BNB	Banco do Nordeste
BNDES	Banco Nacional de Desenvolvimento Econômico e Social
CAPES	Coordenação de Aperfeiçoamento de Pessoal de Nível Superior
CD-FNDCT	Conselho Diretor do Fundo Nacional de Desenvolvimento Científico e Tecnológico
CEIS	Cadastro Nacional de Empresas Inidôneas e Suspensas
Cenpes	Centro de Pesquisa e Desenvolvimento Leopoldo Américo Miguez de Mello
CERTI	Fundação Centros de Referência em Tecnologias Inovadoras
CGEE	Centro de Gestão e Estudos Estratégicos
CGU	Controladoria-Geral da União
CIA	*Central Inteligence Agency*
CMRI	Comissão Mista de Reavaliação de Informações
CNDI	Conselho Nacional de Desenvolvimento Industrial
CNI	Confederação Nacional da Indústria
CNPq	Conselho Nacional de Desenvolvimento Científico e Tecnológico
CORFO	*Economic Development Agency*
CTI	Ciência, Tecnologia e Inovação
CTI	*Commission for Technology and Innovation*
CVM	Comissão de Valores Mobiliários
DARPA	*Defense Advanced Research Projects Agency*
DCTA	Departamento de Ciência e Tecnologia Aeroespacial
EIA	Estudos de Impacto Ambiental
EIRELI	Empresa Individual de Responsabilidade Limitada
Embrapa	Empresa Brasileira de Pesquisa Agropecuária
Embrapii	Empresa Brasileira de Pesquisa e Inovação Industrial
ENCTI	Estratégia Nacional de Ciência, Tecnologia e Inovação
Eurostat	Gabinete de Estatísticas da União Europeia
FAPEMIG	Fundação de Amparo à Pesquisa do Estado de Minas Gerais
FAPESP	Fundação de Amparo à Pesquisa do Estado de São Paulo
FFG	*Research Promotion Agency*
FGTS	Fundo de Garantia de Garantia do Tempo de Serviço
Finep	Financiadora de Estudos e Projetos

LISTA DE ABREVIATURAS E SIGLAS

Fiocruz	Fundação Oswaldo Cruz
FIP	Fundos de Investimento em Participações
FNDCT	Fundo Nacional de Desenvolvimento Científico e Tecnológico
FNMC	Fundo Nacional sobre Mudança do Clima
Forfás	*Policy Advisory Board for Enterprise and Science*
FSA	Fundo Setorial do Audiovisual
FUNTEC	Fundo de Desenvolvimento Técnico-Científico
FUNTTEL	Fundo para o Desenvolvimento Tecnológico das Telecomunicações
ICT	Instituição Científica, Tecnológica e de Inovação
IMPA	Instituto de Matemática Pura e Aplicada
INPI	Instituto Nacional da Propriedade Industrial
IPCA	Índice de Preços ao Consumidor Amplo
ITA	Instituto Tecnológico de Aeronáutica
ITRI	*Industrial Technology Research Institute*
KfW	*Kreditanstalt für Wiederaufbau*
LDO	Lei de Diretrizes Orçamentárias
LOA	Lei Orçamentária Anual
MEI	Mobilização Empresarial pela Inovação
MITI	*Ministério da Indústria e Comércio (Japão)*
MS	Ministério da Saúde
NASA	*National Aeronautics and Space Administration*
NPHISH	*Non Profit Institution Serving Households*
OCS	*Office of the Chief Scientist*
OECD	Organização para a Cooperação e Desenvolvimento Econômico
PBM	Plano Brasil Maior
PD	*Program Directors*
PDP	Política de Desenvolvimento Produtivo
PINTEC	Pesquisa de Inovação
PITCE	Política Industrial, Tecnológica e de Comércio Exterior
PPA	Plano Plurianual
PRH-ANP	Programa de Formação de Recursos Humanos da ANP para o Setor de Petróleo, Gás Natural e Biocombustíveis
PROCIS	Programa para o Desenvolvimento do Complexo Industrial da Saúde
PSI	Programa de Sustentação do Crescimento
RAIS	Relação Anual de Informações Sociais
RIMA	Relatório de Impacto Ambiental
SEBRAE	Serviço Brasileiro de Apoio às Micro e Pequenas Empresas
SENAC	Serviço Nacional de Aprendizagem Comercial
SENAI	Serviço Nacional de Aprendizagem Industrial
SENAI	Sistema Nacional de Aprendizagem Industrial
SESI	Serviço Social da Indústria

LISTA DE ABREVIATURAS E SIGLAS

Sitra	*Fund for Research and Development*
SNCTI	*Sistema Nacional de Ciência, Tecnologia e Inovação*
SPRU	*Science Policy Research Unit*
SUS	Sistema Único de Saúde
TCU	Tribunal de Contas da União
Tekes	*Funding Agency for Innovation*
UFRJ	Universidade Federal do Rio de Janeiro
UO	Unidade Orçamentária
USAID	*United States Agency for International Development*
VINNOVA	*Governmental Agency for Innovation Systems*
ZEE	Zona Econômica Exclusiva

SUMÁRIO

PREFÁCIO
Fernando Menezes de Almeida 23

APRESENTAÇÃO
Elival da Silva Ramos 27

INTRODUÇÃO 31

CAPÍTULO 1
CONCEITOS E CONTEXTO 37
1.1 Inovação: conceitos adotados e ideias relevantes 37
1.1.1 Perspectivas teóricas 38
1.1.2 Perspectivas operacionais 52
1.1.3 Perspectivas normativas 59
1.2 Inovação e desenvolvimento: a necessidade de atuação estatal 62
1.2.1 Inovação como matéria de interesse público 62
1.2.2 Política industrial e *catch-up* como primeiro exemplo de atuação estatal ativa 65
1.2.3 Políticas de CTI como segundo exemplo de atuação estatal ativa 73
1.3 O financiamento público à inovação empresarial como componente do Sistema Nacional de Ciência, Tecnologia e Inovação brasileiro 79
1.3.1 Noção de Sistema Nacional de Ciência Tecnologia e Inovação 79
1.3.2 A composição do SNCTI brasileiro 83
1.3.3 Um subsistema específico do SNCTI brasileiro: o de financiamento à inovação 87

CAPÍTULO 2
TRAÇOS CARACTERÍSTICOS DA PROMOÇÃO DO FINANCIAMENTO PÚBLICO À INOVAÇÃO EMPRESARIAL 95

2.1 As empresas como destinatárias de recursos 96
2.1.1 Significado de empresas adotado e observações quanto à lógica de seu funcionamento 96
2.1.2 A importância do financiamento de atividades inovadoras a partir da perspectiva empresarial 99
2.1.3 As empresas e o potencial de incremento de suas relações com outros componentes do SNCTI em razão de seu financiamento 107
2.2 Aspectos conformadores do financiamento público à inovação empresarial 111
2.2.1 Incerteza e risco 111
2.2.1.1 Incerteza e risco associados ao desenvolvimento das inovações 111
2.2.1.2 Risco associado ao eventual retorno financeiro dos financiamentos 116
2.2.2 A dimensão setorial 118
2.2.3 A necessidade da efetiva contabilização dos esforços inovativos 122
2.3 Os financiadores 125
2.3.1 Agências de fomento à inovação como agentes de destaque 125
2.3.2 Experimentalismo como proposta de atuação pública .. 134
2.3.3 Experimentalismo e fomento à inovação 143

CAPÍTULO 3
ARCABOUÇO NORMATIVO CONDICIONANTE DO FINANCIAMENTO PÚBLICO À INOVAÇÃO EMPRESARIAL 151

3.1 Condicionantes constitucionais 152
3.1.1 Elementos dispersos na estrutura constitucional e condicionantes do financiamento público à inovação empresarial 152
3.1.2 O capítulo dedicado à disciplina da ciência, tecnologia e inovação 158

3.2	Condicionantes infraconstitucionais	171
3.2.1	A Lei de Inovação e seu regulamento como parâmetros principais	172
3.2.2	Normas e orientações relativas à política industrial e tecnológica	190
3.2.3	Pequenas empresas e *startups* como foco de atuação pública	202
3.3	Condicionantes atinentes às finanças públicas	218
3.3.1	As disposições nas leis orçamentárias	218
3.3.2	As exigências decorrentes das fontes dos recursos	223

CAPÍTULO 4
A FINEP COMO REFERENCIAL PARA ANÁLISE DE INSTRUMENTOS JURÍDICOS DE FINANCIAMENTO 237

4.1	Justificativa da escolha	238
4.2	A Finep	244
4.2.1	Histórico	244
4.2.2	Configuração jurídica e aspectos organizacionais	255
4.3	Noções e informações relevantes à compreensão dos instrumentos	264
4.3.1	Três categorias: reembolsável, não reembolsável e investimento	264
4.3.2	O fomento ao *projeto* ou *plano* de inovador e à *empresa inovadora*	271
4.3.3	Uma visão simplificada dos fluxos de seleção, análise, aprovação e acompanhamento	274
4.3.4	Fontes de recursos utilizadas pela instituição	279

CAPÍTULO 5
INSTRUMENTOS JURÍDICOS DE FINANCIAMENTO À INOVAÇÃO EMPRESARIAL 283

5.1	Panorama	285
5.2	Instrumentos utilizados pela Finep para o financiamento à inovação empresarial	297
5.2.1	Metodologia da análise empírica	297
5.2.2	Financiamento em sentido estrito	301
5.2.2.1	Natureza jurídica e disciplina normativa	301
5.2.2.2	Noções relevantes	306

5.2.2.2.1	Financiamento direto ou indireto (descentralizado)	306
5.2.2.2.2	Garantias	308
5.2.2.2.3	Formas de subsídio: a equalização como exemplo	310
5.2.2.3	Análise de minuta contratual padrão: financiamento direto	315
5.2.3	Subvenção econômica	329
5.2.3.1	Natureza jurídica e disciplina normativa	329
5.2.3.2	Noções relevantes	340
5.2.3.2.1	Subvenção direta ou indireta (descentralizada)	340
5.2.3.2.2	Condicionantes de fonte: a subvenção sujeita às normas do FNDCT	343
5.2.3.3	Análise de minuta contratual padrão: subvenção direta	345
5.2.4	Modalidades de investimento	361
5.2.4.1	Natureza jurídica e disciplina normativa	362
5.2.4.1.1	Participação Societária	363
5.2.4.1.2	Fundos de investimento e de participação	375
5.2.4.2	Modalidades de investimento manejadas pela Finep	391
5.2.4.3	Análise de minuta contratual padrão: contrato de outorga de opção de subscrição de participação social do programa Finep Startup	397

CAPÍTULO 6
QUESTÕES RELATIVAS AO FINANCIAMENTO PÚBLICO À INOVAÇÃO EMPRESARIAL 413

6.1	Fomento como chave para a compreensão dos financiamentos	414
6.1.1	Conceito de fomento adotado e reflexos para a compreensão jurídica do fenômeno analisado	415
6.1.2	A questão do fomento a empresas estatais	423
6.2	Publicidade e sigilo no financiamento público à inovação empresarial	432
6.2.1	Parâmetros de publicidade e sigilo no ordenamento jurídico brasileiro: a Lei de Acesso à Informação	433
6.2.2	Aplicação ao financiamento público à inovação empresarial	440
6.2.2.1	Hipóteses menos recorrentes ou não aplicáveis de forma distintiva à atividade estudada	444

6.2.2.2	Hipóteses mais usuais: os sigilos de índole industrial, comercial, empresarial e autoral	448
6.2.2.3	As hipóteses de classificação (inclusas as referentes a projetos de P&D e inovação cujo sigilo seja imprescindível à segurança da sociedade e do Estado)	453
6.2.2.4	Aprimoramento da publicidade durante as atividades de financiamento	456
6.3	A processualidade como elemento disciplinador	458
6.3.1	Os financiamentos à inovação empresarial como forma de atuação processualizada	461
6.3.2	A processualidade na seleção dos destinatários dos recursos	470
6.3.2.1	Fluxo contínuo	475
6.3.2.2	Chamamento público	476
6.4	O controle incidente sobre o financiamento público à inovação empresarial	485
6.4.1	Contextualização da temática do controle da Administração	485
6.4.2	O papel dos controles internos e externos durante o financiamento público à inovação empresarial	489
6.4.3	O controle das atividades inovadoras objeto de financiamento: simplificação e controle por resultados como diretivas	498

CONCLUSÃO 513

REFERÊNCIAS 525

PREFÁCIO

A grande alegria que tive ao atuar como orientador de Fabio Gomes dos Santos ao longo da elaboração de sua tese de doutorado intitulada "Financiamento público à inovação empresarial" é agora renovada com o convite para prefaciar o presente livro, correspondente à publicação da referida tese, após sua brilhante defesa perante banca composta pelos professores Elival da Silva Ramos, Maria Paula Dallari Bucci, Carlos Américo Pacheco, Vera Monteiro e Juliana Bonacorsi de Palma.

Conheci Fabio já em seu percurso formativo na graduação da Faculdade de Direito da USP e pude acompanhá-lo como aluno do mestrado que realizou também junto ao Departamento de Direito do Estado de nossa Faculdade. Com seu ingresso no doutorado, pude com maior proximidade testemunhar seus méritos pessoais e acadêmicos, como pesquisador de excelência e profissional empenhado na atuação em prol da inovação e do interesse público, seja como advogado da FINEP, seja em outras atividades que tem exercido ultimamente, junto aos Ministérios da Educação e da Justiça.

O trabalho ora publicado não apenas possui indiscutível qualidade acadêmica, como ainda tem a virtude de, com grande capacidade de comunicação, oferecer ao público em geral, notadamente aos aplicadores do direito, uma visão completa e aprofundada do arcabouço legal e institucional da inovação tecnológica no Brasil, com foco no financiamento empresarial.

A obra inicia-se com um capítulo que, de modo preciso e sucinto, reporta os principais elementos necessários para que se compreenda o conceito de inovação – em perspectiva teórica, operacional e normativa –, conectando-o com a atuação estatal nessa matéria, com especial ênfase ao financiamento.

O autor, reconhecendo a essência empresarial privada do fenômeno da inovação enquanto elemento do sistema econômico, ao mesmo tempo pondera que a "realidade histórica e contemporânea, de toda feita, indica a necessidade de uma trajetória distinta dessa, demandando uma atuação estatal ativa de promoção da inovação tanto em países desenvolvidos quanto em países em desenvolvimento. Mesmo que sempre caiba discutir como ela deve ser calibrada não deve haver hesitações para se concluir pela sua necessidade".

Essa ação, essencialmente fomentadora, vale-se do subsistema de financiamento, inserido no Sistema Nacional de Ciência, Tecnologia e Inovação (SNCTI) brasileiro.

Sensível à complexidade de interesses envolvidos nesse processo de fomento público, mediante financiamento, à inovação empresarial, o autor pondera, ao longo do segundo capítulo do livro – dedicado aos traços característicos da promoção do financiamento público à inovação empresarial: "[i]sso é algo a ser lembrado cotidianamente pelos financiadores que lidam com agentes atuando profissionalmente para obter lucro. A perspectiva das empresas será normalmente a da obtenção de resultados financeiros; as externalidades positivas decorrentes de seus esforços inovativos podem ser desejadas, mas não serão priorizadas. Nem as dificuldades nem as vantagens decorrentes do esforço inovativo devem ser indevidamente exacerbadas por nenhuma das partes envolvidas nos financiamentos. Eles nunca devem ser vistos como privilégio ou liberalidade por quem o concede ou quem o recebe, sob risco de extremas distorções quando da sua implementação."

O terceiro capítulo é dedicado à análise do arcabouço normativo – constitucional e infraconstitucional – condicionante do financiamento público à inovação empresarial. Comporta ele uma detalhada e pertinente análise do tratamento dado à ciência, tecnologia e inovação da Constituição brasileira, definidor de toda uma tendência contemporânea de legislação sobre fomento à inovação no Brasil, a qual configura, por si, também um fenômeno de "inovação" em matéria legislativa.

Nesse capítulo, o autor oferece ao aplicador do direito e ao leitor interessado na matéria uma compreensão abrangente dos dispositivos constitucionais, da Lei de Inovação (Lei n. 10.973/04) em sua formulação original e com as alterações nela introduzidas pela Lei n. 13.243/16, assim como de normas infralegais, tanto do âmbito do Ministério de Ciência e Tecnologia como em outros âmbitos setoriais, com atenção para a discussão de experiências concretas de políticas industrial e tecnológica na história nacional.

Já o capítulo quatro promove um estudo aprofundado do caso da Finep, explorando suas origens e sua evolução institucional, constatando ainda seu papel ativo, não sem desafios, em matéria da política de fomento à inovação: "[é] importante frisar que, mesmo nessa seara de apoio à pesquisa nacional, a Finep não é uma mera repassadora de recursos. Ela analisa tecnicamente e seleciona projetos que pleiteiem financiamento, acompanhando sua execução para fiscalizar a efetiva aplicação da verba pública. Essa atuação em duas frentes serve como um potencializador da presença da Finep em todas as fases dos esforços inovativos. Ela pode fomentar da pesquisa básica às etapas finais de comercialização, o que a dota para a execução de políticas públicas de fomento a CTI. Essa versatilidade, por outro lado, não deixa de trazer conflitos, dada a dificuldade em harmonizar a racionalidade atinente à dinâmica empresarial (em especial a privada) e à pesquisa científica nacional, majoritariamente pública e muito associada a instituições de ensino."

Caso especial igualmente apreciado pelo autor é a relação da Finep com o FNDCT: "ao lado do estímulo à inovação empresarial, o direcionamento de fundos à ciência é outro elemento-chave para a compreensão da Finep. Ela tem atuação relevante na criação e aprimoramento da infraestrutura de pesquisa científica e tecnológica nacional via concessão de recursos não reembolsáveis. Iniciativas desse tipo podem ser observadas desde os primeiros anos da Finep, dado seu alinhamento a diretivas governamentais na época. Elas prosseguiram, no transcorrer das décadas, em maior ou menor intensidade em razão da disponibilidade de recursos, mas sempre tendo como fundamento essa associação entre esse financiador e o FNDCT. A conformação atual desse, que inclui dotações especificamente destinadas à implantação e recuperação de infraestrutura de pesquisa nas instituições públicas de ensino superior e de pesquisa, comprova essa dinâmica. Mesmo que não limitados a tal destinação o emprego desses recursos pela Finep foi importante para a instalação e consolidação da estrutura científica nacional".

O quinto capítulo – "instrumentos jurídicos de financiamento à inovação empresarial" – leva o autor a investigar, de modo abrangente, conciliando a crítica acadêmica e a compreensão prática da aplicação, os instrumentos utilizados pela Finep para o financiamento à inovação empresarial: o financiamento em sentido estrito, a subvenção e alguns instrumentos previstos especialmente na Lei de Inovação, no caso, a participação societária, os fundos de investimento e os fundos de participação.

No último capítulo, o autor completa seu robusto estudo sobre o financiamento público à inovação empresarial no Brasil, cuidando de temas específicos de grande relevância prática, como o da publicidade e do sigilo nessa atividade, e de temas gerais do direito administrativo, aplicados à matéria em questão, como a análise dos processos administrativos que conduzem essa vertente da ação estatal e dos modos de controle internos e externos que incidem sobre a ação administrativa.

Em suas reflexões conclusivas, o autor defende como tese que "o financiamento público à inovação empresarial possui regime jurídico próprio." E continua: "ao se identificar um regime jurídico próprio não se está meramente sublinhando a existência de normas especiais. Se está dando um passo além, sustentando que a aplicação de diplomas como a Lei nº 10.973/04 depende de esforço hermenêutico que pondere aspectos teóricos e práticos específicos. A compreensão jurídica do financiamento de uma planta fabril para fins de fomento à inovação empresarial diverge da de um financiamento bancário comum. Ao repassarem verba pública os financiadores efetivam transferências dotadas de diversas particularidades.".

Enfim, refletindo sobre o percurso de seu trabalho científico, o autor afirma que "se o conhecimento é o resultado do acúmulo de descobertas, espera-se ter contribuído para aumentar o saber científico sobre o tema e com isso ofertar mais insumos para quem lida com os financiamentos em seu dia a dia. A maior contribuição dos juristas para com o fomento à inovação é bem compreender suas particularidades, devidamente equilibrando as doses de flexibilidade e consistência que o assunto exige em suas análises. É o que se tentou fazer aqui."

E posso acrescentar que Fabio, como jurista, fez isso com maestria.

Fernando Menezes de Almeida
Professor Titular da Faculdade de Direito da USP

APRESENTAÇÃO

Com muito orgulho e satisfação recebi o convite de Fabio Gomes dos Santos para elaborar a apresentação desta obra, "Financiamento público à inovação empresarial", que ora é lançada. Orgulho por haver sido seu professor ao longo do curso de graduação, na Faculdade de Direito da USP, e por se tratar de trabalho resultante de tese de doutoramento defendida perante Comissão Julgadora da qual tive a honra de participar, contribuindo, ainda que modestamente, com algumas observações críticas. E satisfação pela relevante contribuição que o autor dá à sistematização da matéria versada, que se insere no conjunto de instrumentos manejados pelo Estado no âmbito da atividade de fomento à pesquisa científica, ao desenvolvimento tecnológico e à inovação.

Cuida-se, seguramente, da mais bem estruturada obra jurídica nacional sobre o tema do financiamento público a projetos empresariais inovadores, sob o prisma do desenvolvimento tecnológico, ancorada em metodologia rigorosamente científica, sem embargo de seu caráter multidisciplinar, inescapável em trabalhos que versam sobre fenômenos que também exigem a compreensão sob outras lentes, a par daquela especificamente voltada ao tratamento jurídico-normativo.

Nesse sentido, os primeiros passos foram direcionados à exposição de conceitos indispensáveis ao exame da tessitura normativa, notadamente os de inovação e de fomento estatal à inovação, por meio de financiamentos e outras técnicas, todas elas integrantes do Sistema Nacional de Ciência, Tecnologia e Inovação, e, também, à análise das especificidades da matéria regulada, com repercussão no desenho institucional das agências estatais fomentadoras do financiamento empresarial inovativo.

A meu sentir, o eixo central do trabalho vem a seguir, compreendendo um notável e bem-sucedido esforço de sistematização da disciplina normativa do financiamento público à atividade empresarial inovativa, abordando suas dimensões constitucional e infraconstitucional, tanto no plano, por assim dizer, administrativo quanto no plano orçamentário.

É evidente que a amplitude da matéria não permitiria o seu exame detalhado, impróprio a um trabalho de perfil eminentemente acadêmico, detendo-se o autor nas linhas gerais da sistematização proposta, com a justificativa, metodologicamente fundada, de haver abordado de modo mais concreto e específico a FINEP – Financiadora de Estudos e Projetos, empresa estatal federal que constitui um dos pilares institucionais do SNCTI.

Ainda no campo da Dogmática Jurídica, destaco a inovadora e bem estruturada apresentação dos instrumentos jurídicos do financiamento aos projetos empresariais inovadores, bem como da metodologia utilizada pela FINEP na análise de suas candidaturas ao fomento estatal, para o que, certamente, contribuiu a vivência profissional do autor, ele próprio integrante dos quadros funcionais da empresa estudada.

Os trabalhos jurídico-científicos exigem, em geral, de seus elaboradores essa dupla condição de expertise acadêmica cumulada com experiência profissional na matéria versada, pois não há reflexão teórica que consiga dotar o analista dos elementos necessários à profícua sistematização da regulação normativa estudada, mostrando-se indispensável o pleno conhecimento da prática dos institutos sistematizados.

Em toda tese de doutoramento há que se exigir, como condição *sine qua non* de sua aprovação, o caráter inovador.

No caso, tal requisito perpassa o trabalho no seu todo. Em primeiro lugar, por se tratar de matéria que ainda não merecera da Academia a devida sistematização doutrinária. Em segundo lugar, pelo entroncamento interdisciplinar proporcionado pela formação teórica de amplo espectro do autor. E, finalmente, pela incursão feita, com notável acuidade, em relação às condições peculiares que circundam o tratamento jurídico-normativo do financiamento público à inovação empresarial, resultando em capítulo que não hesito em alcunhar de "a cereja do bolo" da obra ora apresentada.

Em suma, concluo esta singela apresentação congratulando o autor, com quem partilho angústias teóricas acerca do fomento estatal em matéria de CTI, pelos resultados alcançados em nível acadêmico e pela disposição de converter sua monografia em livro aberto aos estudiosos e operadores do direito, cumprimentos esses que estendo a seu orientador de tese, o querido colega de Departamento, Professor Fernando Menezes de Almeida.

Não é despiciendo lembrar o caráter estratégico da atividade estatal de fomento à pesquisa científica e tecnológica e seus subprodutos no campo da inovação, a exigir políticas públicas consistentes, persistentes e com adequada irrigação financeira.

As universidades e institutos de pesquisa tem um papel relevantíssimo para o sucesso dessas políticas, todas elas, ao final, concretizadas por meio de instrumental jurídico.

Daí a importância da obra que ora é dada a público, a qual, como salientado pelo próprio autor, apenas abre o caminho para outras análises que deverão se seguir, de modo a permitir a adequada e completa compreensão da multifária e cada vez mais complexa atividade fomentadora estatal, notadamente no campo da promoção ao desenvolvimento científico e tecnológico.

Elival da Silva Ramos
Professor Titular da Faculdade de Direito da USP

INTRODUÇÃO

A atuação estatal de fomento[1] à inovação, mais do que uma realidade consolidada, constitui uma tendência para os próximos anos.[2] Entre o rol de estratégias possíveis para o seu desempenho figura o direcionamento de recursos públicos a empresas inovadoras com o fito de estimular práticas benéficas à coletividade.

O Estado brasileiro a tem adotado, movimentando bilhões de reais todos os anos para tal fim. Entre 2013 e 2014, o programa *Inova Empresa* chegou a disponibilizar 32.9 bilhões de reais para empresas inovadoras.[3] Os aportes continuaram a ser substanciais mesmo em um cenário fiscal mais restritivo: em 2018 o Banco Nacional de Desenvolvimento Econômico e Social – BNDES desembolsou 1,8 bilhões para projetos inovadores[4] e a Financiadora de Estudos e Projetos – Finep liberou quantia semelhante apenas com seus empréstimos reembolsáveis.[5]

Essa forma de atuação estatal, ainda passível de expansão,[6] é cotidianamente desempenhada em um contexto normativamente

---

[1] Por *fomento* se quer fazer referência à forma de atuação estatal voltada ao estímulo de atividades facultativas para particulares cuja prática é consentânea ao interesse público. O item 6.1.1 aborda esse conceito em maior profundidade.

[2] Cf. ORGANISATION FOR ECONOMIC CO-OPERATION AND DEVELOPMENT. *OECD Science, Technology and Innovation Outlook 2021*: Time of Crisis and Opportunity. Paris: OECD Publishing, 2021.

[3] ORGANISATION FOR ECONOMIC CO-OPERATION AND DEVELOPMENT. *OECD Science, Technology and Industry Outlook 2014*. Paris: OECD Publishing, 2014. Os valores, de toda forma, viriam a ser efetivamente disponibilizados às empresas durante os anos em que o programa foi implementado.

[4] BANCO NACIONAL DO DESENVOLVIMENTO. *Relatório Anual Integrado 2018*. Brasília, DF: BNDES, 2018.

[5] BRASIL. Financiadora de Estudos e Projetos. *Relatório da Administração*. Rio de Janeiro: Finep, 2019. p. 14.

[6] O investimento brasileiro em inovação ainda é tímido se comparado ao existente no cenário internacional. Levantamento recente da Confederação Nacional da Indústria – CNI destacou que "o Brasil investiu 1,21% do Produto Interno Bruto (PIB) em P&D em 2019, incluindo recursos públicos e privados, contra 1,17% do ano anterior. A título de comparação, o investimento chinês em P&D, em relação ao PIB, foi de 2,23% em 2019".

complexo. Além da disciplina constitucional e de parâmetros gerais constantes da Lei de Inovação (Lei nº 10.973/04) ela é informada por um amplo conjunto de normas orçamentárias e regulamentares, manifestando-se por expedientes variados e que também a conformam, tais como a concessão de subvenções econômicas, de empréstimos em condições favoráveis, e a realização de aportes para fins de investimento.

Apesar disso sua abordagem dogmática não é recorrente, tendo a ciência jurídica dado pouca atenção aos detalhes de sua operacionalização por órgãos e entes administrativos.[7] Essa realidade sempre chamara a atenção do autor da presente obra, envolvido com esse tipo de atividade de fomento desde 2014. Assim, para a elaboração de tese de doutorado desenvolvida na Faculdade de Direito da Universidade de São Paulo foi escolhido como *problema orientador* de pesquisa a existência de *forma de atuação estatal de crescente relevância, mas ainda sem abordagem intensa por estudos jurídicos*. Como consequência disso foi também formulada a seguinte *pergunta orientadora*: *como o financiamento público à inovação empresarial é juridicamente disciplinado?*

Para deixar claro como foi enfrentado esse questionamento é importante clarificar do que se trata o *financiamento público à inovação empresarial* examinado, o que também serve à devida delimitação do *objeto* da pesquisa realizada.

Ademais, no contexto brasileiro, cerca de 90% dos investimentos desse tipo foram custeados com recursos próprios das empresas frente a 10% obtidos em financiamentos de origem pública e 3% frente a instituições financeiras privadas. Cf. BOCCHINI, Bruno. CNI: só 10% das empresas usam financiamento público para pesquisa. *Agência Brasil*, Brasília, DF, 9 mar. 2022. 90% DA INOVAÇÃO no Brasil é feita com investimento privado, aponta sondagem CNI. *CNN Brasil*, São Paulo, 9 mar. 2022.

[7] Como exceções que confirmam essa afirmação, MONTEIRO, Vítor. *Características do sistema jurídico brasileiro de fomento estatal à inovação*. 2021. Tese (Doutorado em Direito) – Faculdade de Direito, Universidade de São Paulo/Université Paris II Panthéon-Assas, São Paulo/Paris, 2021; MOREIRA, Natalia Rebello. *Atividade estatal de fomento à inovação tecnológica em empresas*. 2018. Dissertação (Mestrado em Direito) – Faculdade de Direito, Universidade de São Paulo, São Paulo, 2018; MAZON, Tânia Ishikawa. *Fomento público à inovação tecnológica*. 2015. Dissertação (Mestrado em Direito) – Faculdade de Direito, Pontifícia Universidade Católica de São Paulo, São Paulo, 2015; TEDESCHI, Patrícia Pereira. *Inovação tecnológica e direito administrativo*. 2011. Dissertação (Mestrado em Direito) – Faculdade de Direito, Universidade de São Paulo, São Paulo, 2011; e SILVA, Danilo Tavares de. *Política industrial e desenvolvimento regional*: o fomento estatal dos arranjos produtivos locais. 2010. Dissertação (Mestrado em Direito) – Faculdade de Direito, Universidade de São Paulo, São Paulo, 2010.

Começa-se pelo termo *inovação*, a consequência almejada pela ação estatal em estudo. Embora o conceito vá ser explorado em maior profundidade no item 1.1, a referência a sua acepção legal (Art. 2º, inciso IV, da Lei nº 10.973/04) basta para os fins desta introdução. Nesses termos, *inovação* consiste na

> introdução de novidade ou aperfeiçoamento no ambiente produtivo e social que resulte em novos produtos, serviços ou processos ou que compreenda a agregação de novas funcionalidades ou características a produto, serviço ou processo já existente que possa resultar em melhorias e em efetivo ganho de qualidade ou desempenho.

Os resultados esperados dos financiamentos estudados são, então, concretos e verificáveis, alterando diretamente a realidade social. É a introdução de novo medicamento ou forma de tratamento; de processo industrial mais eficiente; de prática agrícola mais sustentável. Este trabalho não se volta, portanto, ao exame do custeio do avanço científico puro, nem a esforços educacionais e de capacitação, apesar de sua conexão com processos educativos.

A ação pública analisada tem um destinatário específico: as *empresas*. Os receptores dos recursos são, portanto, dotados de natureza privada e atuam visando ao lucro.[8] Isso exclui do recorte proposto iniciativas de fomento a entes públicos não empresariais e pessoas jurídicas de direito privado sem finalidade lucrativa. Assim, para usar a terminologia da Lei de Inovação,[9] não se tratou do financiamento às Instituições Científicas, Tecnológicas e de Inovação – ICTs.

Também não serão investigadas iniciativas estruturadas tendo pessoas físicas como beneficiárias. Assim, a concessão de bolsas e auxílios,[10] como é praticado por instituições como o Conselho Nacional de Desenvolvimento Científico e Tecnológico – CNPq[11] não

---

[8] Uma delimitação mais detalhada do que seriam as "empresas" para esta tese é empreendida no item 2.1.1.
[9] Cf. o art. 2º, inciso V, da Lei nº 10.974/04 para a definição de ICT.
[10] Parte-se para tal consideração das definições de bolsas e auxílios presentes nos §§2º e 3º do Decreto nº 9.283/18, onde se estatui que ambas têm como beneficiárias pessoas físicas.
[11] Quanto a esse tipo de atuação, vide, conjugando esforços entre o Ministério da Ciência, Tecnologia e Inovações – MCTI e o CNPq, informações disponíveis em: https://www.mctic.gov.br/mctic/opencms/inovacao/paginas/inovacao_nas_empresas/pesquisador_na_empresa.html. Acesso em: 22 jun. 2020.

ocupou as páginas deste trabalho, mesmo que sua implementação possa se reverter ao estímulo da inovação empresarial e possa guardar semelhanças com o que será discutido adiante.

Ademais, por *financiamento público* se está fazendo referência ao direcionamento de recursos públicos, essencialmente orçamentários,[12] via instrumentos jurídicos de índole *reembolsável, não reembolsável* e de *investimento*.[13] O termo *financiamento* é, portanto, adotado em uma acepção ampla, recorrente em trabalhos sobre o fomento à inovação.[14] Dessa forma estão excluídos dele outros expedientes de fomento como o manejo de incentivos fiscais;[15] a oferta de infraestrutura;[16] capacitação,[17] e a imposição de gastos obrigatórios em P&D[18] a particulares.

Por fim, embora pertencer à estrutura administrativa não seja necessário a esse tipo de atividade de fomento, ela foi presumida por ser a mais comum, tendo sido sua disciplina jurídica objeto de comentários.

Apresentada a *pergunta* e delimitado o *objeto*, cabe explicitar qual o ponto de partida adotado para fazer frente à questão posta.

---

[12] Tal categoria abrangeria os recursos próprios das instituições financiadoras que integram a peça orçamentária do ente federativo respectivo. Também como decorrência disso fica claro que tanto os incentivos fiscais como os gastos obrigatórios em PD&I não são abrangidos pela pesquisa, haja visto o seu caráter extraorçamentário e origem privada.

[13] A definição desses e sua inserção em um panorama mais geral de instrumentos de financiamento à inovação pode ser encontrada no item 5.1.

[14] Essa é também a linguagem do Decreto nº 6.938/09, regulamentador do Fundo Nacional de Desenvolvimento Científico e Tecnológico – FNDCT (art. 11, §2º). Registre-se, de toda forma, a existência de sentido mais *estrito* para esse vocábulo, que o associa à concessão de empréstimos. É esse o sentido que pode ser visto no art. 19, §2º-A, inciso II, da Lei nº 10.973/04 e a que se faz referência, por exemplo, no item 5.2.2 desta obra.

[15] Para uma introdução sobre o tema, cf. BARBOSA, Denis Borges (org.). *Direito da inovação*: comentários à lei federal de inovação, incentivos fiscais à inovação, legislação estadual e local, poder de compra do estado (modificações à lei de licitações). 2. ed. Rio de Janeiro: Lumen Juris, 2011. p. 569-657.

[16] Como o que ocorre, por exemplo, via incubadoras de empresas e dos parques tecnológicos, definidos respectivamente nos itens III e X do artigo 2º da Lei de Inovação.

[17] Tome-se como exemplo a *Aceleração InovAtiva*, programa gratuito de aceleração em larga escala para negócios inovadores promovido pelo atual Ministério da Economia e pelo Serviço Brasileiro de Apoio às Micro e Pequenas Empresas – SEBRAE, com execução da Fundação Centros de Referência em Tecnologias Inovadoras – CERTI. Para mais informações, vide: https://www.inovativabrasil.com.br/. Acesso em: 3 nov. 2019.

[18] É o caso das exigências de gastos como as existentes no setor petrolífero, fiscalizados pela Agência Nacional do Petróleo, Gás Natural e Biocombustíveis – ANP com base na Lei nº 9.478/97, e de energia elétrica, fiscalizado pela Agência Nacional de Energia Elétrica – ANEEL com supedâneo na Lei nº 9.991/00.

A *hipótese* assumida é a de que *existe uma disciplina jurídica específica aplicável a essa atividade*. O fato de se tratar de uma atividade pública recorrente, fartamente abordada por literatura não-jurídica e regida por normas particulares foram indícios de que haveria uma disciplina especial para essa atividade que transcenderia a aplicação mecânica de um conjunto de normas pré-determinado.

Para dimensionar tanto a disciplina teórico-normativa quanto aspectos práticos dessa atividade de fomento foram estruturados seis capítulos adotando enfoques teóricos (Capítulos 1 e 2), dogmáticos (Capítulos 3, 5, em parte, e 6) e empíricos (Capítulo 4 e novamente 5, em parte). Pôde-se: (i) abordar conceitos necessários à compreensão dos financiamentos e contextualizá-los no cenário nacional; (ii) apresentar seus traços característicos e o arcabouço normativo que os condiciona, inclusive graças aos instrumentos jurídicos escolhidos para promovê-los; e (iii) delinear e discutir a aspectos da sua prática, pelo exame de minutas contratuais e de questões jurídicas recorrentes durante sua utilização.

Construída em camadas, a pesquisa comprovou o acerto da *hipótese* proposta. Além de descrever os principais condicionantes jurídicos dos financiamentos, apresentando uma sistematização pertinente dada a carência de obras jurídicas sobre o tema, ela permitiu identificar que a interação entre arcabouço teórico, prescrições normativas e imperativos práticos produzem *um regime jurídico próprio*, sendo a existência desse a algumas de suas características os componentes da *tese* apresentada na conclusão.

Dito tudo isso, antes de findar essa introdução e permitir ao leitor observar com seus próprios olhos o percurso descrito, cabem breves esclarecimentos sobre aspectos formais deste trabalho.

Os autores foram citados pelo seu nome completo quando referidos no corpo do texto e pelo menos da primeira vez que figuraram em nota de rodapé. Abreviaturas foram utilizadas apenas para remissão a citações anteriores ou quando impossível identificar parcela de seus nomes.

Quando transcritas passagens cujo original encontrava-se em língua estrangeira elas foram traduzidas livremente pelo autor desta pesquisa.

Para evitar a repetição de termos, foram utilizados, tanto quanto possível, vocábulos com significado equivalente. Dessa forma, por exemplo, falou-se em Poder Público, Estado, e Administração para fazer referência aos mesmos objetos, mesmo que haja diferenças importantes entre tais conceitos.

A pesquisa se concentrou na disciplina dos financiamentos na esfera federal. Não se ignora, todavia, a dimensão normativa estadual, municipal e distrital do fenômeno descrito, que não deve ser esquecida na resolução de problemas concretos.

O trabalho publicado consiste em tese defendida em 2022 e com revisão finalizada em meados de 2024. Embora dele não constem alguns desenlaces mais contemporâneos da política industrial pátria – como uma abordagem da Nova Indústria Brasil (NIB) – ou dos instrumentos jurídicos analisados, considera-se que o conteúdo deste livro ainda é bastante útil para lidar com a realidade prática do fomento à inovação na contemporaneidade.

Por razões comerciais não foi possível publicar junto ao corpo desta obra todos os seus anexos. Por conta disso, embora eles ainda sejam referidos no texto, sua íntegra pode ser consultada nas versões disponibilizadas à Faculdade de Direito da Universidade de São Paulo.

Por fim, registro que quaisquer erros são de inteira responsabilidade do autor. Os acertos, quando presentes, foram inspirados por todos aqueles que o ajudaram nesta jornada.

CAPÍTULO 1

CONCEITOS E CONTEXTO

> *Entre 2015 e 2017, 33,6% das 116.962 empresas brasileiras com dez ou mais trabalhadores fizeram algum tipo de inovação em produtos ou processos, taxa 2,4 pontos percentuais abaixo da apresentada no triênio anterior (de 2012-2014), quando atingiu 36,0%. É o que revela a Pesquisa de Inovação (Pintec) 2017 do IBGE. A indústria foi a mais afetada, com o percentual de empresas inovadoras caindo de 36,4% em 2014 para 33,9% em 2017, o menor patamar das três últimas edições.*
>
> Agência IBGE, 16 de abr. de 2020.

1.1 Inovação: conceitos adotados e ideias relevantes

Como destacado por Benoît Godin, a partir do século XX a palavra *inovação* começa a ser usada indiscriminadamente, tornando-a um chavão.[19]

---

[19] "[a] palavra se infiltra em quase qualquer sentença. Através do Século XX, a inovação se transformou em um valioso chavão, uma palavra mágica. Inovação é a panaceia para qualquer problema socioeconômico. Não são necessários questionamentos quanto aos problemas sociais. A inovação é a solução *a priori*". (GODIN, Benoît. Making Sense of Innovation: From Weapon to Instrument to Buzzword. *Quaderni*: Communication, Technologies, Pouvoir, Paris, n. 90, p. 21-40, 2016. p. 40). Para uma discussão mais profunda sobre a evolução do uso do termo, com raízes ligadas à religião, cf. GODIN, Benoît. Technological Innovation: On the Origins and Development of an Inclusive Concept. *Technology and Culture*, Baltimore, v. 57, n. 3, p. 527-556, 2016.

A consulta a um dicionário bem ilustra sua abrangência na linguagem corrente:[20] ela significa "aquilo que constituiu algo de novo", o "desenvolvimento de novos produtos, métodos ou conceitos". Enquanto ato ou efeito de inovar, estaria associada a "introduzir novidades em", a "renovar, inventar e criar".

É natural que o uso cotidiano da palavra *inovação* não capture nuances técnicos necessários à compreensão desse termo. Mas uma compreensão apurada desse fenômeno é fundamental tanto ao seu fomento, demandando uma delimitação precisa.

Para os fins desta pesquisa a *inovação* será abordada a partir de três perspectivas correlacionadas: a *teórica*, com esteio em tradições acadêmicas que buscaram distingui-la de outros fenômenos associados ou limítrofes; a *operacional*, baseada no *Manual de Oslo*,[21] trazendo a lume critérios internacionais de mensuração dos esforços inovativos empresariais e comumente adotados por agências de fomento; e a *normativa*, apresentando acepções positivadas pelo ordenamento pátrio.

1.1.1 Perspectivas teóricas

A reflexão sobre a introdução de novidades tecnológicas no contexto econômico e social não é um fato recente. O domínio de tecnologias (como a metalurgia e a termodinâmica) e as consequências de sua implementação (das vantagens bélicas à instalação de fábricas com máquinas a vapor) estimulam pensamentos há séculos.

De todo modo, a forma e a profundidade com que a *inovação* é teorizada por estudiosos possui origem relativamente recente. Godin identifica duas grandes tradições, cada uma com sua

---

[20] Cf. INOVAÇÃO. *In*: DICIONÁRIO Priberam da Língua portuguesa. Porto: Priberam, [2024]. Outros dicionários apresentam definições mais singelas, como é o caso do Dicionário Michaelis, que fala em "ato ou efeito de inovar"; "tudo que é novidade; coisa nova" ou até, no contexto da linguagem, "introdução de palavra, elemento ou construção nova em uma língua inexistente ou na língua-mãe". Cf. INOVAÇÃO. *In*: MICHAELIS Dicionário Brasileiro de Língua Portuguesa. São Paulo: UOL, [2024].

[21] O *Manual de Oslo*, conforme se verá no tópico seguinte, é obra de referência produzida pela OECD para a coleta e análise de lados relativos à inovação. Cf. ORGANISATION FOR ECONOMIC CO-OPERATION AND DEVELOPMENT. *Oslo Manual 2018*: Guidelines for Collecting, Reporting and Using Data on Innovation. 4. ed. Paris: OECD Publishing, 2018.

comunidade de *experts* e agenda de pesquisa, responsáveis pela estruturação contemporânea dos estudos sobre o tema.[22]

A primeira delas tem origem estadunidense e foco no exame dos impactos da *inovação tecnológica* (ou das *mudanças tecnológicas, technological change*, em terminologia que a antecedeu), conferindo atenção especial a modificações em termos de produtividade. Suas raízes conduziriam aos anos trinta do século passado, tendo surgido conectada a referenciais da economia neoclássica e contando majoritariamente com economistas como contribuidores.

Ela adota uma metodologia essencialmente quantitativa (intenso uso de métodos matemáticos e estatísticos para promover análises econômicas) e volta-se a preocupações usuais dos economistas ortodoxos, tais como a observação dos fatores de produção, da estrutura de mercado e da economia de escala. A preocupação principal da maioria dos autores que a compõem não seria propriamente a origem dos processos inovadores nem a sua descrição em detalhes, mas sim o papel deles em processos produtivos.

A segunda tradição, mais marcadamente europeia, remonta ao fim da década de setenta do século passado. Ela preocupa-se com o estudo de aspectos próprios e originais às *inovações*. Godin a atribui quatro características principais a essa tradição: caráter mais descritivo do que econométrico (ou, em outras palavras, mais qualitativo do que quantitativo); abordagem institucionalista; o exame das inovações de produto tanto quanto, ou talvez até mais, do que as inovações de processo; preocupação acentuada com políticas públicas; e, por fim, uma preocupação no desenvolvimento de uma teoria da *inovação tecnológica*.[23] A preocupação com essa teorização, de fato, conduzira inclusive à proposta de compreensão dos *Estudos da Inovação* (*Innovation Studies*) como um campo científico autônomo.[24]

---

[22] GODIN, Benoît. "Innovation Studies": the Invention of a Specialty. *Minerva*, Nova York, v. 50, n. 4, p. 397-421, 2012. p. 397-399. Para uma abordagem não em tradições mas sim em alguns de seus mais conhecidos autores cf. GODIN, Benoît. Theories of Innovation. In: GODIN, Benoît; GAGLIO, Gérald; VINCK, Dominique (org.). *Handbook on Alternative Theories of Innovation*. Cheltenham: Edward Elgar, 2021. p. 38-58.

[23] GODIN, Benoît. "Innovation Studies": the Invention of a Specialty. *Minerva*, Nova York, v. 50, n. 4, p. 397-421, 2012. p. 398

[24] Demonstrando essa tendência, cf. FAGERBERG, Jan; VERSPAGEN, Bart. Innovation Studies: The Emerging Structure of a New Scientific Field. *Research Policy*, Amsterdã, v. 38, n. 2, p. 218-233, 2009. Cf., ainda, como prova do amadurecimento dessas propostas e dando

Outro elemento caracterizador da segunda tradição é sua multidisciplinaridade. Jan Fagerberg, que pode ser associado à segunda tradição, identifica a presença de tal traço desde a criação da *Science Policy Research Unit* – SPRU em 1965, na Universidade de Sussex, Inglaterra,[25] mantendo-se o mesmo até os dias atuais.[26] Segundo Fagerberg, a necessária conjugação de variados campos do saber seria consequência da impossibilidade de qualquer um eles isoladamente abranger todos os aspectos da *inovação*. A combinação de diferentes perspectivas seria imprescindível para sua compreensão global. Assim, se à economia teria habitualmente lidado com a alocação dos recursos para a inovação (usualmente em concorrência com outras finalidades) e com suas consequências, o estudo da concretização dos processos inovadores tem, por exemplo, ficado a cargo de ciências que estudam instituições e contextos organizacionais, como a sociologia e a administração.[27]

---

prosseguimento aos estudos anteriores, FAGERBERG, Jan; MARTIN, Ben R.; ANDERSEN, Esben Sloth (org.). *Innovation Studies*: Evolution and Future Challenges. Oxford: Oxford University, 2013. Para um olhar crítico, destacando um caráter "tribal" dessa proposta de campo de saber, cf. GODIN, Benoît. "Innovation Studies": Staking the Claim for a New Disciplinary "Tribe". *Minerva*, Nova York, v. 52, n. 4, p. 489-495, 2014.

[25] A criação da SPRU é um ponto de inflexão nos estudos dos processos inovadores. Desde suas origens sob a direção de Christopher Freeman ela acolheu pesquisadores com perfis variados, logo sendo dotada de programas multidisciplinares de pós-graduação (*Masters* e *PhD*). Além de ser a fonte de importantes pesquisas e conferências sobre tema da inovação, sempre destacando o papel da inovação na implementação de mudanças sociais e econômicas, dela também se originaram publicações de renome como é o caso da *Research Policy*, ainda hoje um periódico de muita relevância. A SPRU teve o mérito de congregar pesquisadores de crescente renome (como o seu diretor) e de investir na formação de novos quadros, atraindo inclusive jovens de diversos países periféricos. Esses e outros elementos serviram para que a escola se tornasse referência mundial nos debates sobre ciência, tecnologia e inovação, além de modelo para a instalação de organizações similares ao redor do mundo a partir dos anos 1980. Cf. FAGERBERG, Jan. Innovation: A Guide to the Literature. *In:* FAGERBERG, Jan (org.). *Innovation, Economic Development and Policy*. Nova York: Edward Elgar, 2018. p. 4. Para expandir uma visualização do relevo das pesquisas produzidas no seio da SPRU ou por pesquisadores de alguma forma associados a ela, cf. FAGERBERG, Jan; VERSPAGEN, Bart. Innovation Studies: The Emerging Structure of a New Scientific Field. *Research Policy*, Amsterdã, v. 38, n. 2, p. 218-233, 2009. p. 221-224. Para mais informações sobre essa instituição, cf. SOETE, Luc. Science, Technology and Innovation Studies at a Crossroad: SPRU as Case Study. *Research Policy*, Amsterdã, v. 48, n. 4, p. 849-857, 2019.

[26] FAGERBERG, Jan. Innovation: A Guide to the Literature. *In:* FAGERBERG, Jan (org.). *Innovation, Economic Development and Policy*. Nova York: Edward Elgar, 2018. p. 2-4.

[27] O autor ainda faz referência à geografia, história e outros ramos científicos, dando exemplos pertinentes. O ponto essencial é o da impossibilidade da restrição a um único campo do saber para a compreensão de fenômeno tão complexo (FAGERBERG, Jan. Innovation: A Guide to the Literature. *In:* FAGERBERG, Jan (org.). *Innovation, Economic Development and Policy*. Nova York: Edward Elgar, 2018. p. 3-4).

Como a existência de duas tradições deixa antever, não se pode encontrar uma acepção teórica definitiva sobre *inovação*. A descrição desse fenômeno muitas vezes foi permeada pelo estudo de algum objeto associado ou uma finalidade específica, influindo naturalmente no resultado final.

É importante, entretanto, evidenciar ideias recorrentes ao se teorizar sobre *inovação*. Mesmo sem uma definição teórica única e não convindo aqui promover uma revisão de literatura mais aprofundada, é possível trazer conceitos que, já no início deste percurso, permitam ter clareza quanto ao que se pretende financiar via a destinação de recursos públicos a empresas.

Inicia-se pela relação (e distinção) entre os conceitos de *ciência, tecnologia* e *inovação*. Sendo usual o seu emprego conjunto[28] é importante separá-los, evitando confusões comuns no cotidiano. A obra de William Brian Arthur, focada na compreensão da *tecnologia* (em especial sua evolução), serve bem a tal objetivo.[29]

O autor apresenta três definições de *tecnologia* em seu trabalho.

> Conferirei à *tecnologia* três definições que usarei no transcorrer deste livro. A primeira e mais básica delas é que a *tecnologia é um meio para atingir um propósito humano*. Para algumas tecnologias (refino de óleo), o propósito é explícito. Para outras (o computador), os propósitos podem ser vagos, múltiplos, mutáveis. Como um meio, a tecnologia pode ser um método, um processo ou um dispositivo: um algoritmo de reconhecimento de voz específico ou um processo de filtragem em engenharia química, ou um motor a diesel. Ele pode ser simples: um rolamento de rolo. Ou pode ser complicado: um divisor multiplexo de comprimento de onda. Pode ser material: um gerador elétrico. Ou pode ser imaterial: um algoritmo de compressão digital. O que quer que seja *ele é sempre um meio para alcançar um propósito humano*.
> A segunda definição que aceitarei tem caráter plural: a *tecnologia como uma montagem (assemblage) de práticas e componentes*. Ela abrange tecnologias

---

[28] Com a Emenda Constitucional nº 85, inclusive a Constituição, no título de seu capítulo IV, optou por abordá-los em conjunto (previamente estava posta apenas a menção a "ciência e tecnologia"). A referência ao conjunto desses temas leva a acrônimos como "CTI" (que é a que será usada nesta tese) ou "CT&I".

[29] ARTHUR, W. Brian. *The nature of technology*: what it is and how it evolves. Nova York: Free Press, 2009. ARTHUR é um economista irlandês, mas que desenvolveu a parte mais expressiva de sua trajetória acadêmica e profissional nos Estados Unidos, aliando a tradição estadunidense da valorização da econometria e aos avanços tecnológicos a uma análise qualitativa dos processos que permeiam a tecnologia e a inovação. É esse último aspecto, mais qualitativo, que permeia a obra de referência.

como a eletrônica e a biotecnologia, que são coleções ou conjuntos de ferramentas (*toolboxes*) de tecnologias individuais e práticas. Em linguagem mais estrita, elas deveriam ser chamadas de "campos de tecnologia" (*bodies of technology*). Mas esse sentido plural é difundido, então eu o aceitarei na obra. Também aceitarei um terceiro sentido. O da *tecnologia como a totalidade de dispositivos e práticas de engenharia disponíveis para uma cultura*. Aqui nós estamos de volta à *Oxford's collection of mechanical arts* ou, nas palavras de *Webster*, "a totalidade de meios empregado por um povo para propiciar a si mesmo objetos da cultura material. Nós usamos esse sentido coletivo quando culpamos "a tecnologia" pelo aceleramento de nossas vidas, ou falamos de "tecnologia" como uma esperança para a humanidade. Algumas vezes esse sentido aparece na tecnologia como uma atividade coletiva, como em "tecnologia é a essência do Vale do Silício". Também permitirei isso como uma variante do sentido coletivo de tecnologia (grifo nosso).[30]

As definições apresentadas pelo autor não só reconhecem usos correntes da expressão *tecnologia* (como se nota no terceiro sentido) mas também evidenciam algumas de suas características, tais como seu caráter *instrumental* (primeira definição) e sua condição de subproduto de *associações complexas de práticas e componentes* (segunda definição), originando-se de uma série de interações nada triviais.[31]

---

[30] No original e adicionando explicações às definições (não traduzidas pois não consideradas essenciais ao desenvolvimento da argumentação do tópico): "I will give technology three definitions that we will use throughout the book. The first and most basic one is that a technology is a means to fulfill a human purpose. For some technologies – oil refining – the purpose is explicit. For others – the computer – the purpose may be hazy, multiple, and changing. As a means, a technology may be a method or process or device: a particular speech recognition algorithm, or a filtration process in chemical engineering, or a diesel engine. It may be simple: a roller bearing. Or it may be complicated: a wavelength division multiplexer. It may be material: an electrical generator. Or it may be nonmaterial: a digital compression algorithm. Whichever it is, it is always a means to carry out a human purpose. The second definition I will allow is a plural one: technology as an assemblage of practices and components. This covers technologies such as electronics or biotechnology that are collections or toolboxes of individual technologies and practices. Strictly speaking, we should call these bodies of technology. But this plural usage is widespread, so I will allow it here. I will also allow a third meaning. This is technology as the entire collection of devices and engineering practices available to a culture. Here we are back to the Oxford's collection of mechanical arts, or as Webster's puts it, 'the totality of the means employed by a people to provide itself with the objects of material culture.' We use this collective meaning when we blame 'technology' for speeding up our lives, or talk of 'technology' as a hope for mankind. Sometimes this meaning shades off into technology as a collective activity as in 'technology is what Silicon Valley is all about.' I will allow this too as a variant of technology's collective meaning" (ARTHUR, W. Brian. *The nature of technology*: what it is and how it evolves. Nova York: Free Press, 2009. p. 11).

[31] O autor prossegue indicando como as tecnologias seriam estruturadas, destacando elementos como a sua potencial modularidade (seu potencial para ser dividida em

O autor também delineia a relação entre *tecnologia* e *ciência*. Segundo ele, a *tecnologia* sempre se basearia, em sua operacionalidade, na utilização do conhecimento sobre fenômenos da natureza. Um exemplo seria a compreensão da radioatividade para a datação por carbono necessária à arqueologia. O saber atinente a tais fenômenos, organizado em princípios que possibilitam a sua instrumentalização pela *tecnologia*, seria o campo da *ciência*.[32]

Arthur, de toda forma, deixa claro que a *tecnologia* (principalmente em suas representações modernas)[33] não consiste na aplicação mecânica da *ciência*.

> [a] tecnologia é construída a partir do aproveitamento de fenômenos largamente conhecidos pela ciência. E igualmente a ciência é construída a partir da tecnologia ou, melhor dizendo, se forma a partir das tecnologias, advindo do uso de instrumentos, métodos e experimentos que ela desenvolve. Ciência e tecnologia evoluem conjuntamente em uma relação simbiótica.[34] Cada uma é parte da contínua criação da outra e, enquanto o faz, consome, digere e usa a outra; e ao fazê-lo se mistura plenamente a outra. As duas não podem ser separadas, elas dependem completamente uma da outra. A ciência é necessária para descobrir e compreender fenômenos profundamente ocultos e a tecnologia é necessária ao avanço da ciência.[35]

Estabelecidas tais relações entre *ciência* e *tecnologia*, como relacioná-las então à *inovação*?

---

módulos delimitados, conforme seu uso é acentuado) e recursividade (no sentido de que cada uma das partes que compõe o todo é, ela mesma, uma tecnologia, até seus elementos mais primários). Para a presente empreitada, todavia, não se mostra necessário o aprofundamento neste tópico. Para mais informações sobre isso, cf. ARTHUR, W. Brian. *The nature of technology*: what it is and how it evolves. Nova York: Free Press, 2009. p.12-15.

[32] ARTHUR, W. Brian. *The nature of technology*: what it is and how it evolves. Nova York: Free Press, 2009. p. 16-22.

[33] Como o autor relembra, muitas tecnologias precederam as formas científicas mais estruturadas, e tem profunda aplicação na vida prática (como as relacionadas aos primeiros computadores). Também há formas de ciência baseadas unicamente em conjecturas e no pensamento, com pouco ou nenhum uso de tecnologia, como era o pensamento dos gregos clássicos. Cf. ARTHUR, W. Brian. *The nature of technology*: what it is and how it evolves. Nova York: Free Press, 2009. p. 20-22.

[34] Para uma primeira referência sobre o tema da evolução da ciência, onde é salientado que a evolução científica é muito que um simples acúmulo gradativo de conhecimento, cf. KUHN, Thomas S. *A estrutura das revoluções científicas*. 12. ed. São Paulo: Perspectiva, 2000.

[35] ARTHUR, W. Brian. *The nature of technology*: what it is and how it evolves. Nova York: Free Press, 2009. p. 21.

Sendo a *tecnologia* o foco da obra de Arthur, ele define a *inovação* como *"novidade na tecnologia"*,[36] esclarecendo que a

> [i]novação consiste em novas soluções sendo alcançadas em processos de engenharia padrão: os milhares de pequenos avanços e ajustes que se acumulam no avanço de uma prática. Ela consiste nas tecnologias radicalmente novas originadas pelos processos relacionados à invenção. Consiste nas novas tecnologias sendo desenvolvidas pelas mudanças das partes que as compõem ou as adicionando em um processo de aprofundamento estrutural. E consiste em inteiros "campos de tecnologia" (*bodies of technology*) que são construídos com o transcorrer do tempo, criativamente transformando as atividades econômicas que os encontram.[37]

Note-se como o autor, atento à evolução da *tecnologia*, confere grande amplitude à *inovação*, abrangendo tanto a alterações singelas ("engenharia padrão" com pequenos avanços e ajustes) quanto radicais, alcançando inclusive o desenvolvimento de novos campos tecnológicos.

Além de apontar para a variedade dos processos inovadores a sua definição também explicita a de "evolução combinatória" (*combinatorial evolution*), sendo a recombinação ou adição de partes sendo apresentada como fórmula para inovar. Segundo tal lógica a evolução tecnológica ocorreria em consequência de através de múltiplas recombinações de elementos pré-existentes, servindo as antigas tecnologias como "peças na construção" (*building blocks*) das futuras tecnologias, em movimentos de crescente interação e de complexidade. A própria *tecnologia* (na terceira definição, de caráter geral) seria produto das relações entre diversas tecnologias específicas, que a comporiam.[38]

---

[36] ARTHUR, W. Brian. *The nature of technology*: what it is and how it evolves. Nova York: Free Press, 2009. p. 27.

[37] ARTHUR, W. Brian. *The nature of technology*: what it is and how it evolves. Nova York: Free Press, 2009. p. 49

[38] ARTHUR, W. Brian. *The nature of technology*: what it is and how it evolves. Nova York: Free Press, 2009. p. 8-9. Como ARTHUR reconhece, tanto as ideias de recombinação quanto de acumulação já foram suscitadas por outros autores como Joseph Alois Schumpeter (a ser mencionado brevemente adiante) e William Fielding Ogburn. Para um primeiro contato com o último e com suas ideias sobre inovação, vide GODIN, Benoît. Innovation without the Word: William F. Ogburn's Contribution to the Study of Technological Innovation, *Minerva*, v. 48, n. 3, p. 277-307, 2010.

A centralidade de processos de acumulação e interação (conduzindo a recombinação) no desenrolar da *inovações* seria clara:

> De fato, pode-se ver que a inovação tem dois temas principais. Um é esse constante encontrar ou estruturar de novas soluções a partir de um inventário (*toolbox*) de componentes e práticas já existentes. O outro é o das atividades econômicas constantemente combinando as suas práticas e processos com funcionalidades retiradas de inventários recém-chegados, de novos domínios. Esse segundo tema, como o primeiro, é sobre a criação de novos processos e arranjos, novos meios para satisfazer determinados propósitos.[39]

O papel da *ciência* nesses processos não é esquecido: ela serve como catálogo em constante atualização, adicionando novos componentes a serem acumulados e recombinados conforme o conhecimento científico se expande.[40]

Essa compreensão da relação entre *ciência* e *inovação/tecnologia* está em consonância com a percepção de outros autores que também salientam sua dinamicidade, permeada por constantes trocas e aprendizados de ponta-a-ponta. O avanço científico e tecnológico/inovativo dependeria de um intenso diálogo da teoria com a prática.

Donald E. Stokes[41] ressalta a existência de espaços que não se enquadram nem na busca desinteressada pelo conhecimento nem na produção de resultados práticos despreocupada com sua

---

[39] ARTHUR, W. Brian. *The nature of technology*: what it is and how it evolves. Nova York: Free Press, 2009. p. 49.

[40] Nas palavras do autor, "[a] tecnologia advém não só da combinação do que já existe, mas da constante captura e aproveitamento de fenômenos naturais. No início da cronologia tecnológica, nós constantemente acessamos e utilizamos fenômenos: o calor do fogo, o corte da obsidiana lascada, o impulso da pedra lançada. Tudo o que alcançamos desde então vem do aproveitamento desses e de outros fenômenos, e da combinação das peças que deles resultam" (ARTHUR, W. Brian. *The nature of technology*: what it is and how it evolves. Nova York: Free Press, 2009. p. 9). A maturidade dos processos inovadores também pode ter a ver com os tipos de conhecimento científico necessários ao seu desenrolar. Durante as etapas iniciais de desenvolvimento de um novo produto ou processo pode haver uma correlação mais direta com pesquisa científica básica ou pura para depois para depois se transitar para preocupações com a aplicação do conhecimento e, finalmente, se averiguar se todos os componentes (ou a organização desses) associados à inovação estejam satisfatoriamente estruturados para alcançar objetivos comerciais. Nesse sentido, cf. KLINE, Stephen J.; ROSENBERG, Nathan. An overview of innovation. *In*: ROSENBERG, Nathan; LANDAU, Ralph (org.). *The Positive Sum Strategy*: Harnessing Technology for Economic Growth. Washington, D.C.: National Academy, 1986. p. 292 e 295-296.

[41] STOKES, Donald E. *Pasteur's Quadrant*: Basic Science and Technological Innovation. Washington, D.C.: Brookings Institution, 1997. p. 70-89.

compreensão em termos científicos. Haveria entre tais extremos um espaço ("quadrante") em que se operaria tanto um esforço para decifrar os fenômenos naturais quanto para utilizá-los para fins concretos. Esse quadrante seria representado por cientistas como Louis Pasteur, que, além de precursor de diversos saberes e descobertas científicas (a microbiologia, por exemplo), as fez buscando resultados concretos no combate às doenças, vindo a desenvolver uma das primeiras vacinas empregadas no combate à raiva.[42] Mais recentemente, Venkatesh Narayanamurti, Tolu Odumosu e Lee Vinsel enfatizam como as investigações científicas contemporâneas continuamente misturam teoria e prática, com influências recíprocas em processos de longa maturação.[43]

Estando devidamente relacionados os temas da *ciência, tecnologia e inovação* e, já tendo sido possível destacar alguns elementos da última, convém prosseguir apresentando a distinção entre a *invenção* e *inovação*.

Segundo Fagerberg, a "*invenção* consistiria na primeira ocorrência da ideia para um novo produto ou processo, enquanto a *inovação* consistiria na primeira tentativa de colocá-la em prática" (grifo nosso).[44] A *inovação* portanto estaria associada à implementação

---

[42] Stokes também exemplifica outros espaços possíveis (quadrantes) com cientistas famosos. O físico dinamarquês Niels Bohr representaria o foco na pesquisa pura, dedicada à produção de conhecimento e despreocupada com resultados práticos durante a investigação do átomo. O norte-americano Thomas Alva Edison se situaria em um extremo oposto, preocupando-se apenas com a aplicação prática, com a compreensão científica do que estava sendo descoberto durante os esforços para tornar a energia elétrica algo lucrativo não sendo foco de interesse. Cf. STOKES, Donald E. *Pasteur's Quadrant*: Basic Science and Technological Innovation. Washington, D.C.: Brookings Institution, 1997. p. 96-140. Há, nesse trabalho, uma importante crítica à artificialidade da separação entre pesquisa científica básica e aplicada para se falar de processos inovativos.

[43] A trajetória subjacente a seis prêmios Nobel em física, todos associados a pesquisas fundamentais são apresentados pelos autores para destacar a artificialidade no estabelecimento de limites estritos (como as decorrentes de divisões estanques entre etapas de pesquisa e desenvolvimento) para a compreensão dos ciclos inovativos. Cf. Narayanamurti, Venkatesh; Odumosu, Tolu; Vinsel, Lee. RIP: The Basic/Applied Research Dichotomy. *Issues in Science and Technology*, Washington, D.C., v. 29, n. 2, p. 31-36, 2013. Os autores, como Stokes, criticam a tradicional divisão entre P&D como orientador de políticas científicas e tecnológicas. Em substituição a essa dicotomia é proposta a ideia de ciclos de *inovação* compostos por movimentos de *invenção* e *descoberta*, sendo a primeira relativa à acumulação e produção de conhecimento originador de novas ferramentas, dispositivos ou processos que servem a uma finalidade específica e a segunda à criação de conhecimento. Cf. Narayanamurti, Venkatesh; Odumosu, Tolu. *Cycles of Invention and Discovery*: Rethinking the Endless Frontier. Cambridge: Harvard University, 2016.

[44] FAGERBERG, Jan. Innovation: A Guide to the Literature. *In*: FAGERBERG, Jan (org.). *Innovation, Economic Development and Policy*. Nova York: Edward Elgar, 2018. p. 4. O

de uma ideia já existente, com a produção de impactos concretos e verificáveis na realidade econômica e social.

Os esforços de comercialização são tradicionalmente reconhecidos como fontes privilegiadas desses impactos, fazendo com que as empresas constituam um espaço particularmente propício ao florescimento da *inovação*[45] (mesmo que não o único)[46] dados seus esforços para obtenção de lucro.

Joseph Alois Schumpeter,[47] recorrentemente lembrado pelo valor que atribui à inovação no desenvolvimento econômico decorrente do empreendedorismo, destaca as diferenças de perfil de quem exerce essas atividades e de impacto que elas produzem:

> O protagonismo econômico precisa ser distinguido da "invenção". Enquanto elas não são implementadas na prática, as invenções são economicamente irrelevantes. E implementar qualquer melhoria é uma tarefa completamente diversa de inventá-la e uma tarefa, de todo modo, que requer aptidões completamente distintas. Embora empreendedores *possam* ser inventores tanto quanto capitalistas, eles são inventores não pela natureza da função que exercem e vice-versa. Aliás, as inovações que cabem aos empreendedores não precisam ser efetivas invenções. Não é, assim, recomendável e pode conduzir a enganos enfatizar a invenção o tanto quanto muitos escritores fazem.[48]

Com isso, medidas de fomento à inovação não podem se resumir ao incentivo a novas ideias, mas precisam compreender esforços

---

autor não deixa de alertar para a possibilidade de as ideias surgirem de forma paralela ao redor do mundo (como ocorreu com a linguagem escrita) notando-se, de toda forma, uma tendência à redução desse fenômeno conforme o aumento da comunicação em escala global. Cf. FAGERBERG, Jan. Innovation: A Guide to the Literature. *In*: FAGERBERG, Jan (org.). *Innovation, Economic Development and Policy*. Nova York: Edward Elgar, 2018. p. 21.

[45] FAGERBERG, Jan. Innovation: A Guide to the Literature. *In*: FAGERBERG, Jan (org.). *Innovation, Economic Development and Policy*. Nova York: Edward Elgar, 2018. p. 4-6.

[46] FAGERBERG relembra que outras estruturas organizacionais de caráter não empresarial também podem ser espaços férteis ao surgimento de inovações, apontando hospitais públicos ou sem finalidades não lucrativas como exemplo (FAGERBERG, Jan. Innovation: A Guide to the Literature. *In*: FAGERBERG, Jan (org.). *Innovation, Economic Development and Policy*. Nova York: Edward Elgar, 2018. p. 5).

[47] Para uma brevíssima introdução sobre o autor, que goza de destacada importância na tradição europeia de estudos sobre a inovação, cf. o *box* em FAGERBERG, Jan. Innovation: A Guide to the Literature. *In*: FAGERBERG, Jan (org.). *Innovation, Economic Development and Policy*. Nova York: Edward Elgar, 2018. p. 6.

[48] SCHUMPETER, Joseph A. *The Theory of Economic Development*: An Inquiry into Profits, Capital, Credit, Interest, and the BUSINESS cycle. New Brunswick: Transaction Books, 1983. p. 81.

para impulsionar a sua implementação. Há muito a acontecer para que uma ideia produza resultados práticos. Um exemplo claro disso é a necessidade de uma tecnologia ser adotada pelos consumidores finais para que sua comercialização possa ter sucesso.

Esse exemplo, aliás, inclusive serve como deixa para trazer à tona outra importante distinção terminológica: entre *inovação* e *difusão*.

Um fato importante à introdução de qualquer *inovação* em um dado contexto social é a velocidade de sua disseminação. Mesmo novidades relevantes, eficientes, e indiscutivelmente benéficas podem não ser acolhidas instantaneamente. Há registros históricos de medidas flagrantemente positivas que levaram séculos para serem adotadas.[49] A compreensão dos desafios associados à obtenção das consequências almejadas pela *inovação* passa pela compreensão da *difusão*.

Segundo Everett M. Rogers,[50] *difusão* seria "o processo no qual uma inovação é comunicada por meio de certos canais através do tempo entre membros de um sistema social. Ela é um tipo especial de comunicação, em que as mensagens são relativas a novas ideias.".[51] Dentro do seu referencial de análise, *inovação* consistiria em

> uma ideia, prática ou objeto percebido como novo por um indivíduo ou outra unidade de adoção. Pouco importa, no que concerne ao comportamento humano, se uma ideia é ou não "objetivamente" nova tendo-se em consideração o lapso temporal desde o seu primeiro uso ou descoberta. A percepção de novidade pelo indivíduo determina a sua reação a isso. Se uma ideia parece nova a um indivíduo, ela é uma inovação.[52]

Dentro do referencial apresentado por Rogers a "novidade" é um elemento central para a *inovação*. Mas é adequadamente

---

[49] Everett M. Rogers relata como a marinha britânica, mesmo tendo tido conhecimento acerca de resultados positivos em experimentos de combate ao escorbuto, demorou séculos para implementar soluções simples para uma causa relevante de mortalidade de marinheiros. Cf. ROGERS, Everett M. *Diffusion of Innovations*. 5. ed. Nova York: Free, 2003. p. 36.

[50] A obra de Everett M. Rogers sobre difusão tecnológica, em sua quinta edição e consolidando pesquisas de mais de 40 anos, serve referencial teórico influente sobre os estudos da *difusão*. O prefácio da sua relata como a observação quanto à forma como as difusões tecnológicas no setor agrícola impulsionou o estudo desse fenômeno. Cf. ROGERS, Everett M. *Diffusion of Innovations*. 5. ed. Nova York: Free, 2003. p. 25-29.

[51] ROGERS, Everett M. *Diffusion of Innovations*. 5. ed. Nova York: Free, 2003. p.35.

[52] ROGERS, Everett M. *Diffusion of Innovations*. 5. ed. Nova York: Free, 2003. p.40.

ressaltada a importância de um juízo contextual para avaliar o conteúdo inovador, devendo ser ponderado se algo é novo a partir da perspectiva do sujeito em questão. Pouco importaria a cronologia, se a novidade é mais ou menos recente, mas sim se a interação traz novidades para um indivíduo, organização, um grupo social e assim por diante.

Refletir sobre *difusão* significa atentar-se a um processo comunicativo, averiguando-se o que pode facilitá-lo ou dificultá-lo, o lapso temporal que ele exige, quem dele participa, entre outros fatores.[53]

Essas distinções são úteis à determinação do conteúdo das políticas de fomento. Nesse sentido, políticas de fomento *à inovação* teriam como foco o incentivo ao surgimento do "novo" (mesmo que para determinado sujeito), sendo a adoção de algo já existente a seara principal das políticas de fomento à *difusão*. Exemplos seriam, respectivamente, o estímulo ao desenvolvimento de nova tecnologia por uma empresa nacional ou a nacionalização de tecnologia existente no exterior. Fica claro que diferenças de finalidade conduzirão a estruturação de políticas públicas distintas.[54]

Mas, se essa distinção é útil, é importante não exagerar em sua rigidez, visto que as fronteiras entre os fenômenos de *inovação* e *difusão* são consideravelmente fluidas.[55] Há uma parcela razoável de *inovações* ocorrendo durante processos de *difusão*. Isso é visível na fase de implementação das novidades,[56] onde é comum que os usuários

---

[53] É importante registrar que a obra de Rogers se preocupa com a *difusão* de ideias em um caráter mais amplo do que os conceitos adotados para *inovação* neste trabalho. Observe-se, como exemplo, que o autor chega a comentar a difusão do *rap*, o gênero musical, para falar da velocidade dos processos difusão. Cf. ROGERS, Everett M. *Diffusion of Innovations*. 5. ed. Nova York: Free, 2003. p. 200.

[54] Para um exemplo de discussão sobre políticas de difusão, de uma perspectiva econômica, cf. STONEMAN, Paul; BATTISTI, Giuliana. The Diffusion of New Technology. *In*: HALL, Bronwyn H.; ROSENBERG, Nathan (org.). *Handbook of the Economics of Innovation*. Oxford: Elsevier, 2010. v. 2. p. 753-757.

[55] O reconhecimento desses limites tênues no mundo dos fatos, inclusive, faz com que a definição de *inovação* adotada pelo *Manual de Oslo* inclua os esforços de *difusão* quando da mensuração do desempenho inovativo empresarial. Cf. ORGANISATION FOR ECONOMIC CO-OPERATION AND DEVELOPMENT. *Oslo Manual 2018*: Guidelines for Collecting, Reporting and Using Data on Innovation. 4. ed. Paris: OECD Publishing, 2018. p. 69 e 129.

[56] Segundo Rogers haveria, no geral, 5 fases distintas relacionadas à adoção de uma inovação: uma fase de conhecimento, em que é se dado ciência da existência da novidade; uma de persuasão, em que se dá um processo de convencimento e é definida uma atitude (favorável ou desfavorável); uma de decisão, em que se opta ou não pela sua adoção dessa;

da tecnologia tenham de adaptá-la às suas realidades particulares.[57] Também é importante considerar como se dará a *difusão* para que as *inovações* possam ter seu potencial plenamente explorado. Isso é relevantíssimo da perspectiva comercial, uma vez que imprevistos na disseminação da tecnologia podem fazer com que o responsáveis pela *inovação* original deixem de se beneficiar de suas consequências.[58]

Por fim, a classificações das *inovações* em *incrementais, radicais* e *disruptivas* também serve para ilustrar a multiplicidade de formas pelas quais elas podem vir a se manifestar.[59]

Segundo Christopher Freeman e Luc Soete, *radicais* seriam as inovações associadas às grandes mudanças que, embora raras na história humana, teriam grande impacto nas trajetórias tecnológicas. Já as *incrementais,* mais usuais, estariam relacionadas aos pequenos aprimoramentos que acompanham a utilização efetiva da tecnologia, sendo um subproduto dos esforços produtivos.[60] O desenvolvimento histórico das tecnologias demonstram essa dinâmica. Pense-se, por exemplo, na revolução industrial inglesa: se de um lado aprimoramentos no uso das máquinas a vapor incrementavam o seu potencial, fatores como a introdução da eletricidade ensejariam mudanças de ainda maior monta, alterando radicalmente o cenário produtivo.

---

a de implementação, e, finalmente, uma etapa de confirmação, de grande relevância para a continuidade das mudanças acarretadas pela novidade. Cf. ROGERS, Everett M. *Diffusion of Innovations.* 5. ed. Nova York: Free, 2003. p. 159-198.

[57] São recorrentes ações de modificação e adaptação nessa etapa. Rogers chega a adotar a terminologia *reinvenção* para fazer referência a tais esforços, sublinhando a dificuldade em estabelecer os limites do que seria propriamente uma *inovação* nessas situações. Cf. ROGERS, Everett M. *Diffusion of Innovations.* 5. ed. Nova York: Free, 2003. p. 166-174.

[58] Um exemplo ilustrativo é a história do *videocassete*. Criado por uma empresa californiana (AMPEX Corporation), sua primeira exploração comercial tinha como público-alvo redes de televisão, que compravam equipamentos grandes (do tamanho de um refrigerador) e pagavam valores altos por eles. Muito embora funcionários da empresa americana já tivessem vislumbrado a hipótese de miniaturização do equipamento para o seu uso residencial os seus dirigentes não acreditaram nessa possibilidade, cedendo os direitos pertinente à japonesa Sony. A aposta japonesa permitiu uma exploração comercial de ainda maior sucesso do que podia ser imaginado. Cf. ROGERS, Everett M. *Diffusion of Innovations.* 5. ed. Nova York: Free, 2003. p. 144-145.

[59] Fagerberg menciona ainda inovações *marginais* (conquanto sinônimos das *incrementais)* e a noção de *revoluções tecnológicas,* descrevendo um conjunto de tecnologias aptas a causarem impactos consideráveis. Cf. FAGERBERG, Jan. Innovation: A Guide to the Literature. *In:* FAGERBERG, Jan (org.). *Innovation, Economic Development and Policy.* Nova York: Edward Elgar, 2018. p. 7-8.

[60] FREEMAN, Christopher; SOETE, Luc. Economics of Industrial Innovation. 3. ed. Londres: Routledge, 2004. p. 21-22; 39; 103 e 118.

Ao se pensar nessas categorias é importante ter em mente, como relembra Bengt-Åke Lundvall, que não há uma correlação entre intensidade do avanço técnico e impactos econômicos produzidos pelas inovações. Mudanças incrementais podem trazer sensíveis resultados econômicos ao permitirem a superação de gargalo impeditivo da expansão comercial de um produto. Mesmo um avanço tecnológico radical pode ser irrelevante antes de ser submetido a diversos processos de aprimoramento.[61]

A clareza quanto a distinção da dimensão técnica e econômica também é fundamental à compreensão da classificação das inovações como *disruptivas*. Nas palavras de Clayton M. Christensen,[62] Michael E. Raynor, e Rory McDonald, uma *disrupção* consistiria de

> um processo em que uma empresa menor e com menos recursos consegue desafiar com sucesso empresas já estabelecidas. De forma mais específica, enquanto as empresas já estabelecidas teriam como foco o aprimoramento dos seus produtos e serviços para os seus mais clientes mais exigentes (e lucrativos) elas serviriam em excesso as necessidades de alguns segmentos e ignorariam as de outros. Entrantes que se provam disruptivos começam por atender com sucesso os segmentos negligenciados, estabelecendo-se ao fornecerem uma funcionalidade mais adequada, frequentemente a um preço mais baixo. As empresas estabelecidas, buscando maiores lucros, tendem a não responder de forma vigorosa. As empresas entrantes então passam a ganhar mercado, passando logo a cumprir as exigências dos principais consumidores do segmento enquanto mantém as vantagens responsáveis pelo seu sucesso inicial. Quanto os consumidores principais começam a optar pelos produtos dos entrantes em volume, a disrupção teria ocorrido.[63]

Nesses termos, ao se qualificar uma *inovação* como disruptiva, se estaria antes aludindo a uma reconfiguração de um mercado e da forma de operar dos agentes nele inseridos do que a uma

---

[61] O autor cita, como exemplos, a introdução de rodas de borracha infláveis em veículos agrícolas, constituindo inovações incrementais de grande impacto; e o computador que, remontando à máquina diferencial de Charles Babbage, demorou mais de um século para ter resultados econômicos consideráveis. Cf. LUNDVALL, Bengt-Åke (org.). *National Systems of Innovation*: Toward a Theory of Innovation and Interactive Learning. Londres: Anthem, 2012. p. 12-13.

[62] A obra clássica do autor é CHRISTENSEN, Clayton M. *The Innovator's Dilemma*: When New Technologies Cause Great Firms to Fail. Boston: Harvard Business School, 1997.

[63] CHRISTENSEN, Clayton M.; RAYNOR, Michael E.; MCDONALD, Rory. What Is Disruptive Innovation? *Harvard Business Review*, Boston, p. 1-17, 2015. p. 3.

dimensão de melhoramento técnico.[64] Empresas poderiam trilhar rotas disruptivas mesmo sem basear suas estratégias de negócio em *inovações radicais*.[65]

Feitas todas essas distinções entre *inovação, difusão* e *invenção*; relacionar a primeira aos temas da *ciência* e *tecnologia*; e explicado do consistiriam *inovações incrementais, radicais e disruptivas*, espera-se que tenha ficado mais claro o que se objetiva incentivar com o tipo de financiamento estudado.

Há, para além do viés teórico apresentado, outras dimensões a considerar para se ter um quadro ainda mais completo do significado de *inovação* para os fins desta pesquisa. A próxima delas tem um recorte operacional, voltado à mensuração dos esforços inovativos.

1.1.2 Perspectivas operacionais

O *Manual de Oslo*, uma publicação conjunta da OECD e da União Europeia, é um referencial central para a mensuração da inovação empresarial. Em sua quarta edição, o manual oferece

> um guia para a coleta e a interpretação de dados sobre inovação. Suas recomendações são principalmente voltadas ao apoio de órgãos estatísticos nacionais e outros produtores de dados sobre inovação no design, na coleta e na publicação de mensurações da inovação para que possam ser supridas variadas necessidades de pesquisa e de política pública. Ele tem como objetivo facilitar as comparações internacionais, e oferece uma plataforma para a pesquisa e experimentação no campo da mensuração da inovação. Adicionalmente, essas recomendações são também

---

[64] É por conta disso que o *Manual de Oslo* aponta que, enquanto as inovações *radicais* estariam relacionadas a uma mudança no *status quo*, as *disruptivas* normalmente envolveriam soluções simples aplicáveis a certos nichos de mercado, proporcionando a expansão da atuação dos novos entrantes e a eventual substituição de empresas já estabelecidas. Cf. ORGANISATION FOR ECONOMIC CO-OPERATION AND DEVELOPMENT. *Oslo Manual 2018*: Guidelines for Collecting, Reporting and Using Data on Innovation. 4. ed. Paris: OECD Publishing, 2018. p. 78.

[65] O *Uber* é um exemplo, tendo sido sua estratégia alcançar os consumidores principais dos serviços de táxi, oferecendo-lhes um serviço aprimorado. Cf. CHRISTENSEN, Clayton M.; RAYNOR, Michael E.; MCDONALD, Rory. What Is Disruptive Innovation? *Harvard Business Review*, Boston, p. 1-17, 2015. p. 5. Como os autores explicam, movimentos empresariais disruptivos muitas vezes envolvem tanto a criação de novos mercados (*new-market footholds*) quanto a capacidade de explorar segmentos já existentes e negligenciados (*low-end footholds*).

estruturadas para que sejam aproveitadas diretamente por usuários das informações relativas à inovação.[66]

Para cumprir sua missão, além de congregar orientações quanto a coleta e interpretação de dados sobre inovação, o manual também consolidou definições e conceitos que logo se tornaram amplamente difundidos e aplicados. Com o tempo o *Manual de Oslo* se tornou referência[67] para a execução e o monitoramento de diversas ações públicas de fomento ao redor do mundo, como ocorre com os financiamentos em estudo.[68]

Dada a sua importância, interessa contextualizá-lo para poder melhor compreender seu conteúdo.

O *Manual de Oslo* não é nem a primeira, nem a única, publicação da OECD relacionada a CTI. Tendo tido a sua primeira edição em 1992, ele foi precedido pelo *Manual de Frascati*, de 1963[69] (dedicado especificamente à mensuração das atividades de P&D) e sucedido em 1994 e 1995, respectivamente, pelo *Manual de Patentes*[70] e pelo *Manual de Canberra*,[71] respectivamente sobre

---

[66] ORGANISATION FOR ECONOMIC CO-OPERATION AND DEVELOPMENT. *Oslo Manual 2018*: Guidelines for Collecting, Reporting and Using Data on Innovation. 4. ed. Paris: OECD Publishing, 2018. p. 19.

[67] Apesar desse poder de influência, é importante sublinhar que o *Manual de Oslo* não traz normas jurídicas prescritivas de condutas nem instituidora de procedimentos ou competências, mas apenas documenta contendo parâmetros não vinculantes, voltados à harmonização de levantamentos sobre inovação ao redor do globo.

[68] Ele é uma referência para o apoio à inovação praticada por entes como o BNDES e Finep, dentre outros. Cf. BANCO NACIONAL DO DESENVOLVIMENTO. *Política de Atuação no Apoio à Inovação*. Brasília, DF: BNDES, [2013]; BRASIL. Financiadora de Estudos e Projetos. *Glossário Finep*. Rio de Janeiro: Finep, [2024]. O MCTI também menciona o uso do manual para a elaboração de seus indicadores de ciência, tecnologia e inovação. Cf. BRASIL. Ministério da Ciência, Tecnologia e Inovação. *Manuais de Referência*. Brasília, DF: MCTI, [2024]. Ele também estabelece os parâmetros adotados pela PINTEC, o levantamento mais importante sobre desempenho inovativo empresarial do país. Sobre a PINTEC, cf. INSTITUTO BRASILEIRO DE GEOGRAFIA E ESTATÍSTICA. PINTEC: pesquisa de inovação. Brasília, DF: IBGE, [2024].

[69] ORGANISATION FOR ECONOMIC CO-OPERATION AND DEVELOPMENT. *Frascati manual 2015*: Guidelines for Collecting and Reporting Data on Research and Experimental Development. Paris: OECD Publishing, 2015.

[70] ORGANISATION FOR ECONOMIC CO-OPERATION AND DEVELOPMENT. *OECD Patent Statistics Manual*. Paris: OECD Publishing, 2009.

[71] ORGANISATION FOR ECONOMIC CO-OPERATION AND DEVELOPMENT. *Measurement of Scientific and Technological Activities*: Manual on the Measurement of Human Resources Devoted to S&T – Canberra Manual. Paris: OECD Publishing, 1995.

a mensuração da obtenção de patentes e dos recursos humanos dispendidos em CTI.[72]

Mas é apenas com o *Manual de Oslo* que a compreensão da inovação como um fenômeno de grande amplitude foi consolidada. Por conta disso, a adoção de outro manual por um agente financiador limitaria sensivelmente os tipos de esforços empresariais que poderiam ser considerados como inovativos por sua parte, o que traz importantes consequências práticas.[73] Pense-se, por exemplo, no caso dos incentivos fiscais ofertados pela Lei nº 11.196/05 (Lei do Bem). Como o reconhecimento de despesas efetuadas pelos contribuintes se dá com base no *Manual de Frascati* há uma restrição importante quanto ao acesso do acesso ao estímulo público[74] dadas as exigências de ser promovida atividade qualificável como de P&D.[75]

---

[72] Além desses manuais, a OECD produz uma série de publicações especializadas quanto ao tema. Cf. ORGANISATION FOR ECONOMIC CO-OPERATION AND DEVELOPMENT. *Key STI Statistics, Databases and Publications*. Paris: OECD Publishing, [2024].

[73] Observe-se que isso não é essencialmente bom ou ruim, mas uma escolha relativa à estrutura da atuação fomentadora. Como se verá adiante, o controle dos dispêndios empresariais constitui um elemento relevante na estruturação de *planos* ou *projetos* a serem desenvolvidos pelas empresas fomentadas, servindo como expediente para assegurar que a verba pública seja direcionada a objetivos consentâneos aos interesses coletivos. Uma acepção mais ou menos abrangente quanto ao que seria considerado um esforço inovador implica possibilidades mais ou menos alargadas quanto à possibilidade de seu estímulo pelo ente financiador. Observe-se, dentre outros, os itens 4.3.2 e 4.3.3 para uma visualização mais concreta dessa dinâmica.

[74] Segundo o MCTIC: "Para a 'Lei do Bem', a conceituação de inovação tecnológica toma como referência o *Manual de Frascati*, já que o *Manual de Oslo* traz conceitos de mais [sic] abrangentes de inovação. Não é a inovação em si que é objeto dos benefícios fiscais previstos na citada Lei e sim a pesquisa e o desenvolvimento tecnológico (pesquisa básica dirigida, pesquisa aplicada e desenvolvimento experimental), ou seja, atividades que buscam adquirir novos conhecimentos e onde ocorrem riscos tecnológicos, portanto, não se trata simplesmente de compra ou encomenda de tecnologia". Cf. BRASIL. Ministério da Ciência, Tecnologia e Inovação. *Perguntas Frequentes*. Brasília, DF: MCTI, [2024].

[75] A definição de P&D pelo *Manual de Frascati* é a seguinte: "[p]esquisa e desenvolvimento experimental (P&D) inclui esforços criativos e sistemáticos efetuados objetivando o incremento do estoque de conhecimento (incluindo o conhecimento de humanidades, cultura e sociedade) e para a elaboração de novas aplicações do conhecimento disponível." No original: ORGANISATION FOR ECONOMIC CO-OPERATION AND DEVELOPMENT. *Frascati manual 2015*: Guidelines for Collecting and Reporting Data on Research and Experimental Development. Paris: OECD Publishing, 2015. p. 44. O manual prescreve cinco atributos que devem estar presentes em uma atividade para que ela possa ser considerada P&D: novidade (*novel*), criatividade (*creative*), incerteza (*uncertain*), sistematicidade (*systematic*), transferibilidade ou reprodutibilidade (*transferable and/or reproducible*). Cf. ORGANISATION FOR ECONOMIC CO-OPERATION AND DEVELOPMENT. *Frascati manual 2015*: Guidelines for Collecting and Reporting Data on Research and Experimental Development. Paris: OECD Publishing, 2015. p. 45-49. Cabe registrar que o próprio *Manual de Frascati* deixa expresso que o âmbito das atividades inovadoras supera o seu objeto, além de pontuar que essas nem sempre dependem de

A amplitude dos conceitos inseridos no *Manual de Oslo* decorre de um percurso histórico e institucional específico de mensuração dos esforços de CTI. Benoît Godin pontua como alguns de seus elementos o relevo conferido a pesquisas dirigidas (*surveys*) como expediente para a coleta de dados, ilustrando uma preocupação com a realidade concreta da atuação empresarial; o objetivo de produzir formas de mensuração que transcendessem a dimensão da P&D; e um foco sendo dado à inovação como atividade e não como resultado (*outcome*), valorizando esforços que não necessariamente logram obter resultados inovativos concretos.[76]

Finalmente, o foco do *Manual de Oslo* é a atividade empresarial. Essa tendência mantém-se desde a sua primeira edição (dedicada à indústria), mesmo que recentemente ele tenha, em sua quarta edição (de 2018) proposto metodologias para a mensuração das inovações nos demais setores da economia.[77]

Passando para o seu conteúdo, o *Manual de Oslo* define a inovação empresarial[78] como

> um produto ou processo empresarial (ou combinação desses) novo ou aprimorado que se diferencie significativamente dos produtos

---

esforços de P&D. Cf. ORGANISATION FOR ECONOMIC CO-OPERATION AND DEVELOPMENT. *Frascati manual 2015*: Guidelines for Collecting and Reporting Data on Research and Experimental Development. Paris: OECD Publishing, 2015. p. 60.

[76] GODIN, Benoît. *Measurement and Statistics on Science and Technology*: 1920 to the Present. Londres: Routledge, 2004. p. 42-43; 86-87; 138-154. Também sobre esse histórico cf. PERANI, Giulio. Business Innovation Measurement: History and Evolution. *In*: GODIN, Benoît; GAGLIO, Gérald; VINCK, Dominique (org.). *Handbook on Alternative Theories of Innovation*. Cheltenham: Edward Elgar, 2021. p. 292-308. Com o recorte adotado preponderar a preocupação com a atuação dos envolvidos em atividades inovativas (*subject approach*) frente a expedientes baseados no objeto (*object approach*), calcado na avaliação dos resultados em matéria inovativa, mesmo que o *Manual de Oslo* reconheça ambas as estratégias como igualmente válidas. Cf. ORGANISATION FOR ECONOMIC CO-OPERATION AND DEVELOPMENT. *Oslo Manual 2018*: Guidelines for Collecting, Reporting and Using Data on Innovation. 4. ed. Paris: OECD Publishing, 2018. p. 56-57.

[77] O manual adota a linguagem do SNA (*System National Accounts*) das Nações Unidas, dividindo em setor empresarial (*corporations*), setor governamental (*general government*), instituições não lucrativas (*Non Profit Institutions Serving Households* – NPHISHs) e o doméstico (*households*), cf. ORGANISATION FOR ECONOMIC CO-OPERATION AND DEVELOPMENT. *Oslo Manual 2018*: Guidelines for Collecting, Reporting and Using Data on Innovation. 4. ed. Paris: OECD Publishing, 2018. p. 51.

[78] O termo utilizado pelo manual é *business*, entendendo-se que a opção pela expressão "empresarial" não traz grandes prejuízos semânticos para os presentes fins. Cf. ORGANISATION FOR ECONOMIC CO-OPERATION AND DEVELOPMENT. *Oslo Manual 2018*: Guidelines for Collecting, Reporting and Using Data on Innovation. 4. ed. Paris: OECD Publishing, 2018. p. 20.

ou processos anteriores da empresa e que tenha sido introduzido no mercado ou utilizado pela empresa.[79]

É importante notar como a definição apresentada está em consonância com as perspectivas teóricas previamente abordadas. Observe-se, por exemplo, como é dado relevo à disponibilização no mercado, que fundamenta a distinção entre *inovação* e *invenção*; e como a definição goza de uma abrangência que, abarcando tanto novidades quanto aprimoramentos, contabiliza tanto inovações *radicais* quanto *incrementais*.[80]

Outras noções presentes nessa definição auxiliam na compreensão da *inovação* enquanto fenômeno. Trata-se das ideias de *produto* e *processo*, que servem como forma de plataforma para a localização das inovações, e das qualificações deles como *novos* ou *aprimorados*.

A distinção entre *produto* e *processo* permite que as inovações (conquanto resultados)[81] sejam separadas em categorias. Os *produtos* consistiriam em "bens ou serviços que resultam de atividades produtivas. Produtos podem ser cambiáveis e usados como insumos na produção de outros bens e serviços, para seu consumo final ou para investimento".[82] Já os *processos* (ou processos produtivos) consistiram em "todas as atividades, sob o controle de uma unidade, que usa insumos de trabalho, capital, bens e serviços para produzir bens e serviços".[83]

---

[79] ORGANISATION FOR ECONOMIC CO-OPERATION AND DEVELOPMENT. *Oslo Manual 2018*: Guidelines for Collecting, Reporting and Using Data on Innovation. 4. ed. Paris: OECD Publishing, 2018. p. 20.

[80] O *Manual de Oslo* explicita suas bases teóricas em ORGANISATION FOR ECONOMIC CO-OPERATION AND DEVELOPMENT. *Oslo Manual 2018*: Guidelines for Collecting, Reporting and Using Data on Innovation. 4. ed. Paris: OECD Publishing, 2018. p. 45-48, figurando neste trabalho diversos autores ali citados.

[81] O *Manual de Oslo* distingue as inovações enquanto *processo*, descrevendo-as como "atividades inovativas" (*innovation activities*) ou como *resultado* (*outcome*), adotando apenas a palavra "inovação" nesse último caso. Cf. ORGANISATION FOR ECONOMIC CO-OPERATION AND DEVELOPMENT. *Oslo Manual 2018*: Guidelines for Collecting, Reporting and Using Data on Innovation. 4. ed. Paris: OECD Publishing, 2018. p. 35 e 38.

[82] ORGANISATION FOR ECONOMIC CO-OPERATION AND DEVELOPMENT. *Oslo Manual 2018*: Guidelines for Collecting, Reporting and Using Data on Innovation. 4. ed. Paris: OECD Publishing, 2018. p. 53.

[83] ORGANISATION FOR ECONOMIC CO-OPERATION AND DEVELOPMENT. *Oslo Manual 2018*: Guidelines for Collecting, Reporting and Using Data on Innovation. 4. ed. Paris: OECD Publishing, 2018. 2018, p. 53.

Portanto, uma *inovação de produto* seria "um bem ou serviço que se diferencie significativamente dos bens ou serviços anteriores da empresa e que tenha sido introduzido no mercado".[84] Já uma *inovação de processo* consistiria em "um processo empresarial para uma ou mais funções empresariais que se diferenciaria dos processos empresariais anteriores e que tenha sido utilizado pela empresa".[85]

O referencial para as inovações de produto ou processo é distinto, mesmo que ambas tenham em comum a ideia de implementação: a disponibilização no mercado para o caso dos produtos e a utilização pela própria empresa no caso dos processos. Importante salientar que, como as *inovações de processo* contemplam todas as atividades manejadas pela empresa para a produção dos produtos e atividades auxiliares e de suporte associadas a uma dada inovação, é possível que uma mesma inovação seja tanto de *produto* quanto de *processo*.[86]

Com isso comprova-se que diversas atividades empresariais podem ser consideradas inovativas. De fato, o *Manual de Oslo* define as *atividades inovativas empresariais* (lógica da inovação como processo) como "incluindo todas as atividades de desenvolvimento, financeiras e comerciais promovidas por uma empresa que pretendam resultar em uma inovação para a empresa".[87] Podem ser então tidas como inovativas inclusive iniciativas associadas a serviços intangíveis, processos organizacionais ou de marketing.[88]

---

[84] ORGANISATION FOR ECONOMIC CO-OPERATION AND DEVELOPMENT. *Oslo Manual 2018*: Guidelines for Collecting, Reporting and Using Data on Innovation. 4. ed. Paris: OECD Publishing, 2018. p. 70.

[85] ORGANISATION FOR ECONOMIC CO-OPERATION AND DEVELOPMENT. *Oslo Manual 2018*: Guidelines for Collecting, Reporting and Using Data on Innovation. 4. ed. Paris: OECD Publishing, 2018. p. 74.

[86] ORGANISATION FOR ECONOMIC CO-OPERATION AND DEVELOPMENT. *Oslo Manual 2018*: Guidelines for Collecting, Reporting and Using Data on Innovation. 4. ed. Paris: OECD Publishing, 2018. p. 69. No caso da combinação de inovação de produtos e processos, o *Manual de Oslo* dá como exemplo um novo produto que demande novo processo. É o caso de uma nova função *online* para dar suporte a produtos relacionados a informação. Cf. ORGANISATION FOR ECONOMIC CO-OPERATION AND DEVELOPMENT. *Oslo Manual 2018*: Guidelines for Collecting, Reporting and Using Data on Innovation. 4. ed. Paris: OECD Publishing, 2018. p. 76.

[87] ORGANISATION FOR ECONOMIC CO-OPERATION AND DEVELOPMENT. *Oslo Manual 2018*: Guidelines for Collecting, Reporting and Using Data on Innovation. 4. ed. Paris: OECD Publishing, 2018. p. 68.

[88] Cf. ORGANISATION FOR ECONOMIC CO-OPERATION AND DEVELOPMENT. *Oslo Manual 2018*: Guidelines for Collecting, Reporting and Using Data on Innovation. 4. ed.

Um segundo elemento a ser referido tem a ver com a qualificação dos *produtos ou processos empresariais* como *novos* ou *aprimorados*, com o manual apontando critérios para captar grau de novidade e os impactos inerentes às inovações que lhes são subjacentes.[89]

Como se extrai da definição das inovações empresariais apresentada, é necessário averiguar se presentes diferenças em relação aos produtos ou processos anteriores da empresa. São as condições específicas e pregressas da empresa que definirão se algo pode ser considero *novo* ou um *aprimoramento*. Mesmo que esse tipo de análise tenha de ser de alguma forma promovida pelos financiadores, é importante destacar que ela muitas vezes está longe de ser trivial. O *Manual de Oslo* reconhece a dificuldade em aferir o quão "significantemente diferente" um produto ou processo pode ser frente a homólogo anterior, destacando que também pode ser difícil identificar a presença de certos tipos de inovação (como as radicais e/ou disruptivas) em lapsos temporais curtos. Critérios são propostos para mensurar a novidade e os impactos econômicos associados à potencial inovação: a contextualização da inovação frente a as técnicas mais atuais (o "estado da arte") no setor econômico em que a empresa atua; a avaliação do potencial transformativo da novidade ou aprimoramento para o mercado em que ela produzirá efeitos; e a ponderação quanto aos reflexos possíveis na capacidade competitiva da empresa. Assim, ao se refletir sobre o contexto em que a inovação terá lugar, será importante compreender se se trata de novidade ou aprimoramento apenas para a empresa, (aproximando-se de uma situação de *difusão*, também abrangida pela ideia de *inovação* prevista no manual),[90] para o mercado em que ela atua,[91] ou para o mundo.[92]

Paris: OECD Publishing, 2018. p. 70-77. Maior detalhamento quanto à forma de aferição (e mensuração) das atividades inovadoras pode ser encontrada também no quarto capítulo do *Manual de Oslo*.

[89] ORGANISATION FOR ECONOMIC CO-OPERATION AND DEVELOPMENT. *Oslo Manual 2018*: Guidelines for Collecting, Reporting and Using Data on Innovation. 4. ed. Paris: OECD Publishing, 2018. p. 77-78.

[90] ORGANISATION FOR ECONOMIC CO-OPERATION AND DEVELOPMENT. *Oslo Manual 2018*: Guidelines for Collecting, Reporting and Using Data on Innovation. 4. ed. Paris: OECD Publishing, 2018. p. 69.

[91] A dimensão setorial da inovação, e a particular importância de sua mensuração no âmbito da atividade de fomento em estudo, será referida de forma específica no item 2.2.2.

[92] Dadas essas dificuldades todas, o manual didaticamente apresenta exemplos de mudanças que não constituiriam inovações ou que só poderiam ser consideradas como tais dentro de

Somando-se às noções teóricas apresentadas, os conceitos e definições constantes no *Manual de Oslo* consubstanciam ativos importantes para a delimitação de inovações na realidade fática. Figuras como as de *produto, processo, novidade* e *aprimoramento* são cotidianamente adotadas pelos financiadores ao promoverem as atividades de fomento em estudo. Mas, para delinear definitivamente o que consistiria *inovação* tanto para os fins deste estudo quanto para o seu fomento no Brasil é preciso descrevê-la a partir de mais uma dimensão: a jurídico-normativa.

1.1.3 Perspectivas normativas

O ordenamento jurídico brasileiro, para bem ou para mal, expressamente define *inovação* em sua legislação. O diploma normativo mais relevante em que isso acontece é a Lei nº 10.973/04 (Lei de Inovação), que eu seu art. 2º, IV a conceitua como

> introdução de novidade ou aperfeiçoamento no ambiente produtivo e social que resulte em novos produtos, serviços ou processos ou que compreenda a agregação de novas funcionalidades ou características a produto, serviço ou processo já existente que possa resultar em melhorias e em efetivo ganho de qualidade ou desempenho.

Desde seu nascedouro, essa conceituação vincula-se à atividade de fomento estatal,[93] originalmente sendo inovação a "introdução de novidade ou aperfeiçoamento no ambiente produtivo ou social que resulte em novos produtos, processos ou

---

certas condições. Muitos deles ilustram a falta de implementação (introdução no mercado ou utilização) ou de diferenciação de outros produtos ou processos já a dispor da empresa. No primeiro caso se situam, o anúncio de um modelo ou protótipo que ainda não existe e serviços criativos (como os de consultoria) que, embora personalizados, não representem esforço inovador para a empresa. No segundo estariam simples atualizações de rotina e mudanças estéticas não significativas (como pequenas mudanças de cor ou formato). Cf. ORGANISATION FOR ECONOMIC CO-OPERATION AND DEVELOPMENT. *Oslo Manual 2018*: Guidelines for Collecting, Reporting and Using Data on Innovation. 4. ed. Paris: OECD Publishing, 2018. p.77-80.

[93] O art. 1º, *caput* da Lei nº 10.973/04, tanto em sua redação original (prévia às mudanças efetivadas pela Lei nº 13.243/16) quanto atual menciona o papel da lei em estabelecer "medidas de incentivo à inovação e à pesquisa científica e tecnológica no ambiente produtivo".

serviços" (também no art. 2º, inciso IV).⁹⁴ Embora mudanças tenham vindo com a Lei nº 13.243/16,⁹⁵ é interessante notar dois movimentos em seu cerne: a permanência da associação do tema à dimensão social, vista desde o início da ordem constitucional vigente,⁹⁶ e o aumento da sua abrangência. Explica-se.

O Projeto de Lei nº 2.177/11, origem da Lei nº 13.243/16 origem dessa, propunha restringir a definição de *inovação* apenas a um viés econômico, conceituando-a apenas como "introdução de novidade ou aperfeiçoamento *no ambiente econômico* que resulte em novos produtos, processos ou serviços" (grifo nosso) (art. 2º, inciso XV, da redação original). Essa proposta, todavia, foi refutada por comissão especial criada na Câmara dos Deputados via substitutivo que, além disso, complementou a definição anterior. Adicionada, ainda menção à agregação de novas funcionalidades ou características e a potencialidade de ganho de qualidade ou desempenho como elementos indicadores do fenômeno inovativo.⁹⁷

De toda forma, é importante ter em mente que essa definição não é a única existente na legislação. Diplomas como a Lei do Bem⁹⁸ e a Lei Complementar nº 123/06⁹⁹ também a conceituam, mesmo que com pouquíssimas diferenças em relação ao que consta da Lei nº 10.973/04.¹⁰⁰ Assim, não se deve perder de vista que outras

---

[94] A definição ao final aprovada foi a da redação original do Projeto de Lei nº 3.476/04, apresentado à Câmara dos Deputados, e aprovado como a Lei de Inovação.

[95] Tanto a Lei nº10.973/04 quanto a Lei nº 13.243/16 serão novamente abordadas, com mais vagar, no item 3.2.1.

[96] Sobre essa particularidade do ordenamento pátrio, manifesto por exemplo na inserção do capítulo sobre CTI da Constituição no título dedicado à "Ordem Social", cf. o item 3.1.2.

[97] Note-se, apesar disso, que os conceitos inseridos pela Lei nº 13.243/16 não modificam essencialmente a abrangência do conceito, mas o complementam para fins simbólicos ou para facilitar a compreensão de seus termos.

[98] A Lei nº 11.196/05 define a *inovação tecnológica* em seu art. 17, § 1º como "a concepção de novo produto ou processo de fabricação, bem como a agregação de novas funcionalidades ou características ao produto ou processo que implique melhorias incrementais e efetivo ganho de qualidade ou produtividade, resultando maior competitividade no mercado".

[99] Nos termos do art. 64, inciso I da Lei Complementar nº 123/06: "inovação: a concepção de um novo produto ou processo de fabricação, bem como a agregação de novas funcionalidades ou características ao produto ou processo que implique melhorias incrementais e efetivo ganho de qualidade ou produtividade, resultando em maior competitividade no mercado".

[100] Há, todavia, diferenças relevantes. Em primeiro lugar, em ambos os diplomas a referência ao ambiente produtivo é mais clara ("fabricação"), estando ausente a menção explícita à dimensão social da Lei de Inovação. Em segundo lugar, ao se falar em *concepção* não

acepções normativas de *inovação* podem ser encontrados e informar determinados contextos da atuação pública.

Entretanto, essa definição deve ser privilegiada pelo destaque que a Lei de Inovação goza na estruturação do ordenamento pátrio. Diplomas recentes como a nova Lei de Licitações e Contratos Administrativos (Lei nº 14.133/21), assim como o Marco Legal das *Startups* e do Empreendedorismo Inovador (Lei Complementar nº 182/21) ilustram esse fato ao fazerem referências explícitas a ela ao tratarem de temas conexos.[101]

Ademais, convém sublinhar do disposto no art. 2º, inciso IV, da Lei nº 10.973/04 tanto com as perspectivas teóricas quanto operacionais apresentadas *supra*. Embora a definição normativa naturalmente conte especificidades usuais pelo caráter político dos processos legislativos ela certamente inspirou-se na literatura teórica sobre o tema. Um exemplo é a adoção da necessidade da implementação da ideia como elemento distintivo entre *inovação* e *criação* (associada a já discutida noção de *invenção*).[102] A perspectiva operacional, representada pelo *Manual de Oslo*, também se encontra presente, como comprova o recurso a

---

se sublinha a ideia de introdução na realidade social, que por sua vez remete ao desafio da comercialização dos novos produtos ou serviços ou processos. Por fim, mesmo que de todas elas possa ser depreendido o reconhecimento do valor das inovações *incrementais* isso ocorre de forma ligeiramente diferente (a Lei de Inovação também fala de "aperfeiçoamento"), muito embora seja partilhada a mesma parte final em todas, sugerindo influência da dicção dos textos da Lei do Bem e da Lei Complementar nº 123/06 na atual redação da Lei nº 10.973/04.

[101] Tome-se, como exemplos, menção explícita a esse diploma no art. 75, inciso V, e 93, §2º, da Lei 14.133/21 e art. 4º, §1º, "a" da Lei Complementar nº 182/21. Sobre esse último diploma, ele voltará a ser objeto de comentário no item 3.2.3.

[102] Nos termos do art. 2º, inciso II, da Lei de Inovação, *criação* consistiria em "invenção, modelo de utilidade, desenho industrial, programa de computador, topografia de circuito integrado, nova cultivar ou cultivar essencialmente derivada e qualquer outro desenvolvimento tecnológico que acarrete ou possa acarretar o surgimento de novo produto, processo ou aperfeiçoamento incremental, obtida por um ou mais criadores". Explorando o significado de criação, cf. GROFF, Fabio de Carvalho. Criação; In: SIQUEIRA NETO, José Francisco; MENEZES, Daniel Francisco Nagao (Orgs.). *Dicionário de Inovação Tecnológica*. Belo Horizonte: Arraes, 2020, v.1, p.81-84. Denis Borges Barbosa destaca inclusive ser esse um elemento importante para a devida delimitação do alcance da lei, em especial quanto aos regimes proteção especial que alcançariam às atividades inovadoras, e não necessariamente às criadoras. Cf. BARBOSA, Denis Borges. Noção de "empresa nacional" na lei de inovação. *In*: BARBOSA, Denis Borges (org.). *Direito da inovação*: comentários à lei federal de inovação, incentivos fiscais à inovação, legislação estadual e local, poder de compra do estado (modificações à lei de licitações). 2. ed. Rio de Janeiro: Lumen Juris, 2011. p.40-41.

conceitos como os de *produtos* e *processos*. É possível conjecturar que tenha havido ao menos a consulta ao *Manual de Oslo* quando da elaboração da norma.[103]

Uma última ponderação merece ser feita, correlacionando a definição em comento ao escopo desta pesquisa. Se o que o legislador pretendia era fomentar a inovação no país de forma alinhada à compreensão teórica e prática (operacional) desse fenômeno é preciso entender isso como um comando para que os financiadores o incentivar de forma atenta aos seus delineamentos essenciais. Fomentar a *inovação* é algo diferente de fomentar *ciência* ou à *invenção*, mostrando-se fundamental um compromisso com a busca de resultados concretos mediante a introdução de novidades ou aprimoramentos na realidade social.

E mais: trata-se de uma diretiva que positivou a amplitude da *inovação*. Isso deve condicionar não só a atividade administrativa, mas também ser reconhecida pelas instituição incumbidas do controle[104] e até pelos juristas que venham a estudar o tema. Restringir ou simplificar o significado de *inovação* desnatura o conteúdo e a finalidade almejada pelo texto legal.

Dito isso, reputam-se apresentados os principais alicerces para a compreensão da *inovação,* tema central desta pesquisa. Passa-se agora a discutir a necessidade da atuação estatal para fomentá-la.

1.2 Inovação e desenvolvimento: a necessidade de atuação estatal

1.2.1 Inovação como matéria de interesse público

Um próximo ponto a abordar neste trabalho é o da necessidade de intervenção estatal para o fomento à inovação. Seria imprescindível, ou mesmo adequada, uma atuação estatal indutora com tal intuito?

---

[103] Embora não haja, ao menos na justificativa do Projeto de Lei nº 3.476/04, menção expressa a este documento. Observe-se, ademais, que o *Manual de Oslo* trabalha, na atualidade e em sua segunda edição, apenas com o binômio *produto* e *processo*, não sendo os *serviços* uma categoria autonomia, mas sim englobada principalmente pela ideia de *produto* (que pode ser um *bem ou serviço*), embora os *processos* também possam utilizá-lo como insumo.

[104] Os desafios do exercício do controle sobre a atividade em estudo serão retomados no item 6.4.

Hoje parece bastante óbvio que ter capacidade inovativa é essencial ao desenvolvimento socioeconômico de qualquer país. Mas nem sempre isso foi assim. Por muito tempo o desenvolvimento tecnológico (e a inovação, tradicionalmente associada a ele)[105] foi relegado a uma posição menor nas dinâmicas macroeconômicas, sendo tido como decorrência natural do acúmulo de condições (como a disponibilidade de capital e de mão de obra) para o seu surgimento.

A percepção de sua importância para a compreensão do crescimento econômico é acentuada em obras de autores como a do já mencionado Joseph Alois Schumpeter, associando o desenvolvimento tecnológico e o empreendedorismo à reestruturação dos mercados.[106] Do lado dos clássicos Robert Merton Solow ofereceu uma contribuição significativa ao, com base em econometria, demonstrar a existência de um espaço a ser ocupado pela tecnologia na compreensão do crescimento econômico dado o seu impacto no incremento da produtividade.[107] Isso deixava claro que a evolução tecnológica não era um elemento *exógeno* ou marginal ao crescimento, mas um fator *endógeno* de extrema relevância.[108]

O papel da tecnologia no desenvolvimento econômico tem sido cada vez mais reconhecido com o transcorrer das décadas,[109]

---

[105] Relembrem-se as relações entre tecnologia e inovação abordadas no item 1.1.1 *supra*.

[106] Reiterando a menção a uma breve introdução aos pensamentos e obras do autor, cf. FAGERBERG, Jan. Innovation: A Guide to the Literature. *In*: FAGERBERG, Jan (org.). *Innovation, Economic Development and Policy*. Nova York: Edward Elgar, 2018. p. 6.

[107] O autor utilizava a terminologia *technical change* (mudanças técnicas ou tecnológicas) como instrumento de mensuração de mudanças na produtividade. Ela era usada de forma ampla, de forma a abranger inclusive a qualificação da força de trabalho. A conexão com a tecnologia foi ficando mais clara conforme mais bem compreendida essa categoria residual. Cf. SOLOW, Robert M. Technical Change and the Aggregate Production Function. *The Review of Economics and Statistics*, Cambridge, v. 39, n. 3, p. 312-320, 1957. p. 312. Outro artigo muito referido sobre o tema é SOLOW, Robert M. A Contribution to the Theory of Economic Growth. *The Quarterly Journal of Economics*, Oxford, v. 70, n. 1, p. 65-94, 1956.

[108] As palavras do autor, em palestra conferido em razão de sua premiação com o Nobel de economia de 1987, merecem ser transcritas para auxiliar na compreensão do descrito. "De qualquer forma, o principal resultado do meu exercício em 1957 era surpreendente. A produtividade bruta por hora de trabalho na economia norte-americana havia dobrado entre 1909 e 1949, e algo como sete oitavos desse incremento poderia ser atribuído a alterações técnicas em um sentido amplo, e apenas o oitavo remanescente poderia ser atribuído ao tradicional incremento da intensidade de capital". Para a íntegra da palestra, cf. SOLOW, Robert M. Growth Theory and After. *The Nobel Prize*, Estocolmo, 8 dez. 1987.

[109] Sobre o tema do crescimento econômico, e destacando a relevância da tecnologia cf. AGHION, Philippe; HOWITT, Peter; BURSZTYN, Leonardo. *The Economics of Growth*.

confirmando-se a tendência indicada por Solow. O trabalho mais contemporâneo de Paul Romer, agraciado conjuntamente com William D. Nordhaus com o prêmio Nobel de economia em 2918,[110] confere ao desenvolvimento tecnológico um papel central no crescimento, reiterando sua associação à produtividade. Em suas palavras:

> Mudanças tecnológicas – aprimoramentos nas instruções para recombinar materiais em estado bruto – constituem o coração do crescimento econômico. Como resultado, o modelo aqui apresentado se aproxima do de Solow (1956) com as mudanças tecnológicas. Mudanças tecnológicas proporcionam incentivos para a continuidade do acúmulo de capital e, juntas, acumulação de capital e mudanças tecnológicas são responsáveis por parte considerável do incremento na produtividade nas horas trabalhadas.[111]

Dada a sua correlação com o crescimento econômico, que é inclusive um dos objetivos fundamentais da república brasileira (art. 3º, inciso II da Constituição),[112] mostra-se portanto claro que a o incremento da inovação constitui *matéria de interesse público*.

Não se está, todavia, postulando com isso que a inovação é algo que traz apenas frutos positivos. A realidade demonstra que as consequências dos processos inovadores são imprevisíveis e, em muitos casos, merecem redobrada atenção estatal para que não provoquem mais problemas do que benesses.[113] O que se tem como

---

Cambridge: MIT, 2009. Também, explicando de forma didática o desenvolvimento teórico sobre o tema, cf. MAZZUCATO, Mariana. *The Entrepreneurial State*. Londres: Anthem, 2014. p. 54-55.

[110] Para a palestra de recebimento do prêmio e breves informações sobre o agraciado, cf. PAUL M. Romer: Facts. *The Nobel Prize*, Estocolmo, 2018.

[111] ROMER, Paul M. Endogenous technological change. *Journal of Political Economy*, Chicago, v. 98, n. 5, p. S71-S102, 1990. p. S72

[112] A ser naturalmente equacionado necessariamente com outros objetivos constitucionais tais como, por exemplo, a erradicação da pobreza e da marginalização, previstos no art. 3º, inciso III da Constituição.

[113] Luc Soete ilustra tal afirmação com exemplos como a crise financeira de 2008, associada à introdução de novos produtos no mercado financeiro (a securitização e os *credit default swaps* – CDS), argumentando que a regulação é importante para gerenciar as consequências das inovações. Cf. SOETE, Luc. Is innovation always good? *In:* FAGERBERG, Jan; MARTIN, Ben R.; ANDERSEN, Esben Sloth (org.). *Innovation Studies*: Evolution and Future Challenges. Oxford: Oxford University, 2013. Outro exemplo é o trabalho de AGHION, Philippe; AKCIGIT, Ufuk; BERGEAUD, Antonin; BLUNDELL, Richard; HEMOUS, David. Innovation and Top Income Inequality. *The Review of Economic Studies*, Oxford, v. 86, n. 1, p. 1-45, 2019.

indiscutível é que a inovação é matéria em relação ao qual os Estados contemporâneos devem estar atentos.[114]

Mas isso não basta para justificar uma atuação ativa dos Estados para fomentá-la. Estimular é diferente de zelar pelo adequado transcurso de esforços inovativos em curso ou surgidos sem ação estatal. Não seria um melhor curso de ação apenas fornecer um mínimo de infraestrutura para que a inovação florescesse naturalmente em decorrência das dinâmicas do mercado? Segui-lo seria atribuir ao Estado apenas o papel de reagir para corrigir distorções, deixando às dinâmicas competitivas inerentes ao capitalismo o papel de motor do desenvolvimento tecnológico.[115]

A realidade histórica e contemporânea, de toda feita, indica a necessidade de uma trajetória distinta dessa, demandando uma atuação estatal ativa de promoção da inovação tanto em países desenvolvidos quanto em países em desenvolvimento. Mesmo que sempre caiba discutir como ela deve ser calibrada não deve haver hesitações para se concluir pela sua necessidade.

Dois contextos, artificialmente separados para fins argumentativos, bem ilustram essa necessidade. Passa-se, assim, a falar de política industrial (em especial à preocupação com o *catch-up* tecnológico para fins de desenvolvimento) e de políticas de CTI.[116]

1.2.2 Política industrial e *catch-up* como primeiro exemplo de atuação estatal ativa

A diferença nos níveis de desenvolvimento entre países, assim como a capacidade de alguns deles estreitar ou superar as

---

[114] No caso brasileiro há razões normativas adicionais para fazê-lo tais como o compromisso constitucional do Estado com a promoção da CTI. Sobre o tema, cf. o item 3.1.2.

[115] Caberia assim ao Estado apenas solucionar as conhecidas "falhas de mercado", atuando apenas onde não houvesse interesse ou possibilidade de atuação privada. Mariana Mazzucato descreve essa perspectiva, para depois arrolar suas inconsistências no restante do seu trabalho. Cf. MAZZUCATO, Mariana. *The Entrepreneurial State*. Londres: Anthem, 2014. p. 44-45.

[116] Não é condizente com a realidade contemporânea separar rigidamente política industrial e de CTI, dado que elas cada vez mais se imiscuem. Não é por coincidência que, como se verá no capítulo seguinte, a Lei de Inovação prevê a necessidade de coordenação entre ações de promoção à inovação e as políticas industrial e tecnológica. De toda forma, a existência de literatura específica e de abordagens distintas para o tratamento de cada uma dessas dimensões torna possível essa divisão, mesmo que a nível teórico.

distâncias que os separavam dos mais desenvolvidos, (*catch-up*) inspirou diversos estudos concluindo que a ação estatal constitui elemento essencial a esse tipo de trajetória.

Erik Steenfeldt Reinert destaca que em muitos países desenvolvidos nota-se, ao menos desde a renascença, uma atuação pública no mínimo criadora de condições necessárias ao desenvolvimento dos mercados para permitir que a produção econômica apresentasse retornos crescentes e por consequência estimular continuidade desses. Muitas vezes o Estado atuou como empreendedor quando os agentes privados não ocuparam espaços para que atividades fundamentais ao bem-estar de uma dada sociedade não deixassem de ser prestadas. Aliás, seria apenas com um mínimo de estabilidade alcançada que poderia ser planejada a retração da atividade estatal sem uma consequente piora nas condições de vida da comunidade como visto em diversas nações que sofrem com excessiva debilidade estatal.[117]

Joel Mokyr, atentando-se às correlações entre o crescimento econômico e a forma como a inovação passa de uma realidade episódica a uma atividade rotineira de 1750 a 1914, também identifica a atuação estatal como medida necessária.[118] Mesmo existindo variações dadas as experiências individuais de cada país o desenvolvimento tecnológico não pode prescindir da atuação pública, havendo a necessidade do fornecimento de condições mínimas de proteção e incentivo das atividades inovativas. O autor pontua, por exemplo, que mesmo que boa parte do desenvolvimento tecnológico do período na Grã-Bretanha tenha advindo de iniciativas privadas informais e sem qualquer planejamento ou coordenação estatal verifica-se ao menos a atuação pública dedicada a evitar que sejam indevidamente expropriados os resultados das inovações, mantendo-se os incentivos para persegui-las.[119]

---

[117] REINERT, Erik S. The Role of the State in Economic Growth. *Journal of Economic Studies*, Bingley, v. 26, n. 4-5, p. 268-326, 1999.

[118] MOKYR, Joel. The Contribution of Economic History to the Study of Innovation and Technical Change: 1750-1914. *In*: HALL, Bronwyn H.; ROSENBERG, Nathan (org.). *Handbook of the Economics of Innovation*. Oxford: Elsevier, 2010. v. 1.

[119] Além dessa não apropriação e do fornecimento de condições mínimas, a realidade continental europeia ainda teve de contar com estímulos públicos de tipos variados no período. Cf. MOKYR, Joel. The Contribution of Economic History to the Study of Innovation and Technical Change: 1750-1914. *In*: HALL, Bronwyn H.; ROSENBERG, Nathan (org.). *Handbook of the Economics of Innovation*. Oxford: Elsevier, 2010. v. 1. p. 42-45.

Mas, para além do mero reconhecimento da importância da ação estatal, bastante inconteste para que sejam alcançadas condições mínimas de desenvolvimento, o mais interessante é se atentar aos de política industrial de nações que buscaram evoluir de forma a ao menos igualar-se àquelas que estavam na fronteira tecnológica.[120]

A obra de Alexander Gerschenkron é conhecida pela sua abordagem dos esforços de países europeus (como a Alemanha) para alcançar a Inglaterra no período entre o século XIX e a primeira guerra mundial. Teve lugar uma industrialização tardia focada na fronteira tecnológica da época (metalurgia é um exemplo) e baseada em incentivos estatais, com os bancos públicos fornecendo o crédito necessário ao início de tal empreitada na realidade germânica. Ao examinar esse histórico fica claro que os países em desenvolvimento poderiam ter trajetórias distintas dos já desenvolvidos principalmente dadas as suas realidades locais.[121]

A valorização da intervenção estatal em matéria industrial, acompanhada de críticas mordazes a visões pregadoras do absenteísmo estatal em razão da ausência de seu suporte histórico é permeia o livro *Chutando a escada: a estratégia do desenvolvimento em perspectiva histórica*, de Ha-Joon CHANG. Tomando como como referência o período entre as Guerras Napoleônicas e a Primeira Guerra Mundial (1815-1914) o autor resgata práticas industriais históricas de países hoje desenvolvidos que contrastam com fórmulas difundidas por eles contemporaneamente. Ao persuadirem os países em desenvolvimento a não seguirem os seus passos eles estariam negando-lhes a chance de subir de patamar, *chutando a escada* usada antes que os demais pudessem aproveitá-la.[122]

---

[120] O debate sobre política industrial, especialmente sobre suas conexões com o desenvolvimento tecnológico das nações, é muito mais complexo e profundo do que o apresentado aqui, em que foi abordado apenas para fins ilustrativos do raciocínio em causa para o desenvolvimento desta tese. De toda forma, para um panorama dos debates mais atuais sobre o tema, cf. ANDREONI, Antonio; CHANG, Ha-Joon. The political economy of industrial policy: Structural interdependencies, policy alignment and conflict management. *Structural Change and Economic Dynamics*, Amsterdã, v. 48, p. 136-150, 2019. Para uma coletânea, cf. OQUBAY, Arkebe; CRAMER, Christopher; CHANG, Ha-Joon; KOZUL-WRIGHT, Richard (org.). *The Oxford Handbook of Industrial Policy*. Oxford: Oxford University, 2020.

[121] GERSCHENKRON, Alexander. *Economic Backwardness in Historical Perspective*: A Book of Essays. Cambridge: Belknap, 1962.

[122] CHANG, Ha-Joon. *Kicking away the ladder*: development strategy in historical perspective. Londres: Anthem, 2002.

É patente nos países desenvolvidos notou-se, por exemplo, um destacado esforço de proteção às suas indústrias nascentes. Medidas interventivas relacionadas à tecnologia foram manejadas inclusive pelos Estados Unidos e a Inglaterra, reconhecidos como usuais defensores do *laissez-faire*. Nas palavras do autor, eles

> apoiaram a aquisição de tecnologia estrangeira, algumas vezes por meios lícitos, como o financiamento de viagens de estudo e de qualificação profissional, e algumas vezes por meios ilegais, que incluíam o apoio a espionagem industrial, contrabando de máquinas e a recusa em reconhecer patentes estrangeiras. O desenvolvimento de capacidade tecnológica doméstica foi encorajado por meio de suporte financeiro para pesquisa e desenvolvimento, educação e treinamento. Medidas também foram tomadas para difundir o conhecimento sobre tecnologias avançadas (como, por exemplo, o estabelecimento de fábricas modelo, a concessão gratuita de maquinário importado para empresas privadas). Ademais, alguns governos criaram mecanismos institucionais que facilitaram a cooperação público-privada (*joint ventures* público-privadas e associações industriais fortemente ligadas ao governo são exemplos). É importante notar que muitas dessas medidas são fortemente desaprovadas na atualidade, quando não tornadas ilegais por força de acordos bilaterais e multilaterais. Quando eles alcançaram a fronteira tecnológica, os NDCs[123] manejaram diversas medidas para se distanciarem dos seus competidores existentes ou potenciais. A Grã-Bretanha, dado o tempo em que manteve a posição de sua predominância, é o exemplo mais visível neste aspecto, mas outros países também adotaram medidas similares quando puderam. A Grã-Bretanha adotou medidas para controlar a transferência de tecnologia para rivais potenciais (por exemplo, o controle da emigração de profissionais especializados ou da exportação de maquinário) e pressionou países menos desenvolvidos para que esses abrissem seus mercados, pela força quando necessário. Todavia, as economias que promoveram o *catch-up* e que não eram colônias em sentido formal ou informal simplesmente não aguardaram e aceitaram tais medidas. Eles adotaram uma série de medidas para superar os obstáculos criados por essas restrições, algumas vezes recorrendo a meios ilegais, tais como a atração de profissionais e o contrabando de maquinário.[124]

Nas décadas mais recentes foram certos países asiáticos aqueles que, mediante a adoção de políticas industriais interventivas

---

[123] *Now Developed Countries*, países atualmente desenvolvidos, em tradução livre.
[124] CHANG, Ha-Joon. *Kicking away the ladder*: development strategy in historical perspective. Londres: Anthem, 2002. p. 8-9.

e atentas à perspectiva tecnológica, puderam se desenvolver de modo acelerado.

Jan Fagerberg e Manuel M. Godinho descrevem como, cada um à sua maneira, Japão, Coreia do Sul, Singapura e Taiwan alcançaram níveis de desenvolvimento equivalente a países ocidentais desenvolvidos.

O caso japonês é fundado em uma atuação estatal intensa desde o que período da Restauração Meiji. Nesse momento de rápida ocidentalização tiveram lugar consideráveis investimentos em indústria pesada e no aparato bélico japonês, tudo isso tendo como plataforma grandes conglomerados familiares (*Zaibatsus*). A burocracia japonesa continuou a ter destaque após a segunda guerra mundial, de forma até mais intensa dada a diminuição da influência militar e a necessidade de reconstrução do país. Com isso os *Zaibatsus* passam a ser substituídos pelos *Keiretsus* (conjuntos de empresas organizadas por interesses comuns), com um incremento da influência de instituições bancárias na economia japonesa. A coordenação estatal por detrás dos movimentos nessa segunda etapa foi caracterizada pela atuação do Ministério da Indústria e Comércio – MITI. Responsável por uma atualização de foco, o esse órgão direciona a economia japonesa rumo a indústrias de alta tecnologia e bens de consumo com alto valor agregado (como eletrônicos e carros), acarretando um desempenho inovativo de sucesso (inclusive da perspectiva organizacional).[125][126]

O sucesso da Coreia do Sul, Singapura e Taiwan em termos de desenvolvimento também se deveriam a uma intensa atuação estatal. Influenciados pela experiência japonesa, todos voltaram-se a indústrias de alto teor tecnológico (especialmente a indústria

---

[125] As inovações organizacionais japonesas revolucionarem o capitalismo mundial. Cf., por exemplo, o *box* em FAGERBERG, Jan; GODINHO, Manuel M. Innovation and catching-up. *In:* FAGERBERG, Jan (org.). *Innovation, Economic Development and Policy*. Nova York: Edward Elgar, 2018. p. 191. Demonstrando, a partir da indústria automotiva, como a lógica de produção japonesa foi revolucionária, vide WARD, Allen; LIKER, Jeffrey K.; CRISTIANO, John J.; SOBEK II, Durward K. The Second Toyota Paradox: How Delaying Decisions Can Make Better Cars Faster. *MIT Sloan Management Review*, Cambridge, v. 36, n. 3, p. 43-61, 1995.

[126] FAGERBERG, Jan; GODINHO, Manuel M. Innovation and catching-up. *In:* FAGERBERG, Jan (org.). *Innovation, Economic Development and Policy*. Nova York: Edward Elgar, 2018. p. 189-191.

eletrônica, uma das mais avançadas da segunda metade do século XX), fortemente apoiadas pelo Estado em seus momentos iniciais, contaram com sólido investimento em educação e com políticas de intenso apoio à inovação e P&D. Esses elementos são constantes embora cada país conte com particularidades, como a instituição de grandes conglomerados familiares na Coreia do Sul (*Chaebols*), o recurso intenso a investimentos estrangeiros em Singapura, e um cenário dominado por pequenas e médias empresas em Taiwan.[127]

Mas na Ásia é hoje a China, com seu vertiginoso crescimento, para onde o mundo olha com mais atenção. Embora a intervenção estatal pareça nada surpreendente seja um dado em uma economia (ao menos formalmente) socialista, poucas coisas parecem óbvias ao se olhar cuidadosamente para o caso chinês.

Dan Breznitz e Michael Murphree examinam a trajetória inovativa desse país e argumentam que, mesmo não tendo como foco novas tecnologias, a China garantiu um intenso crescimento nas últimas décadas e poderá continuar a alcançá-lo. Se destacariam como fatores para esse resultado uma maestria das inovações incrementais e seu potencial para se tornar a manufatura do mundo. Arranjos complexos, geralmente não planejados e calcados em uma indefinição institucional estrutural e permeável à flexibilidade originaram sistemas de inovação (um central e diversos regionais)[128] poderosos. Com essa performance, sustentam os autores, a China não teria como imperativo impulsionar a fronteira tecnológica mundial mas tão só manter sua posição privilegiada para assegurar a continuidade do seu crescimento.[129] Aceita ou não essa ideia o fato

---

[127] FAGERBERG, Jan; GODINHO, Manuel M. Innovation and catching-up. *In:* FAGERBERG, Jan (org.). *Innovation, Economic Development and Policy*. Nova York: Edward Elgar, 2018. p. 191-193. Para uma discussão dessa trajetória e de seus traços na atualidade, em que se discute a continuidade ou não de um direcionamento estatal na dinâmica desses países, cf. WADE, Robert H. The Developmental State: Dead or Alive? *Development & Change*, Hoboken, v. 49, n. 2, p. 518-546, 2018.

[128] A ideia de sistemas como expediente para traduzir dinâmicas relativas à inovação será objeto de análise no item 1.3.1.

[129] BREZNITZ, Dan; MURPHREE, Michael. *Run of the Red Queen*: Government, Innovation, Globalization, and Economic Growth in China. New Haven: Yale University, 2011. p. 1-85. É por conta dessa ideia que o livro faz uma didática comparação da estratégia de sucesso chinesa à "Corrida da Rainha Vermelha" (*"Run of the Red Queen"*), remetendo à personagem de Lewis Carroll que, em uma passagem de *Through the Looking-Glass and What Alice Found There*, tinha que correr o mais rápido que pudesse para permanecer no lugar que já estava. Para um apanhado de políticas industriais (e tecnológicas) associadas

é que esse país, com o peso de sua atuação estatal e indiscutível tamanho de sua economia, prepara-se também expandir os limites tecnológicos globais apesar dos desafios para fazê-lo.[130]

Por fim, mesmo que não se tratando propriamente de uma estratégia de *catch-up* (ao menos não no século XX) convém falar brevemente dos Estados Unidos dada sua posição de destaque no imaginário dos defensores de uma atuação estatal passiva como rota ideal para o desenvolvimento. A realidade é que, tanto no passado quanto no presente, a atuação estatal em matéria de CTI tem sido decisiva.

A mobilização estatal e os intensos investimentos públicos no setor de defesa comprovam a inadequação dessa proposição, advindo aos Estados Unidos benefícios econômicos palpáveis conforme tecnologias inicialmente desenvolvidas para fins militares foram adaptadas para fins civis. Essa tendência histórica, tida como fundamental inclusive à industrialização do país, vai desde o impulso dado pela adoção do uso de peças intercambiáveis (*interchangeable parts*) para o fornecimento de armamentos ao exército americano no século XIX, implementando algo até então inédito na Europa, até os avanços mais decorrentes da corrida aeroespacial.[131] O transbordamento da seara militar para a civil é um fator poderoso para a capacidade inovativa americana (e para a de outras nações, como Israel),[132] e resultados recentes disso incluem o estabelecimento de setores industriais de ponta como os verificados no Vale do Silício. Como relembra Mariana Mazzucato, o sucesso do iPhone, e a própria sobrevivência da *Apple* durante períodos

---

ao crescimento chinês, cf. DING, Xuedong; LI, Jun (org.). *Incentives for Innovation in China*: Building an Innovative Economy. Londres: Routledge, 2015.

[130] Vide ARBIX, Glauco; MIRANDA, Zil; TOLEDO, Demétrio; ZANCUL, Eduardo. Made in China 2025 e Industrie 4.0: a difícil transição chinesa do *catching up* à economia puxada pela inovação. *Tempo Social*, São Paulo, v. 30, n. 3, p. 143-170, 2018.

[131] RUTTAN, Vernon W. *Is War Necessary for Economic Growth?* Military Procurement and Technology Development. Oxford: Oxford University, 2006. Também sublinhando a importância da perspectiva militar para a posição privilegiada desse país em matéria tecnológica cf. WEISS, Linda. *America Inc.?* Innovation and Enterprise in the National Security State. Ithaca: Cornell University, 2014.

[132] Apesar de seu contexto extremamente peculiar, outro país em que a dimensão militar constitui um dos catalisadores para a inovação é Israel, em especial dada a forma como a necessidade de alistamento da população em geral cria laços sociais, capacitação para a solução de problemas práticos e uma cultura específica. Sobre o tema, cf. SENOR, Dan; SINGER, Saul. *Start-up Nation*: The Story of Israel's Economic Miracle. Nova York: Twelve, 2009.

difíceis da sua história devem muito à atuação governamental.[133] Multiplicam-se, portanto, trabalhos que demonstram como a atuação estatal norte-americana é mais intensa do que algumas linhas de argumentação supõem.[134]

Feitos todos esses comentários fica claro que, em matéria de *catch-up* (e, até mesmo, para a manutenção de uma posição de dominância, como no caso estadunidense), os esforços estatais são decisivos e precisam privilegiar a dimensão tecnológica. Os países que se desenvolveram não negligenciaram as industriais mais próximas à fronteira tecnológica do período, criando ambientes propícios às inovações que, se de início possam até ter sido incrementais, com o tempo apresentaram potencial para produzir inovações radicais. Mesmo que as trajetórias sejam variadas até quando promovidos esforços semelhantes[135] – a América Latina é um caso importante, haja visto não ter sido efetuado um *catch-up* tão eficiente quanto o dos países asiáticos citados[136] – o indubitável é que o Estado *deve agir*.

---

[133] MAZZUCATO, Mariana. *The Entrepreneurial State*. Londres: Anthem, 2014. p. 103-127.

[134] Entre outros, cf. LAMOREAUX, Naomi R.; SOKOLOFF, Kenneth Lee (org.). *Financing Innovation in the United States, 1870 to the present*. Cambridge: MIT, 2007; BLOCK, Fred; KELLER, Matthew R. (org.). *State of Innovation*: the U.S. Government's Role in Technology Development. Londres: Routledge, 2011; BLOCK, Fred. Swimming Against the Current: The Rise of a Hidden Developmental State in the United States. *Politics & Society*, Thousand Oaks, v. 36, n. 2, p. 169-206, 2008; e GORDON, José Luis. The Role of the State in Fostering Innovation Activity: Case Studies of the USA and Germany. *Brazilian Journal of Political Economy*, São Paulo, v. 39, n. 4, p. 571-590, 2019. Apresentando um contraponto importante que, embora não negue uma atuação governamental proativa estadunidense em matéria tecnológica, busca diferenciá-la de outros tipos de intervenção estatal dadas as particularidades do seu contexto, cf. WEISS, Linda; THURBON, Elizabeth. Developmental State or Economic Statecraft? Where, Why and How the Difference Matters. *New Political Economy*, Abingdon, v. 26, n. 3, p. 472-489, 2021.

[135] Veja-se, por exemplo, os casos de Portugal e Irlanda. Apesar de expostos a condições muito semelhantes os países tiveram trajetórias completamente diferentes no que concerne a tecnologia. Cf. FAGERBERG, Jan; GODINHO, Manuel M. Innovation and catching-up. In: FAGERBERG, Jan (org.). *Innovation, Economic Development and Policy*. Nova York: Edward Elgar, 2018. p. 208-209. Os casos de Israel, Taiwan e Irlanda ilustram, por outro lado, a escolha de políticas de desenvolvimento baseadas em inovação diversas desencadearam trajetórias variadas. Cf. BREZNITZ, Dan. *Innovation and the State*: Political Choice and Strategies for Growth in Israel, Taiwan, and Ireland. New Haven: Yale University, 2007.

[136] Jan Fagerberg relata um maior distanciamento de países latino-americanos (como México, Argentina e Brasil) em relação ao PIB dos Estados Unidos com o passar dos anos, diversamente do ocorrido com países asiáticos como Japão, Taiwan, Coreia do Sul, Singapura e China. O investimento em tecnologia é apontado como uma causa para tanto. Cf. FAGERBERG, Jan; GODINHO, Manuel M. Innovation and catching-up. In: FAGERBERG, Jan (org.). *Innovation, Economic Development and Policy*. Nova York: Edward Elgar, 2018. p. 195-208.

1.2.3 Políticas de CTI como segundo exemplo de atuação estatal ativa

A necessidade de uma atuação pública ativa também pode ser comprovada observando-se as políticas públicas relacionadas à promoção da Ciência, Tecnologia e Inovação.[137]

Johan Schot e William Edward Steinmueller propõem três categorias para a compreensão das políticas desse tipo.[138] As duas primeiras já estariam consolidadas e teriam maior predominância, coexistindo de forma recorrente. Uma terceira seria mais recente, passando por um estágio formativo. Trata-se, em ordem histórica de seu surgimento, das políticas com foco em P&D, nos Sistemas Nacionais de Inovação e em mudanças efetivamente transformadoras (*transformative change*).[139]

Adquirindo tração após a segunda guerra mundial, um primeiro tipo de políticas é centrado na relevância dos investimentos públicos em P&D. Ela privilegia o impulso estatal à pesquisa científica desenvolvida em universidades e laboratórios públicos ao postular que dela surgiria a pesquisa aplicada e o desenvolvimento de novos produtos. Essa dinâmica *linear*[140] conduziria ao aprimoramento da

---

[137] Mesmo que esta tese se preocupe em salientar os aspectos distintivos do fomento à inovação, neste tópico, e em outros momentos do seu transcorrer, ao se falar em políticas públicas de CTI, se está fazendo referência a um objeto mais amplo, que contempla medidas de incentivo a ciência e tecnologia. Para referências sobre a evolução de seus delineamentos, bastante influenciada pelo cenário internacional e pela predominância de certos dogmas sobre as dinâmicas científicas, cf. VELHO, Léa. Conceitos de ciência e a política científica, tecnológica e de inovação. *Sociologias*, Porto Alegre, v. 13, n. 26, p. 128-153, 2011. Para debates sobre as particularidades das políticas de incentivo à *inovação* mencione-se novamente, como exemplo, FAGERBERG, Jan; VERSPAGEN, Bart. Innovation Studies: The Emerging Structure of a New Scientific Field. *Research Policy*, Amsterdã, v. 38, n. 2, p. 218-233, 2009; e EDLER, Jakob; FAGERBERG, Jan. Innovation Policy: What, Why, and How. *Oxford Review of Economic Policy*, Oxford, v. 33, n. 1, p. 2-23, 2017.

[138] Embora o artigo se refira a políticas públicas de inovação (*innovation policy*) considera-se pertinente tratá-las como políticas de CTI em geral. Cf. SCHOT, Johan; STEINMUELLER, W. Edward. Three Frames for Innovation Policy: R&D, Systems of Innovation and Transformative Change. *Research Policy*, Amsterdã, v. 47, n. 9, p. 1554-1567, 2018.

[139] Discutindo essa última proposta e resgatando seu histórico (assim como suas limitações potenciais) cf. GRILLITSCH, Markus; HANSEN, Teis; MADSEN, Stine. Transformative Innovation Policy: a novel approach? *In:* GODIN, Benoît; GAGLIO, Gérald; VINCK, Dominique (org.). *Handbook on Alternative Theories of Innovation*. Cheltenham: Edward Elgar, 2021.

[140] Lembre-se desde já que essa ideia de linearidade não se sustenta na prática, como discutido em obras como as de Donald E. Stokes e Venkatesh Narayanamurti, Tolu Odumosu e Lee Vinsel mencionadas no item 1.1.1.

atividade industrial, tornando-a relevante para todas as nações. Ela também teria um valor corretivo dada a percepção de uma falha de mercado no custeio das pesquisas mais iniciais, pouco atrativas aos particulares dada a ausência de apropriabilidade de seus resultados.[141]

Esse tipo de política conta com papéis bem definidos. Os cientistas estariam encarregados da condução da pesquisa desinteressada, pública e transparente, sem terem de se atentar às consequências econômicas e sociais das suas descobertas. Ao Poder Público caberia custear generosamente tais esforços, regulando esse tipo de pesquisa de modo comedido. Isso se deveria à importância da autonomia científica como mecanismo para assegurar sua qualidade e a livre circulação de ideias. Já o setor privado teria o papel de transformar as descobertas em efetivas inovações.[142]

Embora ainda goze de grande prestígio tanto no imaginário político quanto na prática institucional de muitos países, as limitações das ideias subjacentes a esse primeiro tipo de política para explicar fenômenos vistos nos anos 1970 e 1980 ficaram patentes.

Malgrado a adoção maciça e de iniciativas de incentivos ao P&D ao redor do globo, o período foi marcado por crises econômicas (como às associadas às Crises do Petróleo de 1973 e 1979) e episódios de desenvolvimento acelerado, mas restrito (poucos países asiáticos). O acirramento das disputas pelos mercados globais, permeadas pela performance de novos entrantes competitivos como o Japão,

---

[141] Sobre a ausência de apropriabilidade como desincentivo, cf. ARROW, Kenneth J. Economic Welfare and the Allocation of Resources for Invention. In: NATIONAL BUREAU OF ECONOMIC RESEARCH (org.) *The Rate and Direction of Inventive Activity*: Economic and Social Factors. Princeton: Princeton University, 2015. p. 609-626. Discutindo o contexto em que tal raciocínio teria sido estruturado, HOUNSHELL, David A. The Medium is the Message, or how Context Matters: The RAND Corporation Builds an Economics of Innovation, 1946-1962. In: HUGHES, Agatha C.; HUGHES, Thomas Parke (org.). *Systems, Experts, and Computers*: The Systems Approach in Management and Engineering, World War II and After. Cambridge: MIT, 2000. p. 255-310.

[142] SCHOT, Johan; STEINMUELLER, W. Edward. Three Frames for Innovation Policy: R&D, Systems of Innovation and Transformative Change. *Research Policy*, Amsterdã, v. 47, n. 9, p. 1554-1567, 2018. p. 1555-1557. Um dos textos mais conhecidos para ilustrar essa proposta é o manifesto de Vannevar Bush: um pleito direcionado à valorização do ensino e da pesquisa básica, que deveria ser promovida de forma descompromissada com resultados imediatos, com a necessária concentração de recursos governamentais para tanto. Cf. BUSH, Vannevar; KEVLES, Daniel J.; BLOCH, Erich. *Science*: The Endless Frontier: A Report to the President on a Program for Postwar Scientific Research. Washington, D.C.: National Science Foundation, 1990.

tornou contestável a *linearidade* dantes propagada. Percebeu-se que os saberes científicos e tecnológicos são na verdade de difícil transmissão, tornando-se apropriáveis dados os desafios para a sua transmissão e absorção. As trajetórias tecnológicas mostravam-se cumulativas e dependentes de escolhas prévias. A absorção tecnológica, assim, não seria o subproduto da de uma infraestrutura educacional adequada, mas demandaria também estímulos ao empreendedorismo e a valorização da atividade empresarial.[143]

Essa diversidade de capacidades inovativas entre os países conduziu a abordagens teóricas baseadas no conceito de Sistemas Nacionais de Inovação.[144] As múltiplas formas de aprendizado e interação das organizações associadas à produção e utilização do conhecimento científico e tecnológico nas nações explicam explicariam essa multiplicidade e poderiam ser traduzidas em um sistema que influiria no grau de competitividade das empresas nacionais.[145] É ao redor desse prisma de análise que se aglutinam políticas públicas de um segundo tipo.

Segundo elas, ao Estado também caberia se preocupar com a criação de ambientes que tornem as empresas domésticas mais competitivas, devendo atuar como papel como coordenador e indutor de alianças entre atores diversos atores sociais, em especial entre os produtores de conhecimento científico (como as universidades) e os responsáveis pela sua transformação em produtos disponibilizados à população (as empresas).[146] Acentuada a importância de relações desse tipo é proposto o modelo *interativo* (*chain-linked model*) para descrever o surgimento das inovações.[147]

---

[143] Lembre-se dos aspectos relacionados à tecnologia referidas por William Brian Arthur, no item 1.1.1 *supra*, assim como os comentários relativos à *difusão* das inovações.

[144] O tema será desenvolvido com mais vagar no próximo item.

[145] Catalogando os autores que se debruçaram sobre o tema e a importância da influência da OECD em suas formulações iniciais, cf. GODIN, Benoît. National Innovation System: The System Approach in Historical Perspective. *Science, Technology, & Human Values*, Thousand Oaks, v. 34, n. 4, p. 476-501, 2009.

[146] SCHOT, Johan; STEINMUELLER, W. Edward. Three Frames for Innovation Policy: R&D, Systems of Innovation and Transformative Change. *Research Policy*, Amsterdã, v. 47, n. 9, p. 1554-1567, 2018. p. 1558-1561.

[147] Segundo esse modelo, a inovação adviria de *interações* entre os agentes envolvidos nas etapas de pesquisa básica, aplicada, e de comercialização. Cf. KLINE, Stephen J.; ROSENBERG, Nathan. An overview of innovation. *In*: ROSENBERG, Nathan; LANDAU, Ralph (org.). *The Positive Sum Strategy*: Harnessing Technology for Economic Growth.

Dessa forma, mais do que substituir as políticas com foco em P&D, as políticas baseadas nos Sistemas Nacionais de Inovação preocupam-se em diagnosticar problemas.[148] Enxergada determinada realidade nacional como um sistema caberá a intervenção pública para aprimorá-lo, corrigindo deficiência e explorando potencialidades.

Um terceiro tipo de políticas públicas relacionadas à promoção da Ciência, Tecnologia e Inovação, comparativamente recente,[149] teria como foco o que Schot e Steinmueller chamam de mudanças efetivamente transformadoras (*transformative change*).[150] Essas políticas partem da percepção de que os tipos de políticas públicas abrangidos pelas categorias precedentes, apesar de relevantes, não produziram soluções para problemas que continuaram a se agravar nas últimas décadas. Malgrado o considerável incremento no investimento em P&D e a atenção dada ao funcionamento dos Sistemas Nacionais de Inovação, a desigualdade econômica (entre os países e no interior desses) e a degradação das condições ambientais não deixaram de se acentuar, demandando atualmente esforços imediatos para o seu enfrentamento.

Para alterar os paradigmas correntes seriam necessárias mudanças técnico-sociais sistêmicas ("*socio-technical system trasformation or transition*"), de caráter mais abrangente e profundo. Um exemplo dado pelos autores é a do enfrentamento dos desafios relacionados à mobilidade urbana na contemporaneidade. Para tornar as cidades mais sustentáveis seria possível ter como foco a

---

Washington, D.C.: National Academy, 1986. A popular figura da *tripla-hélice*, descrevendo inovação como decorrente da interface entre universidades, empresas e governos, também se situa nesse tipo de abordagem. Cf. LEYDESDORFF, Loet; MEYER, Martin. The triple helix of university-industry-government relations. *Scientometrics*, Nova York, v. 58, n. 2, p. 191-203, 2003.

[148] Destacando a importância de uma atuação pública que supere as limitações sistêmicas, de forma adaptativa, cf. METCALFE, James Stanley. Systems Failure and the Case for Innovation Policy. *In*: LLERENA, Patrick; MATT, Mireille (org.). *Innovation Policy in a Knowledge-Based Economy*: Theory and Practice. Berlin: Springer, 2005. p. 47-74.

[149] Sobre o desenvolvimento dessa abordagem como paradigma de política pública, cf. DIERCKS, Gijs; LARSEN, Henrik; STEWARD, Fred. Transformative Innovation Policy: Addressing Variety in an Emerging Policy Paradigm. *Research Policy*, Amsterdã, v. 48, n. 4, p. 880-894, 2019.

[150] Entende-se que uma tradução literal da expressão *transformative change* não explicitaria devidamente o seu significado. Optou-se então, por inserir *efetividade* como um predicado para ressaltar a intenção de serem provocadas mudanças mais profundas.

superação dos obstáculos tecnológicos associados à ampla utilização dos carros elétricos. Isso, de toda forma, não traria mudanças efetivas em termos ambientais ou de inclusão social. A mera transição para outra forma de energia manteria práticas de produção e consumo associadas a um sistema extremamente dependente dos veículos automotores. O ideal, então, seria implementar políticas de que, ao invés de privilegiar baterias elétricas mais eficientes, incentivassem meios alternativos de transporte (como os compartilhados), o transporte público e até as bicicletas, objetivando mudanças em toda a infraestrutura econômico e social associada.[151]

Nessa linha, Uwe Cantner e Simone Vannuccini observam que os debates mais contemporâneos sobre política de CTI teriam uma dupla dimensão, envolvendo tanto a busca por um incremento na intensidade da inovação (visando, por exemplo, ao incremento da produtividade empresarial) quanto uma reflexão sobre o direcionamento de trajetórias inovadoras, permitindo o florescimento de tecnologias que não poderiam florescer sem o apoio estatal (como é o caso de diversas rotas tecnológicas associadas à sustentabilidade).[152]

Esse tipo de política também reconhece que os Estados não são usualmente dotados de condições para lidar com externalidades indesejadas das inovações. Se nada garante que elas tragam mais benefícios do que problemas, medidas corretivas nem sempre tem sido um remédio eficaz.[153] Essa é outra razão para que haja um direcionamento dos esforços de CTI na direção de rumos determinados.

Destacando a necessidade de direcionamento e de mudanças profundas, esse tipo de políticas propugna abordagens participativas

---

[151] Cf. SCHOT, Johan; STEINMUELLER, W. Edward. Three Frames for Innovation Policy: R&D, Systems of Innovation and Transformative Change. *Research Policy*, Amsterdã, v. 47, n. 9, p. 1554-1567, 2018. p. 1562.

[152] CANTNER, Uwe; VANNUCCINI, Simone. Elements of a Schumpeterian catalytic research and innovation policy. *Industrial and Corporate Change*, Oxford, v. 27, n. 5, p. 833-850, 2018. Os autores apresentam uma proposta de atuação pública que seria tanto centrada no estímulo ao empreendedorismo privado (daí a ideia de uma política *schumpeteriana*) quanto baseada em estímulos momentâneos e de duração determinada, servindo mais como catalisadores do que como fontes permanentes de apoio.

[153] Veja-se, por exemplo, o já mencionado em SOETE, Luc. Is innovation always good? *In*: FAGERBERG, Jan; MARTIN, Ben R.; ANDERSEN, Esben Sloth (org.). *Innovation Studies*: Evolution and Future Challenges. Oxford: Oxford University, 2013.

e inclusivas, com o intuito de mobilizar toda a sociedade. A governança dos espaços deliberativos lhe é cara, devendo ser esses compostos de múltiplos atores e haver coordenação com outras políticas públicas que se fizerem pertinentes às mudanças almejadas.

A magnitude dos desafios a superar também torna necessária a adoção de práticas experimentalistas, uma vez que essas privilegiam o aprendizado e a provisoriedade como ferramentas para o enfrentamento de questões complexas.[154]

Como se nota, esse terceiro tipo de política também é baseada em uma atuação estatal ativa. Ela não se basta no incremento ou na otimização de sistemáticas já postas, mas sublinha o papel estatal na resolução de questões centrais às sociedades humanas. Ele traz em seu seio a proposta de um agir estatal orientado por missões (*mission oriented*),[155] que transcende o mero pleito de mais recursos para ciência, formas de planejamento rígido estatal como os exercidos no passado, e as iniciativas de aprimoramento da interação entre os componentes dos Sistemas de Inovação.[156]

Assim, essa brevíssima abordagem sobre os tipos de políticas de CTI também atestam que o Estado não pode ser omisso em matéria de fomento à inovação, impondo-se uma postura ativa de sua parte.

Assentada esta premissa de atuação pública cabe melhor entender o contexto em que os financiamentos em estudo serão realizados. Para tanto é oportuno situá-los no Sistema Nacional de Ciência, Tecnologia e Inovação – SNCTI pátrio.

---

[154] No item 2.3.2 se voltará a falar de experimentalismo, mesmo que sob um recorte bastante específico.

[155] Abordando a ideia de grandes transformações como uma missão pública, cf. ROBINSON, Douglas K. R.; MAZZUCATO, Mariana. The Evolution of Mission-Oriented Policies: Exploring Changing Market CREATING policies in the US and European Space Sector. *Research Policy*, Amsterdã, v. 48, n. 4, p. 936-948, 2019; MAZZUCATO, Mariana; KATTEL. Rainer. Grand Challenges, Industrial Policy, and Public Value. In: OQUBAY, Arkebe; CRAMER, Christopher; CHANG, Ha-Joon; KOZUL-WRIGHT, Richard (org.). *The Oxford Handbook of Industrial Policy*. Oxford: Oxford University, 2020. p. 1-29; e MAZZUCATO, Mariana. *Mission Economy*: A Moonshot Guide to Changing Capitalism. Londres: Allen Lane, 2021. Iniciativas de cunho militar são, como exemplos históricos, recorrentes desse tipo de orientação. cf. MOWERY, David C. Defense-Related R&D as a Model for "Grand Challenges" Technology Policies. *Research Policy*, Amsterdã, v. 41, n. 10, p. 1703-1715, 2012.

[156] SCHOT, Johan; STEINMUELLER, W. Edward. Three Frames for Innovation Policy: R&D, Systems of Innovation and Transformative Change. *Research Policy*, Amsterdã, v. 47, n. 9, p. 1554-1567, 2018. p. 1561-1564.

1.3 O financiamento público à inovação empresarial como componente do Sistema Nacional de Ciência, Tecnologia e Inovação brasileiro

1.3.1 Noção de Sistema Nacional de Ciência Tecnologia e Inovação

Para compreender ao que se quer fazer referência ao se falar do SNCTI brasileiro é importante entender em que consistiria um *Sistema Nacional de Inovação*.

Conceito chave em discussões de política de CTI, as teorizações sobre esses sistemas teriam raízes em estudos econômicos e de teoria da inovação,[157] envolvendo autores célebres no campo dos *innovation studies*.[158] Dentre esses Bengt-Åke Lundvall é conhecido por seus esforços para conferir densidade teórica a esse conceito, usando-o como elemento descritivo das interações caracterizadoras dos processos de aprendizado e inovação que se mostram centrais ao funcionamento da economia.[159]

---

[157] EDQUIST, Charles. Systems of Innovation Approaches: Their Emergence and Characteristics. *In*: EDQUIST, Charles (org.). *Systems of Innovation*: Technologies, Institutions, and Organizations. Londres: Routledge, 1997. p. 1-35. Ainda sobre essa literatura, e incluindo a história de sua difusão, cf. FAGERBERG, Jan; SAPPRASERT, Koson. National Innovation Systems: The Emergence of a New Approach. *Science and Public Policy*, Oxford, v. 38, n. 9, p. 669-679, 2011. Outra fonte, bastante didática, é CHAMINADE, Cristina; LUNDVALL, Bengt-Åke; HANEEF, Shagufta. *Advanced introduction to national innovation systems*. Cheltenham: Edward Elgar, 2018. Para um olhar nacional, e também atento às interações com teorias econômicas latino-americanas, cf. CASSIOLATO, José Eduardo; LASTRES, Helena Maria Martins. Sistemas de inovação e desenvolvimento: as implicações de política. *São Paulo em Perspectiva*, São Paulo, v. 19, n. 1, p. 34-45, 2005.

[158] Charles Edquist registra que Christopher Freeman teria sido o primeiro a publicar adotando tal nomenclatura em FREEMAN, Christopher. *Technology Policy and Economic Performance*: Lessons from Japan. Londres: Pinter, 1987; sendo também marcante coletânea organizada por Richard Nelson, reunindo autores de todo o globo para descreverem suas realidades nacionais. Cf. EDQUIST, Charles. Systems of Innovation Approaches: Their Emergence and Characteristics. *In*: EDQUIST, Charles (org.). *Systems of Innovation*: Technologies, Institutions, and Organizations. Londres: Routledge, 1997. p. 3-7; NELSON, Richard R. (org.). *National Innovation Systems*: A Comparative Analysis. Nova York: Oxford University, 1993.

[159] Tal esforço é concretizado originalmente no livro *National systems of innovation: toward a theory of innovation and interactive learning*, em sua edição de 1992.

Em suas palavras,

> [d]e acordo com Boulding (1985), a definição mais ampla possível de um sistema seria "qualquer coisa que não fosse caótica". De uma forma mais específica, um sistema é constituído por um número de elementos e pelas relações entre esses elementos. Em consequência, um sistema de inovação é constituído por elementos e relações que interagem na produção, difusão e uso de conhecimento novo e economicamente útil, e que um sistema nacional abrange elementos e relações tanto situadas quanto estabelecidas dentro das fronteiras de um estado nacional.[160]

Ele prossegue apresentando acepções mais ou menos amplas do conceito, além de destacar a dificuldade de definir os seus contornos *a priori*:

> Pode ser feita uma distinção entre um sistema de inovação em sentido estrito e em sentido amplo. Uma definição estrita incluiria organizações e instituições envolvidas em atividades investigativas e exploratórias, como um setor de P&D, institutos tecnológicos e universidades. *A definição ampla, que decorre da perspectiva teórica apresentada acima, incluiria todas as parcelas e aspectos da estrutura econômica e do contexto institucional que afetariam o aprendizado e as atividades investigativas e exploratórias: o sistema produtivo, comercial, e financeiro podem ser apresentados como subsistemas em que o aprendizado tem lugar.* Determinar detalhadamente quais subsistemas e instituições sociais deveriam ser incluídas, ou excluídas, na análise do sistema é uma tarefa envolvendo tanto análise histórica quanto considerações teóricas (grifo nosso).[161]

Dessas definições notam-se características como a diversidade de elementos organizados, atuando sistemicamente; a interação como peça-chave; e o exame dessas interações sob o prisma da produção, difusão e uso de conhecimento novo e economicamente útil. Não se está, assim e por exemplo, simplesmente observando interações de índole econômica. O conhecimento (e sua produção, difusão e utilização) precisa estar presente, não sendo relevante a

---

[160] LUNDVALL, Bengt-Åke (org.). *National Systems of Innovation*: Toward a Theory of Innovation and Interactive Learning. Londres: Anthem, 2012. p. 2.
[161] LUNDVALL, Bengt-Åke (org.). *National Systems of Innovation*: Toward a Theory of Innovation and Interactive Learning. Londres: Anthem, 2012. p. 13.

mera repetição mecânica de rotinas. A dimensão nacional, por fim, é o como delimitador do objeto de análise proposto.[162]

Como ilustra a acepção mais alargada do conceito, as dinâmicas inovadoras não se limitariam a instituições diretamente comprometidas com a produção e difusão de conhecimento. Outras esferas com potencial para influir no surgimento das inovações em cada realidade nacional, como as relacionadas à estruturação de sistemas financeiros e comerciais não deveriam deixar de ser consideradas.

Esse tipo de abrangência analítica tem caracterizado esforços teóricos mais recentes sobre o tema. É o caso da obra de Charles Edquist e de Susana Borrás que propõe a adoção de políticas de CTI tanto atentas à integralidade dos sistemas (de forma holística) quanto às dinâmicas desenvolvidas em seu interior, transcendendo a simples descrição dos atores e instituições que o comporiam.[163] Nesse sentido,

> [p]ara nós, sistemas de inovação deveriam ser definidos como aqueles que incluiriam 'todos os fatores econômicos, sociais, políticos, organizacionais e institucionais importantes que influenciariam o desenvolvimento, difusão e uso das inovações', assim como as próprias inovações [...]. Portanto, as inovações podem ser vistas como o produto, conquanto o sistema de inovação é também constituído por um conjunto de atividades ou determinantes que influenciam tal produto. Essa é uma definição ampla, muito mais abrangente que as prévias. Ao mesmo tempo, o sistema de inovação não deveria ser considerado como equivalente à integralidade da economia ou da sociedade. É muito mais razoável limitar a noção de sistema de inovação para que seja constituído por inovações de vários tipos e por todas as atividades ou determinantes que influenciam seu desenvolvimento e difusão.[164]

---

[162] Embora o enfoque inicial da teoria em exame seja a dimensão nacional, logo se seguiram esforços para abordar as dimensões regionais e internacionais. Um exemplo disso pode ser encontrado em FROMHOLD-EISEBITH, Martina. Effectively linking international, national and regional innovation systems: insights from India and Indonesia. In: LUNDVALL, Bengt-Åke; INTARAKUMNERD, Patarapong; VANG, Jan (org.). Asia's Innovation Systems in Transition. Cheltenham: Edward Elgar, 2006. p. 75-99.

[163] BORRÁS, Susana; EDQUIST, Charles. Holistic Innovation Policy: Theoretical Foundations, Policy Problems, and Instrument Choices. Oxford: Oxford University, 2019.

[164] BORRÁS, Susana; EDQUIST, Charles. Holistic Innovation Policy: Theoretical Foundations, Policy Problems, and Instrument Choices. Oxford: Oxford University, 2019. p. 9.

A noção de *Sistema Nacional de Inovação* é também adotada pela OECD,[165] servindo como base para a produção de diversos relatórios por esse órgão multilateral.[166] Foi com base nela que foi conduzido o *National Innovation Systems Project* que, durante a década de 1990, apresentou análises gerais ou abordou elementos específicos de determinado sistema, como as empresas inovadoras que o comporiam.[167]

No Brasil, o próprio constituinte derivado adotou um recorte sistemático para a disciplina da CTI pátria. Em decorrência da emenda constitucional nº 85/15 foi estabelecido que o "[o] Sistema Nacional de Ciência, Tecnologia e Inovação (SNCTI) será organizado em regime de colaboração entre entes, tanto públicos quanto privados, com vistas a promover o desenvolvimento científico e tecnológico e a inovação" (art. 219-B, *caput*, da Constituição).[168]

De forma congruente com os contornos teóricos de um *Sistema Nacional de Inovação* do texto constitucional, se pode extrair: um caráter *sistemático*, indicando tanto complexidade (no sentido de composição por elementos distintos entre si) quanto um mínimo de *organização* para a produção de resultados; *colaborativo*, na linha da tão propalada importância da interação entre os componentes do sistema;[169] e interações que não se restringem aos agentes estatais, deixando clara a necessidade de *mobilização tanto de agentes públicos quanto privados* para seu efetivo funcionamento.

---

[165] Sobre as relações e interações entre as produções teóricas sobre o tema e a sua adoção ou formulação pela OECD, cf. GODIN, Benoît. National Innovation System: The System Approach in Historical Perspective. *Science, Technology, & Human Values*, Thousand Oaks, v. 34, n. 4, p. 476-501, 2009; e FAGERBERG, Jan; SAPPRASERT, Koson. National Innovation Systems: The Emergence of a New Approach. *Science and Public Policy*, Oxford, v. 38, n. 9, p. 669-679, 2011.

[166] Diversas publicações da OECD adotam essa terminologia. Para um acesso amplo a elas, acessar o *site* da Diretoria para Ciência, Tecnologia e Inovação da OECD, disponível em: http://www.oecd.org/sti/. Acesso em: 29 mar. 2020.

[167] Uma recapitulação desse trabalho pode ser localizado em ORGANISATION FOR ECONOMIC CO-OPERATION AND DEVELOPMENT. *Managing National Innovation Systems*. Paris: OECD Publishing, 1999.

[168] Além disso, os parágrafos primeiro e segundo desse dispositivo estabelecem que o tema será disciplinado em termos gerais por legislação federal e de forma concorrente a nível estadual e municipal. Não há sinal de legislação de regência em nível federal, embora, nos termos da Portaria do MCTIC nº 2.808/18, tenha sido instituído Grupo de Trabalho para elaboração de minuta de projeto de lei sobre o tema.

[169] Observe-se que o constituinte não optou por expressões como *direção* ou *coordenação*, mas por *colaboração*, trazendo implícitos sentidos de *voluntariedade* e *cooperação*.

Disso se percebe que o constituinte optou por uma acepção ampla de Sistema Nacional de Inovação.[170] Assim, ao referir o SNCTI brasileiro se fará menção a objeto que transcende a esfera estatal e não se limita às organizações dedicadas a esforços de P&D, abrangendo, portanto, o conjunto de elementos influenciadores dos processos inovativos no país.[171]

1.3.2 A composição do SNCTI brasileiro

Compreendido do que consistiria o SNCTI brasileiro pode-se abordar sua composição e aproveitar para situar o financiamento à inovação em seu interior. Relatório produzido por Mariana Mazzucato e Caetano Penna para o Centro de Gestão e Estudos Estratégicos – CGEE[172] se mostra útil a essa empreitada.[173]

Para descrever o SNCTI brasileiro são propostos quatro subsistemas: i. produção e inovação; ii. pesquisa e educação; iii. financiamento (público e privado) e iv. político e normativo. Será

---

[170] Observe-se que a proposta original do Projeto de Lei nº 2.717/11 não seguia exatamente essa linha, definindo o SNCTI como "[c]onjunto de pessoas físicas e jurídicas, públicas e privadas, com ou sem fins econômicos, que atuem na área de CT&I" (art. 2º, inciso XXIII). Note-se como essa descrição, que não constou da Lei nº 13.243/16, convidava a uma visão mais estrita de Sistema Nacional de Inovação. O Brasil também contou com exemplos históricos em que a disciplina das atividades relacionadas a ciência e tecnologia era mais restrita, como se observa na estruturação da ação estatal prevista no antigo Sistema Nacional de Desenvolvimento Científico e Tecnológico – SNDCT, disciplinado pelo Decreto nº 75.225/75.

[171] Outros dispositivos no texto constitucional também comprovam essa perspectiva ampla, como é o caso do parágrafo único do art. 219, mencionando de empresas a inventores individuais, e o art. 219-A, tratando de instrumentos de cooperação.

[172] O CGEE é uma organização social cuja origem remonta à implantação dos Fundos Setoriais (cf. item 3.3.2) e que tem como missão a realização de estudos associados à formulação de políticas públicas de CTI. Cf. CGEE comemora 17 anos de contribuições ao SNCTI. *Centro de Gestão e Estudos Estratégicos*, Brasília, DF, 20 set. 2018.

[173] PENNA, Caetano; MAZZUCATO, Mariana. *The Brazilian Innovation System*: A Mission-Oriented Policy Proposal. Brasília, DF: CGEE, 2016. Outro relatório, mas dotado de perspectiva descritiva distinta (e menos útil à exposição pretendida, embora interessante, dado o seu cuidado com a realidade estadual de fomento à inovação) é o GLOBAL INNOVATION POLICY ACCELERATOR. *Understanding Brazil's Innovation System*. Londres: Nesta, 2019. Trabalhos menos descritivos e não tão atuais também podem servir como referência. É o caso de DAHLMAN, Carl J.; FRISCHTAK, Claudio R. National Systems Supporting Technical Advance in Industry: The Brazilian Experience. In: NELSON, Richard R. (org.). *National Innovation Systems*: A Comparative Analysis. Nova York: Oxford University, 1993. p. 414-450; SUZIGAN, Wilson; VILLELA, Annibal V. *Industrial Policy in Brazil*. Campinas: Unicamp: Instituto de Economia, 1997.

dada mais atenção ao subsistema i do que aos ii e iv dado o enfoque desta pesquisa. O iii será tratado no próximo tópico por contemplar as estruturas de financiamento estatal.

Ao descrever o primeiro subsistema, o relatório sublinha a heterogeneidade da base produtiva brasileira, composta por empresas nacionais e internacionais atuando em múltiplos setores industriais. Seriam raros investimentos empresariais vultosos em P&D,[174] mas estatais como Petrobras e Eletrobrás, ambas possuidoras de reconhecidos centros de pesquisa,[175] teriam papel de destaque em matéria de CTI.[176] Apesar disso associações como a CNI e a Associação Nacional de Pesquisa e Desenvolvimento das Empresas Inovadoras – ANPEI atuariam como agentes propagadoras de uma cultura de inovação no setor produtivo.

Apesar da existência de grandes conglomerados privados, a maior parte dos componentes desse subsistema consistiria em empresas pequenas e médias. A atuação das últimas seria normalmente permeada por níveis de informalidade consideráveis, mas suas contribuições para os esforços inovativos pátrios seriam consideráveis.

Analisando esse subsistema o relatório aponta que, apesar de uma indústria diversificada resultante das políticas de substituição de importação dos anos 1950, desde os anos 1980 o país tem sido atingido por processos de desindustrialização e concentração da atividade econômica em setores de menor intensidade tecnológica em paralelo a uma nova expansão do setor agrícola.

---

[174] Como exceções a essa tendência são mencionadas as empresas Natura (cosméticos), Bradesco (setor bancário), Totvs (software/automação), WEG (equipamentos elétricos), Gerdau (aço), Vale (mineração) e Embraer (aeronáutica). De toda forma, o relatório não deixa de destacar que mesmo essas empresas recebem intenso apoio financeiro público (como investimentos do BNDES) para seus esforços inovativos. Cf. PENNA, Caetano; MAZZUCATO, Mariana. *The Brazilian Innovation System*: A Mission-Oriented Policy Proposal. Brasília, DF: CGEE, 2016. p. 39.

[175] Comparando o desempenho inovativo entre empresas estatais e privadas, e concluindo pela possibilidade de desempenho superior das primeiras neste âmbito. Cf. PAULA, Fábio de Oliveira. Inovação em empresas estatais: evidências dos setores elétrico, de telecomunicações e de óleo e gás. *In*: SILVA, Mauro Santos; SCHMIDT, Flávia de Holanda; KLIASS, Paulo (org.). *Empresas estatais*: políticas públicas, governança e desempenho. Brasília, DF: Ipea, 2019. p. 217-259.

[176] Utiliza-se o termo "empresas estatais" em sentido amplo para distingui-las das empresas privadas (ou "sociedade privada", na linguagem do Decreto nº 8.945/16), englobando portanto as empresas públicas, as sociedades de economia mista e as suas subsidiárias. Sobre o fomento a elas cf. o item 6.1.2.

A baixa propensão geral das empresas brasileiras seria comprovada pelos dados da PINTEC. Segundo esse indicador, entre 2009 e 2011 apenas 34,56% das empresas nacionais teriam realizado alguma inovação.[177] O relatório ainda destaca uma tendência de investimento em *inovações de processo*, tradicionalmente efetivadas no Brasil mediante a compra de maquinário e equipamento importado, sendo raras as iniciativas voltadas às *inovações de produto*.[178]

As empresas também dispenderiam proporcionalmente pouco em qualificação e treinamento de pessoal. O número de patentes produzidas (em critérios absolutos) seria pequeno em relação a outros países, e não seriam usuais iniciativas de cooperação entre empresas e instituições de pesquisa.

Apesar desse preocupante quadro geral, o relatório sublinha a existência de setores dinâmicos em termos inovativos. Exemplos são o setor agrícola, moderno e em crescimento, que é dotado de componentes como a reconhecida Empresa Brasileira de Pesquisa Agropecuária – Embrapa; parcelas do setor de serviços (como o relativo aos serviços bancários); e o setor energético, que conta com atores como a já mencionada Petrobras.[179]

Passando-se à descrição do subsistema de pesquisa[180] e educação nota-se a presença estatal de modo predominante. As universidades mais reconhecidas estariam relacionadas a governos estaduais (como a Universidade de São Paulo e a Unicamp a São Paulo) ou ao governo federal (como a Universidade Federal do Rio de Janeiro), apesar de também existirem instituições privadas relevantes.

---

[177] A PINTEC, originalmente denominada Pesquisa Industrial de Inovação Tecnológica e promovida pelo IBGE, é um dos principais indicadores nacionais dos esforços de inovação empresarial. Outras edições da pesquisa seguiram as tendências indicadas no relatório. Na apuração que cobriu o período entre 2012 e 2014, 36% das 132.529 empresas brasileiras com 10 ou mais trabalhadores efetuaram algum tipo de inovação em produtos ou processos. Na última edição, de 2015 a 2017, das 116.962 empresas analisadas, apenas 33,6% das empresas do mesmo grupo fizeram algum tipo de inovação em produtos ou processos, taxa 2,4 pontos percentuais abaixo da apresentada no triênio anterior. Para uma abordagem didática dos resultados da última pesquisa, cf. PINTEC 2017: caem taxa de inovação, os investimentos em atividades inovativas e os incentivos do governo. *Agência IBGE Notícias*, Rio de Janeiro, 16 abr. 2020.

[178] Lembre-se da distinção apresentada no item 1.1.2.

[179] PENNA, Caetano; MAZZUCATO, Mariana. *The Brazilian Innovation System*: A Mission-Oriented Policy Proposal. Brasília, DF: CGEE, 2016. p. 39-41 e 51-55.

[180] Para uma abordagem da dimensão científica do SNCTI cf. CENTRO DE GESTÃO E ESTUDOS ESTRATÉGICOS. *Panorama da ciência brasileira*: 2015-2020. Brasília, DF: CGEE, 2021.

A maior parte das instituições de pesquisa também integra o Poder Público e sua atuação é normalmente integrada às universidades, como é o caso do Instituto Tecnológico de Aeronáutica – ITA. Pelo lado da oferta da qualificação profissional é destacado o papel desempenhado pelo Sistema "S" (Serviço Nacional de Aprendizagem Industrial – SENAI, SEBRAE e Serviço Nacional de Aprendizagem Comercial – SENAC).

A avaliação presente no relatório sobre esse subsistema salienta um traço elitista no fornecimento da educação e na realização da pesquisa no Brasil. O acesso ao ensino de qualidade ainda é concentrado em poucas escolas privadas ou universidades públicas (acessadas majoritariamente pelos egressos do ensino pago). A ausência de uma distribuição equânime dessas instituições pelo território nacional (há uma concentração expressiva no sudeste) também é problemática.

Embora agências como o CNPq e a Coordenação de Aperfeiçoamento de Pessoal de Nível Superior – CAPES exerçam papel relevante na formação de pesquisadores, esses não são normalmente absorvidos pelas empresas, acabando a maioria deles por se vincular a instituições públicas. O treinamento profissional efetivamente oferecido também teria se mostrado aquém das necessidades da indústria nacional, seja em razão da ausência de oferta ou da cobrança de valores excessivos para sua contratação.[181]

Passando ao subsistema político e normativo, o relatório menciona o MCTI e o Ministério da Saúde – MS, assim como entes ou órgãos a eles associados (como a Finep e a Fundação Oswaldo Cruz – Fiocruz, respectivamente), como de especial relevância para a inovação brasileira.

As agências reguladoras também são lembradas pelo seu papel de direcionamento de recursos a programas de P&D,[182] assim como o Instituto Nacional da Propriedade Industrial – INPI, que zela pela proteção à propriedade intelectual, e organizações sociais como a Empresa Brasileira de Pesquisa e Inovação Industrial –

---

[181] CENTRO DE GESTÃO E ESTUDOS ESTRATÉGICOS. *Panorama da ciência brasileira*: 2015-2020. Brasília, DF: CGEE, 2021. p. 41-42 e 55-57.

[182] Como é o caso dos gastos obrigatórios em P&D no setor elétrico, fiscalizado pela ANEEL com supedâneo na Lei nº 9.991/00.

Embrapii, outro financiador responsável por atividades como as aqui estudadas.

Da perspectiva analítica, o relatório destaca, ao lado de uma breve retomada das políticas de CTI dos anos 80 até o período de sua publicação,[183] como as condições macroeconômicas brasileiras (como as altas taxas de juros) impactam negativamente na atividade inovadora nacional, desestimulando-a. Também é sublinhado como que diversas políticas setoriais impactam no SNCTI, com destaque para as compras governamentais a cargo do Sistema Único de Saúde – SUS.[184]

1.3.3 Um subsistema específico do SNCTI brasileiro: o de financiamento à inovação

Dando continuidade à abordagem do relatório produzido por Mariana Mazzucato e Caetano Penna cabe agora, nessa sintética apresentação do SNCTI pátrio, examinar o subsistema relativo ao financiamento da inovação.[185]

Quanto a seus componentes, o relatório descreve, de um lado, grandes bancos privados nacionais (Itaú, Bradesco) e internacionais (Santander) e, de outro, grandes bancos públicos (como a Caixa Econômica Federal e Banco do Brasil) e instituições de fomento importantes como BNDES e Finep, voltando-se a última especificamente ao fomento a CTI.[186] Nessa última seara também são mencionadas a CAPES e o CNPq graças à sua atuação na concessão de bolsas e outros tipos de auxílio à qualificação técnico-científica e a iniciativas inovadoras e as Fundações de Amparo à Pesquisa,[187]

---

[183] Manifestações recentes da política industrial e tecnológica nacional serão objeto de comentário no item 3.2.2.
[184] CENTRO DE GESTÃO E ESTUDOS ESTRATÉGICOS. *Panorama da ciência brasileira*: 2015-2020. Brasília, DF: CGEE, 2021. p. 44-50 e 59-75.
[185] Para um olhar mais amplo quanto ao financiamento para o desenvolvimento do país, cf. DE NEGRI, João Alberto; ARAÚJO, Bruno César; BACELETTE, Ricardo; FIORAVANTE, Dea; LI, Denise Ley; FURTADO, Bernardo. Financiamento do desenvolvimento no Brasil. *In*: DE NEGRI, João Alberto; ARAÚJO, Bruno César; BACELETTE, Ricardo (org.). *Financiamento do desenvolvimento no Brasil*. Brasília, DF: Ipea, 2018. p. 7-46.
[186] Cf. o capítulo 4 para uma abordagem mais profunda da Finep.
[187] Para uma apresentação sintética dessas, cf. GROFF, Fabio de Carvalho. Criação. *In*: SIQUEIRA NETO, José Francisco; MENEZES, Daniel Francisco Nagao (org.). *Dicionário de Inovação Tecnológica*. Belo Horizonte: Arraes, 2020. v. 1. p. 136-141.

que ofertam recursos em sua respectiva esfera da federação (como no caso da Fundação de Amparo à Pesquisa do Estado de São Paulo – FAPESP).

Três realidades são salientadas ao se examinar o funcionamento desse subsistema.

A primeira delas é a ausência da oferta de crédito de longo prazo para financiar empreendimentos inovadores no país. As instituições privadas brasileiras concentrariam suas atividades em operações de menor prazo ou na compra de títulos públicos, ambas atividades de menor risco e geradoras de ganhos historicamente consideráveis, esvaziando a disponibilidade de privados para projetos de longo prazo e permeados por incertezas.[188]

A segunda realidade concerne o mercado de capitais brasileiro, englobando tanto o capital de risco (*venture capital*) quanto o investimento em empresas maduras (*private equity*).[189] Ainda relativamente pequeno apesar de seu crescimento nas últimas décadas, tratar-se-ia de um mercado de baixa liquidez e em que a atuação privada ainda seria caracterizada pela aversão ao risco, tornando iniciativas inovadoras normalmente pouco atraentes a maior parte dos investidores.

Esse cenário completa-se com a terceira realidade, que é a da necessidade de intensa atuação pública para suprir as carências na disponibilização de recursos mencionadas. O relatório destaca, por exemplo, como o BNDES (e Finep, diga-se) atuam tanto na oferta de crédito a longo prazo quanto na realização de investimentos em empresas inovadoras.

Os números trazidos pelo relatório são bastante ilustrativos. Os maiores bancos privados ainda manteriam 75% de seu portfólio em empréstimos de prazo menor que cinco anos. O BNDES, entretanto, mantém apenas 54% em modalidades de curto prazo.

---

[188] Mesmo quando disponibilizados recursos para projetos inovadores, haveria uma tendência de eles serem concedidos com taxas muitas vezes proibitivas. Quanto à incerteza como elemento inerente ao financiamento à inovação, cf. o item 2.2.1.

[189] O mercado de capitais, em especial o de *venture capital*, constitui uma fonte historicamente relevante ao de custeio de esforços inovativos na realidade estadunidense. Por conta disso, uma parte relevante dos esforços relacionados ao fomento às *startups* de alguma forma baseia-se nele. Maiores comentários sobre o tema podem ser encontrados nos itens 3.2.3 e 5.2.4, com o último esmiuçando formas de financiamento à inovação pela via do investimento.

Ademais, essa instituição também tem uma atuação consolidada na aquisição de participações em empresas inovadoras via fundos de investimento ou BNDESPAR.[190]

Interessa registrar que a atuação estatal descrita não inibiria investimentos privados em inovação. Mesmo que tal possibilidade exista em casos de deficiências na calibração da oferta de recursos públicos (como na concessão de crédito subsidiado), tal efeito não seria uma automática da intervenção estatal.[191] Esse é um dado importante pois evitar o desincentivo público à ação privada é uma preocupação clássico do fomento à CTI.[192] De toda sorte, mesmo que encontrar o arranjo ideal não constitua tarefa simples, pesquisas empíricas comprovam que os estímulos públicos podem até mesmo alavancar investimentos privados.[193]

---

[190] PENNA, Caetano; MAZZUCATO, Mariana. *The Brazilian Innovation System*: A Mission-Oriented Policy Proposal. Brasília, DF: CGEE, 2016. p. 42-44 e 57-59.

[191] Nos termos do relatório, "[o]s entrevistados também suscitaram questionamentos sobre o nível de investimento privado em inovação no Brasil, percebido como muito baixo, e se os investimentos públicos em P&D e inovação tendem a inibir investimentos privados, deslocando-os. Todos os entrevistados tenderam a concordar não ser este o caso, dada a baixa propensão do setor privado ao investimento em inovação e a tendência das empresas para se afastarem dos projetos mais arriscados. De toda forma, as respostas dos componentes do setor privado compartilharam a percepção de que um uso não estratégico de crédito subsidiado poderia inibir investimentos privados. Nos termos de um dos entrevistados do setor privado, 'Há setores em que o investidor privado não entraria, mas há outros em que o privado poderia entrar... Não há *crowd out* por investimento [público] direto através de capital de risco. Mas a concessão de crédito para certas empresas pode levar a isso" (PENNA, Caetano; MAZZUCATO, Mariana. *The Brazilian Innovation System*: A Mission-Oriented Policy Proposal. Brasília, DF: CGEE, 2016. p. 87).

[192] Do conhecido relatório de Vannevar Bush já se pode extrair tal preocupação. Diz o relatório: "[p]ara o exercício dessas atribuições devem ser disponibilizados fundos federais. Nós refletimos intensamente quanto a como os fundos federais devem ser estruturados para que eles não inibam investimentos de governos locais, fundações e doadores privados. Acreditamos que a nossa proposta vai minimizar tal efeito, mas não acreditamos que ele pode ser completamente afastado. Postulamos, de toda forma, que a necessidade nacional por pesquisas científicas em maior quantidade e qualidade é de tal monta que tal risco deve ser aceito" (BUSH, Vannevar; KEVLES, Daniel J.; BLOCH, Erich. *Science*: The Endless Frontier: A Report to the President on a Program for Postwar Scientific Research. Washington, D.C.: National Science Foundation, 1990. p. 24).

[193] Cf., abordando tais efeitos em relação a elementos como o tamanho das empresas destinatárias dos recursos e dos projetos financiados, SZÜCS, Florian. Do Research Subsidies Crowd Out Private R&D of Large Firms? Evidence from European Framework Programmes. *Research Policy*, Amsterdã, v. 49, n. 3, p. 1-13, 2020. Para outro exemplo europeu (alemão), cf. ENGEL, Dirk; ECKL, Verena; ROTHGANG, Michael. R&D Funding and Private R&D: Empirical Evidence on the Impact of the Leading-Edge Cluster Competition. *The Journal of Technology Transfer*, Nova York, v. 44, n. 6, p. 1720-1743, 2019. Mostrando, entretanto, a ausência de diferença estatisticamente relevante após intervenção pública desse tipo no Brasil (por meio de empréstimos reembolsáveis como os que serão aqui analisados) cf. MORITA, Daniel Miorando.

Como se nota a partir panorama apresentado, os financiamentos em estudo são promovidos em um SNCTI onde a presença pública é considerável, quando não se mostra imprescindível dada a ausência ou insuficiência da atuação privada. Contribuições da literatura internacional e estudos pátrios reforçam, aliás, a importância de esforços públicos nessa seara.

Mariana Mazzucato ressalta a importância do investimento público em áreas em que a iniciativa privada não assuma sozinha os riscos associados à inovação como no caso do desenvolvimento de tecnologias. Defendendo a valorização de um empreendedorismo estatal em contraposição à ideia dos governos como simples mitigadores de riscos[194] ela comprova que o capital público financiou diversas iniciativas tecnológicas revolucionárias.

Os Estados Unidos, suscitados (erroneamente) muitas vezes como o baluarte de uma atuação pública contida, são o referencial principal de sua análise, comprovando que muitos argumentos teóricos e ideológicos não são congruentes com a realidade. Tanto limitações verificadas na atuação do *venture capital* (privado) para investir em empresas que perseguem objetivos de longo prazo[195] quanto a importância de instituições (públicas) para a promoção de tecnologias de fronteira e de longa maturação (como as tecnologias limpas) são destacadas, ficando demonstrado uma atuação estatal ativa se é fundamental inclusive nesse país.[196]

Avaliação de impacto de um programa de crédito para inovação no Brasil. 2016. Dissertação (Mestrado Profissional em Economia) – Insper Instituto de Ensino e Pesquisa, São Paulo, 2016.

[194] Nas palavras da autora, "um Estado empreendedor não apenas retira o risco (*de-risk*) do setor privado, mas enxerga a dimensão do risco e opera de forma ousada e efetiva dentro dele para fazer com que as coisas aconteçam" (MAZZUCATO, Mariana. *The Entrepreneurial State*. Londres: Anthem, 2014. p. 29). Ainda, adiante na obra: "simplesmente possuir um Sistema nacional de inovação não basta. Com o passar do tempo, resultados mais impressionantes podem ser alcançados quando o Estado é um ator de destaque operando dentro desse sistema. Esse papel não necessariamente precisa ocorrer no nível nacional (apesar de poder ser o caso) e não deve envolver apenas subsídios de longo prazo para certas companhias ('*picking winners*'). Ao invés disso o Estado, por meio de vários entes e laboratórios que o compõem, tem o potencial de disseminar novas ideias rapidamente. Ele também pode ser ágil, usando suas funções como comprador, destinatário de serviços e produtos, além de regulador moldar mercados e dirigir os avanços tecnológicos. Dessa forma ele age como um catalisador, da mudança, a fagulha que inicia o fogo" (MAZZUCATO, Mariana. *The Entrepreneurial State*. Londres: Anthem, 2014. p. 91).

[195] MAZZUCATO, Mariana. *The Entrepreneurial State*. Londres: Anthem, 2014. p. 66-68.

[196] Vale transcrever trechos de sua obra, indicando que até mesmo soluções implementadas no Brasil poderiam ser pertinentes à superação dos desafios estadunidenses "[o]

Jesper Lindgaard Christensen também destaca a importância da atuação estatal ao categorizar os arranjos institucionais financeiros que permeiam os Sistemas Nacionais de Inovação. O potencial público para o fomento de novas trajetórias tecnológicas é destacado dada a capacidade de assunção de riscos pelo Estado dada a sua menor exposição à quebra em comparação com os agentes privados.[197]
Atentos à realidade brasileira, Carl J. Dahlman e Claudio R. Frischtak ilustram como incentivos financeiros têm sido utilizados como instrumentos para o estímulo de capacidade inovadora pelas empresas brasileiras, sublinhando inclusive a atuação da Finep nesse campo desde 1973.[198] Luiz Martins de Melo e Márcia Siqueira Rapini também apresentam a estrutura de financiamento à inovação brasileira e, resgatando sua dimensão histórica, destacam a importância do direcionamento de recursos públicos para tanto.[199] Antônio Márcio Buainain, Irineu de Souza Lima Júnior e Solange Corder apontam a incapacidade tanto do mercado de capitais nacional quanto do sistema bancário privado em financiar a inovação brasileira, concluindo que isso conduzira o país a uma dependência do financiamento público.[200]

---

financiamento público (como o promovido por bancos de desenvolvimento estatais) é portanto superior ao VC (*venture capital*) ou à atuação dos bancos comerciais no fomento à inovação, porque ele é comprometido e 'paciente', propiciando tempo para que as companhias superem a incerteza significativa associada a esse tipo de inovação. Bancos de investimento estatais, especialmente, mas não apenas em países emergentes como a China e o Brasil, tem se mostrado atores cruciais não só para o empréstimo 'anticíclico' – crucial especialmente em recessões – mas também ao proverem apoio a tecnologias com alto nível de incerteza e intensivas em capital associadas às tecnologias limpas. Além disso, o retorno financeiro recebido pelos bancos de investimento públicos propicia um ciclo virtuoso que premia o uso do dinheiro do contribuinte de uma forma direta, além de criar outros benefícios indiretos (como benesses de natureza pública)" (MAZZUCATO, Mariana. *The Entrepreneurial State*. Londres: Anthem, 2014. p. 151-152).

[197] CHRISTENSEN, Jesper Lindgaard. The Role of Finance in National Systems of Innovation. *In*: LUNDVALL, Bengt-Åke (org.). *National Systems of Innovation*: Toward a Theory of Innovation and Interactive Learning. Londres: Anthem, 2012. p. 157.

[198] DAHLMAN, Carl J.; FRISCHTAK, Claudio R. National Systems Supporting Technical Advance in Industry: The Brazilian Experience. *In*: NELSON, Richard R. (org.). *National Innovation Systems*: A Comparative Analysis. Nova York: Oxford University, 1993. p. 414-450. p. 434.

[199] MELO, Luiz Martins de; RAPINI, Márcia Siqueira. Innovation, finance, and funding in the national system of innovation: the Brazilian case. *In*: KAHN, Michael; MELO, Luiz Martins de; MATOS, Marcelo G. Pessoa de (org.). *Financing Innovation*: BRICS National Systems of Innovation. Nova Delhi: Routledge, 2014. p. 21-77.

[200] BUAINAIN, Antônio Márcio; LIMA JUNIOR, Irineu de Souza; CORDER, Solange. Desafios do Financiamento à Inovação no Brasil. *In*: COUTINHO, Diogo R.; FOSS, Maria

Glauco Arbix e Zil Miranda ressaltam que o Brasil ainda conta com uma economia pouco produtiva (afora poucas exceções), mas que o investimento em CTI é o caminho para a mudança desse quadro. A disponibilização de recursos públicos para o incremento do P&D empresarial seriam uma medida relevante para tanto.[201] A necessidade de envolvimento público diante do baixo investimento privado dado o (em geral) baixo interesse em tecnologia pelas empresas brasileiras também é destacada por Glauco Arbix, Mario Sergio Salerno, Guilherme Amaral e Leonardo de Melo Lins. A combinação da concessão de recursos públicos reembolsáveis (como o crédito subsidiado) e não reembolsáveis (como a subvenção econômica)[202] serviria para auxiliar na modificação dessa realidade, malgrado críticas quanto a falta de um enfoque efetivo em inovação quando da implementação de políticas industriais recentes.[203]

De fato, embora consolidada a premissa de que a intervenção estatal em matéria de financiamento à inovação seja fundamental na realidade brasileira, não deixam de ser tecidas críticas quanto à sua implementação.

José Eduardo Cassiolato e Helena Maria Martins Lastres destacam que instrumentos como os mencionados acabaram muitas vezes servindo como expediente para a redução dos custos do P&D de grandes empresas em razão da dificuldade em direcioná-los a pequenas e médias empresas. Registra-se, assim, a problemática da redução de esforços em inovação apesar do intenso uso dos instrumentos de financiamento, em especial no caso de empresas transnacionais.[204] Fernanda De Negri, a seu turno, salienta como políticas públicas recentes deixaram de privilegiar ações estratégicas

---

Carolina; MOUALLEM, Pedro Salomon B. (org.). *Inovação no Brasil*: avanços e desafios jurídicos e institucionais. São Paulo: Blucher, 2017. p. 104.

[201] ARBIX, Glauco; MIRANDA, Zil. Inovar para sair da crise. *In*: COUTINHO, Diogo R.; FOSS, Maria Carolina; MOUALLEM, Pedro Salomon B. (org.). *Inovação no Brasil*: avanços e desafios jurídicos e institucionais. São Paulo: Blucher, 2017. p. 57-58; 66-71 e 75.

[202] Ambos os instrumentos serão abordados no quinto capítulo desta tese.

[203] ARBIX, Glauco; SALERNO, Mario Sergio; AMARAL, Guilherme; LINS, Leonardo Melo. Avanços, equívocos e instabilidade das Políticas de Inovação no Brasil. *Novos Estudos*: CEBRAP, São Paulo, v. 36, n. 3, p. 9-28, 2017. p. 9-13; 17 e 24-25.

[204] CASSIOLATO, José Eduardo; LASTRES, Helena Maria Martins. Políticas de inovação e desenvolvimento. *In*: COUTINHO, Diogo R.; FOSS, Maria Carolina; MOUALLEM, Pedro Salomon B. (org.). *Inovação no Brasil*: avanços e desafios jurídicos e institucionais. São Paulo: Blucher, 2017. p. 35-37.

e beneficiaram inclusive empresas ineficientes, exigindo uma reflexão sobre a importância de investimentos em P&D orientados para resultados.[205]

Assentados conceitos fundamentais ao desenvolvimento da pesquisa e contextualizada a atividade em estudo finda-se este primeiro capítulo. Foi este o seu papel, o de fixar bases teóricas para reflexões sobre temas ainda pouco explorados pelos juristas. O próximo passo na construção deste trabalho consistirá no exame de características próprias dos financiamentos, sendo abordados seus destinatários diretos (as empresas), seus aspectos distintivos e os principais envolvidos no seu desempenho (os financiadores).

---

[205] DE NEGRI, Fernanda. Por uma nova geração de políticas de inovação no brasil. *In:* MORAIS, José Mauro de; TURCHI, Lenita Maria (org.). *Políticas de apoio à inovação tecnológica no Brasil*: avanços recentes, limitações e propostas de ações. Brasília, DF: Ipea, 2017. p. 25-46.

CAPÍTULO 2

TRAÇOS CARACTERÍSTICOS DA PROMOÇÃO DO FINANCIAMENTO PÚBLICO À INOVAÇÃO EMPRESARIAL

> *Em primeiro lugar, os processos inovativos são inerentemente incertos. Knight (1921) destaca que a incerteza é fundamentalmente diferente do risco. Não só as probabilidades associadas aos resultados são desconhecidas, mas até as formas dos possíveis resultados não são claras. Por exemplo, olhando adiante a partir de hoje, com base em qual taxa, se isso efetivamente vier a acontecer, os carros elétricos vão substituir os automóveis tradicionais e como será estruturada a recarga de bateria que dará suporte a isso? Qual será o impacto das recentes técnicas de realidade aumentada em como os humanos interagem? Qual, se for o caso para alguma delas, das diversas ideias para curar o câncer é a mais promissora? Da perspectiva do financiador, isso faz com que seja significativamente mais difícil avaliar potenciais projetos inovativos que demandem financiamento, particularmente porque a única forma de aprender sobre o potencial de uma determinada abordagem é investir nela. Isso traz significativas possibilidades de que gargalos no financiamento a inovação surjam.*
> William R. Kerr e Ramana Nanda

2.1 As empresas como destinatárias de recursos

2.1.1 Significado de empresas adotado e observações quanto à lógica de seu funcionamento

Já foi destacada a importância do esforço empresarial para o surgimento das inovações.[206] Como se pretende examinar o financiamento de *empresas* com o intuito de estimular atividades inovativas interessa ter clareza quanto a quem seriam elas para os fins deste livro.

As *empresas* consistiriam em entes que atuariam como *empresário*, atraindo a regência do art. 966, *caput*, do Código Civil.[207] Esta pesquisa, portanto, examina a concessão de recursos públicos para o desenvolvimento de atividades econômicas, de forma profissional e organizada, sendo auferir renda a força motriz dessas ações. Com esses esforços não devem ser confundidas o exercício de atividades de natureza *intelectual* e *científica*[208] que, embora possam

---

[206] Embora, lembre-se, não necessariamente a única. Vide FAGERBERG, Jan. Innovation: A Guide to the Literature. *In*: FAGERBERG, Jan (org.). *Innovation, Economic Development and Policy*. Nova York: Edward Elgar, 2018. p. 5. A abordagem mais detalhada do tema teve lugar em todo o item 1.1.

[207] Ou seja, aquele que "exerce profissionalmente atividade econômica organizada para a produção ou a circulação de bens ou de serviços". O parágrafo único desse dispositivo ainda prossegue: "[n]ão se considera empresário quem exerce profissão intelectual, de natureza científica, literária ou artística, ainda com o concurso de auxiliares ou colaboradores, salvo se o exercício da profissão constituir elemento de empresa".

[208] O parágrafo único do art. 966 também contribui com a delimitação dos destinatários dos financiamentos em estudo ao elencar atividades profissionais que, ao menos sem o configurado *elemento de empresa*, não conduziriam à classificação como atividade empresarial. A verificação da existência desse, nos termos do enunciado número 196 da III Jornada de Direito Civil, demandaria "interpretação econômica, devendo ser analisada sob a égide da absorção da atividade intelectual, de natureza científica, literária ou artística, como um dos fatores da organização empresarial". Seria necessária, assim, a inserção dessas atividades de cunho profissional dentro de uma organização empresarial, não bastando o seu exercício para a configuração de empresa. Nesse sentido, Marcia Mallmann Lippert: "[essas] atividades, por si só, jamais serão consideradas empresariais, porém, poderão somar-se a outras, estas empresárias, sendo que neste caso, ao invés da atividade empresária 'transformar-se' em não empresária, conferirá à atividade intelectual de natureza científica, literária ou artística a qualidade de empresária" (LIPPERT, Márcia Mallmann. *O "elemento de empresa" como fator de reinclusão das atividades de natureza científica, literária ou artística na definição das atividades empresariais*. 2009. Tese (Doutorado em Direito) – Faculdade de Direito, Universidade Federal do Rio Grande do Sul, Porto Alegre, 2009. p. 134).

contribuir com o fenômeno inovativo, não são o foco dos estímulos em exame.[209]

Além disso, ao se falar em *empresas* se está sempre pensando em *sociedades empresárias*[210] como destinatárias dos estímulos públicos. A existência de estruturas mais complexas, menos pessoais e que permitam a continuidade dos vínculos jurídicos e das atividades empresariais independentemente de mudanças na composição societária constituem bases importantes para que o fomento possa ter reflexos de médio e longo prazo. A ressalva é importante uma vez que o exercício da atividade empresarial no país não exige a multiplicidade de partes.[211]

Isto posto, fica clara a exclusão desta análise do financiamento à maior parte das estruturas públicas que compõem a Administração. Mesmo quando envolvidos em atividades inovadoras – sendo cada vez mais estudados os benefícios da inovação no interior do setor público[212] – a lógica orientadora do estímulo aos órgãos e entes públicos é distinta da que permeia este trabalho. O caso específico das empresas estatais será objeto de comentários específicos adiante.[213]

Também estariam usualmente excluídas, como regra, pessoas jurídicas de direito privado que não possuam caráter empresarial.[214] É o caso, além das sociedades simples (art. 982

---

[209] Assim, figuras como a do *criador* e do *inventor independente*, mencionadas na Lei de Inovação (art. 2º, incisos III e IX, respectivamente) não seriam abrangidas pelo aqui discutido.

[210] Assim, os raciocínios desenvolvidos nesta tese partem da premissa de que os destinatários dos recursos irão ser em sua maioria sociedades limitadas (art. 1.052 e seguintes do Código Civil) e 'sociedades anônimas (arts. 1.088 e 1.089 do Código Civil e Lei nº 6.404/76), alguns dos tipos mais recorrentes na prática empresarial brasileira.

[211] É o que comprovam, por exemplo, a existência da recente sociedade limitada unipessoal, decorrente da inserção do §1º no art. 1.052 do Código Civil pela Lei nº 13.874/19 e da subsidiária integral, mencionada no art. 251 da Lei nº 6.404/76. Não se quer dizer que o financiamento público a empresas com tal configuração seja sempre vedado, em especial no caso de subsidiária integral inserida em grupo empresarial. Mas são casos mais raros e que não constituem o cerne dessas reflexões. O mesmo se aplica ao caso do financiamento a *sociedades em nome coletivo* ou *sociedades em comandita simples* que, se não se mostram a *priori* impossíveis, também estão muito longe da prática.

[212] Sobre a temática da inovação no setor público, cf. CAVALCANTE, Pedro; CAMÕES, Marizaura; CUNHA, Bruno; SEVERO, Willber. *Inovação no setor público*: teoria, tendências e casos no Brasil. Brasília, DF: Enap, 2017. Particularmente sobre a realidade nacional, vide ORGANISATION FOR ECONOMIC CO-OPERATION AND DEVELOPMENT. *The Innovation System of the Public Service of Brazil*: An Exploration of its Past, Present and Future Journey. Paris: OECD Publishing, 2019.

[213] Cf. o tratado no item 6.1.2.

[214] Note-se, curiosamente, que o art. 19, *caput*, da Lei de Inovação, inaugurador do capítulo

do Código Civil), das associações, fundações, partidos políticos, instituições religiosas etc. De toda forma, cabe dizer que podem se fazer presentes situações em que seja cabível a utilização de instrumentos formulados para o financiamento da inovação empresarial em privilégio de instituições privadas que não constituam tecnicamente *empresas*. Há situações em que, em privilégio do interesse público, possa ser pertinente fomentá-las *como se empresas fossem*. Exemplos importantes são os grandes hospitais e as instituições educacionais, algumas vezes dotados de relevante capacidade inovativa e estruturas bastante semelhantes a empresas propriamente ditas,[215] fazendo com que o apoio possa ser justificado desde que condizente com o interesse público.[216]

Por fim, um último qualificador deve ser adicionado para que se tenha uma precisa delimitação das destinatárias das medidas de fomento em exame. Trata-se da sua condição de *brasileiras*, tendo sido pautada esta análise na sua eleição como destinatárias prioritárias de estímulo pelo legislador (art. 19, *caput*, da Lei nº

---

dedicado à inovação nas *empresas*, também menciona o incentivo a *entidades brasileiras de direito privado sem fins lucrativos*. Entretanto, o § 2º-A, que arrola os instrumentos a serem utilizados, volta a mencionar apenas a figura das *empresas*, assim como os parágrafos restantes do dispositivo. Entende-se que a ausência de menção expressa a essas entidades nos parágrafos não veda, por si só, a sua utilização para o financiamento de entidades privadas sem fins lucrativas, uma vez que não haja colisão com outras normas disciplinadoras da atividade em concreto (como as relativas à utilização de instrumento ou aplicáveis a determinado ente financiador). Note-se, ademais, que o Decreto n º 6.283/18, em seu art. 19, *caput*, menciona a possibilidade de cumulação dos instrumentos arrolados no mencionado no § 2º-A por *órgãos, empresas, instituições públicas ou privadas*. Embora a norma regulamentar não deva bastar como argumento a favor da interpretação proposta, é importante reparar que o emissor dela novamente salientou a importância da inovação promovida pelas *instituições privadas* ao lado da promovida pelas *empresas*.

[215] Para os hospitais, tome-se como exemplo a concessão de empréstimo reembolsável pela Finep ao Hospital Israelita Albert Einstein (sociedade sem fins lucrativos), voltado à expansão do instituto de ensino e pesquisa desse. O apoio pode ser verificado em planilha elencando os projetos contratados desta instituição e disponível em: http://www.finep.gov.br/transparencia-finep/projetos-contratados-e-valores-liberados. Acesso em: 18 out. 2019. No caso das instituições educacionais a Finep lançou inclusive linha própria de financiamento voltada a instituições que atuam nesse setor, o *Finep Educação*, que se encontra disponível em: http://finep.gov.br/afinep/28-apoio-e-financiamento/programas-e-linhas/5772-finep-educacao. Acesso em: 10 jul. 2021.

[216] Caberá sempre uma análise contextualizada em situações como essas e a apresentação de motivação condizente com a aproximação a ser feita. Esse tipo de dinâmica deva ser raro e bastante circunscrito para mitigar os riscos de distorções na utilização dos mecanismos de financiamento em estudo.

10.973/04).[217] Embora se entenda hipoteticamente possível o estímulo a empresas estrangeiras,[218] nesta obra sempre se presumirá que os recursos estão sendo concedidos a empresas regidas pela legislação brasileira e dotadas de sede e administração no país.[219]

2.1.2 A importância do financiamento de atividades inovadoras a partir da perspectiva empresarial

Se o lucro é a finalidade principal das *empresas*, teriam elas razões para inovar?

Bronwyn H. Hall e Josh Lerner, em uma revisão da literatura produzida sobre o financiamento de P&D e inovação, retomam o argumento da ausência de apropriabilidade dos resultados dos esforços inovadores como desincentivo à condução de pesquisas científicas empresariais. Uma vez que concorrentes poderiam hipoteticamente se aproveitar do conhecimento ou simplesmente copiar os produtos desenvolvidos, haveria uma situação estrutural de desestímulo.[220] Os autores, de toda forma, se concentram especialmente em outro questão: as dificuldades de

---

[217] "Art. 19. A União, os Estados, o Distrito Federal, os Municípios, as ICTs e suas agências de fomento promoverão e incentivarão a pesquisa e o desenvolvimento de produtos, serviços e processos inovadores *em empresas brasileiras e em entidades brasileiras de direito privado sem fins lucrativos*, mediante a concessão de recursos financeiros, humanos, materiais ou de infraestrutura a serem ajustados em instrumentos específicos e destinados a apoiar atividades de pesquisa, desenvolvimento e inovação, para atender às prioridades das políticas industrial e tecnológica nacional" (grifo nosso).

[218] Embora não seja este o objetivo primário das medidas de fomento estudadas não se descarta essa possibilidade caso ela se adeque ao interesse público. Mesmo que na resolução de problemas brasileiros e no desenvolvimento do sistema produtivo nacional e regional tenha fulcro constitucional (art. 218, § 2º da Constituição) pode ser que, em determinados contextos, financiar uma empresa estrangeira sirva a tais fins. Imagine-se, por exemplo, que transferir recursos a empresa estrangeira controlada por grupo nacional seja relevante à sua aquisição e posterior transferência tecnológica para o Brasil.

[219] De forma consentânea, assim, à definição presente no art. 1.126 do Código Civil. Esse parâmetro também é adotado por BARBOSA, Denis Borges. Noção de "empresa nacional" na lei de inovação. In: BARBOSA, Denis Borges (org.). *Direito da inovação*: comentários à lei federal de inovação, incentivos fiscais à inovação, legislação estadual e local, poder de compra do estado (modificações à lei de licitações). 2. ed. Rio de Janeiro: Lumen Juris, 2011. p. 515.

[220] Embora esse seja argumento relevante inclusive para a justificativa dos gastos públicos em P&D, hoje também se sabe que os saberes científicos e tecnológicos não são de fácil transmissão, o que os confere algum nível de apropriabilidade. Sobre o tema, cf. especialmente os itens 1.2.3. e o 1.1.1, mais especificamente quanto à *difusão* no segundo caso.

operacionalização do investimento em P&D e inovação, exacerbados quando da ausência de recursos próprios da empresa.[221]

O investimento[222] em P&D (e inovação)[223] é descrito como tendo duas características distintivas. A primeira delas seria seu considerável direcionamento a ativos intangíveis, como a remuneração de profissionais qualificados para a composição da base de conhecimento da empresa. A necessidade de manutenção desse capital humano para a preservação do conhecimento produzido – implícito, com difícil codificação e transmissão – faria com que esses gastos tivessem de se estender no tempo. Essa realidade ainda ensejaria custos adicionais uma vez que a dispersão no tempo tivesse de ser contrabalanceada por adaptações conjunturais são usuais no cotidiano empresarial.

A segunda seria a incerteza quanto aos resultados desse tipo de investimento. Ela dificultaria a mensuração do retorno financeiro, criando obstáculos à avaliação da conveniência desse tipo gasto. Ademais, com as possibilidades inicialmente projetadas desdobrando-se em situações imprevistas, quaisquer análises estáticas seriam naturalmente imprecisas. Tudo isso tornaria a quantificação dos recursos a dispender tarefa bastante desafiadora.[224]

Explicitadas tais características, os autores analisam elementos que condicionam a tomada de decisão empresarial quanto ao custeio desse tipo de empreitada e sublinham seus impactos na obtenção e no emprego de recursos para tais fins.

---

[221] HALL, Bronwyn H.; LERNER, Josh. The Financing of R&D and Innovation. *In:* HALL, Bronwyn H.; ROSENBERG, Nathan (org.). *Handbook of the Economics of Innovation*. Oxford: Elsevier, 2010. v. 1. p. 611.

[222] Aqui se está falando de investimento em um sentido amplo, equivalente a financiamento, distinto do sentido mais estrito adotado, por exemplo, no item 5.2.4.

[223] Embora se concentrem no P&D por questões de disponibilidade de dados, os autores esclarecem que muito do que é discutido no trabalho também seria aplicável à inovação. Cf. HALL, Bronwyn H.; LERNER, Josh. The Financing of R&D and Innovation. *In:* HALL, Bronwyn H.; ROSENBERG, Nathan (org.). *Handbook of the Economics of Innovation*. Oxford: Elsevier, 2010. v. 1. p. 612.

[224] HALL, Bronwyn H.; LERNER, Josh. The Financing of R&D and Innovation. *In:* HALL, Bronwyn H.; ROSENBERG, Nathan (org.). *Handbook of the Economics of Innovation*. Oxford: Elsevier, 2010. v. 1. p. 612-613. Aspectos relacionados à incerteza e à intangibilidade de resultados decorrentes desses gastos serão novamente abordados nos itens 2.2.1 e 2.2.3, respectivamente. Também ilustrando as dificuldades de mensuração dos custos esforços inovadores, e dando interessantes exemplos quanto falhas em sua avaliação, vide FREEMAN, Christopher; SOETE, Luc. *Economics of Industrial Innovation*. 3. ed. Londres: Routledge, 2004. p. 245-264.

O primeiro deles é a assimetria de informação. Os responsáveis por processos inovadores, como regra, estariam mais bem informados do que os investidores potenciais quanto ao potencial de sucesso da inovação almejada. Isso faz com que a obtenção de capital externo para inovar seja mais custosa em comparação a projetos de menor risco e prazo. Os concedentes de recursos buscariam compensar a sua dificuldade de distinguir iniciativas promissoras das não promissoras de alguma forma, e aumentar o preço pela disponibilidade do numerário é uma forma comum para fazê-lo. Essa assimetria, aliás, seria de difícil superação. Uma vez que as empresas teriam de se precaver contra os riscos de imitação, restringir o acesso à informação é esperado, contribuindo para torná-la persistente.

O segundo elemento condicionante das decisões empresariais de custeio estaria associado à separação entre a gestão e a titularidade do capital, dado que conflitos entre os interesses dos gestores e dos proprietários da empresa podem afetar negativamente decisões de custeio da inovação. Duas possibilidades são especificamente aventadas: a de gestores que gastariam em excesso, em benefício próprio; e a daqueles que deixariam de investir em P&D em razão da sua aversão ao risco, prejudicando resultados futuros da empresa.

Para o combate à primeira situação é usualmente imposta uma redução do capital disponível internamente na empresa, de modo a frear atitudes perdulárias dos gestores. Ao fazê-lo, entretanto, a empresa acabaria incorrendo no problema dos custos de captação externa mencionados acima caso desejasse obter recursos para dispender em inovação. Na segunda situação, de potenciais prejuízos dada aversão excessiva a risco, uma das soluções cogitadas seria a introdução de incentivos para decisões de longo prazo. Não haveria, entretanto, comprovação de que medidas desse tipo mitigariam o conflito de interesses descrito.

Um terceiro elemento condicionante seria a tributação incidente sobre os recursos investidos, podendo o capital obtido pela emissão de valores mobiliários ou proveniente de empréstimos vir a ser mais custoso em comparação à utilização de recursos próprios da empresa.[225]

---

[225] HALL, Bronwyn H.; LERNER, Josh. The Financing of R&D and Innovation. *In*: HALL, Bronwyn H.; ROSENBERG, Nathan (org.). *Handbook of the Economics of Innovation*. Oxford: Elsevier, 2010. v. 1. p. 612-618.

A partir desses elementos os autores concluem que o financiamento via obtenção de empréstimos ou emissão de valores mobiliários seria usualmente mais custoso para um investimento em P&D do que para um investimento ordinário. Por conta disso a disponibilidade de capital próprio seria um elemento relevante para a realização de dispêndios em inovação.[226]

Outros estudos também reconhecem obstáculos para que as empresas invistam em inovação. James R. Brown, Gustav Martinsson e Bruce C. Petersen analisaram a realidade europeia na qual, de acordo com Hall e Lerner, haveria menor sensibilidade dos investimentos em P&D em relação ao fluxo de caixa (um indicativo da disponibilidade de capital) das empresas. Mesmo nesse cenário verificou-se que as necessidades de acesso ao mercado de capitais como fonte de capital e de produção de reservas para a manutenção dos esforços de P&D fariam com que limitações de capital limitativas dos esforços inovativos também nesse contexto.[227]

William R. Kerr e Ramana Nanda igualmente destacam a incerteza, a dificuldade de mensurar resultados, a assimetria de informação e a necessidade de direcionamento a ativos intangíveis como elementos inerentes aos investimentos em inovação. Seguindo na linha da disponibilidade de recursos como limitante dos esforços inovativos, eles abordam como a origem do capital (crédito bancário ou mercado de capitais) condiciona a trajetória empresarial. O papel dos empréstimos por instituições financeiras é salientado, indicando um campo propício para investigação acadêmica.[228]

---

[226] Cf. HALL, Bronwyn H.; LERNER, Josh. The Financing of R&D and Innovation. In: HALL, Bronwyn H.; ROSENBERG, Nathan (org.). *Handbook of the Economics of Innovation*. Oxford: Elsevier, 2010. v. 1. p. 618 e 623-624. Cabe observar que o referencial principal dos autores é a realidade norte-americana, sendo verificada uma sensibilidade muito menor aos fluxos de caixa no contexto europeu continental. Diga-se, ademais, que os autores, considerando tal realidade, recomendam a utilização de incentivos tributários como forma de mitigar esse custo interno, em especial para empresas pequenas e novas, além de abordar o *venture capital* como também de remediar tal situação. Cf. HALL, Bronwyn H.; LERNER, Josh. The Financing of R&D and Innovation. In: HALL, Bronwyn H.; ROSENBERG, Nathan (org.). *Handbook of the Economics of Innovation*. Oxford: Elsevier, 2010. v. 1. p. 624.

[227] BROWN, James R.; MARTINSSON, Gustav; PETERSEN, Bruce C. Do Financing Constraints Matter for R&D? *European Economic Review*, Amsterdã, v. 56, n. 8, p. 1512-1529, 2012.

[228] KERR, William R.; NANDA, Ramana. Financing Innovation. *Annual Review of Financial Economics*, San Mateo, v. 7, n. 1, p. 445-462, 2015.

Percebe-se, com isso, que o direcionamento de recursos para inovação não consiste em uma decisão trivial. Há ônus para as empresas que pretendam fazê-lo. Mesmo que esses desafios se repitam ao redor do mundo, a tradicional baixa propensão a inovar por parte da maioria das empresas nacionais, a baixa oferta de crédito de longo prazo no país e a aversão ao risco por parte do sistema bancário privado também não colaboram.[229]

Se a inovação empresarial é fundamental ao desenvolvimento nacional[230] pode-se com isso melhor entender as razões para os estímulos em estudo. Dados os custos descritos muitas vezes não haveria inovação sem um apoio público que aliviasse os custos associados. O financiamento público da inovação empresarial justifica-se assim pelo incentivo à produção de consequências sociais benéficas que não existiriam sem a ação estatal.[231]

Investir em inovação não é, todavia, apenas de "um fardo" a ser suportado pelas empresas. Apesar dos desafios relatados há também importantes razões para inovar, tais como precaver-se contra a ação de empresas concorrentes. Isso é bastante visível em setores de alta intensidade tecnológica em que o investimento em inovação não é uma opção, mas uma condição necessária (embora não suficiente) para a continuidade das atividades empresariais.

Há também outra razão justificadora dos esforços inovativos e que, além de ser do interesse das empresas, também tem bastante impacto em matéria de desenvolvimento econômico dos nacional.[232] Trata-se da inovação como motor para o incremento da produtividade no nível da empresa.

Como explicam Pierre Mohnen e Bronwyn H. Hall, o crescimento econômico pode ser alcançado pela maior utilização de

---

[229] Cf. o item 1.2.3. Para uma avaliação que resgata a lógica internacional abordada e a associa à realidade nacional, vide DE NEGRI, Fernanda. Elementos para a análise da baixa inovatividade brasileira e o papel das políticas públicas. *Revista USP*, São Paulo, n. 93, p. 81-100, 2012.

[230] Cf. item 1.2.1.

[231] O incremento na captação de impostos a partir da expansão da atividade empresarial e o aumento de empregos decorrentes das atividades inovadoras são hipóteses mensuráveis de retorno financeiro do investimento público para fins de fomento. Mas há também razões estratégicas, como o atingimento de autonomia tecnológica, que o justificam como matéria de interesse público.

[232] Lembre-se das discussões sobre crescimento econômico constantes no item 1.2.1.

fatores de produção (uso de capital, força de trabalho etc.) ou pelo aumento nos níveis de produção mantidos os recursos originalmente disponíveis. A inovação em regra não teria o condão de aumentar os fatores *per se*, mas poderia se associar à segunda situação, de aumento da produtividade.[233] Interessa exemplificar.

O incremento da produtividade pode advir de uma *inovação de produto*, uma vez que novos produtos criem demanda e sejam beneficiados pela economia de escala, ou ainda quando propiciem um uso mais eficiente em comparação à quantidade de insumos anteriormente utilizada. As *inovações de processo*, ao diminuírem custos de produção, que, uma vez associadas à diminuição de preços, também podem gerar economia de escala caso haja mais vendas. Os autores ainda destacam a complementaridade das inovações empresariais como elemento agregador de produtividade, como quando um novo produto demanda novos processos para ser produzido e cria uma tendência positiva à geração desse tipo de benesse.[234]

Diego M. Morris reitera a associação entre a disponibilidade de capital nas empresas (incluso o humano) e a sua relevância para o surgimento de inovações geradoras de incrementos na produtividade, mesmo sustentando que a heterogeneidade das empresas (em especial quanto ao seu tamanho) precise ser considerada quando da elaboração de políticas públicas de estímulo.[235]

Vale lembrar, por fim, que o incremento da produtividade empresarial é um tema central para o país. Fernanda de Negri e Luiz Ricardo Cavalcante sublinham a exaustão de fatores que impulsionaram o crescimento nacional nas últimas décadas, tais

---

[233] Destacando os autores que a produtividade consistiria, em um contexto multifatorial, da razão entre um índice de produto (*output*) sobre um índice de insumos (*input*). Cf. MOHNEN, Pierre; HALL, Bronwyn H. Innovation and Productivity: An Update. *Eurasian Business Review*, Nova York, v. 3, n. 1, p. 47-65, 2013. p. 49.

[234] MOHNEN, Pierre; HALL, Bronwyn H. Innovation and Productivity: An Update. *Eurasian Business Review*, Nova York, v. 3, n. 1, p. 47-65, 2013. p. 49.

[235] O autor essencialmente compara o setor industrial (*manufacture*) e o de serviços, verificando importantes divergências de comportamento entre ambos quanto a inovação e produtividade, apesar da já mencionada correlação positiva entre tais elementos. Diante das divergências, incentivos tributários uniformes não seriam, portanto, o modelo ideal para abranger essa multiplicidade. Cf. MORRIS, Diego M. Innovation and Productivity Among Heterogeneous Firms. *Research Policy*, Amsterdã, v. 47, n. 10, p. 1918-1932, 2018.

como a demanda externa (das *commodities*, em especial) e interna (impulsionadas, entre outras coisas, por políticas de estímulo ao consumo). Isso se daria de forma paralela à manutenção dos níveis de investimento, historicamente resistente a mudanças, e o fim de uma oportunidade gerada pelo perfil demográfico brasileiro (que proporcionava maior disponibilidade de força de trabalho), tornando a produtividade a alternativa restante para viabilizar o crescimento nacional.[236]

O quadro descrito mostra-se ainda mais agudo uma vez que desde o final dos anos 70 do século passado verifica-se um tímido baixo crescimento da produtividade brasileira, sinalizando problemas estruturais a serem superados.[237] A gravidade da situação fica patente ao se comparar a evolução da produtividade nacional com um país líder como os Estados Unidos:

> Ellery (capítulo 2)[238] mostra claramente que a taxa de crescimento da produtividade no Brasil é baixa em termos absolutos e relativos. A partir de informações similares, usando a mesma base de dados – a PWT – e as mesmas definições, o autor mostra que "o Brasil sequer foi capaz de acompanhar o crescimento da fronteira tecnológica entre 1970 e 2011". Por esses cálculos, entre 1970 e 2011, nos EUA a produtividade do trabalho cresceu 85%, a produtividade do trabalho ajustada pelo capital humano 58% e a PTF cresceu 38%. No mesmo período, o autor mostra que, no Brasil, a produtividade do trabalho cresceu 74%, e apenas 4% quando ajustada por capital humano, e a PTF caiu perto de 10%.[239]

---

[236] DE NEGRI, Fernanda; CAVALCANTE, Luiz Ricardo. Os dilemas e os desafios da produtividade no Brasil. *In:* DE NEGRI, Fernanda; CAVALCANTE, Luiz Ricardo (org.). *Produtividade no Brasil*: desempenho e determinantes. Brasília, DF: ABDI: Ipea, 2014. p. 15-51. Também sobre o tema, com conclusões semelhantes, vide DUTZ, Mark A. Brazil's Promise: Boosting Productivity for Shared Prosperity. *In:* REYNOLDS, Elisabeth B.; SCHNEIDER, Ben Ross; ZYLBERBERG, Ezequiel (org.), *Innovation in Brazil*: Advancing Development in the 21st Century. Nova York: Routledge, 2019. p. 259-281.

[237] DE NEGRI, Fernanda; CAVALCANTE, Luiz Ricardo. Os dilemas e os desafios da produtividade no Brasil. *In:* DE NEGRI, Fernanda; CAVALCANTE, Luiz Ricardo (org.). *Produtividade no Brasil*: desempenho e determinantes. Brasília, DF: ABDI: Ipea, 2014. p. 28-36.

[238] O trabalho mencionado por Negri e Cavalcante é ELLERY JUNIOR, Roberto. Desafios para o cálculo da produtividade total dos fatores. *In:* DE NEGRI, Fernanda; CAVALCANTE, Luiz Ricardo (org.). *Produtividade no Brasil*: desempenho e determinantes. Brasília, DF: ABDI: Ipea, 2014. p. 53-86.

[239] DE NEGRI, Fernanda; CAVALCANTE, Luiz Ricardo. Os dilemas e os desafios da produtividade no Brasil. *In:* DE NEGRI, Fernanda; CAVALCANTE, Luiz Ricardo (org.). *Produtividade no Brasil*: desempenho e determinantes. Brasília, DF: ABDI: Ipea, 2014. p. 36.

O desalento não melhora (ou talvez se intensifique) ao observar outros países em desenvolvimento:

> A produtividade brasileira representa algo em torno a 25% a 26% da média da produtividade do trabalho nos países ricos, muito embora, se tomarmos apenas os Estados Unidos, essa distância tenha aumentado, como ressaltado anteriormente. Por outro lado, a produtividade brasileira que era, em 1960, cerca de 90% da produtividade dos países da Europa e Ásia Central, chegou em 2011 a apenas 43% da observada nesses países. O mesmo movimento ocorreu em relação ao Leste da Ásia e Pacífico: a produtividade brasileira é cerca de metade da produtividade desses países atualmente, tendo sido mais de 70% em 1960. [...] o Brasil tem se distanciado da fronteira e, por outro lado, que existem vários países menos produtivos que tem se aproximado da fronteira e, consequentemente, do Brasil. De fato, em 1995, a produtividade do país mais produtivo (os EUA) era 6,6 vezes maior do que a produtividade brasileira e, em 2009, chegou a ser 7,1 vezes maior, evidenciando nosso afastamento do país líder, mesmo quando observamos o cenário de curto prazo.[240]

Se medidas como o investimento em infraestrutura e qualificação da mão de obra local são recomendadas para mudar este cenário, o investimento em tecnologia é assinalado como essencial nessa trajetória, com a inovação cumprindo um papel de destaque.[241] Inovar seria algo a ser almejado para quaisquer empresas que desejassem alcançar outro patamar de produtividade: as que inovam teriam produtividade 30% maior do que as que não o fazem e, no caso de inovações mais relevantes (para o mercado), tal índice superaria os 90%.[242] Não faltam benefícios a conquistar caso as empresas adotem trajetórias inovadoras com ou sem auxílio público.[243] tendo

---

[240] DE NEGRI, Fernanda; CAVALCANTE, Luiz Ricardo. Os dilemas e os desafios da produtividade no Brasil. *In*: DE NEGRI, Fernanda; CAVALCANTE, Luiz Ricardo (org.). *Produtividade no Brasil*: desempenho e determinantes. Brasília, DF: ABDI: Ipea, 2014. p. 37-39.

[241] DE NEGRI, Fernanda; CAVALCANTE, Luiz Ricardo. Os dilemas e os desafios da produtividade no Brasil. *In*: DE NEGRI, Fernanda; CAVALCANTE, Luiz Ricardo (org.). *Produtividade no Brasil*: desempenho e determinantes. Brasília, DF: ABDI: Ipea, 2014. p. 47-49.

[242] DE NEGRI, Fernanda; CAVALCANTE, Luiz Ricardo. Os dilemas e os desafios da produtividade no Brasil. *In*: DE NEGRI, Fernanda; CAVALCANTE, Luiz Ricardo (org.). *Produtividade no Brasil*: desempenho e determinantes. Brasília, DF: ABDI: Ipea, 2014. p. 47.

[243] Como um exemplo entre vários, cf. SMITH, Daniel. The Effects of Federal Research and Development Subsidies on Firm Commercialization Behavior. *Research Policy*, Amsterdã, v. 49, n. 7, p. 1-8, 2020.

tal percepção inclusive justificado a mobilização do setor empresarial de forma cada vez mais recorrente.[244]

Essa configuração faz com que seja adequado estruturar a intervenção estatal em discussão como forma de *fomento*, como estímulo para que as empresas nacionais possam atingir o seu pleno potencial.[245] Compreender essa dinâmica é fundamental a este estudo: se se está, por um lado, criando condições para a realização de algo audacioso e que poderia não ocorrer sem o apoio estatal, se está, por outro, criando situação vantajosa a ente privado (a empresa destinatária) justificável apenas pelos benefícios coletivos potenciais de fazê-lo.

Isso é algo a ser lembrado cotidianamente pelos financiadores que lidam com agentes atuando profissionalmente para obter lucro. A perspectiva das empresas será normalmente a da obtenção de resultados financeiros; as externalidades positivas decorrentes de seus esforços inovativos podem ser desejadas, mas não serão priorizadas. Nem as dificuldades nem as vantagens decorrentes do esforço inovativo devem ser indevidamente exacerbadas por nenhuma das partes envolvidas nos financiamentos. Eles nunca devem ser vistos como privilégio ou liberalidade por quem o concede ou quem o recebe, sob risco de extremas distorções quando da sua implementação.

2.1.3 As empresas e o potencial de incremento de suas relações com outros componentes do SNCTI em razão de seu financiamento

Além das possibilidades de incremento de produtividade o financiamento público à inovação pode estimular o relacionamento das empresas com outros componentes do SNCTI. Tema de particular importância à implementação das políticas de CTI,[246] essas

---

[244] Para observar como o setor empresarial tem se organizado nesse sentido, interessa consultar os materiais produzidos pela Mobilização Empresarial pela Inovação – MEI, associada à Confederação Nacional da Indústria – CNI, que se encontram disponíveis em: http://www.portaldaindustria.com.br/cni/canais/mei/. Acesso em: 4 ago. 2020.

[245] Uma abordagem técnico-jurídica de *fomento* terá lugar no item 6.1.

[246] Cf., nesse sentido, o item 1.2.3, sobre políticas de CTI, com especial destaque para o popular modelo da *tripla-hélice* presente em LEYDESDORFF, Loet; MEYER, Martin. The triple helix of university-industry-government relations. *Scientometrics*, Nova York, v. 58, n. 2, p. 191-203, 2003. Para um quadro atual da relação entre as universidades e as empresas no

interações podem ser favorecidas pela forma como a transferência de recursos for delineada. Duas formas são bastante comuns: via a transferência de recursos não originariamente dirigidos às empresas, mas que todavia sejam entabulados de forma que as beneficie ou, tendo as empresas como destinatárias diretas, quando incentivado o estabelecimento de relações com outros integrantes do SNCTI.

Situando-se para além dos limites desta pesquisa, direcionada como ela é aos financiamentos direcionados às empresas, a primeira forma se concretiza quando essas integrem ajustes como os convênios de pesquisa, desenvolvimento e inovação[247] celebrados com ICT.[248] Arranjos desse tipo[249] podem ser atraentes quando

---

país, vide DUTZ, Mark A. Brazil's Promise: Boosting Productivity for Shared Prosperity. *In*: REYNOLDS, Elisabeth B.; SCHNEIDER, Ben Ross; ZYLBERBERG, Ezequiel (org.), *Innovation in Brazil*: Advancing Development in the 21st Century. Nova York: Routledge, 2019. Para dois trabalhos abordando as interações entre entes relacionados à pesquisa e as empresas realidade brasileira atual, vide, na mesma coletânea, TURCHI, Lenita Maria; RAUEN, Cristiane Vianna. Apoio à inovação por institutos públicos de pesquisa: limites e possibilidades legais da interação ICT-empresa. *In*: MORAIS, José Mauro de; TURCHI, Lenita Maria (org.). *Políticas de apoio à inovação tecnológica no Brasil*: avanços recentes, limitações e propostas de ações. Brasília, DF: Ipea, 2017. p. 113-164; e TURCHI, Lenita Maria; ARCURI, Marcos. Interação institutos públicos de pesquisa e empresas: avaliação das parcerias. *In*: MORAIS, José Mauro de; TURCHI, Lenita Maria (org.). *Políticas de apoio à inovação tecnológica no Brasil*: avanços recentes, limitações e propostas de ações. Brasília, DF: Ipea, 2017. p. 81-112. Para uma perspectiva histórica, cf. SUZIGAN, Wilson; ALBUQUERQUE, Eduardo da Mota e; CARIO, Silvio Antonio Ferraz (org.). *Em busca da inovação*: interação universidade-empresa no Brasil. São Paulo: Fapesp: Autêntica, 2011. p. 17-43. Ainda, observando particularmente o papel das pequenas empresas de base tecnológica nessas dinâmicas, cf. VALLONE, Alex Fedozzi. *Cooperação em inovação e desempenho de pequenas empresas de base tecnológica*: uma análise exploratória a partir da PINTEC. 2017. Dissertação (Mestrado em Política Científica e Tecnológica) – Instituto de Geociências, Universidade de Campinas, Campinas, 2017. Em uma análise de direito comparado sobre esse tema, e congregando diversas realidades nacionais, vide VIEGAS, Juliana Laura Bruna. *Incentivos legais à inovação tecnológica e à integração universidade-empresa*: um estudo de direito comparado. 2016. Dissertação (Mestrado em Direito) – Faculdade de Direito, Universidade de São Paulo, São Paulo, 2016.

[247] Conforme o art. 38, *caput*, do Decreto nº 9.283/18, o convênio para pesquisa, desenvolvimento e inovação é "o instrumento jurídico celebrado entre os órgãos e as entidades da União, as agências de fomento e as ICT públicas e privadas para execução de projetos de pesquisa, desenvolvimento e inovação, com transferência de recursos financeiros públicos, observado o disposto no art. 9º-A da Lei nº 10.973, de 2004".

[248] Nos termos do art. 2º, inciso V, da Lei de Inovação, ICT seria "órgão ou entidade da administração pública direta ou indireta ou pessoa jurídica de direito privado sem fins lucrativos legalmente constituída sob as leis brasileiras, com sede e foro no País, que inclua em sua missão institucional ou em seu objetivo social ou estatutário a pesquisa básica ou aplicada de caráter científico ou tecnológico ou o desenvolvimento de novos produtos, serviços ou processos".

[249] Para um trabalho sobre a perspectiva e o desenvolvimento de projetos em cooperação com universidades pelas empresas brasileiras, cf. PORTO, Geciane Silveira. *A decisão empresarial de desenvolvimento tecnológico por meio da cooperação empresa-universidade*. 2000.

o projeto desenvolvido pela ICT tiver sinergia com a atividade econômica da empresa partícipe,[250] podendo até haver previsão de aportes complementares por parte dessa.[251]

A segunda forma, agora sim abrangida por este estudo, envolve arranjos explicitados nos instrumentos contratuais (a ICT figura como parte, por exemplo) ou expedientes de contabilização e monitoramento das relações da empresa com outros componentes do SNCTI durante a execução do objeto financiado (nos casos de empréstimos ou subvenção, por exemplo) ou do cotidiano da empresa investida (no caso da aquisição de participação societária).

Isso pode ocorrer espontaneamente, graças à iniciativa das próprias empresas e de forma dissociada de benefícios específicos pela cooperação, ou ser, de modo mais ou menos intenso, condicionada pela forma como o estímulo é estruturado.

A forma espontânea se dá, por exemplo, quando as solicitações de empréstimo pelas empresas incluem planos a serem executados em conjunto com ICTs, o que pode ocorrer quando as últimas tenham reconhecida *expertise*.[252] Além da possibilidade de contribuição para

---

Tese (Doutorado em Administração) – Faculdade de Administração, Universidade de São Paulo, São Paulo, 2000.

[250] O § 1º, art. 38, do Decreto nº 9283/18 estabelece também como finalidades do projeto de pesquisa desenvolvimento e inovação *o desenvolvimento de novos produtos, serviços ou processos e aprimoramento dos já existentes* e *a fabricação de protótipos para avaliação, teste ou demonstração* em seus incisos II e III, respectivamente. Trata-se de objetos muito próximos à atuação empresarial e que podem justificadamente beneficiá-la caso haja interesse público que justifique a concessão dos recursos. Outro bom exemplo é o da possibilidade de ajuste com ICT privada associada a empresa para a promoção de pesquisas relacionadas aos desafios técnicos da empresa em questão ou do seu setor econômico em que esta atua.

[251] Essa hipótese se encontra prevista, por exemplo, em norma relativa a transferências de recursos do FNDCT operadas por convênios (ou os mencionados convênios para pesquisa, desenvolvimento e inovação, na linguagem do Decreto nº 9.283/18). Trata-se da Instrução Normativa do Conselho Diretor do FNDCT – CD-FNDCT nº 1/2010 que, em seu art. 1º, inciso V, prevê a figura do *interveniente* nesses ajustes, podendo ser "entidade privada que participa dos instrumentos regulados por esta norma para manifestar consentimento ou assumir obrigações em nome próprio". O art. 4º, *caput*, do mesmo diploma clarifica a possibilidade dessa alocação de recursos, estatuindo que os *intervenientes* "poderão alocar recursos financeiros e/ou não financeiros a título de outros aportes, para a execução do objeto".

[252] Conforme se observou quando da menção ao subsistema de "educação e pesquisa", no item 1.2.3, no SNCTI pátrio é pronunciada a presença de entes públicos ou de alguma forma associados ao Estado no esforço de produção do conhecimento científico brasileiro. Quanto a institutos de pesquisa associados a empresas, um exemplo conhecido é o do Centro de Pesquisa e Desenvolvimento Leopoldo Américo Miguez de Mello – Cenpes, associado à Petrobras e atualmente situado no campus da Universidade Federal do Rio de Janeiro –

o desenvolvimento da iniciativa empresarial, a participação da ICT também tende a ser vista com bons olhos pelos financiadores durante a concessão de recursos, o que pode levar ao enquadramento em condições de financiamento mais atrativas.

Outra hipótese é a do estímulo dessas parcerias através de estruturas específicas de financiamento, seja tratando-as como fatores distintivos em processos competitivos prévios aos financiamentos seja demandando sua existência para que sejam desfrutados benefícios exclusivos. Exemplos práticos, operacionalizados pela Finep e a serem mencionados adiante,[253] são ilustrativos.

No primeiro caso pode-se fazer referência aos critérios de avaliação do *Programa de Investimento em Startups Inovadoras – Finep Startup*. Havendo processos seletivos competitivos prévios aos investimentos o potencial inovativo da empresa é mensurado avaliando-se também a existência de "contratos de serviços e cooperação com ICTs".[254]

O segundo caso pode ser bem representado pelo *Finep Conecta*. Trata-se de linha de crédito direcionada a "empresas brasileiras de qualquer porte que realizem Planos Estratégicos de Inovação e projetos em parceria com ICTs". Para gozar de suas condições específicas, normalmente melhores que as condições normais de empréstimo,[255] é necessário que "os Planos Estratégicos de Inovação e projetos submetidos tenham pelo menos 15% de seu valor realizado em parceria com ICTs para serem passíveis de apoio".[256]

UFRJ, na Ilha do Fundão. Em complemento, como instituto de pesquisa de relevância setorial, pode ser mencionado o Departamento de Ciência e Tecnologia Aeroespacial – DCTA e os seus componentes, como o ITA. Um exemplo de *expertise* reconhecida, e que eventualmente poderia ser útil a diversos setores da economia, seriam os trabalhos de cálculo desenvolvidos pelo Instituto de Matemática Pura e Aplicada – IMPA.

[253] Vide, para uma visão geral dos instrumentos de financiamento (em sentido estrito) e de investimento os itens 5.2.2 e 5.2.4.

[254] Cf., nesse sentido, o critério III previsto no item 8.3.1 do Edital de 2020 do programa. As informações relativas ao programa e ao edital mencionado encontram-se disponíveis em: http://finep.gov.br/apoio-e-financiamento-externa/programas-e-linhas/finep-startup. Acesso em: 23 abr. 2020. O instrumento utilizado para sua viabilidade e outros aspectos de sua configuração serão abordados com mais vagar nos itens 5.2.4.2 e 5.2.4.3.

[255] Como a possibilidade de diminuição das taxas de juros e a concessão de prazos mais alargados de carência e para quitação do débito, nos termos descritos em: http://www.finep.gov.br/a-finep-externo/condicoes-operacionais. Acesso em: 18 set. 2020.

[256] A descrição do programa no site da agência, encontra-se disponível em: http://finep.gov.br/apoio-e-financiamento-externa/programas-e-linhas/finep-conecta. Acesso em: 23 set. 2020.

2.2 Aspectos conformadores do financiamento público à inovação empresarial

Abordados os destinatários dos financiamentos, passa-se a arrolar alguns de seus aspectos conformadores e que, em conjunto, lhes conferem traços distintivos.

2.2.1 Incerteza e risco

2.2.1.1 Incerteza e risco associados ao desenvolvimento das inovações

A *incerteza*, como vem se dizendo, é um elemento que permeia os esforços inovativos. Ao se tentar inovar, a probabilidade de as coisas não saírem como o planejado é sempre considerável. Mais do que o insucesso, a produção de resultados completamente inesperados é comum. Mariana Mazzucato exemplifica bem essa realidade

> [n]o setor farmacêutico, por exemplo, uma inovação decorrente de um projeto associado a P&D pode levar até 17 anos de seu início ao seu fim. Ele custa aproximadamente $403 milhões por droga, e a taxa de falha é extremamente alta: 1 em 10.000 compostos chegam à fase de aprovação para o mercado, uma taxa de sucesso de apenas 0, 01%. Quando é alcançado o sucesso, geralmente a investigação por um produto leva à descoberta de outro completamente diferente, em um processo caracterizado pela serendipidade.[257]

---

[257] MAZZUCATO, Mariana. *The Entrepreneurial State*. Londres: Anthem, 2014. p. 78. Serendipidade (*serendipity*) é um anglicismo que, segundo o dicionário Priberam, pode ser associado à descoberta de coisas agradáveis por acaso, cf. 2 dez. 2024. O dicionário Michaelis vai na mesma linha, definindo-a como o dom de fazer descobertas felizes, por acaso. Cf. SERENDIPIDADE. In: Michaelis Dicionário Brasileiro de Língua Portuguesa. São Paulo: UOL, [2024]. Para o seu significado associado à inovação, vide RAIMO, Vania Bogado de Souza Di. Serendipity. *In:* SIQUEIRA NETO, José Francisco; MENEZES, Daniel Francisco Nagao (org.). *Dicionário de Inovação Tecnológica*. Belo Horizonte: Arraes, 2020. v. 1. p. 293-295. Um caso curioso desse fenômeno, de um fármaco produzindo positivos resultados inesperados, é o do Sildenafil (Viagra). Originalmente tendo sido formulado para tratar de problemas cardíacos, descobriu-se um potencial comercial totalmente diverso durante os testes clínicos, gerando um sucesso comercial inesperado.

A impossibilidade de antever resultados é ressaltada pela literatura sobre inovação com frequentes menções a Frank Hyneman Knight que, no início do século XX, definiu *incerteza* diferenciando-a de *risco*. Segundo ele,

> [p]ara preservar a distinção traçada no último capítulo entre a incerteza mensurável e a incomensurável podemos usar o termo "risco" para designer a primeira e o termo "incerteza" para a última. [...] A diferença prática entre as duas características, risco e incerteza, é que na primeira a distribuição dos resultados em um grupo de instâncias é conhecida (seja através de cálculos *a priori* ou através de estatísticas de experiências passadas), enquanto no caso da incerteza isso não ocorre, sendo a razão para tanto, no geral, ser impossível formar um grupo de instâncias, porque a situação com a qual se está lidando é em alto grau única.[258]

Nesses termos, ao se afirmar que a inovação traz em seu cerne a *incerteza* se está salientando um grau de imprevisibilidade inviabilizador da quantificação efetiva do esperado. O *risco*, por outro lado, teria lugar em contextos nos quais as consequências podem ser antevistas e calculadas quanto à sua chance de ocorrência, possibilitando sua mitigação. É o que ocorreria, por exemplo, no mercado de seguros.[259]

Christopher Freeman e Luc Soete conferem nuances à incerteza inovação dividindo-a em três tipos: as de natureza *técnica* (*technical uncertainty*), de *mercado* (*market uncertainty*) e as de *política e econômica geral* (*general political and economic uncertainty*), podendo a última também ser descrita como incerteza dos *negócios* (*business uncertainty*).

A última categoria incidiria sob quaisquer decisões futuras, relativas ou não a esforços inovativos. Estimativas econômicas

---

[258] KNIGHT, Frank Hyneman. *Risk, Uncertainty and Profit*. Boston; Nova York: The Riverside Press Cambridge, 1921. p. 233. Outros autores, todavia, também se dedicaram ao tema, como foi o caso de John Maynard Keynes. Para uma análise do pensamento desses dois autores sobre o tema cf. PACKARD, Mark D.; BYLUND, Per L.; CLARK, Brent B. Keynes and Knight on Uncertainty: Peas in a Pod or Chalk and Cheese? *Cambridge Journal of Economics*, [s. l.], v.45, n.5, p. 1099-1125, 2021. p. 1099-1125.

[259] Além de outros métodos mencionados pelo autor, como os mercados especulativos e a estruturação de grandes empresas. Cf. KNIGHT, Frank Hyneman. *Risk, Uncertainty and Profit*. Boston; Nova York: The Riverside Press Cambridge, 1921. p. 233-265.

mais rotineiras, como as que consideram rendimentos e dispêndios futuros (aplicando taxas de desconto) poderiam usualmente mensurá-la. Assim, mesmo em casos de complexidade considerável, potencializados dada a longa duração de alguns esforços inovativos, ainda se estaria numa seara passível de mitigação.[260]

Os outros dois tipos de *incerteza*, de natureza *técnica* e de *mercado*, seriam endêmicos a iniciativas empresariais inovadoras.

A *incerteza técnica*, de forma condizente com a definição de Knight, traduziria a imprevisibilidade dos desenvolvimentos tecnológicos que impossibilitariam o pleno mapeamento de suas consequências. Seriam aplicáveis apenas expedientes para a redução da imprevisibilidade como os testes experimentais e a prototipagem. Mas mesmo com a adoção desses continua a ser comum a descoberta de defeitos tão só quando da comercialização e utilização de um novo produto pelos seus consumidores finais.[261]

A *incerteza de mercado* também traria grandes impactos a esforços inovadores. A distância temporal entre o início da pesquisa e a inserção de bem ou serviço no mercado, a imprevisibilidade do comportamento desse no futuro (seja considerando seus consumidores ou até aspectos regulatórios), variações nos custos de produção e nos preços a serem cobrados pelos produtos ou serviços desenvolvidos (principalmente quando inéditos), e as alterações tecnológicas gerais (que podem tornar a inovação obsoleta) dificultariam estimativas quanto ao sucesso comercial da inovação.[262]

---

[260] Por conta disso pode-se dizer, em atenção à terminologia de Knight, que a possibilidade de mensurabilidade permitiria o enquadramento dessa categoria mais como forma de *risco* do que de efetiva *incerteza*.

[261] Os autores mencionam, como exemplos, o caso do *Corfam*, um dos precursores do couro sintético, que acabou sendo um fracasso apesar de intensos esforços de previsão e testagem pela companhia que o desenvolvera (Dupont); e do *Comet jet airliner* (de Havilland DH 106 Comet), um dos primeiros aviões comerciais que, já em operação, apresentou defeitos que provocaram trágicos acidentes aéreos. Cf. FREEMAN, Christopher; SOETE, Luc. Economics of Industrial Innovation. 3. ed. Londres: Routledge, 2004. p. 243.

[262] FREEMAN, Christopher; SOETE, Luc. Economics of Industrial Innovation. 3. ed. Londres: Routledge, 2004. p. 248-249. Por conta disso os resultados comerciais podem ser facilmente subestimados ou superestimados. Os autores mencionam o caso dos computadores, contexto em que geralmente se imaginou que o mercado estaria limitado a poucos usuários nos setores governamentais e científico. Previsões otimistas, em 1955, imaginavam 4.000 computadores nos Estados Unidos até 1965. O resultado efetivo acabou sendo de 20.000 deles no ano da previsão. Cf. FREEMAN, Christopher; SOETE, Luc. Economics of Industrial Innovation. 3. ed. Londres: Routledge, 2004. p. 249.

Apresentados esses conceitos é importante tecer alguns comentários.

Em primeiro lugar, a *incerteza* serve como critério caracterizador dos financiamentos em estudo. A forte incidência de *incertezas* de natureza *técnica* e de *mercado* nas inovações influi na sua estruturação. Por conta disso ela permite distingui-los de outras formas de financiamento público. Dessa forma, financiar a inovação empresarial diferiria fundamentalmente do financiamento à infraestrutura (*project finance*),[263] à atividade rural[264] e à habitação,[265] todos exemplos em que é usual a concessão de subsídios públicos.

Veja-se que em todos os tipos de financiamento mencionados como exemplo incide a *incerteza índole política e econômica geral/dos negócios*, que pode ser equacionada à ideia de *risco*. Também neles pode haver elementos que tragam imprevisibilidade: desafios técnicos no campo da engenharia; novas pragas ou variações climáticas; ou mudanças bruscas no regramento do uso do solo urbano.

Mas em nenhum desses contextos o enfrentamento concomitante das *incertezas técnicas* e *de mercado* ocorre como quando se financia a inovação.[266] Como esclarecem por Stephen J. Kline e Nathan Rosenberg, inovar é ao mesmo tempo preocupar-se com questões mercadológicas sem descuidar das tecnológicas, o que torna os empreendimentos inovadores extremamente exigentes em matéria de gestão de incertezas que poderiam, inclusive, interagir entre si.[267]

---

[263] Faz-se referência, de forma ampla, às modelagens comumente utilizadas para propiciar grandes projetos de infraestrutura e prestação de serviços públicos no país. Sobre o tema cf. a obra e o artigo introdutório CARVALHO, André Castro; CASTRO, Leonardo Freitas de Moraes e. Introdução ao *project finance*. In: CARVALHO, André Castro; CASTRO, Leonardo Freitas de Moraes e (org.). *Manual de* project finance *no direito brasileiro*. São Paulo: Quartier Latin, 2016. p. 31-41.

[264] Sobre operações de crédito rural, cf. RIZZARDO, Arnaldo. Contratos de crédito bancário. 11. ed. São Paulo: Revista dos Tribunais, 2014. p. 230-278. Vide, também ABRÃO, Nelson. *Direito bancário*. 16. ed. São Paulo: Saraiva, 2016. p. 288-294.

[265] Sobre o financiamento habitacional, cf. RIZZARDO, Arnaldo. Contratos de crédito bancário. 11. ed. São Paulo: Revista dos Tribunais, 2014. p. 109-214.

[266] Observe-se, de toda feita, que as inovações também podem ser mais ou menos afetadas por esses tipos de incerteza. Embora a *incerteza técnica* esteja sempre presente em algum grau as *incertezas de mercado* podem ser diminuídas ou inexistirem, como no caso de algumas *inovações de processo*.

[267] KLINE, Stephen J.; ROSENBERG, Nathan. An overview of innovation. In: ROSENBERG, Nathan; LANDAU, Ralph (org.). *The Positive Sum Strategy*: Harnessing Technology for Economic Growth. Washington, D.C.: National Academy, 1986. p. 1-2; 5; 20 e 23.

Em todos os outros âmbitos de financiamento mencionados (infraestrutura, atividade rural e habitação), é possível a aplicação de estimativas baseadas em experiências anteriores. A existência de amplos e desenvolvidos mercados para investimentos nesses três âmbitos, somados à ampla atuação privada, servem como prova de que se está em campos nos quais a imprevisibilidade pode ser mitigada mais facilmente. Prepondera, assim, o *risco* e não a *incerteza*.[268]

Em segundo lugar, mesmo que a *incerteza* seja um elemento que permeie os financiamentos à inovação, importa registrar que os financiadores podem também fomentar atividades que não sejam efetivamente impactados por ela.

Imagine-se a celebração de um empréstimo para a estruturação de um centro de P&D empresarial. Uma vez que isso envolva apenas a realização de obras civis padronizadas ou simples contratação e/ou treinamento de pessoal não teria lugar a *incerteza técnica* ou a de *mercado*.[269] Sua compreensão plena pode facilmente bastar-se na noção de *risco*, de forma semelhante ao que ocorre nos outros tipos de financiamento citados.

Em terceiro lugar, interessa destacar a utilidade dos conceitos expostos para solucionar questões jurídicas relativas ao inadimplemento por parte das empresas fomentadas.

Imagine-se, primeiramente, caso em que a financiada torne-se inadimplente como consequência de *incerteza de índole política e econômica geral/dos negócios*. Nessa situação fórmulas jurídicas tradicionalmente aplicáveis a fatos a imprevistos e supervenientes normalmente propiciarão soluções adequadas, de forma semelhante ao que ocorre com os negócios jurídicos em geral.[270]

---

[268] Importa fazer um alerta: mesmo o mercado de *venture capital* (cf. item 3.2.3 e 5.2.4) e sua conhecida associação a pequenas empresas de potencial inovador (*startups*), não serviria como contra-argumento a este raciocínio. Tal mercado, e outros semelhantes, tem como foco as *empresas* a serem investidas, e não as *inovações* a serem desenvolvidas. Sendo a trajetória financeira dos negócios o foco principal novamente se adentra no campo do *risco*, havendo referenciais para comparação (trajetórias passadas ou contemporâneas) com outros tipos de investimento.

[269] Embora a configuração descrita seja mais comum, pode ser que a *incerteza técnica* venha a se mostrar presente inclusive em iniciativas como essas. Um bom exemplo, infelizmente raro na realidade brasileira, é a da construção de instalações laboratoriais ou espaços de testagem de alta tecnologia que demandam diversas inovações para sua operacionalização.

[270] Pensa-se principalmente na aplicação de institutos relativos à teoria do inadimplemento, para usar a terminologia de GOMES, Orlando. *Obrigações*. 16. ed. Rio de Janeiro: Forense, 2005. p. 169-178.

A verificação de inadimplemento decorrente de *incerteza técnica*, por sua vez, poderia atrair a incidência de regras específicas, associadas à figura do *risco tecnológico*.[271]

Definido pelo art. 2º, inciso III, do Decreto nº 9.283/18 ele consiste na "possibilidade de insucesso no desenvolvimento de solução, decorrente de processo em que o resultado é incerto em função do conhecimento técnico-científico insuficiente à época em que se decide pela realização da ação". Uma vez que se conclua pela sua existência o ordenamento pátrio – e algumas vezes a própria disciplina contratual dos financiamentos[272] – tende a ser leniente para casos de inadimplemento.[273]

Quanto às *incertezas* de *mercado* elas tendem a produzir situações que ocupariam um lugar intermediário entre as hipóteses descritas. Se por um lado a atividade empresarial deve ser avaliada considerando-se os riscos habituais a qualquer empreendimento, atraindo soluções jurídicas tradicionais para casos de inadimplemento, a imprevisibilidade das dinâmicas de mercado também pode justificar uma atitude mais compreensiva por parte do financiador. Uma avaliação contextualizada geralmente é bastante necessária para o deslinde desses casos.

2.2.1.2 Risco associado ao eventual retorno financeiro dos financiamentos

Tendo o tópico anterior se debruçado sobre o *risco* e *incerteza* associados aos esforços inovativos cabe também explicitar outra dimensão em que o *risco* pode se fazer particularmente presente

---

[271] Sobre a noção de risco tecnológico, cf. SOUTO, Gabriel Araújo. Decreto federal da inovação: quais são as novas oportunidades advindas da definição normativa de risco tecnológico para acordos públicos e privados? *In:* SANTOS, Fabio Gomes dos; BABINSKI, Daniel de Oliveira (org.). *Decreto federal de inovação*: novas oportunidades. São Paulo: Observatório de Inovação e Competitividade, 2019. v. 2. p. 14-17; e NOLASCO, Loreci Gottschalk. Risco tecnológico. *In:* SIQUEIRA NETO, José Francisco; MENEZES, Daniel Francisco Nagao (org.). *Dicionário de Inovação Tecnológica*. Belo Horizonte: Arraes, 2020. v. 1. p. 287-291.

[272] Note-se, como exemplos, esse elemento nas análises das minutas promovidas nos itens 5.2.2.3, 5.2.3.3 e 5.2.4.3.

[273] É o que se nota observando os arts. 48, inciso I; 58, §6º e 60, inciso I, todos do Decreto nº 9.283/18.

durante a execução dos financiamentos:[274] a eventual busca por retorno financeiro.

É usual que a formalização dos financiamentos contenha obrigações dissociadas do tema da inovação. A previsão de regras de conformidade e responsabilidade ambiental são bons exemplos disso.[275] Todavia, mais do que um elemento acessório, como são a maioria dessas obrigações, a remuneração pode ser um componente central para determinados tipos de financiamento.[276]

É o caso dos empréstimos reembolsáveis.[277] Além de se comprometer com a execução de um projeto inovador, a empresa mutuária obriga-se a futuramente restituir o valor concedido de forma a remunerar (juros, taxas etc.) a disponibilização do capital.

Ao se refletir sobre as obrigações relativas a essa restituição, não faria sentido falar de *incerteza*, mas sim de *risco*. Observando-as pelo prisma financeiro, é difícil imaginar a singularidade de qualquer empréstimo: podem ser normalmente traçados histórico de inadimplência do tomador de crédito e da carteira do financiador, possibilitando o cálculo probabilístico do *default*. É a praxe, por exemplo, do mercado bancário.

Vale o mesmo para instrumentos de investimento, como é o caso da aquisição de participação societária.[278] Além de ser avaliado o potencial inovador da empresa para ser aportado capital, é necessário examinar as possibilidades de retorno do investimento, à semelhança do que ocorre no mercado de capitais. A possibilidade de mensuração do *risco* nessa seara, aliás, é o que a diferencia de uma simples banca de apostas.

---

[274] A ideia de que contratos podem ser organizados ao redor de fatores associados à *incerteza* mas sem deixar de apresentar elementos associados ao *risco* pode ser encontrada também em GILSON, Ronald J.; SABEL, Charles F.; SCOTT, Robert E. Contracting for Innovation: Vertical Disintegration and Interfirm Collaboration. *Columbia Law Review*, Nova York, v. 109, n. 3, p. 431-502, 2009. p. 448-449.

[275] Note-se que elas se encontram presentes em todos os instrumentos contratuais analisados no capítulo 5.

[276] Isso não ocorre, entretanto, com os instrumentos os *não reembolsáveis*. Sobre esses cf. o item 4.3.1.

[277] Ou financiamento em sentido estrito, como ele é chamado nesta tese, é objeto de análise no item 5.2.2.

[278] Cf. item 5.2.4.1.1.

Mas, mesmo sendo possível uma distinção da lógica do fomento à inovação e da do retorno financeiro no interior dos financiamentos, é difícil separá-las na prática. Empréstimos nem investimentos serão feitos se os *riscos* pertinentes não puderem ser mitigados, independentemente do potencial inovativo da empresa. O fato dessas lógicas se imiscuírem pode, de toda forma, se mostrar benéficas à estruturação de um SNCTI. Examinando arranjos para o financiamento à inovação Jesper Lindgaard Christensen destaca que o aprendizado decorrente das interações entre fornecedor e demandante de capital pode trazer efeitos positivos.

Quando estabelecidas relações duradouras via a realização de empréstimos, o concedente do crédito faz avaliações que transcendem o objeto do financiamento mas atingem também a pessoa do tomador e a eventualidade de *default* para dar a devida formatação ao mútuo. As interações necessárias à oferta de capital e que ocorrem durante o acompanhamento das atividades do devedor podem trazer vantagens a ambas as partes: para o financiador, que pode calibrar melhor suas operações financeiras conforme elas se multiplicam e que vai adquirindo conhecimento técnico em relação ao que financia pelo diálogo com as empresas; e para o tomador que, além de obter o capital almejado, também aprende a lidar com instituições financeiras.

Dinâmica semelhante pode ocorrer no mercado de capitais. Mesmo que o acúmulo de aprendizado não seja tão pronunciado nesse contexto, dada a rapidez e superficialidade das interações que o caracterizam, ele permite uma absorção mais célere de novidades graças à ausência de rotinas e relações cristalizadas, o que pode ser muito vantajoso para o apoio a novas tecnologias.[279]

2.2.2 A dimensão setorial

Um segundo aspecto conformador dos financiamentos é a sua dimensão setorial. A atenção às especificidades do setor econômico

---

[279] CHRISTENSEN, Jesper Lindgaard. The Role of Finance in National Systems of Innovation. *In*: LUNDVALL, Bengt-Åke (org.). *National Systems of Innovation*: Toward a Theory of Innovation and Interactive Learning. Londres: Anthem, 2012. p. 151-172. Note-se que, quanto ao mercado de capitais, o autor está discutindo-o em comparação ao mercado de crédito (essencialmente bancário) ao refletir sobre a estruturação dos Sistemas Nacionais de Inovação.

no qual se situa a empresa beneficiária constitui elemento relevante ao desempenho dessa atividade.

Segundo Franco Malerba, *setor* seria "um conjunto de atividades unificado por alguns grupos de produtos associados para uma demanda dada ou emergente e caracterizada por uma base de conhecimento comum".[280] A variabilidade dos processos inovativos a depender do setor da atividade empresarial justifica que eles sejam considerados pelos financiadores. Malerba é didático:

> Tomemos, por exemplo, [os setores] farmacêutico e de biotecnologia. Aqui a ciência tem um papel maior, e vários tipos de empresas são os protagonistas na inovação, de grandes corporações a novas empresas de biotecnologia. A interação entre universidades e o capital de risco (*venture capital*) é relevante. Nesse setor, as normas regulatórias, direitos de propriedade intelectual, patentes, sistemas nacionais de saúde e a demanda exercem um papel maior nos processos inovadores. Um conjunto diferente de atores, redes e instituições caracterizam as inovações em equipamentos e serviços de telecomunicações, resultado da convergência de setores anteriormente separados como telecomunicações, computadores, mídias e assim por diante, e do rápido crescimento da Internet. No [setor] químico nós vemos um cenário diferente: [empresas] inovadores [de largas dimensões] têm demonstrado grande continuidade em sua capacidade para inovar, e a escala de P&D interno tem sempre sido uma fonte maior de vantagem inovativa. No [setor] de software, por outro lado, o contexto da aplicação é relevante para a inovação, e uma divisão vertical ou horizontal do trabalho entre diferentes atores recentemente ocorreu. Finalmente, no [setor] de maquinário e ferramentas a inovação incremental é muito comum, e o P&D possui um papel menos relevante do que em outros setores. Conexões com os usuários e atividades *on-the-job* por profissionais habilitados são de grande relevância. Diferenças na inovação entre setores também envolvem o [setor] de serviços, onde os produtos são fortemente associados aos processos e o conhecimento materializado no equipamento e nas pessoas é muito importante.[281]

Os setores, portanto, irão impactar a avaliação do potencial inovador de determinada iniciativa empresarial (algo pode ser

---

[280] MALERBA, Franco. Sectoral Systems of Innovation: Basic Concepts. *In:* MALERBA, Franco (org.). *Sectoral Systems of Innovation*: Concepts, issues and analyses of six major sectors in Europe. Nova York: Cambridge University, 2004. p. 16.

[281] MALERBA, Franco. Sectoral Systems of Innovation: Basic Concepts. *In:* MALERBA, Franco (org.). *Sectoral Systems of Innovation*: Concepts, issues and analyses of six major sectors in Europe. Nova York: Cambridge University, 2004. p. 9.

inovador em um setor mas não o sê-lo em outro), a escolha do instrumento de fomento adotado e a mensuração do valor de interfaces com outros atores do SNCTI. Assim, mostra-se natural que o impulso a inovações incrementais via P&D interno e viabilizado por empréstimos a grandes empresas constitui uma arquitetura que se conforma mais aos setores químico e de maquinário do que aos de biotecnologia e *software*. Não por acaso Keith Pavitt apresenta uma taxonomia para as mudanças tecnológicas a partir do seu exame em diversos setores, caracterizando-as conforme a empresa se situe em contextos em que haja o predomínio dos fornecedores, de produção intensiva ou da ciência nas dinâmicas empresariais.[282]

Malerba esclarece que a compreensão de um setor demanda o exame de sua base de conhecimento; das tecnologias que lhe são relevantes; dos atores e redes que o compõem; e da dimensão institucional (no sentido de normas, políticas públicas,[283] práticas, rotinas etc.) que o permeia.[284] Dada a sua abrangência, o recorte setorial é bastante sinérgico à compreensão dos fenômenos inovativos e dos Sistemas Nacionais de Inovação. A literatura identifica inclusive certa consistência de funcionamento desses em nações variadas.[285]

Assim, um olhar atento à dimensão *setorial* permite mapear disfunções no SNCTI a serem mitigadas pelos financiamentos, como ocorre em setores de baixa atratividade a investidores privados. As

---

[282] PAVITT, Keith. Sectoral Patterns of Technical Change: Towards a Taxonomy and a Theory. *Research Policy*, Amsterdã, v. 13, n. 6, p. 343-373, 1984.

[283] As condicionantes atinentes às políticas públicas, a serem referidas no item 3.2.2 influem bastante nas configurações setoriais. Elas são bastante impactantes, por exemplo, no setor de defesa. Para uma abordagem disso no Brasil, vide VIEIRA, André Luis; ÁLVARES, João Gabriel. *Acordos de compensação tecnológica* (offset): teoria e prática na experiência brasileira. Rio de Janeiro: Lumen Juris, 2017. p. 79-108.

[284] São comuns obras que exploram a configuração dos processos inovativos em um dado setor. Um exemplo, com artigos que dialogam especialmente com a Lei de inovação, é MARINHO, Maria Edelvacy Pinto. *Inovação e setor farmacêutico*: aspectos econômicos. São Paulo: Saraiva, 2017.

[285] MALERBA, Franco. Sectoral Systems of Innovation: Basic Concepts. *In*: MALERBA, Franco (org.). *Sectoral Systems of Innovation*: Concepts, issues and analyses of six major sectors in Europe. Nova York: Cambridge University, 2004. p. 9-10 e 23. A verificação de tendências transnacionais não significa, por óbvio, que as realidades locais devem ser ignoradas. Como exemplo, destacando problemas como acentuados processos de desindustrialização no país e uma dependência de insumos importados como obstáculos à produção de alta tecnologia em diversos setores, cf. MORCEIRO, Paulo César. *A indústria brasileira no limiar do século XXI*: uma análise da sua evolução estrutural, comercial e tecnológica. 2019. Tese (Doutorado em Economia) – Faculdade de Economia, Universidade de São Paulo, São Paulo, 2019.

observações de Kerr e Nanda quanto ao financiamento dos setores de biotecnologia e de energias limpas (*clean energy*, tomado como setor) exemplificam isso.

No setor de biotecnologia, a captação de recursos ocorreria em um mercado vibrante e dinâmico, que tira proveito da possibilidade de testagens para demonstrar a eficácia dos produtos em desenvolvimento (diminuindo a *incerteza* técnica) e de um sistema estabelecido de proteção a direitos de propriedade intelectual. Por outro lado, mesmo em realidades nacionais com um mercado de capital de risco desenvolvido, como a estadunidense, haveria desafios à atração de investidores privados para custear os esforços inovativos relacionados a energias limpas. Os fatores mitigadores descritos não existiriam no último caso, ainda se impondo o desafio da competição com outras fontes energéticas (inclusas as tradicionais) diversas das que a empresa adotou.[286] Faz sentido, portanto, uma intensificação da intervenção estatal no segundo caso.

Por fim, a dimensão setorial também serve como foco para a estruturação de políticas públicas ao facilitar a priorização de tema e a organização do aparato normativo aplicável. Isso é visível em editais de fomento que se baseiam em um corte setorial, como foi o caso do *Edital de seleção pública conjunta FINEP/MCTI/MS/CNPq de apoio à inovação tecnológica no setor de saúde – Inova Saúde – Biofármacos, Farmoquímicos e Medicamentos – 03/2013*.[287] O ato convocatório, que congregou agências de fomento como a Finep e CNPq e dois ministérios (MCTI e o Ministério da Saúde), também traça um panorama da atuação pública no setor farmacêutico. Nesse sentido suas linhas temáticas dispunham sobre três focos da atuação pública: o desenvolvimento de produtos com ação terapêutica obtidos por rota biotecnológica; de insumos farmacêuticos ativos obtidos por síntese química e de tecnologia farmacêutica e processos industriais para fabricação de medicamentos (item 5.1). As formas de apoio previstas deixam claro que instrumentos associados à garantia de demanda estatal, tais como a encomenda, a aquisição estratégica e

---

[286] Cf. KERR, William R.; NANDA, Ramana. Financing Innovation. *Annual Review of Financial Economics*, San Mateo, v. 7, n. 1, p. 445-462, 2015. p. 456-457.

[287] Disponível em: http://www.finep.gov.br/chamadas-publicas/chamadapublica/551. Acesso em: 5 maio 2020.

o Programa para o Desenvolvimento do Complexo Industrial da Saúde – PROCIS, e critérios de escolha como a lista de produtos estratégicos para o SUS ocupam um lugar de destaque para o funcionamento do setor.[288]

2.2.3 A necessidade da efetiva contabilização dos esforços inovativos

A necessidade da efetiva contabilização dos esforços inovativos é o último aspecto conformador dos financiamentos a ser salientado.

O direcionamento de recursos a ativos intangíveis (como o pagamento de pessoal qualificado) já foi identificado como realidade usual durante o custeio das atividades inovativas.[289] Mas a atividade de fomento em estudo não se restringe ao custeio desses ativos, englobando também ativos tangíveis (como maquinário e obras). Por conta disso é usual que os financiadores estabeleçam regras delimitando quais despesas podem ser pagas com os recursos concedidos.[290]

Esse monitoramento contábil/financeiro dos gastos serve como complemento relevante para o acompanhamento da iniciativa fomentada. É por meio dela que são coibidas práticas como a distribuição dos recursos subsidiados para sócios ou o custeio de atividades regulares do empreendimento e dissociadas dos esforços inovativos.[291] Mas, por outro lado, eles também limitam o escopo

---

[288] É o caso, por exemplo, das listagens de produtos estratégicos da saúde elaboradas pelo Ministério da Saúde para colaborar com o desenvolvimento do Complexo Industrial da Saúde.

[289] Lembre-se do discutido no item 2.2.1, especialmente o referido por HALL, Bronwyn H.; LERNER, Josh. The Financing of R&D and Innovation. In: HALL, Bronwyn H.; ROSENBERG, Nathan (org.). *Handbook of the Economics of Innovation*. Oxford: Elsevier, 2010. v. 1. p. 612.

[290] As hipóteses de financiamento associadas a investimentos, como a aquisição de participação societária e o investimento em fundos, usualmente constituem exceção a essa regra. Nesses casos, o mais usual é que os recursos aportados às empresas sejam de livre destinação, afora o direcionamento imediato para o pagamento dos sócios.

[291] Conforme será clarificado adiante (em especial no item 4.3.3 e nas minutas analisadas no capítulo 5), o acompanhamento das iniciativas inovadoras envolve tanto verificações técnicas, de cumprimento do objeto do contrato (como a construção de um laboratório para P&D interno) quanto as relativas ao dispêndios (se o laboratório foi efetivamente custeado com o total dos recursos concedidos). Um equilíbrio entre essas duas dimensões, em privilégio da busca por formas de fomento voltadas à obtenção de resultados, é um dos temas centrais do item 6.4.

dos financiamentos. É o caso, por exemplo, da prestação de serviços por estrangeiros ou a realização de obras no exterior não tidas como aceitáveis por determinado financiador.

Como cada financiador definirá quais despesas ele poderá aceitar, não se mostra oportuno tentar delineá-las aqui. Mas convém apontar tipos de gastos que poderiam ser associadas a esforços inovativos pelo *Manual de Oslo* para tornar a discussão mais palpável.[292]

O manual arrola oito tipos de atividades associadas a esforços inovativos empresariais: as de P&D;[293] engenharia, design e outras formas de trabalho criativo; marketing e associadas à marca (*brand equity activities*); relativas à propriedade intelectual; de capacitação de pessoal; desenvolvimento de software e base de dados; associadas à aquisição ou aluguel/*lease* de ativos tangíveis; e as relacionadas à gestão da inovação. Ele também delineia situações não dotadas de conteúdo inovativo, ajudando a sedimentar os conceitos expostos.

Tomem-se as atividades de engenharia, design e outras formas de trabalho criativo. Embora normalmente estejam associadas à inovação, pequenas mudanças de design (como produzir um produto existente em uma nova cor) ou atividades rotineiras de engenharia (como as associadas ao controle de qualidade de processos existentes) não estariam. Atividades de engenharia reversa poderiam ou não ser tomadas como inovadoras, a depender das finalidades com elas pretendidas: ou seja, se haveria concretamente o intuito de inovar ou se elas são conduzidas por outras razões.

Outro exemplo é o desenvolvimento de *software*. Ele é inovador quando relacionado a processos ou produtos novos ou aprimorados, como jogos de computador, sistemas logísticos, ou softwares que integrem processos empresariais. Atividades relacionadas às bases de dados podem ser tomadas como inovadoras quando usadas para tal fim, como no caso de análises de dados sobre as propriedades dos materiais ou sobre preferências de consumo. Por outro lado, a realização de aprimoramentos (*upgrades*) menores em um software já existente, assim como a aquisição de bases de

---

[292] Sobre o manual, que estabelece critérios internacionais para a mensuração dos esforços inovativos das empresas, vide o item 1.1.2.

[293] Sobre a distinção entre P&D e inovação, vide o mesmo item 1.1.2., em especial as referências ao *Manual de Frascati*.

dados para contabilidade e outras ações rotineiras poderiam ser consideradas dissociadas dos esforços inovativos.

Veja-se, por fim, a aquisição ou aluguel/arrendamento (*lease*) de ativos tangíveis. Essas atividades podem ter conteúdo inovador, como quando uma empresa acessa equipamentos com características muito distintas das rotineiramente utilizados em seus negócios. Mas isso não ocorre em casos de simples reposição, de aumento da produção sem mudanças estruturais, ou se há apenas diferenças marginais em comparação ao restante dos ativos tangíveis da empresa.[294]

Os exemplos retirados do manual deixam bem claro algo já dito e que merece ser repetido: o caráter contextual da inovação.[295]

Por conta disso é importante perceber que o esforço inovativo não pode se bastar no exame isolado dos contornos do objeto financiado, mas precisa ser ponderado diante das características da destinatária de recursos. É a inserção concreta do que for financiado nos negócios empresariais que permitirá vislumbrar se há ou não inovação. Dessa forma, não pode ter lugar uma conferência mecânica dos dispêndios feitos – como pode ocorrer em outras formas de transferência de recursos públicos – mas se mostra necessária uma que os gastos sejam contabilizados de forma personalizada.

Um ponto a sublinhar desse tipo de análise, e que bem indica como elas devem ser específicas, é o da construção de capacidade inovativa no interior das empresas fomentadas. Os gastos com a capacitação de pessoal e com esforços de P&D podem gerar frutos duradouros como ativos intangíveis (conhecimento em geral e *know how*) estratégicos,[296] indiretamente privilegiando a capacidade inovativa nacional.

---

[294] ORGANISATION FOR ECONOMIC CO-OPERATION AND DEVELOPMENT. *Oslo Manual 2018*: Guidelines for Collecting, Reporting and Using Data on Innovation. 4. ed. Paris: OECD Publishing, 2018. p. 87-91.

[295] Esse tema permeou muitos dos comentários realizados no item 1.1.

[296] Sobre a importância da aquisição de recursos desse tipo para o desenvolvimento das empresas e para a sua gestão, cf. TEECE, David J. Technological Innovation and the Theory of the Firm. *In*: HALL, Bronwyn H.; ROSENBERG, Nathan (org.). *Handbook of the Economics of Innovation*. Oxford: Elsevier, 2010. v. 1. p. 679-730. Sobre a importância de ativos intangíveis na estrutura economia atual, e sobre a sua mensuração, vide HASKEL, Jonathan; WESTLAKE, Stian. *Capitalism without capital*. Princeton: Princeton University, 2018.

2.3 Os financiadores

Dedicado aos traços característicos dos financiamentos em estudo, este capítulo já abordou seus *destinatários* (as empresas) e os principais aspectos conformadores dessa *atividade*. Cabe, por fim, tratar dos *agentes* que a desempenham.

2.3.1 Agências de fomento à inovação como agentes de destaque

Não é apenas o Estado que financia a inovação. Como se disse, as atividades inovativas podem ser custeadas pelas empresas com recursos próprios ou pela captação externa no sistema bancário privado e no mercado de capitais.[297] Mesmo entes privados sem fins lucrativos podem vir a fazê-lo, ainda que em condições bastante específicas.[298] Quando há financiamento público, ele também não é monopolizado por uma parcela específica da Administração. Ele é exercido difusamente, e pode constituir atribuição acessória de órgãos ou entes estatais.[299]

Há, de toda forma, entes públicos especializados na operacionalização dos financiamentos em estudo, seja por terem sido especificamente talhados para sua execução desde seu nascedouro atividade seja por terem a adotado como sua função precípua.[300] Compreender minimamente esses entes, aqui genericamente

---

[297] Cf. A abordagem do subsistema financeiro no SNCTI brasileiro no item 1.3.3.

[298] Mesmo não tendo a inovação empresarial como objetivo precípuo, mas sim a pesquisa científica, o Instituto Serrapilheira possui várias iniciativas que se assemelham a formas públicas de fomento. Cf. https://serrapilheira.org/. Acesso em: 22 jun. 2020. Observe-se, ademais, que o art. 78 do Decreto nº 9.283/18 ressalta o potencial das agências de fomento privadas (como os serviços sociais autônomos) para a utilização de instrumentos de estímulo à inovação empresarial.

[299] Pense-se, por exemplo, no produto *Inovagro*, do Banco do Brasil, destinado ao apoio à incorporação tecnológica ao proprietário rural, que é operado por esse banco público ao lado de suas linhas de crédito tradicionais. Cf. https://www.bb.com.br/pbb/pagina-inicial/agronegocios/agronegocio---produtos-e-servicos/credito/investir-em-sua-atividade/inovagro#/. Acesso em: 11 maio. 2020.

[300] A Finep, analisada no capítulo 4, é um bom exemplo do segundo caso. Relembre-se também como a inovação passa a ser um tema de política pública relevante no século XX, conforme discutidos nos itens 1.2 e 2.1.2.

denominados *agências de fomento à inovação*, é útil à compreensão dos financiamentos.

Relatório produzido pela inglesa Nesta,[301] definindo-as como "instituições financiadas ou geridas pelo Estado que disponibilizam apoio financeiro ou de outros tipos para catalisar ou direcionar a inovação no setor privado",[302] examinou agências situadas em dez países diferentes.[303]

A partir desse campo amostral é proposta tipologia categorizando as suas formas de atuação. Podendo acumular ou alternar funções com o transcorrer do tempo, as agências poderiam ser corretoras de falhas de mercado (*market fixers*), tendo como foco a mitigação do risco e da incerteza dos projetos inovadores e normalmente não tendo preferência por quaisquer setores econômicos; incentivadoras de atividades econômicas determinadas (*industry builders*), visando transformar a economia nacional pelo desenvolvimento de novos setores ou tecnologias (como as tecnologias sustentáveis); e condutoras de missões (*mission drivers*), perseguindo objetivos associados a transformações societais de monta e/ou a superação de desafios econômicos predeterminados, sendo usual sua conexão com setores conhecidos pelos vultosos gastos com P&D (como o setor de defesa).

---

[301] Originalmente a *National Endowment for Science, Technology and the Arts*, a Nesta é uma fundação ligada ao governo do Reino Unido que atua como financiadora e produz estudos relacionados a políticas de CTI. Sobre ela, vide https://www.nesta.org.uk/. Acesso em: 11 maio 2020. Quanto ao relatório, Cf. GLENNIE, Alex; BOUND, Kirsten. *How Innovation Agencies Work*: International Lessons to Inspire and Inform National Strategies. Londres: Nesta, 2016.

[302] GLENNIE, Alex; BOUND, Kirsten. *How Innovation Agencies Work*: International Lessons to Inspire and Inform National Strategies. Londres: Nesta, 2016. p. 12. No Brasil, as agências de fomento contam com definição presente na Lei nº 10.973/04. Elas consistiriam "em órgão ou instituição de natureza pública ou privada que tenha entre os seus objetivos o financiamento de ações que visem a estimular e promover o desenvolvimento da ciência, da tecnologia e da inovação" (art. 2º, inciso I). Note-se como a ideia de estímulos financeiros é central. Entende-se, e assim se assume para fins desta análise, que as agências de fomento à inovação (ao menos no Brasil) sempre terão ao menos algum liame estatal (tal como a fonte dos seus recursos, por exemplo, em caso de associações como a Embrapii), independentemente de eventual natureza jurídica de direito privado.

[303] Foram examinadas a *Research Promotion Agency* – FFG, da Áustria; a Finep, do Brasil; a *Economic Development Agency* – CORFO, do Chile; a *Funding Agency for Innovation* – Tekes, da Finlândia; o *Office of the Chief Scientist* – OCS, de Israel; a *Governmental Agency for Innovation Systems* – VINNOVA, da Suécia; a *Commission for Technology and Innovation* – CTI, da Suíça; a *Industrial Technology Research Institute* – ITRI, de Taiwan; a *Innovate UK*, do Reino Unido; e a *Defense Advanced Research Projects Agency* – DARPA, dos Estados Unidos da América. Outras agências são mencionadas no transcorrer do trabalho, mas não foram contempladas pelo estudo principal.

O relatório elenca ainda outro tipo, englobando tendências contemporâneas de abertura de escopo e incremento na experimentação para a correção de falhas de mercado. Embora não verificadas no campo amostral da pesquisa, postula-se o valor de agências centradas em uma otimização sistemática (*system optimisers*) para fins de manutenção de capacidade competitiva global.[304]

Para desempenharem os papéis descritos, as agências empregariam diversas formas de apoio. Elas são organizadas pelo relatório em quatro categorias: suporte financeiro direto a empresas – o objeto desta pesquisa – via empréstimos ou concessão de valores a título não reembolsável (*grants*); assistência não-financeira (como serviços de consultoria e *matchmaking*); apoio a intermediários (como incubadoras ou aceleradoras); e ações de conexão e criação de capacidade institucional (como nos casos de programas de transferência de tecnologia).[305]

Mesmo sem poder se desconectar plenamente de processos políticos, é frequente que as agências de fomento operem com certa autonomia. Mensurar o impacto de suas ações seria um desafio comum dada a natureza dos seus objetivos e a complexidade das suas atividades. Seria impossível eleger formatação como ideal para todas as agências de fomento dada a multiplicidade de contexto em que elas operam,[306] sendo uma variedade de configurações usualmente apontada pela literatura;[307]

O ideal, de todo modo, é que elas sirvam como veículos adequados para suprir necessidades nacionais. Dan Breznitz descreve exemplos de crescimento acelerado e baseado em setores inovadores mas impulsionado por agências com formatos diferentes em Israel,

---

[304] GLENNIE, Alex; BOUND, Kirsten. *How Innovation Agencies Work*: International Lessons to Inspire and Inform National Strategies. Londres: Nesta, 2016. p. 22-26.

[305] GLENNIE, Alex; BOUND, Kirsten. *How Innovation Agencies Work*: International Lessons to Inspire and Inform National Strategies. Londres: Nesta, 2016. p. 15-18.

[306] GLENNIE, Alex; BOUND, Kirsten. *How Innovation Agencies Work*: International Lessons to Inspire and Inform National Strategies. Londres: Nesta, 2016. p. 18-20.

[307] Reconhecendo esse desafio Dan Breznitz, Darius Ornston, e Steven Samford apresentam arquiteturas institucionais ideais a depender da missão atribuída às agências ou em relação aos tipos de inovação que elas busquem fomentar. Cf. BREZNITZ, Dan; ORNSTON, Darius; SAMFORD, Steven. Mission Critical: the Ends, Means, and Design of Innovation Agencies. *Industrial and Corporate Change*, Oxford, v. 27, n. 5, p. 883-896, 2018. Retomando esse ponto e sublinhando a importância de adequação da modelagem pretendida e da realidade em que ela se insere vide BREZNITZ, Dan. *Innovation in Real Places*: Strategies for Prosperity in an Unforgiving World. Nova York: Oxford University, 2021. p. 132-149.

Taiwan e Irlanda. Mesmo tendo todos optado por estratégias associadas à tecnologia de informação, em cada um deles houve intervenções estatais distintas, com agências tendo sido fundamentais não só para o surgimento de atividades econômicas ligadas ao setor nascente, mas também para a sua expansão, influindo decisivamente na formação de laços com atores locais e com redes (financeiras e produtivas) internacionais. Em todos os casos, tudo isso apenas ocorreu graças a uma atuação descentralizada e flexível das agências de fomento, que puderam se adaptar a múltiplos desafios emergentes.[308] O contexto de incerteza com o qual as agências de fomento à inovação têm de lidar cotidianamente faria com que abordagens de maior sucesso fossem as gestadas em contextos abertos à adaptação e experimentação.[309]

Nesse sentido, a conjugação de autonomia e flexibilidade é apontada como um componente necessário à implementação de políticas de fomento mais ousadas. O histórico *do Fund for Research and Development* – Sitra finlandês e do OCS[310] israelense são os exemplos ilustrativos. Um posicionamento longe dos holofotes e consequentemente das pressões associadas à centralidade governamental lhes teria sido essencial para a implementação de iniciativas inéditas e de experimentos contínuos na busca por melhores resultados.[311]

Mas, se para além de tendências como as descritas não há receituário único para a configuração de uma agência de fomento à inovação, algumas tendências globais em matéria de política de

---

[308] BREZNITZ, Dan. *Innovation and the State*: Political Choice and Strategies for Growth in Israel, Taiwan, and Ireland. New Haven: Yale University, 2007. p. 15-18; 30-37.

[309] GLENNIE, Alex; BOUND, Kirsten. *How Innovation Agencies Work*: International Lessons to Inspire and Inform National Strategies. Londres: Nesta, 2016. p. 10. Observe-se, também, que o mesmo Dan Breznitz é reconhecido como inspiração nos agradecimentos deste relatório.

[310] Novamente aqui optou-se por manter em inglês as denominações, conforme apresentadas no trabalho mencionado.

[311] BREZNITZ, Dan; ORNSTON, Darius. The Revolutionary Power of Peripheral Agencies: Explaining Radical Policy Innovation in Finland and Israel. *Comparative Political Studies*, Thousand Oaks, v. 46, n. 10, p. 1219-1245, 2013. Os riscos associados à perda dessas características de isolamento, associados a uma crescente politização, continuam a ser explorados pelos autores em outro artigo, em que são relatadas as histórias da *Agency for Science, Technology and Research* – A*STAR, da sueca VINNOVA, e da irlandesa *Policy Advisory Board for Enterprise and Science* – Forfás. Cf. BREZNITZ, Dan; ORNSTON, Darius. The Politics of Partial Success: Fostering Innovation in Innovation Policy in an Era of Heightened Public Scrutiny. *Socio-Economic Review*, Oxford, v. 16, n. 4, p. 721-741, 2018.

CTI tem impactado na sua estruturação. A trajetória estadunidense descrita por William B. Bonvillian[312] é ilustrativa ao mostrar como as agências que foram sendo criadas respondiam às necessidade de um respectivo momento histórico.[313] A influência geopolítica desse país ainda faz com que muitas de suas fórmulas inspirem outras nações,[314] tornando conhecer sua realidade um meio para vislumbrar a origem de referências globais.[315]

Bonvillian inicia pontuando como o período posterior à segunda guerra mundial foi permeado por políticas de CTI que advogavam a restrição da atuação pública ao financiamento da pesquisa básica, conduzindo à criação de agências como a *National Science Foundation* – NSF.[316] Ia-se em um sentido distinto do período anterior, em que a atuação estatal era presente em todas as etapas do desenvolvimento das inovações e baseada na superação de desafios tecnológicos[317] como ocorrera no Projeto Manhattan.[318]

---

[312] BONVILLIAN, William B. The new model innovation agencies: An overview. *Science and Public Policy*, Oxford, v. 41, n. 4, p. 425-437, 2014. Outra descrição quanto ao modo como as políticas de CTI foram manejadas nos Estados Unidos pode ser encontrada em BONVILLIAN, William B. All that DARPA Can Be. *American Interest*, Concord, v. 11, n. 1, p. 52-63, 2015. p. 53-55.

[313] Lembre-se dos *frames* apresentados no item 1.2.3.

[314] Um exemplo disso é a DARPA a que se irá retornar adiante. O relatório da *Nesta* alerta, de toda forma e como exemplo, que buscar copiá-la em sua integralidade seria impossível para a maioria dos países. O contexto militar norte-americano e as somas astronômicas manejadas por esse ente seriam dificilmente replicáveis, sendo conveniente ter cautela para evitar comparações descontextualizadas e importações acríticas. Cf. GLENNIE, Alex; BOUND, Kirsten. *How Innovation Agencies Work*: International Lessons to Inspire and Inform National Strategies. Londres: Nesta, 2016. p. 21.

[315] Mas, para que a realidade pátria não seja completamente deixada de lado, serão traçadas algumas relações com ela em notas de rodapé.

[316] Essa agência até hoje exerce papel central no financiamento à pesquisa básica norte-americana. Mais informações encontram-se disponíveis em: https://www.nsf.gov/. Acesso em: 12 maio 2020. Um paralelo pode ser traçado entre ela e o CNPq, cuja criação também foi influenciada pela tendência de valorização da pesquisa básica, mesmo que associada aos esforços relativos ao desenvolvimento nuclear. Mais informações sobre a história desta instituição encontram-se disponíveis em: https://www.gov.br/cnpq/pt-br/acesso-a-informacao/institucional/historico. Acesso em: 13 abr. 2020.

[317] Também no Brasil houve momentos em que a atuação pública foi orientada para a superação de desafios tecnológicos. Dois exemplos históricos são o desenvolvimento da tecnologia nuclear nacional e o Programa Nacional do Álcool – Proálcool. Para uma ponderação quanto as limitações destas iniciativas, mas também recomendando a incorporação de tendências positivas presentes nelas vide ARBIX, Glauco. Ciência e Tecnologia em um mundo de ponta-cabeça. *Estudos Avançados*, São Paulo, v. 34, n. 99, p. 65-76, 2020.

[318] BONVILLIAN, William B. All that DARPA Can Be. *American Interest*, Concord, v. 11, n. 1, p. 52-63, 2015. p. 1-2.

A realidade da Guerra Fria, que se desdobrou também na corrida espacial, logo deixa claro que restringir a atuação pública era inadequado. No ano de 1957 surge a DARPA para, ao lado da *National Aeronautics and Space Administration* – NASA, fazer ao poderio tecnológico soviético que acabara de lançar o *Sputnik 1* na órbita terrestre.

A DARPA representou o retorno das conexões entre os setores público e privado durante todo o ciclo das inovações, da pesquisa à implementação da tecnologia. Significou também a retomada do foco na superação de desafios tecnológicos: era a abordagem da "direita para a esquerda", partindo-se de um produto ou tecnologia desejados para depois estimular as pesquisas e demais iniciativas investigatórias mais promissórias para obtê-los.

Trata-se de uma agência dotada de características particulares, como um quadro de pessoal limitado (de 100 a 150 profissionais), estrutura organizacional horizontalizada, e livre de amarras usualmente aplicáveis a entes governamentais.[319] Ademais, ela é guiada por uma cultura que mistura apetite por risco e tolerância ao insucesso, havendo tanto mecanismos para a manutenção de projetos promissores quanto para o cancelamento daqueles que não tenham o desempenho esperado.[320]

Os resultados dessa agência foram tão notáveis que eles transcenderam a seara militar, trazendo impactos profundos para as sociedades contemporâneas. Um exemplo conhecido é a sua influência decisiva no surgimento da *Internet*, cujas origens remontam a uma rede interna do Departamento de Defesa (ARPANET).[321]

---

[319] O autor dá alguns exemplos: "[a] DARPA não segue os processos de contratação e nem as formas de contratação governamentais padrão, o que a confere um acesso a talentos de forma não usual, além de rapidez e flexibilidade na contratação de esforços de P&D. Apesar de fundamentalmente distante do corpo burocrático, ela se esforça para manter conexões com gestores sêniores do Departamento de Defesa para a obtenção de suporte na implementação das tecnologias desenvolvidas". BONVILLIAN, William B. All that DARPA Can Be. *American Interest*, Concord, v. 11, n. 1, p. 52-63, 2015. p. 3.

[320] BONVILLIAN, William B. All that DARPA Can Be. *American Interest*, Concord, v. 11, n. 1, p. 52-63, 2015. p. 2-4.

[321] Para essas outras estórias atestando a atuação dessa agência nesse setor, cf. MAZZUCATO, Mariana. *The Entrepreneurial State*. Londres: Anthem, 2014. p. 82 e 91-96; e BONVILLIAN, William B. All that DARPA Can Be. *American Interest*, Concord, v. 11, n. 1, p. 52-63, 2015. p. 58-60. Mais informações sobre a agência e sobre tecnologias fomentadas por ela, tais como o desenvolvimento do GPS, além de seus projetos atuais, encontram-se disponíveis em: https://www.darpa.mil/. Acesso em: 12 maio 2020.

Nas décadas de 1970 e 1990, marcadas por uma aceleração da competição entre as indústrias americana, alemã e japonesa, as limitações impostas pela desconexão mencionada ficaram visíveis também na seara civil. As dificuldades no aproveitamento comercial das tecnologias desenvolvidas nos Estados Unidos criaram gargalos para a economia desse país. Nessa época postulou-se a existência de um "vale da morte", representando os desafios a serem superados por uma empresa (especialmente em termos de captação de recursos) entre a fase de pesquisa tecnológica inicial e as fases finais de desenvolvimento de um produto ou serviço inovador.[322]

Segundo Bonvillian, os Estados Unidos foram capazes de manter sua posição de destaque graças a programas voltados à superação de problemas desse tipo. Um exemplo é o *Small Business Innovation Research*, voltado à concessão de subvenções a pequenas empresas e *startups* inovadoras através da *Small Business Administration*, uma agência de fomento a serviço do governo de Washington.[323] Mas não apenas por isso: a manutenção da preeminência do país também deveria muito ao atingimento da maturidade de inovações gestadas em décadas anteriores, como as relativas à tecnologia da informação à biotecnologia.

Apesar desses movimentos, o autor indica que não teriam ocorrido reflexões mais profundas sobre aspectos organizacionais das instituições de fomento à inovação para além da percepção de que também precisariam ser estimuladas as etapas mais ao fim

---

[322] Sobre essa metáfora e os desafios dessa etapa, cf. BRANSCOMB, Lewis M.; AUERSWALD, Philip E. *Between Invention and Innovation*: An Analysis of Funding for Early-Atage Technology Development. Washington, D.C.: National Institute of Standards and Technology, 2002. p. 35-38.

[323] Sobre a história do programa, vide MAZZUCATO, Mariana. *The Entrepreneurial State*. Londres: Anthem, 2014. p. 96-97. Mais informações sobre o programa na atualidade encontram-se disponíveis em: https://www.sbir.gov/. Acesso em: 12 maio 2020. O programa de Pesquisa Inovativa em Pequenas Empresas – PIPPE, da FAPESP, segue lógica semelhante a tal programa e nele se inspirou. Cf. SALLES FILHO, Sérgio; BONACELLI, Maria Beatriz; CARNEIRO, Ana Maria; CASTRO, Paula F. Drummond; SANTOS, Fernando Oliveira. Evaluation of ST&I Programs: A Methodological Approach to the Brazilian Small Business Program and Some Comparisons with the SBIR Program. *Research Evaluation*, Oxford, v. 20, n. 2, p. 159-171, 2011. Para um trabalho nacional que se debruçou sobre o programa, vide LESSA, Marcus Augustus. *Compras públicas como incentivo à inovação*: uma análise institucionalista do Small Business Innovation Research. 2014. Dissertação (Mestrado em Políticas Públicas, Estratégias e Desenvolvimento) – Instituto de Economia, Universidade Federal do Rio de Janeiro, Rio de Janeiro, 2014.

dos ciclos inovativos, mais próximas à comercialização.[324] O que haveria, então, de mais novo em termos de modelagem nas agências estadunidenses?

O autor apresenta dois exemplos, convindo concentrar-se em um deles.[325] Trata-se da ARPA-E, formulada com o intuito de aplicar o modelo DARPA[326] ao setor energético, com o objetivo de enfrentar desafios relativos a temas como sustentabilidade e mudanças climáticas.

Indo além de um esforço de mimetização, essa agência foi uma precursora na adaptação das fórmulas da DARPA[327] a um novo contexto, nesse caso permeado por estruturas complexas e resistentes a mudanças radicais.[328] Isso exigiu uma atuação governamental

---

[324] BONVILLIAN, William B. All that DARPA Can Be. *American Interest*, Concord, v. 11, n. 1, p. 52-63, 2015. p. 4-5.

[325] O outro consiste no estabelecimento de redes como os *National Network of Manufacturing Institutes* – NNMIs, que congregam grandes empresas e centros de pesquisa para o enfrentamento de desafios relativos à manufatura avançada. Cf. BONVILLIAN, William B. All that DARPA Can Be. *American Interest*, Concord, v. 11, n. 1, p. 52-63, 2015. p. 8-9. Como se trata mais de uma proposta organizacional do que voltada à reestruturação das agências, optou-se por deixá-lo de lado.

[326] A proposta de criação de uma agência nos moldes da DARPA para o enfrentamento dos desafios do setor energético pode ser vista em relatório produzido pela *National Academies* e apresentado ao Congresso Americano, tendo como finalidade identificar desafios centrais para a manutenção da liderança norte-americana em matéria de CTI. Cf. NATIONAL ACADEMY OF SCIENCES, NATIONAL ACADEMY OF ENGINEERING, AND INSTITUTE OF MEDICINE. *Rising Above the Gathering Storm*: Energizing and Employing America for a Brighter Economic Future. Washington, D.C.: The National Academies Press, 2007.

[327] A ARPA-E não constituiu a única tentativa de replicar tal modelo na burocracia americana. Pode também ser mencionada a *Intelligence Advanced Research Projects Agency* – IARPA que, ligada ao setor de inteligência daquele país, buscou igualmente aplicar as fórmulas da DARPA a um outro contexto. Para uma avaliação das três experiências, e também indicando possíveis desafios a tal modelo no cenário atual (como os relativos à perda de capacidade industrial americana e a limitações no escopo de financiamento via *venture capital*), cf. BONVILLIAN, William B. DARPA and its ARPA-E and IARPA Clones: A Unique Innovation Organization Model. *Industrial and Corporate Change*, Oxford, v. 27, n. 5, p. 897-914, 2018. Tratando de forma geral de aspectos que merecem atenção em esforços de replicação do "modelo DARPA", vide FUCHS, Erica R. H. Cloning DARPA Successfully. *Issues in Science & Technology*, Washington, D.C., v. 26, n. 1, p. 65-70, 2009. Observe-se, ademais, a atualidade desse tema, dado que também o governo de Joe Biden apresentou, em 2021, propostas com o intuito de replicá-lo para o enfrentamento de desafios no campo das mudanças climáticas (ARPA-C) e saúde (ARPA-H). Cf. TOLLEFSON, Jeff. The Rise of "ARPA-everything" and What it Means for Science. *Nature*, Londres, v. 595, p. 483-484, 2021; e COLLINS, Francis; SCHWETZ, Tara; TABAK, Lawrence; LANDER, Eric. ARPA-H: Accelerating Biomedical Breakthroughs. *Science*, Washington, D.C., v. 373, n. 6551, p. 165-167, 2021.

[328] Como exemplificado por Bonvillian, em última instância pouco importaria ao consumidor de energia se a eletricidade tem origem solar ou petrolífera, fazendo

atenta à implementação das tecnologias fomentadas, considerando essa dimensão desde as avaliações iniciais dos projetos propostos até a comercialização dos produtos desenvolvidos. Tal realidade também demandou o aprimoramento de laços com outros órgãos governamentais, viabilizando por exemplo contratações no setor militar calcadas em novidades fomentadas pela ARPA-E; a expansão das interações com o setor privado por meio de consórcios e outros instrumentos de cooperação, demonstrando o aprimoramento da conectividade entre as etapas de desenvolvimento tecnológico e o deslocamento contínuo da ação pública para alcançar também suas etapas finais.[329]

Há também iniciativas recentes situadas fora da estrutura administrativa americana, mas que podem ser enquadradas como agências de fomento graças à sua forma de atuação e à origem pública dos recursos manejados. A In-Q-Tel, fundada em 1999 para fins de expansão dos esforços de P&D da *Central Inteligence Agency* – CIA, constitui o exemplo mais conhecido delas. Sua criação remonta à compreensão da importância da aproximação dessa agência para com as dinâmicas emergentes no Vale do Silício, dificilmente seriam mimetizadas por uma atuação governamental mais tradicional. Assim, foi estruturada empresa de *venture capital*

---

com que novas tecnologias nesse setor tivessem o desafio adicional de se mostrarem comercialmente superiores àquelas já estabelecidas. Haveria, portanto, uma natural cristalização das estruturas existentes. A DARPA, ao contrário, atua em contextos em que haveria maior facilidade em garantir o consumo (principalmente por meio de aquisições militares) e em espaços de fronteira, sem atores e limites estabelecidos (como no caso dos momentos iniciais das tecnologias da informação). Cf. BONVILLIAN, William B. The new model innovation agencies: An overview. *Science and Public Policy*, Oxford, v. 41, n. 4, p. 425-437, 2014. p. 6-7. Para mais reflexões relacionando o modelo DARPA a setores tradicionais, vide BONVILLIAN, William. Lessons from DARPA for innovating in defense legacy sectors. *In:* BONVILLIAN, William; VAN ATTA, Richard; WINDHAM, Patrick (org.). *The DARPA Model for Transformative Technologies*. Cambridge: Open Book, 2019, p. 323-360.

[329] BONVILLIAN, William B. The new model innovation agencies: An overview. *Science and Public Policy*, Oxford, v. 41, n. 4, p. 425-437, 2014. p. 5-8. Sobre a ARPA-E e seu contexto de atuação, inclusos os desafios a serem enfrentados por ela, vide MAZZUCATO, Mariana. *The Entrepreneurial State*. Londres: Anthem, 2014. p. 145-148. Descrevendo o potencial da agência em gerar tanto publicações quanto patentes em comparação a outras unidades do Departamento de Energia, vide GOLDSTEIN, Anna P.; NARAYANAMURTI, Venkatesh. Simultaneous Pursuit of Discovery and Invention in the US Department of Energy. *Research Policy*, Amsterdã, v. 47, n. 8, p. 1505-1512, 2018. Para uma avaliação mais recente da agência, vide KHOSLA, Pradeep K.; BEATON, Paul (org.). *An assessment of ARPA-E*: summary. Washington, DC: The National Academies, 2017.

autônoma e sem finalidades lucrativas, mas custeada por essa agência, ela investe em *startups* promissoras com o fito de trazer soluções à comunidade de inteligência e ao setor de defesa dos Estados Unidos da América.[330]

Influenciadas ou não pelas tendências na política de CTI observáveis na realidade estadunidense,[331] mostra-se claro que as agências de fomento à inovação podem desempenhar papel relevante no desenvolvimento econômico das nações.

Embora o aprofundamento de discussões sobre a arquitetura institucional dessas agências escape ao âmbito dessa pesquisa, considera-se oportuno sublinhar um traço marcante no seu modo de agir contemporâneo, facilmente relacionável à ação estatal em estudo.

Trata-se da proposta experimentalista de atuação pública.

2.3.2 Experimentalismo como proposta de atuação pública

Para se poder falar de uma proposta *experimentalista* mostra-se, antes de tudo, necessário defini-la para os fins desta pesquisa. A abordagem do *experimentalismo* enquanto forma de atuação pública envolve discussões complexas sobre governança estatal e atuação privada, alcançando até reflexões sobre democracia,[332] modelagem de instituições transnacionais[333] e propostas para a superação

---

[330] Sobre essa agência, vide REINERT, John T., In-Q-Tel: The Central Intelligence Agency as Venture Capitalist. *Northwestern Journal of International Law & Business*, Chicago, v. 33, n. 3, p. 677-709, 2013; e WEISS, Linda. *America Inc.?* Innovation and Enterprise in the National Security State. Ithaca: Cornell University, 2014. p. 66-68; 72-73 e 164-167.

[331] Embora muito influenciado pelos Estados Unidos no século passado, o Brasil foi buscar na Alemanha inspiração para a Embrapii (malgradas acentuadas diferenças entre versão brasileira e instituição inspiradora) para estabelecer instituições intermediárias para estimular parcerias entre ICTs e empresas. Cf., nesse sentido, GORDON, José Luis; STALLIVIERI, Fabio. Embrapii: um novo modelo de apoio técnico e financeiro à inovação no Brasil. *Revista Brasileira de Inovação*, Campinas, v. 18, n. 2, p. 331-362, 2019.

[332] Exemplificando essa perspectiva, cf. os diferentes artigos em BUTLER, Brian E. *Democratic Experimentalism*. Amsterdã: Brill Academic Publishers, 2013.

[333] Como no caso dos trabalhos presentes em ZEITLIN, Jonathan (org.). *Extending experimentalist governance?* The European Union and Transnational Regulation. Oxford: Oxford University, 2015.

dos desafios trazidos pelas mudanças climáticas.[334] A ideia, nesta oportunidade, é refletir sobre a atuação das agências de fomento à inovação a partir da obra de Charles F. Sabel, um dos expoentes sobre o tema.[335]

Em 1998 Charles F. Sabel e Michael C. Dorf já alguns dos principais traços do *experimentalismo*. Ele constituiria uma alternativa de estruturação do Estado norte-americano dado o desgaste tanto de preceitos constitucionais estabelecidos logo após a independência desse país (como o federalismo e a separação de poderes) quanto dos arranjos que se seguiram ao *New Deal* (como estruturas burocráticas profissionais, simulando a atividade industrial da época).[336] Munidos de um pragmatismo que reconhece a inexistência de princípios definitivos para lidar com a complexidade, as ambiguidades e as incertezas da vida real, os autores recomendam que as soluções sejam buscadas com base em processos de aprendizado paralelamente à construção de meios e ao detalhamento dos fins almejados.[337]

A aplicação dessa lógica à atuação pública teve como inspiração a reorganização que então se impunha ao setor privado, quando iniciativas colaborativas e descentralizadas eram reconhecidas como mais eficientes para lidar com contextos de volatilidade e diversidade. Esforços conjuntos deveriam ser instrumentalizados

---

[334] SABEL, Charles F.; VICTOR, Daniel G. *Fixing the Climate*. New Jersey: Princeton University, 2022.

[335] Charles F. Sabel é professor de direito e ciências sociais Faculdade de Direito da Universidade de Columbia, em Nova York. Outros autores que se dedicaram ao tema, incluso o brasileiro Roberto Mangabeira Unger, não serão explorados nesta oportunidade. Para uma abordagem da proposta experimentalista de Sabel, mas que também inclui a de Unger, vide ZANATTA, Rafael Augusto Ferreira. *Direito, desenvolvimento e experimentalismo democrático*: um estudo sobre os papéis do direito nas políticas públicas de capital semente no Brasil. 2014. Dissertação (Mestrado em Direito) – Faculdade de Direito, Universidade de São Paulo, São Paulo, 2014. p. 42-75.

[336] DORF, Michael C.; SABEL, Charles F. A Constitution of Democratic Experimentalism. *Columbia Law Review*, Nova York, v. 98, n. 2, p. 267-473, 1998. p. 270-283.

[337] DORF, Michael C.; SABEL, Charles F. A Constitution of Democratic Experimentalism. *Columbia Law Review*, Nova York, v. 98, n. 2, p. 267-473, 1998. p. 283-286. Em outro texto de Sabel é explicitado como o filósofo John Dewey constitui referência fundamental à perspectiva experimentalista enunciada dada a sua preocupação em lidar com as mudanças e incertezas que acompanham o desenrolar das políticas públicas. Vide SABEL, Charles F.; SIMON, William H. Minimalism and Experimentalism in the Administrative State. *The Georgetown Law Journal*, Washington D.C., v. 100, p. 53-93, 2011. p. 78. Quanto ao pensamento desse filósofo, cf. DEWEY, John. *The Public and its Problems*: An Essay in Political Inquiry. Chicago: Gateway Books, 1946.

por processos de aprendizado e monitoramento mútuo (*learning by monitoring*), tendo natureza mais flexível em comparação à necessidade de detalhamento exaustivo para aplicação isolada por unidades especializadas.[338]

Reconhecia-se que a centralização nem sempre conduzia à melhor tomada de decisão e que, por outro lado, iniciativas que se restringissem à descentralização e produção de unidades isoladas poderiam ser demasiadamente limitadas e insuficientes. O *experimentalismo* foge dessa dicotomia ao propor ligações dinâmicas entre o centro e as localidades: as últimas têm autonomia em sua busca pelos fins almejados, mas o centro consolida e avalia informações relativas aos seus esforços. Esse diálogo contínuo entre as partes faria com que a maior autonomia para experimentar fosse acompanhada de um incremento na *accountability* propiciada pelo monitoramento mútuo, tudo isso enquanto são conjuntamente detalhados os objetivos e discutidas as rotas para alcançá-los.[339]

O *experimentalismo* foi posteriormente sintetizado como modelo de governança trabalho de Sabel e Jonathan Zeitlin em que era defendido como ele podia ser útil a organizações transnacionais como a União Europeia, nos quais ausentes unidades centrais soberanas e sobejam especificidades locais:[340]

> a governança experimentalista é um processo recursivo em que são estabelecidos objetivos provisórios a serem revisados com base em comparações com abordagens alternativas adotadas para persegui-los em contextos diferentes. [...] (Nós usamos "recursivo" no sentido familiar advindo da matemática e da ciência da computação, onde o resultado

---

[338] A experiência industrial japonesa é uma referência importante para essa reorganização. Para trabalhos que permitem vislumbrar mudanças organizacionais profundas originadas dela, vide: WARD, Allen; LIKER, Jeffrey K.; CRISTIANO, John J.; SOBEK II, Durward K. The Second Toyota Paradox: How Delaying Decisions Can Make Better Cars Faster. *MIT Sloan Management Review*, Cambridge, v. 36, n. 3, p. 43-61, 1995; e SPEAR, Steven J. *Chasing the Rabbit*: How Market Leaders Outdistance the Competition and How Great Companies Can Catch Up and Win. Nova York: McGraw-Hill, 2009. p. 155-192 e 225-262. Para interessantes observações quanto aos esforços de aplicação dessa lógica à indústria estadunidense, cf. MACDUFFIE, John Paul. The Road to "Root Cause": Shop-Floor Problem-Solving at Three Auto Assembly Plants. *Management Science*, [s. l.] v. 43, n. 4, p. 479-502, 1997.

[339] DORF, Michael C.; SABEL, Charles F. A Constitution of Democratic Experimentalism. *Columbia Law Review*, Nova York, v. 98, n. 2, p. 267-473, 1998. p. 283-292.

[340] SABEL, Charles F.; ZEITLIN, Jonathan. Experimentalist governance. In: LEVI-FAUR, David (org.). *The Oxford Handbook of Governance*. Oxford: Oxford University, 2012. p. 1-16.

da aplicação de um procedimento ou sequência de operações se torna o insumo para a próxima, de forma que a interação do mesmo processo provoca resultados cambiantes). A governança experimentalista em sua forma mais desenvolvida envolve uma arquitetura multinível, cujos quatro elementos estão ligados em um ciclo interativo. Em primeiro lugar, objetivos amplos e métricas para mensurar seu atingimento são estabelecidos provisoriamente por alguma combinação de unidades "centrais" e "locais", em consulta com atores relevantes da sociedade civil. Exemplos desses objetivos de referência (*framework goals*) [...] incluem "água de boa qualidade", "alimentos seguros", uma "educação adequada" e "florestas sustentáveis". Em segundo lugar, as unidades locais recebem ampla discricionariedade para perseguir tais objetivos ao seu modo. Em contextos regulados, as unidades "locais" vão geralmente ser atores privados ou as autoridades territoriais (os Estados federados nos Estados Unidos, ou os Estados Membros da U.E.) a quem é devida satisfação de forma imediata. Em unidades prestadoras de serviços, as unidades "locais" geralmente serão profissionais da linha de frente (*frontline workers*), como professores, policiais, assistentes sociais, ou as unidades distritais ou regionais que os supervisionam. Mas, em terceiro lugar e como condição dessa autonomia, essas unidades precisam produzir relatos regulares sobre sua performance, além de participar de análises recíprocas (*peer review*) em que seus resultados são comparados com o de outros adotando diferentes meios para os mesmos fins. Onde eles não estão alcançando progresso em relação aos indicadores pactuados, espera-se das unidades locais que elas mostrem que estão tomando medidas corretivas apropriadas e informadas pela experiência de seus pares. Em quarto lugar, e finalmente, os objetivos, métricas e métodos de tomada de decisão são periodicamente revisados por um círculo crescente de atores em resposta aos problemas e possibilidades revelados pelo processo de revisão, e o ciclo se repete.[341]

A aplicabilidade dessas ideias à esfera administrativa foi explorada em dois trabalhos de Sabel e William H. Simon. Ambos permitem, a partir de análises sobre políticas públicas concretas, diferenciar iniciativas de cunho experimentalista de outros modos de estruturação do agir público.

No primeiro deles,[342] de 2011, os autores contrapõem o *experimentalismo* ao *minimalismo*. Congregando formas variadas de aplicação de conceitos e práticas do mercado privado às políticas

---

[341] SABEL, Charles F.; ZEITLIN, Jonathan. Experimentalist governance. *In:* LEVI-FAUR, David (org.). *The Oxford Handbook of Governance*. Oxford: Oxford University, 2012. p. 1-2.
[342] SABEL, Charles F.; SIMON, William H. Minimalism and Experimentalism in the Administrative State. *The Georgetown Law Journal*, Washington D.C., v. 100, p. 53-93, 2011.

públicas, o *minimalismo* pretende incrementar a eficiência e consistência administrativa diminuindo as intervenções estatais a um mínimo necessário.[343] Propugna-se, com isso, uma diminuição geral da discricionariedade administrativa: de forma mais intensa nos níveis burocráticos inferiores para evitar abusos por parte dos *street-level bureaucrats*, mas também atingindo os superiores ao impor exigências de análise de custos e benefícios (*cost-benefit analysis*). As prescrições detalhadas, características das burocracias tradicionais, seriam substituídas pela criação ou simulação de "mercados" com o intuito de racionalizar os comportamentos regulados. É o que ocorre, por exemplo, na criação de espaços para a aquisição e venda do direito para emitir poluentes. Quando essa estratégia for insatisfatória (como quando presentes assimetrias de informação) também podem ser propostos mecanismos de incentivo (*nudges*) substitutivos de normas impositivas.[344]

Embora os autores reconheçam a utilidade desse tipo de abordagem *minimalista* em alguns contextos eles apontam importantes limitações à sua adoção geral. Entre eles figuram a dificuldade de conjugar eficiência e segurança (*reliability*), algo problemático em contextos em que a maximização de resultados pode estimular a normalização de inconsistências e provocar desastres, e a impossibilidade de serem formuladas soluções adequadas quando não estiverem disponíveis informações suficientes para mimetizar os mercados,[345] tornando impossível o estabelecimento de padrões de eficiência *a priori*.[346]

---

[343] O *minimalismo* tem suas origens em movimentos de insatisfação com as estruturas burocráticas tradicionais que se multiplicaram na década de 1980. Ele condiz, portanto, com muitos dos debates relativos à "Reforma do Estado" que tiveram lugar no Brasil. Sobre esse último tema, vide BENTO, Leonardo Valles. *Governança e governabilidade na reforma do estado*: entre eficiência e democratização. Barueri: Manole, 2003. p. 89-95. Também, como referência do período e advogando a importância da superação da estrutura burocrática tradicional recorrendo-se a uma atuação de cunho "gerencialista", cf. BRESSER-PEREIRA, Luiz Carlos. Da administração pública burocrática à gerencial. *Revista do Serviço Público*, Brasília, DF, v. 120, n. 1, p. 7-40, 1996.

[344] As mais conhecidas propostas nesse sentido podem ser encontradas em THALER, Richard H.; SUNSTEIN, Cass R. *Nudge*: Improving Decisions about Health, Wealth and Happiness. New Haven: Yale Press, 2008.

[345] Retome-se, por exemplo, à questão das autorizações para a emissão de poluentes. Na prática mostra-se muito difícil mensurar os potenciais danos ambientais e reflexos urbanísticos previamente ao estabelecimento de preços e regras para qualquer sistema de comercialização.

[346] SABEL, Charles F.; SIMON, William H. Minimalism and Experimentalism in the Administrative State. *The Georgetown Law Journal*, Washington D.C., v. 100, p. 53-93, 2011. p. 60-77.

O *experimentalismo*, por outro lado, seria configurado para propiciar adaptabilidade (principalmente a condições locais) e produzir conhecimento. Ele também atuaria em sentido inverso ao valorizar a discricionariedade dos agentes públicos, que são estimulados a buscar as soluções mais adequadas às suas questões diária, mas associando-a a obrigações de relatar e motivar as decisões tomadas de forma dinâmica. A implementação de objetivos provisórios, a avaliação recíproca (*peer review*),[347] a coordenação e agregação das informações e resultados via interações entre as unidades centrais e locais constituiriam uma trilha possível para a condução das atividades administrativas e se alinhariam com políticas públicas recentes dos Estados Unidos. Exemplos a vigilância sanitária (*food safety*), segurança nuclear, educação pública e tutela de menores (*child protection services*) são arrolados para demonstrar situações onde nem estruturas burocráticas tradicionais nem alternativas minimalistas trouxeram resultados satisfatórios, mas em que práticas *experimentalistas* têm se mostrado promissoras.

Desenhadas com espaços deliberativos para incluir todos os envolvidos na atuação pública elas contam ainda com: o uso de incentivos para induzir a cooperação que não se restringem à aplicação de sanções pela ausência de desempenho; a criação de espaços que estimulem a troca de informações e a deliberação conjunta quanto aos desafios a superar; e a compreensão das normas e orientações como não definitivas, aceitando-se o seu caráter indicativo e sendo permitido seu afastamento motivado (*comply or explain*), com comunicação aos pares e aos superiores.[348]

Arranjos desse tipo tratariam inconsistências com maior cuidado via seu monitoramento contínuo;[349] reduziriam o ônus de

---

[347] Para um trabalho sobre esse componente central da proposta experimentalista, cf. HO, Daniel E. Does Peer Review Work? An Experiment of Experimentalism. *Stanford Law Review*, Stanford, v. 69, n. 1, p. 1-119, 2017.

[348] SABEL, Charles F.; SIMON, William H. Minimalism and Experimentalism in the Administrative State. *The Georgetown Law Journal*, Washington D.C., v. 100, p. 53-93, 2011. p. 78-93.

[349] A verificação de inconsistências é fundamental em espaços em que a sua normalização pode conduzir a resultados como acidentes nucleares. A reestruturação desse setor nos Estados Unidos após o acidente de *Three Mile Island* mostra, de toda forma, um cenário inspirador e em linha com as propostas experimentalistas. Percebendo que um novo acidente conduziria à impossibilidade da continuidade de suas atividades econômicas os agentes privados se reorganizaram com base na percepção de que as trocas de informação

serem estabelecidos *a priori* níveis de desempenho, como usualmente exigido no contexto *minimalista*; incrementariam a transparência durante o exercício da discricionariedade dado pelo caráter dialógico que as atividades passam a ter; e contribuiriam com a propagação de avanços técnicos e organizacionais entre o centro e as localidades por conta de sua interação.

Em um segundo trabalho, os autores examinam a estrutura e as práticas desenvolvidos no contexto da seguridade social estadunidense para ilustrar como, mesmo em um ambiente permeado pelas propostas burocráticas do início do século XX, o *experimentalismo* têm avançado como estratégia para fazer face a desafios contemporâneos.[350]

Como esclarecem Sabel e Simon, o Sistema de Seguridade Social (*Social Welfare System*) norte-americano remonta ao início do século XX[351] e foi estruturado com base em técnicas de gestão em voga naquele período.[352] Ele fundia três elementos distintos.

O primeiro deles é a valorização do conhecimento técnico (*professional expertise*). O conhecimento produzido por especialistas seria uma base indiscutível e que, uma vez que ele orientasse as

---

entre eles, assim como a devida notificação de quaisquer anormalidades, seriam imprescindíveis para a prevenção de acidentes futuros. A adoção estática de protocolos não bastaria em um ambiente naturalmente tendente à maximização de resultados. Sobre isso, vide REES, Joseph V. *Hostages of Each Other*: The Transformation of Nuclear Safety Since Three Mile Island. Chicago: University of Chicago, 1994.

[350] SABEL, Charles F.; SIMON, William H. The Management Side of Due Process in the Service-Based Welfare State. *In*: PARRILLO, Nicholas R (org.). *Administrative Law from the Insiout*. Cambridge: Cambridge University, 2017. p. 63-86.

[351] As estruturas instituídas pelo *New Deal* influenciaram as estruturas burocráticas estabelecidas no Brasil durante este período. É o caso, durante a Era Vargas, a criação do Departamento Administrativo do Serviço Público – DASP, durante o governo Vargas. Sobre o tema, cf. RABELO, Fernanda Lima. O DASP e o combate à ineficiência nos serviços públicos: a atuação de uma elite técnica na formação do funcionalismo público no Estado Novo (1937-1945). *Revista Brasileira de História & Ciências Sociais*, Carreiros, v. 3, n. 6, p. 132-142, 2011. Ilustrando inclusive um diálogo formal entre burocratas brasileiros e estadunidenses, RABELO, Fernanda Lima. De experts a "bodes expiatórios": a elite técnica do DASP e a reforma no funcionalismo público federal no Estado Novo (1938-1945). *Acervo*: Revista do Arquivo Nacional, Rio de Janeiro, v. 25, n. 2, p. 78-91, 2013.

[352] Max Weber é um autor usualmente mencionado para auxiliar na descrição das estruturas burocráticas que se tornaram globalmente populares no começo do século XX. Segundo ele, ela seria estruturada a partir de preceitos como a hierarquia e a disciplina, a última como forma de assegurar o respeito à primeira; a divisão formal e racional de competências; a exigência de qualificação profissional (dada a ideia de um governo por especialistas, que decidiriam com base na técnica); e a vedação à apropriação de cargos e de patrimônio público. Cf. WEBER, Max. *Economia e sociedade*. Brasília, DF: UNB, 2004. p. 142-147.

decisões tomadas nos níveis superiores de uma organização, caberia aos níveis inferiores apenas aplicá-las, não havendo espaço para maiores discussões ou liberdade interpretativa.

O segundo é a existência de uma estrutura burocrática estável e relativamente inflexível, presumindo-se que as regras promulgadas no topo poderiam disciplinar em detalhes toda a atuação pública. Os regimes previdenciários mais tradicionais (*retirement insurance program*) seriam um paradigma de sucesso dessa lógica, uma vez que o pagamento dos benefícios poderia ser operado por meio de avaliações bastante mecânicas.

O terceiro elemento consiste no uso de audiências (*hearings*) como forma de controle interno.[353] Assumia-se que eventuais falhas na aplicação das regras podiam ser remediadas recorrendo-se a outra opinião técnica, usualmente no interior do próprio órgão. Erros seriam tratados como fatos isolados e particulares, uma simples idiossincrasia a ser resolvida sem maiores indagações sistêmicas.[354]

Práticas *experimentalistas*, ou *pós-burocráticas*, segundo os autores, também permeariam medidas administrativas recentes em âmbitos nos quais o *modus operandi* tradicional tem se mostrado insatisfatório, como no caso da concessão de benefícios de invalidez e auxílio a famílias carentes.[355] Nessas situações, a atenção às particularidades dos destinatários da ação pública, com uma abertura à contínua adaptação e visando mais à capacitação do que

---

[353] A utilização de *hearings* é um elemento relevante na estruturação dos procedimentos administrativos estadunidenses em razão do *Administrative Procedure Act* – APA, que se inspirou em estruturas judiciárias para solucionar litígios administrativos. Embora não haja um equivalente perfeito para a realidade um paralelo pode ser traçado com a possibilidade de recurso e revisão das decisões administrativas previstas no art. 56 e seguintes da Lei nº 9.784/99.

[354] SABEL, Charles F.; SIMON, William H. The Management Side of Due Process in the Service-Based Welfare State. *In:* PARRILLO, Nicholas R (org.). *Administrative Law from the Insiout*. Cambridge: Cambridge University, 2017. p. 64-67. Mesmo tendências posteriores, como a luta por direitos civis no final dos anos 1960 naquele país, levaram a maiores limitações da discricionariedade em níveis inferiores (com regras mais inflexíveis e menos espaço para avaliações técnicas na linha de frente) e ao fortalecimento das audiências como forma de prevenção de erros de avaliação.

[355] James Q. Wilson ilustra, de outra perspectiva (a da dificuldade de alinhar aspectos culturais, comportamentais e organizacionais associados a tarefas administrativas distintas), esse desafio em WILSON, James Q. *Bureaucracy*: What Government Agencies Do and Why They Do It. Nova York: Basic Books, 2000. p. 99-101.

apenas a manutenção de renda, se mostraria essencial e envolveria mudanças nos três elementos burocráticos referidos.

A valorização do conhecimento técnico não se limitaria apenas ao ápice das estruturas estatais, mas também englobaria os profissionais atuantes na linha de frente. A importância da sua qualificação e do fato de que decisões complexas seriam também tomadas rotineiramente em seu nível seria reconhecida. Decisões de acentuada complexidade, todavia, deveriam ser tomadas por equipes multidisciplinares, aumentando o diálogo e transparência no cotidiano da atuação pública, uma vez que seria necessária justificá-la para profissionais com formações e perspectivas diversas.

A estruturação da burocracia também seria afetada por essa valorização da discricionariedade e capacidade dos níveis inferiores. Seria aceita uma maior flexibilidade, em um movimento de distanciamento de lógicas excessivamente rígidas e hierárquicas. Isso se manifestaria principalmente via a adoção das regras que, como visto acima no caso do *minimalismo*, poderiam ser refutadas mediante justificativas pertinentes. Assim, ao mesmo tempo em que isso permitiria o aprimoramento de normas e práticas administrativas em razão de abertura ao aprendizado e posterior modificação, se assume que erros e inadequações não seriam fatos isolados, mas, na verdade possíveis sintomas de disfunções a serem remediadas.

Por fim, o recurso a audiências (*hearings*) como forma de controle seria mantido, mas a sua necessidade seria minimizada. O caráter inclusivo dos diálogos instaurados durante a atuação pública (inclusos os com os destinatários dos serviços dada a relevância de sua especificação) e a forma multidisciplinar e deliberativa das equipes teriam um caráter naturalmente corretivo.[356]

Dito isso tudo, espera-se que as características do *experimentalismo* estejam claras, mesmo que ele ainda consista em uma proposta em construção.[357] Mostra-se então possível, no próximo e último tópico deste capítulo, associá-lo ao fomento à inovação.

---

[356] SABEL, Charles F.; SIMON, William H. The Management Side of Due Process in the Service-Based Welfare State. *In*: PARRILLO, Nicholas R (org.). *Administrative Law from the Insiout*. Cambridge: Cambridge University, 2017. p. 74-86.

[357] Não se toma, naturalmente, o *experimentalismo* como solução definitiva para todos os problemas. Suas características não necessariamente se mostram superiores às advindas de outras formas de estruturação da atuação pública em todos os casos. Lembre-se do caso

2.3.3 Experimentalismo e fomento à inovação

Já foi pontuado que a provisoriedade, possibilidade de revisão, valorização do aprendizado, e coordenação de esforços são essenciais à implementação de mudanças efetivamente transformadoras (*transformative change*).[358] Há, assim, congruência entre algumas das tendências mais atuais em matéria de política pública de CTI e a proposta *experimentalista*.

Há pouco também se mencionou como a prerrogativa de experimentar constitui componente estratégico para a concretização de missões atribuídas às agências de fomento à inovação.[359]

Além disso, dois trabalhos produzidos em coautoria por Charles F. Sabel podem ser suscitados para demonstrar como práticas *experimentalistas* são componentes centrais de certas estruturas voltadas à geração de inovações.

No primeiro deles, Ronald J. Gilson, Charles F. Sabel e Robert E. Scott exploram iniciativas de "contratação para a inovação" (*contracting for innovation*) utilizadas pela iniciativa privada.[360] A

---

do pagamento de aposentadorias, mencionado *supra*, em que a burocracia tradicional tem consistentemente trazido resultados satisfatórios. Ademais, as práticas *experimentalistas* ainda precisam ser mais estudadas quanto aos seus impactos e quanto às dificuldades para sua implementação. Repisa-se, de toda forma, que são reconhecidos seus traços em diversas políticas de sucesso na atualidade, principalmente diante de cenários de incerteza e complexidade. Nessa linha vai o alerta presente em SABEL, Charles F.; SIMON, William H. Minimalism and Experimentalism in the Administrative State. *The Georgetown Law Journal*, Washington D.C., v. 100, p. 53-93, 2011. p. 78.

[358] Relembre-se o discutido no item 1.2.3, ou mais especificamente o mencionado em SCHOT, Johan; STEINMUELLER, W. Edward. Three Frames for Innovation Policy: R&D, Systems of Innovation and Transformative Change. *Research Policy*, Amsterdã, v. 47, n. 9, p. 1554-1567, 2018. p. 1561-1564.

[359] Vide o item 2.3.1. As agências poderiam, naturalmente, ser mais ou menos abertas a experimentação, sendo esse mais um dos componentes que poderiam influenciar em seu sucesso. Haveria, portanto, inclusive agências que alcançariam resultados satisfatórios mesmo seguindo fórmulas bem estabelecidas, conforme se pode extrair das descrições presentes em BREZNITZ, Dan; ORNSTON, Darius; SAMFORD, Steven. Mission Critical: the Ends, Means, and Design of Innovation Agencies. *Industrial and Corporate Change*, Oxford, v. 27, n. 5, p. 883-896, 2018.

[360] GILSON, Ronald J.; SABEL, Charles F.; SCOTT, Robert E. Contracting for Innovation: Vertical Disintegration and Interfirm Collaboration. *Columbia Law Review*, Nova York, v. 109, n. 3, p. 431-502, 2009. Para uma análise brasileira construída a partir desse texto, vide LESSA, Marcus Augustus. Contratos para inovação. *In*: BARBOSA, Denis Borges (org.). *Direito da inovação*: comentários à lei federal de inovação, incentivos fiscais à inovação, legislação estadual e local, poder de compra do estado (modificações à lei de licitações). 2. ed. Rio de Janeiro: Lumen Juris, 2011. p. 409-468.

partir de práticas e instrumentos contratuais contemporâneos[361] os autores analisam como esse tipo de ajuste contraria teorias organizacionais tradicionais que preveriam maior integração vertical das cadeias de fornecimento como solução frente à incerteza.[362]

Ao invés disso o que se nota é a multiplicação de arranjos contratuais colaborativos, mesmo diante do risco de comportamentos oportunistas (como a apropriação indevida de informação e tecnologia, por exemplo) pelas partes. Fatores como a percepção da impossibilidade de manutenção da excelência técnica em todos os campos das atividades empresariais dada a velocidade dos avanços tecnológicos estaria as conduzindo a medidas desse tipo.

É interessante notar que o recurso a ajustes com essas características também não poderia ser explicado pelas teorias associadas à terceirização de atividades empresariais como as que separariam a produção em módulos padrão, especificando-os previamente para que não fosse estabelecida dependência em relação a quaisquer parceiros. O uso deles para fins estritamente relacionais, de índole implícita, informal, e sustentada em expectativas de cooperação futura não se explicariam o que estaria ocorrendo.

As formas de "contratação para a inovação" examinadas contrariam o esperado e entrelaçariam (*braiding*) arranjos formais e explícitos (com normas dispositivas e exigibilidade) e informais.[363]

---

[361] As minutas contratuais compulsadas pelos autores incluem ajustes estabelecidos entre as empresas John Deere e Stanadyne; Apple e CSI; e Warner-Lambert e Ligand. Seu conteúdo refere-se, respectivamente, ao fornecimento de produtos à John Deere, importante empresa americana de bens de capital (sendo muito conhecida no Brasil no setor agrícola); à manufatura e produção de componentes para a Apple e à elaboração conjunta de produtos farmacêuticos em parceria entre uma empresa de biotecnologia (Ligand) e uma grande empresa farmacêutica (Warner-Lambert). Cf. GILSON, Ronald J.; SABEL, Charles F.; SCOTT, Robert E. Contracting for Innovation: Vertical Disintegration and Interfirm Collaboration. *Columbia Law Review*, Nova York, v. 109, n. 3, p. 431-502, 2009. p. 458-472.

[362] A teoria postula, por exemplo, a aquisição de fornecedores ou distribuidores por uma empresa maior serviria para mitigar incertezas durante a produção ou comercialização de produtos. A hierarquia, com sua capacidade de direcionamento, serviria para fazer face a imprevistos. Cf. GILSON, Ronald J.; SABEL, Charles F.; SCOTT, Robert E. Contracting for Innovation: Vertical Disintegration and Interfirm Collaboration. *Columbia Law Review*, Nova York, v. 109, n. 3, p. 431-502, 2009. p. 437-438. Essa também é a estratégia adotada nos modelos burocráticos mais tradicionais para a prestação de serviços públicos em grandes dimensões.

[363] Os autores continuam a explorar esse entrelaçamento entre elementos formais e informais em outro texto. Vide GILSON, Ronald J.; SABEL, Charles F.; SCOTT, Robert E. Braiding: The Interaction of Formal and Informal Contracting in Theory, Practice and Doctrine. *Columbia Law Review*, Nova York, v. 110, n. 6, p. 1377-1447, 2010.

Comportamentos oportunistas seriam evitados pela instituição de espaços colaborativos e de troca de informação entre as partes, fazendo com que os custos para o abandono das parcerias sejam crescentes conforme as interações se multipliquem.

Embora as relações estabelecidas nestes acordos sejam formais não se notam os elementos marcadamente hierárquicos. Além disso eles instituem estruturas de governança favorecedoras de trocas contínuas de informação, propiciando transparência e incitando atitudes colaborativas. As incertezas que impedem (ou desencorajam)[364] especificações prévias dos produtos almejados seriam enfrentadas neste contexto, com o seu desenvolvimento ocorrendo no transcorrer e como resultado da relação entabulada.[365] Ao contrário da alocação prévia de direitos e obrigações (e, naturalmente, riscos) quanto a situações futuras opta-se pela criação de fóruns nos quais as soluções seriam construídas conjuntamente. Isso se manifesta, por exemplo, na necessidade de decisões unânimes para o desenvolvimento de produtos ou pela previsão de que conflitos em níveis inferiores de uma das empresas tenham de envolver a mobilização dos níveis superiores de ambas para sua resolução.[366]

Em artigo dedicado a esforços para construção de trabalhos de qualidade na economia contemporânea Charles F. Sabel e Dani Rodrik examinam a atuação da já mencionada[367] ARPA-E.[368]

---

[364] Os autores aludem ao risco de decréscimo de desempenho como aspecto que militaria contra a especificação prévia do que se pretenda produzir. Isso poderia ocorrer caso, quando necessário a essa definição antecipada, fosse necessária a adoção de técnicas que pudessem se tornar rapidamente obsoletas ou que cristalizassem modos de operar ineficientes, possibilitando a *disrupção* por empresas concorrentes. Sobre o último fenômeno, cf. item 1.1.1.

[365] Observe-se como o produto a ser desenvolvido adquire uma íntima relação com o processo de governança. Nas palavras dos autores "a inabilidade das partes em especificar *ex ante* a natureza do produto a ser produzido ou as características do seu desempenho significa que os termos do desempenho serão determinados pelo próprio processo de governança criado pelo contrato" (GILSON, Ronald J.; SABEL, Charles F.; SCOTT, Robert E. Braiding: The Interaction of Formal and Informal Contracting in Theory, Practice and Doctrine. *Columbia Law Review*, Nova York, v. 110, n. 6, p. 1377-1447, 2010. p. 435).

[366] Cf. GILSON, Ronald J.; SABEL, Charles F.; SCOTT, Robert E. Braiding: The Interaction of Formal and Informal Contracting in Theory, Practice and Doctrine. *Columbia Law Review*, Nova York, v. 110, n. 6, p. 1377-1447, 2010. p. 433-494.

[367] Cf. a parte mais recente da evolução histórica estadunidense no item 2.3.1.

[368] Cf. RODRIK, Dani; SABEL, Charles F. Building a good jobs economy. *In*: ALLEN, Danielle; BENKLER, Yochai; HENDERSON, Rebecca (org.). *Political Economy and Justice*. Chicago: University of Chicago, 2020. p. 1-32.

Fomentando a inovação no setor energético via financiamentos,[369] essa agência é apontada como caso de sucesso da atuação pública em ambientes de marcada incerteza (técnica, em especial). De forma condizente com o *experimentalismo*, sua atuação tem contornos colaborativos e baseia-se na instituição de objetivos provisórios, permitindo a correção de rotas.

Como a DARPA, a ARPA-E conta com uma estrutura organizacional que aberta à sociedade civil e que auxilia em seus esforços de seleção e acompanhamento das iniciativas fomentadas. Em todas as etapas dos projetos há a participação de "Diretores de Programa" (*Program Directors* – PD), recrutados para mandatos de três anos (com possibilidade de renovação) entre quadros de excelência nos meios acadêmicos, empresarial ou governamental.[370] Eles consistem em pontos nodais para a manutenção de contexto colaborativos e revisão dos objetivos pactuados.

Como os profissionais selecionados têm conexão e experiência com um campo científico tido como meritório de desenvolvimento, lhes é possível conferir uma atenção qualificada às tecnologias mais promissoras para solucionar desafios técnicos. A eles cabe impulsionar as iniciativas a serem desenvolvidas pela agência, mas mantendo sua *expertise*. Visitas a universidades e empresas junto a outros profissionais de carreira da ARPA-E, a contratação de estudos técnicos externos, e a realização de consultas ao Departamento de Energia americano são mecanismos para fazê-lo.

As iniciativas formuladas pelos Diretores de Programa são apresentadas em *workshops* abertos a especialistas nos assuntos em discussão, trazendo ainda mais insumos da sociedade civil às

---

[369] Os instrumentos contratuais utilizados por esta agência encontram-se disponíveis em: https://arpa-e.energy.gov/?q=site-page/funding-agreements. Acesso em: 27 maio 2020.

[370] A possibilidade de preencher os quadros gerenciais de um ente público com profissionais de referência na área é um componente fundamental para o sucesso de agências como a DARPA e a ARPA-E. Sobre a relevância desse papel no "modelo DARPA", cf. FUCHS, Erica R. H. Cloning DARPA Successfully. *Issues in Science & Technology*, Washington, D.C., v. 26, n. 1, p. 65-70, 2009. No Brasil, o mais perto disso, para financiadores integrantes da Administração, seria contar com comissionados (art. 37, inciso V). Sabe-se, de toda forma, que na prática é comum a politização para o preenchimento desse tipo de cargo. Afora isso, a exigência de concurso obrigatório como regra geral para a composição de quadros do Poder Público faz com que tal iniciativa seja de difícil adoção no país, sendo as atividades de fomento normalmente conduzidas por funcionários de carreira nem sempre especializados ou conectados com o setor fomentado.

propostas de atuação pública. Elas são posteriormente apresentadas para outros PDs e ao Diretor da agência para aprovação. De processos como esses surgem os programas que parametrizarão as ofertas de financiamento público.

As solicitações de financiamento, usualmente provenientes de parcerias entre várias organizações, são processadas de forma interativa. O ponto de partida são objetivos amplos que vão sendo especificados e revistos, sempre considerando alternativas e tendo de ser demonstrada a viabilidade técnica e comercial da proposta.[371]

Após a propositura há uma avaliação externa, com críticas e comentários, e submissão a um comitê com os PDs da agência para serem selecionados projetos a serem desenvolvidas em maior profundidade pelos proponentes. O processo se repete, com os proponentes podendo apresentar nova versão do projeto original e tendo a possibilidade de refutar os comentários feitos pelos avaliadores.[372] Depois disso os PDs e os proponentes têm três meses para conjuntamente estabelecerem marcos (*milestones*) que vão reger a relação entre a agência e o destinatário dos recursos durante o transcorrer do projeto. Como no caso da "contratação para a inovação" a definição dos objetivos específicos é o resultado de uma construção conjunta, não o ponto de partida.[373]

---

[371] Embora os autores não o mencionem, é provável que a agência siga práticas inspiradas na conhecida "catequese de Heilmeier" (*Heilmeier Catechism*). Trata-se de uma orientação para a propositura e análise dos projetos a serem fomentados com base em perguntas formuladas nos anos setenta do século passado por George H. Heilmeier, então diretor da DARPA, e ainda hoje utilizadas por essa agência. As perguntas seriam: "[o] que você está tentando fazer? Articule os seus objetivos sem utilizar jargão técnico. Como isso é feito hoje, e quais as limitações das práticas correntes? O que há de novo em sua abordagem e por que você pensa que ela terá sucesso? Quem é afetado por isso? Se você tiver sucesso, que diferença isso fará? Quais são os riscos? Quanto isso irá custar? Quanto tempo demorará? Quais são os testes intermediários e finais para avaliar o sucesso do pretendido?". Cf. DEFENSE ADVANCED RESEARCH PROJECTS AGENCY. *The Heilmeier Catechism*. Arlington: DARPA, [2024].

[372] Os autores indicam, inclusive, que haveria uma baixa correlação entre as notas aferidas pelos revisores e a possibilidade de ser concedido financiamento. A seleção não seria baseada em consenso, havendo inclusive a tendência de, mantidas constantes as notas, serem financiados projetos onde estas apresentem maior divergência, mostrando um apetite efetivo para o enfrentamento de incertezas reais. Cf. RODRIK, Dani; SABEL, Charles F. Building a good jobs economy. *In*: ALLEN, Danielle; BENKLER, Yochai; HENDERSON, Rebecca (org.). *Political Economy and Justice*. Chicago: University of Chicago, 2020. p. 14.

[373] A ARPA-E, de toda forma, não deixa de estabelecer diretrizes e planos de ação para as tecnologias que pretenda fomentar, indicando uma tendência clara de orientação por missões como ocorre com a DARPA. Alguns de seus programas encontram-se disponíveis em: https://arpa-e.energy.gov/?q=program-listing. Acesso em: 13 jul. 2020.

O acompanhamento dos projetos é pautado pela contínua troca de informação entre as partes. O progresso desses deve ser relatado ao menos quadrimestralmente, provocando análises por parte dos PDs e pelos demais profissionais da ARPA-E. Durante seu monitoramento, os projetos são graduados utilizando um sistema semelhante ao das luzes de um semáforo: vermelho para projetos que não cumpriram algum marco ou correm o risco de falhar; amarelo para aqueles que não atingiram um marco, mas podem se recuperar; e verde para os que estão sendo desenvolvidos a contento.

As sinalizações negativas desencadeiam várias ações por parte da agência, como o agendamento de reuniões, visitas, e mais análises. Caso encontradas dificuldades maiores podem ser agendados diálogos semanais, com os marcos podendo ser repactuados e buscadas alternativas a rotas percebidas como inadequadas. As alterações nos marcos seriam comuns (ocorrendo a sua adição ou exclusão em 45% dos projetos), sinalizando mudanças relevantes nas trajetórias dos projetos e somando-se a ajustes de menor monta (ainda mais frequentes). Também haveria a possibilidade de aumento ou diminuição do orçamento para os projetos.[374]

Por outro lado, projetos que efetivamente não logrem sucesso recebem avisos formais da agência (geralmente um ou dois quadrimestres antes da data esperada para finalização do projeto) e, na impossibilidade da superação dos obstáculos encontrados, poderão ser cancelados.

O acompanhamento pelo financiador é proativo e contínuo, com ele não se limitando a intervir quando encontrados problemas. Ela é resumida pelos autores nos seguintes termos:

> A agência rejeita um modelo não interventivo (*hands-off*), de gestão "aposte na pessoa e não no projeto" privilegiado por muitos financiadores de pesquisas de sucesso, no setor público e privado, em favor de uma revisão colaborativa e contínua adotada [em campos como] o da biotecnologia, manufatura avançada e capital de risco (*venture capital*).[375]

---

[374] Essa flexibilidade não é tão comum nos financiamentos brasileiros, como pode ser observado conferindo-se os itens 5.2.2.3 e 5.2.3.3 no que concerne à abordagem de manifestações de provisoriedade nas minutas contratuais.

[375] RODRIK, Dani; SABEL, Charles F. Building a good jobs economy. *In*: ALLEN, Danielle; BENKLER, Yochai; HENDERSON, Rebecca (org.). *Political Economy and Justice*. Chicago: University of Chicago, 2020. p. 14.

Os trabalhos mencionados deixam claro que as práticas *experimentalistas* se harmonizam com as formas mais contemporâneas de incentivo à inovação, seja quando pretende-se produzi-la em âmbito privado[376] seja durante a atuação de agências reconhecidas como a ARPA-E.[377]

Mesmo inexistindo uma obrigação jurídica de adoção de práticas *experimentalistas* pelos financiadores,[378] a congruência entre o que é contemporaneamente tido como promissor para o surgimento das inovações torna imperativo que as ações de fomento sejam formuladas de forma atentas a elas. Suas características merecem, de fato, ser consideradas ao se refletir sobre o desempenho da ação estatal em estudo. É por conta disso que se optou por utilizar o *experimentalismo* como parâmetro para análises posteriores das minutas contratuais que efetivam os financiamentos[379] e para o deslinde de questões jurídicas afetas à atividade em estudo.[380]

Expostos neste capítulo traços característicos do financiamento público à inovação empresarial dá-se por encerrada a primeira parte desta pesquisa, tendo siso expostas bases teóricas e elementos contextuais fundamentais ao seu desenvolvimento. A partir do próximo capítulo a natureza jurídica desta obra fica mais patente, começando-se pela apresentação dos elementos jurídico-normativos mais relevantes para os financiamentos.

---

[376] Há outras dimensões em que essas tendências colaborativas podem ser identificadas, como os espaços para o desenvolvimento de "inovação aberta". Sobre o tema, cf. PEREZ, Gilberto. Open Innovation. *In*: SIQUEIRA NETO, José Francisco; MENEZES, Daniel Francisco Nagao (org.). *Dicionário de Inovação Tecnológica*. Belo Horizonte: Arraes, 2020. v. 1. p. 256-258. Também GASSMANN, Oliver; ENKEL, Ellen; CHESBROUGH, Henry. The Future of Open Innovation. *R&D Management*, Hoboken, v. 40, n. 3, p. 213–221, 2010.

[377] A preservação dessa forma distinta e flexível de gestão, empoderando os *Program Directors*, e a forma ativa descrita foi reconhecida e elogiada em KHOSLA, Pradeep K.; BEATON, Paul (org.). *An assessment of ARPA-E*: summary. Washington, DC: The National Academies, 2017. p. 7.

[378] E nem faria sentido que existisse esse tipo de obrigação dado que o *experimentalismo*, como tem sido reiterado, não constitui nem fórmula acabada nem solução mágica para solucionar todos os problemas do fomento à inovação.

[379] Observe-se a metodologia proposta no item 5.3.1 e as análises empíricas apresentadas no mesmo capítulo.

[380] Trata-se de um tema subjacente a todos os raciocínios apresentados no capítulo 6.

CAPÍTULO 3

ARCABOUÇO NORMATIVO CONDICIONANTE DO FINANCIAMENTO PÚBLICO À INOVAÇÃO EMPRESARIAL

Um passo relevante para a consecução das metas na área de ciência e tecnologia é a formulação de sistema legal, cujo conteúdo possa dinamizar a relação entre universidades, institutos de pesquisa e o setor produtivo nacional. Em situações de economia saudável a inovação tecnológica deve ser decorrente de um ambiente que produz ciência de ponta e influencia direta e indiretamente o setor produtivo, principalmente através dos setores de pesquisa e desenvolvimento constituídos no interior das empresas. Ocorre que, fruto do modelo de desenvolvimento adotado por décadas no país, resultou na prática que raramente as empresas, mesmo as de grande porte e utilizadoras de tecnologia de ponta, contam com tais setores nas suas estruturas. [...] O desafio de preparar, viabilizar e consolidar o salto tecnológico indispensável ao País é um caminho árduo da mudança não somente institucional ou econômica, mas, sobretudo, cultural. Não é crível admitir que, em pleno século XXI, ainda pairem olhares desconfiados para a união de esforços em um ambiente de interação entre iniciativa pública e iniciativa privada. O primeiro passo, portanto, para

> o aumento consistente da produção científica e tecnológica no País é a criação de mecanismos reguladores dessa relação.
>
> EMI 28 – MCT/MDIC/MF/Casa Civil, de 27 de abril de 2004.

O presente capítulo é dedicado ao arcabouço normativo que condiciona o financiamento público à inovação empresarial em seus termos mais gerais. Dado o seu tratamento esparso pela doutrina pátria este é um capítulo bastante descritivo, elaborado com o intuito de assentar as bases para o restante do desenvolvimento da pesquisa.

Se começa pelo texto constitucional, que cristaliza as escolhas políticas norteadoras do funcionamento do Estado brasileiro em termos de regramento da Ciência, Tecnologia e Inovação.

3.1 Condicionantes constitucionais

3.1.1 Elementos dispersos na estrutura constitucional e condicionantes do financiamento público à inovação empresarial

Mesmo possuindo capítulo especificamente dedicado à disciplina da ciência, tecnologia e inovação, as condicionantes constitucionais incidentes sobre os financiamentos estão dispersas pela Carta de 1988.

Na impossibilidade de esquadrinhar de todos os dispositivos que poderiam impactá-los, parte-se para uma abordagem que destaca temáticas tidas como mais relevantes.[381] Seriam elas: as competências federativas em matéria de CTI; a disciplina da atuação administrativa brasileira e o da execução orçamentária e sua fiscalização.

---

[381] A título de exemplo, o inciso I do art. 1º da Constituição, pertinente à *soberania* como fundamento do Estado Democrático de Direito brasileiro, pode servir a ponderações sobre *autonomia tecnológica*. A disciplina da propriedade intelectual, como as garantias presentes no art. 5º, XXVII, constitui outro exemplo.

A Emenda Constitucional nº 85/2015 trouxe novidades ao expressamente mencionar a *tecnologia*, a *pesquisa* e a *inovação* entre as competências constantes dos arts., 23, inciso V, e 24, inciso IX da Constituição.[382]

Quanto ao primeiro dispositivo, isso significou a inserção desses temas no rol de competências (de índole executiva) comuns à União, Estados, Distrito Federal e Municípios. Consubstanciou-se, portanto, um dever partilhado de proporcionar aos cidadãos meios para acessá-los ao lado da cultura, educação, e ciência cujo acesso já era demandado pelo constituinte originário.[383] Como esclarece Fernando Dias Menezes de Almeida, trata-se de importante indicativo para que todos os entes da federação exerçam atividades de fomento a CTI, seja em paralelo, seja em conjunto.[384]

A modificação do segundo dispositivo possibilitou o exercício de atividade legislativa concorrente sobre ciência, tecnologia, pesquisa, desenvolvimento e inovação.[385] Embora seja difícil precisar os limites dessas competências frente a outras matérias (como propriedade intelectual ou matéria fiscal) e em termos de organização administrativa (uma vez que a autonomia dos entes federativos deve ser respeitada),[386] o que fica patente

---

[382] Note-se que no art. 24, inciso IX, ainda foram inseridos os termos *ciência* e *desenvolvimento*. No art. 23, em que já constava menção a *ciência*, a *pesquisa* talvez tenha vindo como forma de acentuar seu valor.

[383] "Art. 23. É competência comum da União, dos Estados, do Distrito Federal e dos Municípios: [...]
V – proporcionar os meios de acesso à cultura, à educação, à ciência, à tecnologia, à pesquisa e à inovação".

[384] ALMEIDA, Fernando Dias Menezes de. A legislação federal sobre ciência, tecnologia e inovação no contexto da organização federativa brasileira., In: FREITAS, Rafael Véras de; RIBEIRO, Leonardo Coelho; FEIGELSON, Bruno (org.). *Regulação e novas tecnologias*. Belo Horizonte: Fórum, 2017. p. 103-104. Também sobre o tema, mas posicionando-se no sentido de ser aceita uma atuação mais tímida pelos Municípios dada sua carência de recursos nessa esfera, cf. BARBOSA, Caio Márcio Melo. Competências legislativas e administrativas. In: PORTELA, Bruno Monteiro; BARBOSA Caio Márcio Melo; MURARO, Leopoldo Gomes; DUBEUX, Rafael (org.). *Marco legal da ciência, tecnologia e inovação no Brasil*. Salvador: Juspodivm, 2020. p. 50-53.

[385] "Art. 24. Compete à União, aos Estados e ao Distrito Federal legislar concorrentemente sobre: [...]
IX – educação, cultura, ensino, desporto, ciência, tecnologia, pesquisa, desenvolvimento e inovação".

[386] Considerando essas duas problemáticas, e em uma valorização cuidadosa dos valores federativos, cf. ALMEIDA, Fernando Dias Menezes de. A legislação federal sobre ciência, tecnologia e inovação no contexto da organização federativa brasileira., In: FREITAS,

é a expressa possibilidade de produção normativa sobre esses temas.[387]

Esse compartilhamento de competências executivas e legislativas entre os entes federados não deixa dúvidas quanto à possibilidade da atuação de todos eles em matéria CTI.[388] Sendo que a atuação dos entes subnacionais nesse campo é uma prática rotineira no Brasil (e no mundo),[389] esse é um aspecto importante a considerar. Uma vez que eles promovam financiamentos, se dará a incidência de um cipoal normativo congregando diplomas expedidos por vários entes federativos.[390]

Pense-se, por exemplo, na atuação das Fundações de Amparo à Pesquisa que atuam em nível estatual,[391] um dos exemplos entre a multitude de órgãos que podem praticar essa forma de fomento.[392]

Rafael Véras de; RIBEIRO, Leonardo Coelho; FEIGELSON, Bruno (org.). *Regulação e novas tecnologias*. Belo Horizonte: Fórum, 2017. p. 107-110. Defendendo a imposição de padrões pela esfera federal para fins de uniformização, vide BARBOSA, Caio Márcio Melo. Competências legislativas e administrativas. In: PORTELA, Bruno Monteiro; BARBOSA Caio Márcio Melo; MURARO, Leopoldo Gomes; DUBEUX, Rafael (org.). *Marco legal da ciência, tecnologia e inovação no Brasil*. Salvador: Juspodivm, 2020. p. 53-63.

[387] É oportuno também registrar que o art. 219-B, § 2º, estabelece a possibilidade produção legislativa concorrente, dadas as peculiaridades do ente da federação quanto as matérias atinentes ao SNCTI. Fernando Dias Menezes de Almeida faz comentários sobre essa competência, que não seguiria exatamente a lógica do art. 24 da Constituição e estaria mais próxima ao conceito de organização administrativa. Cf. ALMEIDA, Fernando Dias Menezes de. A legislação federal sobre ciência, tecnologia e inovação no contexto da organização federativa brasileira., In: FREITAS, Rafael Véras de; RIBEIRO, Leonardo Coelho; FEIGELSON, Bruno (org.). *Regulação e novas tecnologias*. Belo Horizonte: Fórum, 2017. p. 106-107.

[388] Com o adendo de que, apesar de não prevista explicitamente no art. 24 da Constituição, os Municípios têm competência legislativa sobre a matéria uma vez que se trate de assunto de interesse local (art. 30, inciso I).

[389] Como exemplo da relevância desse tipo de estímulo em estudo sobre as consequências positivas de programa manejado pelo Estado de Michigan, vide ZHAO, Bo; ZIEDONIS, Rosemarie. State Governments as Financiers of Technology Startups: Evidence from Michigan's R&D Loan Program. *Research Policy*, Amsterdã, v. 49, n. 4, p. 1-19, 2020. Para outro exemplo internacional, mas em uma perspectiva mais abrangente e englobando a importância da autonomia local para impulsionar o desenvolvimento econômico e a capacidade inovativa chinesa, cf. BREZNITZ, Dan; MURPHREE, Michael. *Run of the Red Queen*: Government, Innovation, Globalization, and Economic Growth in China. New Haven: Yale University, 2011. p. 20-32.

[390] Lembrando que, considerando a sistemática prevista no art. 24, a Lei nº 10.973/04 pode ser compreendida como a norma geral para o desempenho da atividade em estudo.

[391] Cf. sua menção no item 1.3.3.

[392] Um exemplo, ainda no âmbito paulista, é o da Agência de Desenvolvimento do Estado de São Paulo S.A. – DESENVOLVE SP, criada pela Lei Estadual nº 10.853/01 e regulamentada pelo Decreto n º 52.142/07. Mais informações sobre a instituição encontram-se disponíveis em: https://www.desenvolvesp.com.br/. Acesso em: 5 jun. 2020.

Assim, a concessão de recursos efetuada pela FAPESP,[393] além da Constituição e Lei nº 10.973/04, também terá como referencial as normas de regência paulistas, como é o caso da Lei Complementar Estadual nº 1.049/08 e Decreto Estadual nº 62.817/17.[394]

O próximo tema a sublinhar refere-se à disciplina constitucional da atuação administrativa brasileira.

Assumindo-se, como aqui se faz,[395] que os financiamentos são concedidos por componentes da Administração,[396] a sua atuação deve ocorrer nos termos prescritos pela Constituição. Eles devem, portanto, e por exemplo, agir em consonância com os princípios da legalidade, impessoalidade, moralidade, publicidade e eficiência (art. 37, *caput*). Entre as diversas condicionantes da atuação administrativa dispersos pelo texto constitucional há dois tipos que, por terem impacto mais direto sobre a atividade em estudo, merecem ser sublinhados.

O primeiro tipo representa as condicionantes decorrentes da natureza jurídica do financiador. Sendo, por exemplo, uma empresa estatal – como é o caso da Finep e do BNDES – o financiador será regido pela Lei nº 13.303/2016 em decorrência de previsão constitucional (art. 173, § 1º).

Outro tipo de condicionante constitucional congrega as limitações à capacidade de contratar impostas ao Poder Público. Uma vez que a via convencional constitui um dos suportes mais comuns para os financiamentos, elas afetam diuturnamente o seu

---

[393] Mais informações sobre essa instituição encontram-se disponíveis em: http://www.fapesp.br/. Acesso em: 5 jun. 2020.

[394] Os resultados da atividade legislativa estadual podem, aliás, proporcionar oportunidades próprias para ações de fomento promovidas em seu âmbito. Explorando essa dinâmica no contexto do mencionado Decreto Estadual nº 62.817/17, vide MONTEIRO, Vítor (org.). *Decreto paulista de inovação*. São Paulo: Observatório de Inovação e Competitividade, 2018.

[395] Conforme explicitado já na introdução desta tese. Optou-se por assumir como premissa o pertencimento a essa estrutura por esse um traço bastante comum para as agências de fomento (cf. item 2.3.1); pela nítida finalidade pública que permeia a atividade estudada; e pelo manejo de recursos do Erário no qual ela se baseia, distinguindo-a de quaisquer formas de benemerência privada ou de incentivos para fins comerciais.

[396] Reconhece-se que o pertencimento à estrutura administrativa não constitui uma característica partilhada pela totalidade das agências de fomento à inovação no Brasil. Um exemplo ilustrativo é o da Empresa Brasileira de Pesquisa e Inovação Industrial – Embrapii, uma associação civil privada qualificada como organização social. Mais informações sobre a Embrapii, com possibilidade de acessos a seus documentos constitutivos, encontram-se disponíveis em: https://embrapii.org.br/. Acesso em: 5 jun. 2020.

desempenho.[397] Um exemplo disso é o art. 195, § 3º que, ao vedar tanto a contratação quanto a concessão de benefícios ou incentivos fiscais ou creditícios para pessoas em débito com o Sistema de Seguridade Social, pode vir a ser um óbice instransponível para a concessão de novos financiamentos.

Restrições semelhantes se multiplicam, aliás, pela legislação ordinária. São exemplos o § 1º do art. 362 da CLT (exigibilidade do recibo de entrega da Relação Anual de Informações Sociais – RAIS); as alíneas "b" e "c", *caput* do art. 27 da Lei nº 8.036/90 e art. 1º da Lei nº 9.012/95 (exigência de regularidade frente ao Fundo de Garantia de Garantia do Tempo de Serviço – FGTS); alínea "a", inciso I, *caput* do art. 47 da Lei nº 8.212/1991 e art. 10 da Lei nº 8.870/94 (regularidade frente ao Sistema de Seguridade Social já mencionada); art. 62 do Decreto-Lei nº 147/67 (regularidade frente ao Fisco federal); art. 6º da Lei nº 10.522/02 (necessidade de consulta ao Cadastro Informativo de créditos não quitados do setor público federal – Cadin,); e art. 23 da Lei nº 12.846/13 e 43 do Decreto nº 8.420 (consulta ao Cadastro Nacional de Empresas Inidôneas e Suspensas – CEIS, relativo à aplicação de sanções pela prática de atos contra a Administração).

Note-se que exigências desse tipo demandam esforços tanto dos destinatários do fomento a quem cabe produzir a documentação comprobatória de sua regularidade, quanto dos financiadores, que emitem documentos ou os checam. Interessa sublinhar que o cumprimento desse tipo de requisitos nada tem a ver com o cerne da atividade em questão (podendo até prejudicá-la).[398] devendo-se, tão só, à natureza administrativa dos financiadores.

O terceiro tema a mencionar é o da disciplina constitucional da execução orçamentária e sua fiscalização dada a origem pública dos recursos utilizados para os financiamentos.[399]

---

[397] Mesmo que o mais usual seja que as transferências de recursos sejam formalizadas contratualmente, também é hipoteticamente possível que elas se revistam de outras formas, como as manifestações unilaterais.

[398] Não se discute aqui o acerto ou desacerto de tais exigências, mas, tão só, o fato delas representarem um ônus para a atividade em exame. Há, de toda forma, histórico de flexibilização de tais exigências em contextos específicos, como ocorreu via Lei nº 14.179/21 para o enfrentamento dos desafios econômicos associados ao COVID-19.

[399] Esse assunto será retomado no item 3.3.1.

Por conta disso, por exemplo, seu desempenho não só é influenciado pelos ciclos de planejamento previstos nos arts. 165 a 169 da Constituição, mas a própria definição da política de aplicação de recursos pelas agências financeiras oficiais de fomento ocorre via Lei de Diretrizes Orçamentárias – LOA (art. 165, § 2º, da Constituição).[400] Essa realidade também faz com que os financiamentos sejam afetados pelas dinâmicas políticas que envolvem a divisão de recursos dentre diversos programas de ação estatal e pelas regras de execução orçamentária.[401]

Cabe registrar, entretanto, uma particularidade da execução orçamentária que pode ser aplicável aos financiamentos. Desde a EC nº 85/15 foi permitida a transposição, o remanejamento ou a transferência de recursos orçamentários de uma categoria para outra[402] em atividades de ciência, tecnologia e inovação mediante ato do Poder Executivo[403] (art. 167, § 5º, que excepciona a vedação do inciso VI do mesmo).[404] Esse permissivo, que pode ser entendido como prova do reconhecimento da importância da flexibilidade orçamentária no fomento à CTI,[405] foi reiterado na Lei de Inovação (art. 9º-A, § 4º) e no seu atual Decreto regulamentador (art. 46).

---

[400] "Art. 165. Leis de iniciativa do Poder Executivo estabelecerão: [...]
§ 2º A lei de diretrizes orçamentárias compreenderá as metas e prioridades da administração pública federal, incluindo as despesas de capital para o exercício financeiro subseqüente, orientará a elaboração da Lei Orçamentária Anual – LOA, disporá sobre as alterações na legislação tributária e estabelecerá a política de aplicação das agências financeiras oficiais de fomento".

[401] Sobre como essas condicionantes dialogam durante a execução orçamentária, vide LOCHAGIN, Gabriel Loretto. *A execução do Orçamento Público*: flexibilidade e orçamento impositivo. São Paulo: Blucher, 2016. p. 69-92.

[402] Sobre tais categorias, que em essência permitem uma forma de replanejamento orçamentário sem a abertura de novos créditos, cf. LOCHAGIN, Gabriel Loretto. *A execução do Orçamento Público*: flexibilidade e orçamento impositivo. São Paulo: Blucher, 2016. p. 113-117.

[403] As LOAs dos últimos anos têm previsto a possibilidade de o Presidente da República delegar a Ministro de Estado a prática destes atos. No caso da lei relativa à elaboração e execução da LOA de 2020, a Lei n º 13.898/20, foi concedida esta prerrogativa ao Ministro da Economia (art. 56).

[404] "Art. 167. São vedados: [...]
VI – a transposição, o remanejamento ou a transferência de recursos de uma categoria de programação para outra ou de um órgão para outro, sem prévia autorização legislativa;
[...]
§ 5º A transposição, o remanejamento ou a transferência de recursos de uma categoria de programação para outra poderão ser admitidos, no âmbito das atividades de ciência, tecnologia e inovação, com o objetivo de viabilizar os resultados de projetos restritos a essas funções, mediante ato do Poder Executivo, sem necessidade da prévia autorização legislativa prevista no inciso VI deste artigo".

[405] Sobre o tema, vide DUBEUX, Rafael. Alterações orçamentárias. *In:* PORTELA, Bruno Monteiro; BARBOSA Caio Márcio Melo; MURARO, Leopoldo Gomes; DUBEUX, Rafael

Por fim, por se tratar de recursos públicos, incidem sobre os financiamentos as exigências atinentes à fiscalização contábil, financeira e orçamentária exercida nos termos da Seção IX, Capítulo II, do Título IV da Constituição. Com isso tanto os controles externos quanto os controles internos pairam sob o desenvolvimento da atividade estudada.[406]

3.1.2 O capítulo dedicado à disciplina da ciência, tecnologia e inovação

Além de dispositivos esparsos que podem ser relacionados à atividade em estudo, o texto constitucional destina capítulo específico para regrar a CTI nacional. O Capítulo IV, Título VIII (Da Ordem Social), intitulado "Da Ciência e Tecnologia" tinha apenas dois artigos (218 e 219). A EC nº 85/2015, além de reescrevê-los, inseriu mais dois (arts. 219-A e 219-B) e o renomeou para "Da Ciência, Tecnologia e Inovação".

Compreender o contexto em que uma Constituição foi produzida sempre é benéfico à sua interpretação.[407] Resgatar os debates da Assembleia Nacional Constituinte é um primeiro passo útil à compreensão desse capítulo.[408] Essa é a trilha seguida por Vitor Monteiro, que apresenta um relato apurado da evolução dos

---

(org.). *Marco legal da ciência, tecnologia e inovação no Brasil*. Salvador: Juspodivm, 2020. p. 203-223.

[406] A incidência do controle sobre a atividade em exame será examinada com mais vagar no item 6.4.

[407] Para uma contextualização da Assembleia Nacional Constituinte de 1988, cf. LOPES, Julio Aurélio Vianna. *A carta da democracia*: o processo constituinte na ordem pública de 1988. Rio de Janeiro: Topbooks, 2008.

[408] É importante salientar, aliás, que os debates relacionados ao tema não se limitaram ao que veio a constar da redação original dos arts. 218 e 219. Eles são também a origem de outros dispositivos, que acabaram dispersos pelo texto constitucional. Vitor Monteiro destaca "(i) na ordem econômica, destinados a caracterizar a empresa nacional e lhe conferir certas prerrogativas (art. 171);1152 (ii) nos direitos e garantias individuais de propriedade (art. 5º, XXIX), de privacidade (art. 5º, X, XXXIII, XXXIV, "b"; e LXXII); (iii) nos direitos e garantias sociais, no âmbito das relações de trabalho (art. 7º, XXVII); e (iv) nas regras de exploração da energia nuclear (art. 21, XXIII)" (MONTEIRO, Vítor. *Características do sistema jurídico brasileiro de fomento estatal à inovação*. 2021. Tese (Doutorado em Direito) – Faculdade de Direito, Universidade de São Paulo/Université Paris II Panthéon-Assas, São Paulo/Paris, 2021. p. 529).

textos associados a ciência e tecnologia durante esse momento da história brasileira.[409]

O autor indica como dessa origem, e de práticas precedentes no ordenamento pátrio, podem ser extraídas razões para a atual conformação constitucional. É o caso da inserção do Capítulo IV no título dedicado à Ordem Social, decorrência tanto da tradição constitucional de associação da ciência à temas como a cultura, família, educação[410] quanto de desenlaces procedimentais durante os debates parlamentares.[411]

A constituinte também plasma uma valorização predominante da pesquisa científica no texto original de 1988, tendo contado com uma atuação intensa de entidades representativas do setor científico (como a SBPC).[412] O texto refletiu episódio em uma disputa de forças que vinha de décadas.

---

[409] Todo o capítulo IV do trabalho de Vitor Monteiro merece ser conhecido por aqueles que se interessam pelo tema. Vide MONTEIRO, Vítor. *Características do sistema jurídico brasileiro de fomento estatal à inovação*. 2021. Tese (Doutorado em Direito) – Faculdade de Direito, Universidade de São Paulo/Université Paris II Panthéon-Assas, São Paulo/Paris, 2021. p. 456-535.

[410] Para, em conjunto ao trabalho de Vitor Monteiro, um breve relato da evolução nas constituições anteriores, vide VERONESE, Alexandre. A institucionalização constitucional e legal da ciência, tecnologia e inovação a partir do marco de 1988: os artigos 218 e 219 e a política científica e tecnológica brasileira. *Novos Estudos Jurídicos*, Itajaí, v. 19, n. 2, p. 525-558, 2014. p. 530-533. Na mesma linha, também pode ser consultado SILVA, Thiago de Carvalho. A emenda constitucional n. 85/2015 e a oportunidade para implementação de políticas públicas na área de ciência, tecnologia e inovação. *Revista do Mestrado em Direito da Universidade Católica de Brasília*, Brasília, DF, v. 12, n. 1, p. 142-161, 2019. p. 144-147.

[411] Essa questão topográfica foi discutida na Assembleia Nacional Constituinte, chegando a ser postulado que a sua localização ideal seria no título dedicado à ordem econômica. Esse argumento foi superado com justificativas procedimentais durante a etapa da Comissão de Sistematização. Cf. MONTEIRO, Vítor. *Características do sistema jurídico brasileiro de fomento estatal à inovação*. 2021. Tese (Doutorado em Direito) – Faculdade de Direito, Universidade de São Paulo/Université Paris II Panthéon-Assas, São Paulo/Paris, 2021. p. 504-504 e 529-530. Essa escolha foi posteriormente criticada por José Afonso da Silva, sob a alegação de que regra como a prevista no art. 219 (relativa ao mercado interno), estaria mais bem situada no título dedicado à ordem econômica. Cf. SILVA, José Afonso da. *Curso de direito constitucional positivo*. 34. ed. São Paulo: Malheiros, 2010. p. 848-849. Tal inserção também pode dar azo à interpretação de que a atividade de fomento em discussão não pode, no país, ser descolada de considerações de índole social, como manifesto em SANTOS, Fabio Gomes dos; TONETTI, Rafael Roberto Hage; MONTEIRO, Vítor. Desafios jurídicos para o fomento financeiro da inovação pelas empresas. *In*: COUTINHO, Diogo R.; FOSS, Maria Carolina; MOUALLEM, Pedro Salomon B. (org.). *Inovação no Brasil*: avanços e desafios jurídicos e institucionais. São Paulo: Blucher, 2017. p. 183-185.

[412] Veja-se, como exemplo, a contribuição da Sociedade Brasileira para o Progresso da Ciência – SBPC, nos anais da constituinte. Em trecho selecionado por Monteiro: "[e]m 14 de novembro de 1987, o Destaque 0941-87 foi submetido à votação da Comissão de

Joelmo Jesus de Oliveira, descrevendo o ideário e as propostas que disputavam a proeminência nas políticas de CTI pátrias desde o início do século XX, identifica dois grupos principais. De um lado havia uma ala burocrática/militar, que valorizava o planejamento e a centralização, com muitos de seus membros advindos das engenharias. Do outro lado havia uma ala científica/acadêmica, com destaque para físicos em sua composição, e que tinham tendências mais cosmopolitas e descentralizadoras. Eles valorizavam a autonomia ao estilo de Vannevar Bush, com projetos de *Big Science* e liberdade de escolha aos cientistas para definir seus rumos. A Assembleia Nacional Constituinte ocorre em um momento em que o pêndulo do poder se desloca para os cientistas que, marginalizados durante o regime militar, voltam a ter predominância.[413]

Observando o texto original da Constituição André Ramos Tavares destaca como a opção por dispor constitucionalmente sobre ciência e tecnologia, além de uma forma de reconhecimento da importância do tema, limita a atuação do legislador infraconstitucional. Também salienta que as diretivas dadas pelo texto têm o Estado como destinatário principal, uma vez que as funções de incentivo e planejamento seriam meramente indicativas para o setor privado (arts. 170, *caput* e 174, *caput*).[414] Gilberto Bercovici, a seu

---

Sistematização. Nesse sentido, transcreve-se o encaminhamento favorável da proposta: 'esta emenda resulta de um estudo feito pela Sociedade Brasileira para o Progresso da Ciência, para que a parte sobre ciência e tecnologia não fique apenas voltada para a economia, mas tenha uma vinculação mais profunda com o desenvolvimento da pesquisa científica e tecnológica. [...] Como se vê, esta emenda visa incorporar à Constituição medidas que protejam o desenvolvimento da pesquisa básica. É sobre essa pesquisa básica que se alicerça o desenvolvimento da tecnologia. As pesquisas tecnológica e básica formam um marco indissolúvel. Não é possível conquistar maior autonomia na área da tecnologia de ponta, da tecnologia avançada, sem maior avanço no desenvolvimento da pesquisa básica e do conhecimento científico teórico. [§] Portanto, essa emenda tem uma grande importância, e seria uma homenagem desta Casa à Sociedade Brasileira para o Progresso da Ciência, que desempenhou um papel relevante no desenvolvimento da pesquisa científica e tecnológica do País. [...] Acredito que o País terá nessa medida uma arma para lutar por sua autonomia científica e tecnológica'" (MONTEIRO, Vítor. *Características do sistema jurídico brasileiro de fomento estatal à inovação*. 2021. Tese (Doutorado em Direito) – Faculdade de Direito, Universidade de São Paulo/Université Paris II Panthéon-Assas, São Paulo/Paris, 2021. p. 515).

[413] Vide OLIVEIRA, Joelmo Jesus de. Ciência, tecnologia e inovação no Brasil: poder, política e burocracia na arena decisória. *Revista de Sociologia e Política*, Curitiba, v. 24, n. 59, 2016. p. 10-11.

[414] TAVARES, André Ramos. Ciência e tecnologia na constituição. *Revista de Informação Legislativa*, Brasília, DF, v. 44, n. 175, p. 7-20, 2007. p. 7-10.

turno, observa que o papel do Estado explicitado na constituição em matéria de ciência e tecnologia deve ser compreendido de forma correlacionado à política de desenvolvimento.[415]

Em 2015 o texto constitucional foi alterado de forma relevante pela EC nº 85/15.[416] A modificação tem sua origem na PEC nº 290/13,[417] consistindo em um subproduto dos debates sobre as mudanças na Lei de Inovação almejadas pelo Projeto de Lei nº 2.177/11.[418]

É interessante notar que a emenda originalmente continha propostas importantes mas que não sobreviveram ao trâmite legislativo,

---

[415] BERCOVICI, Gilberto. Ciência e inovação sob a constituição de 1988. *Revista dos Tribunais*, São Paulo, v. 101, n. 916, p. 267-294, 2012. p. 267-272.

[416] Cabe registrar que a EC nº 85/15 não modificou apenas o capítulo constitucional dedicado a CTI. Foram alterados também os já citados arts. 23, inciso V, 24, inciso IV, 167, § 5º; 200, inciso V (inserindo o vocábulo "inovação" como foco de atuação no âmbito do SUS); e 213, § 2º (possibilidade de apoio público para atividades de fomento à inovação realizada por universidades e/ou por instituições de educação profissional e tecnológica). Para uma análise da emenda complementar à que será feita, ressaltando muitos dos eixos que serão abordados aqui, cf. PRETE, Esther Külkamp Eying. Considerações para uma abordagem sistemática da emenda constitucional 85 de 2015. In: SOARES, Fabiana de Menezes; PRETE, Esther Külkamp Eying (org.). *Marco regulatório em ciência, tecnologia e inovação*: texto e comentário da lei nº 13.243/2016. Belo Horizonte: Arraes, 2018. p. 93-115.

[417] A justificativa da propositura numerada como a PEC nº 293/2013, de autoria da Deputada Margarida Salomão (Partido dos Trabalhadores – PT), pontua que "[a] Comissão Especial formada para apreciar o Projeto de Lei nº 2.177, de 2011, que propõe mudanças no arcabouço legal para a ciência, tecnologia e inovação no País, constatou a necessidade de atualizar as disposições constitucionais relativas ao tema, em vista de processos em andamento na sociedade e claramente manifestados nas audiências públicas, pelas entidades que atuam nessa área". O parecer do relator da comissão especial que examinou a PEC na Câmara dos Deputados, Deputado Izalci Lucas (Partido da Social Democracia Brasileira – PSDB) também segue essa linha e atesta o paralelismo das propostas legislativas: "[t]rata-se não apenas de uma iniciativa parlamentar, subscrita pela própria Deputada Margarida Salomão e por outros 200 parlamentares, dos mais diversos partidos que compõem a Casa, mas sim de uma proposta da própria comunidade científica brasileira.[…] Desse modo, toda esta rica discussão sobre o PL nº 2.177, de 2011, redundou na apresentação de um novo projeto, corporificado na PEC 290, de 2013. Com o intuito de manter a harmonia na avaliação desta Proposta de Emenda à Constituição, bem como garantir a celeridade deste trabalho, a Comissão Especial formada para a sua apreciação conta com exatamente os mesmos integrantes da Comissão Especial que hoje avalia o PL nº 2.177, de 2011." A proposição original e ao processo legislativo pertinente na Câmara dos Deputados encontram-se disponíveis em: https://www.camara.leg.br/proposicoesWeb/fichadetramitacao?idProposicao=586251. Acesso em: 10 jun. 2020. No Senado, vide informações disponíveis em: https://www25.senado.leg.br/web/atividade/materias/-/materia/117126. Acesso em: 10 jun. 2020. Para uma discussão mais detalhada e contextualizada dessa tramitação legislativa, cf. MONTEIRO, Vítor. *Características do sistema jurídico brasileiro de fomento estatal à inovação*. 2021. Tese (Doutorado em Direito) – Faculdade de Direito, Universidade de São Paulo/Université Paris II Panthéon-Assas, São Paulo/Paris, 2021. p. 637-654.

[418] Esse Projeto de Lei, que originou a Lei nº 13.243/16, será abordado quando dos comentários à Lei de Inovação efetuados no item 3.2.1.

seja por resistência daqueles que influíram na Assembleia Nacional Constituinte seja pelo Poder Executivo. Exemplos são a supressão do vocábulo "básica" e a adição da expressão "tecnológica" como objetos de tratamento prioritário do Estado no art. 218, § 1º (restou apenas a adição no texto final da emenda, tornando o texto efetivamente menos claro);[419] a possibilidade de vinculação de receitas da União a entidades de fomento ao ensino e a pesquisa científica e tecnológica via inserção no § 5º do mesmo artigo; e a simplificação de contratação de bens e serviços relativos à atividade de CTI, a constar de um § 6º.[420]

Feita essa breve contextualização do capítulo dedicado à CTI interessa localizar os dispositivos que mais interessam ao desenvolvimento desta pesquisa e comentá-los.[421] Uma vez que eles envolvem temas tradicionalmente pouco discutidos pela Doutrina e Jurisprudência, o próprio texto será, no mais das vezes, apresentado e analisado.

Comece-se pelo *caput* do art. 218.[422] Dele consta uma dupla verbalização ("promoverá" e "incentivará") para prescrever como deve ser a atuação estatal em matéria de CTI. Disso se extrai uma diretiva dotada de amplitude: ao Estado caberia tanto uma atuação

---

[419] A substituição da pesquisa "básica" por "tecnológica" foi revertida apenas no Senado Federal por emenda do Senador Aloysio Nunes Ferreira (PSDB), que esclarece que a "sugestão de correção redacional partiu [da] Sociedade Brasileira para o Progresso da Ciência (SBPC)", conforme atesta documento apenso ao trâmite no Senado de 16 de dezembro de 2014. Interessa notar, assim, como a instituição que priorizou a pesquisa básica se mobilizou para manter intacto o padrão estabelecido sob sua influência em 1988.

[420] A vinculação de receitas da União e a instituição de mecanismos especiais de contratação de bens e serviços foi retirada após ser ouvido o Poder Executivo, como registra o Deputado Izalci Lucas, em relatório anexo à tramitação na Câmara dos Deputados referente ao dia 4 de dezembro de 2013.

[421] Vale dizer, de toda forma, que dispositivos não mencionados ou dimensões que deixaram de ser abordadas também podem ser dotadas de grande relevância para a conformação da CTI no país. Assim não se discutirá, por exemplo, a formação de recursos humanos e a questão das condições especiais de trabalho mencionadas no § 3º do art. 218. O art. 219, *caput*, é um outro exemplo. A delimitação do mercado interno como instrumento de estímulo ao desenvolvimento tecnológico é central às discussões sobre o uso de reserva de mercado como instrumento política industrial. Sobre debates sobre o tema na constituinte cf. MONTEIRO, Vítor. *Características do sistema jurídico brasileiro de fomento estatal à inovação*. 2021. Tese (Doutorado em Direito) – Faculdade de Direito, Universidade de São Paulo/ Université Paris II Panthéon-Assas, São Paulo/Paris, 2021. p. 520-522 e 530. Ainda sobre isso, mas sublinhando sua relevância para o setor de informática, vide BERCOVICI, Gilberto. Ciência e inovação sob a constituição de 1988. *Revista dos Tribunais*, São Paulo, v. 101, n. 916, p. 267-294, 2012.

[422] "Art. 218. O Estado promoverá e incentivará o desenvolvimento científico, a pesquisa, a capacitação científica e tecnológica e a inovação".

direta, em que ele mesmo se encarrega do desenvolvimento científico, da pesquisa, da capacitação científica e tecnológica e da inovação, quanto *indireta*, mediante o incentivo à execução dessa atividade por terceiros.[423]

Essa leitura é, inclusive, a mais condizente com o conteúdo dos debates em 1988. Marcados pela contraposição entre propostas de fortalecimento da atuação estatal e pleitos para restringi-la à oferta de estímulos para a iniciativa privada, no texto final prevaleceu a solução aditiva como estratégia para solucionar esse conflito.[424]

Refletindo-se sobre os financiamentos, não devem restar dúvidas de que o vocábulo "incentivará" confere fundamento constitucional ao seu exercício pelo Estado, uma vez que os agentes privados são os destinatários principais do fomento. Mesmo o vocábulo "promoverá", cujo sentido admite tanto o sentido de execução direta quanto o de oferta de estímulos,[425] pode ser interpretado como um reforço a esse permissivo.

---

[423] Alexandre Veronese adota perspectiva semelhante, mas entende, entretanto, que a atuação direta abrangeria iniciativas como as de financiamento a atividades inovadoras em empresas, cabendo à dimensão indireta (do "incentivo") medidas facilitadoras, como os incentivos fiscais e arranjos institucionais para viabilizar a interação entre diversos tipos de instituições. Cf. VERONESE, Alexandre. A institucionalização constitucional e legal da ciência, tecnologia e inovação a partir do marco de 1988: os artigos 218 e 219 e a política científica e tecnológica brasileira. *Novos Estudos Jurídicos*, Itajaí, v. 19, n. 2, p. 525-558, 2014. p. 535-536. Pensando-se nos elementos característicos do fomento estatal (abordados no item 6.1) entende-se mais acertado compreender o financiamento público à inovação empresarial como forma de intervenção *indireta*, dado objetivo de influenciar a atividade empresarial que o permeia.

[424] Vale novamente transcrever, para ilustrar esse embate, o trabalho de Vitor Monteiro. Colacionando trecho de emenda que discutia a redação original do que veio a se tornar o art. 218, *caput* (restrita naquele momento à ideia de *promoção*), é trazida a lume manifestação parlamentar que sustentava que " a redação do dispositivo em tela exagera a função voluntarista do Estado no desenvolvimento da pesquisa científica e tecnológica. Ao Estado cabe incentivar os pesquisadores que podem se situar em diferentes áreas: nos próprios departamentos do Estado, nas Universidades, nos laboratórios, nos centros privados de pesquisa e nos núcleos de pesquisa industrial e agrícola. A função do Estado deve ser incentivadora e indutora com um mínimo possível de intervenção direta" (MONTEIRO, Vítor. *Características do sistema jurídico brasileiro de fomento estatal à inovação*. 2021. Tese (Doutorado em Direito) – Faculdade de Direito, Universidade de São Paulo/Université Paris II Panthéon-Assas, São Paulo/Paris, 2021. p. 508). Apresentando esse debate, vide MONTEIRO, Vítor. *Características do sistema jurídico brasileiro de fomento estatal à inovação*. 2021. Tese (Doutorado em Direito) – Faculdade de Direito, Universidade de São Paulo/Université Paris II Panthéon-Assas, São Paulo/Paris, 2021. p. 507-508.

[425] Segundo o Dicionário Priberam da Língua Portuguesa, promover significaria "1. *Fazer com que se execute, que se ponha em prática alguma coisa.* 2. *Fomentar, desenvolver.* 3. Anunciar os feitos, os valores ou as vantagens de (ex.: promover um produto).4. *Causar, originar.* 5. Elevar a posto mais graduado ou a dignidade maior. 6. [Direito] Requerer, propor. [...]

O § 1º do art. 218, embora já tenha norteado a atuação pública de forma mais clara, continua sendo relevante.[426] Nele se consagrou a valorização do fomento à ciência, tendo o texto original da Constituição conferido à pesquisa científica básica tratamento prioritário.[427] Comentários ao texto original, como os de André Ramos Tavares, pontuavam portanto a escolha constitucional de privilégio a essa modalidade de pesquisa em detrimento de outras.[428]

A PEC nº 290/13 (origem da EC nº 85/15), como dito, propunha originalmente exclusão da expressão "básica" (mantendo-se apenas a dimensão "científica") e a inserção da expressão "tecnológica". A justificativa para tanto seria a perda de sentido em se trabalhar com divisões estanques entre ciência básica e pesquisa tecnológica,[429] bastante em linha com o que se mencionou ao se falar das relações entre ciência e inovação.[430]

Ao final, entretanto, novamente foi adotada a solução aditiva: mantida a expressão "básica" e inserida a "tecnológica".

Sem desconsiderar a importância dessas modificações no nível político e simbólico, juridicamente cabe pontuar que o constituinte derivado de certa forma desconfigurou o dispositivo. Se a pesquisa científica continuou a ser valorizada, hoje não é tão claro qual

---

7. Fazer a sua própria promoção; anunciar os seus feitos ou valores" (PROMOVER. *In*: DICIONÁRIO Priberam da Língua portuguesa. Porto: Priberam, [2024], grifo nosso). Segundo o Dicionário Michaelis, o vocábulo teria o sentido de "*produzir, provocar*"; ou de "elevar de cargo ou função" (INOVAÇÃO. *In*: Michaelis Dicionário Brasileiro de Língua Portuguesa. São Paulo: UOL, [2024], grifo nosso).

[426] "Art. 218. O Estado promoverá e incentivará o desenvolvimento científico, a pesquisa, a capacitação científica e tecnológica e a inovação.
§ 1º A pesquisa científica básica e tecnológica receberá tratamento prioritário do Estado, tendo em vista o bem público e o progresso da ciência, tecnologia e inovação".

[427] A redação original do art. 218, § 1º: "Art. 218. O Estado promoverá e incentivará o desenvolvimento científico, a pesquisa e a capacitação tecnológicas.
§ 1º A pesquisa científica básica receberá tratamento prioritário do Estado, tendo em vista o bem público e o progresso das ciências".

[428] TAVARES, André Ramos. Ciência e tecnologia na constituição. *Revista de Informação Legislativa*, Brasília, DF, v. 44, n. 175, p. 7-20, 2007. p. 10-11.

[429] Conforme a justificativa da PEC, "[c]omo efeito da demanda por inovação, perde sentido a separação antes vislumbrada entre ciência básica e pesquisa tecnológica, pois diversas linhas de pesquisa 'pura' têm potencial para desdobrar-se em novas soluções para o setor produtivo. Tal constatação motiva a mudança de redação do § 1º do art. 218, retirando do texto atual a expressão 'básica' e inserindo a expressão 'tecnologia'".

[430] Vide o item 1.1, principalmente no que concerne os esforços para diferenciar *ciência, inovação e tecnologia*.

modalidade priorizar, visto que em termos práticos é muito difícil distinguir entre pesquisa tecnológica e aplicada (sendo essa última tradicionalmente contraposta à pesquisa básica).[431] Houve uma diluição no ranqueamento dos tipos de esforços científicos que conduz à perda de seu sentido. Valorizadas todas as manifestações de produção do conhecimento científico, não se dá destaque a nenhum deles.[432] O fato dessa atuação pública ser voltada *"ao bem público e ao progresso da ciência, tecnologia e inovação"* torna a diretiva ainda mais aberta, chegando inclusive a diluir o valor das atividades estritamente científicas.[433]

O § 2º do art. 218,[434] em sentido oposto, estabelece um direcionamento claro à pesquisa tecnológica pátria (no que concerne à

---

[431] O *Manual de Frascati* ajuda a compreender as diferenças entre pesquisa básica e aplicada. Segundo ele: "[p]esquisa aplicada é a investigação original desempenhado para adquirir novo conhecimento. Ela é, de toda forma, dirigida primariamente a uma finalidade ou objetivo específico e prático". Já a "[p]esquisa básica é o trabalho experimental ou teórico desempenhado primariamente para adquirir conhecimentos novos sobre os fundamentos subjacentes de fenômenos e fatos observáveis, sem qualquer aplicabilidade ou uso em vista" (ORGANISATION FOR ECONOMIC CO-OPERATION AND DEVELOPMENT. *Frascati manual 2015*: Guidelines for Collecting and Reporting Data on Research and Experimental Development. Paris: OECD Publishing, 2015. p. 365).

[432] Por conta disso, alguns autores, comentando os reflexos da EC 85/15, falam da conjugação das duas dimensões, como fazem VERONESE, Alexandre. A institucionalização constitucional e legal da ciência, tecnologia e inovação a partir do marco de 1988: os artigos 218 e 219 e a política científica e tecnológica brasileira. *Novos Estudos Jurídicos*, Itajaí, v. 19, n. 2, p. 525-558, 2014. p. 536-537. É também a linha de SILVA, Thiago de Carvalho. A emenda constitucional n. 85/2015 e a oportunidade para implementação de políticas públicas na área de ciência, tecnologia e inovação. *Revista do Mestrado em Direito da Universidade Católica de Brasília*, Brasília, DF, v. 12, n. 1, p. 142-161, 2019. André Ramos Tavares, por sua vez e em texto prévio à atual redação constitucional, diferencia a pesquisa tecnológica do que seria a pesquisa científica (básica). A última teria um viés eminentemente acadêmico e, a primeira, econômico (de uma forma talvez muito próxima, atentando-se ao conteúdo do texto, do que aqui seria chamado de inovação). Cf. TAVARES, André Ramos. Ciência e tecnologia na constituição. *Revista de Informação Legislativa*, Brasília, DF, v. 44, n. 175, p. 7-20, 2007. p. 12.

[433] Originalmente a pesquisa (básica) receberia tratamento prioritário do Estado tendo em vista o bem público e *o progresso das ciências*. Após 2015, a pesquisa (básica e tecnológica), deveria receber um tratamento prioritário tendo em vista o bem público e *o progresso da ciência, tecnologia e inovação*. Note-se, assim, como o progresso científico (que é, por exemplo, tradicionalmente reconhecido como de interesse de toda a humanidade e confiado essencialmente aos cientistas) passa a estar ao lado do progresso da tecnologia e da inovação. Ilustrando essa mudança de orientação, mas abordando-a uma perspectiva preocupada com regimes de apropriabilidade, cf. BARBOSA, Denis Borges, Direito ao desenvolvimento, inovação e a apropriação das tecnologias. *Revista Jurídica da Presidência*, [*s. l.*], v. 8, n. 83, p. 31-50, 2007. p. 19-22.

[434] "Art. 218. O Estado promoverá e incentivará o desenvolvimento científico, a pesquisa, a capacitação científica e tecnológica e a inovação. [...]"

atuação pública, naturalmente): ela deve ser voltada ao enfrentamento de questões nacionais e buscar o desenvolvimento do sistema produtivo nos níveis nacional e regional.[435] Com uma diretiva mais clara pode-se extrair maiores consequências jurídicas, chegando André Ramos Tavares a mencionar a possibilidade de inconstitucionalidade caso ele não seja respeitado.[436]

Na prática, entretanto, um exame criterioso do cumprimento dessas finalidades é bastante difícil. A complexidade das pesquisas mais atuais, sua inserção nas dinâmicas inovativas globais, e as suas externalidades positivas potenciais (em termos de capacitação científica e desenvolvimento regional, por exemplo), tornam essa avaliação impossível quando não se está diante de situações limítrofes. Mesmo a expressão *preponderantemente*, por não significar a *totalidade*, sinaliza que o Estado deve se devotar *majoritariamente* a tais finalidades mas não precisa se limitar a elas. Fosse esse o caso, poderiam ser minados diversos esforços de cooperação científica internacional ou de política industrial que, por sua natureza, podem ainda não dialogar com problemas ou setores produtivos nacionais e regionais, mas que seriam plenamente aderentes ao interesse público.[437]

---

§ 2º A pesquisa tecnológica voltar-se-á preponderantemente para a solução dos problemas brasileiros e para o desenvolvimento do sistema produtivo nacional e regional".

[435] Sobre a temática do desenvolvimento regional, considerando o uso de instrumentos de fomento à inovação, cf. SILVA, José Afonso da. *Curso de direito constitucional positivo*. 34. ed. São Paulo: Malheiros, 2010.

[436] TAVARES, André Ramos. Ciência e tecnologia na constituição. *Revista de Informação Legislativa*, Brasília, DF, v. 44, n. 175, p. 7-20, 2007. p. 12-14 e 16. O autor cita, como exemplo de hipótese de inconstitucionalidade, o caso de pesquisa tecnológica promovida pelo Estado brasileiro para o desenvolvimento de motor automotivo específico para inverno típico de países nórdicos.

[437] Retome-se, para um exercício, o exemplo do desenvolvimento do motor automotivo de inverno para países nórdicos. Uma vez ocorrendo no Brasil, ele poderia ser acompanhado de transferência tecnológica para o país, com potencial de aproveitamento em outros setores econômicos e/ou para solucionar desafios tecnológicos nacionais; provocar a capacitação de pesquisadores brasileiros; mobilizar empresas nacionais de base tecnológica, para lhe fornecerem insumos; produzir empregos; etc. Não se deve esquecer, aliás, que a atração de centros de pesquisa, a capacitação científica tecnológica e o fortalecimento das capacidades de CTI são todos princípios pertinentes à utilização das medidas de incentivo à inovação tratadas pela Lei nº 10.973/04 (art. 1º, parágrafo único, incisos VI, IX e X); que esse tipo de ação é prevista como relevante ao estímulo à construção de ambientes especializados e cooperativos de inovação (art. 3º-C, no mesmo diploma) e também identificada como possível destinação das ações de fomento à inovação empresarial (art. 19, § 6º, inciso V, da lei).

Essa diretiva, entretanto, cristaliza uma orientação constitucional e pode ser adotada como mecanismo de controle suplementar para casos extremos e irremediáveis, em que não seja aplicável a devida deferência à discricionariedade administrativa e seja patente o descolamento do interesse público.

No que tange aos financiamentos, os §§ 1º e 2º do art. 218 servem como diretivas para a sua estruturação pelas agências de fomento. Dessa forma, por exemplo, vai em linha com o texto constitucional atribuir notas mais favoráveis em processos seletivos para propostas permeadas por intensos esforços de pesquisa científica[438] ou direcionadas à solução de problemas brasileiros ou de alto impacto para determinada região.

Desde o arranjo original de 1988, o art. 218, § 4º,[439] constitui o primeiro momento em que o capítulo sobre CTI explicita o incentivo público à atividade empresarial.

Esse parágrafo confere fundamento explícito ao fomento de empresas que invistam em CTI, selando um compromisso de atuação legislativa nesse sentido (como é caso da Lei nº 10.973/04). Ele ainda elenca o que é tido como meritório de especial apoio, tal como o investimento em pesquisa, o desenvolvimento de tecnologias adequadas ao país, iniciativas de capacitação de recursos humanos e formas de remuneração de empregados que viabilizem a participação nos lucros.[440]

Para os financiamentos, esse dispositivo também oferece critérios a serem ponderados pelas agências de fomento durante o desempenho dos financiamentos. Nesse sentido poderiam, por exemplo, ser privilegiadas empresas que favoreçam o aperfeiçoamento de seus recursos humanos em matéria inovativa durante um processo seletivo.[441]

---

[438] Como seria, por exemplo, em alguns casos em que haja gastos expressivos em P&D pelas empresas.

[439] "Art. 218. O Estado promoverá e incentivará o desenvolvimento científico, a pesquisa, a capacitação científica e tecnológica e a inovação. [...]
§ 4º A lei apoiará e estimulará as empresas que invistam em pesquisa, criação de tecnologia adequada ao País, formação e aperfeiçoamento de seus recursos humanos e que pratiquem sistemas de remuneração que assegurem ao empregado, desvinculada do salário, participação nos ganhos econômicos resultantes da produtividade de seu trabalho".

[440] A valorização da dimensão social na disciplina da CTI pátria é aparente inclusive quando disciplinado o estímulo à atuação privada, chegando-se a estabelecer como diretiva o incentivo a formas de remuneração mais igualitárias.

[441] Tome-se o cuidado, entretanto, de esclarecer que essas diretivas nem são vinculantes nem precisam necessariamente estarem cumuladas com as outras já mencionadas.

Aproveitando o ensejo, cabe também comentar o parágrafo único do art. 219,[442] que também sublinha o papel do Estado na formação e fortalecimento da inovação empresarial. Introduzido pela EC nº 85/15, a reiteração desse direcionamento já constante do 218, § 4º, ilustra como permaneceu a necessidade de aprimoramento na capacidade inovativa das empresas brasileiras.[443]

O § 5º do art. 218[444] consiste em uma norma orçamentária, permissiva da vinculação de receitas em nível estatual e distrital a entidades de fomento ao excepcionar o art. 167, inciso IV,[445] da Constituição. O Supremo Tribunal Federal, inclusive, já entendeu como constitucional tratou a inserção desse tipo de vinculação em constituições estaduais.[446]

Note-se que essa prerrogativa não foi assegurada pelo constituinte para as esferas municipal e federal. Originado da exitosa experiência com as Fundações de Amparo estaduais,[447] e tendo já Assembleia

---

O texto constitucional não traz esse mandamento e os financiamentos previsão ser desempenhados de forma condizente com o interesse público a ser satisfeito em concreto. Nesse sentido, também não se concorda com André Ramos Tavares ao postular que o incentivo a pesquisa deve necessariamente ser parametrizado pelas diretivas constantes do 218, § 2º. Vide TAVARES, André Ramos. Ciência e tecnologia na constituição. *Revista de Informação Legislativa*, Brasília, DF, v. 44, n. 175, p. 7-20, 2007. p. 16.

[442] "Art. 219. O mercado interno integra o patrimônio nacional e será incentivado de modo a viabilizar o desenvolvimento cultural e sócio-econômico, o bem-estar da população e a autonomia tecnológica do País, nos termos de lei federal.
Parágrafo único. O Estado estimulará a formação e o fortalecimento da inovação nas empresas, bem como nos demais entes, públicos ou privados, a constituição e a manutenção de parques e polos tecnológicos e de demais ambientes promotores da inovação, a atuação dos inventores independentes e a criação, absorção, difusão e transferência de tecnologia".

[443] Sobre o tema, cf. os itens 1.3.2 e 2.1.2.

[444] "Art. 218. O Estado promoverá e incentivará o desenvolvimento científico, a pesquisa, a capacitação científica e tecnológica e a inovação. [...]
§ 5º É facultado aos Estados e ao Distrito Federal vincular parcela de sua receita orçamentária a entidades públicas de fomento ao ensino e à pesquisa científica e tecnológica".

[445] "Art. 167. São vedados: [...]
IV – a vinculação de receita de impostos a órgão, fundo ou despesa, ressalvadas a repartição do produto da arrecadação dos impostos a que se referem os arts. 158 e 159, a destinação de recursos para as ações e serviços públicos de saúde, para manutenção e desenvolvimento do ensino e para realização de atividades da administração tributária, como determinado, respectivamente, pelos arts. 198, § 2º, 212 e 37, XXII, e a prestação de garantias às operações de crédito por antecipação de receita, previstas no art. 165, § 8º, bem como o disposto no § 4º deste artigo".

[446] O Supremo Tribunal Federal já se manifestou em sentido positivo quanto à aplicação desse permissivo a constituições estaduais, conforme ADI nº 550/MT, Rel. Min. Ilmar Galvão, publicado em 18 out. 2002 e ADI nº 336/SE, Rel. Min. Eros Grau, publicado em 17 out. 2010.

[447] Para um resgate dos debates sobre o tema, vide MONTEIRO, Vítor. *Características do sistema jurídico brasileiro de fomento estatal à inovação*. 2021. Tese (Doutorado em Direito) –

Nacional Constituinte sido discutida sua extensão a outro níveis da federação ela foi, como se disse, novamente descartada durante o transcurso da PEC nº 290/13.

Para os financiamentos, além de porventura assegurar a fonte dos recursos que servirão como fomento, essa vinculação poderá também ser a origem de outros condicionantes à aplicação da verba pública.[448]

Adiante, o § 6º do art. 218 encarta uma diretiva de estímulo à interação entre entes públicos e privados para o desenvolvimento das atividades de CTI.[449] Ele pode ser comentado em conjunto com o *caput do* art. 219-B,[450] que estatui que o SNCTI brasileiro deverá ser será organizado de forma colaborativa e permeado pela interação de elementos estatais e não estatais, e com o art. 219-A,[451] que explicita a possibilidade de serem firmados instrumentos de cooperação entre entes públicos e desses com particulares.

O texto constitucional, nesses casos, reconhece explicitamente a importância da conjugação de esforços para fins inovativos. Isso é condizente com a realidade da inovação, que é o produto de interações variadas, e como só uma atuação pública aberta à colaboração irá permitir a experimentação necessária à busca das melhores soluções.[452] Assim, juridicamente, esses dispositivos fundamentam diversas formas de cooperação a serem estabelecidos pelos financiamentos ou em paralelo a eles, como é o caso de

---

Faculdade de Direito, Universidade de São Paulo/Université Paris II Panthéon-Assas, São Paulo/Paris, 2021. p. 506-507; 526-527 e 533-534.

[448] Cf. item 3.3.2.

[449] "Art. 218. O Estado promoverá e incentivará o desenvolvimento científico, a pesquisa, a capacitação científica e tecnológica e a inovação. [...]
§ 6º O Estado, na execução das atividades previstas no *caput*, estimulará a articulação entre entes, tanto públicos quanto privados, nas diversas esferas de governo".

[450] "Art. 219-B. O Sistema Nacional de Ciência, Tecnologia e Inovação (SNCTI) será organizado em regime de colaboração entre entes, tanto públicos quanto privados, com vistas a promover o desenvolvimento científico e tecnológico e a inovação".

[451] "Art. 219-A. A União, os Estados, o Distrito Federal e os Municípios poderão firmar instrumentos de cooperação com órgãos e entidades públicos e com entidades privadas, inclusive para o compartilhamento de recursos humanos especializados e capacidade instalada, para a execução de projetos de pesquisa, de desenvolvimento científico e tecnológico e de inovação, mediante contrapartida financeira ou não financeira assumida pelo ente beneficiário, na forma da lei".

[452] Relembre-se, no item 1.1, as noções de Brian Arthur, assim como o aduzido quanto à atuação das agências de fomento e a práticas experimentalistas nos itens 2.3.1 e 2.3.3, respectivamente.

contratos que tenham como partes empresa privada e ICT pública, atuando ambos para a consecução de forma concertada para o atingimento do objetivo pactuado.[453] Por fim, cabem brevíssimos comentários sobre o § 7º do art. 218,[454] atinente à internacionalização das atividades de CTI. Ao relacioná-los aos financiamentos, pode-se nele encontrar uma autorização implícita de atuação das agências de fomento no exterior, uma vez que se entenda os financiadores como abrangidos pela expressão "instituições públicas de ciência, tecnologia e inovação".[455] Haveria, portanto, fundamento constitucional tanto para parcerias internacionais durante os financiamentos, já bastante usuais,[456] quanto para uma atuação mais direta no estrangeiro, envolvendo escritórios de representação ou a concessão de recursos para destinatários situados fora do país.[457]

---

[453] Quanto a potencialização dessas interações via os financiamentos, vide o item 2.1.3.

[454] "Art. 218. O Estado promoverá e incentivará o desenvolvimento científico, a pesquisa, a capacitação científica e tecnológica e a inovação [...]
§ 7º O Estado promoverá e incentivará a atuação no exterior das instituições públicas de ciência, tecnologia e inovação, com vistas à execução das atividades previstas no *caput*".

[455] O texto constitucional não as define, mas prescreve que a elas caberá a execução das atividades previstas no *caput* do art. 218, como fazem os financiadores. As "instituições públicas de ciência, tecnologia e inovação" também não são definidas nem pela Lei de Inovação nem pelo seu decreto regulamentador, sendo oportuno não as confundir com a figura da ICT, essa sim definida nos dois diplomas. Também a promoção da competitividade empresarial nos mercados nacional e internacional, prevista como princípio no art. 1º, parágrafo único, inciso VII, da Lei de Inovação (a ser examinada *infra*) serve para dar fundamento a essa interpretação.

[456] Para exemplos recentes, veja a Chamada Pública Conjunta ERA-MIN/Joint Call 2018– Matérias-primas para o desenvolvimento sustentável e economia circular, promovida pela Finep e 24 financiadoras europeias, disponível em: http://www.finep.gov.br/chamadas-publicas/chamadapublica/628. Acesso em: 13 jun. 2020. Outro exemplo é o da iniciativa da Embrapii em conjunto com a Autoridade de Inovação de Israel, disponível em: https://embrapii.org.br/parceria-embrapii-e-israel-cria-solucao-para-monitoramento-de-energia-termica-na-industria/.Acesso em: 29 jan. 2025.

[457] Exemplos hipotéticos do último caso seriam o empréstimo a empresa brasileira que, por razões estratégicas, tem unidades no exterior que servem à expansão de suas atividades no Brasil ou a aquisição de participação em *startup* situada no estrangeiro, mas que desenvolve tecnologia essencial para a solução de problemas brasileiros. Esforços desse tipo também podem ter como fundamento a promoção da competitividade empresarial nos mercados nacional e internacional (art. 1º, parágrafo único, inciso VII, da Lei nº 10.973/04) e a possibilidade de extensão de uso de medidas de incentivo à inovação empresarial para fins de internacionalização de empresas brasileiras por meio de inovação tecnológica (art. 19, § 6º, inciso VIII da mesma). Ações desse tipo, de toda forma, só poderão ser efetuadas caso ausentes vedações à destinação de recursos públicos para fora do país, como a prevista no § 3º, art. 3º do Decreto 9.283/18.

3.2 Condicionantes infraconstitucionais

Abordadas as condicionantes constitucionais aos financiamentos, passa-se ao exame daquelas existentes na esfera infraconstitucional. Aqui, novamente, de forma ainda mais óbvia, uma análise exaustiva seria contraproducente. Como ocorre em formas de atuação pública complexas, o desempenho dessa atividade de fomento envolve a integração de diplomas normativos variados e múltiplos ramos jurídicos.[458]

Tome-se como exemplo a celebração de um empréstimo a empresa inovadora. Por se tratar de mútuo, ele é regido por normas do Código Civil para essa modalidade contratual. A destinatária, caso sociedade anônima, deve seguir a Lei nº 6.404/76 para contraí-lo. O financiador, caso componente do Poder Público, será regido pelo direito administrativo. O ajuste também pode contar com obrigações acessórias sobre meio ambiente e propriedade intelectual, atraindo os ramos jurídicos pertinentes. E assim por diante.

Essa múltipla incidência é algo bastante corrente na vivência jurídica. O que se quer é não deixar de sublinhar que os financiamentos também precisam ser compreendidos como resultantes dela, mesmo que nessa análise seja dado maior destaque apenas a uma parcela específica do que o ordenamento exige.

Dito isso, começa-se abordando o diploma legislativo que, junto à sua regulamentação, constitui a principal moldura normativa para os financiamentos: a Lei nº 10.973/04.[459]

---

[458] Como alerta Fernando Dias Menezes de Almeida, "o Direito, enquanto *fenômeno normativo* – objeto da ciência do Direito – não comporta, sob pena de se falsear a descrição da realidade, distinções específicas por ramos do conhecimento" (ALMEIDA, Fernando Dias Menezes de. *Contrato administrativo*. São Paulo: Quartier Latin, 2012. p. 15).

[459] Lembre-se, como dito, que essa não é a única norma que dispõe sobre fomento à inovação empresarial. Mesmo que ela seja a mais estruturante na sistemática de CTI brasileira há também normas que disciplinam o tema para contextos mais delimitados, como ocorre com a Lei do Bem (Lei nº 11.196/05), quando imposição de gastos obrigatórios em P&D, tais como as existentes no setor petrolífero (Lei nº 9.478/97), e de energia elétrica, (Lei nº 9.991/00), assim como os dispositivos facilitadores das compras públicas presentes na Lei nº 14.133/21. Para uma abordagem rápida de alguns dos diplomas pertinentes ao fomento da atuação empresarial inovadora, vide MOREIRA, Natalia Rebello. *Atividade estatal de fomento à inovação tecnológica em empresas*. 2018. Dissertação (Mestrado em Direito) – Faculdade de Direito, Universidade de São Paulo, São Paulo, 2018. p. 55-62. Discutindo o significado dado à inovação na Nova Lei de Licitações, cf. MOURÃO, Carolina Mota; SANTOS, Fabio Gomes dos; MACERA, Paulo Henrique; MONTEIRO,

3.2.1 A Lei de Inovação e seu regulamento como parâmetros principais

A Lei nº 10.973/04, conhecida como a Lei de Inovação, advém do Projeto de Lei nº 3.476/04[460]. De autoria do Poder Executivo, ele foi enviado à Câmara dos Deputados com fundamentação subscrita à época pelos titulares do Ministério de Ciência e Tecnologia, Ministério da Indústria, Comércio Exterior e Serviços, Ministério da Fazenda e da Casa Civil da Presidência da República.[461]

A justificativa do projeto explicita preocupações já existentes à época. Nesse sentido, é referido o baixo desempenho inovativo das empresas brasileiras, sublinhando que o desenvolvimento tecnológico constitui elemento necessário ao aprimoramento da sua competitividade; pontuada a urgência da superação de preconceitos quanto ao direcionamento de recursos públicos para o fomento à inovação empresarial;[462] e salientada importância do fortalecimento

---

Vítor. Significado, alcance e contextualização de inovação no contexto da nova lei de licitações. *In:* CUNHA FILHO, Alexandre Jorge; PICCELLI, Roberto Ricomini; ARRUDA, Carmem Silvia (coord.). *Lei de licitações e contratos comentada:* Lei nº 14.133/21. São Paulo: Quartier Latin, 2022. v. I. p. 103-139.

[460] Para o trâmite desse projeto na Câmara dos Deputados, cf. https://www.camara.leg.br/proposicoesWeb/fichadetramitacao?idProposicao=251745. Acesso em: 10 jun. 2020. No Senado, em https://www25.senado.leg.br/web/atividade/materias/-/materia/69193. Acesso em: 10 jun. 2020. A Lei de Inovação também tem uma origem mais remota: o Projeto de Lei nº 7.282/02, originário igualmente do Poder Executivo, mas retirado de pauta para dar lugar ao projeto de 2004. Ele está disponível em: https://www.camara.leg.br/proposicoesWeb/fichadetramitacao?idProposicao=96479. Acesso em: 16 jun. 2020. Explorando essa última proposição, que serviu como base para o Projeto de Lei nº 3.476/04, vide MONTEIRO, Vítor. *Características do sistema jurídico brasileiro de fomento estatal à inovação.* 2021. Tese (Doutorado em Direito) – Faculdade de Direito, Universidade de São Paulo/Université Paris II Panthéon-Assas, São Paulo/Paris, 2021. p. 571-583. Explorando essa última proposição, que serviu como base para o Projeto de Lei nº 3.476/04, vide Explorando essa última proposição, que serviu como base para o Projeto de Lei nº 3.476/04, vide MONTEIRO, Vítor. *Características do sistema jurídico brasileiro de fomento estatal à inovação.* 2021. Tese (Doutorado em Direito) – Faculdade de Direito, Universidade de São Paulo/Université Paris II Panthéon-Assas, São Paulo/Paris, 2021. p. 571-583.

[461] Então sob a direção de Eduardo Campos, Luis Fernando Furlan, Antonio Palocci e José Dirceu de Oliveira e Silva, respectivamente.

[462] A justificativa do Projeto de Lei nº 3.476/04 aduzia: "[n]esse contexto, tendo em vista que a produção científica, especialmente aquela proveniente das Universidades públicas, que constituem significativa parte da produção nacional, evidencia um contraste marcante entre um país que produz ciência de fronteira mas que não interage, como poderia e deveria, com o setor produtivo. Como consequência, incorporamos pouca tecnologia de ponta diretamente nos produtos, tornando-os pouco competitivos, seja no mercado interno como externo. [...] A intenção de formar um contexto propício ao desenvolvimento

das interações entre os centros produtores de conhecimento científico e as empresas, para que o setor produtivo possa aproveitar um potencial nacional já existente.[463]

Em termos de estrutura, um aspecto marcante da Lei de Inovação, e visível desde a propositura do Projeto de Lei nº 3.476/04, é a opção pela separação da disciplina pormenorizada das medidas de índole fiscal dos demais instrumentos de estímulo à inovação.[464] Mantida malgrado diversas tentativas de reversão durante os debates parlamentares,[465] essa divisão torna necessário ter em mente

---

tecnológico do País ensejou inúmeras discussões acerca do papel do Governo Federal e da forma de utilização de ferramentas como os fundos setoriais de ciência e tecnologia. O resultado da análise da experiência estrangeira e a contribuição de atores diretamente envolvidos com o tema da inovação sustentaram a defesa de uma posição antes polêmica. Ponto nevrálgico do desenvolvimento tecnológico de um País, o fomento direto ao setor produtivo foi incluído na presente proposta com o objetivo de fortalecer a inovação de processos e produtos, consolidando, assim, a competitividade da indústria nacional. [...] A medida impõe mudanças culturais de grande relevo ao País, superando o obstáculo ideológico na utilização de recursos públicos pela iniciativa privada. A importância e ousadia de uma proposição dessa natureza serão fatores definitivos para o alcance dos resultados esperados, vale dizer, o estímulo ao ambiente de produção inovadora de produtos e processos pelas empresas nacionais".

[463] Ainda na justificativa, "[o] Projeto de Lei em questão tem o grande emérito de tentar enfrentar esse desafio, em particular quando reconhece que entre as soluções apontadas para corrigir rumos está incrementar a interação entre Instituições Científicas e Tecnológicas, incluindo os Centros de Educação Tecnológica, que afinal produzem ciência de qualidade, pelo menos algumas delas, e o parque produtivo. Em perspectiva, é correto prever que tal interação possa constituir mais um diferencial positivo a favor de gradativamente incorporarmos mais tecnologia nos nossos produtos e desta forma os transformarmos em mais competitivos".

[464] Apesar de reconhecer a relevância do tema, a justificativa destacava a opção por tratar dos incentivos fiscais em outra proposição. O texto final contou, ainda, com o art. 28, que em seu parágrafo único previa que "o Poder Executivo encaminhará ao Congresso Nacional, em até 120 (cento e vinte) dias, contados da publicação desta Lei, projeto de lei para atender o previsto no *caput* deste artigo". É possível que a Lei nº 11.196/05 (Lei do Bem) seja uma tentativa de atender essa demanda, dado que a conversão em lei da Medida Provisória que teria lhe dado origem (a MPV 255/05) foi registrando adições que conduziram à sua formatação atual. Isso é o que sustenta Denis Borges Barbosa, cf. BARBOSA, Denis Borges. Comentários à lei de inovação. In: BARBOSA, Denis Borges (org.). *Direito da inovação*: comentários à lei federal de inovação, incentivos fiscais à inovação, legislação estadual e local, poder de compra do estado (modificações à lei de licitações). 2. ed. Rio de Janeiro: Lumen Juris, 2011. p. 191. De toda forma, entende-se que seria necessário um aprofundamento das pesquisas nesse campo para se ter maior certeza quanto a tal afirmação, dada a possibilidade de terem ocorrido outras proposições legislativas com intuito de satisfação dessa exigência. O trâmite na Câmara dos Deputados, encontra-se disponível em: https://www.camara.leg.br/proposicoesWeb/fichadetramitacao?idProposicao=292729. Acesso em: 17 jun. 2020.

[465] Veja-se o conteúdo de diversas emendas apresentadas ao plenário da Câmara dos Deputados durante a tramitação legislativa, conforme pode ser encontrado no Relatório da Comissão Especial que analisou o projeto apresentado pelo Deputado Zarattini (PT)

que outros diplomas normativos[466] precisam ser considerados para que um panorama mais completo dos incentivos à inovação empresarial no país possa ser obtido.[467]

Mesmo com essa (importante) limitação, o Projeto de Lei nº 3.476/04 tinha pretensão de amplitude desde a sua formulação inicial. Assim, ela já se dividia em seus atuais sete capítulos, versando sobre a construção de ambientes especializados e cooperativos de inovação (capítulo II); à participação de ICTs nos processos de inovação (III); do estímulo à inovação nas empresas (IV); do estímulo ao inventor independente (V) e em relação aos fundos de investimento (VI), afora disposições preliminares (I) e finais (VII).[468]

No que concerne diretamente ao estímulo à inovação empresarial, os debates parlamentares[469] sublinhavam a[470] da subvenção

---

Para seu acesso, vide o registro de 7 de julho de 2004, que pode ser acessado em https://www.camara.leg.br/proposicoesWeb/fichadetramitacao?idProposicao=251745. Acesso em: 10 jun. 2020. Na oportunidade, se citou como justificativa para o afastamento dessas propostas o disposto no art. 150, § 6º da Constituição, que exige que qualquer forma de subsídio, isenção, redução de base de cálculo, concessão de crédito presumido, anistia ou remissão, relativos a impostos, taxas ou contribuições, só pode ser concedido mediante lei específica que regule exclusivamente as matérias acima enumeradas ou o correspondente tributo ou contribuição. Reiterada, na Comissão de Constituição e Justiça do Senado Federal, a mesma argumentação para, também ali, negar prosseguimento a emendas da mesma índole, como pode ser verificado observando-se o Parecer do Relator Senador Aloizio Mercadante (PT), no registro de 10 de novembro de 2014 do trâmite da lei no Senado Federal.

[466] A já referida Lei do bem e a Lei da Informática (Lei nº 8.248/1991) são exemplos de diplomas relevantes aos incentivos fiscais concedidos às empresas brasileiras. Como exemplo de análise que investiga uma das muitas dimensões de incentivo à inovação por meio de incentivos fiscais, vide MURÇA, Alan; D'ÁVILA, Lucimara Santos; BABINSKI, Daniel de Oliveira. Incentivos Tributários à Importação de Bens para PD&I e Procedimentos Aduaneiros à Luz do Decreto Federal de Inovação. *In*: SANTOS, Fabio Gomes dos; BABINSKI, Daniel de Oliveira (org.). *Decreto federal de inovação*: novas oportunidades. São Paulo: Observatório de Inovação e Competitividade, 2019. v. 2. p. 80-84.

[467] Cumprindo observar, de toda feita, que a Lei nº 13.243/13, que alterou a Lei de Inovação, passou a fazer com que a última previsse explicitamente os incentivos fiscais como instrumento de estímulo à inovação das empresas no § 2º-A, inciso VI, do art. 19, reconhecendo a importância dessas para a sistemática de fomento à CTI pátria.

[468] Note-se, por exemplo, que mesmo o manejo do poder de compra pelo Estado já era disciplinado na redação original da Lei de Inovação, seja ao tratar das encomendas tecnológicas, seja ao alterar a Lei de Licitações então vigente (Lei nº 8.666/93).

[469] Para um relato mais pormenorizado da tramitação legislativa, vide MONTEIRO, Vítor. *Características do sistema jurídico brasileiro de fomento estatal à inovação*. 2021. Tese (Doutorado em Direito) – Faculdade de Direito, Universidade de São Paulo/Université Paris II Panthéon-Assas, São Paulo/Paris, 2021. p. 583-595.

[470] Embora seja laudável a intenção parlamentar de expressamente dotar o ordenamento de um instrumento não reembolsável direcionado especificamente ao estímulo da inovação empresarial, é importante também ter em mente que, em termos técnicos jurídicos, as

econômica como instrumento de fomento, somando-a aos já praticados empréstimos e à aquisição de participação societária. Também se vaticinava a importância de que o manejo de instrumentos de estímulo à inovação mais tradicionais fosse feito de forma mais consentânea ao estímulo da inovação.[471]

Os parlamentares também foram introduzindo no projeto direcionadores da ação pública, somando-se às diretivas constitucionais ou as especificando. É o caso da necessidade de atendimento à política industrial e tecnológica nacional; da promoção de atividades de capacitação tecnológica em regiões menos desenvolvidas e na Amazônia; atendimento a programas e projetos de estímulo à inovação na indústria de defesa nacional; que ampliem a exploração da Zona Econômica Exclusiva e da Plataforma Continental; tratamento favorecido a empresas de pequeno porte e tratamento preferencial na aquisição de bens e serviços por empresas brasileiras que invistam em P&D no país.[472]

À Lei nº 10.973/04 seguiu-se o Decreto nº 5.563/05, essencialmente replicando seus ditames em um exercício comedido

---

subvenções são praticadas no Brasil desde muito antes da existência da Lei nº 10.973/04. É o que se pode perceber consultando o discutido no item 5.2.3.1.

[471] "Quanto ao conjunto de dispositivos que pretendem estimular a inovação nas empresas, cumpre destacar como principal novidade a destinação de recursos financeiros, na forma de subvenção econômica, ao setor produtivo, uma vez que os mecanismos de participação societária e de financiamento já estão presentes no nosso ordenamento jurídico e já são empregados há muitos anos. Com relação a esses dois últimos mecanismos, cumpre apenas referir a necessidade de melhor adequá-los à natureza de projetos voltados para a inovação tecnológica, que envolvem alto risco e, muitas vezes, são apresentados por empresas que não possuem ainda capacidade para arcar com os custos financeiros nem para apresentar as garantias necessárias em caso de financiamento". Cf. Relatório da Comissão Especial que analisou o projeto apresentado pelo Deputado Zarattini (PT), que pode ser acessado no registro de 7 de julho 2004 em https://www.camara.leg.br/proposicoesWeb/fichadetramitacao?idProposicao=251745. Acesso em: 10 jun. 2020.

[472] São diretivas insertas nos atuais arts. 19, *caput* e § 1º, e 27 da Lei de Inovação. A justificativa para tanto encontra-se no relatório da Comissão Especial que se acaba de mencionar, sendo apresentada nos seguintes termos: "[p]or último, introduzimos dois novos artigos no projeto. O primeiro deles, que atende a preocupações de diversos segmentos interessados e dos ilustres membros desta Comissão Especial, inclusive deste Relator, estabelece diretrizes a serem seguidas na aplicação da Lei de Inovação, quais sejam: ações voltadas para aumentar a capacitação tecnológica, tanto do sistema de pesquisa, como do setor produtivo, nas regiões menos desenvolvidas e na Amazônia; atendimento a programas e projetos de estímulo à inovação na indústria de defesa nacional e que ampliem a exploração da Zona Econômica Exclusiva e da Plataforma Continental; tratamento favorecido a empresas de pequeno porte; e tratamento preferencial, na aquisição de bens e serviços pelo Poder Público, a empresas que invistam em pesquisa e desenvolvimento no País, uma espécie de *Brazilian Buy Act* para a inovação, acatando parcialmente a Emenda nº 8, do nobre Deputado Renato Casagrande".

da função regulamentar.[473] Tais diplomas, de toda forma, passariam respectivamente por modificação e revogação, por força da Lei nº 13.243/16, no primeiro caso, e do Decreto nº 9.283/18.

A justificativa do Projeto de Lei nº 2.177/11,[474] que culminou na Lei nº 13.243/16,[475] deixa clara a permanência de uma insatisfação com o desempenho do SNCTI.[476] O projeto, de autoria de um grupo de deputados de variados partidos,[477] era ambicioso: propunha-se a instituição de um *Código Nacional de Ciência, Tecnologia e Inovação*. Destacava-se nele a proposta de regramento específico de contratação no âmbito da CTI que afastaria o regime geral (então o da Lei nº 8.666/93) e a flexibilização do regime de

---

[473] Como esse regulamento foi revogado, não se considerou conveniente examiná-lo. Quanto à sua semelhança ao texto da Lei de Inovação, veja-se que, em uma aproximação extremamente simplória, Decreto nº 5.563/05 contara, ao final, com 30 artigos. Assim, ao possuir apenas um artigo a mais do que a lei que disciplina, pode-se já imaginar que não foi intensamente explorada a prerrogativa regulamentar.

[474] Para sua tramitação na Câmara dos Deputados, cf. https://www.camara.leg.br/proposicoesWeb/fichadetramitacao?idProposicao=518068. Acesso em: 10 jun. 2020. No Senado, vide https://www25.senado.leg.br/web/atividade/materias/-/materia/122406. Acesso em: 10 jun. 2020.

[475] Para um aprofundamento das múltiplas origens desse diploma, tais como o germe de sua criação em fóruns de entes públicos responsáveis pelo fomento a CTI, e maiores detalhes de seu trâmite legislativo cf. MONTEIRO, Vítor. *Características do sistema jurídico brasileiro de fomento estatal à inovação*. 2021. Tese (Doutorado em Direito) – Faculdade de Direito, Universidade de São Paulo/Université Paris II Panthéon-Assas, São Paulo/Paris, 2021. p. 654-671. Para um relato dessa experiência por parte de alguns de seus envolvidos, cf. NADER, Helena Bonciani; OLIVEIRA, Fabiola de; MOSSRI, Beatriz de Bulhões (org.). *A ciência e o poder legislativo*: relatos e experiências. São Paulo: SBPC, 2017. p. 22-100.

[476] Nos termos da justificativa do Projeto de Lei nº 2.177/11: "[a] área de Ciência, Tecnologia e Inovação – CT&I, no Brasil, não vem alcançando os resultados necessários a que cumpra seu relevante papel no desenvolvimento econômico e social do país. Tampouco tem conseguido exercer com plenitude seu potencial, que é de expressiva monta, considerando a qualidade de grande parte das Universidades e Centros Acadêmicos, a capacidade inovadora das empresas, as políticas públicas de fomento, indução e incentivo. [...] Um dos principais entraves é a legislação de regência, que, não obstante se considerar os avanços já contidos nos textos da Lei Federal de Licitações, Lei de Inovação e Lei do Bem, ainda está aquém do dinamismo e da realidade do setor, que envolve vários atores e parceiros que, de há muito, reivindicam agilidade e desburocratização para que sejam efetivadas ações mais contundentes e bem-sucedidas em prol do desenvolvimento que se refletirá beneficamente sobre todas as camadas da sociedade [...] A Lei de Inovação, mesmo que ainda recente, necessita reformulação, para que sua operação e execução atenda realmente, em níveis minimamente satisfatórios, aos usuários do Sistema Nacional de CT&I".

[477] São os parlamentares Bruno Araújo (PSDB), Antonio Imbassahy (PSDB), Ariosto Holanda (PSB), Carlinhos Almeida (PT), Izalci Lucas (Partido da República – PR), José Rocha (PR), Miro Teixeira (PDT), Paulo Piau (PMDB), Rogério Peninha Mendonça (PMDB) e Sandro Alex (PPS).

trabalho dos pesquisadores,⁴⁷⁸ sem deixar de dispor sobre outras matérias.⁴⁷⁹

Entretanto, durante o transcorrer do processo legislativo o escopo dessa iniciativa foi reduzido. O relatório da Comissão Especial que o analisou na Câmara dos Deputados reconhecera seu mérito⁴⁸⁰ mas apresentou substitutivo com alterações substanciais. Foi assim refutada a ideia de criar um corpo de legislação autônomo, adotando-se uma abordagem reformista da Lei de Inovação.⁴⁸¹

---

⁴⁷⁸ Ainda na justificativa, "[o] regramento para aquisições e contratações, no âmbito da CT&I, deve ser mais célere e descomplicado, afastando-se do setor a incidência da atual Lei Federal de Licitações, cuja morosidade de procedimentos vem obstaculizando, senão inviabilizando, um sem-número de projetos científicos e de inovação que poderiam resultar em inimagináveis ganhos diretos e indiretos para a sociedade. Assim também o denominado regime de 'dedicação exclusiva' imposto aos pesquisadores nacionais, que deve ser interpretado de forma mais abrangente, de modo a propiciar que estes participem efetivamente do processo de inovação nas empresas, posto que detentores do conhecimento que irá gerar, na prática, novos produtos, processos, empreendimentos, empregos, receita, desenvolvimento".

⁴⁷⁹ Havia ainda dispositivos relativos a acesso a biodiversidade e importações, com alterações em legislação esparsa. Cf., nesse sentido, relatório anexo à tramitação do dia 1 de abril de 2014 em https://www.camara.leg.br/proposicoesWeb/fichadetramitacao?idProposicao=518068. Acesso em: 10 jun. 2020.

⁴⁸⁰ Nos termos do relatório, "[t]rata-se de um esforço meritório, pois ataca aquele que talvez seja o principal problema de longo prazo de nosso país: nossa produtividade vem declinando em vários setores da economia. E um importante componente desse declínio é a falta de inovação em nossos processos produtivos e na concepção de produtos e modelos de negócio".

⁴⁸¹ "a) O texto em exame reproduz ou aperfeiçoa dispositivos da Lei de Inovação, Lei nº 10.973, de 2 de dezembro de 2004, oferecendo-os, porém, na forma de lei autônoma. Tal estratégia de redação traz o risco de se recair em inconstitucionalidade, pois alguns desses dispositivos referem-se a matéria de iniciativa exclusiva do Presidente da República. Como a maior parte das mudanças decorre da necessidade de pequenos ajustes ou aperfeiçoamentos de redação, que não afetam, no mérito, o objetivo principal da norma existente, é mais adequado modificar a lei em vigor, em lugar de substituí-la por novo diploma, evitando-se assim a referida inconstitucionalidade. b) Alguns tópicos, embora importantes, guardam polêmica que pode impedir o avanço do debate, pois impactam em outros temas que ainda estão sendo trabalhados no âmbito do Poder Executivo. É o caso do tratamento de biodiversidade, que optamos por regulamentar, mais adiante, em texto próprio a ser oferecido a esta Casa pelo Poder Executivo. c) Outros temas, a exemplo da aquisição de bens e do tratamento dado às importações, dispõem de alternativas administrativas ou jurídicas mais eficazes para sua solução. No caso das compras destinadas à P&D, acatamos a visão de vários dos apresentadores nas audiências públicas, de que as opções por um regime diferenciado de contratações ou pela utilização de pregão poderão trazer resultados mais alentadores do que a criação de um complexo procedimento próprio, como faz o PL 2.177, de 2001. Em relação às importações, os dispositivos da Lei nº 8.010, de 1990, já preveem o despacho aduaneiro simplificado que os autores sugerem, carecendo principalmente de regulamentação apropriada e de pequenos aperfeiçoamentos que nos dispusemos a introduzir". Vide o

Mesmo com essa redução de alcance, é importante dizer que essa comissão, além de propor encaminhamentos que desaguaram na EC nº 85/05, inseriu novos elementos ao debate,[482] mesmo que algumas de suas propostas importantes não tenham prosperado.[483] O projeto ainda foi objeto de emendas quando da sua votação em plenário da Câmara dos Deputados;[484] já no Senado ele recebeu apenas emendas redacionais.[485] O Executivo vetou poucos dispositivos,[486] não havendo derrubada de vetos pelo Congresso Nacional.

Logo em seguida, e como consequência das mudanças na Lei de Inovação, o Decreto nº 9.283/18 substituiu o Decreto nº 5.563/05.

---

relatório anexo à tramitação do dia 22 de outubro de 2013 em Câmara dos Deputados, cf. https://www.camara.leg.br/proposicoesWeb/fichadetramitacao?idProposicao=518068. Acesso em: 10 jun. 2020.

[482] Exemplos conexos ao tema desta pesquisa são a previsão de prestação de contas uniformizada e simplificada dos recursos destinados à inovação, assim como a previsão de dispensa de licitação no caso da alienação das participações societárias adquiridas pelo Estado para fins de fomento à inovação, respectivamente. Ambas as diretivas acabaram, após ajustes, a figurarem em dispositivos como os arts. 27-A e 5º, § 3º, da redação da Lei de Inovação.

[483] Por exemplo, o conteúdo de um proposto § 8º para o art. 19. Nesse artigo, que dispõe sobre instrumentos de fomento à inovação nas empresas, constaria "§ 8º A destinação de instrumentos integrados às empresas poderá prescindir de chamada pública, de acordo com regulamento a ser editado pelos órgãos do Poder Executivo". Sobre a temática do chamamento público durante processos seletivos para celebração dos financiamentos, cf. item 6.3.2. Esse dispositivo, entretanto, já havia sido suprimido da redação emendada e aprovada pelo plenário da Câmara, conforme indicam os anexos dos trâmites de 9 de julho 2015 da tramitação do projeto na Câmara dos Deputados.

[484] Nesse estágio multiplicaram-se dispositivos que fizeram a Lei nº 13.243/16 alterar outros diplomas. Um exemplo é a possibilidade de adoção do Regime Diferenciado de Contratações Públicas – RDC, previsto na Lei nº 12.462/11 para "ações em órgãos e entidades dedicados à ciência, à tecnologia e à inovação" (art. 1º, inciso X, da Lei do RDC). Cf., nesse sentido, os artigos anexos aos trâmites de 9 de julho 2015 do disponíveis em Câmara dos Deputados, cf. https://www.camara.leg.br/proposicoesWeb/fichadetramitacao?idProposicao=518068. Acesso em: 10 jun. 2020.

[485] Cf. os trâmites relativos a 9 de dezembro de 2015, em https://www25.senado.leg.br/web/atividade/materias/-/materia/122406. Acesso em: 10 jun. 2020.

[486] Quanto aos vetos, o Presidente da República manifestou-se contrariamente a dispositivos ensejadores de impactos na arrecadação; a cobrança de taxa de administração em instrumentos previstos pela lei (temática relevante para o funcionamento das fundações de apoio); concessão de autonomia gerencial a entes públicos por via contratual prevista no art. 37, § 8º da Constituição; e a ampliação de dispensa para de licitação para microempresas e empresas de pequeno e médio porte no contexto da prestação de serviços ou fornecimento de bens elaborados com aplicação sistemática de conhecimentos científicos e tecnológicos. Cf. informações disponíveis em: https://www2.camara.leg.br/legin/fed/lei/2016/lei-13243-11-janeiro-2016-782239-veto-149183-pl.html. Acesso em: 18 jun. 2020.

Dessa vez a prerrogativa regulamentar foi intensamente utilizada pelo Executivo: o novo decreto tinha 84 artigos, frente aos 29 artigos da Lei de Inovação.[487]

Promovida essa contextualização da Lei de Inovação, passa-se, então ao comentário de alguns de seus dispositivos. Como feito quando do tratamento do capítulo constitucional sobre CTI serão realçados apenas elementos particularmente relevantes à disciplina jurídica dos financiamentos em estudo.[488] Quanto ao Decreto nº 9.283/18,[489] ele será suscitado apenas quando seus dispositivos complementarem o disposto na Lei nº 10.973/04 de forma que mereça ser sublinhada para os fins desta investigação. Também não será abordada a disciplina de assuntos a serem tratados adiante de forma mais pormenorizada, reservando-se a sua menção a momentos mais oportunos, como ocorre com o regramento dos instrumentos de estímulo à inovação empresarial.[490]

Nesses termos, os comentários abrangerão dispositivos previstos nos Capítulos I e VII da Lei de Inovação, relativos res-

---

[487] Lembre-se que o decreto anterior tinha parcos 30 artigos, replicando em essência a Lei de Inovação. Para comentários sobre o novo decreto após a sua publicação, vide ARIENTE, Eduardo Altomare; BABINSKI, Daniel de Oliveira. Impressões sobre o novo decreto do Marco Legal de Ciência, Tecnologia e Inovação. *Consultor Jurídico*, São Paulo, 17 abr. 2018.

[488] Para comentários artigo a artigo da lei, embora não abrangendo as suas alterações mais recentes, cf. BARBOSA, Denis Borges (org.). *Direito da inovação*: comentários à lei federal de inovação, incentivos fiscais à inovação, legislação estadual e local, poder de compra do estado (modificações à lei de licitações). 2. ed. Rio de Janeiro: Lumen Juris, 2011. Para comentários sobre as novidades na Lei de Inovação após a Lei nº 13.243/16 e seu novo decreto regulamentador, cf. PORTELA, Bruno Monteiro; BARBOSA Caio Márcio Melo; MURARO, Leopoldo Gomes; DUBEUX, Rafael (org.). *Marco legal da ciência, tecnologia e inovação no Brasil*. Salvador: Juspodivm, 2020. Também SOARES, Fabiana de Menezes; PRETE, Esther Külkamp Eying (org.). *Marco regulatório em ciência, tecnologia e inovação*: texto e comentário da lei nº 13.243/2016. Belo Horizonte: Arraes, 2018. Delineando mudanças trazidas pela nova legislação especificamente quanto à relação ICT-empresa, vide RAUEN, Cristiane Vianna. O novo marco legal da inovação no Brasil: o que muda na relação ICT-empresa? *Radar*, São Paulo, n. 43, p. 21-35, 2016.

[489] Lembrando que o Decreto nº 9.283/18, enquanto manifestação do poder regulamentar no âmbito da União, não vincula os outros entes da federação, dada a autonomia que lhes é constitucionalmente assegurada (art. 18, *caput*, da Constituição). Assim, os demais entes federados podem regulamentar a Lei de Inovação assumindo-a como norma geral sobre a matéria, por força do art. 24, inciso IX § 1º da Constituição (sem aqui adentrar em debates quanto a tal natureza em cada um dos dispositivos que a compõem). É o que ocorreu no âmbito paulista via o Decreto Estadual nº 62.817/17.

[490] Examinados no capítulo 5.

pectivamente a disposições preliminares e finais, e IV, dedicado ao estímulo à inovação nas empresas.

O *caput* do art. 1º[491] explicita o objeto do diploma (as medidas de incentivo à inovação e pesquisa científica e tecnológica) e o foco para sua utilização (o ambiente produtivo). São também arrolados fins ("com vistas à"): *a capacitação tecnológica,* a *autonomia tecnológica* e o *desenvolvimento do sistema produtivo nacional e regional pátrio.* À primeira vista é possível suspeitar de que se trata de simples reiteração do texto constitucional, que é inclusive referido no dispositivo. Mas, mesmo que sutis, algumas diferenças redacionais cristalizam um direcionamento da atuação pública que ecoa a preocupação com a capacidade inovativa das empresas brasileiras, tema de destaque desde a propositura da Lei de Inovação.

Note-se que o texto constitucional menciona essas finalidades em contextos ligeiramente distintos, e de forma mais esparsa. Ele aborda a *capacitação científica e tecnológica* ao estabelecer as linhas mestras para a atuação estatal em matéria de CTI (art. 218, *caput*). Quanto à *autonomia tecnológica,* ela é referida apenas quando da disciplina do mercado interno nacional, ao estabelecer medidas para o seu incentivo devem viabilizá-la (art. 219, *caput*). Por fim, o *desenvolvimento do sistema produtivo nacional e regional* é citado como uma das finalidades preponderantes da *pesquisa tecnológica*, ao lado da solução dos problemas brasileiros (art. 218, § 2º).

Mesmo que as expressões sejam as mesmas, há direcionamento para um contexto específico: a das intervenções estatais no ambiente produtivo. Mesmo que o diploma não descuide da valorização da pesquisa científica em geral, seu primeiro artigo é um parâmetro importante para sua exegese. Assim, se a Lei de Inovação também pode fundamentar esforços de pesquisa básica, seu foco primário são as demandas do ambiente produtivo, e não a simplex expansão da Ciência.[492]

---

[491] Art. 1º Esta Lei estabelece medidas de incentivo à inovação e à pesquisa científica e tecnológica no ambiente produtivo, com vistas à capacitação tecnológica, ao alcance da autonomia tecnológica e ao desenvolvimento do sistema produtivo nacional e regional do País, nos termos dos arts. 23, 24, 167, 200, 213, 218, 219 e 219-A da Constituição.

[492] Sobre distintos significados de Ciência, Tecnologia e Inovação para esta pesquisa cf. item 1.1.1.

O seu parágrafo único,[493] por sua vez, condiciona o manejo das medidas de incentivo pela via principiológica.[494] Essas diretivas, produto da Lei nº 13.243/16, trazem vários desdobramentos frente a um *caput* comparativamente mais singelo. Sua história legislativa talvez o explique: originalmente eles integrariam um capítulo novo na Lei de Inovação, a ser intitulado "da política nacional de ciência tecnologia inovação", durante os debates sobre o Projeto de Lei nº 2.177/11.[495]

Interessa comentá-los.

Quanto aos incisos I e II, o acento dado à natureza estratégica e à importância da continuidade de processos associados a CTI indicam a necessidade de planejamento prévio tanto para a implementação

---

[493] "Parágrafo único. As medidas às quais se refere o *caput* deverão observar os seguintes princípios:
I – promoção das atividades científicas e tecnológicas como estratégicas para o desenvolvimento econômico e social;
II – promoção e continuidade dos processos de desenvolvimento científico, tecnológico e de inovação, assegurados os recursos humanos, econômicos e financeiros para tal finalidade;
III – redução das desigualdades regionais;
IV – descentralização das atividades de ciência, tecnologia e inovação em cada esfera de governo, com desconcentração em cada ente federado;
V – promoção da cooperação e interação entre os entes públicos, entre os setores público e privado e entre empresas;
VI – estímulo à atividade de inovação nas Instituições Científica, Tecnológica e de Inovação (ICTs) e nas empresas, inclusive para a atração, a constituição e a instalação de centros de pesquisa, desenvolvimento e inovação e de parques e polos tecnológicos no País;
VII – promoção da competitividade empresarial nos mercados nacional e internacional;
VIII – incentivo à constituição de ambientes favoráveis à inovação e às atividades de transferência de tecnologia;
IX – promoção e continuidade dos processos de formação e capacitação científica e tecnológica;
X – fortalecimento das capacidades operacional, científica, tecnológica e administrativa das ICTs;
XI – atratividade dos instrumentos de fomento e de crédito, bem como sua permanente atualização e aperfeiçoamento;
XII – simplificação de procedimentos para gestão de projetos de ciência, tecnologia e inovação e adoção de controle por resultados em sua avaliação;
XIII – utilização do poder de compra do Estado para fomento à inovação;
XIV – apoio, incentivo e integração dos inventores independentes às atividades das ICTs e ao sistema produtivo".

[494] Para uma abordagem desses incisos em uma dimensão principiológica, cf. MATA, Paula Carolina de Azevedo da; CORDEIRO, Marisa Neves Magalhães. Os princípios do novo marco regulatório da ciência, tecnologia e inovação. In: SOARES, Fabiana de Menezes; PRETE, Esther Külkamp Eying (org.). *Marco regulatório em ciência, tecnologia e inovação*: texto e comentário da lei nº 13.243/2016. Belo Horizonte: Arraes, 2018. p. 116-132.

[495] Esse capítulo constou do substitutivo apresentado pela Comissão Especial da Câmara dos Deputados durante o trâmite do Projeto de Lei nº 2.177/11. Cf. relatório anexo à tramitação do dia 1 de abril de 2014 em https://www.camara.leg.br/proposicoesWeb/fichadetramitacao?idProposicao=518268. Acesso em: 10 jun. 2020.

das medidas de incentivo quanto para sua manutenção.[496] A utilização de incentivos não deverá ser errática, impensada, ou baseada unicamente na satisfação de objetivos pessoais e transitórios dos dirigentes da instituição financiadora. O fomento à inovação deve ocorrer de forma estruturada e premeditada, considerando os recursos humanos, econômicos e financeiros a serem utilizados, prevendo ainda formas de monitoramento aptas a conduzir tanto ao seu aprimoramento quanto à sua descontinuidade na ausência de resultados satisfatórios.

Os incisos III e IV sublinham a importância da dispersão dos estímulos pelo território nacional e dentro do próprio aparato estatal. A primeira orientação se coaduna com objetivos fundamentais da república brasileira,[497] contrapondo-se ao conhecido desequilíbrio no desenvolvimento das atividades de CTI no país.[498] Na seara dos financiamentos, a segunda orientação pode ser associada aos esforços de descentralização para tornar a oferta de incentivos mais acessíveis aos seus destinatários.[499]

Essa temática tem conexão com a diretriz constante do art. 27, inciso I, da Lei de Inovação.[500] As diretrizes para a aplicação da lei estabelecem que, nas regiões menos desenvolvidas e na Amazônia,

---

[496] Principalmente considerando riscos históricos como o de contingenciamento de recursos para o financiamento da CTI pátria. Sobre o tema, dentro da discussão sobre as condicionantes atinentes às fontes dos recursos, cf. item 3.3.2.

[497] Relembre-se que a redução das desigualdades sociais e regionais figuram ao lado da erradicação da pobreza e marginalização no art. 3º da Constituição, que estabelece os objetivos fundamentais da República Federativa do Brasil e também como princípios da ordem econômica pátria (art. 170, inciso VII, da Constituição).

[498] Na realidade brasileira verifica-se uma concentração significativa das atividades de CTI na região centro-sul do país, e de forma mais intensa ainda no estado de São Paulo. Abordando a temática da inovação sob uma perspectiva geográfica, cf. TUNES, Regina Helena. *Geografia da inovação*: território e inovação no Brasil no século XXI. 2015. Tese (Doutorado em Geografia) – Faculdade de Filosofia e Ciências Humanas, Universidade de São Paulo, São Paulo, 2015.

[499] São exemplos os programas Inovacred e Tecnova, da Finep, e MPME Inovadora e o cartão BNDES, do BNDES. Em ambos os casos o direcionamento de recursos ocorre através de parceiros dispersos pelo território nacional. No caso da Finep, cf. informações disponíveis em: http://finep.gov.br/afinep/151-apoio-e-financiamento/programas-e-linhas/descentralizacao. Acesso em: 19 jun. 2020; e http://www.bndes.gov.br/wps/portal/site/home/financiamento/produto/cartao-bndes. Acesso em: 19 jun. 2020.

[500] "Art. 27. Na aplicação do disposto nesta Lei, serão observadas as seguintes diretrizes:
I – priorizar, nas regiões menos desenvolvidas do País e na Amazônia, ações que visem a dotar a pesquisa e o sistema produtivo regional de maiores recursos humanos e capacitação tecnológica".

deverá ser priorizado o investimento em recursos humanos e em capacitação tecnológica, de forma a privilegiar a pesquisa e os sistemas produtivos regionais.

O disposto nos incisos V, VI, VII, VIII e XIV, salienta a importância de algo essencial aos esforços inovativos: a colaboração. É incitada a cooperação entre entes públicos, públicos e privados, entre privados, a criação de ambientes favoráveis à inovação,[501] e a transferência de tecnologia, ecoando tendências ilustradas pelos já discutidos arts. 218, § 6º, 219-A e 219-B da Constituição.[502] É importante estar atento a isto, visto que os financiamentos podem tanto integrar arranjos colaborativos maiores como servir de plataforma para a instituição de esforços colaborativos próprios.[503]

Também cabe ressaltar a abertura à internacionalização implicitamente constante no inciso VI (pensando-se na atração de centros de pesquisa) e explicitamente no VII (promoção da competitividade empresarial em nível internacional). Pode ser feita uma relação com o § 7º do art. 218, consubstanciando mais um argumento para a possibilidade de utilização dos financiamentos para além das fronteiras nacionais.[504]

Os incisos IX, X, XI e XII podem ser igualmente agrupados em torno de um sentido comum: a criação e aprimoramento de capacidades no SNCTI brasileiro. Assim, tanto a formação e capacitação científica e tecnológica quanto o aprimoramento das capacidades operacionais, científica, tecnológica e administrativa das ICTs deveriam ser considerados quando do manejo dos instrumentos de incentivo, como são os financiamentos em estudo.

Ademais, como condicionante principiológica que deve guiar o desempenho das atividades de fomento – como os financiamentos – a lei impõe que se zele pela "atratividade dos instrumentos de fomento e de crédito,[505] bem como sua permanente atualização e

---

[501] Iniciativas voltadas especialmente à criação de ambientes favoráveis às práticas inovativas são particularmente privilegiadas pela Lei de Inovação, que lhes reserva seu Capítulo II.

[502] Cf. o item 3.1.2.

[503] Assim, os financiamentos podem tanto integrar arranjos mais amplos, que se desdobram em várias iniciativas, como as alianças estratégicas previstas no art. 3º da Lei de Inovação, quanto eles mesmo originarem a colaboração, como abordado no item 2.1.3.

[504] Vide, também nessa oportunidade, os comentários feitos no item 3.1.2.

[505] Cabe uma crítica quanto à linguagem adotada pelo legislador no inciso XI. A distinção entre instrumentos "de fomento e de crédito" não parece a mais tecnicamente adequada. Instrumentos de crédito (como os empréstimos a serem aqui estudados) não deixam de ser

aperfeiçoamento" (inciso XI), e a adoção de medidas de simplificação na gestão de projetos de CTI e o controle de resultados como forma de avaliá-los (inciso XII).

Dito tudo isso, fica claro que as medidas de incentivo à inovação devem ser sujeitas a aprimoramentos constantes, que as mantenham dotadas de atualizadas e eficientes. Essa deve ser a tônica que deve conformar a atuação dos financiadores em searas como, por exemplo, a seleção dos destinatários dos recursos e o controle do emprego da verba pública, atividades centrais ao sucesso do fomento à inovação empresarial.[506]

Isso também se reflete em um dever de pronta resposta às condições mutáveis do ambiente produtivo. Assim, por exemplo, faz sentido que os financiadores calibrem as taxas de juros praticadas em seus empréstimos considerando as variações do mercado, para que os subsídios sejam ofertados de forma coerente com o interesse público.[507]

Note-se, ainda e em arremate, que as diretrizes de simplificação e controle por resultados são repetidas nos arts. 27, inciso V,[508] e 27-A[509] da Lei de Inovação. O último volta-se especificamente aos procedimentos de prestação de contas, sendo-lhes conferido

---

uma espécie do gênero instrumentos de fomento, tornando a distinção desnecessariamente repetitiva ou conduzindo à conclusão de que os primeiros não integrariam a segunda categoria, o que é descabido. O que parece adequado é apenas concluir que a redação tenha tido a intenção de sublinhar que mesmo instrumentos de crédito devem ser atrativos, conferindo-lhes importante sentido de reforço.

[506] Não por acaso ambos os temas voltarão a ser examinados com mais vagar nos itens 6.3.2 e 6.4.3.

[507] Um dos desafios na configuração das condições dos empréstimos para fins de fomento é a necessidade de conjugar tanto elementos de atratividade para aqueles a quem se quer fomentar quanto evitar a seleção adversa, que ocorreria caso empresas sem efetiva intenção em inovar se tornem mutuárias ou apenas cubram gastos que já fariam de qualquer modo com os recursos disponibilizados pelos financiadores, diminuindo seus custos e aumentando seus lucros. Trata-se, de toda forma, de temática complexa e que demanda tanto *expertise* quanto flexibilidade por parte dos financiadores. A temática dos subsídios aos financiamentos (em sentido estrito, no sentido de empréstimos) será objeto de comentários no item 5.2.2.2.3.

[508] "Art. 27. Na aplicação do disposto nesta Lei, serão observadas as seguintes diretrizes: [...] V – promover a simplificação dos procedimentos para gestão dos projetos de ciência, tecnologia e inovação e do controle por resultados em sua avaliação".

[509] "Art. 27-A. Os procedimentos de prestação de contas dos recursos repassados com base nesta Lei deverão seguir formas simplificadas e uniformizadas e, de forma a garantir a governança e a transparência das informações, ser realizados anualmente, preferencialmente, mediante envio eletrônico de informações, nos termos de regulamento".

especial atenção no Decreto nº 9.283/18, que lhe dedica todo o seu Capítulo VII.

Finalizando a abordagem dos incisos do parágrafo único, cabe referir o inciso XIII, relativo à utilização do poder de compra do Estado, como forma de sublinhar a potencial sinergia desse tipo de iniciativa com as ações de financiamento. Ainda que nesta pesquisa não sejam abordadas iniciativas de fomento via criação de demanda pública,[510] elas compõem diversas políticas públicas (como é o caso das PDPs do setor da Saúde)[511] em relação às quais os financiadores devem estar atentos durante o exercício de suas atribuições.

Uma vez que já foram mencionados por associação alguns dispositivos do Capítulo VII da lei, aproveita-se para referir outros meritórios de realce dado o objeto desta pesquisa. Trata-se dos incisos II, III e VI, todos do art. 27 da Lei nº 10.973/04.[512]

Como ocorreu com os princípios arrolados no parágrafo único do art. 1º, esses incisos trazem diretrizes para a aplicação da Lei de Inovação. Nesses termos, durante o manejo das medidas de incentivo (como é o caso dos financiamentos), o legislador sublinha a importância de iniciativas da indústria de defesa; que ampliem a exploração e o desenvolvimento da Zona Econômica Exclusiva – ZEE e da Plataforma Continental;[513] que assegurem tratamento diferenciado, favorecido e simplificado às microempresas e às empresas

---

[510] Como se indicara já na introdução.

[511] As Parcerias para o Desenvolvimento Produtivo – PDP constituem iniciativas para ampliar o acesso a medicamentos e produtos para saúde considerados estratégicos para o SUS, por meio do fortalecimento do complexo industrial nacional. Elas envolvem diversas medidas de fomento, destacando-se especial a garantia de compra pelo Estado, como forma de fomentar o desenvolvimento tecnológico. Mais informações sobre tal política pública encontram-se disponíveis em: https://www.gov.br/saude/pt-br/composicao/sectics/pdp. Acesso em: 29 jan. 2025.

[512] "Art. 27. Na aplicação do disposto nesta Lei, serão observadas as seguintes diretrizes: [...]
II – atender a programas e projetos de estímulo à inovação na indústria de defesa nacional e que ampliem a exploração e o desenvolvimento da Zona Econômica Exclusiva (ZEE) e da Plataforma Continental;
III – assegurar tratamento diferenciado, favorecido e simplificado às microempresas e às empresas de pequeno porte; [...]
VI – promover o desenvolvimento e a difusão de tecnologias sociais e o fortalecimento da extensão tecnológica para a inclusão produtiva e social".

[513] Trata-se de denominações referentes aos espaços oceânicos brasileiros. Sobre eles, cf. SOUZA, J. M. de. Mar territorial, zona econômica exclusiva ou plataforma continental? *Revista Brasileira de Geofísica*, Rio de Janeiro, v. 17, n. 1, p. 79-82, 1999.

de pequeno porte;[514] que promovam tecnologias sociais e que privilegiem a extensão tecnológica para a inclusão produtiva e social. Após o exame de tantos dispositivos de caráter diretivo, seja como finalidades das medidas de incentivo (*caput* do art. 1º), princípios a serem observados durante a sua implementação (incisos do parágrafo único do art. 1º) ou diretrizes para a aplicação da Lei de Inovação (art. 27), cabe, como dito quando da abordagem dos §§ 1º e 2º do art. 218 da Constituição,[515] salientar que constituem indicadores a serem considerados para a atuação dos financiadores. Dessa forma, por exemplo, projetos destinados ao atingimento da autonomia tecnológica, que tenham impacto na redução das desigualdades regionais ou que tenham como externalidades a inclusão social poderiam legitimamente ser priorizados durante os processos seletivos para a concessão de financiamentos.

Novamente se faz o alerta para que se tenha cautela na utilização de tais diretivas para fins de controle. Considerando que se multiplicaram ainda mais as condicionantes para essa atividade de fomento corre-se o risco de inviabilizá-la em sua generalidade caso haja exageros na aplicação de alguma condicionante isoladamente.

O próximo dispositivo a examinar, agora já adentrando o Capítulo IV da lei, é o art. 19, *caput* e seu § 1º.[516]

Esse artigo tem um papel importante como orientador da ação pública disciplinada pela Lei de Inovação. Se o art. 1º, *caput*, prevê o *ambiente produtivo* como destinatário das medidas de incentivo, o art. 19 inaugura capítulo reservado ao *estímulo da inovação nas empresas*.

---

[514] Registre-se ainda a exigência da manutenção de programas específicos para microempresas e empresas de pequeno porte, nos termos do art. 3º-D da Lei de Inovação. A parte mais substancial da disciplina do apoio a essas pode ser encontrada na Lei Complementar nº 123/06, sendo que a relevância do apoio às empresas menores para fins de fomento à inovação voltará a ser referida no item 3.2.3.

[515] Os comentários encontram-se no item anterior.

[516] "Art. 19. A União, os Estados, o Distrito Federal, os Municípios, as ICTs e suas agências de fomento promoverão e incentivarão a pesquisa e o desenvolvimento de produtos, serviços e processos inovadores em empresas brasileiras e em entidades brasileiras de direito privado sem fins lucrativos, mediante a concessão de recursos financeiros, humanos, materiais ou de infraestrutura a serem ajustados em instrumentos específicos e destinados a apoiar atividades de pesquisa, desenvolvimento e inovação, para atender às prioridades das políticas industrial e tecnológica nacional.
§ 1º As prioridades da política industrial e tecnológica nacional de que trata o *caput* deste artigo serão estabelecidas em regulamento".

Ele elenca todos os entes federativos como incumbidos das ações de fomento, dando destaque a destacando dois componentes da estrutura administrativa (ICTs e agências de fomento)[517] para a promoção desses esforços. Há diálogo direto com o apoio à atividade inovativa empresarial prescrito por dispositivos como os arts. 218, § 4º, e 219, parágrafo único, da Constituição.

O dispositivo também aponta as *empresas brasileiras* e em *entidades brasileiras sem fins lucrativos* como destinatárias das medidas de incentivo. No primeiro caso, como dito, isso significa assumir que ordinariamente as medidas de incentivo deverão ser direcionadas a empresas com sede e administração no país.[518]

No segundo, além do que se pode similarmente concluir quanto à territorialidade das entidades brasileiras de direito privado sem fins lucrativos a serem incentivadas, a localização do art. 19, *caput*, permite extrair diretiva para o fomento daquelas que atuem em estreita conexão com a atividade empresarial, seja por estarem imbricadas na estrutura de alguma corporação,[519] seja por desenvolverem iniciativas inovadoras em parceria com essas. É importante observar, portanto, que o incentivo aqui deve ser também tido como direcionado a ICTs prioritariamente imbuídas de espírito *inovativo* e não *científico*.

Embora o direcionamento de recursos a tais entidades não constitua o objeto deste estudo, é oportuno registrar que caso elas venham a ser classificadas como ICTs (privadas)[520] se dará a atração do regramento atinente à participação dessas instituições

---

[517] Lembre-se, de toda forma, que a Lei de Inovação reconhece a possibilidade tanto agências de fomento quanto de ICTs dotadas de natureza jurídica privada (art. 2º, incisos I e V). A prescrição normativa, estabelecendo um dever de fomento, é, todavia, dirigida a entes estatais.

[518] Cf. os trechos finais do item 2.1.1.

[519] Um exemplo é o Instituto Tecnológico da Vale, associado à conhecida empresa de exploração mineral. Mais informações sobre ele encontram-se disponíveis em: https://www.itv.org/. Acesso em: 29 jan. 2025.

[520] A classificação como ICT privada depende do enquadramento nos parâmetros estabelecidos no arts. 2º, inciso V, da Lei de Inovação e 2º, inciso V, do decreto que a regulamenta. Sobre as ICTs privadas, especialmente aquelas associadas às empresas, vide CABRAL, Mario André Machado; ALEM, Nichollas de Miranda. ICT de empresas? Oportunidades e desafios. *In*: SANTOS, Fabio Gomes dos; BABINSKI, Daniel de Oliveira (org.). *Decreto federal de inovação*: novas oportunidades. São Paulo: Observatório de Inovação e Competitividade, 2019. v. 2. p. 80-84.

nos processos inovativos, tais como os previstos nos Capítulos III da Lei de Inovação e III do decreto que a regulamenta.[521]

As medidas de incentivo previstas no artigo 19 poderão ser implementadas de diversas formas, envolvendo a concessão de recursos financeiros, humanos, materiais ou de infraestrutura. O seu § 2º-A[522] arrola exemplificativamente instrumentos de estímulo,[523] e o § 6º deixa clara a amplitude do seu alcance via exemplos para sua utilização.[524]

---

[521] Assim, por exemplo, a concessão de recursos às ICTs deverá considerar a implementação de políticas de inovação pelas ICTs por parte dessas por força do prescrito no art. 14, § 2º, do Decreto nº 9.283/18.

[522] "§ 2º-A. São instrumentos de estímulo à inovação nas empresas, quando aplicáveis, entre outros:
I – subvenção econômica;
II – financiamento;
III – participação societária;
IV – bônus tecnológico;
V – encomenda tecnológica;
VI – incentivos fiscais;
VII – concessão de bolsas;
VIII – uso do poder de compra do Estado;
IX – fundos de investimentos;
X – fundos de participação;
XI – títulos financeiros, incentivados ou não;
XII – previsão de investimento em pesquisa e desenvolvimento em contratos de concessão de serviços públicos ou em regulações setoriais".

[523] Esse rol, que encerra os instrumentos que serão analisados em maior profundidade nesta tese (os constantes dos incisos I, II, III, IX e X), será novamente abordado no item 5.1.

[524] "§ 6º As iniciativas de que trata este artigo poderão ser estendidas a ações visando a:
I – apoio financeiro, econômico e fiscal direto a empresas para as atividades de pesquisa, desenvolvimento e inovação tecnológica;
II – constituição de parcerias estratégicas e desenvolvimento de projetos de cooperação entre ICT e empresas e entre empresas, em atividades de pesquisa e desenvolvimento, que tenham por objetivo a geração de produtos, serviços e processos inovadores;
III – criação, implantação e consolidação de incubadoras de empresas, de parques e polos tecnológicos e de demais ambientes promotores da inovação;
IV – implantação de redes cooperativas para inovação tecnológica;
V – adoção de mecanismos para atração, criação e consolidação de centros de pesquisa e desenvolvimento de empresas brasileiras e estrangeiras;
VI – utilização do mercado de capitais e de crédito em ações de inovação;
VII – cooperação internacional para inovação e para transferência de tecnologia;
VIII – internacionalização de empresas brasileiras por meio de inovação tecnológica;
IX – indução de inovação por meio de compras públicas;
X – utilização de compensação comercial, industrial e tecnológica em contratações públicas;
XI – previsão de cláusulas de investimento em pesquisa e desenvolvimento em concessões públicas e em regimes especiais de incentivos econômicos;
XII – implantação de solução de inovação para apoio e incentivo a atividades tecnológicas ou de inovação em microempresas e em empresas de pequeno porte".

O § 7º,[525] ademais, expressamente autoriza a combinação de instrumentos de estímulo à inovação empresarial. Portanto, uma mesma empresa poderia hipoteticamente ser beneficiária de benefícios fiscais, subvenção, ter acesso a crédito subsidiado, e ainda vender o produto desenvolvido com apoio público de forma facilitada ao Estado de forma plenamente lícita uma vez que todas essas medidas se mostrem, individualmente e em conjunto, alinhadas à satisfação do interesse público.

Registre-se, por oportuno, que o *caput* e o parágrafo único do art. 19 do Decreto nº 9.283/18[526] esclarecem ainda que esses instrumentos podem ser utilizados cumulativamente caso não haja duplicidade do item financiado.[527]

Por fim, e conectando o *caput* do artigo 19 ao seu § 1º, a forma de fomento em questão deve dialogar com as prioridades da política industrial e tecnológica nacional a ser estabelecida pelo Poder Executivo.[528]

---

[525] "§ 7º A União, os Estados, o Distrito Federal e os Municípios poderão utilizar mais de um instrumento de estímulo à inovação a fim de conferir efetividade aos programas de inovação em empresas".

[526] "Art. 19. Os instrumentos de estímulo à inovação previstos no art. 19, § 2º-A, da Lei nº 10.973, de 2004, poderão ser utilizados cumulativamente por órgãos, empresas, instituições públicas ou privadas, inclusive para o desenvolvimento do mesmo projeto.
Parágrafo único. Na hipótese de cumulação dos instrumentos para o desenvolvimento do mesmo projeto, os recursos poderão ser destinados para a mesma categoria de despesa, desde que não haja duplicidade quanto ao item custeado, ressalvadas as disposições em contrário".

[527] Observe-se que o *caput* do art. 19 do decreto expressamente autoriza a utilização cumulativa dos instrumentos de estímulo à inovação por *órgãos, empresas* e *instituições públicas ou privadas*. Trata-se de dicção diferente do *caput* do art. 19 da Lei nº 10.973/04 que, como dito, estabelece como destinatárias do fomento as *empresas brasileiras* e as *entidades brasileiras de direito privado sem fins lucrativos*. Essa diferença de redação no regulamento pode gerar confusões. O dispositivo é o primeiro, no regulamento, de capítulo dedicado ao estímulo à inovação nas empresas. Elencar órgãos (no sentido de unidade de atuação administrativa) e até instituições públicas (em geral) como possíveis destinatários de estímulos soa estranho. A redação também continuaria confusa se, ao contrário, o *caput* estivesse fazendo menção não aos *destinatários*, mas sim aos *agentes* fomentadores, identificados na Lei de Inovação como sendo os *entes da federação, as ICTs e as agências de fomento*. Mesmo se adotada essa segunda perspectiva, como se fossem os fomentadores os utilizadores das medidas de incentivo, seria estranho imaginar que as *empresas* fossem as incentivadoras. Isso é hipoteticamente possível, mas não parece provável. Apesar dessas contrariedades, considera-se que a primeira interpretação seria a mais adequada dado o sentido geral do dispositivo, de autorização da cumulação dos instrumentos em privilégio de potenciais beneficiários. Todavia, não foi discutida a possibilidade de financiamento a instituições públicas (órgãos e entes) por não ser este o foco desta investigação, à exceção do já mencionado caso das *empresas estatais* (a ser abordado no item 6.1.2).

[528] Essa dimensão constitui o objeto do próximo tópico.

Concluindo os comentários relativos ao Capítulo IV da Lei n º 10.973/04,[529] cabe destacar brevemente o art. 21,[530] reiterando a necessidade de ações de estímulo direcionadas às micro e pequenas empresas, em linha como o manifesto no art. 3º-D[531] da Lei.[532] No primeiro é também feita alusão à temática da extensão tecnológica mencionada no art. 27, inciso VI, novamente cabendo ressaltar a importância da interação da atividade empresarial com as exercidas por outros componentes do SNCTI.

3.2.2 Normas e orientações relativas à política industrial e tecnológica

Como mencionado há pouco, o art. 19, *caput*, da Lei de Inovação, estatui que o fomento à atividade empresarial deve atender às *"prioridades da política industrial e tecnológica nacional"*.

A relevância da implementação de uma política industrial, especialmente em sua dimensão tecnológica, é conhecida.[533] Esse tópico ilustrará como a sua disciplina normativa condiciona a atividade em estudo,[534] se somando às finalidades, princípios e diretrizes já referidas como condicionante aos financiamentos.

As condicionantes relacionadas a política industrial e tecnológica normalmente delineiam objetivos estratégicos para um determinado período, traduzindo escolhas políticas. Assim, ao menos idealmente, elas traziam conteúdo mais específico do que boa parte das diretrizes programáticas até então examinadas.[535]

---

[529] Não se mencionou dispositivos como os arts. 20 e 21-A da Lei dada a sua correlação com temas alheios ao objeto desta pesquisa.

[530] "Art. 21. As agências de fomento deverão promover, por meio de programas específicos, ações de estímulo à inovação nas micro e pequenas empresas, inclusive mediante extensão tecnológica realizada pelas ICT".

[531] "Art. 3º-D. A União, os Estados, o Distrito Federal, os Municípios e as respectivas agências de fomento manterão programas específicos para as microempresas e para as empresas de pequeno porte, observando-se o disposto na Lei Complementar nº 123/06".

[532] Se voltará a falar desses temas no item 3.2.3.

[533] Cf. o item 1.2.2.

[534] Importa lembrar que, em matéria de CTI, não apenas a atividade em estudo deve se adequar às prioridades da política industrial e tecnológica nacional: também o devem, por exemplo, as políticas de inovação instituídas pelas ICTs públicas (art. 15-A da Lei de Inovação).

[535] De toda forma, nem sempre a realidade se conforma às expectativas: tanto existem casos em que a legislação de regência detalha a ação pública (os mencionados arts. 27, incisos

Dito isso, passa-se a um brevíssimo panorama das políticas industriais e tecnológicas recentes[536] pelo viés das normas produzidas para sua implementação.[537]

A Política Industrial, Tecnológica e de Comércio Exterior – PITCE é apontada como referencial importante para a estruturação das políticas industriais mais recentes. Lançada em março de 2004[538] (mesmo ano de publicação da Lei de Inovação),[539] ela representou, segundo Glauco Arbix, um retorno aos esforços de formulação e implementação de políticas desse tipo, após um longo período de ausência. Ela também seria um marco importante na configuração das mesmas graças ao relevo que conferiu à inovação empresarial e à sua integração a medidas estatais de caráter tecnológico, industrial e de comércio exterior.[540]

Embora Carlos Américo Pacheco descreva os resultados do PITCE como sendo mais relevantes para a instituição de um referencial (*framework*) para ação governamental do que como um efetivo plano de ação,[541] ele também sublinha como os desafios de coordenação da ação estatal ensejaram a criação de estruturas de operacionalização. Por conta disso, durante o primeiro mandato

---

I e II, da Lei de Inovação são exemplos) quanto de grande amplitude no regramento de políticas públicas, com a enunciação de diretrizes amplas e pouco significado prático.

[536] Para um panorama geral das três primeiras políticas industriais e tecnológicas (e que explicitamente assumiram essa orientação) a discutidas, destacando especialmente as lógicas que lhe seriam subjacentes, cf. STEIN, Guilherme de Queiroz; JÚNIOR, Ronaldo Herrlein. Política industrial no Brasil: uma análise das estratégias propostas na experiência recente (2003-2014). *Planejamento e Políticas Públicas*, Rio de Janeiro, n. 47, p. 251-252, 2015.

[537] Embora examinadas bases referentes aos atos normativos em discussão, tais como o conjunto dos decretos presidenciais no site do planalto e os atos normativos ministeriais do MCTI, não se descarta a existência de outras normas que disciplinem as políticas em discussão para um contexto mais específico.

[538] Os debates prévios ao seu lançamento certamente remontavam a meses anteriores, conforme se nota por documento contendo suas diretrizes e datado de novembro de 2003, disponíveis em: http://www.anped11.uerj.br/diretrizes.pdf. Acesso em: 27 jun. 2020.

[539] Esse é um elemento interessante a destacar e que ajuda a compreender a menção explícita a tal tipo de política desde a redação original da Lei de Inovação. Lembre-se, ademais, que a mesma teve origens em propositura (Projeto de Lei nº 3.476/04) oriunda do Executivo.

[540] ARBIX, Glauco. Innovation policy in Brazil since 2003. *In*: REYNOLDS, Elisabeth B.; SCHNEIDER, Ben Ross; ZYLBERGER, Ezequiel (org.). *Innovation in Brazil*: advancing development in the 21st century, Nova York: Routledge, 2019. p. 80-82.

[541] PACHECO, Carlos Américo. Institutional Dimensions of Innovation Policy in Brazil. *In*: REYNOLDS, Elisabeth B.; SCHNEIDER, Ben Ross; ZYLBERGER, Ezequiel (org.). *Innovation in Brazil*: Advancing Development in the 21st Century. Nova York: Routledge, 2019. p. 175-176.

de Luiz Inácio Lula da Silva foi criado o Conselho Nacional de Desenvolvimento Industrial – CNDI,[542] indicando a necessidade de absorção de demandas sociedade civil para a implementação das políticas industriais, e a Agência Brasileira de Desenvolvimento Industrial – ABDI,[543] para contribuir com o planejamento das ações que a comporiam.

Dada a sua contemporaneidade à promulgação da Lei de Inovação, imagina-se ser essa a primeira política pública que pode ser associada à exigência do art. 19, § 1º da Lei nº 10.973/04. Portanto, a Portaria Interministerial MCT/MDIC nº 597/06 estabeleceu as prioridades da PITCE, cumprindo os ditames da então nova lei.[544] A atuação pública é direcionada, destacando-se tanto um recorte setorial quanto a eleição de tecnologias específicas como foco (§§ 1º, 2º e 3º de seu art. 1º):

> § 1º Essas prioridades compreendem as ações horizontais de incentivo ao desenvolvimento tecnológico e inovação no âmbito da Política Industrial, Tecnológica e de Comércio Exterior – PITCE que visem o aumento da competitividade das empresas pela inovação; o adensamento tecnológico e dinamização das cadeias produtivas; o incremento, compatível com o setor de atuação; o atendimento a relevância regional; e a cooperação com instituições científicas e tecnológicas, como ainda as ações verticais para o atendimento as opções estratégicas e as áreas portadoras de futuro.
> § 2º Entende-se como opções estratégicas, no âmbito da PITCE, as áreas de semicondutores, software, bens de capital e fármacos e medicamentos.
> § 3º Entende-se como áreas portadoras de futuro, no âmbito da PITCE, a biotecnologia, a nanotecnologia e a biomassa/energia alternativa.

---

[542] Sobre o CNDI, cf. o Decreto nº 5.353/05, que o institui como órgão propositivo de políticas industriais para a Presidência da República, além de disciplinar o seu funcionamento.

[543] Autorizada pela Lei nº 11.080/04 e instituída pelo Decreto nº 5.352/05, a ABDI é um serviço social autônomo dedicado à promoção da "execução de políticas de desenvolvimento industrial, especialmente as que contribuam para a geração de empregos, em consonância com as políticas de comércio exterior e de ciência e tecnologia" (art. 1º, *caput*, da lei mencionada). Mais informações sobre a instituição na atualidade encontram-se disponíveis em: https://www.abdi.com.br/. Acesso em: 27 jun. 2020.

[544] Cf. Portaria Interministerial MCT/MDIC nº 597/2006, disponível em: https://antigo.mctic.gov.br/mctic/opencms/legislacao/portarias_interministeriais/migracao/Portaria_Interministerial_MCTMDIC_n_597_de_06092006.html. Acesso em: 27 abr. 2021. À época da PITCE, o § 1º do art. 20 do Decreto nº 5.563/05, regulamentador da Lei de Inovação até 2018, estabelecia que "1º As prioridades da política industrial e tecnológica nacional, para os efeitos do *caput*, serão definidas em ato conjunto dos Ministros de Estado da Ciência e Tecnologia e do Desenvolvimento, Indústria e Comércio Exterior".

A próxima orientação em matéria de política industrial veio em 2008, no segundo mandato de Luiz Inácio Lula da Silva. Trata-se da Política de Desenvolvimento Produtivo – PDP.[545] Influenciada pela crise financeira ocorrida naquele ano, Glauco Arbix aponta que o seu principal foco era o incremento da demanda agregada nacional, o que era relevante como medida anticíclica, mas trouxe fragilidades conquanto política industrial, como o abandono da ênfase na inovação (elemento fundamental do PITCE); a pulverização de focos de atuação; e a multiplicação de objetivos almejados.

O autor pontua que o BNDES, peça fundamental na estruturação dessa política, havia priorizado nada menos do que 24 setores, contrastando com a opção por áreas como semicondutores, software, bens de capital e fármacos e medicamentos e tecnologias como biotecnologia, nanotecnologia, biomassa e microeletrônica constantes da política anterior.[546] É esse também o contexto em que surge o Programa de Sustentação do Crescimento – PSI,[547] que foi uma importante fonte de recursos para iniciativas inovativas durante sua vigência, mesmo que apenas uma parcela de suas vultosas cifras tenha sido efetivamente direcionada a tal fim.[548]

---

[545] Para um documento oficial apresentando a política, cf. informações disponíveis em: https://bibliotecadigital.economia.gov.br/handle/123456789/469. Acesso em: 29 jan. 2025.

[546] ARBIX, Glauco. Innovation policy in Brazil since 2003. *In*: REYNOLDS, Elisabeth B.; SCHNEIDER, Ben Ross; ZYLBERBERG, Ezequiel (org.). *Innovation in Brazil*: advancing development in the 21st century, Nova York: Routledge, 2019. p. 82-84. Note-se, ademais, que o foco em tecnologias como as mencionadas também se desdobrou em políticas especificamente direcionadas a elas. Quanto à nanotecnologia, por exemplo, vide BRAGA, Marco Aurelio Cezarino. *Subdesenvolvimento, tecnologia e direito econômico*: o programa nacional de nanotecnologia e o desafio furtadiano. 2016. Dissertação (Mestrado em Direito) – Faculdade de Direito da Universidade de São Paulo, São Paulo, 2016.

[547] Para uma visão geral do funcionamento do programa, principalmente da perspectiva fiscal, cf. BIJOS, Paulo Roberto Simão. Avaliação do custo de políticas públicas pelo Congresso Nacional: o caso do programa de sustentação do investimento. *E-Legis*: Revista Eletrônica do Programa de Pós-Graduação da Câmara dos Deputados, Brasília, DF, n. 29, p. 205-234, 2019.

[548] Em 2009 o programa contou inicialmente com um limite de total de financiamentos subvencionados de até R$ 44.000.000.000,00 (quarenta e quatro bilhões de reais). Em 2015, quando o programa acabou, tal limite era de até R$ 452.000.000.000,00 (quatrocentos e cinquenta e dois bilhões de reais), como indica o histórico de alterações do art. 1º, § 1º, da Lei nº 12.096/09. Segundo Glauco Arbix, apenas 4% dos recursos do PSI seriam a direcionados à inovação, destacando ainda que, apesar de haver previsão do financiamento via PSI de esforços de P&D desde 2010, isso só veio a ocorrer em 2011, quando a Finep começou a direcionar recursos dessa fonte a empresas. Cf. ARBIX, Glauco. Innovation policy in Brazil since 2003. *In*: REYNOLDS, Elisabeth B.; SCHNEIDER, Ben Ross; ZYLBERBERG, Ezequiel (org.). *Innovation in Brazil*: advancing development in the 21st century, Nova York: Routledge, 2019. p. 83-88. Originalmente contando apenas contava com o BNDES como

Carlos Américo Pacheco salienta que os consideráveis investimentos públicos advindos do PSI conduziram a um protagonismo acentuado do BNDES, embora reconheça um aprofundamento dos esforços de coordenação das ações públicas apesar da dispersão dos dispêndios.[549]

Na esfera normativa, a Portaria Interministerial MCT/MDIC nº 32/09[550] reflete, em sua singeleza em comparação à portaria do PITCE, o relatado. Ela se limita a dizer que eventuais prioridades "compreendem as ações sistêmicas, os destaques estratégicos e os programas estruturantes definidos na Política de Desenvolvimento Produtivo – PDP" (parágrafo único de seu art. 1º), de forma congruente à pulverização que se operava.

Sob o governo Dilma Rousseff, foi instituído o próximo plano de política industrial e tecnológica: o Plano Brasil Maior – PBM.[551] Glauco Arbix destaca que, mesmo já se avizinhando o esgotamento da verba pública disponível, ele manteve a lógica anticíclica do PDP. Prosseguiu, portanto, a dispersão horizontal de subsídios, então destinados a 19 setores da economia. A ausência de priorização, possibilitando a concessão de incentivos a empresas pouco inovativas, o afastaria das políticas industriais voltadas ao alinhamento da economia às tendências tecnológicas mais recentes.[552]

Carlos Américo Pacheco ecoa o diagnóstico de uma continuidade indevida das medidas anticíclicas, mas elogia a continuidade de esforços de coordenação de políticas públicas de inovação durante o período. A execução do programa Inova Empresa, envolvendo

---

operador dos financiamentos, o programa passou a também ser manejado pela Finep (que atuava apenas na modalidade inovação tecnológica, mais restrita do que a atuação do banco mencionado) com a Medida Provisória nº 526/11, convertida na Lei nº 12.453/11.

[549] PACHECO, Carlos Américo. Institutional Dimensions of Innovation Policy in Brazil. In: REYNOLDS, Elisabeth B.; SCHNEIDER, Ben Ross; ZYLBERBERG, Ezequiel (org.), Innovation in Brazil: Advancing Development in the 21st Century. Nova York: Routledge, 2019. p. 176.

[550] Vide Portaria Interministerial MCT/MDIC nº 32/09, disponível em: https://antigo.mctic.gov.br/mctic/opencms/legislacao/portarias_interministeriais/migracao/Portaria_Interministerial_MCTMDIC_n_32_de_15012009.html. Acesso em: 27 abr. 2021.

[551] Para uma cartilha do plano, cf. BRASIL. Plano Brasil Maior: Inovar para competir. Competir para crescer. Brasília, DF, 2011.

[552] ARBIX, Glauco. Innovation policy in Brazil since 2003. In: REYNOLDS, Elisabeth B.; SCHNEIDER, Ben Ross; ZYLBERBERG, Ezequiel (org.). Innovation in Brazil: advancing development in the 21st century, Nova York: Routledge, 2019. p. 84-85.

Finep e BNDES (financiadores centrais da inovação empresarial), é citada como exemplo positivo.[553]

Diversamente das outras políticas industriais citadas, o PBM contou com decreto presidencial para dar-lhe fundamento. O Decreto nº 7.540/11, além de estabelecer a estrutura de governança para a sua implementação, explicita como sua função "integrar as ações governamentais de política industrial, tecnológica e de comércio exterior" (art. 1º, *caput*). Seus objetivos centrais seriam "acelerar o crescimento do investimento produtivo e o esforço tecnológico e de inovação das empresas nacionais, e aumentar a competitividade dos bens e serviços nacionais" (§ 1º, art. 1º do decreto).

A portaria interministerial que o disciplinou, entretanto, manteve a tendência à amplitude presente na PDP. Assim, a Portaria Interministerial MCTI/MDIC nº 652/12,[554] no parágrafo único de seu art. 1º, apenas enunciava que as prioridades da política industrial e tecnológica nacional

> compreendem as ações sistêmicas, os destaques estratégicos, os programas estruturantes definidos na Política Industrial e Tecnológica vigente e as prioridades de Ciência, Tecnologia e Inovação definidas pelos governos estaduais para estimular o desenvolvimento econômico, social e tecnológico.

Dessa feita, afora o reconhecimento da possibilidade de priorização a nível estadual – entendida aqui como salutar dada a natureza federativa do Estado brasileiro – permaneceu aberta a possibilidade de dispersão de investimentos públicos.[555]

---

[553] PACHECO, Carlos Américo. Institutional Dimensions of Innovation Policy in Brazil. In: REYNOLDS, Elisabeth B.; SCHNEIDER, Ben Ross; ZYLBERBERG, Ezequiel (org.). *Innovation in Brazil*: Advancing Development in the 21st Century. Nova York: Routledge, 2019. p. 176-177.

[554] Portaria Interministerial nº 653/12, disponível em: https://antigo.mctic.gov.br/mctic/opencms/legislacao/portarias_interministeriais/migracao/Portaria_Interministerial_MCTIMDIC_n_652_de_14092012.html. Acesso em: 27 abr. 2021.

[555] Isso não significa, por óbvio, que alguma forma de priorização não tenha ocorrido no PDP ou PBM. Medidas específicas, como é usual em qualquer governo, foram implementados durante sua vigência. Entretanto, dado o destaque conferido à política industrial e tecnológica no art. 19, § 1º da Lei de Inovação e pelo art. 20, § 1º do Decreto nº 5.563/05 às portarias interministeriais, entendeu-se relevante destacar como uma instância formalmente prevista não teve o seu potencial de especificação plenamente explorado.

Esse percurso ilustra como condicionamentos previstos em políticas industriais e tecnológicas como a PITCE, PDP e PBM são aplicáveis aos financiadores, cabendo a esses atentar-se aos eventuais setores ou tecnologias priorizados.

Trabalhos acadêmicos como os citados não mencionam a implementação de políticas industriais e tecnológicas explícitas após o PBM. Após 2012 também não se verificaram novas portarias interministeriais relacionadas ao tema. A nova regulamentação da Lei de Inovação de 2018 também deixou de atribuir a definição de prioridades da política industrial e tecnológica nacional a ato ministerial conjunto dos Ministros da Ciência e Tecnologia e do Desenvolvimento, Indústria e Comércio Exterior.

Dada a revogação dessa delegação, interpretações possíveis consistiriam em assumir que a priorização em questão cabe ao Presidente da República em razão da menção a "regulamento" no parágrafo único do artigo 19[556] ou, por outro lado e considerando o artigo 81 do Decreto n° 9.283/18,[557] que tal tarefa incumbiria ao Ministro da Ciência, Tecnologia, Inovações, com eventual participação de outros Ministros de Estado (em especial o Ministro do Desenvolvimento, Indústria e Comércio Exterior) em razão da competência normativa complementar para assuntos atinentes a inovação que lhe é conferida pela nova regulamentação.

Dada a centralidade que uma política industrial assume na condução dos assuntos públicos, incluindo mas não se limitando a sua dimensão tecnológica por conta da sua necessária transversalidade, tende-se para a primeira interpretação normativa como a mais adequada, exigindo-se portanto decreto presidencial para o exercício dessa priorização.[558]

---

[556] Sobre regulamento e poder regulamentar, além de distinguir, por exemplo, decreto de portaria, cf. DI PIETRO, Maria Sylvia Zanella. *Direito administrativo*. 31. ed. Rio de Janeiro: Forense, 2018. p. 116-119; 266.

[557] Art. 81. Incumbe ao Ministro de Estado da Ciência, Tecnologia, Inovações e Comunicações editar as normas e as orientações complementares sobre a matéria disciplinada neste Decreto, além de deliberar e decidir sobre os casos omissos, com a participação dos demais Ministros de Estado quanto aos assuntos relacionados às suas áreas de competência.

[558] Mantém-se tal entendimento mesmo diante da possível interpretação de que essa definição seria mais restrita do que a definição da própria política industrial e tecnológica, dado ela ser pertinente apenas às medidas de incentivo previstas na Lei de Inovação. De toda forma, assumindo-se a relevância dessas medidas, e dado que se trata de divisão de competências que convém interpretar restritivamente, julga-se mais adequado manter tal definição na esfera presidencial a menos que seja estabelecida nova delegação mais explícita.

Tanto o governo de Michel Temer quanto o de Jair Bolsonaro, que o sucedeu, implementaram medidas mais tímidas em relação à indústria, provavelmente dadas críticas a políticas mais orientativas do desenvolvimento produtivo.[559] Exemplos são, respectivamente, o Decreto nº 9.547/18, instituidor do Programa Brasil Mais Produtivo, e o Decreto nº 10.246/20, do Programa Brasil Mais.

Ambos os programas, inspirando-se claramente o segundo no primeiro, têm como foco a elevação da produtividade e eficiência da indústria brasileira, confiando na *difusão* como rota adequada para tanto (art. 1º e parágrafo único de ambos os decretos). Se ao menos se dá atenção à urgente necessidade de incremento da produtividade nacional,[560] deles não se extrai qualquer diretiva robusta de valorização da *inovação* empresarial.[561] Também não há priorização de tecnologias ou setores para o desenvolvimento da atividade industrial no país, como ocorrera na PITCE.

---

[559] Veja-se, como exemplo, trabalho de Mansueto Almeida, de Secretário do Tesouro Nacional no governo de Jair Messias Bolsonaro, com tom crítico a propostas de enfoque particular a setores específicos da economia (especificamente os de intensivos em tecnologia) e sustentando a importância da difusão tecnológica como elemento chave para a superação dos desafios de competitividade da indústria nacional. Cf. ALMEIDA, Mansueto. Política Industrial e crescimento. *Radar*, São Paulo, n. 17, p. 47-56, 2011. Também, em trabalho mais antigo mas que reflete a compreensão de que políticas horizontais (ou seja, não havendo necessidade de priorização) bastariam ao caso brasileiro, cf. PINHEIRO, Maurício Canêdo; FERREIRA, Pedro Cavalcanti; PESSOA, Samuel de Abreu; SCHYMURA, Luiz Guilherme. Por que o Brasil não precisa de política industrial. *Ensaios Econômicos da Fundação Getúlio Vargas*, São Paulo, n. 644, 2007.

[560] Relembre-se novamente o mencionado no item 2.1.2.

[561] Ambos os diplomas mencionam a necessidade de assegurar o alinhamento dos programas às "diretrizes das políticas de produtividade, de competitividade e de inovação do Governo federal" (art. 9º-B, I, e 9º, I, dos decretos respectivamente relativos ao Plano Brasil Mais Produtivo e o Plano Brasil Mais). Mas não há, afora disso, orientações substanciais quanto a um direcionamento associado ao fomento à inovação. Outro exercício interessante consiste em comparar os primeiros artigos do Programa Brasil Maior (Decreto nº 7.540/11) e Brasil Mais (Decreto nº 10.246/20), respectivamente:
"Art. 1º Ficam instituídos o Plano Brasil Maior – PBM e seu Sistema de Gestão, com vistas a integrar as ações governamentais de política industrial, tecnológica e de comércio exterior.
§ 1º O PBM tem por objetivos centrais acelerar o crescimento do investimento produtivo e o esforço tecnológico e de inovação das empresas nacionais, e aumentar a competitividade dos bens e serviços nacionais".
"Art. 1º Fica instituído o Programa Brasil Mais, destinado a elevar os níveis de produtividade e de eficiência nas empresas brasileiras por meio de ações de extensionismo.
Parágrafo único. Para os fins do disposto neste Decreto, consideram-se ações de extensionismo aquelas que possuem o objetivo de promover e difundir conhecimentos, técnicas e práticas produtivas geradoras de externalidades positivas, por meio da prestação de serviços, da indicação de melhorias gerenciais e de técnicas de aperfeiçoamento contínuo da gestão dos processos produtivos".

Outros diplomas que se seguiram, deram alguns passos na direção da valorização da inovação empresarial, mas ainda de modo por demais abrangente. Um primeiro exemplo é o Decreto nº 10.531/20, que estabelece a "Estratégia Federal de Desenvolvimento para o Brasil no período de 2020 a 2031". A importância da competitividade e do investimento em negócios inovadores, em especial os realizados por micro, pequenas e médias empresas, é consignada como elemento de relevância para o desenvolvimento nacional. Mas novamente as diretrizes apresentadas eram tão amplas que tinham mais o papel de enunciação de valores do que de forma de planejamento estratégico.[562]

Outro exemplo é o Decreto nº 10.534/20, instituidor da "Política Nacional de Inovação".[563] Nele é referida a importância de medidas de incentivo à inovação como expediente para aumentar a produtividade e competitividade das empresas brasileiras,[564] mas, apesar de seu nome e repetindo a tendência descrita, suas diretivas são bastante gerais.[565] A importância maior desse decreto reside na estruturação de um sistema de planejamento e governança da CTI no âmbito federal. Foi instituída a Câmara de Inovação,[566] órgão deliberativo superior para a produção da política nacional de

---

[562] Confira-se, por exemplo, os tópicos 1.3.1 e 1.3.2 do Decreto. Lembre-se, todavia, que mesmo a valorização das pequenas e médias empresas, como diretiva, não é uma novidade no âmbito do fomento à inovação, como atesta o art. 21 da Lei de Inovação.

[563] Mesmo ao se intitular como "política nacional", o decreto parece antecipar críticas quanto à sua abrangência, especificando, em seu art. 1º, *caput*, que por meio dele mesmo fica "instituída a Política Nacional de Inovação, *no âmbito da administração pública federal*" (grifo nosso). Políticas Nacionais muitas vezes são produto de atuação do Congresso Nacional, como ocorrera com a Política Nacional de Resíduos Sólidos (Lei nº 12.305/10), conferindo-as poder vinculante maior frente a outros entes federados do que o possuído por um decreto presidencial. De toda forma, o Decreto nº 10.534/20 não deixa de ser um referencial importante para o SNCTI brasileiro, uma vez que tensiona produzir um alinhamento para com as políticas de inovação produzidas em outros âmbitos da federação (art. 1º. Inciso II, do decreto).

[564] Art. 1º, inciso I, do Decreto nº 10.534/20.

[565] Observe-se os arts. 4º e 5º do mesmo.

[566] A Câmara é um órgão colegiado presidido por representante da Casa Civil e que conta com a participação de representantes de dez Ministérios. Suas reuniões ordinárias são semestrais e as deliberações são tomadas por maioria simples. Embora possa haver a participação de outros integrantes do governo ou da sociedade civil em suas reuniões os convidados não possuem direito a voto. O MCTI exerce a função de secretaria-executiva da Câmara de Inovação, tendo como principais atribuições produzir relatórios quanto à execução da política nacional de inovação e assessorar o colegiado. A estrutura de governança, de forma mais detalhada, consta dos arts. 9º a 13 do Decreto nº 10.534/20.

inovação, e que dispõe de instrumentos como a Estratégia Nacional de Ciência, Tecnologia e Inovação – ENCTI e os planos setoriais e temáticos de inovação para implementá-la.[567]

É na ENCTI e nesses planos, já produzidos antes do Decreto nº 10.534/20, mas que agora passam a ter de estar associados à Câmara de Inovação, que poderão ser encontrados alguns critérios de priorização. Mesmo ainda se estando longe do almejado pelo art. 19, § 1º da Lei de Inovação, e certamente perdendo-se em coordenação das ações de fomento à inovação em relação a políticas de maior escala, a consulta a esses documentos permite encontrar direcionamentos úteis ao manejo dos financiamentos. Além disso, diante da referida lacuna na nova regulamentação da Lei de Inovação quanto à produção de normas para a produção de políticas industriais e tecnológicas, a estrutura de governança trazida pelo Decreto nº 10.534/20 pode ser tida como a estrutura a ser considerada para serem localizadas eventuais prioridades.[568]

Pensando-se então em diretivas já existentes, cabe dar como exemplo o Plano de Ação para a Promoção da Inovação Tecnológica (2018-2022),[569] integrado à ENCTI (2016-2022).[570]

Ambos os documentos delineiam desafios e diretivas para a atuação pública relacionados à implementação das alterações

---

[567] Cf. o art. 8º do diploma referido.

[568] O *caput* e o § 1º do art. 19, assim como todo o contexto envolvendo a elaboração da Lei de Inovação e das políticas públicas referidas nesse tópico assumiam a existência de uma política industrial e tecnológica explícita, sendo a concessão dos estímulos à inovação parte da sua execução. Não sendo o caso dessa ser produzida, por quaisquer razões, não deixa de ser importante averiguar se existem diretivas ou normas a considerar quando do manejo dos financiamentos.

[569] Vide BRASIL. Ministério da Ciência, Tecnologia, Inovações e Comunicações. *Plano de Ação para a Inovação Tecnológica*. Brasília, DF: MCTIC, 2018.

[570] Cf. BRASIL. Ministério da Ciência, Tecnologia e Inovação. *Estratégia Nacional de Ciência, Tecnologia e Inovação*: 2016-2022. Brasília, DF: MCTIC, 2016. Em 2021, já com a intermediação da Câmara de Inovação, foi instituída a Resolução CI nº1, de 23 de julho de 2021, que aprovou a Estratégia Nacional de Inovação e os Planos de Ação para os Eixos de Fomento, Base Tecnológica, Cultura de Inovação, Mercado para Produtos e Serviços Inovadores e Sistemas Educacionais. Seu conteúdo pode ser encontrado na Resolução CI nº 1/21. Seu conteúdo, de toda feita, tem sido sujeito a críticas contundentes devido à sua acentuada generalidade e falta de fundamentação. Vide DE NEGRI, Fernanda; CHIARINI, Tulio; KOELLER, Priscila; ZUCOLOTO, Graziela; MIRANDA, Pedro; PEREIRA, Larissa; SZIGETHY, Leonardo; RAUEN, André; LOBO, Flavio. Análise da nova "Estratégia Nacional de Inovação". *Ipea*: Centro de Pesquisa em Ciência, Tecnologia e Sociedade, Rio de Janeiro, 3 set. 2021.

no então recente marco legal da ciência, tecnologia e inovação; ao apoio aos ambientes de inovação e ao empreendedorismo; à concessão de incentivos ao desenvolvimento tecnológico e à inovação; e ao apoio aos serviços tecnológicos e à gestão da inovação. No âmbito da ENCTI chega-se, dentro de áreas estratégicas, a desenvolver focos com um pouco mais de detalhamento. Assim, na saúde, fala-se em prevenção, controle, diagnóstico e tratamento de doenças infecciosas, a ênfase nas doenças tropicais negligenciadas.[571]

Ausente uma política industrial e tecnológica bem delimitada, tende a ser mais comum a multiplicação de normas simplesmente enunciando objetivos, inclusive fora do contexto de governança trazido pela Política Nacional de Inovação. Mesmo que nem sempre se possa extrair delas direcionamentos efetivos para os financiamentos não deixa de ser importante considerá-las para o exercício efetivo da atividade de fomento em análise.

Um exemplo disso é a Portaria MCTIC nº 1.122/20,[572] definidora de prioridades, no âmbito desse Ministério (que é hoje o MCTI) para o período 2020 a 2023 quanto a projetos de pesquisa, de desenvolvimento de tecnologias e inovações. Novamente o arrolamento de muitas prioridades a amplitude de abrangência torna difícil extrair o que seria realmente importante.[573] Um outro

---

[571] Note-se também que a ENCTI irá se desdobrar em planos de ação específicos, em que vão sendo produzidas mais especificações.

[572] Cf. Portaria MCTIC nº 1.122/20, disponível em: https://antigo.mctic.gov.br/mctic/opencms/legislacao/portarias/Portaria_MCTIC_n_1122_de_19032020.html. Aceso em: 28 abr. 2021.

[573] Apesar de a portaria objetivar "contribuir para a alavancagem em setores com maiores potencialidades para a aceleração do desenvolvimento econômico e social do país" (art.1º, § 1º da portaria), a priorização ofertada pelo documento segue a tendência de abrangência que impede a extração de prioridades claras. Veja-se, assim, que seu art. 2º estabeleceria como prioritários projetos voltados a áreas de tecnologias estratégicas; habilitadoras; de produção; para desenvolvimento sustentável; e para qualidade de vida. Cada categoria dessas, por sua vez, desdobra-se em diversos exemplos, potencialmente abrangendo a totalidade dos esforços tecnológicos contemporaneamente possíveis. São mencionadas nas especificações de cada área os setores espacial, nuclear, cibernético e de segurança pública e de fronteira, para o primeiro caso; inteligência artificial, internet das coisas, materiais avançados, biotecnologia e nanotecnologia para o segundo; indústria, agronegócio; comunicações; infraestrutura e serviços, no terceiro; cidades inteligentes e sustentáveis; energias renováveis; bioeconomia; tratamento e reciclagem de resíduos sólidos; tratamento de poluição; monitoramento, prevenção e recuperação de desastres naturais e ambientais; e preservação ambiental, no quarto; saúde; saneamento básico, segurança hídrica e tecnologias assistivas, finalmente, no quinto.

exemplo, mas em que a priorização é mais clara até em razão do contexto em que a norma foi produzida, é a Portaria MCTIC nº 1.245/20,[574] que dispõe sobre medidas estatais para o enfrentamento do COVID -19.

É importante lembrar, entretanto, que as orientações difusas produzidas por órgãos e entes públicos variados também podem constituir condicionantes, devendo, entretanto, ser com atenção aos limites de sua aplicabilidade.

Por fim, não se pode deixar de salientar a importância da atenção a normas setoriais durante o manejo dos financiamentos, podendo ser conveniente a conferência da legislação relacionada ao projeto ou ao campo de atuação empresarial financiado.[575] O conhecimento da disciplina jurídica aplicável a um setor e das políticas públicas direcionadas ao mesmo permite mapear oportunidades de cooperação com outros atores do SNCTI, serve como estímulo à formulação de programas por parte dos financiadores e até mesmo os auxilia no desempenho cotidiano de suas atividades, em especial durante processos seletivos.[576]

---

[574] Observe-se como, em comparação com a Portaria MCTIC nº 1.122/20, como a Portaria MCTIC nº 1.245/20 apresenta prioridades bastante específicas, falando do desenvolvimento de medicamentos e respectivos testes pré-clínicos e clínicos, vacinas e seus testes pré-clínicos e clínicos; inovação para produção de ventiladores pulmonares em escala e equipamentos de proteção individual (EPI) e seus sistemas; pesquisa, desenvolvimento e inovação em testes de diagnóstico; estratégia de monitoramento e sequenciamento do genoma do vírus circulante no país; ferramentas de telemedicina; e estratégia e coordenação do suporte de comunicações (art. Art. 1º da segunda portaria). Cf. Portaria MCTIC nº 1.245/20, disponível em: https://antigo.mctic.gov.br/mctic/opencms/legislacao/portarias/Portaria_MCTIC_n_1245_de_24032020.html. Acesso em: 28 abr. 2021.

[575] Observe-se, por exemplo, o trabalho de Maria Carolina Foss, que se debruça sobre a interseção das medidas de incentivo à inovação (em geral) e um setor específico (o de tecnologia de informação). Vide FOSS, Maria Carolina. *Análise jurídica da promoção da inovação tecnológica no setor brasileiro de tecnologias da informação e comunicação*. 2016. Dissertação (Mestrado em Direito) – Faculdade de Direito, Universidade de São Paulo, São Paulo, 2016.

[576] Pense-se, por exemplo, em uma situação em que um ente financiador tem de optar entre dois projetos igualmente meritórios, mas que sigam rotas tecnológicas diferentes dentro de um mesmo setor. Dado esse contexto, a conferência da compatibilidade do proposto pela empresa em relação à Estratégia Brasileira para a Transformação Digital, prevista no Decreto nº 9.319/18, pode ser de grande valia como critério de desempate. Para mais informações, cf. BRASIL. Ministério da Ciência, Tecnologia e Inovação. *Estratégia brasileira para a transformação digital*. Brasília, DF: MCTI, 2018. Outro exemplo seria o de situar a iniciativa a ser fomentada no que dispões o Decreto nº 9.245/2017, instituidor da Política Nacional de Inovação Tecnológica na Saúde.

3.2.3 Pequenas empresas e *startups* como foco de atuação pública

O apoio às *startups* e a quaisquer empresas inovadoras durante seus estágios iniciais[577] é um elemento essencial a qualquer política pública de fomento à inovação contemporânea.[578] Se a captação de recursos para o custeio de esforços inovativos constitui um desafio relevante para qualquer empresa,[579] superá-lo é ainda mais difícil para empresas menores, ou que ainda não tenham produtos comercializáveis. Políticas públicas diversas têm sido implementadas para destinar recursos a empresas com esse perfil.[580]

Apesar das múltiplas modalidades de apoio possíveis a esse tipo de empresas, a aquisição de *participação societária* e a realização de aportes em *fundos de investimento*[581] têm sido apontados como formas ideais para dotá-las dos recursos necessários ao seu crescimento.[582] O *venture capital* (capital de risco), baseado no investimento em

---

[577] A definição de *startup* adotada para os fins deste livro é a contida no art. 4º da Lei Complementar nº 182/21, que logo será objeto de comentários. Na linguagem cotidiana, esse conceito é usado de forma mais flexível, sendo comum sua atribuição a pequenas empresas de base tecnológica ou que almejem crescer de forma acelerada com base na oferta de produtos ou processos inovadores. Quanto a traços distintivos desse tipo de empreendimento, considerando políticas públicas voltadas ao seu fomento ao redor do globo, cf. AUDRETSCH, David; COLOMBELLI, Alessandra; GRILLI, Luca; MINOLA, Tommaso; RASMUSSEN, Einar. Innovative start-ups and policy initiatives. *Research Policy*, Amsterdã, v. 49, n. 10, p. 1-14, 2020.

[578] Para uma visão panorâmica do desempenho das empresas brasileiras de pequeno porte em matéria inovativa, cf. ZUCOLOTO, Graziela; NOGUEIRA, Mauro Oddo. *A dinâmica inovativa das empresas de pequeno porte no Brasil*. Rio de Janeiro: Ipea, 2016. v. 2255.

[579] Relembre-se o discutido no item 2.1.2.

[580] Arrolando diversos mecanismos de financiamento das empresas em estágios iniciais, cf. BORRÁS, Susana; EDQUIST, Charles. *Holistic Innovation Policy*: Theoretical Foundations, Policy Problems, and Instrument Choices. Oxford: Oxford University, 2019. p. 1-25. Para um exemplo de estudo empírico com discussões sobre a forma adequada ao financiamento de empresas de menor porte, mas que não é baseado em instrumentos de *investimento*, cf. HOTTENROTT, Hanna; RICHSTEIN, Robert. Start-up Subsidies: Does the Policy Instrument Matter? *Research Policy*, Amsterdã, v. 49, n. 1, p. 1-21, 2020. Como um exemplo atual de iniciativa voltada ao fomento de *startups* por meio da concessão de subvenções, adotando-se em especial uma lógica de "desafio" a ser superado, cf. p Programa Desafio Finep Desafio Cibernético – *Startups* e Empresas de Base Tecnológica, disponível em: http://www.finep.gov.br/chamadas-publicas/chamadapublica/657. Acesso em: 2 dez. 2020.

[581] Ambos os instrumentos serão objeto de análise no item 5.2.4.

[582] Nas últimas décadas, têm sido internacionalmente promovidas diversas iniciativas voltadas à aceleração e incubação das *startups*. É usual o aporte de capital nas empresas em estágios iniciais. Para um relatório dessa realidade, produzido pela já mencionada

empresas com elevado potencial de crescimento,[583] seria expediente recomendável para fazer frente aos acentuados níveis de incerteza e risco que permeiam novos negócios calcados em inovação.

Bastante consolidado na realidade estadunidense,[584] este tipo de investimento é desenvolvido a partir da premissa de poucos sucessos estrondosos podem tornar rentáveis um conjunto de aportes em empresas inovadoras, mesmo que multipliquem-se insucessos no caminho. A venda de *startups* promissoras a preços astronômicos nas Bolsas de Valores ou para grandes empresas garantiriam a rentabilidade dessa forma de investir (desde que bem executada).[585] A busca seria por investir nos "unicórnios", empresas novas e de base tecnológica[586] cujo valor de mercado atinge ao menos US$ 1 bilhão.[587]

Nesta, cf. BOUND, Kirsten; MILER, Paul. *The Startup Factories*: the Rise of Accelerator Programmes to Support new Technology Ventures. Londres: Nesta, 2011. Para uma análise dessas estruturas no cenário nacional, vide NAKASONE, William Joji. *O financiamento de inovações por meio do venture capital*: adequação dos instrumentos jurídicos brasileiros. 2017. Dissertação (Mestrado em Direito) – Faculdade de Direito, Universidade de São Paulo, São Paulo, 2017.

[583] Para um delineamento do *venture capital*, expressão que tem mais a ver com práticas de mercado do que com conceitos jurídicos fechados, cf. FREITAS, Bernardo Vianna. Fundos de investimento em participações (FIP) e fundos mútuos de investimentos em empresas emergentes (FMIEE). In: FREITAS, Bernardo Vianna; VERSIANI, Fernanda Valle (org.). *Fundos de investimento*: aspectos jurídicos, regulamentares e tributários. São Paulo: Quartier Latin, 2015. p. 160-166.

[584] Para uma abordagem das estruturas contratuais e organizacionais que dão suporte ao *venture capital* estadunidense, assim como dos desafios envolvidos nos esforços para duplicá-lo em outros países, cf. GILSON, Ronald J. Engineering a Venture Capital Market: Lessons from the American Experience. *Stanford Law Review*, Stanford, v. 55, p. 1067-1103, 2003. Explorando o seu histórico e literatura sobre o tema, vide GOMPERS, Paul; LERNER, Josh. The Venture Capital Revolution. *The Journal of Economic Perspectives*, Nashville, v. 15, n. 2, p. 145-168, 2001.

[585] Para uma descrição dessa dinâmica, analisando especialmente a perspectiva (e os riscos) associados aos negócios desse tipo para os empreendedores, cf. HALL, Robert E; WOODWARD, Susan E. The Burden of the Nondiversifiable Risk of Entrepreneurship. *American Economic Review*, Nashville, v. 100, n. 3, p. 1163-1194, 2010.

[586] A base tecnológica e a capacidade inovativa, e as suas correlações com risco e incerteza, são as condições que historicamente tem propiciado a rentabilidade esperada no mercado de *venture capital*. A história de uma das primeiras e mais influentes empresas estadunidenses a explorar esse mercado, a *American Research & Development Corporation*, ilustra bem essa perspectiva. Cf. HSU, David H.; KENNEY, Martin. Organizing Venture Capital: The Rise and Demise of American Research & Development Corporation, 1946-1973. *Industrial & Corporate Change*, Oxford, v. 14, n. 4, p. 579-616, 2005.

[587] O Brasil já contaria com ao menos 12 dessas, entre as quais figurariam, no segundo semestre de 2020, as empresas 99; Nubank; Arco Educação; Stone; Movile (dona da iFood); Gympass; Loggi; Quinto Andar; Ebanx; Wildlife; Loft; e Vtex. Cf. SOPRANA, Paula. Brasil chega a 12 unicórnios, startups que valem mais de US$ 1 bi. *Folha de S. Paulo*, São Paulo, 29 set. 2020.

O *venture capital* é executado por investidores, mais ou menos especializados,[588] que selecionam empresas promissoras e as ofertam apoio de índole financeira e não financeira[589] normalmente em troca de direitos de participação societária nas investidas. A aquisição dos últimos a preços reduzidos em comparação com o seu preço de venda futuro deve-se à imprevisibilidade do desempenho efetivo de empresas em seus estágios iniciais. É comum a intervenção dos investidores na condução das investidas, com aportes adicionais caso atingidas metas previamente pactuadas. Dessa forma são instituídos mecanismos de monitoramento e de calibragem da verba disponibilizada, assegurando o retorno do capital nos casos de sucesso e minimizadas as perdas no de insucesso.[590]

Entretanto, como destacam Charles Edquist e Susana Borrás, existe a possibilidade de que o retorno médio dos investimentos desse tipo não os compense. Essa é uma razão possível para a ausência de um mercado para esse tipo de operação em certos países. Dada essa realidade e a relevância desse tipo de investimento, haveria justificativa para uma atuação pública que permitisse sua existência.[591] Se mesmo a existência de um mercado de capital de risco desenvolvido não garante a disponibilização de capital aos negócios mais promissores,[592]

---

[588] Para uma abordagem dos tipos de investidores, que podem consistir em investidores institucionais (como fundos de investimento), de maiores dimensões e estrutura; de investidores-anjo (*business angels*), com menos estrutura e capital; e atores governamentais (como os financiadores em discussão), vide BEN-ARI, Guy; VONORTAS, Nicholas S. Risk financing for knowledge-based enterprises: mechanisms and policy options. *Science and Public Policy*, Oxford, v. 34, n. 7, p. 475-488, 2007.

[589] Consultoria de gestão empresarial e auxílio no estabelecimento de contatos com outros investidores, fornecedores ou potenciais compradores dos produtos da empresa são exemplos de formas de apoio não financeira.

[590] Sobre a concessão dos aportes em parcelas, e também ponderando as limitações quanto a essa via para financiar iniciativas inovativas mais radicais, cf. NANDA, Ramana; RHODES-KROPF, Matthew. Financing Entrepreneurial Experimentation. *Innovation Policy and the Economy*, Chicago, v. 16, p. 1-24, 2016; e KERR, William R.; NANDA, Ramana. Financing Innovation. *Annual Review of Financial Economics*, San Mateo, v. 7, n. 1, p. 445-462, 2015.

[591] BORRÁS, Susana; EDQUIST, Charles. *Holistic Innovation Policy*: Theoretical Foundations, Policy Problems, and Instrument Choices. Oxford: Oxford University, 2019. p. 5.

[592] Em NANDA, Ramana; RHODES-KROPF, Matthew. Financing Entrepreneurial Experimentation. *Innovation Policy and the Economy*, Chicago, v. 16, p. 1-24, 2016, os autores mencionam o curioso *Anti-portfolio* da Bessemer Venture Partners. Tradicional *venture capitalist* dos Estados Unidos, ela tem o cuidado de registrar casos em que ela perdera oportunidades de investimento em companhias como Google, Apple, Facebook, Airbnb e outras, o que serve como um lembrete para o fato de que nem investidores experientes

nem aos mais pertinentes ao interesse coletivo,[593] sua ausência significa renunciar a um caminho potencialmente proveitoso para o desenvolvimento nacional.

Diversas iniciativas públicas têm sido implementadas para estimular a atuação privada nesse segmento.[594] Elas têm ocorrido no Brasil há algumas décadas, em especial por agências de fomento como a Finep e o BNDES.[595] Atualmente multiplicam-se programas direcionados a *startups* e empresas de pequeno porte com potencial inovador, havendo no país de uma estrutura complexa de estímulo ao seu crescimento.[596]

---

seriam a prova de falhas neste contexto. Vide informações disponíveis em: https://www.bvp.com/anti-portfolio. Acesso em: 4 nov. 2020.

[593] Mariana Mazzucato faz uma importante crítica a um potencial risco especulativo do mercado de *venture capital* em relação a empresas inovadoras, uma vez que os investidores poderiam influir nas mesmas não em benefício da inovação, mas apenas com o intuito de maximizar sua rentabilidade. Vide MAZZUCATO, Mariana. *The Entrepreneurial State*. Londres: Anthem, 2014. p. 66-69.

[594] Para um quadro de políticas desse tipo, e recomendando especial cuidado na calibração da intervenção pública, vide LERNER, Josh. The Future of Public Efforts to Boost Entrepreneurship and Venture Capital. *Small Business Economics*, Nova York, v. 35, n. 3, p. 255-264, 2010. Também reunindo literatura sobre o tema e salientando a existência de exemplos bons e ruins de desempenho público no mercado de *venture capital*, cf. ALPEROVYCH, Yan; GROH, Alexander; QUAS, Anita. Bridging the equity gap for young innovative companies: the design of effective government venture capital fund programs. *Research Policy*, Amsterdã, v. 49, n. 10, p. 1-18, 2020; e COLOMBO, Massimo G.; CUMMING, Douglas J.; VISMARA, Silvio. Governmental Venture Capital for Innovative Young Firms. *Journal of Technology Transfer*, Nova York, v. 41, n. 1, p. 10-24, 2016.

[595] Sobre o tema, vide ZANATTA, Rafael Augusto Ferreira. *Direito, desenvolvimento e experimentalismo democrático*: um estudo sobre os papéis do direito nas políticas públicas de capital semente no Brasil. 2014. Dissertação (Mestrado em Direito) – Faculdade de Direito, Universidade de São Paulo, São Paulo, 2014; SCHAPIRO, Mario Gomes. Novos parâmetros para a intervenção do Estado na economia: persistência e dinâmica da atuação do BNDES em uma economia baseada no conhecimento. 2009. Tese (Doutorado em Direito) – Faculdade de Direito, Universidade de São Paulo, 2009; e MORAIS, José Mauro de. *Políticas de apoio financeiro à inovação tecnológica*: avaliação dos programas MCT/FINEP para empresas de pequeno porte. Rio de Janeiro: Ipea, 2007. v. 1296. p. 49-60.

[596] Para abordagens panorâmicas, incluindo ações privadas cf. ORGANISATION FOR ECONOMIC CO-OPERATION AND DEVELOPMENT. *SME and Entrepreneurship Policy in Brazil 2020*. Paris: OECD Publishing, 2020; e FREIRE, Carlos Torres; POLLI, Marco; MARUYAMA, Felipe Massami, Políticas públicas e ações privadas de apoio ao empreendedorismo inovador no Brasil: programas recentes, desafios e oportunidades. *In*: MORAIS, José Mauro de; TURCHI, Lenita Maria (org.). *Políticas de apoio à inovação tecnológica no Brasil*: avanços recentes, limitações e propostas de ações. Brasília, DF: Ipea, 2017. p. 233-294. Fazendo uma análise das políticas manejadas no país para fomentar tal ecossistema, GELELETE, Felipe Cardoso. *Políticas públicas de fomento ao ecossistema de* startups *brasileiro*. 2018. Dissertação (Mestrado em Administração) – Faculdade de Administração e Finanças, Universidade Federal do Rio de Janeiro, Rio de Janeiro, 2018.

A existência de um aparato normativo especificamente direcionado a tal fim também comprova a preocupação estatal com o tema. Embora existindo diversas regras voltadas à diminuição de entraves ao funcionamento das pequenas empresas[597] e ao investimento nessas,[598] a Lei Complementar nº 182/21 e como a Lei Complementar nº 123/06 constituem os referenciais normativos mais relevantes ao objeto desta pesquisa.

A Lei Complementar nº 182/21 tem suas origens no Projeto de Lei Complementar nº 146/2019.[599] Com origem no Legislativo, sua justificativa explicita a intenção de estabelecer "condições mais favoráveis à criação de *startups* no Brasil". Mesmo que muito do originalmente proposto não tenha sido aprovado,[600] após um trâmite legislativo que contou com diversas contribuições da sociedade civil[601] foi aprovada lei complementar instituidora do "marco legal das *startups* e do empreendedorismo inovador".

Além de modificar outros diplomas,[602] a Lei Complementar nº 182/21 estabelece princípios e diretrizes para a atuação administrativa pertinente (alcançando todas as esferas federativas); apresenta medidas de fomento ao ambiente de negócios e ao aumento da

---

[597] Um exemplo dessa tendência é a Lei de Liberdade Econômica (Lei nº 13.874/19), que pretende parametrizar e limitar a atuação estatal reiterando direitos associados à livre iniciativa. Para uma análise crítica da lei no que concerne ao seu tratamento da inovação, cf. SANTOS, Fabio Gomes dos. Lei da liberdade econômica: comentários sobre a disciplina da atuação pública frente à inovação. In: CUNHA FILHO, Alexandre Jorge Carneiro da; PICCELI, Roberto Ricomini; MACIEL, Renata Mota (org.). *Lei da liberdade econômica anotada*. São Paulo: Quartier Latin, 2020. v. 2. p. 467-475.

[598] Confira-se no item 5.2.4.1.2, como exemplo, o comentário sobre as normas da CVM atinentes aos fundos de investimento e a sua correlação com a Lei de Inovação, dada a importância desse veículo de captação para o mercado de *venture capital*.

[599] Os trâmites na Câmara dos Deputados e no Senado Federal encontram-se, respectivamente, disponíveis em: https://www.camara.leg.br/proposicoesWeb/fichadetramitacao?idProposicao=2205645 e https://www25.senado.leg.br/web/atividade/materias/-/materia/146040. Acesso em: 10 jun. 2021.

[600] O projeto também propunha disposições relativas à matéria trabalhista e tributária, que acabaram retiradas da versão sancionada da Lei Complementar nº 182/21.

[601] Como um exemplo disso, afora das diversas audiências públicas promovidas durante o transcurso do processo legislativo, pode ser citada a Contribuição do Núcleo Jurídico do Observatório da Inovação e Competitividade (NJ-OIC) para o Marco Legal de *Startups* e Empreendedorismo Inovador, disponível em: http://oic.nap.usp.br/direito-e-inovacao/contribuicao-a-consulta-publica-sobre-o-marco-legal-das-startups-e-empreendedorismo-inovador/. Acesso em: 10 jun. 2021.

[602] A Lei nº 6.404/76, no que concerne à flexibilização de exigências para a instituição e funcionamento de companhias, assim como a Lei Complementar nº 123/06, objeto de comentários *infra*, sofreram alterações importantes.

oferta de capital para investimento em empreendedorismo inovador; e disciplina a licitação e a contratação de soluções inovadoras pela administração pública (art. 1º da lei).

Desse conjunto, como tem sido feito, serão examinados apenas os dispositivos relacionados mais diretamente ao objeto desta pesquisa.[603] Assim, serão objeto de comentário: os princípios e diretrizes nela arrolados; a possibilidade de enquadramento como *startup* e a possibilidade de aporte nas últimas como forma de satisfação de obrigações de investimento em pesquisa, desenvolvimento e inovação. Os dispositivos relativos aos instrumentos de investimento em inovação serão referidos em momento posterior.[604]

Começando pelos princípios e diretrizes, interessa sublinhar como os incisos do art. 3º[605] introduzem mais uma camada de prescrições a serem ponderadas durante as atividades de fomento à inovação somando-se a tantas outras diretivas presentes no

---

[603] Assim, ficam de fora, por exemplo, dispositivos pertinentes à disciplina dos programas de ambiente regulatório experimental e da contratação de soluções inovadoras pelo Estado, previstos respectivamente nos capítulos V e VI da lei, malgrado o seu potencial de estímulo à inovação empresarial.

[604] Cf. item 5.2.4.1.

[605] "Art. 3º Esta Lei Complementar é pautada pelos seguintes princípios e diretrizes:
I – reconhecimento do empreendedorismo inovador como vetor de desenvolvimento econômico, social e ambiental;
II – incentivo à constituição de ambientes favoráveis ao empreendedorismo inovador, com valorização da segurança jurídica e da liberdade contratual como premissas para a promoção do investimento e do aumento da oferta de capital direcionado a iniciativas inovadoras;
III – importância das empresas como agentes centrais do impulso inovador em contexto de livre mercado;
IV – modernização do ambiente de negócios brasileiro, à luz dos modelos de negócios emergentes;
V – fomento ao empreendedorismo inovador como meio de promoção da produtividade e da competitividade da economia brasileira e de geração de postos de trabalho qualificados;
VI – aperfeiçoamento das políticas públicas e dos instrumentos de fomento ao empreendedorismo inovador;
VII – promoção da cooperação e da interação entre os entes públicos, entre os setores público e privado e entre empresas, como relações fundamentais para a conformação de ecossistema de empreendedorismo inovador efetivo;
VIII – incentivo à contratação, pela administração pública, de soluções inovadoras elaboradas ou desenvolvidas por startups, reconhecidos o papel do Estado no fomento à inovação e as potenciais oportunidades de economicidade, de benefício e de solução de problemas públicos com soluções inovadoras; e
IX – promoção da competitividade das empresas brasileiras e da internacionalização e da atração de investimentos estrangeiros".

ordenamento.⁶⁰⁶ Elas justificam, por exemplo, a estruturação de programas direcionados à internacionalização das *startups* pátrias ou até mesmo, durante os processos seletivos prévios aos financiamentos, serem privilegiadas empresas que tenham condições de competitividade internacional e de atração de capital estrangeiro (art. 3º, inciso IX).

O enquadramento como *startup* é regrado pelo art. 4º⁶⁰⁷ da lei complementar. O seu *caput* prevê que seriam "enquadradas como *startups* as organizações empresariais ou societárias, nascentes ou em operação recente, cuja atuação caracteriza-se pela inovação aplicada a modelo de negócios ou a produtos ou serviços ofertados". No § 1º desse artigo constam requisitos mais específicos em termos de: forma jurídica a ser adotada pela *startup*, deixando claro que esse qualificativo vincula-se a atividades empresariais; receita bruta

---

⁶⁰⁶ Como mencionado em relação ao §§ 1º e 2º do art. 218 da Constituição, no item 3.1.2 e, no item 3.2.1, quanto às medidas de incentivo (*caput* do art. 1º), princípios a serem observados (incisos do parágrafo único do art. 1º) e diretrizes para a aplicação (art. 27) da Lei de Inovação.

⁶⁰⁷ "Art. 4º São enquadradas como startups as organizações empresariais ou societárias, nascentes ou em operação recente, cuja atuação caracteriza-se pela inovação aplicada a modelo de negócios ou a produtos ou serviços ofertados.
§ 1º Para fins de aplicação desta Lei Complementar, são elegíveis para o enquadramento na modalidade de tratamento especial destinada ao fomento de startup o empresário individual, a empresa individual de responsabilidade limitada, as sociedades empresárias, as sociedades cooperativas e as sociedades simples:
I – com receita bruta de até R$ 16.000.000,00 (dezesseis milhões de reais) no ano-calendário anterior ou de R$ 1.333.334,00 (um milhão, trezentos e trinta e três mil trezentos e trinta e quatro reais) multiplicado pelo número de meses de atividade no ano-calendário anterior, quando inferior a 12 (doze) meses, independentemente da forma societária adotada;
II – com até 10 (dez) anos de inscrição no Cadastro Nacional da Pessoa Jurídica (CNPJ) da Secretaria Especial da Receita Federal do Brasil do Ministério da Economia; e
III – que atendam a um dos seguintes requisitos, no mínimo:
a) declaração em seu ato constitutivo ou alterador e utilização de modelos de negócios inovadores para a geração de produtos ou serviços, nos termos do inciso IV do *caput* do art. 2º da Lei nº 10.973, de 2 de dezembro de 2004; ou
b) enquadramento no regime especial Inova Simples, nos termos do art. 65-A da Lei Complementar nº 123, de 14 de dezembro de 2006.
§ 2º Para fins de contagem do prazo estabelecido no inciso II do § 1º deste artigo, deverá ser observado o seguinte:
I – para as empresas decorrentes de incorporação, será considerado o tempo de inscrição da empresa incorporadora;
II – para as empresas decorrentes de fusão, será considerado o maior tempo de inscrição entre as empresas fundidas; e
III – para as empresas decorrentes de cisão, será considerado o tempo de inscrição da empresa cindida, na hipótese de criação de nova sociedade, ou da empresa que a absorver, na hipótese de transferência de patrimônio para a empresa existente".

anual, com teto de até R$ 16.000.000,00 a ser obtida no ano-calendário anterior; tempo máximo de inscrição no Cadastro Nacional de Pessoa Jurídica – CNPJ, limitado a dez anos; e quanto à necessidade do desempenho de atividade inovativa formalmente reconhecida em seu instrumento constitutivo ou aderência ao Inova Simples (art. 65-A da Lei Complementar nº 123/06).

Convém tecer alguns comentários quanto a essa regra de enquadramento, elemento central para a aplicação da Lei nº 182/21.

Em primeiro lugar, apesar da relevância da lei complementar na disciplina do tema, ela não exaure as hipóteses de enquadramento como *startup* previstas no direito pátrio. Como a definição de *inovação*[608] (e de forma pouco surpreendente dado o cipoal normativo brasileiro) é necessário sempre averiguar se, em determinado contexto, tal qualificação não dependa de critérios distintos. A Lei nº 14.133, por exemplo, traz uma definição própria para fins de execução dos procedimentos de manifestação de interesse.[609]

Em segundo lugar, deve ser ressaltado como o legislador optou por correlacionar inovação também a *modelo de negócios*, estendendo a usual menção a *produtos*, *serviços* e *processos* utilizada para descrever fenômenos inovativos,[610] e prescindindo de uma referência explícita aos *processos*.[611] A partir disso podem ser

---

[608] Lembre-se do exposto no item 1.1.3.
[609] "Art. 81. A Administração poderá solicitar à iniciativa privada, mediante procedimento aberto de manifestação de interesse a ser iniciado com a publicação de edital de chamamento público, a propositura e a realização de estudos, investigações, levantamentos e projetos de soluções inovadoras que contribuam com questões de relevância pública, na forma de regulamento. [...]
§ 4º O procedimento previsto no *caput* deste artigo poderá ser restrito a *startups*, assim *considerados os microempreendedores individuais, as microempresas e as empresas de pequeno porte, de natureza emergente e com grande potencial, que se dediquem à pesquisa, ao desenvolvimento e à implementação de novos produtos ou serviços baseados em soluções tecnológicas inovadoras que possam causar alto impacto*, exigida, na seleção definitiva da inovação, validação prévia fundamentada em métricas objetivas, de modo a demonstrar o atendimento das necessidades da Administração" (grifo nosso).
[610] Essa é a linha prestigiada não só pela definição constante no art. 2º, inciso IV da Lei de Inovação e discutida no item 1.1.3. Interessa notar também que, em sua versão mais atual, o *Manual de Oslo* (4ª edição) trata apenas de *produtos* e *processos*, uma vez que os *serviços* seriam abrangidos pelos primeiros, conforme exposto no item 1.1.2.
[611] Fala-se, assim, em inovação "aplicada a modelos de negócio ou a produtos e serviços ofertados" (*caput*) e da "utilização de modelos de negócios inovadores para a geração de produtos ou serviços, nos termos do inciso IV do *caput* do art. 2º da Lei nº 10.973, de 2 de dezembro de 2004" (§ 1º, inciso III, alínea "a").

estabelecidos dois questionamentos: consistira o *modelo de negócios* de uma categoria autônoma para mensurar o fenômeno inovativo? E, ainda, estaria excluída a inovação efetivada por meio de *processos* para fins de enquadramento como *startup*?

Começando pelo primeiro questionamento, entende-se que seria pouco proveitosa tratar tal categoria como autônoma. Mesmo sendo essa a dicção escolhida pelo legislador é difícil, na prática, conceber como um *modelo de negócios* poderia ser inovador sem inovar em termos de *produtos* (inclusa nesse conceito a ideia de *serviços)* ou *processos* já que esses conceitos traduziriam o conjunto das atividades empresariais inovativas. Entende-se, portanto, mais adequado interpretar a menção ao *modelo de negócios* na Lei nº 182/21 como meio para a averiguação da inovação manifesta via *produtos* ou *processos*, e não como categoria autônoma de mensuração de desempenho inovativo.

Quanto à inovação efetivada por meio de *processos*, pondera-se que a menção explícita à Lei de Inovação na lei complementar bastaria para atrair tal possibilidade. Não o fazer ensejaria uma limitação da possibilidade de enquadramento para empresas sabidamente inovativas,[612] não parecendo ser esse o intuito do legislador. Outra possibilidade, aliás, é a de que o legislador tenha utilizado o vocábulo *modelo de negócios* para fazer referência ao que é tratado pela teoria como *processos*, dado o papel desses na obtenção dos *produtos*.

Por fim, em terceiro lugar, deve-se sublinhar a amplitude escolhida pelo legislador para possibilitar esse enquadramento. Mesmo tendo em conta os requisitos descritos no § 1º do art. 4º, as *startups* podem consistir em empresas que já deixaram de ser empresas de pequeno porte[613] e não são assim tão "nascentes ou de operação recente", já que podem contar com inscrição no CNPJ de até 10 anos. O enquadramento se mostra facilitado até em termos de desempenho inovativo, uma vez que a comprovação ocorre via

---

[612] Pense-se, por exemplo, em empresas que ofertam *produtos* ou *serviços* tradicionais, mas que, para fazê-lo, recorrem a *processos* inovadores tornando-os superiores em qualidade ou preço.

[613] Dado que, nos termos da Lei Complementar nº 123/04, empresa de pequeno porte é aquela que aufira, em cada ano-calendário, receita bruta superior a R$ 360.000,00 e igual ou inferior a R$ 4.800.000,00 (art. 3º, II).

declaração.⁶¹⁴ Houve, portanto, a opção por formato especialmente abrangente.⁶¹⁵

Para encerrar os comentários relativos à Lei Complementar nº 182/21, interessa registrar que esse diploma abriu importante mecanismo de direcionamento de fundos privados para as *startups*.

Trata-se da possibilidade de satisfação de obrigações privadas de investimento em pesquisa, desenvolvimento e inovação via o aporte em *startups* via fundos patrimoniais; Fundos de Investimento em Participações – FIP;⁶¹⁶ e investimento em programas, editais ou concursos voltados a *startups*, gerenciados por instituições públicas, fundações universitárias, entidades paraestatais e bancos de fomento (art. 9º, *caput* e incisos I a III).⁶¹⁷

Esse permissivo traz oportunidades de captação relevante para os financiadores, dado que pode vir a ser mais interessante a

---

⁶¹⁴ Observe-se que, apesar da necessidade de serem cumpridas outras exigências específicas, o gozo do Inova Simples advém de autodeclaração, assim como é feita menção a declaração de modelos e negócios inovadores para a geração de produtos ou serviços nos atos constitutivos da empresa. Considera-se mais remota a hipótese de desenquadramento com base em avaliação específica desse potencial inovador, a menos que diante de casos bastante flagrantes de fraude (como o que poderia ocorrer em um processo licitatório, por exemplo).

⁶¹⁵ Como destacado por AUDRETSCH, David; COLOMBELLI, Alessandra; GRILLI, Luca; MINOLA, Tommaso; RASMUSSEN, Einar. Innovative start-ups and policy initiatives. *Research Policy*, Amsterdã, v. 49, n. 10, p. 1-14, 2020. p. 5, a delimitação de *startup* (inovadora) é algo que varia de país para país quando o assunto é o manejo de políticas públicas de fomento. Assim, verifica-se internacionalmente modelos em que o enquadramento é baseado em aspectos cronológicos, tratando como *startups* as empresas mais recentes; no potencial inovativo autodeclarado por essas e eventualmente comprovado perante autoridades públicas; na atuação em determinados setores previamente especificados (como os de alta tecnologia); na expectativa de crescimento (que não necessariamente está associada a potencial inovativo) e até condicionada a associação a determinados parceiros ou programas.

⁶¹⁶ Sobre esse tipo de fundo, cf. o item 5.2.4.1.2.

⁶¹⁷ "Art. 9º As empresas que possuem obrigações de investimento em pesquisa, desenvolvimento e inovação, decorrentes de outorgas ou de delegações firmadas por meio de agências reguladoras, ficam autorizadas a cumprir seus compromissos com aporte de recursos em startups por meio de:
I – fundos patrimoniais de que trata a Lei nº 13.800, de 4 de janeiro de 2019, destinados à inovação, na forma do regulamento;
II – Fundos de Investimento em Participações (FIP), autorizados pela CVM, nas categorias:
a) capital semente;
b) empresas emergentes; e
c) empresas com produção econômica intensiva em pesquisa, desenvolvimento e inovação; e
III – investimentos em programas, em editais ou em concursos destinados a financiamento, a aceleração e a escalabilidade de startups, gerenciados por instituições públicas, tais como empresas públicas direcionadas ao desenvolvimento de pesquisa, inovação e novas tecnologias, fundações universitárias, entidades paraestatais e bancos de fomento que tenham como finalidade o desenvolvimento de empresas de base tecnológica, de ecossistemas empreendedores e de estímulo à inovação".

determinados agentes privados direcionar verba obrigatoriamente gasta em CTI para *startups* promissoras. Operacionalmente pode fazer mais sentido confiar essa verba a terceiros do que ter de efetivar e comprovar os gastos nos termos exigidos pela legislação aplicável.[618]

Como os termos dessa transferência terão de ser pactuados[619] essa forma de captação também é dotada de potencial para coordenar iniciativas executadas entre atores públicos e privados, voltando-se a setores econômicos ou cadeias de fornecimento específicas. Há ainda a hipótese de injeção de recursos adicionais em programas já consolidados e relevantes ao SNCTI, com indiscutíveis benefícios coletivos.[620]

Passando para a Lei Complementar nº 123/06, examinada já contabilizadas as mudanças introduzidas pela Lei Complementar nº 155/16[621] e pela Lei Complementar nº 182/21, serão novamente abordados os dispositivos que guardam relação mais estreita com o objeto deste estudo.[622]

Associada a esforços de regulamentação[623] dos arts. 146, inciso III, alínea "d",[624] e 170, inciso IX,[625] da Constituição, o Estatuto

---

[618] Em todo o caso, a eficácia liberatória a ser concedida pela transferência de recursos dependerá do cumprimento de exigências estabelecidas pelas autoridades competentes in casu (arts. 9º, §§ 2º e 3º, e 10).

[619] Tratando-se, portanto, e na linguagem que será explorada no item 3.3.2, de *fonte de recursos* com origem *contratual*, apta a condicionar os financiamentos alimentados por ela.

[620] É o caso do programa *Finep Startup*, mencionado no item 5.2.4.2.

[621] Originado no Projeto de Lei Complementar nº 25/07, cujo projeto original tinha singelos objetivos de parcelamento tributário, a Lei Complementar nº 155/16 acabou por contemplar dispositivos referentes ao fomento à inovação nas microempresas ou empresas de pequeno porte. Sua tramitação, encontra-se disponível em: https://www.camara.leg.br/proposicoesWeb/fichadetramitacao?idProposicao=344866. Acesso em: 7 nov. 2020.

[622] Dessa feita, mesmo dispositivos atinentes a estímulos fiscais, como os relacionados ao *Inova Simples*, nem às compras públicas, mencionados em seu art. 47, serão referidos, mesmo que não possa deixar de ser ressaltada sua relevância para o tema do fomento à inovação.

[623] É o que se extrai da consulta à proposta original do Projeto de Lei Complementar nº 123/04, disponível em: https://www.camara.leg.br/proposicoesWeb/fichadetramitacao?idProposicao=150559. Acesso em: 7 nov. 2020.

[624] "Art. 146. Cabe à lei complementar: [...]
III – estabelecer normas gerais em matéria de legislação tributária, especialmente sobre: [...] d) definição de tratamento diferenciado e favorecido para as microempresas e para as empresas de pequeno porte, inclusive regimes especiais ou simplificados no caso do imposto previsto no art. 155, II, das contribuições previstas no art. 195, I e §§ 12 e 13, e da contribuição a que se refere o art. 239".

[625] "Art. 170. A ordem econômica, fundada na valorização do trabalho humano e na livre iniciativa, tem por fim assegurar a todos existência digna, conforme os ditames da justiça social, observados os seguintes princípios: [...]

Nacional da Microempresa e da Empresa de Pequeno Porte prevê um regime específico e favorecido para empresas desse tipo,[626] somando-se ao tratamento privilegiado assegurado às mesmas por diplomas como a Lei de Inovação.[627]

Começa-se abordando o art. 61-A.[628] Seu *caput* prevê a possibilidade de aporte de capital em microempresas ou empresas

---

IX – tratamento favorecido para as empresas de pequeno porte constituídas sob as leis brasileiras e que tenham sua sede e administração no País".

[626] O intuito de desburocratização e simplificação, principalmente para o pagamento de tributos, é um elemento e saliente na legislação sobre o tema. Para uma visão panorâmica sobre o assunto, vide SCHWINGEL, Inês; RIZZA, Gabriel. Políticas públicas para formalização das empresas: lei geral das micro e pequenas empresas e iniciativas para a desburocratização. *Mercado de trabalho*: conjuntura e análise. Rio de Janeiro, n. 54, p. 47-56, 2013.

[627] Relembre-se, por exemplo, o previsto no art. 27, inciso III, da Lei de Inovação, ao estabelecer como diretriz o "tratamento diferenciado, favorecido e simplificado às microempresas e às empresas de pequeno porte.", ou mesmo o previsto no art. 21, que estabelece que "[a]s agências de fomento deverão promover, por meio de programas específicos, ações de estímulo à inovação nas micro e pequenas empresas, inclusive mediante extensão tecnológica realizada pelas ICT". Note-se, para dar outro exemplo, a previsão de instrumento específico, o *bônus tecnológico*, como expediente para financiá-las (art. 2º, inciso XIII). Relacionando tais empresas à disciplina jurídica do fomento da inovação no país, vide SANTOS, Fabio Gomes dos; TONETTI, Rafael Roberto Hage; MONTEIRO, Vítor. Desafios jurídicos para o fomento financeiro da inovação pelas empresas. *In*: COUTINHO, Diogo R.; FOSS, Maria Carolina; MOUALLEM, Pedro Salomon B. (org.). *Inovação no Brasil*: avanços e desafios jurídicos e institucionais. São Paulo: Blucher, 2017. p. 195-202; e VILLARES, Andréa Lúcia Nazário. Quais as oportunidades trazidas pelo decreto federal de inovação no âmbito das alianças estratégicas e projetos de cooperação entre o poder público e as startups? *In*: SANTOS, Fabio Gomes dos; BABINSKI, Daniel de Oliveira (org.). *Decreto federal de inovação*: novas oportunidades. São Paulo: Observatório de Inovação e Competitividade, 2019. v. 2. p. 22-25.

[628] "Art. 61-A. Para incentivar as atividades de inovação e os investimentos produtivos, a sociedade enquadrada como microempresa ou empresa de pequeno porte, nos termos desta Lei Complementar, poderá admitir o aporte de capital, que não integrará o capital social da empresa.
§ 1º As finalidades de fomento a inovação e investimentos produtivos deverão constar do contrato de participação, com vigência não superior a sete anos.
§ 2º O aporte de capital poderá ser realizado por pessoa física, por pessoa jurídica ou por fundos de investimento, conforme regulamento da Comissão de Valores Mobiliários, que serão denominados investidores-anjos.
§ 3º A atividade constitutiva do objeto social é exercida unicamente por sócios regulares, em seu nome individual e sob sua exclusiva responsabilidade.
§ 4º O investidor-anjo:
I – não será considerado sócio nem terá qualquer direito a gerência ou a voto na administração da empresa, resguardada a possibilidade de participação nas deliberações em caráter estritamente consultivo, conforme pactuação contratual;
II – não responderá por qualquer dívida da empresa, inclusive em recuperação judicial, não se aplicando a ele o art. 50 da Lei no 10.406, de 10 de janeiro de 2002 – Código Civil;
III – será remunerado por seus aportes, nos termos do contrato de participação, pelo prazo máximo de 7 (sete) anos;
IV – poderá exigir dos administradores as contas justificadas de sua administração e, anualmente, o inventário, o balanço patrimonial e o balanço de resultado econômico; e

de pequeno porte para fins de incentivo a atividades de inovação e aos investimentos produtivos de forma que os valores pertinentes não venham a integrar o capital social da investida. Os seus parágrafos, e outros dispositivos que o seguem, disciplinam essa possibilidade.

A transferência de recursos se daria com base em ajuste denominado *contrato de participação*,[629] que deve deixar explícita a sua finalidade de fomento à inovação e de investimento produtivo e ser dotado de vigência máxima de sete anos. Ele pode ser celebrado por pessoa física, jurídica ou fundo de investimento, assumindo a concedente da verba a condição de "investidor-anjo"[630] (§§ 1º e 2º dos arts. 61-A e 61-D).[631]

Esse investidor-anjo assumiria uma postura passiva na condução dos negócios da empresa investida, não dispondo de direito

---

V – poderá examinar, a qualquer momento, os livros, os documentos e o estado do caixa e da carteira da sociedade, exceto se houver pactuação contratual que determine época própria para isso.
§ 5º Para fins de enquadramento da sociedade como microempresa ou empresa de pequeno porte, os valores de capital aportado não são considerados receitas da sociedade.
§ 6º As partes contratantes poderão:
I – estipular remuneração periódica, ao final de cada período, ao investidor-anjo, conforme contrato de participação; ou
II – prever a possibilidade de conversão do aporte de capital em participação societária.
§ 7º O investidor-anjo somente poderá exercer o direito de resgate depois de decorridos, no mínimo, 2 (dois) anos do aporte de capital, ou prazo superior estabelecido no contrato de participação, e seus haveres serão pagos na forma prevista no art. 1.031 da Lei nº 10.406, de 10 de janeiro de 2002 (Código Civil), não permitido ultrapassar o valor investido devidamente corrigido por índice previsto em contrato.
§ 8º O disposto no § 7o deste artigo não impede a transferência da titularidade do aporte para terceiros.
§ 9º A transferência da titularidade do aporte para terceiro alheio à sociedade dependerá do consentimento dos sócios, salvo estipulação contratual expressa em contrário.
§ 10. O Ministério da Fazenda poderá regulamentar a tributação sobre retirada do capital investido".

[629] Sobre essa modalidade contratual introduzida pela Lei Complementar nº 155/16, cf. COIMBRA, Elisa Mara. Fomento às micro e pequenas empresas inovação por meio dos contratos de investimento-anjo. *Meritum*: Revista de Direito da Universidade FUMEC, Belo Horizonte, v. 15, n. 1, p. 292-314, 2020; e POIDOMANI, Isabella Lucia; OLIVEIRA FILHO, João Glicério. Análise crítica da lei complementar no 155 de 2016 na regulamentação do investidor-anjo. *Revista Brasileira de Direito Empresarial*, Florianópolis, v. 3, n. 2, p. 22-39, 2017.

[630] Essa figura é conceituada na Lei Complementar nº 182/21 como aquele que "não é considerado sócio nem tem qualquer direito a gerência ou a voto na administração da empresa, não responde por qualquer obrigação da empresa e é remunerado por seus aportes;" (art. 2º, inciso I).

[631] "Art. 61-D. Os fundos de investimento poderão aportar capital como investidores-anjos em microempresas e em empresas de pequeno porte, conforme regulamentação da Comissão de Valores Mobiliários".

a voto em seus órgãos deliberativos e nem podendo intrometer-se na sua gerência (a lei, todavia, excepciona a participação em deliberações em caráter estritamente consultivo e que sigam termos pactuados contratualmente). Não lhe caberá responder por dívidas da empresa nem lhes são aplicáveis expedientes de responsabilização como a desconsideração da personalidade jurídica (§§ 3º e 4º, incisos I e II do art. 61-A). Cabe notar que se trata da mesma estratégia de distanciamento do investidor em relação a empresa presente na Lei Complementar nº 182/21.[632]

Assim, nesse tipo de investimento (e nos demais arrolados no art. 5º, § 1º da Lei nº 182/21), teria de haver um afastamento do investidor da condução direta dos negócios da investida.[633] Na sistemática brasileira esse distanciamento serve como mais um mecanismo protetivo do patrimônio do investidor, acentuando a autonomia do empreendedor na condução dos negócios da investida.[634]

Haverá, entretanto, uma contraprestação devida pelo aporte. Pode ser estipulada remuneração periódica em razão dele, por no máximo sete anos, ou prevista a possibilidade de sua conversão em

---

[632] Essa incidência decorre da previsão desse tipo de ajuste no rol de instrumentos de investimento em inovação disciplinados pela Lei Complementar nº 182/21 (art. 5º, inciso VI). Por conta disso, é aplicável a eles o art. 8º da lei complementar, que deixa isso bem claro:
"Art. 8º O investidor que realizar o aporte de capital a que se refere o art. 5º desta Lei Complementar:
I – não será considerado sócio ou acionista nem possuirá direito a gerência ou a voto na administração da empresa, conforme pactuação contratual;
II – não responderá por qualquer dívida da empresa, inclusive em recuperação judicial, e a ele não se estenderá o disposto no art. 50 da Lei nº 10.406, de 10 de janeiro de 2002 (Código Civil), no art. 855-A da Consolidação das Leis do Trabalho (CLT), aprovada pelo Decreto-Lei nº 5.452, de 1º maio 1943, nos arts. 124, 134 e 135 da Lei nº 5.172, de 25 de outubro de 1966 (Código Tributário Nacional), e em outras disposições atinentes à desconsideração da personalidade jurídica existentes na legislação vigente.
Parágrafo único. As disposições do inciso II do *caput* deste artigo não se aplicam às hipóteses de dolo, de fraude ou de simulação com o envolvimento do investidor".

[633] Acolhida pelo legislador pátrio, essa dinâmica é bastante distinta da que segundo a literatura teria lugar no *venture capital* estadunidense. Lá é destacada a postura ativa do investidor, sendo usual que o *general partner* (cujo equivalente no contexto nacional seriam os administradores/gestores de carteira de investimentos) adquiram influência relevante na condução dos negócios da investida. Cf. GILSON, Ronald J. Engineering a Venture Capital Market: Lessons from the American Experience. *Stanford Law Review*, Stanford, v. 55, p. 1067-1103, 2003.

[634] Sobre o tema da governança das *startups*, e destacando as tensões entre seus fundadores, investidores, executivos e empregados no contexto estadunidense, vide POLLMAN, Elizabeth. Startup governance. *University of Pennsylvania Law Review*, Filadélfia, v. 168, n. 1, p. 1-37, 2019.

participação societária (§§ 4º, inciso III, e 6º). A titularidade do aporte, ademais, pode ser transmitida a terceiros uma vez presente previsão contratual ou manifesto o consentimento dos sócios da investida. Também é possível o resgate dos valores após ao menos dois anos do investimento, limitado a total compatível com o valor investido devidamente corrigido (§§ 7º a 9º, também do art. 61-A). O investidor-anjo também possuirá direito de preferência na aquisição da investida, bem como direito de venda conjunta da titularidade do aporte de capital nos mesmos termos e condições ofertados aos sócios (art. 61-C).[635]

O art. 64[636] traz alguns conceitos relacionados ao tema em estudo. Eles não se distanciam de forma significativa dos que constam da Lei de Inovação,[637] com exceção da menção a "instrumentos de apoio tecnológico para a inovação".

O art. 65,[638] por sua vez, estabelece a obrigatoriedade da manutenção de políticas públicas de inovação voltadas a microempresas

---

[635] "Art. 61-C. Caso os sócios decidam pela venda da empresa, o investidor-anjo terá direito de preferência na aquisição, bem como direito de venda conjunta da titularidade do aporte de capital, nos mesmos termos e condições que forem ofertados aos sócios regulares".
[636] "Art. 64. Para os efeitos desta Lei Complementar considera-se:
I – inovação: a concepção de um novo produto ou processo de fabricação, bem como a agregação de novas funcionalidades ou características ao produto ou processo que implique melhorias incrementais e efetivo ganho de qualidade ou produtividade, resultando em maior competitividade no mercado;
II – agência de fomento: órgão ou instituição de natureza pública ou privada que tenha entre os seus objetivos o financiamento de ações que visem a estimular e promover o desenvolvimento da ciência, da tecnologia e da inovação;
III – Instituição Científica e Tecnológica – ICT: órgão ou entidade da administração pública que tenha por missão institucional, dentre outras, executar atividades de pesquisa básica ou aplicada de caráter científico ou tecnológico;
IV – núcleo de inovação tecnológica: núcleo ou órgão constituído por uma ou mais ICT com a finalidade de gerir sua política de inovação;
V – instituição de apoio: instituições criadas sob o amparo da Lei no 8.958, de 20 de dezembro de 1994, com a finalidade de dar apoio a projetos de pesquisa, ensino e extensão e de desenvolvimento institucional, científico e tecnológico.
VI – instrumentos de apoio tecnológico para a inovação: qualquer serviço disponibilizado presencialmente ou na internet que possibilite acesso a informações, orientações, bancos de dados de soluções de informações, respostas técnicas, pesquisas e atividades de apoio complementar desenvolvidas pelas instituições previstas nos incisos II a V deste artigo".
[637] Vide o item 1.1.3.
[638] "Art. 65. A União, os Estados, o Distrito Federal e os Municípios, e as respectivas agências de fomento, as ICT, os núcleos de inovação tecnológica e as instituições de apoio manterão programas específicos para as microempresas e para as empresas de pequeno porte, inclusive quando estas revestirem a forma de incubadoras, observando-se o seguinte:
I – as condições de acesso serão diferenciadas, favorecidas e simplificadas;
II – o montante disponível e suas condições de acesso deverão ser expressos nos respectivos orçamentos e amplamente divulgados.

e empresas de pequeno porte e delineia aspectos para sua configuração. Os entes da federação, assim como as respectivas agências de fomento, ICT, NITs e instituições de apoio deverão manter programas específicos para tal fim.[639] Deve haver condições de acesso diferenciadas, favorecidas e simplificadas a tais programas, com ampla divulgação dos recursos orçamentários disponibilizados e das condições para participação. É estabelecida como meta o direcionamento de no mínimo 20% dos recursos globalmente destinados à inovação para iniciativas dessa índole, tais como medidas voltadas ao custeio de ambientes de inovação e disponibilização de atividades de apoio tecnológico complementar (§§ 2º, 3º e 6º).

O § 1º, fortalecendo a exigência de publicidade aplicável a iniciativa desse tipo, demanda a apresentação de relatório circunstanciado prevendo, dentre outros elementos, os recursos alocados e efetivamente utilizados para o custeio das ações mencionadas, contendo justificativas para o desempenho no período. O § 3º, ademais, exige que sejam apresentadas ao MCTI informações relativas a aplicações desses recursos no primeiro trimestre de cada ano, em privilégio da coordenação das iniciativas de fomento mencionadas.

---

§ 1º As instituições deverão publicar, juntamente com as respectivas prestações de contas, relatório circunstanciado das estratégias para maximização da participação do segmento, assim como dos recursos alocados às ações referidas no *caput* deste artigo e aqueles efetivamente utilizados, consignando, obrigatoriamente, as justificativas do desempenho alcançado no período.
§ 2 º As pessoas jurídicas referidas no *caput* deste artigo terão por meta a aplicação de, no mínimo, 20% (vinte por cento) dos recursos destinados à inovação para o desenvolvimento de tal atividade nas microempresas ou nas empresas de pequeno porte.
§ 3º Os órgãos e entidades integrantes da administração pública federal, estadual e municipal atuantes em pesquisa, desenvolvimento ou capacitação tecnológica terão por meta efetivar suas aplicações, no percentual mínimo fixado neste artigo, em programas e projetos de apoio às microempresas ou às empresas de pequeno porte, transmitindo ao Ministério da Ciência, Tecnologia e Inovação, no primeiro trimestre de cada ano, informação relativa aos valores alocados e a respectiva relação percentual em relação ao total dos recursos destinados para esse fim. [...]
§ 6 º Para efeito da execução do orçamento previsto neste artigo, os órgãos e instituições poderão alocar os recursos destinados à criação e ao custeio de ambientes de inovação, incluindo incubadoras, parques e centros vocacionais tecnológicos, laboratórios metrológicos, de ensaio, de pesquisa ou apoio ao treinamento, bem como custeio de bolsas de extensão e remuneração de professores, pesquisadores e agentes envolvidos nas atividades de apoio tecnológico complementar".

[639] A exigência de programas específicos para microempresas e empresas de pequeno porte também consta do art. 3º-D da Lei nº 10.973/04, no qual é feita menção expressa à Lei Complementar nº 123/06.

3.3 Condicionantes atinentes às finanças públicas

Passa-se, por fim, ao exame das condicionantes atinentes às finanças públicas. Ao falar-se aqui de *finanças públicas se quer* aludir tanto ao conjunto de normas associadas aos processos de planejamento e execução orçamentária quanto a outras especificações para o uso de verba pública decorrentes de sua origem (ou fonte, segundo a terminologia aqui adotada).

É importante justificar a escolha por um tratamento desse tema em separado. Ela se deve principalmente à sua transversalidade, haja visto que os assuntos em exame dinamicamente perpassam matéria constitucional e infraconstitucional. Assim, o critério hierárquico utilizado para organizar os tópicos *supra* não se adequaria bem à abordagem dessas condicionantes. Além disso tratá-las em separado também permite destacá-las, o que é essencial na prática da atividade em estudo.

3.3.1 As disposições nas leis orçamentárias

A dinâmica orçamentária brasileira é disciplinada pelos arts. 165 a 169 da Constituição e detalhada em outros diplomas normativos.[640] O planejamento orçamentário é concretizado pela elaboração e execução de três leis: o Plano Plurianual – PPA, a LDO e a LOA. Normas orientadoras e autorizadoras da atuação pública, todas devem seguir trâmites legislativos específicos e guardar compatibilidade entre si, em um processo de progressiva especificação.

Tudo começa com o PPA. Ele tem vigência de quatro anos, disciplinando o primeiro exercício financeiro do mandato subsequente ao qual tenha sido aprovado. Reunindo diretivas abrangentes e tendo de necessariamente especificar a execução de despesas que ultrapassem um exercício financeiro (art. 167, § 1º da Constituição), o PPA deve embasar a formulação das LDOs

---

[640] Tais como a Lei dos Orçamentos Públicos (Lei nº 4.320/64) e a Lei de Responsabilidade Fiscal (Lei Complementar nº 101/00), assim como o que prescrevem os regimentos parlamentares.

e LOAs, que precisam se adequar aos seus termos (art. 166, § 3º, inciso I, e § 4º).

A LDO conecta o PPA à LOA. Baseando-se no primeiro e orientando a segunda, cabe-lhe a especificação das metas e prioridades da atuação pública. A vigência da LDO é anual, devendo o segundo semestre de cada ano idealmente ser iniciado com ela já aprovada, tendo sido, portanto, estabelecido o devido norte para a elaboração da LOA do ano seguinte.

A LOA, por sua vez, fixa dotações concretas para os gastos públicos no ano de sua vigência. Compreendendo o orçamento fiscal, de investimento e da seguridade social (art. 165, § 5º, incisos I, II e III, da Constituição), a LOA deve contemplar todas as destinações da verba pública, sendo vedado o início de programas que não estejam nela incluídos (art. 167, inciso I)[641] e havendo o dever administrativo de serem envidados esforços para executar o programado (art. 165, § 10).

Há duas dimensões do planejamento orçamentário que devem ser sublinhadas ao se pensar no financiamento público à inovação empresarial.

A primeira delas é a do respeito à programação orçamentária, especialmente a detalhada na LOA. Não basta a existência de previsão de recursos orçamentários a serem concedidos, mas também é necessário que eles sejam manejados por quem de direito e direcionados cumprindo os objetivos aprovados pelo legislador. A verba a ser direcionada às empresas deve passar pela unidade orçamentária responsável e estar presente a compatibilidade com a ação específica que fundamenta a concessão de recursos.[642] É

---

[641] Não se esqueça, de toda feita, a já mencionada flexibilidade orçamentária em matéria de CTI, prevista no art. 167, § 5º, e que excepciona a vedação do inciso VI do mesmo dispositivo constitucional.

[642] Utilizando o linguajar orçamentário do governo federal, a *Unidade Orçamentária* – UO seria a "entidade da administração direta, inclusive fundo ou órgão autônomo, da administração indireta (autarquia, fundação ou empresa estatal) em cujo nome a lei orçamentária ou crédito adicional consigna, expressamente, dotações com vistas à sua manutenção e à realização de um determinado programa de trabalho. Constituem desdobramentos dos órgãos orçamentários"; e a *Ação* consistiria em "projeto, atividade ou operação especial em que um programa está detalhado. A ação é definida por descrição e código de quatro dígitos, posicionados do 10º ao13º dígitos da classificação funcional e programática". Mais informações para tais definições e outras encontram-se disponíveis em: https://www12.senado.leg.br/noticias/glossario-legislativo. Acesso em: 25 jan. 2025. Veja-se, assim e de forma exemplificativa, que a concessão de subvenção econômica a empresas a partir de

a questões como essas que, por exemplo, o Decreto Federal de inovação está se preocupando ao dispor que na aquisição de participação minoritária em empresas inovadoras devem ser observadas as normas orçamentárias pertinentes (art. 4º, § 2º do Decreto nº 9.283/18).

A segunda é pertinente à congruência com as diretrizes conferidas pelas leis orçamentárias em um sentido que vai além do das preocupações operacionais de manuseio da verba pública. Mesmo que na LOA não devam constar matérias que não as relativas a previsão da receita e fixação de despesa, todas as leis de índole orçamentária devem ser examinadas para verificar se há direcionamentos para a atividade de fomento em discussão.[643] Afora o previsto no PPA,[644] a LDO deve ser olhada com atenção dado que é nela que deve ser estabelecida a política de aplicação de recursos das agências financeiras oficiais de fomento (art. 165, § 2º, da Constituição), usuais financiadoras da inovação empresarial.

Veja-se, assim e por exemplo, como a Lei nº 13.898/19 (LDO pertinente à elaboração e execução da LOA de 2020), estabeleceu

---

recursos do FNDCT (UO 24901), seria então prevista na A029, que é a ação pertinente a tal tipo de gasto. Para exemplos dessa organização, que servirá como base para análises a serem apresentadas *infra*, vide os relatórios de execução do FNDCT, acessíveis em: http://www.finep.gov.br/transparencia-finep/relatorios-do-fndct/relatorios-do-fndct. Acesso em: 17 jul. 2020.

[643] Nos termos do art. 165, § 8º, da Constituição a "lei orçamentária anual não conterá dispositivo estranho à previsão da receita e à fixação da despesa, não se incluindo na proibição a autorização para abertura de créditos suplementares e contratação de operações de crédito, ainda que por antecipação de receita, nos termos da lei". Note-se que, mesmo no que concerne apenas à previsão de receitas e despesas, podem estar presentes dispositivos relevantes à atividade em estudo. Um exemplo é a possibilidade de abertura de créditos suplementares para dotações destinadas ao Conselho Nacional de Desenvolvimento Científico e Tecnológico – CNPq, ao FNDCT, às ICTs, e às instituições de pesquisa integrantes da administração direta do MCTI, prevista no art. 4º, inciso III, "e" da Lei nº 13.978/20 (LOA relativa ao exercício financeiro de 2020).

[644] Tome-se como exemplo a Lei nº 13.971/2019, do PPA relativo a 2020-2023. Em seu art. 3º, que elenca as diretrizes para o período, são mencionados, como exemplos, esforços para a digitalização de serviços governamentais (inciso I); um foco na eficiência da ação do setor público, com valorização da ciência e tecnologia (inciso II); o fomento à pesquisa científica e tecnológica, com foco no atendimento à saúde, inclusive para prevenção e tratamento de doenças raras (inciso XIV); e o desenvolvimento urbano sustentável, com a utilização do conceito de cidades inteligentes e o fomento de negócios de impacto social e ambiental (inciso XVIII). São mais diretivas para que os financiadores organizem as iniciativas a serem promovidas durante o período pertinente.

diretrizes[645] para instituições de fomento no país, colacionando-se algumas delas dada sua pertinência ao tema em estudo:

> Art. 112. As agências financeiras oficiais de fomento terão como diretriz geral a preservação e geração do emprego e, respeitadas suas especificidades, as seguintes prioridades: [...]
>
> § 1º A concessão ou renovação de quaisquer empréstimos ou financiamentos pelas agências financeiras oficiais de fomento não será permitida para: [...]
>
> III – importação de bens ou serviços com similar nacional detentor de qualidade e preço equivalentes, exceto se constatada a impossibilidade do fornecimento do bem ou da prestação do serviço por empresa nacional, a ser aferida de acordo com metodologia definida pela agência financeira oficial de fomento; e
>
> IV – instituições cujos dirigentes sejam condenados por trabalho infantil, trabalho escravo, crime contra o meio ambiente, assédio moral ou sexual, ou racismo. [...]
>
> § 3º Integrarão o relatório de que trata o § 3º do art. 165 da Constituição demonstrativos consolidados relativos a empréstimos e financiamentos, inclusive operações não reembolsáveis, dos quais constarão, discriminados por região, unidade federativa, setor de atividade, porte do tomador e origem dos recursos aplicados, em consonância com o inciso XIII do Anexo II:
>
> I – saldos anteriores;
>
> II – concessões no período;
>
> III – recebimentos no período, discriminando as amortizações e os encargos; e
>
> IV – saldos atuais.
>
> § 4º O Poder Executivo federal demonstrará, em audiência pública perante a Comissão Mista a que se refere o § 1º do art. 166 da Constituição, em maio e setembro, convocada com antecedência mínima de trinta dias, a aderência das aplicações dos recursos das agências financeiras oficiais de fomento, de que trata este artigo, à política estipulada nesta Lei, e a execução do plano de aplicação previsto no inciso XIV do Anexo II.
>
> § 5º As agências financeiras oficiais de fomento deverão ainda:

---

[645] Há também diretrizes específicas. São exemplos o previsto especificamente para BNDES e Finep, ambas importantes agências financiadoras da inovação empresarial na esfera federal, em que se nota tanto a amplitude da possibilidade de fomento à inovação explicitada no caso do BNDES (inciso IV, alínea "a", do art. 112), apesar de serem arrolados diversos exemplos, quanto à presença de temas mais específicos quando se trata da Finep, como o software público e o fortalecimento do Mercosul (inciso V, do mesmo), apesar das diretivas conferidas a essa não deixarem de ser também abrangentes.

I – observar os requisitos de sustentabilidade, transparência e controle previstos na Lei nº 13.303, de 30 de junho de 2016, regulamentada pelo Decreto nº 8.945, de 27 de dezembro de 2016, bem como nas normas e orientações do Conselho Monetário Nacional e do Banco Central do Brasil;

II – observar a diretriz de redução das desigualdades, quando da aplicação de seus recursos;

III – considerar, como prioritárias, para a concessão de empréstimos ou financiamentos, as empresas que desenvolvam projetos de responsabilidade socioambiental; promovam a aquisição e instalação, ou adquiram e instalem sistemas de geração de energia elétrica solar fotovoltaica e/ou eólica; integrem as cadeias produtivas locais; empreguem pessoas com deficiência em proporção superior à exigida no art. 110 da Lei nº 8.213, de 24 de julho de 1991; ou empresas privadas que adotem políticas de participação dos trabalhadores nos lucros;

IV – adotar medidas que visem à simplificação dos procedimentos relativos à concessão de empréstimos e financiamentos para micro e pequenas empresas;

V – priorizar o apoio financeiro a segmentos de micro e pequenas empresas e a implementação de programas de crédito que favoreçam a criação de postos de trabalhos;

VI – publicar bimestralmente, na internet, demonstrativo que discrimine os financiamentos a partir de R$ 1.000.000,00 (um milhão de reais) concedidos aos Estados, ao Distrito Federal, aos Municípios e aos governos estrangeiros, com informações relativas a ente beneficiário e execução financeira;

VII – fazer constar dos contratos de financiamento de que trata o inciso VI cláusulas que obriguem o favorecido a publicar e manter atualizadas, em sítio eletrônico, informações relativas à execução física do objeto financiado; e

VIII – publicar, até o dia 30 de abril de 2020, em seus portais de transparência, nos sítios eletrônicos a que se refere o § 2º do art. 8º da Lei nº 12.527, de 2011, relatório anual do impacto de suas operações de crédito no combate às desigualdades mencionadas no inciso II deste parágrafo.

§ 6º É vedada a imposição de critérios ou requisitos para concessão de crédito pelos agentes financeiros habilitados que não sejam delineados e fixados originalmente pelas agências financeiras oficiais de fomento para as diversas linhas de crédito e setores produtivos.

Art. 113. Os encargos dos empréstimos e financiamentos concedidos pelas agências não poderão ser inferiores aos custos de captação e de administração, ressalvado o previsto na Lei nº 7.827, de 27 de setembro de 1989.

Nota-se, portanto, como a LDO condiciona o exercício da atividade em questão, definindo objetivos serem perseguidos e prioridades na seleção de destinatários de recursos (*caput*, § 5º, incisos II, III e V do art. 112); estabelecendo vedações na concessão de recursos para determinados fins ou destinatários (art. 112, § 1º, incisos III e IV); impondo exigências relativas a transparência (art. 112, §§ 3º, 4º e 5º, incisos I, VI e VIII) e de respeito às normas expedidas pelo Conselho Monetário Nacional e pelo Banco Central do Brasil (art. 112, § 5º, inciso I); e até mesmo diretivas marcadamente operacionais e procedimentais (art. 112, §§ 5º, incisos IV e VII, e 6º, e art. 113).

3.3.2 As exigências decorrentes das fontes dos recursos

Além do disposto nas leis orçamentárias, impactam nos financiamentos as exigências aplicáveis a conjuntos de valores determinados, que são disponibilizados aos financiadores, mas que vem acompanhados de exigências para sua aplicação em razão de sua origem. Como os financiadores manejam verbas captadas sob formas variadas[646] é usual que eles identifiquem as *fontes de recursos* que utilizam para garantir o cumprimento das obrigações atinentes a cada uma delas.[647]

As origens dos recursos utilizados para o financiamento público da inovação empresarial no país são felizmente variadas. Pode-se categorizar as *fontes de recursos* a partir de sua procedência *legal* ou *contratual*.

Por origem *legal* se está fazendo referência a todas as normas estabelecidas por autoridades estatais que disciplinem a utilização

---

[646] Observe-se como exemplo o BNDES, instituição financeira pública dotada de grande capacidade de captação, e a composição de suas fontes (não restritas ao financiamento da inovação empresarial) em: https://www.bndes.gov.br/wps/portal/site/home/transparencia/prestacao-de-contas/fontes-de-recursos. Acesso em: 25 jan. 2025.

[647] Assim, por exemplo, um financiador irá averiguar qual a fonte irá custear determinado financiamento não apenas por razões contábeis e administrativas, mas, também, para eventualmente utilizar uma minuta contratual padrão especificamente elaborada para atender a determinada fonte e contemplar as condicionantes impostas à aplicação de dado conjunto de recursos.

de recursos públicos específicos para fins determinados.⁶⁴⁸ As *fontes de recurso legais* normalmente têm maior potencial para perenidade, com traços de institucionalidade. Manifestando-se por estruturas variadas, elas podem parametrizar os financiamentos de forma mais ou menos intensa. Assim, elas podem prescrever de regras gerais de vinculação de recursos (como no primeiro caso a citar), com baixo impacto para as relações jurídicas entre financiador e destinatário de recursos, à instituição de regimes de governança complexos (como no mais terceiro caso abaixo).

Um primeiro exemplo dessa origem legal seriam os dispositivos produzidos a partir da faculdade prevista no art. 218, § 5º da Constituição, permitindo aos Estados e Distrito Federal vincular parcela de sua receita orçamentária a entidades públicas de fomento e ao ensino e à pesquisa científica e tecnológica. A constituição paulista atual,⁶⁴⁹ por exemplo, estabelece a destinação de no mínimo um por cento da receita tributária estadual à FAPESP para aplicação em desenvolvimento científico e tecnológico.⁶⁵⁰

Um segundo abrangeria as iniciativas públicas temporalmente determinadas.⁶⁵¹ O PSI, mencionado acima quando abordada a necessidade de atendimento às prioridades das políticas industrial e tecnológica nacional,⁶⁵² é bem representativo disso. Em casos

---

⁶⁴⁸ Usando a acepção de *lei* em sentido amplo, abrangendo todas as manifestações do exercício de poder normativo distintas das disposições contratuais.

⁶⁴⁹ "Artigo 271 – O Estado destinará o mínimo de um por cento de sua receita tributária à Fundação de Amparo à Pesquisa do Estado de São Paulo, como renda de sua privativa administração, para aplicação em desenvolvimento científico e tecnológico.
Parágrafo único – A dotação fixada no *caput*, excluída a parcela de transferência aos Municípios, de acordo com o artigo 158, IV, da Constituição Federal, será transferida mensalmente, devendo o percentual ser calculado sobre a arrecadação do mês de referência e ser pago no mês subsequente".

⁶⁵⁰ Note-se que essa destinação de recursos, assim como a própria fundação da FAPESP, precedem o dispositivo mencionado da Constituição Federal. A previsão à sua instituição já constava da Constituição paulista de 1947. Informações sobre tal histórico encontram-se disponíveis em: http://www.fapesp.br/28. Acesso em: 13 jul. 2020.

⁶⁵¹ Em casos como esse há uma especial proximidade com a temática do planejamento orçamentário discutido no tópico precedente, sendo algumas vezes difícil distingui-los na prática. Entende-se, de toda forma, pertinente tratar dessas dinâmicas sob o viés das fontes de recursos dado que legislações desse tipo não se confundem com as leis pertinentes ao ciclo orçamentário discutido *supra* mesmo que potencialmente envolvam, por exemplo, a abertura de créditos adicionais.

⁶⁵² Cf. item 3.2.2.

como esses as condicionantes previstas nas leis instituidoras[653] normalmente irão se somar a outras normas, como se dava no caso das resoluções do Conselho Monetário Nacional – CMN e do então Ministério da Fazenda quanto ao programa citado.[654]

Um terceiro e último exemplo seria o dos fundos públicos que destinam recursos ao financiamento da inovação empresarial.[655] Nesses casos, as condicionantes normalmente decorrem de suas leis instituidoras e, em alguns casos, de uma estrutura de governança específica de cada fundo.

O exemplo mais relevante disso para o tema desta pesquisa é o FNDCT, que exerce papel central na implementação de políticas científicas e tecnológicas desde a sua criação.[656] Evoluindo de um fundo que dependia de dotações orçamentárias ano a ano ele passou a ser um *locus* concentrador de receitas vinculadas variadas a serem direcionadas à CTI pátria.[657] Isso se deu em decorrência da adoção

---

[653] O PSI tem sua origem na Medida Provisória nº 465/09, convertida na Lei nº 12.096/09. O programa continuou a ser renovado via novas medidas provisórias subsequentemente convertidas em leis iam modificando a Lei nº 12.096/09. As duas últimas a fazê-lo foram a Medida Provisória nº 663/04 e a Lei nº 13.132/15.

[654] É o que dispõe o art. 1º, § 6º da Lei nº 12.096/09. Observe-se, como exemplo, a Resolução nº 3.759/09 do CMN, a primeira a especificar condições para a utilização dos recursos do programa, que detalha quais seriam as características dos destinatários e dos setores a serem subvencionados, assim como estabelece a repartição dos recursos do PSI entre BNDES e Finep. A última resolução desse tipo foi a Resolução nº 4.458/15.

[655] Os fundos públicos servem essencialmente como expedientes para a vinculação de recursos públicos a finalidades específicas. Eles não possuem, todavia, personalidade jurídica, tendo de usualmente recorrer a outras estruturas públicas para a sua operacionalização. Abordando o seu histórico na Administração brasileira, seus vários formatos e diversidade de nomenclaturas que lhe são conferidas, vide BASSI, Camillo de Moraes. *Fundos especiais e políticas públicas*: uma discussão sobre a fragilização do mecanismo de financiamento. Rio de Janeiro: Ipea, 2019. v. 2458. Também SANCHES, Osvaldo Maldonado. Fundos federais: origens, evolução e situação atual na administração federal. *Revista de Administração Pública*, São Paulo, v. 36, n. 4, p. 627-670, 2002.

[656] Instituído formalmente pelo Decreto-lei nº 719/69, o FNDCT tendo como finalidade "dar apoio financeiro aos programas e projetos prioritários de desenvolvimento científico e tecnológico, notadamente para implantação do Plano Básico de Desenvolvimento Científico e Tecnológico." (art. 1º, *caput*) do decreto. Sobre tal plano, cf. SALLES FILHO, Sérgio. Política de Ciência e Tecnologia no I PND (1972/74) e no I PBDCT (1973/74). *Revista Brasileira de Inovação*, Campinas, v. 1, n. 2, p. 397-419, 2002. Sobre as origens e conformações iniciais desse fundo, vide MONTEIRO, Vítor. *Características do sistema jurídico brasileiro de fomento estatal à inovação*. 2021. Tese (Doutorado em Direito) – Faculdade de Direito, Universidade de São Paulo/Université Paris II Panthéon-Assas, São Paulo/Paris, 2021. p. 254-259. Sua história também confunde-se com a da Finep, a ser examinada no item 4.2.

[657] Luiz Martins de Melo descreve essa evolução e sua relação com os contextos políticos e econômicos pelos quais o país passou. Cf. MELO, Luiz Martins de. Financiamento à inovação

de estrutura inaugurada pela Lei do Petróleo (Lei nº 9.478/97),[658] fazendo com que o FNDCT fosse passando a abrigar "fundos setoriais"[659] que foram sendo instituídos com o transcorrer dos anos. A constância de recursos resultante disso veio acompanhada de um incremento de complexidade em termos de governança, já que verbas variadas passaram a irrigá-lo.[660]

A Lei nº 11.540/07 e o Decreto nº 6.938/09[661] são seus diplomas de regência. Sua estrutura de governança também envolve a

---

no Brasil: análise da aplicação dos recursos do Fundo Nacional de Desenvolvimento Científico e Tecnológico (FNDCT) e da Financiadora de Estudos e Projetos (FINEP) de 1967 a 2006. *Revista Brasileira de Inovação*, Campinas, v. 8, n. 1, p. 87-120, 2009. p. 88-91 e 96-103. A história do FNDCT também está bastante associada à história da Finep, que será abordada no item 4.2.

[658] Nos termos da redação original do art. 49, alínea "d" e § 2º, da Lei nº 9.478/97, parcela do valor do *royalty* relativo à produção de petróleo ou gás natural seria destinada ao MCTI para o financiamento de programas de amparo à pesquisa científica e ao desenvolvimento tecnológico da indústria do petróleo. A regulamentação dessa lei estatuiu a criação de rubrica específica no FNDCT para o direcionamento dos recursos destinados a tal fim (art. 1º, § 1º, do Decreto nº 2.851/98). Carlos Américo Pacheco descreve essa modelagem, que veio a se generalizar, e que conteria sempre três características: o repasse dos recursos ao FNDCT, cuja secretaria executiva era exercida pela FINEP; a criação de comitês em cada um dos Fundos Setoriais, com a presença de membros do Poder Público, do setor produtivo e da comunidade de ciência e tecnologia para fins de administração da aplicação das verbas; e o direcionamento dessas também ao atendimento a demandas por formação e capacitação de recursos humanos, com participação do CNPq. Vide PACHECO, Carlos Américo. Estratégia para Fundos Setoriais. *Revista Brasileira de Inovação*, Campinas, v. 6, n. 1, p. 191-223, 2007.

[659] A literatura acadêmica e a prática governamental assim denominam as variadas fontes de recursos que irrigam o FNDCT. Cada um desses "fundos" conta leis instituidoras e regulamentos próprios, embora se reportem à estrutura de governança do FNDCT congrega. Na atualidade FNDCT reúne 16 fundos setoriais, sendo a maior parte deles associada a um contexto econômico específico. Há, entretanto, dois de índole transversal, cujos recursos podem ser aplicados em finalidades não restritas a um setor específico: o Fundo de Infraestrutura e o Fundo Verde Amarelo, direcionados respectivamente à infraestrutura e em serviços de apoio à pesquisa em instituições de pesquisa e de ensino superior e ao apoio de projetos cooperativos entre universidades, centros de pesquisa e setor produtivo e a processos de inovação, agregação de valor e aumento da competitividade do setor empresarial. Para uma breve abordagem dos fundos setoriais, cf. SANTOS, Fabio Gomes dos. Fundos setoriais de inovação. *In*: SIQUEIRA NETO, José Francisco; MENEZES, Daniel Francisco Nagao (org.). *Dicionário de Inovação Tecnológica*. Belo Horizonte: Arraes, 2020. v. 1. p. 144-148.

[660] Para uma avaliação quanto à implementação e gestão dos fundos setoriais, cf. PEREIRA, Newton Müller. *Fundos setoriais*: avaliação das estratégias de implementação e gestão. Rio de Janeiro: Ipea, 2005. v. 1156. Para uma visualização da prática FNDCT os relatórios produzidos pela Finep, sua secretária-executiva, são uma ótima referência. Assim, cf. *Relatórios do FNDCT*, disponíveis em: http://www.finep.gov.br/transparencia-finep/relatorios-do-fndct/relatorios-do-fndct. Acesso em: 17 jul. 2020.

[661] Para uma abordagem da disciplina normativa do funcionamento do fundo, relativamente tardia dada a sua instituição na década de sessenta, vide MONTEIRO, Vítor. *Características*

produção de diversos atos normativos, que incluem portarias do MCTI[662] e deliberações de alguns dos órgãos internos[663] do fundo.[664] Todo esse cabedal normativo será relevante para os financiamento que utilizam seus recursos como fonte.[665] A Finep é secretária-executiva do FNDCT por atribuição legal,[666] e os recursos do fundo

---

do sistema jurídico brasileiro de fomento estatal à inovação. 2021. Tese (Doutorado em Direito) – Faculdade de Direito, Universidade de São Paulo/Université Paris II Panthéon-Assas, São Paulo/Paris, 2021. p.275-289.

[662] Um exemplo é a Portaria MCTIC nº 7.252/19, que dispõe sobre as normas gerais de organização e funcionamento do fundo e institui o seu Comitê de Coordenação. Outro exemplo, particularmente relevante a este estudo, dado o seu potencial para condicionar ações de financiamento à inovação empresarial, são as portarias relativas à equalização das operações de crédito reembolsável. Um exemplo dessas é a Portaria MCTIC nº 1.819/20.

[663] Como as resoluções e instruções normativas do CD-FNDCT. Uma dessas, a Instrução Normativa CD-FNDCT nº 1/10, por exemplo, traz diretrizes para transferência, utilização e prestação de contas dos recursos do FNDCT na modalidade não reembolsável, por meio de convênios (os convênios para pesquisa, desenvolvimento e inovação, na linguagem do recente Decreto nº 9.283/18), termos de execução descentralizada e acordos de cooperação. Cf. Instrução Normativa CD-FNDCT nº 1/10.

[664] Essa estrutura é constituída, de forma sintética, por: um Conselho Diretor como órgão colegiado superior e central; um Comitê de Coordenação Executiva que o auxilia na implementação de suas e diretrizes; pela Finep, conquanto secretária-executiva, praticando atos de natureza técnica, administrativa, financeira e contábil; por Comitês Gestores para cada um dos fundos setoriais; um Comitê de Coordenação dos Fundos Setoriais atuando como instância integradora desses; e agências de fomento (Finep e CNPq), para operacionalizar o deliberado pelo Conselho Diretor. Para maiores detalhes, cf. BRASIL. Fundo Nacional de Desenvolvimento Científico e Tecnológico. *Relatório de Gestão do Exercício de 2018*. Rio de Janeiro: FNDCT, 2018. p. 19-23.

[665] Um exemplo de fácil visualização, encontrado na própria Lei do FNDCT, é a exigência de aplicação mínima de 30% (trinta por cento) dos recursos do fundo em instituições sediadas nas regiões Norte, Nordeste e Centro-Oeste, incluindo as respectivas áreas de abrangência das Agências de Desenvolvimento Regional (art. 16). Note-se, com isso, uma proximidade com a priorização de destinação de recursos públicos a regiões menos desenvolvidas prevista no art. 27, inciso I, da Lei nº 10.973/04, mencionado no item 3.2.1.

[666] Nos termos do art. 7º, *caput* da Lei nº 11.540/07, havendo também menção a isso no art. 3º-A da Lei de Inovação. Anualmente a Finep até 2% (dois por cento) dos recursos orçamentários atribuídos ao Fundo para cobertura de despesas relativas à sua administração, competindo-lhe diversas atribuições específicas para a operacionalização do fundo (arts. 8º e 9º da mesma lei). Interessa destacar, ademais que a Finep tem gerado receitas significativas para o FNDCT nos últimos anos. O relatório de gestão de 2018, mencionado *supra*, relata que dos R$ 6.348,2 milhões arrecadados em 2018 (com um aumento de 35% em relação ao exercício anterior), afora um incremento na arrecadação nas fontes da CIDE, uma outra parte desse aumento pode ser atribuída ao recolhimento extraordinário de R$ 693,9 milhões originários dos investimentos em fundos de empresas inovadoras e de equalização pela Finep. Outra fonte importante de arrecadação do fundo (a terceira maior) também estaria relacionada à atuação da Finep. Trata-se da quitação dos empréstimos anteriormente celebrados com esse financiador, uma vez

são essenciais para a que essa agência[667] e o CNPq[668] exerçam suas atribuições de fomento cotidianas.

Dada a centralidade desse fundo no financiamento à CTI no país foram estabelecidas medidas para possibilitar o acúmulo dos saldos positivos do fundo, protegendo-o de saques pelo governo para o pagamento de despesas alheias ao desenvolvimento científico e tecnológico. A Lei Complementar nº 177/21 é resultado desses esforços, alterando tanto a Lei de Responsabilidade Fiscal (Lei Complementar nº 101/00) quanto à Lei do FNDCT (Lei nº 11.540/07). Ela estabeleceu que não estariam sujeitas a limitações de empenho e movimentação financeira, para fins de cumprimento de metas fiscais, as despesas relativas à inovação e ao desenvolvimento científico e tecnológico custeadas por fundo criado para tal finalidade (nova redação do art. 9º, § 2º da Lei de Responsabilidade Fiscal)[669] e vedou a imposição de limites à execução da programação financeira relativa às fontes vinculadas ao fundo, exceto quando houver frustração na arrecadação das receitas correspondentes (art. 11, § 2º da Lei do FNDCT).[670]

---

que a Finep capta recursos do fundo para emprestá-los a empresas inovadoras com juros subsidiados, devolvendo-os ao fundo de forma remunerada. Cf. BRASIL. Fundo Nacional de Desenvolvimento Científico e Tecnológico. *Relatório de Gestão do Exercício de 2018*. Rio de Janeiro: FNDCT, 2018. p. 9. Veja-se que, de toda forma e apesar disso, houve recente tentativa de alterar tal situação durante o processo de conversão da Medida Provisória nº 870/19 na Lei nº 13.844/19, tendo sido necessária mobilização da sociedade civil para frear essa mudança, cf. ACORDO entre entidades científicas, governo e parlamentares assegura manutenção da secretaria-executiva do FNDCT na Finep. *Sociedade Brasileira para o Progresso da Ciência*, São Paulo, 23 maio 2019.

[667] O FNDCT é a fonte principal (embora não a única) utilizada pela Finep para o manejo dos instrumentos a serem estudados no capítulo 5, o que também justifica se estar comentando-o mais longamente.

[668] Novamente recorrendo-se ao relatório de gestão de 2018 do FNDCT, veja-se que dos R$ 950.4 milhões empenhados ou descentralizados pela Secretaria-Executiva do FNDCT foram transferidos R$ 211 milhões (22,2% do total) ao CNPq. Cf. BRASIL. Fundo Nacional de Desenvolvimento Científico e Tecnológico. *Relatório de Gestão do Exercício de 2018*. Rio de Janeiro: FNDCT, 2018. p. 30.

[669] Note-se que, não sendo nomeado o FNDCT, o legislador abriu espaço também para o enquadramento de outros fundos (presentes ou futuros) nesta vedação, cabendo averiguar a sua aplicabilidade em cada um dos casos concretos. Não cabem dúvidas, naturalmente, quanto a sua aplicação a esse fundo (art. 11, § 1º, da Lei nº 11.540/07).

[670] Note-se que nesse dispositivo se fala de *fontes* para fazer menção às origens dos recursos que irão alimentar os fundos setoriais e, por consequência, o FNDCT.

Apesar de veto do então presidente Jair Messias Bolsonaro,[671] o Congresso Nacional afastou o óbice posto pelo Executivo[672] e estabeleceu uma importante salvaguarda contra estratégias de contingenciamento que tem historicamente limitado a utilização de recursos do fundo,[673] sendo proibida a alocação orçamentária dos valores provenientes de fontes vinculadas ao FNDCT em reservas de contingência de natureza primária ou financeira (art. 11, § 3º da Lei do FNDCT).

Apesar de expectativas de incremento substancial dos recursos efetivamente disponíveis à CTI pátria[674] ainda em 2022 o governo

---

[671] As razões para o veto do artigo 11, § 3º da Lei do FNDCT foram as seguintes segundo a Mensagem Presidencial de nº 6/21: "[a] propositura legislativa veda a alocação orçamentária dos valores provenientes de fontes vinculadas ao FNDCT em reservas de contingência de natureza primária ou financeira. Entretanto, o dispositivo contraria o interesse público, tendo em vista que colide com disposições legais já existentes, além de poder configurar, em tese, aumento não previsto de despesas, resultando em um impacto significativo nas contas públicas, cerca de R$ 4,8 bilhões (quatro bilhões e oitocentos milhões de reais), no PLOA 2021 e o rompimento do teto de gastos instituído pela Emenda Constitucional nº 95/2016. Ademais, o dispositivo reduz o espaço do Executivo e do Legislativo para alocação de recursos, conforme as prioridades identificadas para cada exercício, podendo prejudicar outras políticas públicas desenvolvidas pela União, por terem o espaço fiscal para seu atendimento reduzido".

[672] Cf. CONGRESSO Nacional rejeita veto sobre descontingenciamento do FNDCT. *Ministério da Ciência, Tecnologia e Inovação*, Brasília, DF, 17 mar. 2021.

[673] Por contingenciamento se faz menção a diversos expedientes, variados em seus detalhes, para limitar a utilização dos recursos do fundo. Para um histórico e visualização do funcionamento de algumas delas, cf. GUIMARÃES, Eduardo Augusto. *Políticas de inovação*: financiamento e incentivos. Rio de Janeiro: Ipea, 2006. v. 1212. p. 38-43. Para um relato dessa realidade em conjunto com a do Fundo para o Desenvolvimento Tecnológico das Telecomunicações – FUNTTEL, vide BASTOS, Valéria Delgado. Fundos públicos para ciência e tecnologia. *Revista do BNDES*, Rio de Janeiro, v. 10, n. 20, p. 229-260, 2003. Dados concretos são bastante ilustrativos. Tome-se como exemplo o Relatório de Gestão do FNDCT relativo ao ano de 2018. Nesse ano a "arrecadação do FNDCT atingiu o montante de R$ 6.348,2 milhões, com aumento de 35% em relação ao exercício anterior [...]. Apesar do resultado positivo observado na arrecadação, o contingenciamento de recursos do Fundo foi superior ao observado no exercício de 2017, subindo de R$ 1.416,4 milhões para R$ 2.298,9 milhões em 2018. O orçamento autorizado pela Lei Orçamentária Anual – LOA em 2018 contemplou o FNDCT (Unidade Orçamentária 24901) com o valor de R$ 3.434,2 milhões, incluindo os valores em Reserva de Contingência. Contudo, em decorrência de cancelamentos ocorridos, a LOA final ao término do exercício foi de R$ 3.250,5, mantendo-se inalterada a reserva de contingência. Ou seja, apenas R$ 951,6 milhões ficaram efetivamente disponíveis para utilização em 2018" (BRASIL. Fundo Nacional de Desenvolvimento Científico e Tecnológico. *Relatório de Gestão do Exercício de 2018*. Rio de Janeiro: FNDCT, 2018. p. 9-10).

[674] Cf. KOELLER, Priscila; RAUEN, André Tortato. Previsão de arrecadação de recursos do Fundo Nacional de Desenvolvimento Científico e Tecnológico (FNDCT) para o período 2021-2024, segundo novas determinações legais. *Nota Técnica*, Rio de Janeiro, n. 82, 2021.

Bolsonaro se mobilizou para limitar a aplicação dos recursos do fundo, em clara contrariedade ao espírito da Lei Complementar nº 177/21. O resultado disso é a Medida Provisória nº 1.136/2022, que estabelece limitadores até 2026 à aplicação de valores disponíveis no FNDCT.[675]

Outra mudança para o futuro foi a atribuição de natureza financeira a esse fundo, que se soma à contábil.[676] Essa nova característica fortalece bastante o FNDCT, que adquire potencial de crescimento dada a possibilidade de acúmulo automático dos saldos não utilizados em um dado exercício. Essa possibilidade de aumento gradual de volume de recursos disponíveis torna particularmente relevante dado o declínio de gastos com CTI, bastante refletido nas disponibilidades financeiras do FNDCT).[677] Trata-se de uma dinâmica que traz obstáculos

---

[675] Ainda vigente e estando sujeita a análise do Legislativo quando da elaboração desse texto, a Medida Provisória também trouxe uma importante modificação taxas praticadas pela Finep (passando da TJLP a TR) e foi fortemente criticada principalmente pela comunidade científica. A expectativa é de que, com o governo Lula, a medida caduque por transcurso de prazo ou seja ao menos revisada antes da transformação em lei.

[676] Originalmente, o FNDCT, conforme dispunha o art. 1º, *caput*, da Lei nº 11.540/07, consistia apenas de fundo de *natureza contábil*, não lhe sendo atribuída a *natureza financeira*. Para uma análise da natureza jurídica deste fundo previamente à Lei Complementar nº 177/21, cf. CARNAÚBA, César Augusto Martins; SIMIONATO, Marina. Fundo nacional do desenvolvimento científico e tecnológico: instrumento de auxílio à política nacional de inclusão digital. *Revista Pesquisas Jurídicas*, Avaré, v. V, n. 1, p. 19-39, 2016. Como relata Osvaldo Maldonado Sanches, o significado dessa terminologia é pouco claro, embora tradicionalmente usada para a disciplina dos fundos públicos. cf. SANCHES, Osvaldo Maldonado. Fundos federais: origens, evolução e situação atual na administração federal. *Revista de Administração Pública*, São Paulo, v. 36, n. 4, p. 627-670, 2002. p. 15-19. De toda feita, Camilo de Moraes Bassi distingue-as, destacando que, embora ambos os tipos congreguem recursos originados do caixa do Tesouro Nacional, os *contábeis* funcionariam apenas como uma extensão desse, fazendo com que tanto a transferência de saldos quanto o acúmulo financeiro demandem a abertura de créditos adicionais por parte do legislador. Diversamente ocorreria com os fundos de natureza *financeira* que, não sendo simples extensões desse caixa e, poderiam ser alocados em instituição financeira oficial de crédito e permitiriam o acúmulo automático de saldos, sem a necessidade de autorização legislativa para o seu incremento. Vide BASSI, Camillo de Moraes. *Fundos especiais e políticas públicas*: uma discussão sobre a fragilização do mecanismo de financiamento. Rio de Janeiro: Ipea, 2019. v. 2458. p. 15-16. Antes de ser dotado de natureza financeira, os valores direcionados ao FNDCT não se acumulavam, sendo usual a retirada de verba do fundo para que o governo executasse outras despesas, tais como o pagamento de dívida pública. Estava impossibilitado assim um crescimento orgânico do fundo e impedido caminho propiciados de um aumento gradual da verba disponível para fomento a CTI.

[677] Cf. DE NEGRI, Fernanda; KOELLER, Priscila. O declínio do investimento público em ciência e tecnologia: uma análise do orçamento do ministério da ciência, tecnologia, inovações e telecomunicações até o primeiro semestre de 2019. *Nota Técnica*, Rio de Janeiro, n. 48, 2019. A consistência e a intensidade da destinação de recursos para inovação é também uma demanda recorrente de representativas do setor científico. Para um relato de esforços de entidades representativas do setor científico incidentes especificamente sobre a atividade parlamentar orçamentária, cf. NADER, Helena

ao desenvolvimento do país, podendo estar relacionada à manutenção de resultados inovativos insatisfatórios das empresas nacionais.[678]

Ademais, a Lei Complementar nº 177/21 abriu espaço para que programas desenvolvidos por organizações sociais – como a Embrapii – sejam custeadas pelo FNDCT, expandindo as possibilidades de acesso aos recursos do fundo (art. 12, alínea "d", da Lei do FNDCT).[679]

Cabe lembrar, por fim, que o FNDCT não é o único fundo que propicia recursos para o fomento da inovação empresarial. O FUNTTEL, regido pela Lei nº 10.052/00, e regulamentado pelo Decreto nº 3.737/01, é um outro exemplo de fonte de recursos para tal fim.[680] De fato, dada a multiplicidade de fundos públicos no país,[681] é usual que os financiadores captem recursos em mais de um fundo público.[682]

Bonciani; DAVIDOVICH, Luiz. Legislativo e financiamento da Ct&I – precisamos avançar mais, muito mais. *In:* NADER, Helena Bonciani; OLIVEIRA, Fabiola de; MOSSRI, Beatriz de Bulhões (org.). *A ciência e o poder legislativo:* relatos e experiências. São Paulo: SBPC, 2017. p. 104-120.

[678] Para uma breve discussão dessa temática, comparando investimentos com os resultados da Pintec de 2017, cf. DE NEGRI, Fernanda; ZUCOLOTO, Graziela; MIRANDA, Pedro; KOELLER, Priscila; RAUEN, André; SZIGETHY, Leonardo. Redução drástica da inovação e no investimento em P&D no Brasil: o que dizem os indicadores de pesquisa e inovação em 2017. *Nota Técnica*, Rio de Janeiro, n. 60, 2020.

[679] Como alertado por Carlos Américo Pacheco, será importante ter atenção em como essas instituições irão acessar esses recursos e se não haverá o esvaziamento deles em outras áreas (como as dotações do MCTI). Caso essa abertura para a utilização do FNDCT ocorra em paralelo à diminuição em outras áreas não se estará, de fato, aumentando a verba destinada à CTI nacional.

[680] Isso fica claro no *caput* do art. 1º dessa lei: " [é] instituído o Fundo para o Desenvolvimento Tecnológico das Telecomunicações – Funttel, de natureza contábil, com o objetivo de estimular o processo de inovação tecnológica, incentivar a capacitação de recursos humanos, fomentar a geração de empregos e promover o acesso de pequenas e médias empresas a recursos de capital, de modo a ampliar a competitividade da indústria brasileira de telecomunicações, nos termos do art. 77 da Lei no 9.472, de 16 de julho de 1997".

[681] Esse contexto pode ser alterado caso aprovada a proposta de emenda à constituição (PEC nº 187/19, a "PEC dos Fundos") objetivando reestruturação dos fundos públicos existentes (com a extinção de boa parte desses) e a imposição de restrições para a criação de novos fundos. Mais informações sobre a proposta, iniciada no Senado, e ainda em curso na esfera legislativa encontram-se disponíveis em: https://www25.senado.leg.br/web/atividade/materias/-/materia/139703. Acesso em: 15 jul. 2020. Veja-se que essa proposta, dado o seu potencial impacto ao financiamento da CTI no país, provocou mobilização que acabou promovendo a exclusão do FNDCT do seu âmbito de abrangência. Sobre isso, vide SENADORES tiram FNDCT da PEC dos Fundos. *Notícias da SBPC*, São Paulo, 4 mar. 2020. Disponível em: http://portal.sbpcnet.org.br/noticias/senadores-tiram-fndct-da-pec-dos-fundos/. Acesso em: 15 jul. 2020.

[682] Citem-se como exemplos os vários fundos utilizados pelo BNDES e que, uma vez respeitadas suas regras específicas, podem vir a servir ao financiamento da inovação empresarial. Exemplos são o já mencionado FUNTTEL, Fundo Setorial do Audiovisual – FSA e Fundo

Ao se falar de fontes com origem *contratual* se está fazendo referência à toda sorte de acordos[683] pelos quais são disponibilizados recursos aos financiadores. Por ser usual que eles tragam condicionantes é importante ter bastante atenção ao convencionado.

Um primeiro exemplo desse tipo de fonte são os pactos entre órgãos ou entes administrativos e financiadores para a transferência de recursos públicos aos últimos. É o que ocorre com a Embrapii, historicamente abastecida de recursos via a celebração de contrato de gestão com os ministérios da Ciência, Tecnologia e Inovação e da Educação.[684] De fato, quaisquer iniciativas entabuladas para a transferência de recursos sob a égide de diplomas como a Lei nº 13.019/14 e os Decretos nº 6.170/07 e 10.426/20 poderiam ser agrupados nessa categoria.[685]

Um segundo exemplo seriam potenciais formas[686] de captação de recursos privados pelos financiadores.[687] É o que pode ocorrer caso utilizado o permissivo genérico constante do art. 9º, III da Lei Complementar nº 182/21, que estabelece hipótese para que as empresas satisfaçam suas obrigações de investimento em pesquisa, desenvolvimento e inovação,[688] ou quando o financiador integra

---

Nacional sobre Mudança do Clima – FNMC. Mais informações sobre os fundos a disposição desse financiador encontram-se disponíveis em: http://www.bndes.gov.br/wps/portal/site/home/transparencia/fundos-governamentais. Acesso em: 14 jul. 2020.

[683] Adota-se assim uma acepção ampla de *contrato*, como categoria jurídica geral, sem a necessidade de adentrar em distinções sobre as suas manifestações (como a dos contratos celebrados pela Administração).

[684] A celebração de contratos de gestão decorre da qualificação desse ente, que é uma associação civil sem fins lucrativos, como organização social. O acesso aos documentos pertinentes, encontra-se disponível em: https://embrapii.org.br/institucional/acesso-a-informacao/. Acesso em: 15 jul. 2020.

[685] A lei faz menção, em termos de transferência de recursos públicos, a termos de colaboração e de fomento, envolvendo a destinação de recursos de entidades administrativas a organizações da sociedade civil. Já quanto aos decretos, o primeiro dispõe sobre os convênios e contratos de repasse e o segundo sobre termos de execução descentralizada, disciplinando a destinação de recursos entre entes administrativos (inclusos os de outros entes da federação) e entidades privadas sem fins lucrativos.

[686] Embora não usuais no contexto nacional (por se estar, afinal, direcionando verbas privadas a fins públicos), obrigações de índole legal ou contratual (como a exigência de investimento em P&D em contratos de concessão) ou incentivos de outra sorte (como os de índole fiscal) poderiam alterar este cenário.

[687] Embora os financiamentos custeados com verba privada não constituírem o foco desta investigação entende-se conveniente mencionar a possibilidade se sua existência e destacar que muitas das condicionantes mencionadas *supra* poderiam não ser aplicáveis a eles.

[688] Art. 9º As empresas que possuem obrigações de investimento em pesquisa, desenvolvimento e inovação, decorrentes de outorgas ou de delegações firmadas por meio de agências

iniciativas relativas aos fundos patrimoniais.[689] Veja-se, aliás que iniciativas desse último tipo passaram inclusive a contar com portaria do MCTI.[690]

Ademais, mesmo que não seja propriamente direcionado a empresas (mas sim a universidades), o *Programa de Formação de Recursos Humanos da ANP para o Setor de Petróleo, Gás Natural e Biocombustíveis – PRH-ANP – Finep Gestora* ilustra como a captação pública de recursos privados para o estímulo à CTI já existe.[691]

---

reguladoras, ficam autorizadas a cumprir seus compromissos com aporte de recursos em startups por meio de: [...]
III – investimentos em programas, em editais ou em concursos destinados a financiamento, a aceleração e a escalabilidade de startups, gerenciados por instituições públicas, tais como empresas públicas direcionadas ao desenvolvimento de pesquisa, inovação e novas tecnologias, fundações universitárias, entidades paraestatais e bancos de fomento que tenham como finalidade o desenvolvimento de empresas de base tecnológica, de ecossistemas empreendedores e de estímulo à inovação.

[689] Regidos pela Lei nº 13.800/19, os fundos patrimoniais destinam-se à arrecadação, gestão e destinação de doações de pessoas físicas e jurídicas de natureza privada para programas, projetos e demais finalidades de interesse público (art. 1º da lei). Sua gestão se dá por intermédio de organização gestora, que tenha natureza privada sem fins lucrativos e forma associativa, ou fundação privada dedicada exclusivamente à captação das doações destinadas a um fundo específico (art. 2º, inciso II) e organização executora, que também não deve ter fins lucrativos ou ser entidade internacional reconhecida e representada no País, atuando em parceria com instituições apoiadas pelo fundo e seja responsável pela execução dos programas, dos projetos e de demais finalidades de interesse público relacionadas (art. 2º, inciso III). Assim, entidades gestoras e de execução poderiam atuar de forma muito assemelhada ao abordado nesta pesquisa, mas não se aplicando a elas, naturalmente, boa parte das exigências de índole pública aqui discutidas. Quanto à hipótese de financiadores como os aqui discutidos assumirem tais funções não se têm, até o momento, conhecimento da ocorrência desse fato. Não parece provável a sua atuação como gestoras dada a necessidade de serem cumpridas exigências de estruturação e funcionamento previstas na lei, tais como a necessidade de uma atuação exclusiva para determinado fundo (art. 2º, inciso II, e Capítulo II da lei). Já a atuação como executora, se mais factível, teria de ser avaliada em termos de custos e da aderência às finalidades institucionais originais do financiador para se averiguar se haveria efetiva conveniência na assunção desse tipo de papel.

[690] Cf. Portaria MCTIC nº 5.918/19, disponível em: https://antigo.mctic.gov.br/mctic/opencms/legislacao/portarias/Portaria_MCTIC_n_5918_de_29102019.html. Acesso em: 5 maio 2021. Para a divulgação dessa iniciativa, contando com planos deste ministério em relação a ela, vide MCTIC assina sete termos de apoio a fundos patrimoniais e *endowment*, MCTIC, Brasília, 2019. Disponível em: http://www.mctic.gov.br/mctic/opencms/salaImprensa/noticias/arquivos/2019/11/MCTIC_assina_sete_termos_de_apoio_a_fundos_patrimoniais_e_endowment.html. Acesso em: 15 jul. 2020.

[691] O programa agrupa recursos advindos de empresas petrolíferas transferidos em razão da obrigação dessas de investir parcela de seu faturamento em pesquisa, desenvolvimento e inovação. Mais informações sobre ele encontram-se disponíveis em: http://finep.gov.br/apoio-e-financiamento-externa/programas-e-linhas/prh-anp-finep-gestora. Acesso em: 15 jul. 2020.

Por fim, dado poderem ter tanto índole privada quanto pública, os ajustes com organizações internacionais ou entes estrangeiros constituem um terceiro exemplo de fontes com origem *contratual*. É o caso das captações feitas perante instituições multilaterais como o Banco Interamericano de Desenvolvimento – BID,[692] ou bancos de desenvolvimento de outras nações, como o alemão *Kreditanstalt für Wiederaufbau* – KfW.[693]

Explicadas as duas categorias propostas para organizar as condicionantes atinentes às *fontes de recursos* há, ainda, dois comentários a fazer antes de finalizar este tópico.

O primeiro deles consiste no registro da possibilidade de coexistência de condicionantes de índole *legal* e *contratual* quando do uso de determinada verba. É o que se nota, por exemplo, em casos de descentralização de recursos como a efetuada pelo BNDES ao manejar o PSI. Nesse contexto as instituições financeiras recebedoras dos recursos estariam adstritas tanto às normas legais (em sentido largo) que o disciplinam[694] quanto às provenientes dos ajustes celebrados com o BNDES para possibilitar o repasse.[695]

O segundo refere-se, em sentido oposto, à possibilidade de que a origem dos recursos não traga quaisquer especificações adicionais. É o que se dá no caso dos *recursos próprios*, que é quando os financiadores empregam verba do seu próprio caixa, como as decorrentes de suas aplicações financeiras, alienação de bens, ou recebimento de aluguéis etc.

---

[692] Quanto à captação de recursos dessa instituição pela Finep, cf. FINEP e BID assinam contrato de empréstimo para projetos de inovação no valor total de US$1,5 bi. *Finep*, Rio de Janeiro, 1 ago. 2018. Seção Notícias. Por parte do BNDES, BID aprova captação de US$ 750 mi para o BNDES financiar quase 5 mil micro, pequenas e médias empresas. *Portal do BNDES*, Brasília, DF, 22 nov. 2018.

[693] Citando novamente a Finep, vide FINEP e KfW firmam acordo de doação inédito de 4 milhões de euros. *Finep*, Rio de Janeiro, 19 dez. 2018. Também o BNDES, vide BNDES e KfW celebram linha de crédito de US$ 142 milhões. *Portal do BNDES*, Brasília, DF, 21 dez. 2021.

[694] Note-se que a Lei nº 12.096/15, em seu art. 1º, § 13, inciso I, autoriza também a União a subvencionar operações de financiamento contratadas por outras instituições financeiras e que sejam reembolsadas pelo BNDES, uma vez que tenham os mesmos beneficiários previstos na lei e sigam as condições estabelecidos pelo Conselho Monetário Nacional para as linhas de crédito do BNDES passíveis de subvenção.

[695] Instituindo, por exemplo, deveres de prestação de contas específicas para o BNDES.

Finaliza-se, com isso, capítulo dedicado a um exame do arcabouço jurídico geral das condicionantes do financiamento público à inovação empresarial.

De toda forma, se exploradas normas gerais, há ainda outra camada de condicionantes que impacta na concretização da atividade em estudo. São aquelas associadas às características dos instrumentos jurídicos utilizados para o direcionamento de recursos públicos às empresas inovadoras. É à análise delas que se dedicam os dois capítulos seguintes.

CAPÍTULO 4

A FINEP COMO REFERENCIAL PARA ANÁLISE DE INSTRUMENTOS JURÍDICOS DE FINANCIAMENTO

> *Art. 3º A Empresa tem por finalidade o financiamento de estudos, projetos e programas de desenvolvimento econômico, social, tecnológico e científico, de acordo com as metas e prioridades setoriais estabelecidas nos planos do Governo Federal.*
>
> Estatuto da Finep, aprovado pelo Decreto nº 71.133/72

As características dos instrumentos jurídicos[696] manejados para viabilizar os financiamentos também impõem a eles condicionantes. Variando, portanto, as formas jurídicas utilizadas como suporte para a destinação de recursos, igualmente variam essas condicionantes. Estudar esses instrumentos, então, é essencial para compreender a atividade de financiamento.

Para fazê-lo optou-se por estratégia distinta da que vinha sendo adotada até aqui. Se vinham sendo apresentadas observações gerais e abstratas retiradas de referenciais teóricos e normativos agora haverá uma abordagem contrária, partindo-se do específico. Partiu-se de um financiador – a Finep – e de sua atuação concreta para extrair preceitos gerais aplicáveis a um conjunto

---

[696] Essa é uma forma de denominação que se aproxima da utilizada pela Lei de Inovação que arrola, em seu art. 19, § 2º-A, alguns *instrumentos de estímulo*.

de instrumentos jurídicos de financiamento público à inovação empresarial.[697]

Assim, o presente capítulo examina a Finep de forma a contextualizar o manejo dos instrumentos de financiamento cuja análise virá logo a seguir. Antes disso, todavia, importa justificar a escolha desse financiador como parâmetro para a análise proposta.

4.1 Justificativa da escolha

O financiamento à inovação empresarial, como tem sido dito, não constitui monopólio estatal. Mesmo quando ocorre na esfera pública sua execução é disseminada pela Administração, normalmente como atividade acessória. Há, entretanto, entes públicos (ou profundamente associados à autoridade estatal) que o exerceriam como uma de suas funções precípuas e se especializam na sua execução. É o caso das *agências de fomento à inovação*.[698]

O rol de entidades desse tipo envolvidas no Brasil é considerável.[699] Por qual razão, então, limitar a análise proposta à Finep? Passa-se a elencar justificativas para tanto.

A primeira é a diversidade de instrumentos cotidianamente utilizados por esse financiador. Observar a *MEI Tools*, uma plataforma voltada à difusão de informações atualizadas sobre iniciativas de apoio à inovação no Brasil disponibilizada pela MEI,[700] permite vislumbrar isso com clareza. Em seu índice de agosto de 2020 essa plataforma arrolava os seguintes instrumentos de apoio sob a rubrica *financiamento direto*:[701]

---

[697] Nem todos os instrumentos explicitados na lei serão examinados aqui, como será mais bem explicado no item 5.1.
[698] Tais raciocínios foram expostos no item 2.3.1, *supra*.
[699] Para uma visão mais holística do SNCTI nacional, destacando algumas das instituições mais relevantes em seu interior, cf. o item 1.2.2.
[700] Sobre a MEI, que congrega lideranças empresariais nacionais para assuntos relativos à inovação, vide https://meitools.com.br/. Acesso em: 29 jan. 2025.
[701] CONFEDERAÇÃO NACIONAL DA INDÚSTRIA. *MEI Tools*: ferramentas para promover a inovação nas empresas. Brasília, DF: CNI, 2020. p. 7-8. Foram excluídos dessa categoria os *fundos privados de participação*, por não serem estes abrangidos pelo objeto desta pesquisa. A publicação também traz informações sobre instrumentos de financiamento indireto (consistindo esses em incentivos fiscais); de apoio técnico, tecnológico e consultivo; e de apoio à inserção global via inovação e de reconhecimento.

CAPÍTULO 4
A FiNEP COMO REFERENCIAL PARA ANÁLISE DE INSTRUMENTOS JURÍDICOS DE FINANCIAMENTO

Figura 1 – Instrumentos de apoio disponibilizados pela MEI.

LEGENDA:
- PERIÓDICOS
- Ⓟ MICRO E PEQUENAS EMPRESAS
- ♀ REGIONAIS

CARTA DE APRESENTAÇÃO

FINANCIAMENTO DIRETO

I. RECURSO NÃO REEMBOLSÁVEL

- ♀ • CENTRO DE PESQUISA EM ENGENHARIA (FAPESP) 14
- ♀ • CONSISTEC (FAPESP) 16
- • DIGITAL.BR (ABDI) 18
- • EMBRAPII – ROTA 2030 20
- Ⓟ • EMBRAPII – SEBRAE 22
- • EMBRAPII 24
- ♀ • FOMENTO A PROJETOS DE INOVAÇÃO (EMBRAPII, BANCOS REGIONAIS) 26
- ♀ • PIPE (FAPESP) 28
- ♀ • PITE (FAPESP) 30
- • PLATAFORMA INOVAÇÃO PARA A INDÚSTRIA SENAI E SESI (SESI, SENAI) 32
- • PPI IOT – MANUFATURA 4.0 (EMBRAPII) 34
- • PROGRAMA CENTELHA (CENTELHA) 36
- • PROGRAMA NACIONAL CONEXÃO STARTUP INDÚSTRIA (ABDI) 38
- • PROGRAMA CONECTA STARTUP BRASIL (ABDI, MCTI, SOFTEX, CNPQ) 40
- Ⓟ • SEBRAETEC (SEBRAE) 42
- • SUBVENÇÃO ECONÔMICA: MATERIAIS AVANÇADOS (FINEP) 44

II. RECURSO REEMBOLSÁVEL

- • AÇÕES EMERGENCIAIS COVID-19 (FINEP) 48
- • AÇÃO DE FOMENTO À INOVAÇÃO EM INTERNET DAS COISAS – FINEP IOT (FINEP) 50
- • APOIO DIRETO À INOVAÇÃO (FINEP) 52
- • BADESC FOMENTO (BADESC) 54
- • BNDES INOVAÇÃO (BNDES) 56
- Ⓟ • BNDES MPME INOVADORA (BNDES) 58
- • CARTÃO BNDES (BNDES) 60
- Ⓟ • FNE INOVAÇÃO – PROGRAMA DE FINANCIAMENTO À INOVAÇÃO (BNB) 62
- • FINEP AQUISIÇÃO INOVADORA (FINEP) 64
- • FINEP CONECTA (FINEP) 66
- • FINEP EDUCAÇÃO (FINEP) 68
- • FINEP FUNTTEL INOVAÇÃO (FINEP) 70
- Ⓟ • FINEP INOVACRED (FINEP) 72
- • FINEP INOVACRED 4.0 (FINEP) 74
- • FINEP INOVACRED CONECTA (FINEP) 76
- • FINEP INOVACRED EXPRESSO (FINEP) 78
- ♀ • INOVAÇÃO BANDES (BANDES) 80
- Ⓟ • LINHA DE INCENTIVO À TECNOLOGIA (DESENVOLVE SP) 82
- ♀ • PRÓ-INOVAÇÃO BDMG/FAPEMIG (BDMG, FAPEMIG) 84
- ♀ • PROPTEC BDMG/FAPEMIG (BDMG E FAPEMIG) 86

III. FUNDO PÚBLICO DE PARTICIPAÇÃO

- Ⓟ • FIP INOVA EMPRESA (FINEP) 90
- Ⓟ • FUNDO AEROESPACIAL MULTIESTRATÉGIA (FINEP) 92
- Ⓟ♀ • FUNDO DE INOVAÇÃO PAULISTA (SPVENTURES) 94
- • FUNDOS DE INVESTIMENTO (BNDES) 96
- Ⓟ • PROGRAMA DE INVESTIMENTO EM STARTUPS INOVADORAS (FINEP) 98
- Ⓟ • PROGRAMA INOVAR (FINEP) 100
- Ⓟ • FUNDEPAR: PROGRAMA SEED4SCIENCE (FUNDEPAR) 102

Comprova-se o afirmado: que variados entes, em diversos níveis diversos da federação, ofertam recursos às empresas via iniciativas distintas. São arrolados como financiadores:[702] a FAPESP, a ABDI, a Embrapii; bancos regionais (como a Agência de Fomento de Santa Catarina S.A. – BADESC; Banco de Desenvolvimento do Espírito Santo – BANDES; Banco do Nordeste – BNB, Banco de Desenvolvimento de Minas Gerais – BDMG), o Serviço Social da Indústria – SESI, o Sistema Nacional de Aprendizagem Industrial – SENAI, SOFTEX, o CNPq, o SEBRAE, a Finep, o BNDES, a Desenvolve SP, e a Fundação de Amparo à Pesquisa do Estado de Minas Gerais – FAPEMIG.

Nota-se um número considerável de iniciativas da Finep, que figuram nas três categorias em que são organizadas as formas de apoio: o da concessão de recursos não reembolsáveis, reembolsáveis e dos fundos públicos de participação.[703]

Ao se optar por examinar os instrumentos utilizados pela Finep se está dotando esta análise de uma abrangência mais ampla do que a possível pelo foco em outras agências de fomento.[704] O BNDES[705] e

---

[702] Excluídos tanto entes públicos que não atuam precipuamente propriamente como financiadores (como o MCTI, que tem atribuições muito mais amplas) e fundos como SPVENTURES e FUNDEPAR.

[703] Ou, na linguagem adotada neste livro, englobando instrumentos *reembolsáveis, não reembolsáveis* e de *investimento*. Interessa pontuar que esse rol traz repetições que podem dar a entender que certos produtos de um mesmo financiador são completamente distintos um do outro, o que nem sempre é o caso. O *Finep Conecta*, por exemplo, não deixa de ser um programa específico dentro de sua linha de apoio direto (reembolsável) à inovação. Isso não prejudica, de toda forma, o argumento de justificação apresentado.

[704] Pensa-se, naturalmente, em termos do financiamento público à inovação empresarial segundo o recorte adotado para esta pesquisa. Uma pesquisa que se debruçasse sobre o CNPq, por exemplo, não contaria com uma variedade tão grande de instrumentos como os que serão analisados, mas, por outro lado, poderia alcançar temas que fogem ao escopo desta investigação, como a concessão de bolsas e auxílios.

[705] Sobre a atuação dessa instituição, de forma geral e com abordagem de seu histórico, cf. VIDIGAL, Lea. *BNDES*: um estudo de direito econômico. São Paulo: Libers Ars, 2019. Quanto à atuação desse banco diretamente voltada ao fomento à inovação, cf. SOUZA, Eduardo Pinho Pereira; MARQUES, Felipe Silveira; ABREU, Isabela Brod; CAPANEMA, Luciana Xavier; SILVA, Vanessa Pinto. Atuação do BNDES no sistema brasileiro de inovação: avanços e oportunidades. *In*: COUTINHO, Diogo R.; FOSS, Maria Carolina; MOUALLEM, Pedro Salomon B. (org.). *Inovação no Brasil*: avanços e desafios jurídicos e institucionais. São Paulo: Blucher, 2017. p. 153-176. Também TAVARES, João Marcos Hausmann. *O papel do BNDES no financiamento da inovação tecnológica*. 2013. Dissertação (Mestrado em Economia) – Instituto de Economia, Universidade Federal do Rio de Janeiro, Rio de Janeiro, 2013. Ainda ZUCOLOTO, Graziela; NOGUEIRA, Mauro Oddo. Inovação nas inovações ou mais do mesmo? O papel do BNDES no apoio ao desenvolvimento tecnológico. *In*: MORAIS, José Mauro de; TURCHI, Lenita Maria (org.). *Políticas de apoio à inovação tecnológica no Brasil*: avanços recentes, limitações e propostas de ações. Brasília,

a Embrapii,[706] por exemplo, que não atuariam rotineiramente[707] em tantas frentes.

Dessa forma, mesmo que os instrumentos utilizados por cada agência possam ser dotados de particularidades,[708] essa escolha permite adentrar em todas as searas em que foi organizado o exercício da atividade estudada, convindo à sua compreensão global.

Optar pela análise dos instrumentos utilizados pela Finep permite não só uma amplitude de escopo mas também dar atenção a dinâmicas específicas ao seu manejo. A concentração de esforços

---

DF: Ipea, 2017. p. 185-220. Para uma análise buscando ofertar parâmetros jurídicos ao exercício do fomento econômico por esse financiador, vide MOCCIA, Maria Hermínia Pacheco e Silva. *Parâmetros para utilização do fomento econômico*: empréstimos pelo BNDES em condições favoráveis. Rio de Janeiro: Lumen Juris, 2015. Trabalhos recentes também trataram dos resultados da atuação do BNDES, permitindo observar tanto sua amplitude quanto consequências dessa. Cf. BARBOZA, Ricardo; PESSOA, Samuel; PONTUAL, Eduardo; ROITMAN, Fábio. *What have we learned about the Brazilian development bank?* Rio de Janeiro: FGV IBRE, 2020. p. 1-63; e DI JOHN, Jonathan. The Political Economy of Development Banking. *In*: OQUBAY, Arkebe; CRAMER, Christopher; CHANG, Ha-Joon; KOZUL-WRIGHT, Richard (org.). *The Oxford Handbook of Industrial Policy*. Oxford: Oxford University, 2020. p. 1-36.

[706] Sobre a Embrapii, de criação muito mais recente do que a Finep e o BNDES, cf. GORDON, José Luis; STALLIVIERI, Fabio. Embrapii: um novo modelo de apoio técnico e financeiro à inovação no Brasil. *Revista Brasileira de Inovação*, Campinas, v. 18, n. 2, p. 331-362, 2019.

[707] Isso não significa que entidades como essas também não tenham adotado iniciativas diversas das descritas nem possam expandir seus horizontes no futuro. Um exemplo disso é o FUNTEC, do BNDES, que, enquanto fundo de investimento, destina recursos sem exigência de contrapartida, o que o situaria enquanto fundo de investimento em um espaço híbrido entre as dimensões não reembolsável e de investimento, segundo a terminologia desta obra. Sobre o fundo, vide informações disponíveis em: http://www.bndes.gov.br/wps/portal/site/home/financiamento/produto/bndes-funtec. Acesso em: 6 ago. 2020. Para avaliações de seus resultados, cf. CUPELLO, Natalia Cintia; ABREU, Isabela Brod Lemos de; SANTOS, Leonardo de Oliveira; CORDEIRO, Vinícius Ribeiro. *Os resultados do BNDES Funtec*: nova avaliação baseada na Análise Sistêmica de Efetividade. Rio de Janeiro: BNDES, 2019. n. 148; e SOUZA, Eduardo Pinho Pereira; PEREIRA, Guilherme Costa; CAPANEMA, Luciana Xavier de Lemos. Avaliação do BNDES Funtec: uma análise sistêmica de efetividade. *Revista do BNDES*, Rio de Janeiro, n. 45, p. 65-97, 2016.

[708] As especificidades parecem se mostrar mais salientes principalmente quando do manejo de instrumentos não reembolsáveis. Para resgatar as iniciativas arroladas, e ignorando temporariamente a delimitação de objeto desta pesquisa (que exige o direcionamento dos recursos a empresas) observe-se, por exemplo, que nelas há casos de oferecimento de apoio para a contratação de serviços tecnológicos prestados a empresas (como o SEBRAETEC), pagamento de prêmios em decorrência de concursos (o Programa Nacional Startup Industria), direcionamento de recursos a projetos que necessariamente congregam ICTs e empresas (o modelo básico das iniciativas da Embrapii), e até mesmo iniciativas calcadas na presença de pesquisadores com vínculo empregatício para a concessão de recursos em privilégio das empresas (PIPE da FAPESP). Nos instrumentos reembolsáveis e de investimento, as práticas dos mercados bancário e de capitais, assim como a regulação por autoridades como o BACEN e a Comissão de Valores Mobiliários – CVM, tendem a aproximá-los mais.

analíticos é proveitosa em análises de caráter qualitativo.[709] Mesmo que aqui não se pretenda realizar um efetivo estudo de caso[710] esse é um expediente semelhante ao que é realizado neles havendo, apesar dos desafios de seleção dentro de um universo de possibilidades,[711] benefícios decorrentes da concentração de esforços cognitivos frente a um objeto determinado.[712]

A segunda justificativa é o extenso histórico da Finep como financiador da inovação empresarial brasileira. Fruto de esforços da década de sessenta do século passado, ela disponibiliza financiamentos de índole reembolsável e não reembolsável para empresas desde 1971[713] e participa de seu capital para fins de fomento ao menos desde 1975.[714] Sua atuação também foi central no florescimento do mercado de *venture capital* e *private equity* a partir de 2001.[715] Além disso, a Finep continuamente expande suas ações de fomento para novos formatos.[716]

---

[709] Por qualitativa, em contraposição à quantitativa (baseada principalmente em mensurações numéricas), faz-se menção a investigações científicas com uma tendência de enfoque em um número mais reduzido de contextos que são analisados com maior profundidade e de forma discursiva, mas sempre comprometida com um método pré-estabelecido. Cf. KING, Gary; KEOHANE, Robert O.; VERBA, Sidney. *Designing Social Inquiry*: Scientific Inference in Qualitative Research. Princeton: Princeton University, 1994. p. 4-7.

[710] Não será promovido um efetivo *estudo de caso* mas sim utilizada a Finep como expediente para compreender melhor os instrumentos jurídicos de financiamento. A premissa é a de que compreender em termos gerais um sujeito que utiliza tradicionalmente tais instrumentos auxilie na compreensão deles.

[711] Sobre a questão da escolha do caso, vide SEAWRIGHT, Jason; GERRING, John. Case Selection Techniques in Case Study Research: A Menu of Qualitative and Quantitative Options. *Political Research Quarterly*, Thousand Oaks, v. 61, n. 2, p. 294-308, 2008.

[712] "Algumas vezes, o conhecimento aprofundado de um exemplo individual é mais útil do que o conhecimento fugaz relativo a um número maior de exemplos. Nós ganhamos mais conhecimento sobre o todo através do foco em uma parte significativa" (GERRING, John. *Case study research*: principles and practices. Nova York: Cambridge University, 2007. p. 1).

[713] Cf. o histórico dessa instituição, disponível em: http://finep.gov.br/a-finep-externo/historico. Acesso em: 6 ago. 2020. Destaca-se, de toda forma, que nem sempre estes instrumentos adotaram os mesmos moldes dos atuais: a subvenção econômica a ser analisada, associada como estava à sua introdução pela Lei de Inovação em 2004, veio por exemplo a ser utilizada apenas em 2006.

[714] Cf. o art. 4º, inciso I, do Estatuto da Finep aprovado pelo Decreto nº 75.472/75, um dos antigos documentos constitutivos desse financiador.

[715] A história da atuação da empresa no mercado de capitais tem raízes na capitalização de fundos de investimento, com destaque para o estímulo para o *venture capital* brasileiro, como pode ser verificado em: http://finep.gov.br/apoio-e-financiamento-externa/programas-e-linhas/investimento-indireto. Acesso em: 6 ago. 2020.

[716] Um exemplo recente, embora não abrangido pelo âmbito dessa pesquisa, é a instituição desse financiador como como instância de análise para o gozo de incentivos fiscais

O acúmulo de *expertise* decorrente de anos de manejo dos instrumentos de financiamento favorece essa instituição. Se o transcurso do tempo impacta na configuração desses, provocando uma progressiva adaptação da instituição aos desafios associados à sua utilização, em algum momento espera-se certa convergência da atuação desse financiador e de outros, dada a exposição a condições semelhantes.[717] Mesmo que não se presuma que o tempo conduza necessariamente a configurações ideais, nem que ineficiências na arquitetura dos instrumentos não possam vir a se cristalizar – principalmente em razão de fenômenos como a *path dependence*[718] – considera-se oportuno examinar agência possuidora de larga experiência com as vicissitudes associadas ao fomento à inovação. Uma instituição com histórico considerável acentuaria a percepção de aspectos sistêmicos, persistentes no tempo, diluindo a influência de elementos não-sistêmicos que, de forma aleatória e eventual, poderiam alterar a realidade examinada e distorcer as análises promovidas.[719]

---

quando da emissão de debêntures incentivadas e de investimentos em novos projetos de produção econômica intensiva em pesquisa, desenvolvimento e inovação por parte de Fundos de Investimento em Participações na Produção Econômica Intensiva em Pesquisa, Desenvolvimento e Inovação (FIP-PD&I), conforme disciplinado na Portaria nº 4.382/21 do MCTI. Sobre a mesma, cf. COSTA, Henrique Chain; TONETTI, Rafael Roberto Hage; MONTEIRO, Vítor. Debêntures incentivadas e FIPs para projetos de ciência, tecnologia e inovações. *Consultor Jurídico*, São Paulo, 5 mar. 2021. Isso também ilustra como, mesmo não agindo diretamente como entidade financiadora, a Finep mantém-se próxima de iniciativas associadas a atividades de financiamento à inovação (em geral).

[717] Análises de cunho institucionalista destacam a tendência que organizações têm de replicar práticas tidas como legítimas ou bem-sucedidas em seu campo de atuação. Embora não se possa afirmar sem estudos mais aprofundados em que nível isso ocorreu com a Finep, seja inspirando-se ou servindo como inspiração para outras instituições, entende-se que o passar do tempo estimula esses movimentos de convergência. Sobre esse tipo de trajetória e a ideia de isomorfismo, cf. DIMAGGIO, Paul J.; POWELL, Walter W. The Iron Cage Revisited: Institutional Isomorphism and Collective Rationality in Organizational Fields. *In:* DIMAGGIO, Paul J.; POWELL, Walter W (org.). *The New institutionalism in organizational analysis*. Chicago: University of Chicago, 1991. p. 63-82.

[718] *Path dependance*, ou dependência de trajetória, é um conceito muito utilizado em análises de cunho institucionalista. Ela refere-se ao fato de que decisões tomadas anteriormente podem vir a limitar desenvolvimentos futuros, podendo inclusive provocar a adoção de soluções ineficientes. Um conhecido exemplo disso é o layout *QWERT* das máquinas de escrever. Mesmo já se tendo conhecimento de outros modelos de teclado que seriam mais adequados a uma digitação célere, ele prevaleceu no *design* dos teclados de computador dada a forma como ele estava fortemente estabelecido no mercado e no imaginário de quem recorria à digitação. Sobre o conceito, cf. PIERSON, Paul. Power and path dependence. *In:* MAHONEY, James; THELEN, Kathleen (org.). *Advances in Comparative-Historical Analysis*. Cambridge: Cambridge University, 2015. p. 123-146.

[719] A distinção desses elementos é importante em estudos empíricos dado o seu potencial de impactar na mensuração dos fenômenos observados. Sobre tal preocupação, vide KING,

Uma terceira justificativa é o acúmulo de experiência profissional do autor desta investigação. Atuar desde 2014 como advogado nessa agência permitiu compreender seus meandros e bem navegar pelos instrumentos por ela utilizados. Foram tomados, de toda forma, cuidados para evitar distorções decorrentes de seletividade ou vieses de interpretação,[720] sendo registrados os procedimentos adotados para a coleta e interpretação dos dados, assim como pontuadas as limitações que a ela se impuseram. Evitou-se, ademais, análises acentuadamente valorativas.

Por fim, mesmo que as especificidades de cada agente possam influir na configuração dos instrumentos de financiamento, toda pesquisa científica consiste em um esforço de compreensão da realidade a partir de observações limitadas visto a inviabilidade do exame exaustivo de casos concretos.[721] A Finep, assim, mostrou-se uma unidade de análise pertinente e justificável.[722]

4.2 A Finep

4.2.1 Histórico

Investigar as origens remotas da Finep leva a outra agência de fomento: o BNDES.

Gary; KEOHANE, Robert O.; VERBA, Sidney. *Designing Social Inquiry*: Scientific Inference in Qualitative Research. Princeton: Princeton University, 1994. p. 55-63.

[720] KING, Gary; KEOHANE, Robert O.; VERBA, Sidney. *Designing Social Inquiry*: Scientific Inference in Qualitative Research. Princeton: Princeton University, 1994. p. 128-138 e 168-181.

[721] King, Keohane e Verba destacam como o objeto da pesquisa científica consistiria sempre em pavimentar o caminho para alguma inferência, de caráter causal ou descritivo, sempre buscando abranger algo além do já conhecido. Não o fazer seria, apenas, coletar dados. Vide KING, Gary; KEOHANE, Robert O.; VERBA, Sidney. *Designing Social Inquiry*: Scientific Inference in Qualitative Research. Princeton: Princeton University, 1994. p. 7-12.

[722] A opção pela Finep, assim e para dialogar com a terminologia de YIN, constituiria uma primeira dimensão na limitação da unidade de análise, que serão os instrumentos de fomento à inovação manejados por ela. Sobre a questão da unidade de análise, ou o "caso" (dado que não se está diante de um estudo de caso) a analisar, cf. YIN, Robert K. *Case Study Research*: Design and Methods. 5. ed. Thousand Oaks: SAGE, 2014. p. 34-36. Outra referência sobre o tema é GERRING, John. *Case study research*: principles and practices. Nova York: Cambridge University, 2007.

Era um momento histórico, em que o banco lidava com as consequências da instauração do governo militar de 1964. Esse evento privara o BNDES (então BNDE) de sua posição de protagonismo no planejamento nacional, sendo inclusive amplificadas as críticas à sua própria existência. Defendia-se a ideia de que os financiamentos de longo prazo deveriam passar a ser ofertados pelo setor privado (muito embora até hoje as instituições privadas não tenham assumido tal papel).[723]

Entretanto, ainda gozando de apoio político e econômico, o BNDES nesse momento optou por intensificar sua atuação como financiador geral da indústria nacional, expandindo o leque de setores atendidos como estratégia para a continuidade de suas atividades. Isso também o fez buscar novas fontes de recursos para ter autonomia frente a um governo que não poderia contemplá-lo com dotações orçamentárias. Nessa tendência de reorientação foram inauguradas novas frentes de financiamento, como as voltadas às pequenas e médias empresas, máquinas e equipamentos, setores agroindustriais e até mesmo de financiamento à CTI nacional, via o Fundo de Desenvolvimento Técnico-Científico – FUNTEC.[724]

É dentro desse contexto que o Decreto nº 55.820/65 criou o "'Fundo de Financiamento de Estudos de Projetos e Programas – FINEP', destinado a prover recursos para o financiamento da elaboração de projetos e programas de desenvolvimento econômico" (art. 1º, *caput*, do decreto). Esse era "o" Finep que, apesar de originalmente constituído como "conta gráfica nos livros e papeis do Banco Nacional de Desenvolvimento (BNDE)" (art. 2º, *caput*), foi dotado de estrutura

---

[723] Cf. item 1.3.3.

[724] Para uma análise desse momento histórico focada na atuação do BNDES, cf. VIDIGAL, Lea. *BNDES*: um estudo de direito econômico. São Paulo: Libers Ars, 2019. p. 109-131. Também interessa conferir o acervo de memória dessa própria instituição, disponível em: http://www.bndes.com.br. Acesso em: 16 maio 2021. Ilustrando essa progressão da atuação do banco rumo à CTI, que desaguou inclusive na criação do FUNTEC (em sua versão original, de destacada relevância para o dos nascentes programas de pós-graduação no país, diversa da estrutura contemporânea homônima de financiamento), vide MONTEIRO, Vítor. *Características do sistema jurídico brasileiro de fomento estatal à inovação*. 2021. Tese (Doutorado em Direito) – Faculdade de Direito, Universidade de São Paulo/Université Paris II Panthéon-Assas, São Paulo/Paris, 2021. p. 233-242.

organizacional específica e pôde dar prosseguimento a ações próprias[725] que chegaram a incluir a captação de recursos no exterior.[726]

Logo as atribuições por ele desempenhadas, entretanto, passariam a ser oficialmente as de uma empresa ("a" Finep), que, além de mantê-las,[727] iria progressivamente assumir o fomento à CTI como foco de atuação. Assim, no conhecido Decreto-Lei nº 200/67 constaram diretivas para a transição do fundo para a forma empresarial[728] e por meio do Decreto nº 61.056/67 foi criada a Finep (então denominada "Financiadora de Estudos de Projetos S.A.") em seus moldes atuais. Explicitava-se que ao financiamento de projetos e programas se somaria a destinação de recursos para o

---

[725] José Luciano de Mattos Dias relata em detalhes esse momento histórico, descrevendo uma estrutura enxuta e ligada ao Ministério do Planejamento (mais especificamente, um escritório dentro do Gabinete do Ministério Extraordinário para o Planejamento e Coordenação Econômica, como ilustrava o art. 5º, *caput*, do Decreto nº 55.820/65), mas que acabara não atingindo seus objetivos devido à ausência de personalidade jurídica própria e à necessidade de recorrer a agentes financeiros descentralizados para realizar sua missão a contento. Cf. DIAS, José Luciano de Mattos. Finep: 30 anos de projetos para o Brasil. *In*: SILVA, Francisco; DIAS, José Luciano; REZENDE, Sergio; LONGO, Waldimir; DERENUSSON, Maria Sylvia (org.). *A Finep no século XXI*. Rio de Janeiro: Finep, 2011. p. 27-31.

[726] Segundo informa o site desta instituição, provenientes do BID e da *United States Agency for International Development* – USAID. Disponível em: http://finep.gov.br/a-finep-externo/historico. Acesso em: 6 ago. 2020.

[727] Dias relembra que, entre 1969 e 1972, o programa de pré-investimento constituía a "viga mestra" das atividades da Finep e gerava forte interação com empresas e escritórios de consultoria em engenharia e envolvimento em grandes projetos governamentais. Vide DIAS, José Luciano de Mattos. Finep: 30 anos de projetos para o Brasil. *In*: SILVA, Francisco; DIAS, José Luciano; REZENDE, Sergio; LONGO, Waldimir; DERENUSSON, Maria Sylvia (org.). *A Finep no século XXI*. Rio de Janeiro: Finep, 2011. p. 35-36 e 43-48. O fomento a estudos e projetos dessa índole ainda é exercido mesmo que essa não seja mais sua forma de atuação preponderante. A existência de uma linha de financiamento voltada a pré-investimento o comprova, voltando-se a mesma a "apoiar a consolidação de conhecimento técnico em serviços de engenharia no País, através do fomento a projetos de pré-investimento, que incluem estudos de viabilidade técnica e econômica, geológicos, Estudos de Impacto Ambiental – EIA, Relatório de Impacto Ambiental – RIMA, e de adoção de tecnologias habilitadoras, além de projeto básico, de detalhamento e executivo". Cf. informações disponíveis em: http://www.finep.gov.br/apoio-e-financiamento-externa/programas-e-linhas/apoio-direto-a-pre-investimento. Acesso em: 17 ago. 2020.

[728] Cf. o art. 191 do Decreto-Lei, interessando destacar também que as atribuições do fundo passam para a esfera ministerial (destacando-as portanto da esfera do BNDES) e adotando-se a estrutura empresarial: "Art. 191. Fica o Ministério do Planejamento e Coordenação Geral autorizado, se o Govêrno julgar conveniente, a incorporar as funções de financiamento de estudo e elaboração de projetos e de programas do desenvolvimento econômico, presentemente afetos ao Fundo de Financiamento de Estudos e Projetos (FINEP), criado pelo Decreto nº 55.820, de 8 de março de 1965, constituindo para êsse fim uma emprêsa pública, cujos estatutos serão aprovados por decreto, e que exercerá tôdas as atividades correlatadas de financiamento de projetos e programas e de prestação de assistência técnica essenciais ao planejamento econômico e social, podendo receber doações e contribuições e contrair empréstimos de fontes internas e externas".

"aperfeiçoamento da tecnologia nacional, principalmente no que concerne à engenharia de projetos e assistência técnica".[729]

Outra mudança de relevo veio em 1971, quando, por força do Decreto nº 68.748/71,[730] a Finep se tornou secretaria-executiva do FNDCT.[731] Isso a assegurou uma posição central no SNCTI e o acesso a recursos financeiros que permitirão o desempenho de suas atribuições até os dias atuais.[732] De forma bastante ilustrativa, das transições em curso a empresa passa a operar duas linhas de financiamento: "uma de crédito, voltada ao pré-investimento e outra de recursos não reembolsáveis, voltados para programas de apoio ao desenvolvimento científico e tecnológico".[733]

Com isso a trajetória da Finep fica cada vez mais imbricada com a do FNDCT. Isso torna possíveis análises conjuntas da história dessa empresa e desse fundo, como faz Luiz Martins de Melo. Nesse sentido, para uma primeira periodização (1967-1997),[734] que antecede a criação dos fundos setoriais, o autor destaca que:

> O padrão de financiamento que vigorou do final da década de 1960 até 1997 foi baseado em recursos do orçamento fiscal alocados diretamente

---

[729] "Art. 2º A FINEP tem por objeto o financiamento da elaboração de estudos de projetos e programas de desenvolvimento econômico, aplicando prioritariamente os recursos de que disponha nos estudos que visem a implementação das notas setoriais estabelecidas no plano de ação do Governo, elaborado sob a responsabilidade do Ministério do Planejamento e Coordenação-Geral.
Parágrafo único. *A FINEP atuará também no sentido de contribuir para o aperfeiçoamento da tecnologia nacional, principalmente no que concerne à engenharia de projetos e assistência técnica*" (grifo nosso).

[730] "Art. 2º A FINEP passa a constituir a Secretaria-Executiva do Fundo Nacional de Desenvolvimento Científico e Tecnológico – FNDCT – prevista no Decreto-lei nº 719, de 31 de julho de 1969.
Parágrafo único. O Presidente da FINEP funcionará como Secretário-Executivo do FNDCT, cabendo-lhe praticar todos os atos de natureza técnica e administrativa necessários à gestão do referido Fundo".

[731] Sobre esse fundo cf. os comentários feitos no item 3.3.2.

[732] Veja-se, em especial, os seguintes arts. da Lei nº 11.540/07, que dispõe sobre o fundo:
"Art. 7º A Financiadora de Estudos e Projetos – FINEP exercerá a função de Secretaria-Executiva do FNDCT, cabendo-lhe praticar todos os atos de natureza técnica, administrativa, financeira e contábil necessários à gestão do FNDCT.
Art. 8º A Finep, como Secretaria-Executiva do FNDCT, receberá, anualmente, para cobertura de despesas de administração até 2% (dois por cento) dos recursos orçamentários atribuídos ao Fundo, observado o limite fixado anualmente por ato do Conselho Diretor".

[733] Novamente retirado de: http://finep.gov.br/a-finep-externo/historico. Acesso em: 6 ago. 2020.

[734] MELO, Luiz Martins de. Financiamento à inovação no Brasil: análise da aplicação dos recursos do Fundo Nacional de Desenvolvimento Científico e Tecnológico (FNDCT) e da Financiadora de Estudos e Projetos (FINEP) de 1967 a 2006. *Revista Brasileira de Inovação*, Campinas, v. 8, n. 1, p. 87-120, 2009. p. 96-103.

no FNDCT e operados pela FINEP, para aplicação em projetos de Ciência e Tecnologia (C&T). Os recursos foram também utilizados na composição da contrapartida dos empréstimos externos obtidos nos organismos internacionais, para complementar os recursos orçamentários, em especial, do Banco Interamericano de Desenvolvimento (BID) e do Banco Mundial (BIRD), bem como no aumento do capital da Financiadora de Estudos e Projetos. Além disso, como Secretaria Executiva do FNDCT, a FINEP tinha autonomia bastante ampla para definir as prioridades da aplicação dos recursos do fundo. Um exemplo foram as transferências de 20% em média por ano dos recursos do FNDCT, realizadas simplesmente por decisão de sua Diretoria, para compor o *funding* do programa de Apoio ao Desenvolvimento Tecnológico da Empresa Nacional – ADTEN.[735][736]

Alicerçados no *funding* que o FNDCT propiciou, a empresa atuou de modo dinâmico e diversificado em suas primeiras décadas como destaca Amílcar Figueira FERRARI ao relatar o panorama do final dos anos 1970:

> A empresa estava habilitada a apoiar todos os estágios da pesquisa, desde a fundamental, passando pela aplicada, chegando ao desenvolvimento experimental e, indo mais além, para cobrir também o financiamento de protótipos e novos produtos e processos, quando

---

[735] Melo relata que o ADTEN, instituído pela Exposição de Motivos (EM) n º 252/76 do Ministro do Planejamento para o presidente da República, apresenta propostas ousadas de financiamento à inovação, admitindo desde seu início inclusive a possibilidade do manejo da aquisição de participação em empresas inovadoras de forma a antecipar o que veio a ser chamado de *venture capital*. Cf. MELO, Luiz Martins de. Financiamento à inovação no Brasil: análise da aplicação dos recursos do Fundo Nacional de Desenvolvimento Científico e Tecnológico (FNDCT) e da Financiadora de Estudos e Projetos (FINEP) de 1967 a 2006. *Revista Brasileira de Inovação*, Campinas, v. 8, n. 1, p. 87-120, 2009. p. 97-99. Dias igualmente aborda essa possibilidade, relacionando-a um esforço para o surgimento de empresas nacionais de base tecnológica. Cf. DIAS, José Luciano de Mattos. Finep: 30 anos de projetos para o Brasil. *In*: SILVA, Francisco; DIAS, José Luciano; REZENDE, Sergio; LONGO, Waldimir; DERENUSSON, Maria Sylvia (org.). *A Finep no século XXI*. Rio de Janeiro: Finep, 2011. p. 49-51. De toda forma, em uma avaliação do programa já em seus últimos anos, o ADTEN foi definido como essencialmente de uma linha de crédito voltada a empresas para o financiamento de projetos afetos à engenharia, centros de P&D, novos produtos ou processos, aquisição e comercialização de tecnologia e apoio a processos de controle de qualidade. Cf. DE NEGRI, Fernanda; DE NEGRI, João Alberto; LEMOS, Mauro Borges. Impactos do ADTEN e do FNDCT sobre o Desempenho e os Esforços Tecnológicos das Firmas Industriais Brasileiras. *Revista Brasileira de Inovação*, Campinas, v. 8, n. 1, p. 211-254, 2009.

[736] MELO, Luiz Martins de. Financiamento à inovação no Brasil: análise da aplicação dos recursos do Fundo Nacional de Desenvolvimento Científico e Tecnológico (FNDCT) e da Financiadora de Estudos e Projetos (FINEP) de 1967 a 2006. *Revista Brasileira de Inovação*, Campinas, v. 8, n. 1, p. 87-120, 2009. p. 96-97.

necessários, precedidos pelos pertinentes estudos de viabilidade. Ela financiava, no que tange a áreas do conhecimento, as ciências da natureza, as engenharias, as ciências da saúde, a agricultura e as ciências sociais e humanas. Para tal, a Empresa manejava ampla variedade de instrumentos, desde o financiamento não reembolsável ou com juros subsidiados até o crédito comum, chegando à participação acionária em empresas de alta densidade tecnológica. Neste caso, à época, estavam sete empresas, a saber: Tectronic S/A – Empresa Brasileira de Tecnologia Eletrônica, Sulfab – Companhia Sulfo Química da Bahia, Bioferm – Pesquisa e Desenvolvimento S/A, Digibrás – Empresa Digital Brasileira S/A, Microlab S/A, Cemag – Ceará Máquinas Agrícolas S/A e Propar – Promoções e Participações da Bahia S/A.[737]

Se na década de 1970 a Finep teve um desenvolvimento acelerado, estabelecendo-se como ente de relevância na execução de objetivos governamentais ligados a CTI e expandindo suas dimensões e volume de recursos sob sua responsabilidade,[738] na década de 1980 o cenário se altera completamente. Ela passa por restrições orçamentárias importantes e sofre com a perda de conexões com os governos que vão se sucedendo, impondo-lhe uma pronunciada retração de atividades e a necessidade de reavaliar seus modos de operar.[739]

No segundo período abrangido pela análise de Melo, que vai de 1997 a 2006,[740] deve ser destacado o fortalecimento do FNDCT por meio da instituição dos "fundos setoriais" e a produção normativa relativa ao tema da inovação. Ela englobou a disciplina

---

[737] FERRARI, Amílcar Figueira. O Fundo Nacional de Desenvolvimento Científico e Tecnológico – FNDCT e a Financiadora de Estudos e Projetos – FINEP. *Revista Brasileira de Inovação*, Campinas, v. 1, n. 1, p. 151-188, 2002. p. 186.

[738] DIAS, José Luciano de Mattos. Finep: 30 anos de projetos para o Brasil. *In:* SILVA, Francisco; DIAS, José Luciano; REZENDE, Sergio; LONGO, Waldimir; DERENUSSON, Maria Sylvia (org.). *A Finep no século XXI*. Rio de Janeiro: Finep, 2011. p. 43-55. Sobre esse período de crescimento, e também dando destaque a José Pelúcio Ferreira, uma personalidade extremamente importante para os primeiros anos dessa empresa, vide FERRARI, Amílcar Figueira. O Fundo Nacional de Desenvolvimento Científico e Tecnológico – FNDCT e a Financiadora de Estudos e Projetos – FINEP. *Revista Brasileira de Inovação*, Campinas, v. 1, n. 1, p. 151-188, 2002.

[739] DIAS, José Luciano de Mattos. Finep: 30 anos de projetos para o Brasil. *In:* SILVA, Francisco; DIAS, José Luciano; REZENDE, Sergio; LONGO, Waldimir; DERENUSSON, Maria Sylvia (org.). *A Finep no século XXI*. Rio de Janeiro: Finep, 2011. p. 57-71.

[740] MELO, Luiz Martins de. Financiamento à inovação no Brasil: análise da aplicação dos recursos do Fundo Nacional de Desenvolvimento Científico e Tecnológico (FNDCT) e da Financiadora de Estudos e Projetos (FINEP) de 1967 a 2006. *Revista Brasileira de Inovação*, Campinas, v. 8, n. 1, p. 87-120, 2009. p. 103-109.

de instrumentos como a subvenção, mencionada nas então recentes Lei de Inovação (Lei nº 10.973/04)[741] e Lei do Bem (Lei nº 11.196/05),[742] e de instrumentos associados ao mercado de capitais, previstos no regulamento do Fundo Verde Amarelo (Decreto nº 4.195/02),[743] instituído pela Lei nº 10.168/00. Isso conferiu à Finep base legal para continuar promovendo suas atividades de forma renovada.

Se muitas das dificuldades da década de 1980 alcançaram a década de 1990, que ao menos em seu fim teve como fato positivo o fortalecimento do FNDCT, é na primeira década do século XXI que a empresa teve um novo período de crescimento. Renovando seus laços com o governo, a Finep posicionou-se como parte dos esforços atinentes à política industrial e tecnológica do período.[744] Voltaram a se expandir suas ações de financiamento aproveitando um período de aumento na disponibilidade de recursos públicos.[745]

---

[741] Sobre a disciplina jurídica desse instrumento e sua disciplina aplicável a ele de forma específica no contexto da Lei de Inovação, vide item 5.2.3.1.

[742] Art. 21. A União, por intermédio das agências de fomento de ciências e tecnologia, poderá subvencionar o valor da remuneração de pesquisadores, titulados como mestres ou doutores, empregados em atividades de inovação tecnológica em empresas localizadas no território brasileiro, na forma do regulamento.
Parágrafo único. O valor da subvenção de que trata o *caput* deste artigo será de:
I – até 60% (sessenta por cento) para as pessoas jurídicas nas áreas de atuação das extintas Sudene e Sudam;
II – até 40% (quarenta por cento), nas demais regiões. [...]
Art. 23. O gozo dos benefícios fiscais e da subvenção de que tratam os arts. 17 a 21 desta Lei fica condicionado à comprovação da regularidade fiscal da pessoa jurídica.

[743] Art. 2º Os recursos previstos nos arts. 1º, inciso V, e 5º da Lei no 10.332, de 2001, serão alocados ao Fundo Nacional de Desenvolvimento Científico e Tecnológico – FNDCT, destinados ao Programa de Inovação para Competitividade, na categoria de programação específica referida no art. 1o, e utilizados nas seguintes finalidades:
I – estímulo ao desenvolvimento tecnológico empresarial, por meio de programas de pesquisa científica e tecnológica cooperativa entre universidades, centros de pesquisas e o setor produtivo;
II – equalização dos encargos financeiros incidentes nas operações de financiamento à inovação tecnológica, com recursos da Financiadora de Estudos e Projetos – FINEP;
III – *participação minoritária no capital de microempresas e pequenas empresas de base tecnológica e fundos de investimento, por intermédio da FINEP*;
IV – *concessão de subvenção econômica a empresas que estejam executando Programas de Desenvolvimento Tecnológico Industrial – PDTI ou Programas de Desenvolvimento Tecnológico Agropecuário – PDTA, aprovados de conformidade com a Lei no 8.661, de 2 de junho de 1993*; e
V – *constituição de reserva técnica para viabilizar a liquidez dos investimentos privados em fundos de investimento em empresas de base tecnológica, por intermédio da FINEP*" (grifo nosso).

[744] Uma breve abordagem dessas foi promovida no item 3.2.2.

[745] Valéria Delgado Bastos relata um momento de incremento do apoio federal à inovação nesta primeira década do século XXI. Em valores correntes de 2012 foi estimado um total de aproximadamente 50 bilhões disponibilizados para tal fim (inclusos os valores relativos

João Alberto De Negri e José Mauro de Morais distinguem dois momentos ao analisar as iniciativas da Finep nas primeiras duas décadas do século atual (2003-2014).[746] No primeiro, há a implementação de diversos programas, como os baseados na concessão de subvenção às empresas, que aproveitaram recursos decorrentes da concentração de verbas setoriais no FNDCT. Foram ampliadas as atividades da Finep e o número de empresas beneficiadas por elas.[747]

Em um segundo momento, iniciado em 2011,[748] os autores relatam expressivo aumento nas contratações para a concessão de recursos[749] associado a uma concentração em empresas com potencial inovador ao invés de estratégias de pulverização em microprojetos como as praticadas anteriormente. Também teria lugar a utilização conjunta de instrumentos de fomento e programas de apoio envolvendo outras instituições: iniciativas da família Inova Empresa são usualmente apontadas como expedientes de ação integrada e coordenada com outros agentes públicos envolvendo somas consideráveis.[750]

---

a incentivos fiscais). Vide BASTOS, Valéria Delgado. 2000-2010: uma década de apoio federal à inovação no Brasil. *Revista do BNDES*, Rio de Janeiro, n. 37, p. 127-175, 2012.

[746] MORAIS, José Mauro de; DE NEGRI, João Alberto. Análise e evolução das ações e dos programas da Finep de apoio à inovação empresarial (2003-2014). In: MORAIS, José Mauro de; TURCHI, Lenita Maria (org.). *Políticas de apoio à inovação tecnológica no Brasil*: avanços recentes, limitações e propostas de ações. Brasília, DF: Ipea, 2017. p. 165-196.

[747] MORAIS, José Mauro de; DE NEGRI, João Alberto. Análise e evolução das ações e dos programas da Finep de apoio à inovação empresarial (2003-2014). In: MORAIS, José Mauro de; TURCHI, Lenita Maria (org.). *Políticas de apoio à inovação tecnológica no Brasil*: avanços recentes, limitações e propostas de ações. Brasília, DF: Ipea, 2017. p. 177-182.

[748] MORAIS, José Mauro de; DE NEGRI, João Alberto. Análise e evolução das ações e dos programas da Finep de apoio à inovação empresarial (2003-2014). In: MORAIS, José Mauro de; TURCHI, Lenita Maria (org.). *Políticas de apoio à inovação tecnológica no Brasil*: avanços recentes, limitações e propostas de ações. Brasília, DF: Ipea, 2017. p. 182-194.

[749] Conjugando operações de crédito, recursos não reembolsáveis (dirigidos mormente a ICTs) e subvenção econômica em uma progressão de um total da ordem dos R$ 9,9 bilhões, em 2007-2010, para R$ 23,4 bilhões, em 2011-2014; com apenas as operações de crédito em 2013-2014 totalizando R$ 14,5 bilhões. Cf. MORAIS, José Mauro de; DE NEGRI, João Alberto. Análise e evolução das ações e dos programas da Finep de apoio à inovação empresarial (2003-2014). In: MORAIS, José Mauro de; TURCHI, Lenita Maria (org.). *Políticas de apoio à inovação tecnológica no Brasil*: avanços recentes, limitações e propostas de ações. Brasília, DF: Ipea, 2017. p. 193.

[750] Essa iniciativa também foi mencionada no item 3.2.2, associando-se a esforços atinentes à política industrial e tecnológica da época. Para comentários ao Inova empresa, cf. MOUALLEM, Pedro Salomon Bezerra. *Direito e políticas de inovação*: dimensões políticas e jurídico-institucionais na coordenação do financiamento público à inovação no

Dada a restrição fiscal dos anos mais recentes, a empresa voltou a diminuir o nível de injeção de recursos no mercado, com uma diminuição no valor total dos empréstimos contratados (instrumento de destaque nos últimos anos)[751] em razão da conjuntura do país.[752] A instabilidade política e o acirramento de ânimos que conduziram ao processo de *impeachment* de Dilma Vana Rousseff e à eleição de Jair Messias Bolsonaro, com diversos rearranjos políticos,

---

Brasil. 2016. Dissertação (Mestrado em Direito) – Faculdade de Direito, Universidade de São Paulo, São Paulo, 2016; e GORDON, José Luis; CASSIOLATO, José Eduardo. O papel do estado na política de inovação a partir dos seus instrumentos: uma análise do plano inova empresa. *Revista de Economia Contemporânea*, Rio de Janeiro, v. 23, n. 3, p. 1-26, 2019. Para uma avaliação do plano, somando-se às já mencionadas, cf. MORAIS, José Mauro de; DE NEGRI, João Alberto. Análise e evolução das ações e dos programas da Finep de apoio à inovação empresarial (2003-2014). In: MORAIS, José Mauro de; TURCHI, Lenita Maria (org.). *Políticas de apoio à inovação tecnológica no Brasil*: avanços recentes, limitações e propostas de ações. Brasília, DF: Ipea, 2017. Destacando o potencial dos editais do programa como estratégias de mobilização pública com índole orientada por missão (*mission oriented*), veja KOELLER, Priscila; ZUCOLOTO, Graziela; SCHMIDT, Flávia de Holanda. Estatais federais com atuação transversal na política de ciência, tecnologia e inovação brasileira: agências federais de fomento à inovação: FINEP e BNDES. In: SILVA, Mauro Santos; SCHMIDT, Flávia de Holanda; KLIASS, Paulo (org.). *Empresas estatais*: políticas públicas, governança e desempenho. Brasília, DF: Ipea, 2019. p. 161-216. Ainda, no próprio site da Finep, vide: http://finep.gov.br/apoio-e-financiamento-externa/historico-de-programa/programas-inova/o-que-e-o-programa-inova. Acesso em: 1 set. 2020.

[751] André Tortato Rauen, Cayan Atreio Portela Bárcena Saavedra e Newton Kenji Hamatsu destacam que o crédito subsidiado se tornou o segundo instrumento manejado em maior volume para o financiamento à inovação no país, ficando apenas atrás dos incentivos fiscais. Um dos grandes debates envolvendo a sua concessão refere-se ao risco de apropriação indevida do subsídio quando as empresas simplesmente substituíssem seus gastos ordinários pela verba custeada pelo erário, sem aumentar proporcionalmente seus esforços inovativos. Os autores, de toda forma, verificaram não haver o efeito substitutivo no crédito ofertado pela Finep, com benefícios na capacidade inovativa das empresas que o contrataram podendo ser verificados. Cf. RAUEN, André Tortato; SAAVEDRA, Cayan Atreio Portela Bárcena; HAMATSU, Newton Kenji. Crédito para inovação no Brasil: impactos da atuação da financiadora de estudos e projetos no esforço de P&D das firmas beneficiárias. In: DE NEGRI, João Alberto; ARAÚJO, Bruno César; BACELETTE, Ricardo (org.). *Financiamento do desenvolvimento no Brasil*. Brasília, DF: Ipea, 2018. p. 259-279.

[752] Comparem-se, por exemplo, as contratações entre 2013-2014, efetuadas em um período de auge dos gastos públicos, que totalizaram R$ 14,5 bilhões com as contratações em 2018 e 2019, que não alcançaram 2,8 bilhões, conforme indica BRASIL. Financiadora de Estudos e Projetos. *Relatório da Administração*. Rio de Janeiro: Finep, 2019. p. 14. Importa salientar, ademais, que as contratações não devem ser confundidas com as efetivas liberações de recurso, dependentes de outros fatores para sua efetivação (tais como a efetiva continuidade dos esforços inovativos), sendo as últimas relacionadas ao acumulado de contratações nos anos precedentes uma vez que os recursos são disponibilizados de forma parcelada e distribuída no tempo. Note-se, assim, que em 2018 e 2019, conforme pode ser conferido na mesma página do relatório referido, não se chegou a dois bilhões liberados, ou seja, efetivamente transferidos às empresas fomentadas.

contribuíram para essa configuração⁷⁵³ assim como decréscimo geral de verbas públicas disponíveis para CTI.⁷⁵⁴

Durante a pandemia, momento de elaboração deste trabalho, a Finep contribui com o enfrentamento da COVID-19, chegando a instituir estrutura de governança própria para lidar com esse desafio⁷⁵⁵ via oferta de recursos reembolsáveis⁷⁵⁶ e não reembolsáveis.⁷⁵⁷ A promessa de fortalecimento do FNDCT e toda as questões relativas ao contingenciamento devem continuar a ser um elemento condicionante do desempenho dessa agência de fomento em termos financeiros,⁷⁵⁸ e a sua capacidade de alinhar-se mais ou menos aos projetos do Executivo federal – em especial em termos de política industrial e tecnológica – determinará sua relevância no arranjo burocrático brasileiro.

Embora não seja este o foco deste trabalho, interessa salientar que, ao lado do estímulo à inovação empresarial, o direcionamento de fundos à ciência é outro elemento-chave para a compreensão da Finep. Ela tem atuação relevante na criação e aprimoramento da infraestrutura de pesquisa científica e tecnológica nacional via concessão de recursos não reembolsáveis. Iniciativas desse tipo podem ser observadas desde os primeiros anos da Finep, dado seu alinhamento a diretivas governamentais na época.⁷⁵⁹

---

[753] De 2015 a 2020, a empresa contou com 5 presidentes diferentes, o que certamente dificulta a continuidade de qualquer iniciativa, assim como a implementação e formulação de projetos de longo prazo.

[754] Relembre-se a diminuição descrita em DE NEGRI, Fernanda; KOELLER, Priscila. O declínio do investimento público em ciência e tecnologia: uma análise do orçamento do ministério da ciência, tecnologia, inovações e telecomunicações até o primeiro semestre de 2019. *Nota Técnica*, Rio de Janeiro, n. 48, 2019.

[755] Conferir informações disponíveis em: http://www.finep.gov.br/governanca-covid-19. Acesso em: 17 maio 2021.

[756] Foram sendo ofertadas linhas de crédito específicas para o desenvolvimento de produtos de atenção à saúde utilizados em UTIs ou no tratamento do COVID-19, para a transformação de unidades industriais e para a produção de dispositivos de saúde via reconversão industrial. Cf. informações disponíveis em: http://www.finep.gov.br/apoio-e-financiamento-externa/programas-e-linhas/finep-acoes-emergenciais-covid-19. Acesso em: 17 maio 2021.

[757] O conjunto das chamadas públicas relativas ao tema, relativos à celebração de subvenções e convênios convênio para pesquisa, desenvolvimento e inovação, pode ser encontrada em: http://www.finep.gov.br/instrumentos-covid-19. Acesso em: 17 maio 2021.

[758] Cf. o item 3.3.2. para uma abordagem dessas dinâmicas no âmbito do FNDCT.

[759] DIAS, José Luciano de Mattos. Finep: 30 anos de projetos para o Brasil. *In*: SILVA, Francisco; DIAS, José Luciano; REZENDE, Sergio; LONGO, Waldimir; DERENUSSON, Maria Sylvia (org.). *A Finep no século XXI*. Rio de Janeiro: Finep, 2011. p. 38-41.

Elas prosseguiram, no transcorrer das décadas,[760] em maior ou menor intensidade em razão da disponibilidade de recursos, mas sempre tendo como fundamento essa associação entre esse financiador e o FNDCT.[761] A conformação atual desse, que inclui dotações especificamente destinadas à implantação e recuperação de infraestrutura de pesquisa nas instituições públicas de ensino superior e de pesquisa, comprova essa dinâmica.[762] Mesmo que não limitados a tal destinação[763] o emprego desses recursos pela Finep foi importante para a instalação e consolidação da estrutura científica nacional.[764]

É importante frisar que, mesmo nessa seara de apoio à pesquisa nacional, a Finep não é uma mera repassadora de recursos. Ela analisa tecnicamente e seleciona projetos que pleiteiem

---

[760] Para um panorama histórico disso, cf. LONGO, Waldimir Pirró; DERENUSSON, Maria Sylvia. FNDCT, 40 Anos. *Revista Brasileira de Inovação*, Campinas, v. 8, n. 2, p. 515-533, 2009.

[761] Nas palavras de Waldimir Pirró e Longo e Maria Sylvia Derenusson, com "a feliz simbiose FNDCT– FINEP [a partir de 1971] estava criada a mais importante fonte de recursos e o mais poderoso instrumento de desenvolvimento científico e tecnológico de que o país iria dispor nos 40 anos que se seguiram. Na realidade, hoje é muito difícil tratar do FNDCT isoladamente, ou seja, sem considerar a financiadora responsável pela sua operacionalização" (LONGO, Waldimir Pirró; DERENUSSON, Maria Sylvia. FNDCT, 40 Anos. *Revista Brasileira de Inovação*, Campinas, v. 8, n. 2, p. 515-533, 2009. p. 519).

[762] Note-se, como um dos "fundos setoriais" inseridos no FNDCT, o Fundo de Infraestrutura (CT-INFRA), estabelecido pela Lei nº 10.197/01 e regulamentado pelo Decreto nº 3.807/91.

[763] Os sete primeiros projetos que se beneficiaram de recursos do fundo, em 1970, já indicam variabilidade: a Comissão Nacional de Energia Nuclear – CNEN, o Ministério da Marinha, a CAPES, a Academia Brasileira de Ciências – ABC, em dois casos, o Centro Técnico Aeroespacial – CTA do Ministério da Aeronáutica e a Pontifícia Universidade Católica do Rio de Janeiro – PUC – RJ. Cf. LONGO, Waldimir Pirró; DERENUSSON, Maria Sylvia. FNDCT, 40 Anos. *Revista Brasileira de Inovação*, Campinas, v. 8, n. 2, p. 515-533, 2009. p. 519.

[764] Luciana Bittencourt da Silva, adotando como corte temporal o ano de 2012, comparou as infraestruturas de pesquisa que haviam sido financiadas pela Finep com outras que não haviam recebido recursos advindos dessa empresa. Dentre os seus achados, a autora concluiu que "(i) a Finep tem apoiado as infraestruturas de maior valor e que possuem equipamentos de maior porte; (ii) as infraestruturas financiadas pela Finep são mais modernas e avançadas – em relação às melhores infraestruturas do país e também às observadas no exterior; (iii) as infraestruturas financiadas pela Finep apresentam maior percentual de cooperação com empresas, instituições nacionais e internacionais e também maior percentual de prestação de serviços tecnológicos e para empresas, e, por fim, (iv) a média de publicação de artigos produzidos nas infraestruturas financiadas pela Finep é cerca de 20% maior do que nas infraestruturas não financiadas pela Finep" (SILVA, Luciana Bittencourt da. *As infraestruturas de pesquisa no Brasil e o perfil de financiamento da Finep*. 2017. Dissertação (Mestrado Profissional em Administração Pública) – Escola Brasileira de Administração Pública e de Empresas, Fundação Getúlio Vargas, São Paulo, 2017. p. 5).

financiamento,⁷⁶⁵ acompanhando sua execução para fiscalizar a efetiva aplicação da verba pública.

Essa atuação em duas frentes serve como um potencializador da presença da Finep em todas as fases dos esforços inovativos. Ela pode fomentar da pesquisa básica às etapas finais de comercialização, o que a dota de potencial para a execução de políticas públicas de fomento a CTI.⁷⁶⁶ Essa versatilidade, por outro lado, não deixa de trazer conflitos, dada a dificuldade em harmonizar a racionalidade atinente à dinâmica empresarial (em especial a privada) e à pesquisa científica nacional, majoritariamente pública e muito associada a instituições de ensino.⁷⁶⁷

4.2.2 Configuração jurídica e aspectos organizacionais

A partir de 2016⁷⁶⁸ a Finep passou a ser regida por Estatuto Social, aprovado por Assembleia Geral,⁷⁶⁹ que explicita sua condição

---

⁷⁶⁵ No que concerne à análise e seleção de projetos no contexto dos convênios para pesquisa, desenvolvimento e inovação, em alguns casos a Finep pode vir a aproximar-se mais do papel de executora de decisões tomadas em instâncias superiores do FNDCT. Pensa-se, por exemplo, nas modalidades "carta-convite" e "encomenda" (que não deve ser confundida com as encomendas tecnológicas disciplinadas pela Lei de Inovação) disciplinadas, no âmbito desse fundo, pela Instrução Normativa do CD-FNDCT nº 1/2010.

⁷⁶⁶ Não por acaso DIAS destaca que, ao menos desde 1971 (quando a Finep se tornou secretária-executiva do FNDCT), "um determinado projeto poderia receber suporte financeiro em todas as suas fases, da pesquisa básica ao desenvolvimento experimental e estudo de viabilidade econômica" (DIAS, José Luciano de Mattos. Finep: 30 anos de projetos para o Brasil. In: SILVA, Francisco; DIAS, José Luciano; REZENDE, Sergio; LONGO, Waldimir; DERENUSSON, Maria Sylvia (org.). *A Finep no século XXI*. Rio de Janeiro: Finep, 2011. p. 35).

⁷⁶⁷ Tome-se, como exemplo ilustrativo disso, os resultados obtidos na pesquisa de Alexandre Kiyoshi Ramos Tanaka. Apesar de reconhecer a diversidade de formas de fomento à disposição da Finep, o autor indica sua concentração em instrumentos voltados à produção de conhecimento, em detrimento de ferramentas direcionadas ao estímulo da demanda e difusão de inovações. Haveria, assim e salvo casos excepcionais, ainda uma forte influência da percepção linear do processo de inovação (que concede particular relevância às instituições produtoras de conhecimento científico) no funcionamento deste ente financiador. Cf. TANAKA, Alexandre Kiyoshi Ramos. *Análise da atuação da Finep à luz da abordagem de sistemas de inovação*. 2018. Dissertação (Mestrado em Economia) – Instituto de Economia, Universidade Federal do Rio de Janeiro, Rio de Janeiro, 2018.

⁷⁶⁸ Previamente à vigência da Lei nº 13.303/16, a empresa contava com Estatuto Social aprovado pelo Decreto nº 1.808/96. O regulamento da Lei das Estatais (Decreto nº 8.945/16) instituiu uma Assembleia Geral para a Finep e dotou-a das competências previstas na Lei nº 6.404/76, expressamente conferindo a tal órgão poder para modificar os documentos constitutivos dessa empresa (art. 72, inciso VIII e parágrafo único, do último decreto).

⁷⁶⁹ Vide informações disponíveis em: http://www.finep.gov.br/afinep/estatuto/9-estatuto. Acesso em: 21 ago. 2020. A versão utilizada como referência é a aprovada na 11ª Assembleia Geral Extraordinária – AGE de 3 dez. 2020.

de empresa pública federal.[770] Sua vinculação ao MCTI consta do inciso V, alínea "c", artigo único, do anexo do Decreto nº 9.660/19. Ela integra, portanto, a Administração Indireta federal, sendo dotada de autonomia para perseguir suas missões institucionais mas, ao mesmo tempo, sujeitando-se à tutela ministerial.[771]

Seu objeto social é "apoiar estudos, projetos e programas de interesse para o desenvolvimento econômico, social, científico e tecnológico do País, tendo em vista as metas e prioridades setoriais estabelecidas nos planos do Governo Federal" (art. 3º do Estatuto Social). Além de ecoar o histórico da instituição ao mencionar "estudos e projetos" ele deixa clara a finalidade de fomento à CTI[772] seguindo orientações governamentais.[773]

Os meios para a consecução desse objeto estão previstos no art. 4º[774] do Estatuto social, que atesta o perfil financeiro da empresa.

---

[770] No momento a totalidade de seu capital social é de titularidade da União. Há, entretanto, a possibilidade de que outras entidades públicas também o integrem, uma vez mantido o controle pelo ente da federação mencionado (arts. 1º, 8º e 9º do Estatuto Social). Sua natureza jurídica atrai a disciplina jurídica pertinente, como o Decreto-Lei nº 200/67; o Estatuto Jurídico das Empresas Estatais e seu regulamento (Lei nº 13.303/16 e Decreto nº 8.945/16) e a Lei das S.A. (Lei nº 6.404/76), no que couber.

[771] A forma como a União poderá orientar as atividades finalísticas da Finep encontra-se prevista no art. 7º do Estatuto Social. Para considerações importantes quanto à relação do Estado para com as suas empresas estatais, considerando especialmente a autonomia a que devem fazer jus as últimas, cf. o item 6.1.2.

[772] O regimento interno da empresa deixa ainda mais clara essa orientação voltada a CTI: "[a] Finep tem por missão promover o desenvolvimento econômico e social do Brasil por meio do fomento público à Ciência, Tecnologia e Inovação em empresas, universidades, institutos tecnológicos e outras instituições, públicas ou privadas, que exerçam atividades de pesquisa e desenvolvimento" (art. 3º). Para acessá-lo, cf. informações disponíveis em: http://www.finep.gov.br/afinep/estatuto/5889-regimento-interno. Acesso em: 24 ago. 2020.

[773] O que explicita a conexão da atuação desse financiador para com as Normas e orientações relativas à política industrial e tecnológica, abordadas no item 3.2.2.

[774] "Art. 4º Para a consecução do seu objeto social, poderá a Finep:
I – conceder a pessoas jurídicas financiamento sob a forma de mútuo, de abertura de créditos, ou, ainda, de participação no capital respectivo, observadas as disposições legais vigentes;
II – financiar estudos, projetos e programas de interesse para o desenvolvimento econômico, social, científico e tecnológico do País, promovidos por sociedades nacionais no exterior;
III – conceder aval ou fiança;
IV – contratar serviços de consultoria;
V – celebrar convênios e contratos com entidades nacionais ou estrangeiras, públicas ou privadas, e internacionais;
VI – realizar as operações financeiras autorizadas pelo Conselho Monetário Nacional;
VII – captar recursos no País e no exterior;
VIII – conceder subvenções;

Assim, mesmo que em caráter exemplificativo (art. 4º, inciso X), lá constam os instrumentos que serão objeto de análise cuidadosa no capítulo seguinte (incisos I, conquanto mútuo e participação no capital, e VIII, subvenção) e amplos poderes para captação de recursos (inciso VII). Também é autorizada a atuação internacional, sinalizando a sua relevância e a conexão dessa dimensão à atividade de fomento (incisos II, V e VII e § 2º).

O art. 5º,[775] ademais, permite vislumbrar a atuação da Finep como gestora de recursos, em especial os de natureza pública. É reiterada a sua função como secretária-executiva do FNDCT[776] e prevista a possibilidade de que ela administre outros fundos governamentais (art. 5º, inciso I); expressa a possibilidade de sua atuação como agente financeira da União (inciso II) e, de forma

---

IX – conceder a pessoas jurídicas brasileiras, de direito público ou privado, e a pessoas físicas, premiação em dinheiro por concurso que vise ao reconhecimento e ao estímulo das atividades de inovação; e
X – realizar outras operações financeiras.
§ 1º A Finep poderá, ainda, assumir a responsabilidade de elaborar, direta ou indiretamente, estudos e projetos que considere prioritários e, posteriormente, se for o caso, negociar com entidades ou grupos interessados o aproveitamento dos resultados obtidos, inclusive mediante participação nos empreendimentos que forem organizados para esse fim.
§ 2º Na contratação com entidades financeiras estrangeiras ou internacionais, a Finep poderá aceitar as cláusulas e condições usuais nessas operações, inclusive o compromisso de dirimir por arbitramento todas as dúvidas e litígios, observado o disposto na Lei nº 9.307, de 23 de setembro de 1996".

[775] "Art. 5º A Finep exercerá:
I – as funções de Secretaria-Executiva do Fundo Nacional de Desenvolvimento Científico e Tecnológico (FNDCT) e, nas condições que forem estabelecidas mediante ato do Poder Executivo, a administração de outros Fundos instituídos pelo Governo;
II – outras atribuições conexas com suas finalidades, inclusive a de agente financeiro da União, quando designada pelo Ministro da Fazenda nos termos do Decreto-lei nº 2.115, de 25 de abril de 1984; e
III – a administração de recursos colocados à sua disposição por entidades de direito público ou privado, para fins gerais ou específicos.
§ 1º Caberá à Finep praticar todos os atos de natureza técnica e administrativa necessários à gestão dos Fundos de que trata o inciso I deste artigo.
§ 2º Na aplicação de recursos de fundos ou provenientes de entidades financeiras estrangeiras ou internacionais, inclusive recursos de contrapartida nacional, a Finep poderá, em caráter excepcional, apoiar financeiramente pessoas físicas mediante a concessão individual de recursos não reembolsáveis".

[776] Lembrando-se que essa atribuição tem fundamento legal, encontrando-se plasmada no art. 3º-A da Lei de Inovação, e estando o conjunto das atribuições decorrentes dessa função previstas nos arts. 7º a 9º da Lei nº 11.540/07. Essa lei também dispõe sobre vários aspectos da relação do fundo com a Finep, que integra o Conselho Diretor do fundo (art. 1º, inciso VII).

ampla, autorizada a gestão de recursos públicos ou privados (inciso III). O art. 9º,[777] apesar de sua generalidade, explicita o potencial da Finep para captar e acumular de recursos, inclusive a partir do desempenho das suas atividades (incisos III, IV, VI e VII).

Aproveitando o ensejo, interessa fazer duas ponderações, dada a centralidade do manejo de recursos financeiros na atuação fomentadora da Finep (mesmo que ela também atue em outras frentes para incentivar a inovação).[778]

Diga-se, em primeiro lugar, que isso não só conduz ao seu enquadramento como agência de fomento à inovação segundo os termos adotados nesta pesquisa,[779] mas principalmente segundo os termos da Lei de Inovação.[780] Isso atrai uma disciplina normativa que não se limita ao disposto na Lei nº 10.973/04,[781] mas inclui

---

[777] "Art. 9º Constituem recursos da Finep:
I – os de capital, resultante da conversão, em moedas de bens e direitos;
II – os recebidos de outras pessoas jurídicas de direito público e os oriundos de conversão, em moeda, de bens e direitos;
III – os oriundos de operações de crédito, assim entendidos os empréstimos e financiamentos negociados pela Finep;
IV – as receitas patrimoniais, tais como aluguéis, foros, juros, dividendos e bonificações;
V – os provenientes de doações;
VI – os resultados de prestações de serviços e de direitos de propriedade;
VII – os recebidos de outras fontes públicas ou privadas, a título oneroso ou gratuito; e
VIII – as dotações que lhe forem consignadas no Orçamento da União".

[778] A Finep também atua como articuladora e produtora de saberes técnicos no contexto do SNCTI nacional. Cite-se, como um exemplo de iniciativa recente e que congrega essas duas dimensões, a disponibilização em seu *site* do Mapa da Inovação, que consiste em uma "plataforma interativa que utiliza recursos do Google Maps para localizar empresas e instituições financiadas pela Finep ao longo dos últimos anos ou reconhecidas com o 'selo de inovação' do Prêmio Finep. Os projetos estão dispostos de forma georreferenciada, o que permite ao usuário selecionar sua área de interesse tanto por tema quanto por localização geográfica". Cf. informações disponíveis em: http://www.finep.gov.br/afinep/215--aquitemfinep/5502-mapa-inovacao. Acesso em: 29 jan. 2020.

[779] Cf. o item 2.3.1.

[780] "Art. 2º Para os efeitos desta Lei, considera-se:
I – agência de fomento: órgão ou instituição de natureza pública ou privada que tenha entre os seus objetivos o financiamento de ações que visem a estimular e promover o desenvolvimento da ciência, da tecnologia e da inovação".

[781] Relembre-se, quanto ao abordado no item 3.2.1, dos já mencionados arts. 3º-D, 19 e 21. Examinando a lei a partir da perspectiva das formas de atuação das agências de fomento, convém ainda destacar o seu potencial para contribuir para a constituição de alianças estratégicas, com o desenvolvimento de projetos de cooperação e para o florescimento dos ambientes promotores de inovação (arts. 3º e 3º-B da Lei de Inovação), assim como o seu papel quanto à concessão de recursos a ICTs, de bolsas, e de apoio a inventor independente, previstos respectivamente nos arts. 20, 21-A e 22-A, todos da Lei nº 10.973/04 (embora a Finep, especificamente, não possua programas regulares de concessão de bolsa ou de apoio a inventores).

outros diplomas, como por exemplos os já referidos mandamentos constantes das normas orçamentárias[782] e as exigências da Lei Complementar nº 123/06 quanto ao estímulo às microempresas e empresas de pequeno porte.[783]

Essas características, em segundo lugar, ensejam reflexões quanto ao enquadramento da Finep como instituição financeira. Apesar desse financiador desempenhar rotineiramente atividades relacionadas à intermediação e aplicação de recursos financeiros[784] ela não é formalmente reconhecida como instituição desse tipo pelo Banco Central.[785] A empresa, de toda forma, já sinalizou interesse em tal reconhecimento, principalmente dada a relevância desse expediente para alavancar sua capacidade de captação.[786]

Retornando ao Estatuto Social da Finep, esse documento constitutivo também arrola os órgãos societários desse financiador e descreve suas atribuições, tal como ocorre com a Assembleia Geral (arts. 10 e 11); Conselho de Administração, composto por sete membros, sendo quatro deles indicados pelo MCTI, dois do Ministério da Economia, e um representante dos empregados da empresa (arts. 12 a 15); Diretoria Executiva, composta por Diretor-Presidente e até cinco diretores, sendo um deles empregado (arts. 20 a 25); e Conselho Fiscal (arts. 26 a 28).[787]

---

[782] Vide o item 3.3.1.
[783] Lembre-se do discutido no item 3.2.3.
[784] Cogitando-se da caracterização como instituição financeira que decorreria do art. 17 da Lei nº 4.595/64.
[785] Uma das principais consequências desse reconhecimento – a fiscalização por instituições como o Conselho Monetário Nacional e o Banco Central – já se impõe a essa instituição, por força de dispositivos que têm sido reiterados nas Leis de Diretrizes Orçamentárias. Observe-se, assim e como exemplo, o art. 112, § 5º, da Lei nº 13.898/19 (LDO pertinente à elaboração e execução da LOA de 2020).
[786] Cite-se, como exemplo, o manifesto disponível em: http://anpei.org.br/finep-se-prepara-para-ser-instituicao-financeira. Acesso em: 24 ago. 2020.
[787] São também previstos outros órgãos: o Conselho Consultivo (arts. 16 a 19); Conselho Fiscal (arts. 26 a 28); Comitê de Auditoria (arts. 29 e 30); Comitê de Elegibilidade (art. 31); e as unidades internas de governança, como a Auditoria Interna, Área de Conformidade, Integridade e Gestão de Riscos e Ouvidoria (arts. 32 a 34). Para mais dados sobre essas estruturas superiores de governança, cf. informações disponíveis em: http://www.finep.gov.br/a-finep-externo/governanca/governanca. Acesso em: 24 ago. 2020. Registra-se que essa estrutura de governança, dotada de certa complexidade decorreu, na conformação atual da Finep, das tendências manifestas na Lei nº 13.303/16.

Como de praxe nas estruturas empresariais, a Assembleia constitui a instância deliberativa máxima, decidindo em caráter definitivo sobre os temas mais relevantes; o Conselho de Administração é incumbido de deliberações estratégicas superiores e a Diretoria Executiva é o órgão executivo responsável pela gestão cotidiana dos negócios da empresa.

O regime de pessoal da Finep é o emprego público, com aplicação da Consolidação das Leis do Trabalho, e ingresso de profissionais por meio de concurso (afora os cargos em comissão) (arts. 67 a 68 do Estatuto Social).

Em termos de estrutura organizacional, um maior detalhamento, assim como a descrição das atribuições de cada uma de suas unidades, pode ser encontrado em seu Regimento Interno.[788] Uma versão do organograma desse financiador (relativo a 2019) facilita sua visualização (mesmo que simplificada)[789] e a associa à execução da atividade em estudo.

---

[788] Disponível em http://www.finep.gov.br/afinep/estatuto/5889-regimento-interno. Acesso em: 24 ago. 2020.

[789] Como uma consulta ao seu Regimento Interno pode atestar, a empresa possui diversos fluxos e muito mais unidades do que essa versão do organograma deixa antever. A simplificação serve apenas como expediente pertinente à clareza da exposição, sem prejudicar seu conteúdo.

CAPÍTULO 4
A FINEP COMO REFERENCIAL PARA ANÁLISE DE INSTRUMENTOS JURÍDICOS DE FINANCIAMENTO

Figura 2 – Organograma da FINEP.[790]

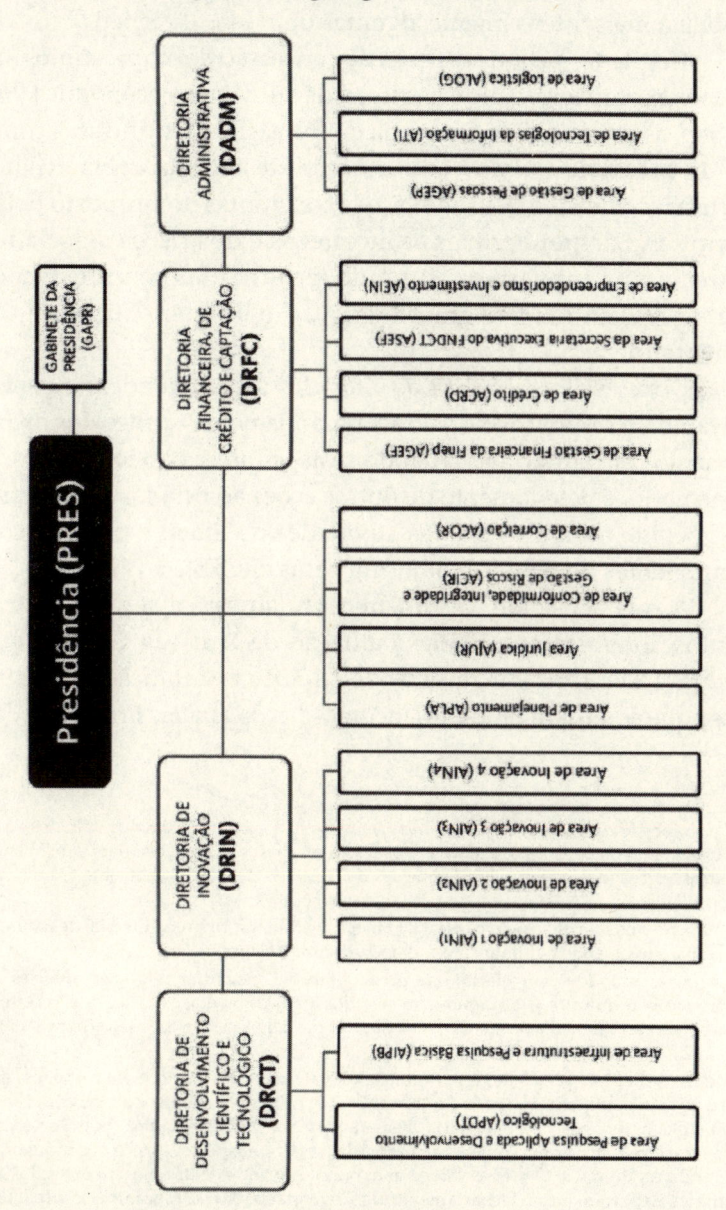

Presidência (PRES)

- GABINETE DA PRESIDÊNCIA (GAPR)
- DIRETORIA ADMINISTRATIVA (DADM)
  - Área de Gestão de Pessoas (AGEP)
  - Área de Tecnologias da Informação (ATI)
  - Área de Logística (ALOG)
- DIRETORIA FINANCEIRA, DE CRÉDITO E CAPTAÇÃO (DRFC)
  - Área de Gestão Financeira da Finep (AGEF)
  - Área de Crédito (ACRD)
  - Área da Secretaria Executiva do FNDCT (ASEF)
  - Área de Empreendedorismo e Investimento (AEIN)
- Área de Planejamento (APLA)
- Área Jurídica (AJUR)
- Área de Conformidade, Integridade e Gestão de Riscos (ACIR)
- Área de Correição (ACOR)
- DIRETORIA DE INOVAÇÃO (DRIN)
  - Área de Inovação 1 (AIN1)
  - Área de Inovação 2 (AIN2)
  - Área de Inovação 3 (AIN3)
  - Área de Inovação 4 (AIN4)
- DIRETORIA DE DESENVOLVIMENTO CIENTÍFICO E TECNOLÓGICO (DRCT)
  - Área de Pesquisa Aplicada e Desenvolvimento Tecnológico (APDT)
  - Área de Infraestrutura e Pesquisa Básica (AIPB)

---

[790] BRASIL. Controladoria Geral da União. *Aplicação da Lei de Acesso à Informação na Administração Pública Federal*. 4. ed. Brasília, DF: CGU, 2019. p. 8.

A utilização dos instrumentos de financiamento em exame[791] mobiliza mais intensamente algumas unidades da Finep.[792] Cogite-se, primeiramente, da concessão de empréstimos (ou financiamento em sentido estrito) e de subvenção econômica. Em ambos, as unidades da Diretoria de Inovação identificadas como as "Áreas de Inovação" têm atuação destacada, cabendo-lhes analisar tecnicamente as inovações constantes do proposto pelas empresas. São ponderadas as incertezas e dos riscos associados aos esforços inovativos,[793] sendo produzidas manifestações quanto à viabilidade e grau de inovação do que pode vir a ser fomentado.

Dotadas de especialização setorial,[794] essas unidades de análise são também responsáveis pelo acompanhamento técnico dos financiamentos em curso, averiguando se as empresas estão efetivando o pactuado, e pelo fomento de outras ações associadas ao fomento à CTI como a divulgação das atividades da Finep e por conectar componentes do SNCTI (como empresas e ICTS).

Ainda pensando nas dinâmicas relativas a esses dois instrumentos, interessa mencionar a atuação da Área de Crédito, que integra a Diretoria Financeira, de Crédito e Captação. É dentro dessa que se situam unidades incumbidas da análise financeira das

---

[791] Caso o objeto deste trabalho contemplasse outros instrumentos, como os voltados ao financiamento da pesquisa científica e inovação a cargo das ICTs, se estariam sublinhando outros órgãos (nesse caso, os componentes da Diretoria de Desenvolvimento Científico e Tecnológico).

[792] Dado que a busca pelo objetivo social da Finep constitui um empreendimento de natureza coletiva, envolvendo naturalmente a totalidade sua estrutura.

[793] Assim, as unidades em questão se preocupam em mensurar, em suas análises de aprovação e durante o acompanhamento dos financiamentos, o risco e a incerteza associado ao *desenvolvimento das inovações*, para dialogar com as ideias expostas no item 2.2.1.1.

[794] Algumas disposições do Regimento Interno ilustram bem tal fato. Esse prevê, em seu art. 27, que competiria à Área de Inovação 2 – AIN2, o fomento de iniciativas relacionadas a serviços de engenharia, bens de capital, metal-mecânica, petróleo e gás, mineração e transformação mineral, indústria naval, transportes, processos industriais e indústria química. O § 1º esclarece que, no interior da AIN2, estariam inseridos seguintes departamentos: Departamento de Engenharia, Metal Mecânica, Equipamentos, Transporte e Serviços – DMES; Departamento de Petróleo, Mineração e Indústria Naval – DPMN; Departamento de Química e Metalurgia e Materiais – DQMM. Essa estruturação, que pode ser encontrada no restante dessa diretoria, permite uma especialização em linha com a dimensão setorial (item 2.2.2) que convém considerar para a concessão dos financiamentos.

empresas pleiteantes de recursos públicos, averiguando se elas disporiam de meios para executar o porventura pactuado e de quitar suas dívidas quando do seu vencimento (no caso de empréstimos). Isso inclui o acompanhamento da situação econômico-financeira das destinatárias dos recursos, essencial dado o longo prazo dos financiamentos, e das garantias que dão suporte aos mútuos, assegurando que permanecem idôneas e adequadas durante toda a relação contratual.[795]

No que concerne aos instrumentos de investimento, há, distintamente, uma concentração de ações nas unidades integrantes da Área de Empreendedorismo e Investimentos, situada no interior da Diretoria Financeira, de Crédito e Captação. Isso se dá em razão da inserção desses expedientes nas dinâmicas próprias ao mercado de capitais, no qual ela é especializada. Nela são desenvolvidas as análises prévias à contratação e o acompanhamento de iniciativas com foco em empresas inovadoras ou fundos de investimento com portfólio associado à inovação, sendo estimados o potencial dos aportes de recursos em termos de estímulo à inovação e de retorno financeiro.

Também há a participação de unidades incumbidas do assessoramento jurídico para a efetivação dos financiamentos e pela eventual avaliação das contas prestadas pelas empresas fomentadas, quando cabível. As primeiras atuam em todos os instrumentos, seja respondendo a questionamentos feitos pelas áreas responsáveis ou cuidando de aspectos práticos necessários à celebração dos contratos pertinentes. As segundas somente durante os empréstimos e às subvenções, quando é necessária a comprovação de dispêndios relacionados às iniciativas fomentadas.[796]

---

[795] Assim, novamente recorrendo a ideias expostas no item 2.2.1, essa dimensão pode ser bem compreendida pensando-se no cálculo atinente ao *risco associado ao eventual retorno financeiro do financiamento* (item 2.2.1.2).

[796] As análises das prestações de contas servem como expediente relevante para evitar a malversação da verba pública ao assegurar tanto que essa foi direcionada à atividade fomentada como, também, que ela foi gasta da forma estimada. Assim, se custeada a instalação de um centro de P&D em uma empresa, são examinados os comprovantes de gastos como os relativos as obras civis, os insumos do laboratório, etc. Trata-se de uma dimensão que se soma à verificação de índole técnica, que visa a comprovar a execução do originalmente planejado ou dos esforços para tanto. Uma abordagem dessas duas dimensões, no contexto das atividades de controle, permeará o discutido no item 6.4.3.

Por fim, diga-se que que detalhes adicionais acerca do funcionamento da Finep podem ser facilmente obtidos mediante consulta ao seu endereço eletrônico oficial, que reúne relatórios sobre diversas dimensões de sua atuação.[797]

4.3 Noções e informações relevantes à compreensão dos instrumentos

Abordada a história da Finep e os elementos principais da sua configuração jurídica e organizacional cabe, apresentar algumas noções úteis ao exame dos instrumentos de financiamento por ela utilizados.

4.3.1 Três categorias: reembolsável, não reembolsável e investimento

Os instrumentos de financiamento à inovação empresarial utilizados pela Finep podem ser organizados em três categorias: *não reembolsável, reembolsável* e *investimento*. A matriz de programas e produtos desse financiador adota essa terminologia e permite bem visualizá-los:

---

[797] Em especial, no site http://www.finep.gov.br/institucional, as abas "A Finep" e "Transparência".

Figura 3 – Instrumentos de financiamento à inovação empresarial. [798]

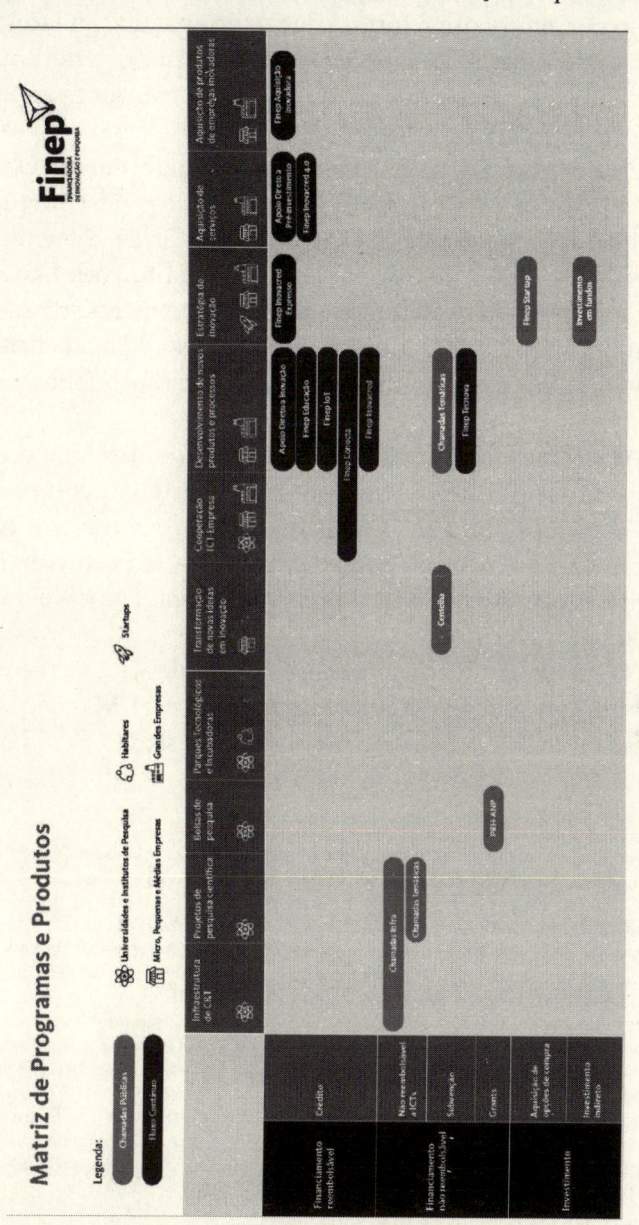

---

[798] Disponível em: http://www.finep.gov.br/matriz-de-programas-e-produtos. Acesso em: 25 maio 2021.

Além de úteis para compreender diversas formas de atuação da Finep por aglutinarem formas de financiamento similares, essas categorias também têm um potencial classificatório geral, aplicável a outros financiadores e que se soma a outras categorias propostas pela teoria especializada.[799]

Para explicá-las, pode-se começar situando, em um extremo, os instrumentos *reembolsáveis*. Ao utilizá-los, descontados os elementos decorrentes do exercício da função de fomento,[800] os financiadores atuam de forma similar a instituições bancárias, públicas ou privadas. Lembre-se, aliás, que no mercado brasileiro é bastante comum a oferta de crédito condicionado ao custeio de objetos específicos, e há intensa regulamentação pública sobre a matéria.[801]

Assim, ao cogitar celebrar empréstimo diretamente com a Finep, uma grande empresa normalmente irá comparar os termos ofertados por esse financiador com o de outras instituições – em especial os bancos com os quais já realiza cotidianamente operações financeiras – e optará por aqueles mais favoráveis às suas necessidades específicas.

Os instrumentos reembolsáveis têm a devolução reembolso dos valores concedidos[802] como seu aspecto central. Mas não se trata de uma simples devolução dos valores emprestados, devidamente

---

[799] Como as que serão mencionadas no item 5.1, *infra*. Classificação semelhante, também produzida por pesquisadora com experiência profissional na Finep, pode ser encontrada em COIMBRA, Elisa Mara. Desafios do fomento público à inovação: perspectivas e possibilidades. *In*: SADDY, André; CHAUVET, Rodrigo da Fonseca; SILVA, Priscilla Menezes da (org.). *Aspectos jurídicos das novas tecnologias (inovações) disruptivas*. Rio de Janeiro: Lumen Juris, 2019. p. 99-120. Como qualquer categorização, de todo modo, ela é dotada de certa artificialidade, o que faz com que sua utilidade para lidar com situações concretas deva ser ponderada frente à complexidade da situação que se apresenta. Pode ser o caso dos instrumentos híbridos, menos usuais no país e que congregam elementos de mais de uma dessas categorias, como são os *grants convertible to equities* que, podendo ser traduzidos como subvenções convertíveis em participação societária (normalmente no caso de sucesso da empresa investida) misturariam elementos dos financiamentos *não reembolsáveis* com os de *investimento*. De toda forma, a tipologia apresentada é útil à compreensão da esmagadora maioria dos financiamentos públicos à inovação atualmente concedidos no Brasil.

[800] Lembre-se, por exemplo, do discutido no item 2.2.

[801] É o caso do crédito rural e habitacional no item 2.2.1.1 duas conhecidas hipóteses de direcionamento de crédito.

[802] Essa temática, tomada da perspectiva do risco financeiro, foi mencionada também no item 2.2.1.2.

corrigidos, para compensar o financiador pela privação de seu capital. Se está – ao estilo das instituições bancárias – visando à *remuneração* pelos recursos concedidos. Memo não tendo lugar atividade econômica com intuito lucrativo propriamente dito, mas sim de atividade administrativa de fomento,[803] o manejo desse tipo de instrumento envolve averiguar se existe a possibilidade de retorno do capital disponibilizado em termos favoráveis ao financiador.[804]

Essa orientação justifica-se pela necessidade da atividade de fomento se tornar sustentável, viabilizando sua continuidade por um ciclo de concessão e quitação dos empréstimos. Conforme destacam Mariana Mazzucato e Andrea Laplane, a utilização de instrumentos que possibilitam retorno financeiro (como os *reembolsáveis* e de *investimento*) permite ao Estado colher os frutos de sua intervenção ao poder reinvestir a receita obtida pelo financiamento de iniciativas inovadoras não custeadas por instituições mais avessas a incerteza e risco.[805]

Isso é visível na Finep, tendo o pagamento de empréstimos realizados por ela uma fonte de renda relevante à continuidade de

---

[803] Vide o item 6.1 para o enquadramento teórico da atividade em análise.

[804] Essa pretensão de receita não deve, todavia, se sobrepor à função de fomento exercida. Uma sobrevalorização do retorno financeiro sob a justificativa de geração de receita deve ser evitada para que os esforços dos financiadores não sejam desviados para campos que, sendo mais lucrativos, não se mostrem carentes da ação pública dada a disponibilidade de recursos privados. Há, como é habitual, uma justa medida de intervenção pública, mesmo que nem sempre seja fácil caracterizá-la na prática. Para uma discussão sobre o papel das instituições financeiras públicas, inclusive durante o exercício de sua função de fomento, cf. SCHIRATO, Vitor Rhein. Bancos estatais ou estado banqueiro? *In:* ARAGÃO, Alexandre Santos de (org.). *Empresas públicas e sociedades de economia mista.* Belo Horizonte: Fórum, 2015. p. 280-296.

[805] Cf. LAPLANE, Andrea; MAZZUCATO, Mariana. Socializing the Risks and Rewards of Public Investments: Economic, Policy, and Legal Issues. *Research Policy*, Amsterdã, v. 2, p. 1-11, 2020. Para um trabalho de Andrea Laplane atento à realidade brasileira quanto à importância do Estado colher os frutos de sua atividade empreendedora, vide LAPLANE, Andrea. *The Risk-Reward Nexus:* A Qualitative Analysis of Public-Private Partnerships for Investments in Innovation in Brazil. 2020. Tese (Doutorado em Filosofia em Ciências e Estudos de Políticas Tecnológicas) – University of Sussex, Brighton, 2020. Para mais comentários promovidos por Mazzucato, vide MAZZUCATO, Mariana. *The Value of Everything*: Making and Taking in the Global Economy. Londres: Allen Lane, 2018. p. 183-211; e MAZZUCATO, Mariana. *The Entrepreneurial State.* Londres: Anthem, 2014. p. 201-202. Tome-se o cuidado de dizer que aqui está se justificando, em abstrato, o manejo de instrumentos com esse perfil remuneratório. Sua aplicação concreta, e os termos em que isso ocorre na prática, devem necessariamente incluir reflexões muito mais complexas inclusive para assegurar que todo o seu potencial seja explorado.

suas atividades.⁸⁰⁶ Isso também beneficia o FNDCT que, graças à atuação desse financiador, tem tido a manutenção do seu volume de recursos impulsionada pela quitação de empréstimos celebrados nos últimos anos.⁸⁰⁷ Caso inexistissem fluxos financeiros desse tipo, haveria dependência de dotações orçamentárias para fomento à inovação o que, como se sabe, é nocivo a uma atividade estatal que deve ser permanente.⁸⁰⁸

Dados esses imperativos de retorno financeiro, mesmo dada a existência de subsídios públicos,⁸⁰⁹ a utilização de instrumentos reembolsáveis irá ser sempre permeada por avaliações quanto ao histórico de crédito e a capacidade de pagamento futuro da mutuária. Independentemente da *incerteza* e *risco* que acompanham a inovação, o *risco* de inadimplemento financeiro é sempre estimado e influencia de modo definitivo na decisão quanto à concessão dos financiamentos desse tipo.⁸¹⁰

---

⁸⁰⁶ Conforme o Relatório da Administração da Finep, relativo ao 2019, "[n]o período de 2019-2018, o fluxo de caixa da Finep demonstrou que as entradas das operações de crédito (recebimento de principal e juros), acrescida das captações de recursos, responderam por mais de 90% das origens, reforçando a relevância da atividade de intermediação financeira para provimento da sustentabilidade desta Financiadora no tocante ao atendimento dos compromissos assumidos (dispêndios, aplicações e investimentos) no âmbito do seu plano de aplicações". Note-se que, especificamente quanto ao pagamento de dívidas relacionadas a operações de crédito, em 2019 essas constituíram 61,8% das entradas no caixa dessa empresa, tendo, em 2018, correspondido a 55,7%. Cf. BRASIL. Financiadora de Estudos e Projetos. *Relatório da Administração*. Rio de Janeiro: Finep, 2019. p. 30.

⁸⁰⁷ O FNDCT empresta à Finep recursos para que essa possa promover seus financiamentos (em sentido estrito), assumindo a última o risco integral das operações que vier a celebrar com empresas inovadoras. Após período acordado, a Finep devolve ao FNDCT os valores que lhe foram emprestados acrescidos de juros. É nessa linha que o regulamento do FNDCT, o Decreto nº 6.938/09, prevê inclusive como uma das receitas do fundo o "retorno dos empréstimos concedidos à FINEP" (art. 10, inciso XIV). Segundo o Relatório de Gestão relativo a 2018, o retorno dos empréstimos concedidos à Finep constituiu em 2018 a terceira maior fonte de arrecadação do fundo. Vide BRASIL. Fundo Nacional de Desenvolvimento Científico e Tecnológico. *Relatório de Gestão do Exercício de 2018*. Rio de Janeiro: FNDCT, 2018. p. 34-36.

⁸⁰⁸ Lembre-se, como exemplo, do histórico da Finep mencionado no tópico precedente, em que períodos de ausência de disponibilidade de caixa no Tesouro teriam afetado diretamente as atividades desse financiador na década de 80 do século passado.

⁸⁰⁹ No caso específico da Finep uma manifestação mais clara dos mesmos é a *equalização* aplicável aos financiamentos custeados com fundos do FNDCT, que tem como resultado a redução da taxa de juros final ofertada às empresas. Seu funcionamento será abordado no item 5.2.2.2.2.

⁸¹⁰ Pode-se assumir que, em alguns casos, haja interesse público suficiente para concessão de empréstimo mesmo dado um risco acentuado de *default*. Nesses casos, além de obviamente reavaliar se não há medidas mitigadoras de risco adicionais a tomar, entende-se pertinente

Os instrumentos *não reembolsáveis*, por sua vez, se situam em um outro extremo. Ao manejá-los, os financiadores já não lembram mais instituições bancárias mas assumem ares de instituições classicamente estatais ou sem finalidade lucrativa ao distribuírem recursos aos que pretendem desempenhar ações benéficas à coletividade.

Aqui, ao contrário, é a desnecessidade de retorno financeiro o elemento caracterizador. Há então a possibilidade de concentração na análise do potencial inovador do proposto. Os instrumentos não reembolsáveis, por conta disso, prestam-se em especial para o financiamento de iniciativas dotadas de maior *incerteza*.[811]

A ausência de geração de receitas futuras, por outro lado, não permite vinculá-las a atividades de fomento futuro. Por conta disso, esses instrumentos tendem a ser bastante impactados pelas flutuações orçamentárias e priorizações políticas de ocasião.[812] Essa também deve ser uma das causas que fazem com que o total de recursos disponibilizados por essa via normalmente tenha dimensões menos vultosas que as relativas aos instrumentos reembolsáveis.[813]

Uma forma de compreender os instrumentos de *investimento*, por sua vez, podem ser compreendidos como situados em uma posição intermediária entre os *reembolsáveis* e os *não reembolsáveis*.

Visto que se está investindo – e não meramente apostando – é buscado um nível de previsibilidade e mensuração de retorno

---

cogitar a utilização de outros instrumentos, dada a lógica de, no mínimo, recomposição que permeia os empréstimos. Não fazendo-o corre-se o risco de descaracterização do instrumento, usando-o como uma iniciativa *não reembolsável* disfarçada, de forma muito semelhante ao que pode ocorrer no manejo dos instrumentos de *investimento*.

[811] Não por acaso, o direcionamento de recursos públicos para fins científicos tem essencialmente essa natureza não reembolsável, dado o nível acentuado de incerteza que permeia os processos inovativos em suas fases iniciais.

[812] Esse risco ocorre, naturalmente, com todas as verbas que venham a ser orçadas, independentemente do tipo de instrumento adotado. Em todo caso, ele se mostra mais pronunciado em situações como a discutida, ausente um em equilíbrio de receitas e despesas que favoreceria a continuidade dos fluxos financeiros. Hipóteses de vinculação de receitas, outros mecanismos orçamentários e até mesmo uma conduta administrativa reiterada, todavia, podem amenizar tal vulnerabilidade.

[813] Novamente tomando a Finep como referência, em 2019 foram contratados um total de 33 milhões em subvenção econômica, o que consubstancia inclusive um aumento em comparação aos 15 milhões contratados em 2018. Os valores de crédito reembolsável, como já dito, consistiram em aproximadamente 2,2. e 2,7 bilhões nos mesmos anos. Vide BRASIL. Financiadora de Estudos e Projetos. *Relatório da Administração*. Rio de Janeiro: Finep, 2019. p. 14-16.

financeiro, o que os aproxima dos instrumentos reembolsáveis. De fato, o manejo dos instrumentos de *investimento* também faz lembrar a atuação de agentes econômicos, mas dessa vez a daqueles que operam no mercado de capitais.

O uso dos instrumentos de *investimento*, entretanto, também tem elementos que os aproximam dos não reembolsáveis. Graças ao exercício da função de fomento, os financiadores investirão buscando objetivos de interesse coletivo, fazendo com que sua tolerância ao risco (financeiro) supere a praticada por seus homólogos privados. Dessa maneira, mesmo que o uso desse tipo instrumento possa vir acompanhada de medidas mitigadoras de risco (como a diversificação de portfólio)[814] deve ser aceito que esse direcionamento pode impossibilitar a obtenção de resultados ideais em termos estritamente financeiros.[815]

Isso não significa que déficits decorrentes da utilização desse tipo de instrumento devam ser aceitos de forma acrítica – o que os tornaria, inclusive, excessivamente e indevidamente semelhantes aos instrumentos não reembolsáveis – mas sim que

---

[814] Um exemplo disso é a diversificação do portfólio dos fundos de investimento manejados pela Finep, podendo os dados sobre isso podendo ser encontrados em http://finep.gov.br/apoio-e-financiamento-externa/programas-e-linhas/investimento-indireto. Acesso em: 06 ago. 2020.

[815] Os termos do Relatório de Gestão do FNDCT relativo ao ano de 2018, abordando a utilização de fundos de investimento como instrumentos de fomento à inovação é bastante ilustrativa: "Em dezembro de 2018, a carteira de fundos investidos apresentava 25 fundos de investimentos em operação, sendo 4 fundos em período de investimento e 21 em período de desinvestimento, nos quais o FNDCT investiu por intermédio da Finep. Os recursos aportados nos fundos, por sua vez, foram investidos em mais de 200 empresas, que receberam também apoio dos gestores dos fundos na gestão e governança. Não se trata, portanto, de um veículo de investimento voltado exclusivamente para obtenção de ganhos de capital nos médio e longo prazos. A participação dos fundos nas empresas contribui efetivamente para melhorar sua administração e seus processos decisórios, objetivando o alcance de crescimentos exponenciais de receita e ampliação do portfólio de produtos e serviços inovadores. A busca por esses objetivos culmina na produção de externalidades, tais como aumento na geração de empregos, maior arrecadação de impostos, desenvolvimento de soluções capazes de melhorar a qualidade de vida das pessoas ou a competitividade das empresas. Cabe mencionar que alguns desses fundos ainda possuem limite contratado para novas operações. Os recursos do FNDCT utilizados nessa atividade são importantes na captação de recursos de outras instituições, já tendo ocasionado uma alavancagem de quase 7 vezes para o apoio a empresas inovadoras". Vide BRASIL. Fundo Nacional de Desenvolvimento Científico e Tecnológico. *Relatório de Gestão do Exercício de 2018*. Rio de Janeiro: FNDCT, 2018. p. 81-82. Registre-se que no anexo deste mesmo documento pode ser encontrada a lista dos fundos investidos, assim como suas características e seus resultados, quando já finalizadas suas operações.

ele deve ser aceito caso se imponha. O planejamento da atuação pública deverá equilibrar essas duas tendências que permeiam o essas formas de investimento. A realidade prática comprova essa possibilidade, tendo-se, por exemplo, notícia de valores transferidos de volta ao FNDCT conquanto resultados de investimentos feitos pela Finep.[816]

Os instrumentos de investimento, ademais, têm potencialidades próprias. Eles também podem servir para o fortalecimento de parcelas específicas do mercado de capitais ao alavancar investimentos privados pela diluição de risco propiciada pelo aporte público.[817] Eles também podem ser o veículo para a participação estatal em empresas estratégicas dada sua capacidade inovativa ou importância para o SNCTI. Essas potencialidades, somada à possibilidade de retorno dos valores investidos, tem contribuído para a mobilização de capital público para instrumentos dessa índole.[818]

4.3.2 O fomento ao *projeto* ou *plano* de inovador e à *empresa inovadora*

Os instrumentos ainda podem ser categorizados segundo a estruturação do financiamento, uma vez que esse pode ter como foco um *projeto*, um *plano* ou a própria *empresa* fomentada.

Os financiamentos estruturados com base em um *projeto* tendem a ter características bem delimitadas. São especificados objetivos a alcançar, os dispêndios necessários para tanto, as etapas a serem seguidas e o cronograma para sua implementação.

---

[816] Em 2018 foram recolhidos ao FNDCT um total de R$ 173 milhões decorrentes dos resultados de investimentos em fundos. Cf. BRASIL. Financiadora de Estudos e Projetos. *Relatório da Administração*. Rio de Janeiro: Finep, 2019. p. 35-36.

[817] Programas como o *Finep Startup*, baseado em instrumento de participação societária tem, dentre suas finalidades, o estímulo ao desenvolvimento do *venture capital* no país. Tal programa e o instrumento utilizado para sua execução serão abordados nos itens 5.2.4.2 e 5.2.4.3, respectivamente.

[818] No âmbito da Finep, e conjugando todos os instrumentos de investimento manejados por esta instituição, os aportes somaram 49 milhões em 2019 e 36 milhões em 2018. Não se deixe de notar, ademais, que os recursos investidos em fundos dirigidos ao fomento à inovação (conjugando recursos próprios da Finep e do FNDCT), contabilizaram 502 milhões em 2019. Vide BRASIL. Fundo Nacional de Desenvolvimento Científico e Tecnológico. *Relatório de Gestão do Exercício de 2018*. Rio de Janeiro: FNDCT, 2018. p. 19-27.

Documentos como um *plano de trabalho*, para utilizar a terminologia do Decreto nº 9.283/18, servem ao seu monitoramento e avaliação.[819] Os instrumentos *não reembolsáveis* adotam essa formatação de modo mais recorrente. É assim, por exemplo, que pode ser concedida subvenção para a execução de *projeto* consistente do desenvolvimento de novo fármaco ou implantação de processo químico menos poluente.

Uma estruturação baseada num *plano* segue uma ótica ligeiramente distinta. Embora ela possa à primeira vista ser confundida com a dinâmica de estruturação de um *projeto*[820] é importante separá-las. O *plano* representa uma abertura para iniciativas mais amplas, abrangendo um conjunto de medidas a serem implementadas pela empresa de forma menos minuciosa do que o esperado de um *projeto*. O *plano*, assim, contempla formas de apoio mais gerais e estratégicas da atividade empresarial e abrange diversas facetas dessa.[821] Vários *projetos* poderiam, inclusive, ser congregados em um mesmo *plano*.

---

[819] Conforme, dentre outros dispositivos, o art. 49 do Decreto Federal de inovação. Sobre a disciplina do plano de trabalho nesse contexto, MURARO, Leopoldo Gomes. Instrumentos jurídicos de parceria. In: PORTELA, Bruno Monteiro; BARBOSA Caio Márcio Melo; MURARO, Leopoldo Gomes; DUBEUX, Rafael (org.). *Marco legal da ciência, tecnologia e inovação no Brasil*. Salvador: Juspodivm, 2020. p. 153-159.

[820] O cuidado não deve ser apenas lógico-semântico, dado que *projetar* e *planejar* apresentam significados muito semelhantes. Há também em dispositivos como o art. 20, §1º, do Decreto nº 9.283/18, que associa vários tipos de instrumentos à ideia de *projeto*: "Art. 20. A concessão da subvenção econômica implicará, obrigatoriamente, a assunção de contrapartida pela empresa beneficiária, na forma estabelecida em termo de outorga específico.§ 1º A concessão de recursos financeiros sob a forma de *subvenção econômica, financiamento ou participação societária*, com vistas ao desenvolvimento de produtos ou processos inovadores, será precedida de aprovação do *projeto* pelo órgão ou pela entidade concedente" (grifo nosso). Sem desrespeitar a autoridade do regulamento, cabe dizer que, a menos que tomada em uma acepção bastante ampla de projeto quanto forma mínima de planejamento, misturar essas categorias não reflete a diversidade de lógicas subjacentes à utilização dos instrumentos referidos. A aquisição de participação societária, por exemplo, faz muito pouco sentido caso limitada ao acompanhamento estrito da execução de um único projeto inovador.

[821] Destacando a importância de um apoio à inovação empresarial que vai além de um auxílio concedido isoladamente José Eduardo Cassiolato aduz que, como "sugerido por Schumpeter no início do século XX, a atividade voltada à inovação por parte das empresas é vinculada e subsidiária aos seus projetos de investimento. Assim, não existem projetos de inovação isolados por parte de empresas, nascentes ou consolidadas, mas sim estratégias produtivas associadas a planos de investimento que sempre contemplam atividades inovativas, incrementais ou radicais. Ao tentar isolar o fenômeno da inovação de seu plano mais geral e estratégico, a política de inovação não consegue se dissociar do importante, porém limitado apoio de fato à P&D. Estas últimas atividades de alto risco e custo são,

Essa forma de estruturação muitas vezes é associada a instrumentos *reembolsáveis*. Uma empresa pode, por exemplo, solicitar empréstimo a um financiador protocolando *plano*[822] que congregue o desenvolvimento de um fármaco, a instalação de um processo industrial menos poluente em outro eixo de suas atividades, e a instalação de um centro de P&D em uma de suas fábricas. Nesse caso diversos possíveis *projetos* distintos, mas coerentes com a estratégia de inovação de uma empresa, podem ser agregados para a solicitação de um *empréstimo*.

Uma outra forma de estruturação do financiamento tem como foco a *empresa* que o receberá.

Ao invés de analisado um *projeto* ou *plano* se é examinada a atuação cotidiana ou planejada – como um plano de negócio – da empresa destinatária do fomento. Ponderam-se elementos como sua capacidade inovativa e importância em uma cadeia produtiva; seus resultados financeiros; sua estrutura de capital; posicionamento no mercado e projeção de crescimento. Fomenta-se não uma empreitada específica, delimitada material e temporalmente, mas o empreendimento em si, corporificado na figura da empresa.

Essa é a abordagem característica dos instrumentos de *investimento*.[823] Para mais uma vez exemplificar, a aquisição de participação societária pode alavancar a atuação de *startup* com reconhecido potencial para o desenvolvimento de fármacos, mesmo que ainda não se saiba quais serão os mesmos nem quando isso efetivamente poderá ocorrer.

---

porém, uma parcela pequena do risco e custo total associado ao desenvolvimento de inovações introduzidas na economia e na sociedade" (CASSIOLATO, José Eduardo. Mecanismos de apoio à inovação no Brasil: uma breve nota crítica. *Parcerias Estratégicas*, Brasília, DF, v. 15, n. 31, p. 75-82, 2012. p. 76).

[822] No linguajar específico da Finep fala-se em *Plano Estratégico de Inovação* – PEI, seguindo-se o exposto no texto. Cf., nesse sentido, informações disponíveis em: http://finep.gov.br/apoio-e-financiamento-externa/programas-e-linhas/apoio-direto-a-inovacao. Acesso em: 31 ago. 2020.

[823] Por simplificação conceitual optou-se por essa categorização entre *plano*, *projeto* e *empresa*, mas sem esquecer que os instrumentos de *investimento* também envolvem a capitalização de fundos de investimento, que não são propriamente *empresas*. De todo modo, como a análise dos mesmos segue traços muito semelhantes a lógica a ser exposta, envolvendo o exame do seu portfólio e política de investimento em termos de fomento à inovação e de sua potencial de rentabilidade, a se somar ao fato de que os fundos da Finep tem como diretiva o investimento final em empresas, entende-se que não há grandes prejuízos na adoção dessa proposta de organização.

Note-se que, aproveitando também conceitos apresentados anteriormente, que essas lógicas auxiliam na escolha do instrumento de fomento mais adequado a uma situação concreta. Imagine-se que se está diante de duas empresas, uma grande e consolidada, mas de tradicionalmente baixo desempenho inovativo, e uma *startup*, cujo modelo de negócio está associado a tecnologia de ponta. O fomento a ambas poderia ser promovido via instrumentos de natureza *reembolsável, não reembolsável* e *investimento*. Mas, pensando-se nas categorias expostas, pode-se notar que determinados instrumentos podem, em termos gerais, terem mais chance de serem adequados para fomentá-las.

Para a grande empresa o fomento por via *reembolsável* muitas vezes é a alternativa ideal tanto em razão dos valores envolvidos (que podem ser substancialmente maiores) quanto da sua possibilidade de ofertar garantias.[824] Um mecanismo *não reembolsável* talvez possa servir a ambas as empresas, desde que elas pudessem bem delimitar, executar e acompanhar um *projeto*. O *investimento*, por sua vez, provavelmente seria a forma mais recomendável de apoio à *startup*. Uma vez que ela desempenhe atividade inovativa pela consecução ordinária de seu objeto social, pode ser ideal uma forma mais ampla de acompanhamento devido à sua estrutura. O aporte, ademais, abre espaço para potencial retorno uma vez que a empresa tenha resultados satisfatórios.[825]

4.3.3 Uma visão simplificada dos fluxos de seleção, análise, aprovação e acompanhamento

É oportuno sinteticamente apresentar os fluxos de seleção, análise, aprovação e acompanhamento dos instrumentos a serem estudados.[826]

---

[824] A possibilidade de oferta de garantias é uma questão central na concessão de crédito. Tal questão será abordada de forma mais específica no item 5.2.2.2.2.

[825] Essa é a lógica do *venture capital* (capital de risco), um elemento importante ao fomento das *startups*, conforme mencionado no item 3.2.3.

[826] Será apresentado apenas o essencial dos processos adotados pela Finep para a utilização dos instrumentos a serem examinados. Também por conta disso não serão abordados aspectos específicos decorrentes de suas variações, como por exemplos suas versões indiretas (ou descentralizada), mencionadas nos itens 5.2.2.2.1 e 5.2.3.2.1.

As noções de *chamamento público* e *fluxo contínuo*[827] são úteis para explicar os processos seletivos prévios à formalização dos financiamentos.[828]

Por *chamamento público* se faz referência aos processos seletivos formalizados via publicação de instrumentos convocatórios (editais), como costuma ser a praxe nas atividades de fomento em geral. O edital especifica os termos para a concessão de um conjunto definido de recursos, tornando pública a oportunidade de apoio e as exigências para quem pretenda pleiteá-los.

Uma limitação temporal caracteriza essa forma de seleção, que se reporta a um cronograma preestabelecido e é impulsionada por atos específicos do financiador. Esse precisa ter uma postura ativa – a começar pela publicação do edital – para que as empresas tenham a oportunidade de solicitar os incentivos. Os processos seletivos podem ser mais ou menos frequentes, podendo ser conduzidos como medidas episódicas e isoladas ou frequentes e regulares.[829]

Como só com a publicação do instrumento convocatório que serão corporificadas as solicitações de recursos os trâmites dos *chamamentos públicos* exercem uma importante função de filtragem. Como em alguns casos não há como mensurar a demanda com exatidão pode ser que centenas de propostas sejam encaminhadas a um financiador em um período curto de tempo para que, após escolha das consideradas meritórias, possam se iniciar análises mais profundas por parte do financiador.

Essa é normalmente a forma escolhida para utilizar instrumentos *não reembolsáveis*,[830] com convocação para a apresentação de

---

[827] A dimensão processual dessa atividade receberá atenção especial no item 6.3.2.
[828] Embora os raciocínios sejam desenvolvidos partindo-se da forma como os fluxos mencionados são executados pela Finep o texto foi estruturado buscando-se uma linguagem que permitisse extrapolá-la para compreender a atuação dos financiadores em geral.
[829] A ausência de regularidade nos *chamamentos públicos* costuma ser um claro sintoma de dificuldades quanto à consistência na concessão de recursos *não reembolsáveis* mencionada no item 4.3.2.1.
[830] É essa a realidade histórica da maioria dos instrumentos desse tipo manejados diretamente pela Finep. Não se deixe de notar, de toda forma, que há exceções. Um exemplo é o Programa *Finep 2030 empresarial*, cujos detalhes podem ser encontrados em: http://finep.gov.br/apoio-e-financiamento-externa/programas-e-linhas/finep-2030-empresarial. Acesso em: 1 set. 2020. Embora a utilização de *chamamento público* ainda constitua a forma mais comum para instrumentos *não reembolsáveis* no Brasil, há casos de financiadores que adotam o *fluxo contínuo* para os mesmos, como faz a Embrapii. Cf. https://embrapii.org.br/. Acesso em: 05 jul. 2020.

projetos ou *planos*.[831] É também o que ocorre em algumas modalidades de *investimento*, anunciando-se ao mercado a oportunidade para pleitear capitalização.[832]

O *fluxo contínuo* segue lógica distinta. Ele tem uma pretensão de permanência, objetivando a disponibilização de recursos sem restrições temporais. Para promovê-lo, é usual que, ao invés de publicar editais, o financiador ofereça plataformas para a apresentação de solicitações de financiamento a qualquer tempo.[833]

Isso faz com que a operacionalização do *fluxo contínuo* seja distinta da de um *chamamento público*. Os processos de filtragem, quando presentes, integrarão apenas uma etapa de cadastramento prévio ao envio das solicitações de recursos para assegurar que elas sejam minimamente aptas. Por poderem se corporificar a qualquer momento, tais solicitações tenderão a se diluir no tempo, permitindo processá-las com mais flexibilidade do que seria possível caso adotado um cronograma predeterminado. Ademais, uma vez formalizadas as solicitações, usualmente não há problemas em reapresentá-las no caso de seu indeferimento. É o que pode ocorrer quando se materializem fatos supervenientes (como a melhora da situação econômico-financeira da empresa) ou necessários ajustes de maior monta no proposto pela empresa.

Essas características conferem, como regra geral, maior versatilidade ao *fluxo contínuo* em comparação a processos calcado em um *chamamento público*.

É oportuno salientar ainda que a utilização do fluxo contínuo não implica uma postura passiva por parte do financiador. Mesmo que os recursos possam ser permanentemente solicitados a prospecção por iniciativas inovadoras e o estímulo para sua formulação deve ser uma constante na atuação dos agentes fomentadores. Mais do que divulgar a existência dos incentivos, os financiadores devem

---

[831] O Programa Inova Empresa, congregando iniciativas *não reembolsáveis* e *reembolsáveis*, exigia, por exemplo, a apresentação de *planos*. Cf. http://finep.gov.br/apoio-e-financiamento-externa/historico-de-programa/programas-inova/o-que-e-o-programa-inova. Acesso em: 1 nov. 2020.

[832] É o caso do programa *Finep Startup*, a ser abordado no item 5.2.4.2 e cuja minuta será examina no 5.2.4.3.

[833] Cf., por exemplo, a plataforma disponibilizada para os empréstimos operados diretamente pela Finep em: http://www.finep.gov.br/area-para-clientes-externo/finep-inovacao. Acesso em: 4 set. 2020.

se comprometer com a articulação dos componentes do SNCTI para permitir que boas propostas venham a ser adequadamente formuladas.

O *fluxo contínuo* é a forma de processo seletivo que usualmente é adotada para os instrumentos *reembolsáveis*. A importância da existência de um ciclo constante de receitas e despesas decorrente da celebração contínua de empréstimos é bastante condizente com ela. Modalidades de *investimento* também podem seguir essa lógica, hipótese em que o financiador se faz permanentemente disponível para negociar com empresas interessadas em aportes de capital para fins de fomento.[834]

Uma vez recebida solicitação de financiamento contendo *projeto, plano*, ou baseada nos negócios de uma *empresa*, iniciam-se etapas de análise e aprovação. Essas fases se entremeiam com decisões de mérito sendo produzidas após pareceres ou notas técnicas. Normalmente apenas propostas unanimemente aceitas por todas as instâncias são financiadas.

No caso dos instrumentos *não reembolsáveis* e *reembolsáveis*, as sucessivas análises, concomitantes ou não, para amparar os atos decisórios normalmente envolvem várias unidades do financiador. É averiguado o potencial inovativo do *projeto* ou *plano* (considerando por exemplo o contexto em que a empresa atua) e examinadas características específicas da solicitante de recursos (tais como sua capacidade financeira para executar o proposto e seu histórico como beneficiária de medidas de fomento). No caso dos instrumentos *reembolsáveis*, as garantias concedidas para salvaguardar o financiamento são objeto de escrutínio e é averiguado via relatórios econômico-financeiros se a empresa teria condições de quitar futuramente a dívida a ser contraída.

Os processos de análise prévios aos *investimentos* seguem uma lógica ligeiramente diferente. Por terem como foco a *empresa*, eles não têm um *projeto* ou *plano* como elemento central da análise. Mesmo que possa haver algum tipo de proposta subjacente ao *investimento*,[835] há uma concentração de esforços analíticos em

---

[834] No caso da Finep, é o que ocorre durante a aquisição de participação societária pela via indireta, via FIP Inova Empresa, conforme será mencionado no item 5.2.4.2.

[835] É o caso, por exemplo, de políticas de investimento de fundos que pleiteiam capitalização

equipes especializadas nesse tipo de apoio e é feita uma análise mais holística do potencial da investida, à semelhança do que ocorre em uma auditoria (*due diligence*) prévia aos investimentos realizados no mercado de capitais.[836] É comum, entretanto, que expedientes como a abertura à contribuição de profissionais de outras áreas do financiador[837] e de agentes externos sejam utilizados para tornar esses esforços analíticos menos insulares.

Superadas as etapas de análise e aprovação em todas as instâncias do financiador, e estando portanto presentes manifestações de analistas, chefias, e colegiados pertinentes (como a instância decisória superior do financiador,[838] os financiamentos são formalizados por via contratual.

No que concerne ao seu acompanhamento, nos instrumentos *não reembolsáveis* e *reembolsáveis* o *projeto* e o *plano* servirão como referência principal para mensurar a execução do pactuado. Ele envolve fundamentalmente duas dimensões: a avaliação dos desforços para cumprir o planejado e o exame dos dispêndios efetivamente feitos para tanto. A comprovação dos últimos é necessária para evitar sanções como a devolução dos recursos com acréscimos e multas.

No caso particular dos instrumentos *reembolsáveis*, também são acompanhadas a idoneidade das garantias (a ser mantida para mitigar o risco de prejuízo em razão de *default* pela empresa mutuante) e as condições econômico-financeiras da fomentada para assegurar a manutenção das condições de pagamento do débito.

Nos instrumentos de *investimento*, por sua vez, há também o monitoramento do desempenho econômico-financeiro da *empresa* investida, mas com outros objetivos. Serão acompanhados fatos

---

pela Finep, ou mesmo de planos de negócios no contexto do *Finep Startup*. Não haverá, em todo caso, a necessidade de detalhamento esperados dos *projetos* e *planos*.

[836] Podendo ser avaliados em maior detalhe, por exemplo, a existência de passivos trabalhistas e tributários, cuja existência pode impactar mais profundamente na decisão pela aquisição de participação societária do que ocorreria quando da celebração de um empréstimo.

[837] No caso da Finep é usual, por exemplo, a participação de funcionários afetos à Diretoria de Inovação para auxiliar durante processos seletivos.

[838] No caso da Finep, sua Diretoria Executiva, conforme o art. 21, incisos III, VI, alínea "c", e IX de seu Estatuto Social. Há a necessidade de manifestação do Conselho de Administração em casos em que se efetiva a aquisição de participação societária, assim como em casos de financiamento a pessoas jurídicas que tenham sua sede e administração fora do país (art. 15, incisos XXXVI e XLII).

como o desenvolvimento de iniciativas inovadoras (componente essencial para justificar os aportes) e se buscará assegurar o potencial retorno do capital injetado (obtido, por exemplo, pela alienação da participação societária detida pelo financiador).

4.3.4 Fontes de recursos utilizadas pela instituição

Interessa também apresentar rapidamente algumas informações referentes às fontes de recursos que possibilitam a oferta de financiamentos pela Finep, dada a sua capacidade de impor condicionantes ao desempenho da atividade em estudo.[839] O conjunto da dívida onerosa e não onerosa da empresa entre 2018 e 2019 permite vislumbrá-las e, ainda, perceber seus esforços de captação externa.[840]

No ano de 2019, de um total de 14.472 milhões, eram devidos 9.687 ao FNDCT, 1.945 ao BNDES, 1.495 ao FUNTTEL, e 1.345 ao BID. Quanto à dívida não onerosa,[841] que totalizava 21 milhões, eram devidos 12 à ANP e 9 ao Programa Rota 2030.

A dívida para com o BNDES tem suas origens no Programa de Sustentação do Investimento – PSI, que gerou a transferência (remunerada) de verba para a execução desse programa pela Finep.[842] Tendo ele sido descontinuado não são mais disponibilizados financiamentos com base no mesmo, e o débito referido estava apenas sendo amortizado.

Quanto aos recursos originários do BID, embora eles já tenham sido entregues à Finep, não se teve notícia de sua disponibilização para o custeio de novos financiamentos.[843]

---

[839] A questão do condicionamento jurídico em razão das fontes adotadas foi abordada no item 3.3.2.

[840] Essas informações estão presentes em BRASIL. Financiadora de Estudos e Projetos. *Relatório da Administração*. Rio de Janeiro: Finep, 2019. p. 28. O endereço eletrônico da instituição também faz, entretanto, referência a outra fonte, que não é mais utilizada para a celebração de novos financiamentos. Trata-se do Fundo de Amparo ao Trabalhador – FAT, disponível em: http://finep.gov.br/a-finep-externo/fontes-de-recurso/outras-fontes/fat-fundo-de-amparo-ao-trabalhador. Acesso em: 2 set. 2020.

[841] Sob as quais não incidiriam juros e amortização, segundo o BRASIL. Financiadora de Estudos e Projetos. *Relatório da Administração*. Rio de Janeiro: Finep, 2019. p. 28.

[842] Cf., além do mencionado item 3.3.2, também o 3.2.2 para a contextualização do PSI.

[843] Assume-se tal situação dada tanto a ausência de menção a linha de crédito específica com tal fonte no site da instituição no ano de 2020 quanto de minuta específica para viabilizar

Assim, no que concerne à origem dos recursos utilizados pela Finep para o financiamento da inovação empresarial,[844] afora recursos próprios que essa financiadora destina a tal fim,[845] as fontes consistiam no FNDCT, FUNTTEL e do Programa Rota 2030.

Quanto ao FNDCT, já abordado,[846] como o conjunto da dívida da Finep indica, ele consiste na fonte de maior relevância para o desempenho das atividades de fomento a cargo desse financiador. Ademais, por explícita previsão legal,[847] os recursos do FNDCT podem servir ao manuseio de instrumentos de índole *não reembolsável*,[848] *reembolsável*[849] e de *investimento*.[850]

O FUNTTEL, regido pela Lei nº 10.052/00 e regulamentado pelo Decreto nº 3.737/01, destina-se ao fomento de ações direcionadas ao setor de telecomunicações.[851] O fundo é administrado por um Conselho Gestor, do qual a Finep é membra, e também agente

---

a utilização desses recursos, conforme se pode depreender da resposta à solicitação de minutas descrita no item 5.2.1.

[844] Os recursos oriundos da ANP são direcionados ao PRH-ANP – FINEP Gestora, citado no item 3.3.2, e que não é destinado a empresas.

[845] Ou seja, aqueles auferidos pela sua própria atividade e sem condicionantes legais ou contratuais adicionais em razão de sua origem.

[846] O essencial consta do referido item 3.3.2. Cabe não esquecer também o mencionado no item 4.2.1, em especial a ligação da história do fundo com a Finep.

[847] Nos termos dos arts. 12 da Lei nº 11.540/07 e 12 do Decreto nº 6.938/09.

[848] Consistindo da concessão de subvenção econômica para empresas e da equalização de encargos financeiros nas operações de crédito (o que irá ser abordada abaixo, no item 5.2.2.2.3), nos termos dos arts. 12, inciso I, alíneas "b" e "c", da Lei nº 11.540/07 e 13, incisos I e II, do Decreto nº 6.938/09.

[849] Relembre-se que o FNDCT empresta recursos a Finep para que essa, assumindo o risco integral das operações, o empreste às empresas ou nelas invista como estratégia de fomento. Esses empréstimos são provavelmente a razão do registro de dívida de caráter oneroso frente ao FNDCT, dado que o fundo receberá como pagamento amortização dos valores disponibilizados acrescidos de juros. A fundamentação legal, e outras regras para a operacionalização dessa operação entre o FNDCT e a Finep, podem ser encontrados no arts. 12, inciso II e § 2º; e 15 da Lei do FNDCT assim como arts. 14 e 21 e anexo, do seu regulamento.

[850] As possibilidades de aporte de capital, seja diretamente ou por intermédio de fundos de investimento, e a operacionalização dessas transferências de recursos e sua devolução ao FNDCT estão previstas no arts. 12, inciso III, §§ 1º e 2º, da Lei nº 11.540/07, 14, parágrafo único, 15 e 16 e anexo, do seu regulamento.

[851] O art. 14 do Decreto nº 3.737/01 deixa tal recorte setorial bem claro: "Art. 14. Os recursos do Funttel serão aplicados pelos agentes financeiros e pela Fundação CPqD exclusivamente nos programas, nos projetos e nas atividades do setor de telecomunicações, consonantes com os objetivos do art. 1º deste Decreto, que assegurem, no País, a pesquisa aplicada e o desenvolvimento de produtos, tais como equipamentos e componentes, além de programas de computador, levando-se em consideração, sempre que necessário, a produção local com significativo valor agregado".

financeira do fundo.[852] De modo semelhante ao que ocorre em relação ao FNDCT, as normas e diretrizes produzidas por esse órgão, ou pelo Ministério das Comunicações, produzem condicionantes para o uso dos recursos dele provenientes.[853] Seus recursos podem ser utilizados em instrumentos de índole *não reembolsável* e *reembolsável*.[854]

O Programa Rota 2030 possibilita a captação de recursos com origem privada para o custeio de iniciativas de fomento à cadeia do setor automotivo. Para ter acesso a tais recursos, a Finep obteve o cadastro[855] do *Finep 2030*[856] como um dos programas prioritários para os fins da Lei nº 13.755/19. Isso possibilitou que os recursos que lhe sejam transferidos por particulares sirvam à obtenção de benefícios fiscais, uma vez que o financiador direcione esses recursos para ações de fomento.

---

[852] Por conta disso, cabe à Finep propor planos de aplicação dos recursos do FUNTTEL e executá-los, uma vez tenha sido decidida a alocação de recursos para seu manuseio (cf., em especial, os arts. 2º, inciso VI, 5º, 7º, parágrafo único, 10, 16 e 20 do Decreto nº 3.737/01). O BNDES, como a Finep, integra o Conselho Gestor e é agente financeiro do FUNTTEL (art. 2, *caput* e inciso V, da Lei nº 10.053/00)

[853] Decisões e atos normativos produzidos pelo Conselho Gestor do FUNTTEL podem ser encontradas em: https://antigo.mctic.gov.br/mctic/opencms/fundos/funttel/paginas/composicao_do_conselho_gestor.html. Acesso em: 1 jun. 2021.

[854] Art.16, § 4º, do decreto regulamentador do FUNTTEL. Quanto aos pagamentos relativos aos empréstimos concedidos a empresas com recursos do fundo, eles devem ser reintegrados ao fundo para a amortização do principal e os encargos correspondentes (art. 20 do mesmo decreto). Com isso também é criado um fluxo de recursos que propicia a sustentabilidade do fundo via a celebração de empréstimos, como ocorre com o FNDCT. Adicionalmente, para informações disponibilizadas no site da Finep, vide: http://www.finep.gov.br/a-finep-externo/fontes-de-recurso/outras-fontes/o-que-e-funttel. Acesso em: 3 set. 2020.

[855] Cf. a Portaria nº 2.519 /19 do Secretário Especial de Produtividade, Emprego e Competitividade do Ministério da Economia, disponível em: https://www.in.gov.br/en/web/dou/-/portaria-n-2.519-de-18-de-setembro-de-2019-217288768. Acesso em: 2 set. 2020.

[856] O *Finep 2030* consiste em "um Programa Prioritário no âmbito do Programa Rota 2030 – Mobilidade e Logística do Governo Federal. Seu objetivo é desenvolver a cadeia do setor automotivo por meio do fomento a projetos de todos os níveis de maturidade tecnológica (TRL 1 a 9), desde redes de Institutos de Ciência e Tecnologia (ICT) até o apoio não reembolsável a empresas, seja por meio de investimento ou apoiando projetos inovadores". Vide informações disponíveis em: http://www.finep.gov.br/apoio--e-financiamento-externa/programas-e-linhas/finep-rota-2030. Acesso em: 2 set. 2020. Como explicado no sítio eletrônico da instituição, a captação de recursos se dá por transferências bancárias destinadas à Finep, servindo o depósito de valores como justificativa para gozo de benefícios previstos no Decreto nº 9.557/18, regulamentador da Lei nº 13.755/18 (lei de conversão da Medida Provisória nº 843/18). Sobre o programa como um todo, cf. informações disponíveis em: https://www.gov.br/mdic/pt-br/assuntos/competitividade-industrial/setor-automotivo/rota-2030-mobilidade-e-logistica. Acesso em: 29 jan. 2025.

A utilização de recursos dessa fonte atrai as diretivas estabelecidas por Conselho Gestor instituído pelo Decreto nº 9.557/18.[857] O Relatório da Administração da Finep também registra a elaboração de ajuste com o Ministério da Economia para a condução do programa.[858] No tocante aos instrumentos a serem manejados para a aplicação dos recursos, eles terão natureza *não reembolsável* e de *investimento*.[859]

---

[857] As competências desse encontram-se nos arts. 31 a 31– C do decreto mencionado.
[858] BRASIL. Financiadora de Estudos e Projetos. *Relatório da Administração*. Rio de Janeiro: Finep, 2019. p. 28.
[859] Veja-se, nesse sentido, os instrumentos mencionados em: http://www.finep.gov.br/apoio-e-financiamento-externa/programas-e-linhas/finep-rota-2030. Acesso em: 2 set. 2020.

CAPÍTULO 5

INSTRUMENTOS JURÍDICOS DE FINANCIAMENTO À INOVAÇÃO EMPRESARIAL

> *Dê-me uma alavanca e um ponto de apoio e levantarei o mundo.*
>
> Arquimedes

O capítulo anterior debruçou-se sobre a Finep e teve como intuito o fornecimento de insumos para uma melhor compreensão do contexto em que esse financiador maneja seus *instrumentos jurídicos de financiamento à inovação empresarial*.[860] Superada essa etapa chega a hora de passar ao exame dos instrumentos propriamente ditos.

Conquanto formas jurídicas utilizadas para destinar recursos públicos às empresas cada deles conta com natureza e disciplina normativa específica que criam condicionantes próprias.[861] Por terem natureza convencional[862] os detalhes do concretamente pactuado também introduzem condicionantes a serem cumpridas.

---

[860] O início do capítulo 4 e o item 4.1 explicam essa estratégia e justificam a escolha da Finep como referência de financiador.

[861] A opção pela concessão de subvenção, por exemplo e como se verá abaixo, acarreta a exigência de contrapartida pela empresa beneficiária, nos termos do art. 19, §3º, da Lei nº 10.973/04.

[862] Mesmo que a maioria dos instrumentos de instrumentos de estímulo à inovação nas empresas seja efetivada pela via contratual, não é o caso da totalidade deles. Os incentivos fiscais, embora se encontrem fora dos limites deste trabalho, não se efetivam por essa via.

Esse capítulo abordará as condicionantes originárias dessas duas dimensões.

Para tanto, ele reunirá análises de índole teórica, dogmática[863] e empírica de forma a, no último caso, trazer a lume detalhes da *práxis* dos financiamentos.[864] Por conta da dessa abordagem dupla, os instrumentos serão sempre analisados em duas fases. Na primeira delas serão abordadas sua natureza jurídica, disciplina normativa e noções relevantes para a compreensão do seu funcionamento. Mesmo que a Finep seja o parâmetro a partir do qual a análise será estruturada nessa primeira fase, as considerações têm potencial aplicação geral por no mais das vezes decorrerem da aplicação de dispositivos legais, institutos jurídicos tradicionais e práticas comuns aos financiadores. Há, no essencial, diferenças apenas marginais em termos jurídicos quando diferentes instituições adotam empréstimos subsidiados como forma de fomento à inovação empresarial.

Na segunda fase, sempre ao fim dos tópicos, serão explorados detalhes do pactuado para a concretização dos financiamentos. Para tanto, serão examinadas as minutas-padrão utilizadas cotidianamente pela Finep. Para que essa abordagem fosse mais dinâmica e estruturada o conteúdo desses documentos foi contraposto a traços anteriormente apontados como característicos dos financiamentos à inovação empresarial.[865]

---

[863] Por *dogmática* quer se fazer referência a análises jurídicas calcadas essencialmente em textos normativos. Embora ponderações dogmáticas possam, naturalmente, também ser realizadas em caráter teórico, faz-se essa distinção aqui principalmente para distingui-las das ideias originárias de outros ramos do saber humano, como as presentes principalmente nos dois primeiros capítulos deste livro.

[864] Em linha com as recomendações metodológicas de estruturação de trabalhos jurídicos como as de MONEBHURRUN, Nitish. *Metodologia jurídica*: técnicas para argumentar em textos jurídicos. São Paulo: Saraiva, 2015. Quanto à dimensão empírica, mesmo reconhecendo que ela não constituiu elemento central a esta pesquisa, não se prescindiu de seu tratamento com cuidado metodológico consultando-se, no campo das ciências sociais principalmente KING, Gary; KEOHANE, Robert O.; VERBA, Sidney. *Designing Social Inquiry*: Scientific Inference in Qualitative Research. Princeton: Princeton University, 1994. Dada a similitude do que se pretende fazer com abordagens baseadas em estudos de caso, pois se entende que se está indo um pouco além de uma simples análise documental na presente empreitada, também foi consultado YIN, Robert K. *Case Study Research*: Design and Methods. 5. ed. Thousand Oaks: SAGE, 2014. p.34-36.

[865] A metodologia dessa análise será descrita em maiores detalhes no item 5.2.1.

Delineados os moldes para a elaboração desse capítulo passa-se, então, a desenvolvê-lo.

5.1 Panorama

Mesmo que neste livro não se pretenda examinar a totalidade dos instrumentos de fomento à inovação ou sequer os de financiamento à inovação,[866] convém ao menos apresentá-los em um brevíssimo panorama. Diversas tipologias podem ser encontradas na literatura internacional para ilustrar a plêiade de formas pelas quais os Estados podem fomentar a inovação. A tabela proposta por Jakob Edler e Jan Fagerberg, a partir de adaptação de trabalho em coautoria do primeiro autor,[867] ilustra essa multiplicidade:[868]

---

[866] Lembre-se da delimitação de *objeto* deste estudo constante da introdução.

[867] EDLER, Jakob; GÖK, Abdullah; CUNNINGHAM, Paul; SHAPIRA, Philip. Introduction: Making Sense of Innovation Policy. *In:* EDLER, Jakob; GÖK, Abdullah; CUNNINGHAM, Paul; SHAPIRA, Philip (org.). *Handbook of Innovation Policy Impact*. Cheltenham; Northampton: Edward Elgar, 2016. p. 1-17.

[868] EDLER, Jakob; FAGERBERG, Jan. Innovation Policy: What, Why, and How. *Oxford Review of Economic Policy*, Oxford, v. 33, n. 1, p. 2-23, 2017. p. 12.

Figura 4 – Tabela de adaptação de trabalho. [869]

Innovation policy instruments	Overall orientation		Goals						
	Supply	Demand	Increase R&D	Skills	Access to expertise	Improve systemic capability, complementarity	Enhance demand for innovation	Improve framework	Improve discourse
1 Fiscal incentives for R&D	•••		•••	•○○					
2 Direct support to firm R&D and innovation	•••		•••						
3 Policies for training and skills	•••			•••					
4 Entrepreneurship policy	•••				•••				
5 Technical services and advice	•••				•••				
6 Cluster policy	•••					•••			
7 Policies to support collaboration	•••		•○○		•○○	•••			
8 Innovation network policies	•••					•••			
9 Private demand for innovation		•••					•••		
10 Public procurement policies		•••	••○				•••		
11 Pre-commercial procurement	•○○	•••	••○				•••		
12 Innovation inducement prizes	••○	••○	••○				••○		
13 Standards	••○	••○					•○○	•••	
14 Regulation	••○	••○					•○○	•••	
15 Technology foresight	••○	••○							•••

Notes: ••• = major relevance, ••○ = moderate relevance, and •○○ = minor relevance to the overall orientation and stated innovation policy goals of the listed innovation policy instruments.
Source: Adapted from Edler et al. (2016b, p. 11).

Como se nota no esquema proposto, é comum que os instrumentos cumpram mais de um objetivo (*goal*), tais como o incremento de esforços de P&D (*increase R&D*) e de capacidades sistêmicas/complementaridade do sistema (*improve systemic*

---

[869] EDLER, Jakob; FAGERBERG, Jan. Innovation Policy: What, Why, and How. *Oxford Review of Economic Policy*, Oxford, v. 33, n. 1, p. 2-23, 2017. p. 11-13.

capability/complementarity). Eles também podem ter uma orientação geral *(overall orientation)* mais direcionada à oferta *(supply)* – como são os estudados neste trabalho via o direcionando de recursos a empresas – ou à demanda *(demand),* quando o Estado visa a estimular a inovação ao assegurar, por exemplo, a aquisição de produtos inovadores.

Charles Edquist e Susana Borrás dividem os instrumentos em regulatórios; econômicos e financeiros; e de índole recomendatória *(soft instruments).*[870] Os autores fazem usos da figura do porrete *(stick),* das "cenouras" *(carrots,* completando a metáfora do *carrot and stick* para descrever a dicotomia das lógicas premiais e sancionatórios) e dos "sermões" *(sermons)* para descrevê-los.

Os econômicos e financeiros, categoria em que se inserem os instrumentos a serem examinados neste capítulo, envolvem estímulos (ou desestímulos) de ordem pecuniária, encorajando ou desencorajando determinadas atividades para fins de fomento. Poderiam ser enquadrados nessa categoria medidas de transferência de renda *(cash transfers);* subvenções e subsídios em geral *(cash grants* e *subsidies);* empréstimos com juros subsidiados; garantias em empréstimos; medidas de índole fiscal, aduaneira e tarifária; oferta de bens *in natura;* disponibilização de bens e serviços pelo ente público (diretamente ou via contratação de particular); e a concessão de *vouchers* para aquisição de categorias de produtos ou serviços.

Dentro desse universo, uma tabela produzida pela Nesta[871] ajuda ainda mais ao descrever diversos instrumentos de financiamento e ilustrar inclusive vantagens e desafios:

---

[870] Os de índole regulatória *(stick)* envolvem diretivas (usualmente estabelecidas normativamente) dotadas de obrigatoriedade, condicionando interações sociais para fins de fomento. As normas de propriedade intelectual constituem um bom exemplo dessa categoria. Os *soft instruments* não tem nem o caráter prescritivo dos regulatórios nem a produção de incentivos e desincentivos que permeia o manejo dos instrumentos econômicos e financeiros *(carrots).* São recomendações *(sermons)* em que a adesão é voluntária, tais como a divulgação de códigos de conduta, padrões técnicos internacionais, e de parcerias voltadas ao compartilhamento de informações. Cf. BORRÁS, Susana; EDQUIST, Charles. *Holistic Innovation Policy*: Theoretical Foundations, Policy Problems, and Instrument Choices. Oxford: Oxford University, 2019. p. 5-10.

[871] Outro relatório dessa fundação associada ao governo do Reino Unido, foi utilizado no item 2.3.1. Sobre a instituição, cf. https://www.nesta.org.uk/. Acesso em: 11 jun. 2020.

Figura 5 – Instrumentos de financiamento.[872]

(continua)

Funding tool	Description	Advantages	Challenges
Grants	Gift of money, usually linked to commitments on activities, outputs or outcomes.	Simple, established.	How intensively to manage, can drive dependency. No return to funder.
Grants for R&D funding	Stage-gate funding with payments released as product developed/evidence demonstrated.	Suitable for high risk/reward projects.	Requires greater management. Staging can limit project flexibility.
Grants/equity in accelerators in stage-gate	Grants plus small equity shares for new companies, often linked to non-financial help.	Higher success rate for startups.	Intensive input needed to achieve success.
Grants convertible to loans, or grants with royalties	Grants with conditions that make them turn into loans once milestones are met, e.g. on revenues.	Recycles money, drives good behaviours re: financial sustainability.	Requires longer-term engagement to check on revenues and repayment schedule. Modelling of repayment will often be overly optimistic. Can be gamed if repayment triggers are not set right. Tax/accounting treatment not well established.
Grants convertible to equity	Similarly, grants which turn into rights to equity once revenue or other milestones are met.	Recycles money, share of high value projects.	Managing investment, follow-on funding, getting the conversion triggers right. Only feasible if recipients established with shares. Tax/accounting treatment and legal enforceability not well established.
Match crowdfunding	Committing money on condition that matched funding is raised through crowdfunding platforms.	Encourages mobilisation of public money and commitment. Engages wider audience of backers.	Skews to high income audiences; sums still quite small.
Loans	Money lent to be repaid with interest over agreed timescale.	Recycles money. Straightforward offer to recipients. Easy to value cost and likely return.	Managing loan book, risk assessment and security.
Project-specific loans	Loans linked to specific projects, e.g. in technology, repaid only if the projects succeed.	Recycles money. Straightforward offer, attractive to recipient as no repayment if project fails.	Less secure than loans secured against the firm as a whole (see above). Need to monitor project success to see if loan needs to be repaid (this can be gamed).
Convertible loans	Loans offering rights to convert into equity.	Gives lender chance to participate in upside in case of radical success, while still promising repayment in base case.	Can put off future equity investors as carried on recipient's balance sheet. Funder needs to manage conversion process.
Quasi-equity	Loans offering revenue participation rights (e.g. shares of revenue or profit over given levels).	Encourages business growth, recycles more money from successes.	General challenges of oversight and monitoring.

---

[872] NESTA. *Funding innovation*: a practice guide. Londres: Nesta, 2018. p. 6-7.

(conclusão)

Funding tool	Description	Advantages	Challenges
Impact Bonds (social, development, etc.)	Funding raised from philanthropy or capital markets with commitment of payments linked to outcomes.	Shifts risk from government; encourages focus on evidence and outcomes; can bring in new skills.	Relatively few fields with suitable conditions; still young model in experimental phase.
Venture equity investment (and impact venture investment)	Investment in equity in early-stage companies, usually with aim of significant growth in value and linked to active involvement in management, strategy, etc. Impact investment also aims for social impact.	Funder can participate in upside. Funder gains (some) control in firm. Allows rigorous linking of investment and outcomes (e.g. using standards of evidence).	Intensive management needed for realising value and securing follow-on funding. If funder is charity, link to objects and public benefit must be monitored. Difficult to exit. Average venture capital returns very low.
Intermediary funding	Funding directed through intermediaries (e.g. on Big Society Capital model) which then invest loans, equity, etc., in firms or social enterprises. Usually investors represented on investment committee.	Can increase funding flows (e.g. with co-mingled funds); creates more specialist capacity and some healthy competition. When working well, interest from loans covers management costs.	Sometimes challenges raising matched funds; achieving sufficient scale; and handling timescales of investments and returns.
Challenge prizes	Commitments of funding tied to proof of ability to solve a novel problem.	Good for where market incumbents have little incentive to innovate. Raises awareness and attracts new entrants. Favours technological/product-based innovation.	Challenge of setting the right goal: requires expertise and is difficult to change once set. Success needs to be well-defined. Requires firms to spend money ahead of government funding.
Revenue-based funding models	Releasing grants or loans in response to reaching revenue targets.	Aims to encourage trading and entrepreneurship, as opposed to grant dependence. Used in development, technology, self-employment and other fields.	Revenue results achieved can have many causes, therefore may provide capital where it's not needed; conversely can push recipients to maximise short-term revenue rather than long-term business building.
Golden share	Equity finance linked to a special share which cannot be diluted, or offers special voting rights.	Opportunity to participate in upside without follow-on investment. Gives funder control over firm.	Represents a significant concession for organisation receiving funding. May deter future equity investors.
Services contract to support innovations	Procurement of services from small firms, charities or social enterprises as a way of helping them grow or innovate (e.g. SBIR).	Uses procurement process to support small innovative entities.	Reliance on relatively untried service provider.

A produção acadêmica nacional também sublinha essa multiplicidade,[873] e a própria Lei de Inovação arrola exemplificativamente[874] alguns deles em seu art. 19, §2º-A:[875]

> § 2º-A. São instrumentos de estímulo à inovação nas empresas, quando aplicáveis, entre outros:
> I – subvenção econômica;
> II – financiamento;
> III – participação societária;
> IV – bônus tecnológico;[876]
> V – encomenda tecnológica;[877]

---

[873] Para um esforço de categorização brasileiro e particularmente atento à dimensão jurídico-normativa, vide MOREIRA, Natalia Rebello. *Atividade estatal de fomento à inovação tecnológica em empresas*. 2018. Dissertação (Mestrado em Direito) – Faculdade de Direito, Universidade de São Paulo, São Paulo, 2018. p. 65-120.

[874] Ao adotar a expressão "entre outros", o texto legal deixa claro que o rol apresentado não é exaustivo. Com isso, o legislador sabiamente assegurou tanto a possibilidade do desenvolvimento de novos instrumentos no futuro quanto implicitamente reconheceu a existência de instrumentos que não se enquadrem nas categorias arroladas na Lei nº 10.973/04. Exemplos do último caso são a oferta de garantias a empresas inovadoras, como as atualmente praticadas por fundos garantidores de crédito (veja-se, como exemplo, o material produzido pela CNI e disponível em https://www.portaldaindustria.com.br/publicacoes/2017/7/fgo-e-fgi/, Acesso em: 24 jan. 2022) ou antigas iniciativas como a garantia de liquidez anteriormente utilizada pela Finep, que assegurava aos investidores a possibilidade de recompra de suas quotas para fins de estímulo do então recente mercado de capital de risco no país (vide informações disponíveis em: http://www.finep.gov.br/garantia-de-liquidez. Acesso em: 8 set. 2020).

[875] Para uma contextualização do dispositivo neste diploma, vide item 3.2.1.

[876] O bônus tecnológico, por ter natureza jurídica de subvenção (art. 2º, inciso XIII, da Lei nº 10.973/04), pode ter sua compreensão auxiliada pelas considerações a serem apresentadas no item 5.2.3. De toda forma, como ele foi tratado pelo legislador como instrumento de estímulo à inovação específico, é importante não descuidar de suas particularidades. Sobre ele, cf. PORTELA, Bruno Monteiro; MURARO, Leopoldo Gomes. Bônus tecnológico. *In*: PORTELA, Bruno Monteiro; BARBOSA Caio Márcio Melo; MURARO, Leopoldo Gomes; DUBEUX, Rafael (org.). *Marco legal da ciência, tecnologia e inovação no Brasil*. Salvador: Juspodivm, 2020. p. 233-240; e MONTEIRO, Vítor. Bônus tecnológico. *In*: SIQUEIRA NETO, José Francisco; MENEZES, Daniel Francisco Nagao (org.). *Dicionário de Inovação Tecnológica*. Belo Horizonte: Arraes, 2020. v. 1. p. 27-30. Por fim registra-se que, seguindo a lógica proposta nesse capítulo e no que antecedeu, esse instrumento não foi objeto de exame pelo fato dele, ao menos durante a elaboração deste trabalho, não ser manejado pela Finep.

[877] Prevista no arts. 20 da Lei de Inovação e 27 a 33 do decreto que a regulamenta, a encomenda tecnológica consiste em contratação pública para a realização de atividades de pesquisa, desenvolvimento e inovação envolvendo risco tecnológico para solução de problema técnico específico ou obtenção de produto, serviço ou processo inovador. Trata-se, assim, de instrumento de fomento baseado na criação de demanda pelo Estado. Ele tem sido muito discutido nas últimas décadas, tanto nacional quanto internacionalmente. Para uma perspectiva geral e multidisciplinar sobre ele, vide RAUEN, André Tortato; BARBOSA, Caio Márcio Melo. *Encomendas tecnológicas no Brasil*: guia geral de boas práticas. Brasília, DF: Ipea, 2019. Note-se, de toda forma, que o seu uso no país ainda parece tímido, como mencionado em RAUEN, André Tortato. Mapeamento das compras federais de P&D segundo uso da lei de inovação no segundo período de 2010-2015. *In*: RAUEN, André Tortato (org.). *Políticas de inovação pelo lado da demanda no Brasil*. Brasília, DF: Ipea, 2017. p. 87-122; e RAUEN, André

VI – incentivos fiscais;[878]
VII – concessão de bolsas;[879]
VIII – uso do poder de compra do Estado;[880]

Tortato. Atualização do mapeamento das encomendas tecnológicas no Brasil. *Nota Técnica*, Rio de Janeiro, n. 53, 2019. Para abordagens sobre o tema a partir de uma perspectiva jurídica vide ROMITELLI, Gabriel; FOSS, Maria Carolina. Oportunidades para as encomendas tecnológicas: análise de novos arranjos jurídicos a partir do decreto federal de inovação. *In:* SANTOS, Fabio Gomes dos; BABINSKI, Daniel de Oliveira (org.). *Decreto federal de inovação*: novas oportunidades. São Paulo: Observatório de Inovação e Competitividade, 2019. v. 2. p. 46-52; MAIA, Gabriel; SPANÓ, Eduardo. Por que utilizar encomendas tecnológicas? Oportunidades em relação a outros instrumentos para a contratação de inovações. *In:* SANTOS, Fabio Gomes dos; BABINSKI, Daniel de Oliveira (org.). *Decreto federal de inovação*: novas oportunidades. São Paulo: Observatório de Inovação e Competitividade, 2019. v. 2. p. 40-45; REAL, Sofia Preto Villa. Análise comparada dos procedimentos de contratação de encomendas tecnológicas no Brasil e parcerias para inovação na União Europeia: um novo olhar sobre premissas das oportunidades de interação público/privado abertas pelo Decreto Federal de Inovação? *In:* SANTOS, Fabio Gomes dos; BABINSKI, Daniel de Oliveira (org.). *Decreto federal de inovação*: novas oportunidades. São Paulo: Observatório de Inovação e Competitividade, 2019. v. 2. p. 119-122; CABRAL, Mario André Machado; MOREIRA, Natalia Rebello. Consulta e PMI: oportunidades para a modelagem de encomendas tecnológicas para além do decreto federal de inovação. *In:* SANTOS, Fabio Gomes dos; BABINSKI, Daniel de Oliveira (org.). *Decreto federal de inovação*: novas oportunidades. São Paulo: Observatório de Inovação e Competitividade, 2019. v. 2. p. 67-70; FOSS, Maria Carolina; ROMITELLI, Gabriel; SPANÓ, Eduardo; MAIA, Gabriel Dantas. Encomendar inovação em software: oportunidades e desafios a partir de contratações no estado de São Paulo. *Revista de Estudos Empíricos em Direito*, São Paulo, v. 8, p. 1-42, 2021; e FASSIO, Rafael; RADAELLI, Vanderléia; AZEVEDO, Eduardo; DÍAZ, Karina. *Revisitando as compras públicas de inovação no Brasil*: oportunidades jurídicas e institucionais. Washington, D.C.: Banco Interamericano de Desenvolvimento, 2021.

[878] Enquanto categoria, os incentivos fiscais contemplam o conjunto de medidas de índole tributária voltadas ao incentivo da inovação empresarial. A Lei do Bem (Lei nº 11.196/05) e na Lei de Informática (Lei nº 8.248/91) trazem exemplos conhecidos. Seu uso enseja demanda relevante de receita estatal significando, apenas em 2018, uma renúncia superior a 8,5 bilhões pelo governo federal, conforme nos dados obtidos em: http://antigo.mctic.gov.br/mctic/opencms/indicadores/detalhe/recursos_aplicados/governo_federal/2_2_7.html. Acesso em: 8 set. 2020. A OECD traz dados importantes quanto ao impacto desse tipo de instrumento em uma perspectiva internacional, que podem ser encontrados em: https://www.oecd.org/en/topics/sub-issues/rd-tax-incentives.html. Acesso em: 29 jan. 2025. Como exemplos de trabalhos nacionais sobre o tema, vide PORTO, Geciane Silveira; MEMÓRIA, Caroline Viriato. Incentivos para inovação tecnológica: um estudo da política pública de renúncia fiscal no Brasil. *Revista de Administração Pública*, São Paulo, v. 53, n. 3, p. 520-541, 2019; MURÇA, Alan; D'ÁVILA, Lucimara Santos; BABINSKI, Daniel de Oliveira. Incentivos Tributários à Importação de Bens para PD&I e Procedimentos Aduaneiros à Luz do Decreto Federal de Inovação. *In:* SANTOS, Fabio Gomes dos; BABINSKI, Daniel de Oliveira (org.). *Decreto federal de inovação*: novas oportunidades. São Paulo: Observatório de Inovação e Competitividade, 2019. v. 2; e KALIL, Gilberto Alexandre de Abreu; GONÇALVES, Oksandro Osdival. Incentivos fiscais à inovação tecnológica como estímulo ao desenvolvimento econômico: o caso das Start-ups. *Revista Jurídica da Presidência*, Brasília, DF, v. 17, n. 113, p. 497-520, 2016.

[879] Embora não tratando diretamente da questão da inovação empresarial, mas trazendo uma abordagem jurídica da concessão de bolsas, vide MORAIS, Lívia Baylão de. Concessão de bolsas por fundações de apoio a servidores das instituições apoiadas: aspectos jurídicos e institucionais. *Revista de Direito do Terceiro Setor*, Belo Horizonte, n. 11, p. 115-145, 2012.

[880] O uso do poder de compra do Estado, de forma similar ao que ocorre com a encomenda tecnológica, consiste no manejo de demanda pública para fins de fomento. Entretanto, como esclarece Maria Carolina Foss, sua abrangência seria maior: "[a] contratação sob encomenda

IX – fundos de investimentos;
X – fundos de participação;
XI – títulos financeiros, incentivados ou não;[881]

---

pressupõe a criação ou desenvolvimento de um produto e ou serviço, enquanto a compra abrange tanto a aquisição de um produto e ou serviço de 'prateleira', isto é, já desenvolvido, como um novo, e.g. *built-to-suit* ou customizado" (FOSS, Maria Carolina. *Compras públicas como instrumento de política de inovação orientada à demanda*: experiências no Brasil, nos estados unidos e na união europeia. 2019. Tese (Doutorado em Política Científica e Tecnológica) – Instituto de Geociências, Universidade de Campinas, Campinas, 2019. p. 29). Afora o trabalho citado, veja-se também UYARRA, Elvira; ZABALA-ITURRIAGAGOITIA, Jon Mikel; FLANAGAN, Kieron; MAGRO, Edurne. Public Procurement, Innovation and Industrial Policy: Rationales, Roles, Capabilities and Implementation. *Research Policy*, Amsterdã, v. 49, n. 1, p. 103844, 2020; RAUEN, André Tortato. Mapeamento das compras federais de P&D segundo uso da lei de inovação no segundo período de 2010-2015. *In*: RAUEN, André Tortato (org.). *Políticas de inovação pelo lado da demanda no Brasil*. Brasília, DF: Ipea, 2017; EDLER. Jakob. Review of Policy Measures to Stimulate Private Demand for Innovation: Concepts and Effects. *Nesta Working Paper*, Londres, n. 13, 2013; MILLER, Fiona; LEHOUX, Pascale. The Innovation Impacts of Public Procurement Offices: The Case of Healthcare Procurement. *Research Policy*, Amsterdã, v. 49, n. 7, p. 104075, 2020; e SCHMIDT, Flávia de Holanda; ASSIS, Lucas Rocha Soares de. O Estado como cliente: características das firmas industriais fornecedoras do governo. *Radar*, Brasília, DF, n. 17, p. 1-12, 2011. Para trabalhos com um jurídico-normativo mais pronunciado, vide, entre outros, CUNHA FILHO, Alexandre Jorge Carneiro da. Contratando inovação: desafios e oportunidades à vista do decreto federal de inovação. *In*: SANTOS, Fabio Gomes dos; BABINSKI, Daniel de Oliveira (org.). *Decreto federal de inovação*: novas oportunidades. São Paulo: Observatório de Inovação e Competitividade, 2019. v. 2. p.26-31; COSENDEY, Priscilla de Souza Francisco. *O uso do poder de compra do Estado como instrumento de fomento à inovação*. 2017. Dissertação (Mestrado em Direito) – Faculdade de Direito, Universidade Federal do Estado do Rio de Janeiro, Rio de Janeiro, 2017; e SUNDFELD, Carlos Ari; CAMPOS, Rodrigo Pinto de. Incentivo à inovação tecnológica nas contratações governamentais: um panorama realista quanto à segurança jurídica. *Fórum de Contratação e Gestão Pública*, Belo Horizonte, v. 5, n. 60, p. 1-10, 2006. Sobre o uso do poder de compra como instrumento de política pública em geral, cf. ZAGO, Marina Fontão. *Poder de compra estatal como instrumento de políticas públicas?* Brasília, DF: Escola Nacional de Administração Pública, 2018.

[881] As debêntures incentivadas podem ser citadas como espécie dessa ampla categoria. Mencionadas no art. 2º da Lei nº 12.431/01 e regulamentadas pelo Decreto nº 8.874/16, elas consistem em valores mobiliários emitidos por companhia para conferir crédito perante as mesmas nos termos do art. 52 da Lei nº 6.404/76. Caso emitidas por sociedade de propósito específico (constituída sob a forma de sociedade por ações) e relacionadas à captação de recursos com vistas à implementação de projetos de investimento na área de infraestrutura, ou de produção econômica intensiva em pesquisa, desenvolvimento e inovação considerados como prioritários pelo Poder Executivo federal, elas podem gozar de redução da alíquota no imposto de renda (daí o "incentivadas"). A Portaria nº 4.382/21 recentemente disciplinou os procedimentos para a aprovação de projetos de investimento como prioritários na área de Produção Econômica Intensiva em Pesquisa, Desenvolvimento e Inovação, assim como os requisitos para sua emissão. Historicamente, todavia, tem sido destacados desafios importantes para a implementação desse instrumento, conforme relatado em SANTOS, Fabio Gomes dos; TONETTI, Rafael Roberto Hage; MONTEIRO, Vítor. Desafios jurídicos para o fomento financeiro da inovação pelas empresas. *In*: COUTINHO, Diogo R.; FOSS, Maria Carolina; MOUALLEM, Pedro Salomon B. (org.). *Inovação no Brasil*: avanços e desafios jurídicos e institucionais. São Paulo: Blucher, 2017. p. 190-195. Sobre a nova portaria, vide COSTA, Henrique Chain; TONETTI, Rafael Roberto Hage; MONTEIRO, Vítor. Debêntures incentivadas e FIPs para projetos de ciência, tecnologia e inovações. *Consultor Jurídico*, São Paulo, 5 mar. 2021. Sobre debêntures, no contexto da infraestrutura, vide MORETTINI, Felipe

XII – previsão de investimento em pesquisa e desenvolvimento em contratos de concessão de serviços públicos ou em regulações setoriais.[882]

Por cada um dos mecanismos de fomento ser meritório de estudos mais aprofundados, foram referenciados em nota de rodapé, mesmo que a simples a título exemplificativo, trabalhos que os examinaram. Quanto à subvenção econômica; ao financiamento (em sentido estrito); à participação societária; e aos fundos de investimento e de participação caberá, dentro do recorte proposto para esta pesquisa, abordá-los.

Antes de passar a examiná-los de forma específica, é importante salientar que o apoio à inovação empresarial precisa ocorrer de forma atenta a elementos ambientais[883] e relacionais[884] que envolvem

---

Tadeu Ribeiro. *Financiamento de longo prazo e desenvolvimento*: uma análise da regulação das debêntures de infraestrutura no financiamento nacional entre os anos de 2011 e 2016. 2019. Tese (Doutorado em Direito) - Faculdade de Direito, Universidade de São Paulo, 2019. Uma outra forma de utilização de instrumentos desse tipo pode ser o compromisso de subscrição de debêntures, como a que envolve o *BNDES Thai – Debêntures Participativas para Inovação*. Sobre tal produto financeiro, cf. informações disponíveis em: http://www.bndes.gov.br/wps/portal/site/home/financiamento/produto/bndes-thai. Acesso em: 9 set. 2020.

[882] Afora o mencionado Programa de Formação de Recursos Humanos da ANP para o Setor de Petróleo, Gás Natural e Biocombustíveis (PRH-ANP) – FINEP Gestora (item 3.3.2), cite-se também iniciativas no setor elétrico como as abordadas em POMPERMAYER, Fabiano Mezabre; DE NEGRI, Fernanda; CAVALCANTE, Luiz Ricardo Mattos Teixeira (org.). *Inovação tecnológica no setor elétrico brasileiro*: uma avaliação do programa de P&D regulado pela Aneel. Brasília, DF: Ipea, 2011.

[883] Importante sopesar por exemplo a inserção das empresas em contextos como os ambientes promotores de inovação tais como as incubadoras, as aceleradoras e os parques tecnológicos. Sobre os últimos, vide PEREZ, Marcos Augusto. Organizações sociais para a gestão de parques tecnológicos. In: MARQUES NETO, Floriano de Azevedo; ALMEIDA, Fernando Dias Menezes de; MARRARA, Thiago (org.). *Direito e administração pública*: estudos em homenagem a Maria Sylvia Zanella Di Pietro. São Paulo: Atlas, 2013. p. 511-526. Sobre a questão dos ambientes em geral, cf. MARINHO, Maria Edelvacy Pinto. O conceito dos ambientes promotores de inovação: oportunidades trazidas pelo Decreto Federal de Inovação. In: SANTOS, Fabio Gomes dos; BABINSKI, Daniel de Oliveira (org.). *Decreto federal de inovação*: novas oportunidades. São Paulo: Observatório de Inovação e Competitividade, 2019. v. 2. p. 90-93.

[884] Relembrem-se as tendências colaborativas mais recentes da atuação empresarial, como as relatadas GILSON, Ronald J.; SABEL, Charles F.; SCOTT, Robert E. Contracting for Innovation: Vertical Disintegration and Interfirm Collaboration. *Columbia Law Review*, Nova York, v. 109, n. 3, p. 431-502, 2009. Importante pontuar que esforços colaborativos também podem envolver entes públicos, principalmente quando presentes mecanismos como alianças estratégicas e ou projetos de cooperação, previstos no art. 3º do Decreto nº 9.283/18. Explorando esse primeiro mecanismo, vide MOURÃO, Carolina Mota; FOSS, Maria Carolina. Decodificando as alianças estratégicas da Lei de Inovação. *Jota*, São Paulo, 20 jul. 2021; VILLARES, Andréa Lúcia Nazário. Quais as oportunidades trazidas pelo decreto federal de inovação no âmbito das alianças estratégicas e projetos de cooperação entre o poder público e as startups? In: SANTOS, Fabio Gomes dos; BABINSKI, Daniel de Oliveira (org.). *Decreto federal de inovação*:

a atividade empresarial e que também podem estar associadas a outras formas de incentivo à inovação.

Além disso, deve-se ter em mente que os instrumentos de financiamento podem ser validamente usados conjunto.[885] É o que tem sido verificado em inciativas como as Parcerias para o Desenvolvimento Produtivo – PDP no setor da saúde[886] e, no contexto específico da Finep, do Programa Inova empresa.[887] Foi também o que orientou a coordenação de esforços para o desenvolvimento das vacinas para a COVID-19 no contexto da operação *Warp Speed* estadunidense.[888] Nada impede, assim, que um instrumento específico (como a concessão de uma subvenção) seja apenas um componente de estruturas de política pública mais complexas.[889]

---

novas oportunidades. São Paulo: Observatório de Inovação e Competitividade, 2019. v. 2: e MARANHÃO, Romero de Albuquerque; STORI, Norberto. Alianças estratégicas como instrumento para o desenvolvimento da ciência, tecnologia e inovação na marinha do Brasil: um estudo exploratório. *Espacios*, Caracas, v. 38, n. 08, p. 1-15, 2017. Para uma revisão da literatura sobre alianças estratégicas para inovação sob a perspectiva da gestão empresarial, vide PREUSLER, Taísa Scariot; COSTA, Priscila Rezende da; CRESPI. Tatiane Baseggio. Capacidade relacional em alianças estratégicas de inovação: um ensaio teórico para o desenvolvimento de um modelo conceitual. *Exacta*, São Paulo, v. 18, n. 1, p. 185-210, 2020.

[885] Há fundamento normativo explícito para isso, constante do art. 19, parágrafo único, do Decreto nº 9.283/18. Veja-se que há inclusive a possibilidade de destinação para a mesma categoria de despesa, sendo vedada apenas a duplicidade quanto ao item custeado, a menos que haja disposição em sentido contrário.

[886] Sobre essa política, que combinou o uso do poder de compra pelo Estado com formas de assegurar a demanda e foi alavancada por instrumentos de oferta de recursos como os abordados aqui, cf. as Parcerias para o Desenvolvimento Produtivo – PDP praticadas pelo Ministério da Saúde, podendo ser acessadas informações em https://www.gov.br/saude/pt-br/composicao/sectics/pdp. Acesso em: 29 jan. 2025. Demonstrando a oferta de recursos associados a essa política, cf. iniciativas como as chamadas públicas disponíveis em http://www.finep.gov.br/chamadas-publicas/chamadapublica/551. Acesso em: 05 maio 2020. Para trabalho jurídicos que se debruçaram sobre questões pertinentes ao programa, veja SUNDFELD, Carlos Ari; SOUZA, Rodrigo Pagani de. Parcerias para o desenvolvimento produtivo em medicamentos e a Lei de Licitações. *Revista de Direito Administrativo*, São Paulo, v. 264, p. 91, 2013; e SUNDFELD, Carlos Ari; SOUZA, Rodrigo Pagani de. Parcerias para o desenvolvimento produtivo de medicamentos: a questão do preço. *Revista de Direito Administrativo & Constitucional*, Curitiba, v. 14, n. 55, p. 109-122, 2014.

[887] Cf. item 4.2.1.

[888] Para uma abordagem dessa iniciativa destacando sua importância como referencial em iniciativas de fomento à inovação, envolvendo diversas agências governamentais americanas e incentivos baseados tanto na oferta (como a concessão de *grants* de pesquisa) quanto de demanda (garantia de compra das vacinas), cf. SANTOS, Fabio Gomes dos; FOSS, Maria Carolina. As vacinas na maior velocidade possível: a operação *Warp Speed*. *Jota*, São Paulo, 23 jun. 2021.

[889] Um exemplo de estruturação mais complexa, mas que, entretanto, acabou não saindo do papel, é a do Programa Nacional de Plataformas do Conhecimento – PNPC. Previsto no Decreto nº 8.269/14, ele tinha em seu cerne a realização de grandes encomendas

É importante destacar, por fim, que a seleção do instrumento mais adequado para alcançar determinada finalidade não constitui tarefa trivial. Charles Edquist e Susana Borrás deixam isso claro e salientam os principais elementos a serem considerados:

> A escolha dos instrumentos é uma decisão crucial em relação à formulação de uma política de inovação. Ela está relacionada a três importantes dimensões: em primeiro lugar, uma seleção inicial dos instrumentos mais adequados entre um amplo leque de instrumentos possíveis; em segundo lugar, a configuração e adaptação (*design and or "customization"*) dos instrumentos para contexto em que eles devem ser utilizados; e, em terceiro lugar, a configuração de conjunto de instrumentos, ou a definição de instrumentos diferentes e complementares, direcionados à resolução dos problemas identificados.[890]

Trata-se de uma tarefa a não ser subestimada. Isso sem olvidar que, além do fato dos instrumentos nem sempre produzirem os resultados esperados, mensurar seus impactos também costuma ser um desafio. A literatura indica que mesmo a quantificação ideal de recursos para disponibilizar é por si um objetivo complexo.[891]

Há, entretanto, trabalhos que capturam tendências gerais[892] e que, ao mesmo tempo, permitem observar como atingir uma

---

tecnológicas, a serem satisfeitas por parcerias entre empresas e instituições de pesquisa científica e tecnológica, sendo bastante provável que a concretização desse arranjo demandasse a estruturação de formas de financiamento variados para lhe dar suporte.

[890] No original: "[t]he choice of instruments is a crucial decision regarding the formulation of an innovation policy. This entails three important dimensions: firstly, a primary selection of the specific instruments most suitable among the wide range of different possible instruments; secondly, the concrete design and/or 'customization' of the instruments for the context in which they are supposed to operate; and thirdly, the design of an instrument mix, or set of different and complementary policy instruments, to address the problems identified" (BORRÁS, Susana; EDQUIST, Charles. *Holistic Innovation Policy*: Theoretical Foundations, Policy Problems, and Instrument Choices. Oxford: Oxford University, 2019. p. 3).

[891] Para uma síntese introdutória de problemáticas como as mencionadas, cf. EDLER, Jakob; FAGERBERG, Jan. Innovation Policy: What, Why, and How. *Oxford Review of Economic Policy*, Oxford, v. 33, n. 1, p. 2-23, 2017. p. 13-14.

[892] O *microBeRD project*, da OECD, é um exemplo, dedicando-se a uma análise empírica internacional quanto aos impactos do apoio público aos gastos de P&D pelas empresas via incentivos fiscais e formas diretas de financiamento público às empresas. Sobre essa iniciativa, acessar informações disponíveis em: https://www.oecd.org/sti/microberd.htm. Acesso em: 18 fev. 2021. Para uma avaliação geral e crítica dos instrumentos estudados no Brasil, ainda dotada de contemporaneidade em suas críticas de índole qualitativa, vide CORDER, Solange; SALLES FILHO, Sergio. Financiamento e incentivos ao Sistema Nacional de Inovação. *Parcerias Estratégicas*, Brasília, DF, v. 9, n. 19, p. 129-164, 2010.

formulação ideal é algo complexo diante das dinâmicas da realidade prática a ser ponderada pelos financiadores.

William R. Kerr e Ramana Nanda ilustram como a captação bancária (usualmente via empréstimos) é uma forma de financiamento relevante para empresas maiores. O mercado de capitais, apesar do seu imenso potencial, poderia em contrapartida impor restrições à sua trajetória inovativa em razão da exigência de resultados a curto prazo pelos investidores atuantes nesse mercado.[893]

Petra Andries e Paul Hünermund, observando a realidade alemã, salientam a importância da disponibilidade de recursos próprios para a inovação empresarial, mas alertam que o excesso de recursos pode conduzir à ineficiência no desempenho inovativo ao produzir excesso de otimismo ou de discricionariedade por parte dos gestores.[894]

Øivind A. Nilsen, Arvid Raknerudb, Diana-Cristina IANCU, estudando os instrumentos de financiamento a P&D adotados na Noruega, notaram resultados positivos significativos quando do apoio a empresas iniciantes em seus esforços em pesquisa e desenvolvimento. Por outro lado, os resultados se mostraram insignificantes quanto ao financiamento direcionado a empresas que já os conduziam (*R&D incumbents*), quando não eram decrescentes conforme aumentava a disponibilização de recursos.[895]

Como esses dois exemplos demonstram,[896] o financiamento à inovação não deve ser executado recorrendo-se a obviedades, mas sim configurado de forma cuidadosa e com objetivos claros.[897]

---

[893] KERR, William R.; NANDA, Ramana. Financing Innovation. *Annual Review of Financial Economics*, San Mateo, v. 7, n. 1, p. 445-462, 2015. p. 448-452.

[894] ANDRIES, Petra; HÜNERMUND, Paul. Firm-level effects of staged investments in innovation: the moderating role of resource availability. *Research Policy*, Amsterdã, v. 49, n. 7, p. 1-15, 2020.

[895] NILSEN, Øivind A.; RAKNERUD, Arvid; IANCU, Diana-Cristina. Public R&D Support and Firm Performance: A Multivariate Dose-Response Analysis. *Research Policy*, Amsterdã, v. 49, n. 7, p. 1-16, 2020.

[896] Poderiam, também, ser dados exemplos de trabalhos que analisaram o uso de instrumentos de financiamento e seu impacto em empresas brasileiras. Cite-se BRIGANTE, Paulo César. *Efetividade dos instrumentos de políticas públicas nos gastos privados em P&D no Brasil*. 2016. Tese (Doutorado em Engenharia de Produção) – Escola de Engenharia, Universidade de São Paulo, São Carlos, 2016; e BUENO, Alexandre; TORKOMIAN, Ana Lúcia Vitale. Financiamentos à inovação tecnológica: reembolsáveis, não reembolsáveis e incentivos fiscais. *Revista de Administração e Inovação*, São Paulo, v. 11, n. 4, p. 135-158, 2014.

[897] Pense-se, por exemplo, na avaliação de instrumentos de fomento parametrizada pelo intuito de incentivar inovações associadas às tecnologias menos poluentes presente em VEUGELERS,

Promovida uma abordagem geral, mesmo que apenas introdutória e ilustrativa da complexidade do tema, pode-se passar a contento à análise dedicada especificamente aos instrumentos manejados pela Finep.[898]

5.2 Instrumentos utilizados pela Finep para o financiamento à inovação empresarial

5.2.1 Metodologia da análise empírica

Este capítulo examinará os instrumentos de financiamento a partir de perspectivas teóricas, dogmáticas e empíricas. Apresenta-se, aqui a metodologia da análise empírica.

O intuito desse tipo de análise foi duplo. Quis-se, em primeiro lugar, contrapor a prática à teoria já exposta para averiguar se, e potencialmente de que forma, características descritas pela literatura são verificáveis na corporificação jurídica dos financiamentos. Em segundo lugar quis-se conferir mais dinamicidade a esta obra, sedimentando mais uma camada ao tratamento dogmático dado ao objeto deste estudo e tornando-o ainda mais palpável principalmente à comunidade jurídica, que o investigou relativamente pouco.

Reinhilde. Which Policy Instruments to Induce Clean Innovating? *Research Policy*, Amsterdã, v. 41, n. 10, p. 1770-1778, 2012.

[898] Interessa registrar a existência de trabalhos devotados especificamente à avaliação dos instrumentos de financiamento (não necessariamente restritos aos que tem as empresas como destinatários) utilizados pela Finep. São exemplos: BUENO, Igor Ferreira. *Financiamento à inovação na indústria farmacêutica brasileira*: uma análise do papel do BNDES e da Finep no período de 2007 até 2018. 2021. Tese (Doutorado em Economia) – Faculdade de Economia, Universidade Federal Fluminense, Niterói, 2021; BAHIA, Domitila; GONÇALVES, Eduardo; BETARELLI JUNIOR, Admir Antônio. Efeitos macroeconômicos e setoriais das subvenções da FINEP no Brasil. *Revista Brasileira de Inovação*, Campinas, v. 20, p. 1-40, 2021; TANAKA, Alexandre Kiyoshi Ramos. *Análise da atuação da Finep à luz da abordagem de sistemas de inovação*. 2018. Dissertação (Mestrado em Economia) – Instituto de Economia, Universidade Federal do Rio de Janeiro, Rio de Janeiro, 2018; COSTA, Ana Czeresnia. *Política de inovação brasileira*: análise dos novos instrumentos operados pela Finep. 2013. Tese (Doutorado em Economia) – Instituto de Economia, Universidade Federal do Rio de Janeiro, Rio de Janeiro, 2013; e ANDRADE, Alexandre Zuccolo Barragat de. *Estudo comparativo entre subvenção econômica à inovação operada pela Finep e programas correlatos de subsídio em países desenvolvidos*. 2009. Dissertação (Mestrado em Administração Pública) – Fundação Getúlio Vargas, Rio de Janeiro, 2009. Críticas concernentes à influência da perspectiva linear na operacionalização dos instrumentos, de um potencial inexplorado para sua maior integração e coordenação com outros aspectos das políticas de CTI, dentre outros elementos, constam de seus achados.

Já se consignou que os instrumentos analisados serão os manejados pela Finep.[899] Para cada um deles foi atribuída uma das minutas padronizadas utilizadas cotidianamente por esse financiador.[900] Mesmo que os instrumentos contratuais escolhidos não representem a totalidade dos financiamentos efetivados por essa agência de fomento, seja pela impossibilidade de padronização[901] ou pelo próprio funcionamento de certas modalidades de fomento,[902] serão examinados documentos que orientam parcela substancial da atividade de financiamento a cargo dessa instituição.[903]

Registre-se ainda que, segundo a experiência profissional do autor deste trabalho, as versões definitivas dos contratos de financiamento raramente se afastam do previsto nas minutas analisadas. Essa é uma consequência da gestão padronizada dos instrumentos por todas as áreas da Finep, uma vez que há centenas de financiamentos sendo celebrados todos os anos.

A obtenção das minutas ocorreu via Sistema Eletrônico do Serviço de Informação ao Cidadão (e-SIC).[904] Foram requeridas as minutas padronizadas utilizadas para a realização dos financiamentos, normas internas da Finep que pudessem influir no seu manejo (caso necessárias à abordagem pretendida)[905] e pedidos esclarecimentos pontuais quanto à sua utilização. Foram solicitados apenas os documentos vigentes no período do pedido, não tendo sido analisadas suas versões anteriores.[906]

As minutas terão sempre sua estrutura geral apresentada, com remissão às cláusulas que a compõem. Isso permitirá uma visão

---

[899] Cf. item 4.1 para a justificativa dessa escolha.
[900] As minutas analisadas estão presentes, em ordem, nos anexos 6, 7 e 8.
[901] Algumas hipóteses de aquisição de participação societária podem, por exemplo, decorrer de negociações instrumentalizadas de forma única para aquela operação.
[902] É o que ocorre com as formas descentralizadas de concessão de recursos (item 5.2.2.2.1), em que são sendo apresentadas apenas diretivas aos entes repassadores da verba pública.
[903] A apresentação de cada uma das minutas deixará isso ainda mais claro.
[904] A íntegra das solicitações pode ser consultada nos anexos 2, 3 e 4. No caso particular das solicitações pertinentes aos instrumentos de investimento, houve complementação da resposta da Finep por e-mail, conforme pode ser observado no anexo 5.
[905] O recurso a essas normas internas, de toda feita, não se mostrou necessária à elaboração da análise das minutas. Por conta disso elas não vieram a integrar essa pesquisa.
[906] As respostas pelo sistema e-SIC foram finalizadas 10 de agosto de 2020, com a última complementação faltante, relativa aos fundos de investimento, sendo apresentada em 10 de setembro de 2020.

panorâmica do que está sendo pactuado para evitar que o leitor tenha de consultar os documentos anexos para ter uma compreensão mínima dos ajustes.[907]

Após isso, as minutas serão objeto de uma análise qualitativa, tendo por parâmetro os seguintes questionamentos, organizados em dois eixos e orientados pelo discutido no Capítulo 2 desta pesquisa:

> 1. a) O instrumento em questão incorpora os aspectos apontados conformadores do financiamento público à inovação empresarial?
> 1. b) Em caso positivo, como eles são incorporados?
> 1. c) Em caso de ausência, qual é o contexto que a envolve?
> 2. a) O instrumento em questão incorpora aspectos atinentes às práticas experimentalistas?
> 2. b) Em caso positivo, como eles são incorporados?
> 2. c) Em caso de ausência, qual é o contexto que a envolve?

Esclareça-se, então, quais são os critérios de análise e a que eles se prestam.

O primeiro eixo contrapõe o disposto nas minutas aos conceitos abordados no item 2.2, onde foram referidos aspectos conformadores da atividade em estudo e se postulou seu potencial para distingui-la de outras formas de financiamento público. Será averiguado se tais elementos estão refletivos nos dispositivos contratuais e, em caso afirmativo, de que forma isso ocorre. Serão então buscadas cláusulas que que indiquem a presença no arranjo convencional do binômio *risco e incerteza;* da *dimensão setorial da inovação;* e da *necessidade da efetiva contabilização dos esforços inovativos.*[908]

Com o segundo eixo ocorrerá algo similar, sendo examinado se as minutas padronizadas incorporam as práticas *experimentalistas*. Dada a potencialidade de sua aproximação com o financiamento à inovação empresarial[909] entendeu-se proveitoso investigar se elas estariam de alguma forma presentes na linguagem contratual.

---

[907] Não há prejuízos, entretanto, em se avançar diretamente para a parte mais analítica caso o leitor considere adequado.

[908] Para o maior detalhamento do significado de cada um deles, cf. o discutido nos itens 2.2.1; 2.2.2 e 2.2.3.

[909] Cf., nesse sentido, as observações consignadas no item 2.3.

O *experimentalismo*, de toda forma e como já aludido, compreende significados.[910] Mesmo restringida a análise ao pensamento de Charles F. SABEL se mostrou necessário estabelecer parâmetros mais estritos para viabilizar a análise proposta.[911] Com isso, e buscando trazer a lume elementos essenciais dessa proposta de atuação governamental, foram escolhidas a *provisoriedade de objetivos*, o *caráter colaborativo* e o *compartilhamento de informações como forma de transparência* como noções norteadoras.

Apresentada a estrutura da análise há ainda alguns comentários a fazer quanto ao seu desenvolvimento.

Em primeiro lugar, esclarece-se que para a avaliação da presença dos aspectos descritos será averiguado se eles se encontram presentes de forma significativa nas minutas e relacionada ao arcabouço teórico descrito. É óbvio, por exemplo, que estruturas contratuais comportem dispositivos que lidem de alguma maneira com *incertezas* e *riscos* e prevejam a *colaboração* entre as partes.

O que se indagará é se os contratos trazem dispositivos que lidam diretamente com a *incerteza* inerente à inovação; se são previstas regras para lidar com *riscos* (como os financeiros) atinentes à transferência de recursos públicos a particular. Se ponderará se a *colaboração* é um elemento de destaque no desenvolvimento da relação contratual e, caso presente, quais expedientes assegurariam a continuidade da cooperação entre as partes.

Em segundo lugar, é importante explicitar os limites da formatação escolhida para fins de análise dos financiamentos. Embora bastante instrutiva, a análise das minutas, como é usual no estudo de instrumentos jurídicos, não captura a totalidade das dinâmicas relativas à atividade pesquisada. A *práxis* nem sempre é plenamente refletida no pactuado, além de haver outras normas que condicionam a operacionalização dessa atividade de fomento.

---

[910] Veja-se o item 2.3.2.

[911] Isso se deve também ao fato de que, além da amplitude teórica que essa proposta comporta, não faria sentido abordar algumas de suas dimensões neste trabalho. Suas possíveis conexões com temas como o da descentralização, dada a sua ênfase na busca por formas coordenadas de atuação entre centro e periferia, e o da discricionariedade administrativa, ao valorizar as contribuições e o aprendizado dos profissionais envolvidos diretamente com a atividade pública, não têm relação direta com a pesquisa em tela, malgrado a riqueza das reflexões que proporcionam.

Assim, embora a experiência do autor e a própria forma padronizada das minutas indiquem a tendência de manutenção das disposições examinadas, nada se pode extrair da amostra escolhida quanto ao efetivo cumprimento do pactuado.[912] A prática, por exemplo, pode fazer com que os dispositivos venham a ser aplicados de forma distinta da interpretação que aqui se fará deles.

Reconhecendo tal possibilidade não se quis perder a oportunidade de, quando cabível, refletir sobre a falta de previsão contratual em linha com o que seria teoricamente esperado. Com isso se pretendeu contrabalancear as limitações enfrentadas, mesmo que isso inclua recorrer a elementos externos à amostra analisada.

5.2.2 Financiamento em sentido estrito

5.2.2.1 Natureza jurídica e disciplina normativa

O financiamento *em sentido estrito*, assim qualificado para diferenciá-lo do uso mais amplo do vocábulo que tem sido empregado neste livro, tem natureza jurídica de empréstimo.[913] Por consistir em empréstimo de coisa fungível (pecúnia), ele é forma de mútuo, ensejando a transferência de domínio para consumo e decorrente surgimento do dever de restituição equivalente no futuro.

O mútuo tem características tradicionalmente destacadas pelo direito civil[914] e bancário,[915] sendo mantidos seus aspectos

---

[912] Apurar o cumprimento dos contratos o desenvolvimento envolveria métodos de análise bastante distintos dos utilizados aqui eventualmente envolvendo, por exemplo, a averiguação da frequência dos litígios (judiciais ou não) relativos aos financiamentos ou a coleta de percepções dos envolvidos (Finep, seus agentes financeiros e empresas fomentadas) nas relações contratuais.

[913] PEREIRA, Caio Mário da Silva. *Instituições de direito civil*. 12. ed. Rio de Janeiro: Forense, 2006. p. 341.

[914] Para um apanhado geral das características do mútuo, afora sua disciplina no Código Civil (arts. 586 a 592) cf. PEREIRA, Caio Mário da Silva. *Instituições de direito civil*. 12. ed. Rio de Janeiro: Forense, 2006. p. 347-356. Para um trabalho especificamente sobre o financiamento conquanto tipo de contrato, vide CARVALHO FILHO, Carlos Augusto de. *O contrato de financiamento*. 2003. Dissertação (Mestrado em Direito) – Faculdade de Direito, Universidade de São Paulo, São Paulo, 2003.

[915] Cf. ABRÃO, Nelson. *Direito bancário*. 16. ed. São Paulo: Saraiva, 2016. p. 118-130; e RIZZARDO, Arnaldo. *Contratos de crédito bancário*. 11. ed. São Paulo: Revista dos Tribunais, 2014. p. 36-49.

gerais nas contratações rotineiramente praticadas pelos financiadores.[916]

O mútuo tem natureza real, só se efetivando com a efetiva tradição (*traditio*) do objeto, não bastando a conjugação de vontades para a sua perfeição.[917] Portanto, previamente à disponibilização dos valores, os ajustes teriam natureza jurídica de promessa ou contrato preliminar (arts. 462 a 466 do Código Civil). Apesar disso, é usual que um único instrumento contratual comporte a versão preliminar e a definitiva, com cláusulas disciplinando tanto o transcorrer do mútuo quanto a resolução do negócio e sanções caso ausentes atos necessários à sua concretização.[918]

A doutrina salienta que, por se perfazer mediante *traditio*, o mútuo possuiria caráter unilateral, cabendo as obrigações associadas a esse negócio jurídico essencialmente ao mutuário, que deve restituir o emprestado. No caso do financiamento em sentido estrito, de toda forma, entende-se mais adequado considerá-lo negócio jurídico bilateral, com a presença de ambas as partes no seu desenrolar. Dois aspectos comprovam tal fato.

O primeiro a considerar é o caráter colaborativo desse tipo de ajuste, que vai além da simples disponibilização e restituição de recursos. É normalmente instituída uma relação dialógica durante a fase de acompanhamento da execução do pactuado (sendo comuns ajustes em relação ao originalmente proposto pelas empresas). A disponibilização de recursos, quando parcelada, normalmente estará condicionada ao andamento a contento dessas interações. Trata-se de uma atuação concertada para alcançar os resultados almejados.[919]

---

[916] Arnaldo Rizzardo deixa claro que aduz "iguala-se o empréstimo bancário praticamente ao mútuo comum, regrado pelo Código Civil" (RIZZARDO, Arnaldo. Contratos de crédito bancário. 11. ed. São Paulo: Revista dos Tribunais, 2014. p. 36).

[917] O art. 587 do Código Civil, que estabelece regra de responsabilidade quanto ao perecimento do objeto do contrato (*res perit domino*) é suscitada como uma das consequências de tal enquadramento.

[918] Na minuta a ser analisada *infra* isso se dá por meio de cláusula que assegura, por um lado, a extinção de pleno direito do contrato caso não ocorra a liberação dos valores para a empresa e, por outro, sanciona a desistência com a imposição de encargo por reserva de crédito. Os dispositivos estão presentes, respectivamente, na Cláusula Sétima, 1.3 e Oitava.

[919] Carlos Augusto de Carvalho Filho menciona inclusive o cabimento de exceção do contrato não cumprido no desenrolar desse tipo de ajuste. Cf. CARVALHO FILHO, Carlos Augusto de. *O contrato de financiamento*. 2003. Dissertação (Mestrado em Direito) – Faculdade de Direito, Universidade de São Paulo, São Paulo, 2003. p. 107-108.

O segundo é a função de fomento que permeia a atividade estatal subjacente ao ajuste.[920] Ela compreende uma atuação ativa do financiador, que transcende até a colaboração mencionada. Os financiadores não estarão simplesmente monitorando as condições de pagamento futuro. Seu papel é de incentivo, de estímulo à multiplicação de práticas inovadoras e de exploração de seu potencial em benefício do desenvolvimento nacional.

Nos financiamentos em sentido estrito, o mútuo tem caráter oneroso, envolvendo, como regra,[921] previsão de juros (feneratício); correção monetária; taxas[922] e comissões associadas a atividades a cargo do financiador, de forma semelhante ao praticado no mercado bancário.

É na quantificação efetiva dos juros enquanto remuneração pelo uso de capital alheio,[923] que o subsídio público geralmente incide de forma a tornar os financiamentos mais atrativos do que a captação no mercado bancário. É por isso que normalmente a sua composição é definida pela fonte dos recursos a serem disponibilizados,[924] podendo ser previstos limites para sua imposição e cálculo,[925] para além de vedações sistêmicas como a relativa ao anatocismo (a capitalização de juros, ou a cobrança de "juros sobre juros").[926]

O mútuo tem caráter temporário, uma vez que a restituição do bem fungível deve ocorrer após um lapso temporal determinado

---

[920] Para um delineamento jurídico dessa função, cf. item 6.1.

[921] A premissa da necessidade de sustentabilidade dos instrumentos de índole reembolsável, conforme discutido no item 4.3.1, conduz a tal orientação, independentemente da presença de eventual subsídio público. Tudo isso depende, de toda forma, de como é estruturada a ação de fomento. O programa *Finep Juro Zero* (descontinuado), por exemplo, ofertava financiamentos sem cobrar juros, estabelecendo apenas a necessidade de correção do débito pela inflação (Índice de Preços ao Consumidor Amplo – IPCA) e a ausência de carência, com início da amortização no mês seguinte à liberação dos valores. Cf. informações disponíveis em: http://www.finep.gov.br/apoio-e-financiamento-externa/historico-de-programa/juro-zero. Acesso em: 15 set. 2020.

[922] Na minuta a analisada, por exemplo, há cobrança de valor para atender despesas de inspeção e acompanhamento a cargo da Finep, a serem deduzidas de cada parcela do financiamento no momento do seu desembolso, conforme pode ser verificado na Cláusula Quinta, 6.

[923] GOMES, Orlando. *Obrigações*. 16. ed. Rio de Janeiro: Forense, 2005. p. 65-67.

[924] Para citar exemplos, na minuta contratual a ser examinada, os juros têm como referência a Taxa de Juros de Longo Prazo – TJLP, em razão da fonte FNDCT. Financiamentos que utilizem a fonte FUNTTEL, por outro lado, usam a Taxa Referencial – TR como base.

[925] Como as associadas à natureza jurídica do ente financiador, cabendo lembrar que mesmo as instituições financeiras estão sujeitas a limitações impostas pelo Conselho Monetário Nacional por força da Lei nº 4.595/64.

[926] Cf. ABRÃO, Nelson. *Direito bancário*. 16. ed. São Paulo: Saraiva, 2016. p. 125-128.

ou determinável.[927] É do desenvolvimento da relação contratual no tempo, diga-se, que surgem cláusulas atinentes a vencimento, pagamento (ou liquidação) antecipados e à constituição de garantias.

Dada a natureza real desses contratos, já no seu início o credor está sujeito ao risco da ausência de restituição. A pactuação de salvaguardas minimiza tal ônus, e a legislação permite a tomada de providências pelo credor caso verificadas causas que as justifiquem. O vencimento antecipado da dívida e a exigência da apresentação (em caráter de reforço ou substituição, quando já presentes) de garantias, são mecanismos importantes para os financiadores frente ao risco de *default*[928] financeiro ou do inadimplemento de obrigações como a ausência da comprovação do dispêndio para os fins pactuados ou a comprovação do desvio de recursos públicos para fins ilícitos.

O pagamento antecipado da dívida, por outro lado, serve em regra ao devedor. Ele normalmente ocorre quando esse tem acesso a recursos de forma menos onerosa que o contrato vigente. Mas nem sempre a antecipação interessa ao credor, que é remunerado pela disponibilização do capital, e planejou também ele seu fluxo de caixa com base no pactuado.

Embora haja posições doutrinárias em ambos os sentidos, majoritariamente se entende que o aceite do pagamento antecipado é prerrogativa do mutuante, que pode aceitá-lo ou não.[929] Todavia, para conferir maior equilíbrio a essa dinâmica na prática, é comum a negociação de valor diferenciado para o exercício dessa quitação especial,[930] prevenindo litígios futuros.

O aceite de pagamento antecipado no contexto do fomento à inovação traz reflexões próprias. Se uma avaliação econômico-

---

[927] O Código Civil inclusive prevê regras para a ausência de convenção expressa de prazos no art. 592, deixando clara essa ideia de temporariedade.

[928] É o que se depreende dos arts. 1.425 e 590 do Código Civil.

[929] ABRÃO, Nelson. *Direito bancário*. 16. ed. São Paulo: Saraiva, 2016. p. 122-123; e RIZZARDO, Arnaldo. Contratos de crédito bancário. 11. ed. São Paulo: Revista dos Tribunais, 2014. p. 48-49. Note-se, entretanto, que no contexto das relações de consumo a regra é outra, sendo assegurado tal direito ao mutuário no art. 52, §2º, do Código de Defesa do Consumidor.

[930] Na minuta examinada, por exemplo, é exigido o pagamento de tarifa de liquidação antecipada, conforme previsto na Cláusula Décima Quarta, item 4. Nota-se, de toda forma, que a minuta também deixa claro que a Finep se reserva um juízo discricionário quanto ao aceite do pedido formulado pela financiada (item 2.1.2).

financeira seria o principal fator a considerar para instituições financeiras atuando no mercado de crédito bancário,[931] as agências de fomento têm também de sopesar qual alternativa melhor incentiva a continuidade de esforços inovativos por parte da empresa financiada.

Por fim, há um elemento característico dos financiamentos em sentido estrito que o identifica perante outras formas de mútuo. É para sublinhá-lo que, além de se estar em consonância com a terminologia da Lei de Inovação,[932] se optou pelo vocábulo *financiamento* para descrever o instrumento em questão, ao invés de chamá-lo de *empréstimo*,[933] *crédito reembolsável* ou qualquer expressão congênere.[934] Trata-se do direcionamento dos valores concedidos ao custeio de objetivo predeterminado.[935]

Assim, o contrato de financiamento

> consiste no acordo de vontades em que uma das partes, a instituição financeira,[936] concede com destinação certa bem fungível ao tomador do empréstimo, mediante o pagamento de juros. [...] Leva-se em consideração a utilização que será dada aos capitais. Deve-se estabelecer, ainda a distinção entre financiamento e empréstimo {mútuo oneroso}. Ambas são operações que consistem no adiantamento de fundos. Mas, no mútuo, o fornecedor dos recursos não se interessa pelo destino

---

[931] Não se ignora que mesmo nessas são também ponderadas preocupações de índole comercial ou associadas ao relacionamento com clientes determinados, fazendo com que nem sempre essa avaliação possa se bastar em avaliações matemáticas.

[932] Lembre-se, assim, que o já referido art. 19, §2º-A, inciso I, arrola o "financiamento" como um dos instrumentos de estímulo à inovação nas empresas.

[933] Maria Hermínia Pacheco e Silva MOCCIA, por exemplo, denomina *empréstimos em condições favoráveis* os realizados pelo BNDES durante o exercício de sua função de fomento. Cf. MOCCIA, Maria Hermínia Pacheco e Silva. *Parâmetros para utilização do fomento econômico*: empréstimos pelo BNDES em condições favoráveis. Rio de Janeiro: Lumen Juris, 2015. p. 132-143.

[934] Ressalvado o fato de que, em outras oportunidades neste livro e para evitar repetições e confusões com o financiamento em sentido amplo, tenham sido expressões como essas utilizadas em outros momentos.

[935] Nas palavras de Caio Mário da Silva Pereira, "obriga-se a fornecer numerário em parcelas na medida da necessidade de custeio, ou de atendimentos de compromisso do devedor, resultantes de negócio determinado" (PEREIRA, Caio Mário da Silva. *Instituições de direito civil*. 12. ed. Rio de Janeiro: Forense, 2006. p. 354). Registe-se que o autor não falava em "financiador", mas em "banco" na citação original. Entende-se possível adaptar, sem grandes prejuízos, à locução à linguagem da presente pesquisa mesmo que nem todos os financiadores aqui abrangidos tenham natureza bancária (ou mesmo de instituição financeiras). O instituto estudado, de toda forma, guarda grande similitude com o que é praticado por esses.

[936] Também aqui não se entende a menção a instituição financeira como prejudicial aos raciocínios desenvolvidos.

deles, enquanto que, no financiamento, há um interesse no destino dos fundos.[937]

Cabe dizer que essa orientação é também condizente com o Plano Contábil das Instituições do Sistema Financeiro Nacional – COSIF, que serve à uniformização dos registros contábeis das instituições financeiras. Nele, os financiamentos são identificados como "as operações realizadas com destinação específica, vinculadas à comprovação da aplicação dos recursos. São exemplos os financiamentos de parques industriais, máquinas e equipamentos, bens de consumo durável, rurais e imobiliárias".[938]

Assim, mesmo que seja da natureza do empréstimo de coisas fungíveis o consumo do bem transferido, nos financiamentos é imprescindível a comprovação de dispêndios descritos no acordado. No fomento à inovação o *projeto* ou o *plano* desempenham papel central para a mensuração do adimplemento contratual, que não se resume, portanto, à mera restituição de valores somados aos encargos pertinentes.[939]

5.2.2.2 Noções relevantes

5.2.2.2.1 Financiamento direto ou indireto (descentralizado)

Os financiamentos em sentido estrito podem assumir a forma direta ou indireta (descentralizada). No primeiro caso, o financiador disponibiliza os recursos ele mesmo à empresa, sejam eles frutos

---

[937] CARVALHO FILHO, Carlos Augusto de. *O contrato de financiamento*. 2003. Dissertação (Mestrado em Direito) – Faculdade de Direito, Universidade de São Paulo, São Paulo, 2003. p. 100-101. Neste trabalho, o autor visa a distinguir o contrato de financiamento de diversos outros institutos jurídicos, incluso o mútuo. Entende-se que a proximidade das duas modalidades contratuais, de toda forma, não prejudica os comentários apresentados *supra*.

[938] Circular do BACEN de nº 1.273/87, que as identifica, em seu capítulo Normas Básicas – 1, seção Operações de Crédito – 6, na classificação das operações de crédito, no item 2, "c". Cf. Circular nº 1.273/87, disponível em: https://www.bcb.gov.br/estabilidadefinanceira/exibenormativo?tipo=Circular&numero=1273. Acesso em: 14 set. 2020.

[939] Cf., para observações quanto ao *projeto* ou o *plano*, o item 4.3.2. No caso da minuta a ser analisada, por exemplo, a dimensão adotada é a do *plano*.

de captação externa ou próprios.⁹⁴⁰ É o que se dá na minuta a ser analisada abaixo, em que a Finep concede diretamente recursos obtidos junto ao FNDCT.

No segundo caso, o financiador repassa recursos condicionalmente a outros agentes incumbidos de direcioná-los às empresas. Essa é uma estratégia relevante para incrementar a capilaridade do fomento à inovação, privilegiando também princípios como os da redução das desigualdades regionais e descentralização e desconcentração das atividades de CTI.⁹⁴¹

Já se consignou que a origem dos recursos impõe condicionantes relevantes à atividade em estudo.⁹⁴² A via indireta, por sua vez, torna ainda mais complexa a disciplina jurídica incidente sobre os empréstimos. Além de terem de ser consideradas as particularidades operacionais do agente financeiro descentralizado também devem ser consideradas as exigências do descentralizador, que usualmente estabelece regramentos padronizados para garantir que os dispêndios atinjam as finalidades públicas desejadas. Isso pode ser visto com bastante clareza na Finep.⁹⁴³

O *Finep Inovacred*,⁹⁴⁴ utilizado como mecanismo indireto para a concessão de financiamentos em sentido estrito, disponibiliza recursos a uma rede de agentes credenciados⁹⁴⁵ espalhados

---

⁹⁴⁰ Essa divisão é dotada de certa artificialidade, que fica mais clara quando os recursos são captados com a intermediação de outra instituição financeira. Ela, de toda forma, não deixa de ser útil para compreender detalhes do manejo de alguns instrumentos de financiamento, como o em análise.

⁹⁴¹ Art. 1º, incisos III e IV, da Lei nº 10.973/04.

⁹⁴² Relembre-se as observações atinentes às fontes de recursos promovidas no item 3.3.2.

⁹⁴³ Ao menos para esse financiador as contratações para concessão de crédito direto somam valores mais altos (embora envolvam um número menor de contratos) do que as descentralizadas. De um total de aproximadamente 2.3 bilhões contratados em 2019, cerca de 2 bilhões são referentes às contratadas pela via direta e quase 300 milhões pela indireta, referindo-se tais valores a 35 e 111 operações, respectivamente. Cf. BRASIL. Financiadora de Estudos e Projetos. *Relatório da Administração*. Rio de Janeiro: Finep, 2019. p. 14.

⁹⁴⁴ Sobre o programa, vide informações disponíveis em: http://www.finep.gov.br/apoio-e-financiamento-externa/programas-e-linhas/inovacred-empresa-e-ict-s. Acesso em: 16 set. 2020. Vale dizer que o *Finep Inovacred* apresenta vários subprogramas, utilizando mais de uma fonte e tendo cada um deles regras específicas, tais como o *Finep Inovacred Conecta*, dedicado a estimular interações com ICTs; o *Finep Inovacred 4.0*, voltado à Indústria 4.0. e outros, que podem ser encontrados no endereço eletrônico dessa instituição.

⁹⁴⁵ Sobre o credenciamento desses agentes, cf. informações disponíveis em: http://finep.gov.br/apoio-e-financiamento-externa/credenciamento-de-agentes-financeiros. Acesso em: 16 set. 2020.

pelo país. Esses agentes, que por sua vez ofertam os recursos às empresas, podem ser bancos de desenvolvimento, bancos múltiplos, cooperativas de crédito, ou agências estaduais de fomento. Eles assumem o risco (financeiro) da operação de crédito e se responsabilizam pelo fomento, análise, acompanhamento, repasse de recursos às financiadas, prestação de contas (a ser exigida das empresas) e cobrança do débito, no caso de inadimplemento. Conduzindo suas atividades com autonomia, as concessões de recurso têm, entretanto, de cumprir regras aceitas quando do seu credenciamento no programa.[946]

5.2.2.2.2 Garantias

A constituição de garantias é um expediente rotineiro para mitigar o risco de inadimplemento financeiro nos financiamentos em sentido estrito. Nem sempre, entretanto, é fácil produzir este arranjo.

Muitas vezes as empresas não dispõem de garantias reais ou fidejussórias a ofertar, o que pode impossibilitar o seu acesso a recursos subsidiados independentemente de sua intenção de inovar. Isso é usual em empresas de pequeno porte, dotadas de menos capital em termos de patrimônio ou receita.

Trata-se não raro de um desafio às atividades de fomento, uma vez que os financiadores, além da prudência naturalmente decorrente do manejo de recursos públicos, ainda precisam ponderar limitações associadas ao tipo de empréstimos concedidos ou à composição global de sua carteira.[947] Obstáculos burocráticos (como

---

[946] A disciplina dessa relação entre Finep e agentes credenciados, assim como diretivas para a atuação dos últimos, encontram-se presentes em Regulamento e Manual Operacional produzidos pela Finep, obtidos via solicitação eletrônica (anexo 2). Considerando as dimensões dos documentos, de 96 e 60 páginas, respectivamente, junta-se apenas (anexo 1) a parte do regulamento atinente ao *Finep Inovacred*, sem outros subprogramas, para permitir uma visualização da disciplina jurídica decorrente da adesão do agente ao programa.

[947] Para instituições financeiras, há restrições referentes ao nível de exposição ao risco em sua carteira de empréstimos, como as decorrentes dos Acordos de Basileia. Sobre o tema, para uma introdução rápida, cf. Recomendações de Basileia, disponíveis em: https://www.bcb.gov.br/estabilidadefinanceira/recomendacoesbasileia. Acesso em: 17 set. 2020. No caso particular da Finep, os seus limites operacionais são estabelecidos pela Portaria nº 452/13 do MCTI. Nessas se encontram previstas regras quanto ao nível de risco de

a ineficiência e ausência de padronização dos cartórios de registros de imóveis no país) e a insegurança jurídica geral que permeia os negócios no país (tornando garantias como as relativas às cessões de direitos menos atrativas, inclusas as oponíveis a entes estatais) somam-se a tal quadro, tornando a disponibilidade de garantias (em especial as de mais fácil execução, como as fianças bancárias) um elemento decisivo para sua efetivação das operações de financiamento em sentido estrito.[948]

Dadas todas essas dificuldades não raro surgem questionamentos quanto à possibilidade dos financiadores, uma vez que integrem o Poder Público, dispensarem tal exigência.

Uma vez que se atue com cautela e profissionalismo, seguindo à risca todas as normas aplicáveis *in casu*,[949] e que a disponibilização do capital ocorra de forma consentânea com o interesse público (sendo apresentada motivação devida para comprová-lo) e sem qualquer indício de dolo ou culpa, não se vislumbra óbices para a dispensa.[950] A dispensa também não desnatura o instrumento de apoio em comento, dado que permanece o dever de restituição que lhe é essencial.

Entretanto, por significar prescindir de um poderoso mecanismo de mitigação de risco, a dispensa de garantia deve ser

---

crédito aceito nas operações de crédito a título reembolsável. Há interferência direta do tipo de garantia escolhida para a quantificação de tal risco, conforme se depreende de seu art. 1º, §1º.

[948] Para uma abordagem dos desafios relativos à utilização das garantias nos contratos de financiamento, cf. SANTOS, Fabio Gomes dos; TONETTI, Rafael Roberto Hage; MONTEIRO, Vítor. Desafios jurídicos para o fomento financeiro da inovação pelas empresas. *In*: COUTINHO, Diogo R.; FOSS, Maria Carolina; MOUALLEM, Pedro Salomon B. (org.). *Inovação no Brasil*: avanços e desafios jurídicos e institucionais. São Paulo: Blucher, 2017. p. 202-206.

[949] Note-se, por exemplo, que a Resolução nº 394/76 do CMN exige que os Bancos de Desenvolvimento (Estaduais) façam constar em suas análises a verificação da suficiência das garantias ofertadas (art. 14, parágrafo único, "f") de forma compatível com a exposição de risco assumida por esses (art. 20). Com isso, mesmo que não haja uma vedação expressa à dispensa de garantia, impõe-se aos destinatários dessa norma uma explícita ponderação sobre o tema, fazendo com que a ausência exija no mínimo sólidas justificativas.

[950] Não se considera presente, assim, ofensa ao art. 10, inciso VI, da Lei nº 8.429/92. Tal dispositivo proíbe a realização de "operação financeira sem observância das normas legais e regulamentares ou aceitar garantia insuficiente ou inidônea". Estaria, caso cumpridas as exigências elencadas no corpo do texto, dentre outros fatores, afastado o dispositivo por estar ausente o elemento subjetivo necessário à prática do ato de improbidade. Não se deve esquecer, ademais, ser pertinente interpretar o dispositivo da lei mencionada tendo em conta a função de fomento praticada, o que é fundamental para a aferição da consecução do interesse público.

reservada a situações extraordinárias e de destacada satisfação dos interesses coletivos. Nesses casos, a finalidade pública perseguida pode vir a justificar o incremento do risco, que pode ser aceito caso se tomem os cuidados mencionados. Também é recomendável que a dispensa seja acompanhada de mecanismos que visem a assegurar a higidez econômica da empresa, mitigando o risco de inadimplemento por outras vias.

5.2.2.2.3 Formas de subsídio: a equalização como exemplo

Por *subsídio*[951] se faz menção às medidas que incentivam a formalização dos financiamentos em sentido estrito, sendo mais benéficas ao tomador do que o praticado usualmente no mercado de crédito.

Elas se manifestam muitas vezes em alterações nas condições de restituição dos valores,[952] sendo os subsídios idealmente configurados de forma condizente com as necessidades de fomento à inovação em geral e com o contexto brasileiro.[953] Assim, eles podem consistir em mudanças nos prazos para o pagamento da dívida, atrasando o início da quitação do principal ou do principal e seus acessórios, como os juros; serem multiplicadas as parcelas de amortização, diluindo-as no tempo e postergando a quitação da dívida como consequência; ou até mesmo sobre o valor final a ser pago, modificando parâmetros para o cálculo de sua composição.

---

[951] Subsídio é aqui tomado como conceito representativo de um conjunto de medidas. Nesse sentido, algumas de suas manifestações podem ser enquadradas em categorias jurídicas mais específicas, como é o caso da *equalização*, a ser abordada abaixo.

[952] Há, naturalmente, outros expedientes para tornar os empréstimos mais atrativos ou viáveis, como facilitar a oferta de garantias para salvaguardá-los (como ocorre com a estruturação de um fundo garantidor de créditos) ou conceder incentivos tributários para diminuir a eventual tributação decorrente das operações financeiras pertinentes. De toda forma, o enfoque é dado às condições de restituição por elas constituírem o ponto mais relevante na configuração usual dos incentivos que permeiam a atuação estudada.

[953] Relembre-se as problemáticas atinentes ao custeio da inovação e do financiamento de longo prazo no país, mencionados nos itens 1.3.3 e 2.1.2.

As taxas de juros nos contratos com fonte FNDCT adotados pela Finep[954] bem ilustram a presença de subsídio dada sua redução mediante a aplicação de *equalização*.

Segundo a Lei do FNDCT (Lei nº 11.540/07), a equalização é uma das formas não reembolsáveis para aplicação de receitas desse fundo (art. 12, inciso I, alínea "c"). Essa condição é repetida no regulamento pertinente, além de ser especificado que caberá ao Ministro da Ciência, Tecnologia e Inovação aprovar os parâmetros de aplicação dos recursos desse fundo e fixar limites máximos anuais destinados a ela (art. 13, inciso III e §6º, do Decreto nº 6.938/09). Quanto à sua natureza jurídica, ela pode ser enquadrada como forma de subvenção econômica (em geral), segundo os termos da Lei nº 4.320/64.[955]

O Decreto nº 4.195/02 também a disciplina, destacando-se que a competência ministerial é exercida a partir de encaminhamento da Finep à Câmara Técnica de Políticas de Incentivo à Inovação que, por sua vez, propõe ao Ministro de Estado os parâmetros e limites mencionados (art. 13).[956] Esse diploma também define a equalização em questão[957] como "a cobertura da diferença entre os encargos compensatórios dos custos de captação e operação e do risco de crédito, incorridos pela FINEP, e os encargos compatíveis com o desenvolvimento de projetos de inovação tecnológica" (art. 14).

Desses dispositivos normativos se extrai que (i) a equalização serve para amenizar o desnível existente entre o que deveria ser cobrado pela Finep para cobrir os custos decorrentes da captação e intermediação financeira e o que seria desejável ao

---

[954] Nesse tipo de contrato, como mostra a minuta a ser analisada *infra*, podem ser localizados outros mecanismos para torná-los mais atrativos. É o caso também dos prazos alongados de carência e pagamento, decorrentes das condições privilegiadas dessa fonte de recursos.

[955] Essa categoria, e sua espécie voltada à inovação, será abordada no item 5.2.3.1.

[956] Tal dinâmica também se encontra relatada no art. 4º, §7º, da Portaria nº 7.252/19, que dispõe sobre as normas gerais de organização e funcionamento do FNDCT. Não se deixe de notar, ademais, que as projeções devem ser de longo prazo, devendo as previsões sobre equalização no Plano Anual de Investimentos do fundo necessariamente contemplar os próximos dez anos (art. 28, inciso VIII).

[957] Observe-se que a expressão equalização, com significado bastante similar ao discutido aqui, também pode ser encontrada na configuração de outras formas de subsídio, como ocorre no já mencionado Programa de Sustentação do Crescimento – PSI, conforme pode se notar na Lei nº 12.096/09.

fomento à inovação; e que (ii) essa harmonização é possibilitada pelo emprego de recursos não reembolsáveis, disponibilizados segundo critérios definidos pela autoridade ministerial. É essa configuração que torna a concessão de crédito viável e sustentável para o financiador.[958]

Convém trazer a lume a Portaria MCTIC nº 1.819/20,[959] que aprova os parâmetros de aplicação dos recursos e os limites máximos anuais para 2020, para mostrar o funcionamento concreto desse subsídio. Além de prever regras pertinentes ao cálculo do que será equalizado,[960] ela estabelece como isso ocorre no caso do crédito concedido diretamente.[961]

Figura 6 – Parâmetros de aplicação dos recursos.[962]

Enquadramento necessário	Valor percentual a ser equalizado
Linha 1 - Inovação Crítica	90% da TJLP
Linha 2 - Inovação Pioneira	70% da TJLP
Linha 3 - Inovação para Competitividade	50% da TJLP
Linha 4 - Inovação para Desempenho	10% da TJLP

Os índices apresentados demonstram como a incidência do subsídio, que cobre parcela da TJLP[963] com recursos não reembolsáveis,[964] acentua-se inclusive conforme o financiamento

---

[958] A *equalização* tem um sentido de efetivamente igualar, equacionar, tornar uniforme e, nesse caso, viabilizar (assumindo-se, claro, que ela cubra os custos para que os empréstimos não se tornem deficitários) os financiamentos em sentido estrito.

[959] Cf. http://www.mctic.gov.br/mctic/opencms/legislacao/portarias/Portaria_MCTIC_n_1819_de_23042020.htm. Acesso em: 18 jun. 2020.

[960] Estabelecendo, por exemplo, que o *spread* da Finep não deve ser equalizado por expressa previsão normativa, devendo ficar a cargo do cliente que solicitou o empréstimo (art. 1º, inciso I, alínea "a" e inciso IV, da Portaria nº 1.819/20).

[961] Também pode haver equalização no uso indireto (descentralizado) dessa fonte. Também nesse caso ela não deve ser utilizada para cobertura do *spread* da Finep ou do agente financeiro, conforme inclusive deixa claro o art. 20 do regulamento constante do anexo 1.

[962] Adaptado de Portaria MCTIC nº 1.819/20.

[963] Relembre-se, oportunamente, que a Finep capta recursos frente ao FNDCT tendo como referência a TJLP, seguindo orientações previstas no anexo do Decreto nº 6.938/09.

[964] Para o ano de 2020, o art. 4º da Portaria estabelece o limite máximo de 254 milhões a serem utilizados para equalização. Apesar de se tratar de valor considerável, especial-

em sentido estrito envolve planos de maior intensidade inovativa. Observem-se as linhas em que podem ser enquadradas as propostas, após sua avaliação técnica e financeira pelo financiador:[965]

> *Inovação Crítica*: Destinada a ações de interesse estratégico para o País. Esta linha se aplicará a propostas demandadas pelo governo que expressem a necessidade de desenvolvimento tecnológico para atendimento a prioridades nacionais de interesse estratégico.
>
> *Inovação Pioneira*: Destinada a PEIs[966] que apresentam elevado grau de inovação e de relevância para o setor econômico beneficiado. As propostas devem resultar em inovações por meio do desenvolvimento de produtos, processos ou serviços inéditos para o Brasil.
>
> *Inovação para Competitividade*: Destinada a PEIs centrados no desenvolvimento ou significativo aprimoramento de produtos, processos ou serviços que tenham também potencial de impactar o posicionamento competitivo da empresa no mercado.
>
> *Inovação para Desempenho*: Destinada a PEIs que resultam em inovações de produtos, processos ou serviços no âmbito da empresa. Esses planos se qualificam como uma iniciativa da organização de adotar uma estratégia de inovação, ainda que possam ter impacto limitado no setor econômico no qual estão inseridos. Podem ser centrados em atualização tecnológica, por meio da absorção ou aquisição de tecnologia, sendo capazes de impactar na produtividade da empresa, em sua estrutura de custos ou no desempenho de seus produtos e serviços.[967]

---

mente ao se pensar na sua índole não reembolsável, ele serve para alavancar empréstimos que atingem as cifras dos bilhões. A exigência de equalização, no contexto em que ela é praticada, é uma decorrência da opção pelos empréstimos enquanto mecanismo de fomento. Em 2018, segundo o relatório de administração do FNDCT, R$ 294,9 milhões destinados à equalização foram integralmente empenhados e liquidados incluindo a cobertura das despesas de sua administração sendo que, em " média, cerca de 800 financiamentos receberam recursos de equalização mensalmente, incluindo operações diretas e descentralizadas (operadas por agentes financeiros cadastrados)". Vide BRASIL. Fundo Nacional de Desenvolvimento Científico e Tecnológico. *Relatório de Gestão do Exercício de 2018*. Rio de Janeiro: FNDCT, 2018. p. 81.

[965] Vide o que foi discutido nos itens 4.2.2 e 4.3.3, *supra*.

[966] Um PEI é um *Plano Estratégico de Inovação*, linguagem adotada para denominar as propostas de financiamento enviadas à Finep.

[967] Essas são apenas algumas das linhas de financiamento ofertadas pela Finep, escolhidas para ilustrar o tema discutido. Há outras ações que podem tornar ainda mais atrativas as condições de juros (o *Finep Conecta*, que privilegia interações com ICTs, é um exemplo). A totalidade delas, assim como sua apresentação de forma amigável para que seja compreendida pelos clientes da Finep, pode ser encontrada em http://www.finep.gov.br/a-finep-externo/condicoes-operacionais. Acesso em: 18 set. 2020.

Veja-se, por fim, tabela que apresenta as condições de financiamento efetivamente oferecidas pela Finep, baseadas nas categorias elencadas acima:[968]

Figura 7 – Condições de financiamento oferecidas pela FINEP[969]

FINANCIAMENTO REEMBOLSÁVEL DIRETO
Apoio Direto à Inovação

LINHA DE AÇÃO	TAXA*	PRAZO DE CARÊNCIA	PRAZO TOTAL	PARTICIPAÇÃO DA FINEP
Inovação Crítica	TJLP - 0,419% a.a.	Até 48 meses	Até 144 meses	Até 90%
Inovação Pioneira	TJLP + 0,563% a.a.			
Inovação para Competitividade	TJLP + 1,545% a.a.			
Inovação para Desempenho	TJLP + 3,509% a.a.	Até 36 meses	Até 120 meses	Até 80%
Difusão Tecnológica para Inovação	Selic + 5,0% a.a.			

* A parcela equalizada equivale a, respectivamente, 90%, 70%, 50% e 10% da TJLP, determinada no momento da aprovação do projeto. Não há equalização de taxas de juros na linha de ação Difusão Tecnológica para Inovação.
A taxa pode ser reduzida em 0,7 pontos percentuais conforme risco da operação.

Mostra-se, então, evidente que o subsídio propiciado pela equalização é uma benesse relevante. Por conta disso, e para dar o devido valor à verba pública, são normativamente previstas normas para sua utilização[970] e que são transplantadas para os contratos de financiamento em sentido estrito.

Finalmente, também não se deixe de salientar que a esse subsídio está associado a um instrumento de apoio normalmente associado ao longo prazo,[971] o que se bastante pertinente à longa maturação dos esforços inovativos.

---

[968] Observe-se que as condições apresentadas são válidas para projetos aprovados de 1 de julho de 2020 até 30 de setembro de 2020, sendo a TJLP de referência equivalente a 4,91% a.a. O Cálculo dos juros, para as operações diretas é composta por (Captação – Equalização) + *Spread* Finep + *Spread* de risco, segundo as condições operacionais mencionadas. Outras clarificações podem ser encontradas em: http://finep.gov.br/perguntas-frequentes-menu. Acesso em: 18 set. 2020.

[969] Adaptado de *Condições Operacionais de 2020*. Disponível em: http://www.finep.gov.br. Acesso em: 15 dez. 2024.

[970] A Portaria MCTI nº 208/14 prevê exigências para a concessão da equalização, como a que os projetos ou programas de desenvolvimento tecnológico sejam desenvolvidos no país, e hipóteses para o expurgo do benefício, tais como as relativas a inadimplemento contratual (seja da perspectiva financeira, com mora no pagamento, ou seja técnica, com paralisação injustificada do projeto, ou aplicação dos recursos em fins diversos do pactuado). Vide Portaria MCTI nº 208/14.

[971] Retomando a tabela com os prazos máximos dos empréstimos apresentados *supra*, explica-se que a amortização do principal se inicia apenas após a carência, sendo, portanto, o prazo total do financiamento a referência para se estabelecer em quanto tempo a dívida terá de

5.2.2.3 Análise de minuta contratual padrão: financiamento direto

Apresentados os aspectos gerais dos financiamentos em sentido estrito, pode-se, conforme prometido, passar ao exame de uma dentre as configurações possíveis adotadas para sua efetivação. Trata-se da minuta padronizada utilizada pela Finep para a celebração de financiamento direto, dissociada de qualquer programa específico (tendo, portanto, natureza geral), e utilizando fonte FNDCT.[972]

Essa minuta serve de referencial básico para todas as outras formas de concessão de crédito praticadas por esse financiador, provavelmente em decorrência da tradicional conexão entre a Finep e o FNDCT.[973] Há, assim, bastante similaridade entre o seu conteúdo e o das outras minutas padronizadas a que se teve acesso, que normalmente constituem versões adaptadas dessa minuta base.[974]

Mesmo deixando claro que é operada por ente público, a minuta adota o linguajar corrente do mercado de crédito bancário. Assim, além das cláusulas assecuratórias da execução do *plano* fomentado, estão presentes mecanismos para a garantir a restituição futura dos valores, assegurando prerrogativas ao credor caso haja imprevistos como a diminuição da capacidade econômico-financeira do devedor. Há, de toda forma, relação jurídica menos verticalizada

---

ter todas as suas parcelas quitadas. Com isso, os contratos podem contar com prazos de até 144 meses (12 anos) na melhor das hipóteses.

[972] A minuta pode ser consultada no anexo 6 que, como os demais anexos, está disponível na versão integral da tese defendida na Faculdade de Direito da Universidade de São Paulo. Além dela, em razão da solicitação constante no anexo 2, foram disponibilizadas minutas padronizadas relativas aos financiamentos diretos realizados no âmbito do programa *Finep Conecta* (também fonte FNDCT); *Finep Aquisição Inovadora* (fonte FUNTTEL); e com fonte FUNTTEL em geral, sem associação a um programa específico. Tendo sido apenas essas minutas as disponibilizadas, assume-se que, no momento da solicitação, elas representavam a totalidade dos tipos de empréstimo sendo concretamente operados no período. Sobre os programas mencionados, vide informações disponíveis em: http://www.finep.gov.br/apoio-e-financiamento-externa/programas-e-linhas/finep-aquisicao-inovadora. Acesso em: 23 set. 2020.

[973] Relembre-se o histórico apresentado no item 4.2.1.

[974] Nesse sentido, exemplos de variação incluem a adequação das taxas de juros em razão da fonte, a exigência de comprovação de parcerias com as ICTs (*Finep Conecta*), ou de aquisição de bens listados em portaria do MCTI (*Finep Aquisição Inovadora*).

do que a verificada em outras interações com entes públicos para fins de fomento. Isso se deve provavelmente por uma relação de codependência entre financiador e financiado, uma vez que mesmo o financiador depende da remuneração do financiado para continuar a desempenhar suas funções a contento.[975]

No que concerne à sua estrutura, a minuta contratual é composta por 24 cláusulas, sendo destacadas aquelas tidas como mais essenciais à compreensão do ajuste a ser estudado. Entre as partes figuram a Finep e sempre ao menos uma "Financiada",[976] que pode ser acompanhada de uma ou mais "Intervenientes Executoras" (que não recebem os recursos, mas que podem participar na execução do pactuado, o que pode ser importante para fins de comprovação dos dispêndios pertinentes) e/ou de "Intervenientes Fiadores ou Garantidores", quando constituída garantia fidejussória ou real.[977]

A Cláusula Primeira, em seu item 1, explicita o cerne da relação contratual. Ela prevê que o "objetivo do financiamento ora concedido é custear, parcialmente, despesas incorridas na elaboração e execução do Plano Estratégico de Inovação aprovado e disponibilizado pela Finep, que a FINANCIADA declara conhecer e concordar". Fica então claro que o *plano* aprovado pela Finep é o referencial para o desenvolvimento do vínculo jurídico,[978] mesmo que seja possível ajustá-lo (itens 2 e 3) conforme se mostre necessário.

As Cláusulas Segunda e Terceira, uma vez agrupadas, permitem vislumbrar o valor total da iniciativa fomentada ao explicitarem a quantia custeada pela Finep e pela Financiada,

---

[975] Nisso ela é bastante distinta da verificada na minuta analisada no item 5.2.3.3, relativa à subvenção econômica. Nela há bastante verticalidade, que faz lembrar formas de atuação estatais mais tradicionais em que preocupações com o manejo de finanças públicas e com os órgãos de controle são mais explícitas.

[976] A Financiada pode ser também executora do plano ou apenas ser aquela que capta os recursos, o que pode se mostrar adequado à estruturação de operações com grupos empresariais. Note-se que, sendo esse o caso, aplicam-se disposições especiais, previstas na Cláusula Terceira, 2 e 3, visando a comprometê-la com a realização do pactuado. As pessoas jurídicas responsáveis pela execução do plano (a premissa é de que essas sejam empresas, como discutido no item 2.1.1) devem sempre figurar no contrato.

[977] Na estrutura da minuta, o Interveniente Fiador é a pessoa física ou jurídica que concede fiança. Já o Interveniente Garantidor é o proprietário do imóvel dado em garantia. Registra-se, de toda feita, que em casos de fiança bancária a instituição financeira não precisa integrar o contrato, bastando apenas a apresentação de documento comprobatório pelo devedor para a constituição dessa garantia no financiamento.

[978] Para observações comparando a temática do *plano* e do *projeto*, cf. item 4.3.2.

na forma de contrapartida.⁹⁷⁹ A Cláusula Quarta disciplina como os valores emprestados serão disponibilizados e como se dará o reconhecimento das despesas pelo ente financiador, dado que é necessária à comprovação da execução do objeto pactuado. A Cláusula Décima deve ser lida em conjunto com a última, pois valores desembolsados e cujo dispêndio não tenha sido realizado ou que não tenha sido aprovado pela Finep deverão ser devolvidos pela Financiada, tornando claro que os valores são concedidos para fins de satisfação do interesse público.

A Cláusula Quinta disciplina os encargos financeiros⁹⁸⁰ atinentes ao empréstimo. Em seu interior pode ser destacada a composição da taxa de juros (reduzida, como se viu, por *equalização*),⁹⁸¹ as regras para pagamento da dívida, a sistemática de multa e incidência de juros moratórios em caso de atraso. A Cláusula Sexta complementa esse quadro, trazendo regras sobre a amortização (deixando claras, por exemplo, a quantidade de parcelas e seus vencimentos) e carência, sendo que, durante a vigência da última, a Financiada não paga o principal da dívida, que só começará a ser quitado com o início da amortização, mas tão só os juros.⁹⁸² A Cláusula Décima Primeira, também relacionada aos temas mencionados, esclarece que o saldo devedor será composto pelo valor das parcelas desembolsadas, acrescida dos encargos, deduzidos dos pagamentos efetuados pela Financiada, e a Décima Segunda estabelece regras assegurando a obrigatoriedade do reconhecimento da certeza e liquidez da dívida por parte da Financiada.

A Cláusula Sétima condiciona a utilização do crédito pela devedora, arrolando diversas exigências para o dispêndio da verba pública. Entre elas figuram exigências decorrentes da inserção da

---

⁹⁷⁹ Observe-se, de toda forma, que o plano pode acabar custando mais do que o pactuado, cabendo à empresa fomentada o custeio das despesas excedentes.

⁹⁸⁰ O conjunto dos encargos contratuais previstos no instrumento consta da Cláusula Vigésima Terceira.

⁹⁸¹ A cláusula quinta, item 2, dispões que: "[s]obre o principal da dívida incidirão, *pro rata temporis*, juros compostos de TJLP reduzidos por EQUALIZAÇÃO em x% (valor por extenso), acrescidos de 4% (quatro por cento) ao ano a título de SPREAD". Relembre-se que a redução da taxa de juros é mais intensa conforme a linha de financiamento conforme explicado *supra*, ilustrando como o incentivo é calibrado com base na intensidade da inovação a ser fomentada.

⁹⁸² Cláusula Quinta, 4.

Finep na Administração Federal;[983] relativas à responsabilidade socioambiental, tendo de ser apresentado licenciamento ambiental quando exigível diante do plano a fomentar; e associadas às garantias ofertadas. As últimas deverão figurar na Cláusula Nona, sendo possibilitada a solicitação de sua alteração pela Financiada ou de reforço de garantias pela Finep.[984]

A Cláusula Décima Terceira disciplina a liquidação antecipada da dívida. No documento em análise, a Finep se reserva o direito de recusa do pagamento prévio, exigindo de liquidação caso essa venha a ser deferida, sendo destacado que a quitação não exime a Financiada da comprovação da execução do pactuado, dado o caráter dúplice da adimplência (técnica e financeira) no tipo de contrato celebrado.

Há ainda cláusulas que arrolam importantes obrigações para a Financiada e para outros Intervenientes. O grosso delas se encontra na Cláusula Décima Quarta, englobando diversas dimensões da relação contratual. Assim, há deveres associados à execução do Plano Estratégico de Inovação e assecuratórios de seu monitoramento por parte da Finep; à manutenção de capacidade de pagamento pela empresa e da idoneidade das garantias constituídas para salvaguardar o credor; à divulgação do apoio concedido; à vedação da prática de atos ilegais; e que reiteram o compromisso de cumprimento de normas administrativas em geral (relativas a meio ambiente, propriedade intelectual etc.).[985] Regras de sucessão empresarial, para garantir que as obrigações contratuais do devedor e demais intervenientes continuem a ser adimplidas, são previstas na Cláusula Décima Nona.

Também se encontram previstas cláusulas disciplinando a aplicação de sanções à Financiada. Multas são arroladas na Cláusula

---

[983] Relembre-se, nesse sentido, o discutido no item 3.1.1.

[984] O manual de garantias, ilustrando aquelas que podem ser ofertadas em contratos celebrados com a Finep, pode ser consultado em http://finep.gov.br/apoio-e-financiamento-externa/programas-e-linhas/apoio-direto-a-inovacao. Acesso em: 31 ago. 2020. Esclareça-se, ademais, que a garantia aceita também dependerá de avaliação de crédito da Financiada, o que pode limitar substancialmente o rol de garantias que poderão ser constituídas para viabilizar um determinado financiamento.

[985] A Cláusula Décima quinta, somando-se a tais obrigações, registra o compromisso das partes com a manutenção de uma conduta lícita e íntegra, complementando e especificando as obrigações do artigo anterior.

Décima Sexta, visando a desincentivar o descumprimento das obrigações contratuais, tendo natureza fixa ou periódica a depender da infração cometida. A Cláusula Oitava estabelece o "encargo por reserva de crédito", tendo a função de criar incentivos para que as empresas efetivamente recolham a verba que lhes foi disponibilizada; e a Cláusula Vigésima prevê uma pena convencional caso a dívida tenha de ser exigida judicialmente. As sanções pecuniariamente mais severas, de toda forma, são previstas na Cláusula Décima Sétima, relativa ao vencimento antecipado do contrato[986] e Décima Oitava, relativa à perda do benefício da equalização. Uma vez aplicadas, elas ensejam, respectivamente, a exigibilidade da dívida e um incremento substancial da remuneração sob o valor emprestado.[987]

Explicada a estrutura do instrumento contratual, passa-se, então, à sua análise, tendo por base os questionamentos e metodologia expostos no item 5.2.1.

Quanto ao primeiro deles, atinente à presença de conformadores do financiamento à inovação empresarial, a resposta é positiva.

Quanto ao binômio *risco e incerteza*,[988] há na minuta uma multiplicidade de dispositivos associados à gestão do *risco*, em sua dimensão financeira, e da *incerteza*, tomada globalmente.[989]

Começando pelo *risco*, a natureza de empréstimo do financiamento em sentido estrito faz com que a existência de mecanismos assecuratórios da restituição seja esperada. Podem ser citados como exemplos as voltas à especificação do inadimplemento e suas consequências;[990] as que disciplinam a exigibilidade (como regra) de garantias e visam a assegurar sua idoneidade[991] e liquidez;[992]

---

[986] Tome-se o cuidado de registrar que nem sempre essa hipótese tem lugar por conta do inadimplemento contratual. Pode ela ocorrer, também, em razão da piora na situação econômico-financeira da Financiada, de forma a ameaçar a restituição dos valores (cláusula décima sétima, item 1, "l" e "m").

[987] Interessa consignar, de toda forma, a independência dos dois expedientes, podendo haver vencimento sem perda do benefício e vice-versa.

[988] Discutidos com mais vagar no item 2.2.1.

[989] Ou seja, tomando-a como associada aos esforços inovadores e sem ser necessário destrinchá-la em suas dimensões *técnica, de mercado* e *de índole política e econômica geral/ dos negócios*, como discutido no item 2.2.1.1.

[990] Cláusula Quinta, 1, "e", 5.1 a 5.4; Décima Sétima, "i"; Décima Oitava, 1, "a".

[991] Cláusula Sétima, 1, "e" e 2, "c"; Nona; Décima Quarta, 1, "g"; Décima Sétima, 1, "c" e "d".

[992] Veja-se como a Cláusula Quinta, 2, "a", a ser lida em conjunto com a Nona, "z" reduz o *spread* devido à Finep a depender da garantia ofertada, estando implícito o entendimento

e as que preveem mecanismos de acompanhamento da situação econômico-financeira da empresa, retardando ou cancelando liberações futuras caso haja piora nessa,[993] ou vencendo antecipadamente o contrato caso isso se dê de forma acentuada.[994] Note-se que há até mesmo, considerando a natureza econômica da avença, dispositivo que protege a Finep diante de prejuízos extraordinários decorrentes do financiamento.[995]

Quanto à *incerteza*, elemento mais característico dos esforços inovativos, é igualmente possível encontrar sua disciplina na estrutura contratual. Ele sofre, entretanto, limitações importantes no texto previsto para a avença.

A minuta traz diversos dispositivos que possibilitam ajustar o *plano* durante sua execução. O espaço de manobra para lidar com o inesperado durante a evolução da relação contratual comprova o acolhimento da incerteza como parte dos esforços inovativos.[996] Entretanto, a efetiva imprevisibilidade dos resultados é abordada de forma mais direta apenas em um dispositivo: o item 2.1 da cláusula Décima Terceira. Interessa transcrevê-lo:

> 2. A liquidação antecipada da dívida não eximirá a FINANCIADA, o INTERVENIENTE EXECUTOR, e o INTERVENIENTE COEXECUTOR do cumprimento das obrigações de fazer ou não fazer assumidas no presente Contrato, notadamente a execução do objeto delineado na Cláusula Primeira.
> 2.1. Na hipótese de *insucesso na execução do objeto delineado na Cláusula Primeira por circunstâncias inerentes ao conceito de risco tecnológico previsto no artigo 2º, inciso III do Decreto nº 9.283/2018, poderá a FINANCIADA solicitar, desde que com fundamentos técnicos, que seja eximida da obrigação de execução do objeto delineado na Cláusula Primeira do presente Contrato.*,

---

de que algumas dessas (fiança bancária, seguro garantia, *standby letter of credit* e penhor ou alienação fiduciária de ativos financeiros) mitigariam o risco da operação de forma mais pronunciada do que outras.

[993] Cláusula Sétima, 2.1., "c"; Décima Quarta, 1, "e", "f", "p", "q"; 1.1, "b"; Décima Sétima, 1, "f", "g".

[994] São os casos de recuperação judicial ou falência, previstos na Cláusula Décima Sétima, 1, "m".

[995] A Cláusula Décima Quinta, 1, "e" é bem exemplificativa, ao prever declaração das demais partes no sentido dessas terem de ressarcir e indenizar a Finep caso essa seja obrigada a pagar qualquer valor por conta de dano ambiental decorrente direta ou indiretamente do Plano Estratégico de Inovação.

[996] Essa dimensão de ajustes também está associada à *provisoriedade de objetivos*, que será examinada com mais vagar abaixo.

incluindo em seu pedido o INTERVENIENTE EXECUTOR e o INTERVENIENTE COEXECUTOR (grifo nosso).

Para a devida exegese do dispositivo, é importante se atentar, em primeiro lugar, à sua localização na minuta contratual. Embora se trate de permissivo para o aceite do insucesso por parte do financiador, e adotando inclusive a noção de risco tecnológico do Decreto Federal de Inovação como critério, o que ele garante é a possibilidade da empresa se eximir do dever de continuar executando o pactuado uma vez que o débito seja quitado antecipadamente.

Assim, a minuta contratual não traz um aceite geral do insucesso. A Cláusula Primeira da minuta prevê que a Financiada se obriga, de forma incondicionada, a executar o Plano Estratégico de Inovação. Observando-se o ajuste de forma sistêmica, se conclui que o permissivo não abrange hipóteses em que não tenha lugar a liquidação antecipada, tornando exigível a continuidade da execução do convencionado malgrado quaisquer imprevistos surgidos durante o seu transcorrer.

Mesmo que a quitação adiantada possa ser uma alternativa adequada para solucionar boa parte dos imprevistos que possam surgir durante a execução contratual, há também casos em que o originalmente proposto não traz o resultado esperado e não ela não é viável[997] ou conveniente.[998]

Nesses casos, o financiador se vê forçado a buscar alternativas que não seriam de simples implementação. Elas provavelmente envolveriam: reajustar o Plano Estratégico de Inovação, existindo todavia limitações importantes para fazê-lo, uma vez que ele não poderia ser descaracterizado;[999] renegociar os termos pactuados, eventualmente apresentando justificativas associadas a caso fortuito ou força maior;[1000] ou até, de forma nada eficiente, se continuar a

---

[997] Tenha-se em mente, por exemplo que, nos termos do item 2.1.1 da Cláusula Décima Quarta, a análise do pedido de liquidação antecipada depende da adimplência técnica e financeira da Financiada até o momento da solicitação. Com isso, é necessário que até esse momento tudo tenha saído a contento e segundo o esperado, o que já é um natural limitador à imprevisibilidade que acompanha os esforços inovativos.

[998] Seja da perspectiva da Finep ou da própria Financiada, que teria de ter recursos para adiantar o pagamento de seu débito, que usualmente é de longo prazo.

[999] Cláusula Primeira, 2.1.

[1000] É possível que elementos associados à incerteza *de índole política e econômica geral/dos negócios* possam ser enquadrados nas hipóteses de caso fortuito ou força maior, adotando-se a excludente prevista no art. 393 do Código Civil.

cumprir o convencionado mesmo que isso tenha deixado de ser relevante do ponto de vista empresarial, uma vez que a satisfação da obrigação contratual seja menos custosa que o *default*.

Veja-se que mesmo hipóteses de sucesso inesperado, mas ensejadoras de mudanças de rota, trazem dilemas semelhantes.[1001] Afora as opções arroladas, a única alternativa adicional que se vislumbra nesses casos seria a possibilidade de contratação de novo débito via segundo financiamento para, liquidando-se o original, evolua-se na direção das novas e imprevistas descobertas, facilitando a resolução da avença original.[1002]

A minuta adota, portanto, uma posição cautelosa, se não restritiva,[1003] no que tange à *incerteza* associada aos resultados do Plano Estratégico de Inovação. A realidade seria diversa se existisse, por exemplo, dispositivo reconhecedor da possibilidade de insucesso já na Cláusula Primeira, de forma dissociada da liquidação antecipada.

Seriam necessárias pesquisas mais aprofundadas para averiguar as causas para tanto, mas pode-se apresentar algumas hipóteses para a posição adotada. Entre elas figuram a própria natureza do instrumento em comento, tendo sido considerado relevante minimizar os riscos associados à restituição dos valores; elementos do histórico institucional da empresa, que pode ter tido problemas com iniciativas específicas e mais abertas à discricionariedade no passado; ou até a escolha por limitar a possibilidade de surpresas ao transcorrer do pactuado.

Também é importante salientar que o *risco tecnológico*, constante do dispositivo permissivo da flexibilização, também tem

---

[1001] É o fenômeno da serendipidade, também mencionada brevemente no item 2.2.1.1.

[1002] Tal medida, de toda forma, não deixaria de ensejar custos e ações adicionais por parte da Finep e da Financiada em comparação à simples emenda da relação contratual em curso.

[1003] Uma posição mais conservadora pode ser encontrada na Cláusula Sétima, 2.1., "c" que condiciona os desembolsos subsequentes à primeira parcela do financiamento à verificação pela Finep da inexistência de qualquer fato que " venha a alterar a situação econômico-financeira da FINANCIADA, a capacidade de pagamento do presente financiamento ou que possa comprometer a execução do Plano Estratégico de Inovação, de forma a alterá-lo ou impossibilitar sua realização;". Nesse sentido, que as alterações no plano podem conduzir à suspensão dos desembolsos. Embora trate-se de medida compreensivelmente prudencial, e bastante importante em casos de financiamentos que se mostram problemáticos dada a má conduta de empresas fomentadas, ela é outro indicativo da força que o parâmetro do plano exerce no desenrolar da relação contratual.

um significado restritivo. Ele dialoga apenas com a dimensão *técnica* da *incerteza*.[1004] Assim, *a priori*, intercorrências associadas à *incerteza de mercado* não estariam acobertadas por esse mecanismo contratual, fazendo com que a Financiada não possa utilizá-lo para se escusar de executar plano que deixou de ser comercialmente atrativo.[1005]

A *dimensão setorial da inovação* também é um aspecto presente na minuta, mesmo que com baixa intensidade. Ele se expressa em poucas alíneas, de inserção eventual, sendo impostas declarações adicionais para empresas atuantes no setor agropecuário.[1006] Com algum esforço, ele também pode ser depreendido dos dispositivos relacionados à mensuração dos impactos decorrentes da iniciativa financiada, que podem ser notáveis no setor da empresa fomentada.[1007] Mas, em termos gerais, a minuta seria aplicável de modo essencialmente uniforme em todos os setores da economia brasileira, com mecanismos específicos sendo a exceção e não a regra.

Vale pontuar, de toda forma, dois elementos alheios ao documento analisado e que, se não alteram as conclusões exaradas, ao menos contribuem para compreender essa ausência de particularização. O primeiro é pertinente à estrutura organizacional da Finep. O financiador, como se viu, conta com unidades setoriais, fazendo com que a seleção, análise e aprovação dos Planos Estratégicos de Inovação seja guiada por análises técnicas especializadas.[1008] O segundo é a índole generalista da minuta, configurada para ter um caráter universal. Há, mesmo que de utilização menos comum, todavia minutas utilizadas para efetivar empréstimos direcionados a setores específicos.[1009]

[1004] A aproximação da noção do risco tecnológico prevista no art. 2º, inciso III, do Decreto nº 9.283/18 da *incerteza técnica* foi também abordada no item 2.2.1.1.

[1005] Nesse sentido, sendo ausente o permissivo, as opções restantes nesse caso seriam, na linha do já mencionado: o reajuste do Plano Estratégico de Inovação, com as vedações que lhe são pertinentes; a renegociação dos termos pactuados ou a continuidade do convencionado.

[1006] Cláusula Décima Quinta, "j", "k", "l" e "m".

[1007] Cláusula Décima Quarta, 1, "s" e 1.1, "c".

[1008] Cf. os itens 4.2.2 e 4.3.3 para abordagens simplificadas da estrutura organizacional da empresa e dos processos de aprovação dos financiamentos em sentido estrito, respectivamente.

[1009] Das minutas disponibilizadas para análise pode-se citar especialmente a do programa *Finep Aquisição Inovadora*. Contando com fonte FUNTTEL, ela foi configurada para fomentar a aquisição de equipamentos de telecomunicações enquadráveis em padrões previstos ministerialmente (Portaria MCT nº 950/06). Diante dessa finalidade, ela possui

Finalizando o primeiro rol de questionamentos, chega-se *à necessidade da efetiva contabilização dos esforços inovativos*. Mesmo que sua verificação tenha de ponderar a intensidade com que faz sentido que tal aspecto se manifeste contratualmente,[1010] percebe-se que a minuta traz diversos dispositivos de monitoramento dos dispêndios associados ao objeto contratual, podendo-se responder afirmativamente ao questionamento feito também quanto a esse aspecto.[1011]

Um exame cuidadoso da minuta ilustra como o apoio é concedido de forma parametrizada, com regras claras para o aceite dos dispêndios pela empresa,[1012] conjugando um esforço de compatibilização da flexibilidade necessária ao fomento à inovação com imperativos de fiscalização da verba pública emprestada. Há dispositivos que disciplinam o reconhecimento de despesas em sua dimensão temporal,[1013] tendo de ser comprovado o emprego tempestivo dos valores no Plano Estratégico de Inovação sob pena de devolução acrescida de remuneração superior às condições padrão do mútuo;[1014] que positivam obrigações de manutenção de meios

---

especificidades como a limitação de seu objeto (Cláusula Primeira) e o desembolso em parcela única (Cláusula Sétima), muito embora não se desvie de forma profunda da estrutura prevista na minuta em análise. A minuta desse programa encontra-se no anexo 9.

[1010] O aspecto em análise relaciona-se à importância da mensuração dos esforços inovativos por parte do financiador, assim como de uma análise contextualizada desses. Devido ao caráter técnico desse tipo de avaliação e monitoramento, sua inserção detalhada no instrumento contratual não faria muito sentido. De toda forma, como ocorre na minuta da Finep, é esperado que a avença faça a normas e procedimentos pertinentes a essa atividade.

[1011] No caso do instrumento em análise, a Finep arrola como "itens financiáveis" (ou seja, como passíveis de apresentação como dispêndio para comprovar o emprego da verba emprestada): despesas em P&D Interno; aquisição externa de P&D, aquisição de outros conhecimentos externos, aquisição de software, treinamento, introdução das inovações tecnológicas no mercado, aquisição de máquinas e equipamentos, produção pioneira e outras preparações para a produção e distribuição, e fusão e aquisição. Cf. http://finep.gov.br/apoio-e-financiamento-externa/programas-e-linhas/apoio-direto-a-inovacao. Acesso em: 31 ago. 2020 Veja-se, assim, que há uma abrangência quanto ao tipo de despesas aceitas, na linha do discutido no item 2.2.3, e impõe-se a sua avaliação contextualizada.

[1012] E assim também não poderia deixar de sê-lo dado que caberia à Financiada o aporte de recursos adicionais que se fizerem necessários para o custeio do proposto, nos termos da Cláusula Primeira, 1 e a Cláusula Segunda, 1.

[1013] Cláusula Quarta, 5 e 6, destacando-se que podem ser aceitas despesas em caráter retroativo em determinados casos, possibilitando que iniciativas já em curso nas empresas sejam fomentadas. Também pode ser mencionada a Décima Sétima, 1, "h", prevendo o vencimento antecipado em caso de aplicação dos recursos concedidos em desacordo com o cronograma de desembolso.

[1014] Cláusula Décima, 1, 2 e 3. Note-se, especialmente, as semelhanças entre as soluções de devolução adotadas para os casos em que os recursos tenham sido simplesmente

e produção de relatórios necessários à checagem dos dispêndios por parte da Finep;[1015] e até mesmo limitam quem pode efetuar os gastos avaliados, vedando sua realização por aqueles que não possuam atribuições de execução relacionadas ao Plano Estratégico de Inovação.[1016]

O segundo questionamento, relativo a aspectos atinentes às práticas experimentalistas, também pode ser respondido afirmativamente, comprovando sua incorporação na dinâmica contratual. Embora os aspectos escolhidos para avaliar a presença dessas práticas na relação contratual sejam bastante imbricados (sendo, portanto, sendo difícil distingui-los na prática) foi possível localizar características de cada um deles na minuta.

A *provisoriedade de objetivos*, associada à possibilidade de modificação de escolhas prévias durante o transcorrer do plano, tem na minuta dispositivos conferidores de certa flexibilidade, mesmo que limitada. O Plano Estratégico de Inovação é o parâmetro pelo qual as alterações são avaliadas, sendo possível promovê-las desde que i) a Finep as aprove previamente e ii) não haja alterações substanciais no plano.[1017]

A minuta, portanto, contempla a *provisoriedade de objetivos*, mas a tempera de forma a vedar o distanciamento excessivo do originalmente planejado.[1018] Se está, entretanto, prevista moldura para futuras correções de rota, o que assegura maior previsibilidade durante o transcorrer do financiamento, também se impõe

---

desembolsados e não utilizados (ficando, por exemplo, disponíveis na instituição bancária), no caso da sua não utilização após ajuste no Plano Estratégico de Inovação e quanto a gastos que não tenham sido aprovados pela Finep. Há, em todos os casos, a incidência da taxa SELIC ou dos juros compensatórios previstos na Cláusula Quinta, sendo aplicável a que tiver maior valor entre ambas as hipóteses. Veja-se que a aplicação dos recursos deve ser limitada à execução do Plano Estratégico de Inovação, conforme previsto na Cláusula Décima Quarta, 1, "a".

[1015] Cláusula Décima Quarta, 1, "c", "d", "k", 1.1, "a" e "c".

[1016] A Cláusula Décima Quarta, 1, "r". As sanções previstas nas Cláusulas Décima Sétima, 1, "a" e Décima Oitava, 1, "b" e 1.3, seguem a mesma linha.

[1017] Cláusula Primeira, 2, com reflexos relativos à eventual devolução de recursos previstos na Cláusula Décima, 2.

[1018] Um certo zelo para com a manutenção do originalmente planejado pode ser de fato extraído da minuta, como a obrigação expressa da Financiada em comunicar qualquer ocorrência que importe em modificação no Plano Estratégico de Inovação presente na Cláusula Décima Quarta, "b", bem exemplifica.

entraves aos processos inovativos que, como sabido, tendem à imprevisibilidade. Portanto, e em linha com o que foi dito ao se falar da incorporação da *incerteza* na disciplina contratual, tanto o insucesso quanto o sucesso não planejado que enseje a adoção de rumos marcadamente distintos do projetado podem trazer problemas à continuidade do financiamento.[1019] Também aqui se atesta a opção por uma modelagem mais conservadora para a atividade de fomento em estudo.

Também algumas hipóteses explicativas podem ser propostas para tanto. Pode ser que se esteja tentando garantir a restituição dos valores ao se inviabilizar o redirecionamento, no meio da execução, a iniciativas mais arriscadas; que a intenção seja a de facilitar o monitoramento dos planos, dadas inclusive preocupações com a reavaliação dessa atividade por órgãos de controle; ou até mesmo que se trate de expediente para estimular a formalização de investimentos apenas quando as propostas a serem financiadas já sejam relativamente maduras, contando com menor probabilidade de ajustes no seu transcorrer. Mas também aqui seriam possíveis ter sido adotados caminhos diversos, permitindo possibilidades de maior flexibilização do *plano*.

Há ainda dois outros aspectos associados à parametrização dos ajustes de modificação contratual que cabe mencionar. O primeiro deles é a imposição à Financiada da responsabilidade pelo custeio de despesas adicionais à execução do Plano Estratégico de Inovação.[1020] Como o valor do crédito a ser concedido pela Finep é expresso no contrato[1021] fica claro que a suplementação de valores pelo financiador não é algo ordinariamente possível nem esperado, trazendo como decorrência uma maior rigidez à ação de fomento.

Essa rigidez pode ser extraordinariamente remediada com a repactuação contratual (que traz o ônus, naturalmente, de motivá-la de forma mais detalhada) ou a concessão de novo financiamento

---

[1019] Isso sem considerar outros problemas para a efetivação das mudanças, tal como a eventual necessidade de reenquadramento de projeto que, após as mudanças, pode não fazer jus a determinada taxa de juros subsidiada.

[1020] Cláusula Primeira, 1 e 3 e Cláusula Terceira, 1.

[1021] Cláusula Segunda.

para a complementação dos valores necessários (assumindo-se que não se está diante de *bis in idem*). Se entende possível, de toda forma, pensar em mecanismos que ordinariamente permitissem o aumento dos valores a serem concedidos caso os processos inovativos justificadamente o demandem.

O segundo é apontar que, respeitadas as limitações já mencionadas, a minuta concede liberdade para a repactuação de prazos internos ao desenvolvimento do plano, tais como os relativos à disponibilidade de recursos ou de execução do objeto pactuado, sendo essas modificações bastante usuais durante o transcorrer dos financiamentos.[1022]

O *caráter colaborativo*, abrangendo inclusive oportunidades de pactuação como os mencionados, dada a necessidade de sua construção conjunta, também pode ser identificado pelas diversas instâncias dialógicas estabelecidas na minuta.[1023] Tratando-se de um contrato em que a disponibilização de crédito é condicionada à execução de iniciativa inovadora, os espaços de comunicação nele previstos não constituem apenas canais para a fiscalização da execução, mas também oportunidades de cooperação para a transposição de desafios encontrados durante a trajetória inovativa.

Essas interações podem ser localizadas no instrumento contratual, conferindo as possibilidades de diálogo para a concessão de prazos para a disponibilização de recursos ou de execução mais consentâneos às necessidades efetivas do Plano Estratégico de Inovação;[1024] os decorrentes da comunicação à Finep de ocorrências que importem modificação no objeto do financiamento;[1025] e até mesmo nos contextos de aplicação de sanções (vencimento antecipado e perda do benefício da equalização) em casos de paralisações do projeto, dando-se espaço para que a empresa fomentada esclareça o ocorrido e apresente justificativas.[1026]

[1022] Cláusula Quarta, 2.2, 3.1, 6.1 e 8.

[1023] Cogitou-se para esta análise sobre como a colaboração entre os envolvidos poderia ser expressa em um financiamento em sentido estrito. A colaboração adquiriria traços diversos, por exemplo, caso examinadas iniciativas como as "contratações para inovação" abordadas no item 2.3.3.

[1024] Cláusula Quarta, 1, 2.2 e 3.1. Note-se como isso pode servir para mitigar a aplicação do encargo por reserva de crédito, como indicado no item 1.2 da Cláusula Oitava.

[1025] Cláusula Décima Quarta, 1, "b".

[1026] Cláusula Décima Sétima, 1, "k", 2 2.2; e Cláusula Décima Oitava, 1, "d", 1.2, 1.3 e 2.2. Note-se que em ambos os casos a imposição de sanções só irá ocorrer após ser dada a oportunidade

Importa deixar claro que, para além da minuta analisada, a Finep e outras financiadoras muitas vezes colaboram com os planos de formas que transcendem a sua execução. Elas também muitas vezes auxiliam as suas financiadas a se conectarem com outras empresas ou ICTs que pesquisem ou atuem em área semelhante à do objeto do contrato, sedimentando parcerias futuras ou aumentando as chances de sucesso do Plano Estratégico de Inovação.

Por fim, nota-se também a presença do *compartilhamento de informações como forma de transparência*. Essa conclusão também é resultado de uma avaliação que pondera a substância da minuta. Se, em atenção ao contexto em tela, o compartilhamento acaba sendo mais proeminente por parte da empresa fomentada, nos financiamentos é estruturado arranjo que transcende a instituição de mecanismos de fiscalização, sendo estabelecidos espaços para que o financiador compreenda os detalhes da apoiada.

Assim, podem ser citados como exemplos a obrigação de manutenção de conta corrente bancária própria para a movimentação de recursos do financiamento, permitindo o monitoramento de saques e averiguação de sua pertinência ao cronograma pactuado;[1027] a lógica de monitoramento da execução do Plano Estratégico de Inovação, que compreende desde a apresentação de relatórios regulares[1028] a medidas de inspeção, com visitas por funcionários da Finep;[1029] e o sancionamento à inexatidão de informações prestadas à Finep, que tem o condão de conduzir ao vencimento antecipado da dívida ou perda do benefício da equalização.[1030]

---

de serem prestados esclarecimentos ou serem sanadas irregularidades, podendo se dar a suspensão dos desembolsos como medida prudencial até a questão ser efetivamente solucionada.

[1027] Cláusula Quarta, 7.

[1028] Cláusula Décima Quarta, 1.1, "a" no âmbito do acompanhamento do financiamento e "c", ao final, indicando inclusive os resultados alcançados.

[1029] Daí, inclusive, a cobrança da tarifa prevista na Cláusula Quinta, 6; e da obrigação de assegurar meios de fiscalização, prevista na Cláusula Décima Quarta, 1, "i". Importa dizer que essa fiscalização não se restringe aos recursos concedidos, mas, como o último dispositivo mencionado deixa claro, abrange inclusive os recursos próprios que a empresa se comprometeu a aplicar para a consecução do Plano Estratégico de Inovação.

[1030] Cláusula Décima Sétima, 1, "j" e "n"; Décima Oitava, 1, "c" e 1.3.

5.2.3 Subvenção econômica

5.2.3.1 Natureza jurídica e disciplina normativa

As subvenções são instrumentos jurídicos tradicionais da função administrativa de fomento,[1031] embora a ela não se limitem.[1032] Sua definição normativa mais conhecida consta da Lei dos Orçamentos Públicos (Lei nº 4.320/64),[1033] quando da disciplina das despesas orçamentárias correntes. Ela as situa especificamente dentre as transferências correntes, cuja característica é não corresponderem à contraprestação direta em bens ou serviços conforme prevê o art. 12, §2º.[1034] O §3º do mesmo artigo prossegue:

> § 3º *Consideram-se subvenções, para os efeitos desta lei, as transferências destinadas a cobrir despesas de custeio das entidades beneficiadas*, distinguindo-se como:

[1031] Para sua abordagem doutrinária, em caráter geral, vide VALIM, Rafael. *A subvenção no direito administrativo brasileiro*. São Paulo: Contracorrente, 2015; ROCHA, Sílvio Luis Teixeira. *Terceiro setor*. 2. ed. São Paulo: Malheiros, 2006. p. 41-48; BARROS, Laura Mendes Amando de. *Participação democrática e fomento nos conselhos deliberativos*. São Paulo: Saraiva, 2016. p. 69-83; e MELLO, Célia Cunha. *O fomento na administração pública*. Belo Horizonte: Del Rey, 2003. p. 102-105. Tratando as subvenções como sinônimo de subsídio, cf. SOUTO, Marcos Juruena Villela. Estímulos positivos. *In*: OLIVEIRA, Gustavo Justino de (org.). *Terceiro setor, empresas e Estado*: novas fronteiras entre o público e o privado. Belo Horizonte: Fórum, 2007. p. 16-38.

[1032] Um exemplo de sua utilização alheia à função de fomento pode ser encontrada na sua utilização para conferir enquadramento jurídico aos aportes de recursos para fins antecipação no âmbito das parcerias público-privadas (PPPs), conforme discutido em SCHWIND, Rafael Wallbach. Subvenções, transferências e aportes de recursos nas parcerias público-privadas. *In*: SCHWIND, Rafael Wallbach; JUSTEN FILHO, Marçal (org.). *Parcerias público-privadas*: reflexões sobre os 10 anos da Lei 11.079/2004. São Paulo: Revista dos Tribunais, 2015. p. 389-413.

[1033] A doutrina estrangeira, em especial espanhola e argentina, é usualmente referida pelos autores pátrios quando do delineamento das subvenções, como pode ser observado nos trabalhos referidos supra. De toda forma, ao se falar da disciplina normativa brasileira, a Lei nº 4.320/64 mostra-se referência incontornável no assunto.

[1034] "Art. 12. A despesa será classificada nas seguintes categorias econômicas:
DESPESAS CORRENTES
Despesas de Custeio
Transferências Correntes
DESPESAS DE CAPITAL
Investimentos
Inversões Financeiras
Transferências de Capital
§ 1º Classificam-se como Despesas de Custeio as dotações para manutenção de serviços anteriormente criados, inclusive as destinadas a atender a obras de conservação e adaptação de bens imóveis.
§2º Classificam-se como Transferências Correntes as dotações para despesas as quais não corresponda contraprestação direta em bens ou serviços, *inclusive para contribuições e subvenções destinadas a atender à manutenção de outras entidades de direito público ou privado*" (grifo nosso).

I – subvenções sociais, as que se destinem a instituições públicas ou privadas de caráter assistencial ou cultural, sem finalidade lucrativa;
II – *subvenções econômicas, as que se destinem a emprêsas públicas ou privadas de caráter industrial, comercial, agrícola ou pastoril* (grifo nosso).

Dos §§ 2º e 3º do art. 12 podem ser extraídos, assim, os aspectos essenciais do instituto jurídico em que se fundamenta o instrumento de fomento em análise: consistir em transferência de verba pública para a cobertura de despesas dos beneficiários e sem necessidade de contraprestação direta em bens e serviços. Daí a natureza *não reembolsável*[1035] das subvenções.

Por aqui se estar tratando do direcionamento de recursos a empresas, as subvenções em análise consistem em *subvenções econômicas*. A redação presente no art. 19, §2º-A da Lei de Inovação também o deixa claro, adotando o mesmo qualificativo.

Em relação às *subvenções econômicas* incidem as prescrições constantes dos arts. 18 e 19 da Lei nº 4.320/64.[1036] O primeiro artigo comprova que a utilização desse instituo não se restringe ao fomento,[1037] e o segundo estatui que não pode ser previsto no orçamento público ajuda financeira a empresa a não ser que ela consista em subvenção expressamente autorizada por lei especial.[1038]

[1035] Sobre essa categoria, cf. item 4.3.1.

[1036] "Art. 18. A cobertura dos déficits de manutenção das emprêsas públicas, de natureza autárquica ou não, far-se-á mediante subvenções econômicas expressamente incluídas nas despesas correntes do orçamento da União, do Estado, do Município ou do Distrito Federal.
Parágrafo único. Consideram-se, igualmente, como subvenções econômicas:
a) as dotações destinadas a cobrir a diferença entre os preços de mercado e os preços de revenda, pelo Govêrno, de gêneros alimentícios ou outros materiais;
b) as dotações destinadas ao pagamento de bonificações a produtores de determinados gêneros ou materiais.
Art. 19. A Lei de Orçamento não consignará ajuda financeira, a qualquer título, a emprêsa de fins lucrativos, salvo quando se tratar de subvenções cuja concessão tenha sido expressamente autorizada em lei especial".

[1037] Haja visto que medidas para a cobertura de déficits de manutenção de empresas estatais (art. 18, *caput*), assim como outras medidas mais claras de intervenção do estado no domínio econômico (como o subsídio a gêneros alimentícios ou outros materiais essenciais) são bastante distintas da função de fomento, assim como a mera cobertura de déficit ou simples ajuda financeira a ente privado. Sobre tal função, em uma acepção jurídica, vide o item 6.1.1.

[1038] Tal vedação é repetida, embora sem menção específica ao termo subvenção, na Lei de Responsabilidade fiscal, que exige previsão orçamentária e autorização legislativa específica para a destinação de recursos para cobrir eventuais déficits de pessoas jurídicas de natureza privada (art. 26, *caput*, e §2º da Lei nº 101/00).

O Decreto nº 93.872/86, relativo à unificação dos recursos de caixa do Tesouro Nacional, adiciona elementos relevantes ao delineamento das subvenções. Ele as apresenta como forma de cooperação financeira da União direcionada a entidade pública ou privada (art. 58);[1039] prevê a exigibilidade de capacidade jurídica e regularidade fiscal do beneficiário para sua concessão (art. 62);[1040] e estabelece requisitos gerais para comprovação da devida utilização da verba pública (art. 66).[1041]

Refletindo sobre os contornos que as *subvenções econômicas* devem adotar para servirem ao fomento à inovação, Vitor Monteiro identificou dois obstáculos históricos quanto ao previsto na Lei dos Orçamentos: a exigência de lei especial autorizativa e restrições à cobertura de despesas de capital nas empresas apoiadas.[1042]

Quanto à lei autorizativa, afora outros diplomas que a antecederam,[1043] entende-se que a própria Lei de Inovação seria o

---

[1039] "Art. 58. A cooperação financeira da União a entidade pública ou privada far-se-á mediante subvenção, auxílio ou contribuição (Lei nº 4.320/64, § 3º do art. 12)".

[1040] "Art. 62. Somente será concedida subvenção a entidade privada que comprovar sua capacidade jurídica e regularidade fiscal".

[1041] "Art. 66. Quem quer que receba recursos da União ou das entidades a ela vinculadas, direta ou indiretamente, inclusive mediante acordo, ajuste ou convênio, para realizar pesquisas, desenvolver projetos, estudos, campanhas e obras sociais ou para qualquer outro fim, deverá comprovar o seu bom e regular emprego, bem como os resultados alcançados (Decreto-lei nº 200/67, art. 93).
§ 1º A prestação de contas de aplicação de subvenção social ou auxílio será apresentada à unidade concedente dentro de 60 dias após a aplicação, não podendo exceder ao último dia útil do mês de fevereiro do ano subseqüente ao do recebimento, e será constituída de relatório de atividades e demonstração contábil das origens e aplicações de recursos, referentes ao ano do recebimento, visados por autoridade pública local, observados os modelos aprovados pelo órgão Central do Sistema de Controle Interno.
§ 2º A documentação comprobatória da aplicação da subvenção ou auxílio ficará arquivada na entidade beneficiada, à disposição dos órgãos de controle interno e externo, durante o prazo de 5 (cinco) anos da aprovação da prestação de contas.
§ 3º A atuação da entidade no cumprimento das obrigações assumidas, inclusive quanto à prestação de contas, será anotada no respectivo registro cadastral mantido pelo órgão setorial de controle interno".

[1042] MONTEIRO, Vítor. Quais são as novas oportunidades abertas pelo Decreto Federal de Inovação ao uso da subvenção econômica como mecanismo de estímulo à inovação nas empresas pela União Federal? *In:* SANTOS, Fabio Gomes dos; BABINSKI, Daniel de Oliveira (org.). *Decreto federal de inovação*: novas oportunidades. São Paulo: Observatório de Inovação e Competitividade, 2019. v. 2. p. 58.

[1043] Vitor Monteiro menciona a autorização conferida pela Lei nº 10.332/01 como um antecedente importante à consolidação desse instrumento de fomento. Cf. MONTEIRO, Vítor. Quais são as novas oportunidades abertas pelo Decreto Federal de Inovação ao uso da subvenção econômica como mecanismo de estímulo à inovação nas empresas pela União Federal? *In:* SANTOS, Fabio Gomes dos; BABINSKI, Daniel de Oliveira (org.).

veículo para a satisfação dessa exigência para os casos em análise,[1044] estabelecendo inclusive regramento próprio para as subvenções concedidas com fundamento nela. Por conta disso, adota-se aqui o entendimento de que a *subvenção econômica* mencionada na Lei nº 10.973/04 constitui *espécie* do gênero *subvenção econômica*[1045] dotada de particularidades.

Isso pode ser verificado com bastante clareza atentando-se ao segundo desafio mencionado. Como se disse, segundo a Lei nº 4.320/64, o emprego das subvenções estaria restrito à cobertura de despesas de custeio relativas à manutenção de serviços anteriormente criados, incluídas as obras de conservação e adaptação de bens imóveis, destinados a itens como pessoal e material de consumo (arts. 12, §1º, e 13).[1046] Com isso, o conjunto das despesas de capital, como as relativas a investimentos, inversões financeiras e transferências de capital, manifestas na realização de obras, aquisição de equipamentos, instalações, material permanente, e imóveis, entre outros (arts. 12, §§4º, 5º e 6º, e 13) não poderiam ser custeadas via subvenção.

Decreto federal de inovação: novas oportunidades. São Paulo: Observatório de Inovação e Competitividade, 2019. v. 2.

[1044] O próprio cabeçalho da minuta contratual padrão adotada pela Finep, que será objeto de análise *infra*, e constante no anexo 7, explicitamente faz referência à Lei de Inovação e seu regulamento, além de se identificar como *termo de outorga de subvenção econômica*.

[1045] Cabe registrar que o Tribunal de Contas da União já reconheceu, com o intuito de distinguir este instrumento do instituto jurídico da doação modal, as subvenções em comento como transferências correntes voluntárias. Segundo tal corte, "6.2. Os argumentos do recorrente não merecem prosperar. As subvenções econômicas para PD&I oferecidas pela Finep constituem transferências correntes voluntárias, na forma prevista no §3º, inciso II, do art. 12 da Lei 4.320/1964, sem que tenha identidade perfeita com institutos do Direito privado. Essas despesas possuem finalidades específicas previstas nos respectivos contratos, as quais, uma vez não atendidas, ensejam a apuração de danos ao erário como qualquer outro gasto governamental. 6.3. Ao contrário do que busca fazer crer o recorrente, as subvenções econômicas não constituem doações gratuitas e descompromissadas, com o único interesse de promover o estímulo a determinada atividade relevante ao interesse público. Deve-se observar o contrato celebrado com a entidade, de modo a verificar se os objetivos pretendidos foram atendidos". Cf. BRASIL. Tribunal de Contas da União. Primeira Câmara. Acórdão nº 1978/2018. Relator Vital do Rêgo. Sessão de 13/03/2018. Ata de nº 7/18. O que se adiciona ao entendimento do Tribunal – e sem conflitar com ele, haja visto que as subvenções em discussão são espécies do gênero previsto na Lei dos Orçamentos – é o destaque para as particularidades trazidas pela previsão Lei de Inovação.

[1046] Por essa razão, Sílvio Luis Teixeira da Rocha, exemplificando as despesas de custeio com gastos com o pagamento de aluguéis, salários e conservação de bens, destaca que as subvenções (em geral) serviriam "para a manutenção e operação dos serviços prestados pela entidade subvencionada" (ROCHA, Sílvio Luis Teixeira. *Terceiro setor*. 2. ed. São Paulo: Malheiros, 2006. p. 46).

Seguida tal lógica à risca, se estaria limitando seriamente o alcance dos financiamentos. O apoio acabaria ficando restrito à continuidade da atuação empresarial (representada pelas despesas de custeio, modalidade das despesas correntes), não podendo alcançar a sua expansão (normalmente dependente de despesas de capital).

Essa questão foi, felizmente, já solucionada (inclusive pela introdução de novos diplomas normativos).[1047] Esse movimento começou com as subvenções econômicas custeadas com fonte FNDCT, âmbito em que era expressa a possibilidade de direcionamento de recursos para a cobertura de despesas correntes e de capital (art. 12, inciso I, alínea "b", da Lei nº 11.540/07).[1048] A solução definitiva (dado que não mais circunscrita a fonte determinada) veio com dispositivo introduzido pela Lei nº 13.243/16 na Lei de Inovação, passando a ser admitida a destinação dos recursos subvencionados para o pagamento de despesas de capital e correntes desde que elas fossem preponderantemente voltadas à atividade financiada (art. 19, §8º).[1049]

A espécie de subvenção econômica em análise, que consta explicitamente do rol de instrumentos de estímulo à inovação

---

[1047] Vítor Monteiro resgata o histórico do enfrentamento desse desafio que necessitou, mesmo em 2011, Parecer da Advocacia Geral da União para sua superação. Nesse sentido, o PARECER Nº 776/2011/CONJUR-MCTI/CGU/AGU estabeleceu entendimento uniforme no âmbito do MCTI, afastando a aplicação da Lei nº 4.320/64 sob argumento principal de especialidade da Lei nº 10.973/04 quanto às subvenções econômicas voltadas ao fomento à inovação e manejadas por este ente financiador. Cf. MONTEIRO, Vítor. Quais são as novas oportunidades abertas pelo Decreto Federal de Inovação ao uso da subvenção econômica como mecanismo de estímulo à inovação nas empresas pela União Federal? In: SANTOS, Fabio Gomes dos; BABINSKI, Daniel de Oliveira (org.). *Decreto federal de inovação*: novas oportunidades. São Paulo: Observatório de Inovação e Competitividade, 2019. v. 2. p. 59-60. Bruno Portela também registra a compreensão de tal limitador como óbice à atuação das agências de fomento em PORTELA, Bruno Monteiro. Subvenção econômica. In: PORTELA, Bruno Monteiro; BARBOSA Caio Márcio Melo; MURARO, Leopoldo Gomes; DUBEUX, Rafael (org.). *Marco legal da ciência, tecnologia e inovação no Brasil*. Salvador: Juspodivm, 2020. p. 228-229.

[1048] "Art. 12. Os recursos do FNDCT referentes às receitas previstas no art. 10 desta Lei poderão ser aplicados nas seguintes modalidades:
I – não reembolsável, para financiamentos de *despesas correntes e de capital*, na forma do regulamento, para: [...]
b) subvenção econômica para empresas" (grifo nosso).

[1049] Convém citar o parágrafo: "§ 8º Os recursos destinados à *subvenção econômica* serão aplicados no financiamento de atividades de pesquisa, desenvolvimento tecnológico e inovação em empresas, admitida sua destinação para *despesas de capital e correntes*, desde que voltadas preponderantemente à atividade financiada" (grifo nosso).

nas empresas (art. 19, §2º-A, inciso I), deve obrigatoriamente ser acompanhada de contrapartida da empresa beneficiária (art. 19, §3º)[1050] e ser operacionalizada por um percentual mínimo de recursos do FNDCT, com liberdade de alocação setorial dentro da sistemática desse fundo (§§4º e 5º).[1051]

O Decreto nº 9.283/18, regulamentador da Lei de Inovação, também conta com dispositivos relevantes para o instrumento em análise.[1052] Reiterando a exigência de contrapartida presente na Lei de Inovação, o art. 20, *caput*,[1053] é estabelecido que o termo de outorga é o veículo para seu detalhamento. Os parágrafos desse artigo esclarecem que essa forma de financiamento depende da aprovação de projeto pela concedente; que os recursos devem ser aplicados em atividades de pesquisa, desenvolvimento tecnológico e inovação em empresas, (reiterando a permissão para o pagamento de despesas de capital e correntes, desde que destinadas à atividade financiada); e estabelece que os valores recebidos devem ser mantidos em instituição financeira pública federal até serem utilizados ou devolvidos, aplicando-se atualização monetária pertinente no último caso.[1054]

[1050] "§ 3º A concessão da subvenção econômica prevista no § 1º deste artigo implica, obrigatoriamente, a assunção de contrapartida pela empresa beneficiária, na forma estabelecida nos instrumentos de ajuste específicos".

[1051] "§ 4º O Poder Executivo regulamentará a subvenção econômica de que trata este artigo, assegurada a destinação de percentual mínimo dos recursos do Fundo Nacional de Desenvolvimento Científico e Tecnológico – FNDCT.
§ 5º Os recursos de que trata o § 4º deste artigo serão objeto de programação orçamentária em categoria específica do FNDCT, não sendo obrigatória sua aplicação na destinação setorial originária, sem prejuízo da alocação de outros recursos do FNDCT destinados à subvenção econômica".

[1052] Para uma abordagem das mudanças do novo decreto em relação ao regime da regulamentação anterior, cf. PORTELA, Bruno Monteiro; BARBOSA Caio Márcio Melo; MURARO, Leopoldo Gomes; DUBEUX, Rafael (org.). *Marco legal da ciência, tecnologia e inovação no Brasil*. Salvador: Juspodivm, 2020.

[1053] "Art. 20. A concessão da subvenção econômica implicará, obrigatoriamente, a assunção de contrapartida pela empresa beneficiária, na forma estabelecida em termo de outorga específico".

[1054] "§ 1º A concessão de recursos financeiros sob a forma de subvenção econômica, financiamento ou participação societária, com vistas ao desenvolvimento de produtos ou processos inovadores, será precedida de aprovação do projeto pelo órgão ou pela entidade concedente.
§ 2º Os recursos destinados à subvenção econômica serão aplicados no financiamento de atividades de pesquisa, desenvolvimento tecnológico e inovação em empresas, admitida sua destinação para despesas de capital e correntes, desde que destinadas à atividade financiada.
§ 3º Os valores recebidos a título de subvenção econômica deverão ser mantidos em conta bancária de instituição financeira pública federal até sua utilização ou sua devolução,

O art. 21,[1055] por sua vez, disciplina o termo de outorga específico do instrumento em estudo.[1056] Ele deve ser ordinariamente assinado pelo dirigente máximo da concedente e consiste em plataforma para que sejam especificados os detalhes da relação contratual a ser entabulada. Nesse sentido, o regulamento explicita a necessidade de descrição: do projeto fomentado, de resultados esperados, prazos, valores e parâmetros para avaliação do cumprimento das metas estabelecidas.

Um plano de trabalho será anexo ao termo, registrando minuciosamente o que será executado. Sua modificação, entretanto, é limitada pela vedação à desnaturação do objeto originalmente convencionado e pela necessidade de anuência prévia e expressa da concedente de recursos. O regulamento, entretanto, permite a

---

atualizados monetariamente, conforme exigido para a quitação de débitos para com a Fazenda Nacional, com base na variação da Taxa Referencial do Sistema Especial de Liquidação e de Custódia – Selic, acumulada mensalmente, até o último dia do mês anterior ao da devolução dos recursos, acrescidos de um por cento no mês de efetivação da devolução dos recursos à conta única do Tesouro Nacional".

[1055] "Art. 21. O termo de outorga de subvenção econômica conterá obrigatoriamente:
I – a descrição do projeto de pesquisa, desenvolvimento tecnológico e inovação a ser executado pela empresa, dos resultados a serem atingidos e das metas a serem alcançadas, os prazos de execução e os parâmetros a serem utilizados para a aferição do cumprimento das metas;
II – o valor total a ser aplicado no projeto, o cronograma de desembolso e a estimativa de despesas, que deverão constar do plano de trabalho; e
III – a forma de execução do projeto e de cumprimento das metas a ele atreladas, assegurada ao beneficiário a discricionariedade necessária para o alcance das metas estabelecidas.
§ 1º O plano de trabalho constará como anexo do termo de outorga e será parte integrante e indissociável deste, e somente poderá ser modificado segundo os critérios e a forma definidos pela concedente, desde que não desnature o objeto do termo:
I – por meio de comunicação justificada do responsável pelo projeto, quando a modificação implicar alteração de até vinte por cento nas dotações orçamentárias estimadas ou na distribuição entre grupos de natureza de despesa, desde que o valor global do projeto não seja alterado, e
II – por meio de anuência prévia e expressa da concedente, nas demais hipóteses.
§ 2º Os termos de outorga deverão ser assinados pelo dirigente máximo do órgão ou da entidade da administração pública, permitida a delegação, vedada a subdelegação".

[1056] O termo de outorga também constitui a plataforma para disciplinar a concessão de bolsas, de auxílios, de bônus tecnológico, sendo elementos gerais para sua configuração discutidos no art. 34 do Decreto nº 9.283/18. Leopoldo Gomes MURARO ressalta que houve intenção, quando da elaboração do novo regulamento, de unificação da terminologia adotada para os instrumentos relativos à concessão de bolsas, auxílios, subvenção econômica e bônus tecnológica, razão pela qual são todos celebrados via termo de outorga malgrado suas particularidades. Cf. MURARO, Leopoldo Gomes. Instrumentos jurídicos de parceria. *In*: PORTELA, Bruno Monteiro; BARBOSA Caio Márcio Melo; MURARO, Leopoldo Gomes; DUBEUX, Rafael (org.). *Marco legal da ciência, tecnologia e inovação no Brasil*. Salvador: Juspodivm, 2020. p. 168-169.

mera apresentação de comunicação justificada quando a alteração não superar vinte por cento das dotações orçamentárias estimadas ou da distribuição entre grupos de natureza de despesa se o valor global do projeto for mantido intacto.[1057]

Os arts. 22 e 23[1058] estabelecem diretivas para o manejo do instrumento pelos financiadores. O primeiro está relacionado ao monitoramento das despesas e aos meios para comprovação da sua efetivação pelas beneficiárias de subvenção, que devem se submeter à dinâmica de prestação de contas prevista no Capítulo VII da Lei de Inovação.[1059] Há orientação para a utilização de plataformas eletrônicas (art. 22, *caput*) ou, na ausência dessas, de meios que permitam a identificação dos beneficiários e dos fluxos financeiros pertinentes, devendo ser privilegiada a simplificação quando exigidos relatórios de execução financeira[1060] (art. 22, §§1º e 2º). Já

[1057] Como mencionado no item 4.3.2, o Plano de Trabalho é o referencial principal para o monitoramento e avaliação desse tipo de financiamento, conforme indica, dentre outros, o art. 49 do Decreto.

[1058] "Art. 22. As despesas realizadas com recursos da subvenção serão registradas na plataforma eletrônica de que trata o § 5º do art. 38, dispensada a inserção de notas, comprovantes fiscais ou recibos.
§ 1º Na hipótese de a plataforma eletrônica de que trata o *caput* não estar disponível, os pagamentos deverão ser realizados em conta bancária específica por meio de transferência eletrônica que permita a identificação do beneficiário final.
§ 2º Para fins do disposto no § 1º, o pagamento em espécie somente poderá ser realizado mediante justificativa, o que não dispensará a identificação do beneficiário final da despesa nos registros contábeis do projeto.
§ 3º A concedente, em ato próprio, poderá exigir, além do registro eletrônico de que tratam o *caput* e o § 1º, relatório simplificado de execução financeira para projetos de maior vulto financeiro, conforme estabelecido, consideradas as faixas e as tipologias aplicáveis aos projetos.
Art. 23. A concedente adotará medidas para promover a boa gestão dos recursos transferidos, entre as quais serão obrigatórias:
I – a divulgação da lista completa dos projetos apoiados, de seus responsáveis e dos valores desembolsados;
II – a divulgação de canal para denúncia de irregularidades, de fraudes ou de desperdício de recursos no seu sítio eletrônico oficial;
III – a definição de equipe ou estrutura administrativa com capacidade de apurar eventuais denúncias; e
IV – a exigência de que os participantes do projeto assinem documento do qual constem informações sobre como fazer denúncias, sobre o canal existente no sítio eletrônico e sobre a importância da integridade na aplicação dos recursos".

[1059] Esse regime será abordado com mais cuidado quando da discussão da temática do controle, no item 6.4.3.

[1060] Não deve ser esquecido que a simplificação é um dos princípios explícitos para as medidas de incentivo à inovação, conforme previsto no art. 1º, parágrafo único, XII da Lei nº 10.973/04.

o art. 23 estabelece medidas associadas à boa gestão dos recursos transferidos, estabelecendo critérios de transparência na atuação dos financiadores e beneficiários e exigindo que os primeiros contem com estruturas para apurar denúncias de eventuais irregularidades.

As decisões do TCU, mesmo não tendo o condão de propriamente estabelecer o regime jurídico aplicável às subvenções estudadas,[1061] têm também tido bastante impacto em seu no manejo (em especial por parte da Finep).[1062]

O TCU salientou que as chamadas públicas devem transcorrer em concordância com os preceitos da Lei de Processo Administrativo Federal (Lei nº 9.784/99), privilegiando o direito de petição de seus

---

[1061] Dados os limites do papel institucional a cargo dessa instituição que, se exerce relevantíssima função constitucional de controle (arts. 70 e 71), não possui função normativa nem competência para se imiscuir na discricionariedade administrativa. Entretanto, na prática as manifestações do TCU têm, de forma cada vez mais recorrente, influído decisivamente na atuação do Poder Público.

[1062] Em algumas oportunidades o TCU tratou de aspectos extremamente específicos da atuação da Finep no manejo das subvenções. Um exemplo disso é o Acórdão nº 910/11, em que podem ser localizadas diversas determinações e recomendações para esse financiador, abrangendo temas como procedimentos a serem adotados para a prorrogação das subvenções, etapas a serem seguidas para aprovação de projetos e chegando a alcançar até mesmo temas como a proteção da propriedade intelectual decorrente do projeto financiado. Outro exemplo de recomendações bastante específicas são as do Acórdão nº 2334/12, que veda a cumulação de valores concedidos via subvenção aos pagos a título de acordos de compensação (*offset*). Note-se que isso ensejou a inserção de vedações nesse sentido nos itens item 2, "u" na Cláusula Sexta e na alínea "i", Cláusula Décima Sexta, ambas da minuta analisada no item 5.2.3.3. No Acórdão 393/09, para citar ainda outro exemplo, o Tribunal se posicionou especificamente quanto a mecanismos de calibração da contrapartida devida pelas beneficiárias. Vide Acórdão nº 910/11, Rel. Min. André de Carvalho, em sessão de 6 de abril de 2011 (Ata de nº 11/11), Acórdão nº 2334/12, Rel. Min. André de Carvalho, em sessão de 29 de agosto de 2012 (Ata de nº 34/12) Acórdão nº 393/10, Rel. Min. André de Carvalho, em sessão de 10 de março de 2010 (Ata de nº 07/10). Observa-se que a conjugação desses casos com os outros a serem referidos abaixo podem coroar uma tendência, no âmbito dessas subvenções e como destacada por Vitor Monteiro, de "enriquecimento e padronização da sua forma de utilização, em detrimento, portanto, de uma fiscalização favorável à flexibilidade e adaptabilidade do instrumento, conforme as necessidades e interesses almejados pela Administração Pública federal com a sua concessão" (MONTEIRO, Vítor. Quais são as novas oportunidades abertas pelo Decreto Federal de Inovação ao uso da subvenção econômica como mecanismo de estímulo à inovação nas empresas pela União Federal? *In*: SANTOS, Fabio Gomes dos; BABINSKI, Daniel de Oliveira (org.). *Decreto federal de inovação*: novas oportunidades. São Paulo: Observatório de Inovação e Competitividade, 2019. v. 2. p. 62). Confira-se ainda, falando da evolução das práticas administrativas relacionadas e sua relação com as normas que foram sendo produzidas para regê-las, MONTEIRO, Vítor. Quais são as novas oportunidades abertas pelo Decreto Federal de Inovação ao uso da subvenção econômica como mecanismo de estímulo à inovação nas empresas pela União Federal? *In*: SANTOS, Fabio Gomes dos; BABINSKI, Daniel de Oliveira (org.). *Decreto federal de inovação*: novas oportunidades. São Paulo: Observatório de Inovação e Competitividade, 2019. v. 2. p. 61-64.

participantes (em especial a possibilidade de recorrer de decisões administrativas) e conferindo publicidade e motivação aos seus atos.[1063] O controlador também ressaltou, em linha com o feito nesta pesquisa, a incerteza como elemento distintivo dos financiamentos a outros ajustes contratuais administrativos,[1064] e prescreveu que as chamadas públicas voltadas aos fomento empresarial deveriam ser abertas até mesmo a sociedades simples.[1065]

Cabe, por fim, realçar alguns aspectos da subvenção prevista pela Lei nº 10.973/04 a partir de observações promovidas pela doutrina.

Rafael Valim e Laura Mendes Amando de Barros trazem a lume discussões sobre a natureza de ato ou contrato das subvenções (em geral), assim como quanto ao seu caráter unilateral ou bilateral.[1066]

[1063] Cf. Acórdão nº 2132/08, Rel. Min. Augusto Sherman, em sessão de 24 de setembro de 2008 (Ata de nº 38/2008). A necessidade de cientificação dos interessados, de ser franqueado acesso ao conteúdo das deliberações nos processos seletivos, e de ser garantido o direito a recorrer de decisões proferidas nos mesmos foram reiteradas em outros acórdãos do mesmo ano, tais como Acórdão nº 2245/08, Rel. Min. Augusto Sherman, em sessão de 5 de novembro de 2008 (Ata de nº 46/08) e Acórdão nº 2876/08, Rel. Min. Augusto Sherman, em sessão de 3 de dezembro de 2008 (Ata de nº 51/08). Posteriormente, destacando a necessidade de acesso das empresas às informações que sejam pertinentes às avaliações de suas propostas, vide Acórdão nº 3261/09, Rel. Min. André de Carvalho, em sessão de 23 de junho de 2009 (Ata de nº 20/09).

[1064] Essa indicação ocorreu em julgamento de Tomada de Contas Especial em que foram discutidos o aproveitamento ou não de gastos pela beneficiária em estudos preliminares do projeto, mesmo que este não tenha vindo a ser finalizado. Segundo o TCU, "[e]m síntese, o que pretendo demonstrar é que há uma significativa diferença entre objetos de convênios e objetos de contratos de concessão de subvenção econômica para desenvolvimento de novos produtos, de modo que a jurisprudência deste Tribunal referente a convênios não pode ser aplicada de forma indiscriminada aos contratos de concessão de subvenção econômica. No primeiro caso, os objetos acordados são previsíveis e sabidamente viáveis. No segundo, pretende-se desenvolver um objeto ou uma tecnologia, mas não se tem a certeza de que será viável. Portanto, uma etapa de estudo de viabilidade é inerente a esse processo de desenvolvimento de tecnologias e os recursos aplicados nessa etapa não podem ser desconsiderados, mesmo que o produto se mostre inviável. O objetivo dos estudos iniciais é justamente avaliar se projeto terá ou não continuidade e assim evitar que um montante maior de dinheiro público seja desperdiçado. Assim, caso os recursos remanescentes tivessem sido devidamente devolvidos e a contrapartida aplicada na proporção acordada, não haveria que se falar em débito" (Acórdão n° 18/2021, Rel. Min. Vital do Rêgo, em sessão de 26 de janeiro de 2021 (Ata de n° 01/21).

[1065] Veja-se o Acórdão nº 2203/09, em que o pleno do Tribunal se posicionou contrariamente a limitações impostas pela Finep à participação de sociedades simples nos processos seletivos, tendo naquela oportunidade o controlador inclusive adotado interpretação mais abrangente do termo "empresa" para fins de concessão do benefício do que o próprio financiador. Cf. Acórdão nº 2203/09, Rel. Min. Augusto Nardes, em sessão de 23 de setembro de 2009 (Ata de nº 38/08).

[1066] BARROS, Laura Mendes Amando de. *Participação democrática e fomento nos conselhos deliberativos*. São Paulo: Saraiva, 2016. p. 72-78; e VALIM, Rafael. *A subvenção no direito administrativo brasileiro*. São Paulo: Contracorrente, 2015. p. 129-130 e 141-142.

É clara, quanto ao instrumento em tela, sua natureza contratual: o termo de outorga é o âmbito em que as partes convencionam, sendo o plano de trabalho o espaço de detalhamento (técnico) da iniciativa fomentada. Também por isso se conclui que se trata de um instrumento de financiamento com natureza bilateral, que prevê obrigações para ambas as partes. Mesmo estando ausente sinalagma – dado que a exigência de contraprestação não condiz com a natureza do instrumento (relembre-se o já mencionado art. 12, §2º da Lei nº 4.320/64) – o desempenho do fomento à inovação encarta não só obrigações para o beneficiário, como as de executar o pactuado e aportar contrapartida, mas também estatais, tais como a liberação dos valores nos termos pactuados, o acompanhamento do projeto, e a instituição de canais de diálogo e colaboração durante a sua execução.[1067]

A necessidade de contrapartida por parte da empresa, que deve ser exigida pelo financiador quando utilizada a modalidade de subvenção em análise (art. 19, §3º, da Lei nº 10.973/04) bem exemplifica uma atuação de parte a parte, deixando clara a necessidade de conjugação de esforços coordenados para o atingimento do convencionado. Se está claramente indo além da mera imposição de um *modus* (ou encargo) para condicionar a relação contratual.[1068]

A compreensão dessa dinâmica, ademais, também serve para vislumbrar como a subvenção econômica se distingue de institutos jurídicos como o da doação,[1069] mesmo em sua hipótese onerosa.[1070] Na primeira não se verifica o intuito de liberalidade que permeia

---

[1067] A minuta a ser analisada *infra* permite ver isso com bastante clareza.

[1068] Não se entende, assim, que obrigações desse tipo constituam, nas palavras de Caio Mário da Silva PEREIRA, "restrição à vantagem criada para o beneficiário de um negócio jurídico", mesmo que porventura se argumentasse se estar " impondo uma obrigação ao favorecido em benefício do próprio instituidor, ou de terceiro, ou de coletividade anônima". O mesmo autor prossegue, esclarecendo que " quando se institui em contrato bilateral [o encargo], e a obrigação se configura como correlata da obrigação devida pela outra parte, não está caracterizado o *modus*" (PEREIRA, Newton Müller. *Fundos setoriais*: avaliação das estratégias de implementação e gestão. Rio de Janeiro: Ipea, 2005. v. 1156. p. 580).

[1069] Arts. 538 a 564 do Código Civil. Note-se que mesmo a menção a "subvenção periódica", feita no art. 545, deve ser lida atentando-se ao contexto das relações jurídicas entre agentes privados, que é diversa da do contexto em discussão, uma vez que mesmo o uso das mesmas palavras não traz, nesse caso, congruência de significado.

[1070] Art. 553. O donatário é obrigado a cumprir os encargos da doação, caso forem a benefício do doador, de terceiro, ou do interesse geral.

a segunda, mas sim uma atuação estatal, com todos os poderes e deveres pertinentes, que tem na satisfação do interesse público a causa última para a transferência da verba pública.[1071]

5.2.3.2 Noções relevantes

5.2.3.2.1 Subvenção direta ou indireta (descentralizada)

De forma semelhante ao que acontece nos financiamentos em sentido estrito,[1072] as subvenções econômicas calcadas na Lei de Inovação podem ser instrumentalizadas pela via direta ou indireta (descentralizada).

No primeiro caso, o financiador disponibiliza os recursos ele mesmo, não havendo outros intermediários para a captação ou utilizando verba própria.[1073] A Finep, por exemplo concede diretamente subvenções com recursos do FNDCT desde 2006, em decorrência do regime instituído pela Lei nº 10.973/04.[1074]

No segundo caso, o financiador repassa recursos a outros agentes, prescrevendo, todavia, regras para a aplicação da verba transferida. Como nos empréstimos, esse expediente serve para conferir maior capilaridade ao fomento à inovação, privilegiando a redução das desigualdades regionais e desconcentrando as atividades de CTI.[1075] A diferença principal é que, no caso das

---

[1071] Como dito por Célia Cunha Mello, "[a] subvenção não obedece ao *animus donandi*, trata-se de técnica de fomento que visa a realização de fins de interesse geral" (MELLO, Célia Cunha. *O fomento na administração pública*. Belo Horizonte: Del Rey, 2003. p. 102). Registre-se que a autora, entretanto, considera a subvenção uma relação jurídica unilateral nascida de ato administrativo, do que se discorda, pelas razões expostas no corpo do texto.

[1072] Cf. item 5.2.2.2.1.

[1073] Há, naturalmente, certa artificialidade nessa divisão. Ela é bastante visível quando os financiadores/agências de fomento captam, eles mesmos, recursos em outras instituições financeiras (como os recursos do PSI cedidos à Finep pelo BNDES). Ela é, de toda forma, bastante adotada na praxe dos financiamentos e é útil ao manejo das modalidades do instrumento em estudo.

[1074] No site dessa instituição podem ser localizados relatórios relativos ao uso desse instrumento durante os anos de 2009, 2010 e 2011, além do perfil das empresas apoiadas. Vide informações disponíveis em: http://finep.gov.br/apoio-e-financiamento-externa/historico-de-programa/subvencao-economica. Acesso em: 3 out. 2020.

[1075] Em linha com os preceitos constantes do art. 1º, incisos III e IV da Lei nº 10.973 /04.

subvenções, os repasses usualmente não são direcionados a instituições financeiras atuantes no mercado de crédito, mas para entidades estatais (como agências de fomento) ou privadas sem finalidades lucrativas. Essas, por sua vez, ofertam o benefício a empresas que cumpram os critérios exigidos para se tornarem beneficiárias.

Na descentralização das subvenções, também é possível ocorrer a multiplicação de formatos para a transferência de recursos. Mesmo que variando a intensidade de padronização exigida pelo descentralizador – que tende a ser acentuada dada a natureza não reembolsável dos recursos – é possível que os agentes descentralizados adotem procedimentos e modelos de sua própria elaboração.[1076]

Para visualizar como a via indireta se efetiva, tome-se, também aqui, a Finep como exemplo. Utilizando as formas indiretas de maneira crescente,[1077] esse financiador descentraliza suas subvenções mediante dois programas: o *Tecnova*[1078] e o *Centelha*.[1079]

Ambos transferem recursos do FNDCT para parceiros estaduais selecionados a partir de cartas convite, cumprindo diretiva regulamentar de credenciar instituições estaduais para fins de fomento à inovação para microempresas e empresas de pequeno porte (art. 24, Decreto nº 9.283/18).[1080] Segundo as regras

---

[1076] Embora este não seja, como se verá, o caso da Finep, é o que acontece com a Embrapii, como se pode depreender de resposta a questionamento eletrônico presente no anexo 10.

[1077] Diversamente do que ocorria com o financiamento em sentido estrito, verifica-se que para as subvenções o total de valores contratados e liberados pela via indireta aproxima-se da via direta, inclusive superando-os em 2019. No ano de 2018, as operações indiretas consistiram em dez projetos, totalizando 10 milhões em contratação, frente a cinco projetos e 18 milhões na modalidade direta. Em 2019, as primeiras saltaram para 25 projetos e 57 milhões, frente a oito projetos e 47 milhões financiados diretamente. Em termos de liberações, que não condizem com as contratações dada a necessidade do cumprimento de diversos requisitos para sua efetivação, em 2019 houve liberações em 30 projetos com concessão indireta, disponibilizando um total de 25 milhões, e 36 projetos pela via direta, conduzindo a liberação de um total de 38 milhões. Cf. BRASIL. Financiadora de Estudos e Projetos. *Relatório da Administração*. Rio de Janeiro: Finep, 2019. p. 16.

[1078] Disponível em: http://www.finep.gov.br/apoio-e-financiamento-externa/programas-e-linhas/tecnova. Acesso em: 3 out. 2020.

[1079] Disponível em: http://finep.gov.br/apoio-e-financiamento-externa/programas-e-linhas/centelha. Acesso em: 3 out. 2020.

[1080] "Art. 24. A Financiadora de Estudos e Projetos – FINEP, na qualidade de Secretaria-Executiva do Fundo Nacional de Desenvolvimento Científico e Tecnológico, observado o disposto no art. 1º, parágrafo único, inciso IV, da Lei nº 10.973, de 2004, credenciará agências de fomento regionais, estaduais e locais, e instituições de crédito oficiais, com vistas a descentralizar e a aumentar a capilaridade dos programas de concessão de

desses programas, cada unidade da federação deverá formular proposta contendo um conjunto de instituições estaduais participantes e responsáveis pela oferta dos recursos às empresas (é especialmente estimulada a presença das Fundações de Amparo à Pesquisa).

Para a utilização da verba federal, os entes estaduais devem seguir regras produzidas pela Finep,[1081] exigindo que sejam adotados procedimentos que são bastante similares aos praticados pelo descentralizador ao conceder subvenções diretamente, devendo inclusive ser utilizadas minutas padronizadas.[1082] A descentralização se efetiva pela via contratual e inclui a imposição de obrigações aos parceiros, como as exigências de desembolso de contrapartida, alavancando os valores oriundos da Finep.[1083] Os agentes descentralizados atuam, assim, como delegatários dessa instituição pública federal.[1084]

---

subvenção às microempresas e às empresas de pequeno porte, sem prejuízo da concessão direta.
Parágrafo único. A Finep adotará procedimentos simplificados, inclusive quanto aos formulários de apresentação de projetos, para a concessão de subvenção às microempresas e às empresas de pequeno porte".

[1081] Veja-se, por exemplo, o que se deu no ano de 2018, conforme relatado pelo Relatório de Gestão desse ano, respectivamente quanto aos programas *Centelha* e *Tecnova*: "[a]s propostas recebidas totalizaram uma demanda de recursos não reembolsáveis de aproximadamente R$ 21,5 milhões, referente aos R$ 30 milhões oferecidos na carta-convite. Considerando que toda a demanda apresentou mérito, todos os projetos apresentados foram aprovados, conforme programação orçamentária aprovada pelo Conselho Diretor do FNDCT. No encerramento do exercício, os projetos encontravam-se em fase de contratação. [...] As propostas recebidas totalizaram uma demanda de recursos não reembolsáveis de aproximadamente R$ 59,8 milhões, ante os R$ 60 milhões oferecidos na carta-convite. Considerando que toda a demanda apresentou mérito, todos os projetos apresentados foram aprovados para serem contratados em 2019, conforme programação orçamentária aprovada pelo Conselho Diretor do FNDCT" (BRASIL. Fundo Nacional de Desenvolvimento Científico e Tecnológico. *Relatório de Gestão do Exercício de 2018*. Rio de Janeiro: FNDCT, 2018. p. 80).

[1082] Note-se que, em ambos os casos, as minutas se assemelham muito às utilizadas para a concessão de subvenções diretamente pela Finep, e que será analisada no item 5.2.3.3, afora adaptações específicas associadas à necessidade de descentralização. As minutas encontram-se nos anexos 11 e 12.

[1083] Veja-se, ara maiores detalhes quanto aos processos seletivos, a CARTA CONVITE MCTIC/FINEP – Programa de Apoio à Inovação Tecnológica – FINEP-TECNOVA II 01/2018 e a CARTA CONVITE MCTI/FINEP – PROGRAMA NACIONAL DE APOIO À GERAÇÃO DE EMPREENDIMENTOS INOVADORES – CENTELHA II 06/2020 disponíveis, respectivamente, em: http://www.finep.gov.br/chamadas-publicas/chamadapublica/618 e http://finep.gov.br/apoio-e-financiamento-externa/programas-e-linhas/centelha. Acesso em: 3 out. 2020.

[1084] Essa dinâmica fica bem clara ao ser consultado o manual operacional disponível em http://finep.gov.br/apoio-e-financiamento-externa/programas-e-linhas/centelha. Acesso em: 3 out. 2020.

Em ambos os casos, as parcerias ambicionam criar espaços favorecedores do empreendedorismo no âmbito estadual para as empresas de micro e pequeno porte.[1085] No programa *Centelha* há ainda uma mobilização mais abrangente de atores do SNCTI, com a Finep atuando ao lado do MCTI, CNPq, Conselho das Fundações Estaduais de Amparo à Pesquisa – Confap, e da Fundação CERTI,[1086] fazendo com que aos agentes descentralizados também sejam aplicáveis diretivas exaradas por outros participantes do programa (como o MCTI).[1087]

5.2.3.2.2 Condicionantes de fonte: a subvenção sujeita às normas do FNDCT

Sendo o FNDCT a fonte de recursos mais relevante (embora não única)[1088] para o manejo de subvenções pela Finep, interessa, mesmo que brevissimamente, abordar as normas que disciplinam os financiamentos que os utilizam.[1089]

A Lei do FNDCT (Lei nº 11.540/07) deixa clara sua adesão à sistemática prevista na Lei de Inovação e seu regulamento (art. 12, inciso I, "b" e §3º).[1090]

[1085] Note-se, de toda forma, que cada programa adota critérios distintos para seu público-alvo. No caso do *Tecnova*, há uma limitação de faturamento bruto anual da ordem de R$16 milhões; no *Centelha*, essa limitação é R$ 4,8 milhões, admitindo-se a possibilidade de constituição da empresa após o lançamento do programa pelo parceiro estadual, conforme prescrevem as Cartas Convite mencionadas.

[1086] Sobre essa fundação sem fins lucrativos e ligada ao fomento a CTI, Cf. https://www.certi.org.br/. Acesso em: 3 out. 2020.

[1087] Cf., nesse sentido, a Portaria MCTIC nº 4.082/18, disponível em: https://www.in.gov.br/materia/-/asset_publisher/Kujrw0TZC2Mb/content/id/36470968/do1-2018-08-13-portaria-n-4-082-de-10-de-agosto-de-2018-36470956. Acesso em: 5 out. 2020.

[1088] Relembre-se a abordagem das fontes correntemente utilizadas pela Finep, havendo a possibilidade da concessão de subvenções também utilizando recursos do fontes FUNTTEL e da Rota 2020, como mencionado no item 4.3.4.

[1089] Não se perca de vista, em linha com o que vem sendo enunciado nesta tese, uma vez adotada outra fonte para a concessão de subvenções, tais normas não se mostrariam mais vinculantes.

[1090] "Art. 12. Os recursos do FNDCT referentes às receitas previstas no art. 10 desta Lei poderão ser aplicados nas seguintes modalidades:
I – não reembolsável, para financiamentos de despesas correntes e de capital, na forma do regulamento, para: [...]
b) subvenção econômica para empresas; e [...]
§ 3º As subvenções concedidas no âmbito da Política Nacional de Ciência, Tecnologia e Inovação e custeadas com os recursos previstos no *caput* deste artigo obedecerão ao disposto no art. 19 da Lei nº 10.973, de 2 de dezembro de 2004".

Já a regulamentação do fundo, positivada pelo Decreto nº 6.938/09, prevê dispositivos específicos que convém assinalar. É o caso do seu art. 13[1091] que, em seu *caput* e inciso II, previu originalmente a já aludida autorização para o pagamento de despesas de custeio e de capital. O dispositivo também salienta o papel das subvenções como mecanismos para desonerar as empresas nacionais dos custos e riscos inerentes à pesquisa e ao desenvolvimento de produtos e processos, conectando o seu manejo à efetivação da Política Industrial e Tecnológica Nacional (§3º).[1092] O dispositivo também reitera a conexão com a Lei 10.973/04, a exigência de contrapartida e a natureza contratual desse instrumento de fomento (§§2º e 5º). O §4º do artigo 13 estabelece um requisito importante para a concessão de subvenções: elas devem estar inseridas na dinâmica de um chamamento público.

As subvenções também são regidas pelo conjunto de regras produzido pela estrutura de governança do FNDCT. É o caso da Portaria MCTIC nº 1.819/20, que aprova os parâmetros de aplicação dos recursos do fundo e seus limites máximos anuais para 2020.[1093] Assim, o art. 5º dessa Portaria,[1094] ao indicar critérios

---

[1091] "Art. 13. Será efetuada aplicação sob a modalidade não-reembolsável para financiamento de despesas correntes e de capital para:
II – subvenção econômica para empresas; e [...]
§2º As subvenções econômicas custeadas com os recursos previstos no inciso II obedecerão ao disposto no art. 19 da Lei nº 10.973, de 2004, e seu regulamento.
§3º Os recursos alocados para as subvenções econômicas visam a desonerar as empresas nacionais dos custos e riscos inerentes à pesquisa e ao desenvolvimento de produtos e processos, especialmente àqueles de interesse público ou de natureza estratégica para o País, em consonância com a Política Industrial e Tecnológica Nacional.
§4º O processo de seleção das empresas e dos projetos a serem contemplados com recursos das subvenções econômicas será realizado mediante chamamento público.
§5º A concessão da subvenção econômica prevista no §2º o implica, obrigatoriamente, a assunção de contrapartida pela empresa beneficiária na forma estabelecida no contrato".

[1092] Sobre a relevância da concessão dos financiamentos se dar de forma consoante a esse tipo de política, cf. item 3.2.2. Interessa notar que, embora o dispositivo não restrinja à concessão de recursos às diretivas dessa política, ele indica que deve ser dada atenção especial ao desenvolvimento de produtos e processos de interesse público ou de natureza estratégica para o País.

[1093] O limite máximo de recursos para tal instrumento, de forma global (abrangendo as formas diretas e indiretas), seria de R$ 116 milhões e 500 mil reais em 2020, conforma o art. 5º, parágrafo único, da portaria.

[1094] "Art. 5º Ficam definidos como critérios de julgamento para concessão da subvenção econômica em 2020:
I – a aderência a temas prioritários definidos em políticas públicas do Ministério da Ciência, Tecnologia, Inovações e Comunicações – MCTIC, em especial à Portaria nº 1.122,

que devem ser ponderados para a concessão de recursos por meio dessa modalidade, deixa clara a necessidade de harmonização do manejo do instrumento a diretrizes governamentais em matéria de CTI (inciso I) e a importância de sua aplicação direcionada para inovações dotadas de maior risco tecnológico, impacto e que objetivem o atendimento a temas governamentais prioritários (incisos II e III).

5.2.3.3 Análise de minuta contratual padrão: subvenção direta

Expostas as características principais das subvenções econômicas fundadas na Lei de Inovação e salientados alguns aspectos de seu emprego pela Finep, pode-se passar ao exame de uma das minutas adotadas para sua concessão. Trata-se da utilizada para a contratação de subvenção pela via direta, com fonte FNDCT.[1095]

A minuta traz em seu bojo características comuns às formas de atuação estatal mais tradicionais, sendo dado destaque a aspectos relativos às finanças públicas, órgãos de controle e fontes normativas da relação jurídica convencionada[1096] (como o Decreto nº 9.283/18). Há, assim, uma atmosfera que faz lembrar a multiplicidade de ajustes que a Administração promove diuturnamente para repassar recursos a particulares, estando presente inclusive certa verticalidade[1097] na relação entabulada. Há grandes espaços de

---

de 19 de março de 2020, com suas alterações, e outras diretrizes posteriores emitidas pelo Ministro de Estado desta pasta, bem como por demais instâncias do Governo Federal;
II – a possibilidade de compartilhamento de riscos nas inovações de mais alto risco tecnológico em temas prioritários;
e III – o grau de inovação e impacto esperado no desenvolvimento econômico e social do País".

[1095] Assume-se ser essa a única minuta adotada para a via direta quando da solicitação via Lei de Acesso à Informação constante do anexo 2. Dessa forma, presume-se que outros programas para a concessão de subvenções ou não eram utilizados há algum tempo ou não haviam chegado a uma fase de maturidade que demandasse a existência de minuta padronizada.

[1096] A Cláusula Décima Quinta indica os diplomas normativos aplicáveis à relação contratual.

[1097] Relembre-se a abordagem de estruturas administrativas mais tradicionais, fortemente baseadas em autoridade, feita no item 2.3.2.

discricionariedade e prerrogativas para o financiador, que pode exarar inclusive normas que deverão ser seguidas pela empresa.[1098]

É provável que a natureza não reembolsável dos recursos concedidos e semelhanças do ajuste a outros expedientes de fomento tradicionais (como convênios, bolsas ou auxílios) contribuam com tal configuração, bastante contrastante com a realidade verificada nas minutas de *financiamento em sentido estrito* (item 5.2.2.3) e de *investimento* (item 5.2.4.3), onde há maior horizontalidade na relação com as empresas e maior conexão à *práxis* privada (seja no mercado bancário seja no de capitais).

A minuta contratual é composta por 18 cláusulas, com espaço reservado para a identificação da chamada pública em relação à qual a subvenção se relaciona. O *termo de outorga* (nome técnico do tipo de minuta em exame)[1099] é expressamente identificado com a Lei de Inovação e seu regulamento.[1100] As partes consistem apenas da Finep e da Beneficiária, sendo a última a empresa destinatária da verba pública.

A Cláusula Primeira, em seu item 1, descreve o objeto do ajuste, a concessão de subvenção econômica para a execução de projeto expressamente identificado e a ser executado nos termos do plano de trabalho aprovado (que segue anexo ao termo). A lógica do *projeto*,[1101] portanto, é a que orienta o acompanhamento da iniciativa fomentada. Note-se, ainda, que o delineamento da execução do objeto também é condicionado de forma relevante pelos itens 1 e 2 da Cláusula Décima, que veda aditamento que altere seu objeto, em especial quanto à sua finalidade.

A Cláusula Segunda consigna as autorizações do órgão diretivo da Finep para a contratação. A Cláusula Terceira arrola o

---

[1098] São recorrentes na minuta dispositivos indicando que trâmites relativos à relação contratual serão resolvidos seguindo-se "normas e procedimentos internos da Finep". Na Cláusula Décima Quarta, item 4, chega-se a prever que: "[a] BENEFICIÁRIA DA SUBVENÇÃO reconhece a autoridade normativa da Finep para exercer o controle e a fiscalização sobre a execução do PROJETO, reorientar ações e acatar, ou não, justificativas com relação às eventuais disfunções havidas na sua execução".

[1099] Como dito *supra*, essa é a adotada para este instrumento no âmbito do Decreto nº 9.283/18. Registre-se também, oportunamente, que na minuta da Finep estão contidos os elementos arrolados nos arts. 21 e 34 do regulamento.

[1100] O que é reiterado na Cláusula Décima Quinta, que também menciona a Lei do FNDCT (Lei nº 11.540/07).

[1101] Para observações comparando a temática do *plano* e do *projeto*, cf. item 4.3.2.

valor máximo a ser disponibilizado pela Finep para a execução do projeto e a contrapartida mínima a ser aportada pela Beneficiária. É dado caráter formal, portanto à expectativa de gastos necessários ao desenvolvimento do projeto aprovado pelo financiador.[1102] O instrumento contratual também explicita as datas das liberações das parcelas, que ocorrem em intervalos predeterminados a partir do primeiro desembolso.

A Cláusula Quarta prevê as condições para o desembolso dos recursos. Há de exigências decorrentes da inserção da Finep na Administração Federal[1103] a relativas a responsabilidade socioambiental (apresentação de licenciamento necessário à execução do projeto) e regulatória. Com a segunda parcela, passa a ser obrigatória a comprovação da execução do pactuado, da perspectiva técnica e dos dispêndios efetuados, para que continuem a ser repassados.

Os prazos para a utilização dos recursos e para prestação de contas são previstos na Cláusula Quinta. Para ambos os casos, há a possibilidade de prorrogação, mediante solicitação prévia e autorização da concedente. Eles se somam ao disposto na Cláusula Décima Oitava, relativa aos prazos de vigência, exigindo, além da solicitação prévia por escrito, a presença de justificativa técnica refletida no plano de trabalho para que possa ocorrer a prorrogação.

A Cláusula Sexta congrega obrigações das partes. No item 1 figuram as obrigações da Finep, como a de transferir os valores às empresas e avaliar (da perspectiva técnica e financeira) a execução do projeto. No item 2 consta o rol de obrigações da Beneficiária, que é bem mais amplo. Além dos deveres associados à execução do projeto, sempre permitindo seu monitoramento pelo financiador, há também os relativos à manutenção de conduta íntegra e lícita; de divulgação do apoio concedido e de manutenção da sede e administração da Beneficiária no país.

[1102] A minuta prevê a possibilidade de o projeto poder vir a custar mais do que o orçado, definindo que as despesas excedentes deverão ser custeadas pela Beneficiária. Caso o projeto seja menos custoso do que o imaginado haverá a devolução dos recursos pela empresa ou o cancelamento de liberações pelo financiador.

[1103] Como discutido no item 3.1.1.

A Cláusula Sétima disciplina a aquisição de bens e serviços relativos ao projeto, estabelecendo conteúdo principiológico a ser seguido e a necessidade ordinária de cotação de preços para a sua realização. A Cláusula Nona, ademais, estabelece o dever de registro dos direitos de propriedade intelectual resultantes do projeto frente ao INPI. A Cláusula Décima Sexta complementa quadro obrigacional, prevendo declarações diversas da Beneficiária manifestas pela celebração do contrato.

A Cláusula Oitava disciplina as prestações de contas à Finep, absorvendo a sistemática prevista nos arts. 47 a 60 do Decreto nº 9.283/18 e privilegiando um monitoramento simplificado e voltado a resultados.[1104]

Por fim, as Cláusulas Décima Primeira, Décima Segunda e Décima Quarta disciplinam a aplicação de sanções, somando-se à obrigação de restituição presente na Cláusula Sexta, 2, "k".[1105] São respectivamente abordadas situações em que pode ocorrer a suspensão dos desembolsos previstos, conjuntamente ou não à eventual imposição de condicionantes e de outras sanções; as hipóteses de instauração de Tomada de Contas Especial, com possível participação do TCU para apuração de responsabilidade caso configurado dano à administração pública federal;[1106] e a rescisão contratual.

Delineado essencial da estrutura do ajuste, pode-se avançar para o exame da minuta com base nos questionamentos e métodos expostos no item 5.2.1.

[1104] Essa sistemática será referida com mais vagar no item 6.4.3.

[1105] A beneficiária da subvenção tem a obrigação de restituir à Finep valores que lhe tenham sido transferidos, com juros e correção monetária, caso não for executado o objeto pactuado; não forem apresentados os demonstrativos financeiros ou formulários de resultados pertinentes ou caso os recursos tenham sido empregados em finalidade diversa do convencionado. Note-se que, em um contexto sancionatório, a mera devolução é o piso do quadro sancionatório contratualmente previsto caso a empresa fomentada não atue de forma idônea e comprometida com o projeto.

[1106] Sobre o processo administrativo de Tomada de Contas Especial, cf. informações disponíveis em: https://portal.tcu.gov.br/fiscalizacao-e-controle/prestacao-de-contas/tomada-de-contas-especial/. Acesso em: 7 out. 2020. Abordando eventuais vantagens desse procedimento como forma de apuração de infrações, vide CESTARI, Renata; CARNAÚBA, César; GULIM, Marcello; SARQUIS, Alexandre. Tomada de contas especial. Um importante mecanismo de controle no âmbito dos tribunais de contas. *Revista da Faculdade de Direito*, São Paulo, v. 111, p. 587-613, 2017.

A primeira questão, relativa à incorporação de aspectos apontados como conformadores do financiamento à inovação empresarial, pode ser respondida de modo afirmativo. Todavia, estão explicitados na minuta apenas dois deles.

Começando pelo binômio *risco e incerteza*.[1107] esclarece-se de início que o *risco*, em sua dimensão financeira, não é condizente com a natureza *não reembolsável* da subvenção. Como não se espera qualquer retorno (financeiro) em relação aos valores concedidos[1108] é pertinente adaptar o questionamento previsto a essa realidade. Mesmo cláusulas assecuratórias da idoneidade financeira e societária da Beneficiária, ou protetivas da Finep diante de prejuízos extraordinários decorrentes do incentivo, seriam mais bem compreendidas como meios para enfrentar a *incerteza* do que para propriamente mitigar *riscos* financeiros, dado que essa não é uma preocupação que permeia o instrumento em análise de forma relevante.[1109]

Averigua-se, portanto, apenas a incorporação da *incerteza*, associada aos esforços inovativos, na minuta. Afora a possibilidade de feitura de ajustes durante o transcorrer dos esforços inovativos,[1110] o que mais interessa salientar é forma como o termo de outorga disciplina algumas hipóteses de não execução do pactuado.

Dois dispositivos lidam explicitamente com a *incerteza*, mesmo que tomando-a de forma limitada à sua dimensão *técnica*.[1111] Trata-se do item 1.2 da Cláusula Décima Primeira, que prevê que a "Finep considerará o conceito de risco tecnológico, constante no Decreto

---

[1107] Discutidos com mais vagar no item 2.2.1.

[1108] Diversamente do que ocorre, relembre-se, nos instrumentos *reembolsáveis* e de *investimento*, conforme discutido no item 4.3.1.

[1109] São exemplos a hipótese de suspensão dos desembolsos em caso de falência ou recuperação judicial ou extrajudicial das beneficiárias previstas na Cláusula Décima Primeira, 1, "f"; a do dever de comunicação de alterações societárias, previsto na Cláusula Sexta, 1, "i"; e a manifestação de compromisso de ressarcimento à Finep caso o financiador tenha de custear despesas relativas a danos ambientais, previstas na Cláusula Décima Sexta, "e". Uma outra abordagem possível, mas não entendida como a mais condizente com a essência do negócio jurídico analisada, seria simplesmente considerar tais dispositivos representativos do *risco* e atestar a sua presença na minuta.

[1110] A perspectiva dos ajustes durante o transcorrer do projeto, como feito na análise da minuta de financiamento em sentido estrito, será explorada abaixo ao se falar da *provisoriedade de objetivos*.

[1111] Repise-se a aproximação da *incerteza técnica* da noção de *risco tecnológico* presente no Decreto nº 9.283/2018, referida no item 2.2.1.

nº 9.283/2018, no monitoramento e avaliação do PROJETO" e do 2 da Décima Segunda, que dispõe que

> [a] não-execução do PROJETO pactuado ou sua execução parcial decorrente de risco tecnológico, conceituado no Decreto nº 9.283/2018, devidamente justificado pela BENEFICIÁRIA DA SUBVENÇÃO e aprovado pela *Finep* não ensejará a instauração de Tomada de Contas Especial.

Como relatado durante a abordagem geral da estrutura da minuta, ambos os dispositivos estão inseridos na sistemática que prevê a aplicação de sanções à beneficiária, situando-se respectivamente na parametrização das hipóteses de suspensão dos desembolsos e de Tomada de Contas Especial.[1112]

Essas disposições fazem com que, uma vez presente comprovação de obstáculo técnico, exista fundamento contratual expresso para possibilitar, com a interrupção das transferências de recursos, a finalização da iniciativa a contento mediante aprovação do financiador. Abre-se espaço para o aceite de desforços inovativos que, dotados de boa-fé e devidamente promovidos, não renderam os frutos esperados (no caso de comprovada impossibilidade de execução) ou para casos em que não foi nem mesmo possível completar todas as etapas previstas para atingir os objetivos almejados (no caso de execução parcial).[1113]

Malgrado a importância e utilidade desses dispositivos para a atividade em estudo, interessa destacar duas limitações na estrutura contratual, principalmente pelo fato de a subvenção econômica consistir em instrumento recomendado para custear iniciativas de destacada *incerteza*.

A primeira delas é a restrição do permissivo contratual à dimensão *técnica* da *incerteza*. Não são, portanto, explicitamente

---

[1112] No primeiro caso, do item 1.2 da Cláusula Décima Primeira, até se pode compreender a diretiva como tendo uma abrangência maior, dirigindo-se ao conjunto das ações de monitoramento e avaliação do projeto à cargo do financiado. Mas a localização dos dispositivos no arranjo contratual, todavia, não pode ser desconsiderada nesta análise.

[1113] Considera-se que, em casos em que tenha sido regularmente afastada a sanção mais grave de Tomada de Contas Especial (prevista na Cláusula Décima Segunda) com fundamento em risco tecnológico não subsistiria, ordinariamente, a necessidade de restituição por inexecução prevista na Cláusula Sexta, 1, "k", "i". O permissivo previsto para a sanção mais grave, assim, abrangeria a mais leve, haja visto que não faria sentido exigir a restituição se, em outro contexto, a inexecução é prontamente aceita.

abrangidas nele a *incerteza de mercado e a de índole política e econômica geral/dos negócios*.[1114] Como discutido na primeira parte deste trabalho, obstáculos desse tipo surgem durante trajetórias inovativas, podendo ser até mais decisivas do que a dimensão técnica. Mesmo que o conhecimento especializado eventualmente já exista, a ausência de mercado ou a conjuntura global podem facilmente inviabilizar a comercialização de produto ou processo inovador.[1115] Assim, a ausência de permissivo mais geral e aplicável a situações mais ordinárias inviabiliza uma tutela favorecida nesses casos.[1116]

A segunda é uma decorrência da rigidez que permeia a execução do projeto. Sem adiantar o que será discutido ao se tratar da *provisoriedade*, o que aqui importa destacar é que a arquitetura contratual impõe restrições relevantes que impedem um distanciamento do delineado no plano de trabalho, sendo vedadas alterações profundas nesse. Se as correções de rota aceitas são apenas aquelas com caráter marginal, os projetos devem prosseguir a exceção da verificação de obstáculo que, se *técnico*, poderá ser remediado nos termos expostos. Mas e se o obstáculo (de origem *técnica* ou não) demandar mudanças no projeto ou se, caso vislumbrada uma oportunidade inesperada de sucesso,[1117] fossem necessárias mudanças radicais para explorá-la?

Em todos esses casos a minuta é restritiva, não sendo aceitos resultados que se afastem notavelmente do originalmente cogitado. Ela não dá suporte explícito para lidar com essas situações. Lembre-se que a inexecução, como regra, tem de ser justificada para afastar

---

[1114] Relembre-se que a *incerteza* se desdobra em dimensões *técnica, de mercado* e *índole política e econômica geral/ dos negócios*, como discutido no item 2.2.1.1.

[1115] Afora o item 2.2.1.1, relembre-se também o arcabouço teórico apresentado no item 1.1.1.

[1116] Isso não significa, de todo modo, que tais situações não possam ser remediadas de forma extraordinária, caso se mostrem consentâneas ao interesse público associado à atividade de fomento. A ausência de dispositivo contratual explícito, entretanto, tende a gerar um ônus argumentativo que conduz à necessidade de uma motivação mais substanciosa durante o exercício da discricionariedade por parte da Finep. Note-se que esse ônus se torna ainda mais relevante diante da possibilidade de revisão do decidido pelo financiador pelos órgãos de controle, podendo ser também uma preocupação com a fiscalização desses seja essa uma das razões para que o financiador adote uma posição mais cautelosa, porventura em detrimento da atividade de fomento que lhe cabe.

[1117] Faz-se novamente referência ao caso da serendipidade, igualmente mencionada no item 2.2.1.1.

o dever de restituição dos valores e responsabilização por danos ao Erário.[1118]

Conclui-se, assim, pela incorporação da *incerteza* na minuta contratual, mas sem deixar de notar limitadores relevantes para um acolhimento mais amplo de suas consequências.

No que concerne à *dimensão setorial da inovação,* não se entendem presentes no termo de outorga elementos confirmadores de sua presença. Há cláusulas que indicam a mensuração de resultados do incentivo,[1119] mas não se entende que isso baste para afirmar a incorporação de tal aspecto na minuta. Se esse aspecto tinha baixa intensidade quando do exame da minuta de *financiamento em sentido estrito,*[1120] no caso da *subvenção* ele parece estar ainda menos visível, talvez em razão também de uma utilização, sem adaptações consideráveis ao setor a que a verba se destina.[1121]

De toda forma, também aqui convém pontuar elementos alheios às minutas, mas que, se não alteram conclusão exposta, balanceiam a ausência de especificação setorial. Relembre-se, primeiramente, que a estrutura organizacional da Finep conta com unidades setoriais para a seleção, análise e aprovação dos projetos subvencionados[1122] e, em segundo lugar, que as próprias chamadas públicas tendem a ser setoriais, corporificando medidas estatais mais localizadas.[1123]

Atingindo o terceiro aspecto associado ao primeiro questionamento e aplicando à análise temperamentos,[1124] nota-se a incorporação

---

[1118] Cláusula Sexta, 2, "k", "i" e Cláusula Décima Segunda, 1, "b", "i".

[1119] Exemplos são a obrigação de comunicar à Finep sobre medidas de proteção à propriedade intelectual decorrentes da execução do projeto, assim como a de preencher formulários de mensuração de impactos, ambas previstas na Cláusula Sexta, 2, "v".

[1120] Cf. a análise da minuta efetuada no item 5.2.2.3. Não se esqueça, de toda forma, que naquela oportunidade se considerou presente tal elemento, mesmo que sem grande intensidade, dado que alguns dispositivos indicando um recorte setorial puderam ser encontrados no instrumento contratual examinado.

[1121] Vide o discutido, sobre a conformação do fundo, no item 3.3.2.

[1122] Cf., respectivamente, os itens 4.2.2 e 4.3.3 para abordagens simplificadas da estrutura organizacional da empresa e dos processos de aprovação dos financiamentos.

[1123] Citem-se, como exemplo, a SELEÇÃO PÚBLICA MCTI/FINEP/FNDCT – Subvenção Econômica à Inovação – 07/2020 – Soluções tecnológicas inovadoras para o desenvolvimento sustentável e o crescimento econômico do Brasil e da Alemanha em projetos de Bioeconomia, disponível em: http://www.finep.gov.br/chamadas-publicas/chamadapublica/653. Acesso em: 8 out. 2020.

[1124] Como já se disse, estando este aspecto fortemente associado a escolhas quanto à forma de mensuração dos esforços inovativos por parte do financiador, não deve surpreender que ele não seja detalhado no instrumento contratual. Nessa linha, note-se como sobejam no

da *necessidade da efetiva contabilização dos esforços inovativos* na minuta. Diversos dispositivos relacionados ao monitoramento dos dispêndios relativos ao projeto o atestam.

Na minuta, os recursos concedidos são expressamente quantificados[1125] e são impostos uma série de parâmetros para a comprovação da regularidade de seu emprego. É negado o reconhecimento de despesas efetuadas intempestivamente[1126] ou de determinados tipos;[1127] é disciplinada a manutenção de meios de registro, são previstos expedientes para a produção de relatórios e de fiscalização necessários à checagem dos dispêndios,[1128] inclusa a apresentação de demonstrativos; é regulamentado o registro das despesas acompanhada da identificação do beneficiário final[1129] e o dever de prestar contas[1130] (que, como se disse, segue a sistemática do Decreto nº 9.283/18);[1131] além de, por óbvio, ser previsto que a utilização dos recursos e de seus rendimentos ocorrerá exclusivamente para fins do projeto, tendo de ser contabilizadas as transações financeiras necessárias para tanto.[1132]

---

termo de outorga em análise menções às "normas internas da Finep", como ocorre, por exemplo, no item 3 da Cláusula Quinta, relativo à aferição do cumprimento de metas pelo financiador.

[1125] E assim tem de sê-lo, ademais, pelo fato de a Beneficiária estar obrigada a aportar recursos excedentes que se mostrarem necessários à execução do Projeto, como previsto na Cláusula Terceira, 5.

[1126] Cláusula Décima, 6. Note-se que o parâmetro de reconhecimento está sempre associado à chamada pública, não se praticando o reconhecimento pretérito de despesas como era possibilitado pela minuta de empréstimo analisada *supra*. Assim, pode-se considerar que o instrumento não está configurado para atrair iniciativas já em curso. Subjaz a isso a premissa de que é apenas com a divulgação da seleção pública que a iniciativa inovadora começou a ser efetivamente cogitada, ou que apenas com essa ela seria viabilizada.

[1127] A Cláusula Décima, 5, prescreve que "[n]ão será aceito pela Finep pagamento por serviços de consultoria ou assessoria técnica, bem como de diárias e passagens, feito a militar, servidor ou empregado público, integrante do quadro de pessoal da Administração Pública Direta ou Indireta, salvo se permitido por legislação específica".

[1128] Cláusula Sexta, 2, "h", "n" "o", "p"; Cláusula Oitava, 6; Décima Segunda, 1, "a".

[1129] Cláusula Sexta, 2, "e".

[1130] Cláusula Quarta, 2, "a" e "b"; Quinta, 2; Cláusula Sexta, 2, "g", "k", (ii); Oitava,1, 2.2, 3, 3.2, 3.4, 4 e 7.

[1131] Nos termos do art. 58, *caput* e §2º do Decreto, a prestação de contas é essencialmente voltada à execução (técnica) do projeto, com a exigência da execução financeira não sendo a regra. Essa dinâmica encontra-se, de forma geral, refletida na Cláusula Oitava, referente à prestação de contas. A Finep, de toda forma, exige ordinariamente Relatório Simplificado de Execução Financeira (item 3.4, "f" da cláusula), o que significa a instituição de um regime mais rígido do que o exigido pelo regulamento.

[1132] Cláusula Sexta, 2, "d", "e"; Décima Primeira, 1, "a".

Passando ao segundo questionamento, relativo às práticas experimentalistas, o termo de outorga também conduz a uma resposta afirmativa. Notam-se na minuta padronizada os três aspectos escolhidos para orientar a análise proposta.

A *provisoriedade de objetivos* consta do termo de outorga. Mas, se existente a possibilidade de revisão de escolhas durante o transcorrer do projeto, a ela se aplicam limitações importantes, reconhecíveis ao serem compulsados os parâmetros estabelecidos para a alteração do objeto contratual.

Mencionado na minuta[1133] o *projeto* é detalhado no *plano de trabalho*, que conterá "a descrição do projeto de pesquisa, desenvolvimento tecnológico e inovação a ser executado pela empresa, dos resultados a serem atingidos e das metas a serem alcançadas" (Cláusula Primeira, 1.1). É no momento da formalização do contrato que são cristalizados os contornos da inovação almejada.

Modificações, embora possíveis, têm de seguir parâmetros convencionados. O *plano de trabalho* somente pode ser alterado segundo os critérios e as formas definidas pela Finep (item 1.2 da mesma cláusula), sendo que ajustes ao projeto e revisão do seu cronograma, metas e indicadores de desempenho podem ocorrer inclusive em decorrência de provocação da própria Finep (Cláusula Oitava, 2.3.1).

É estatuído (Cláusula Décima, 1) que "[é] *vedado o aditamento deste Termo de Outorga de Subvenção Econômica com o intuito de alterar seu objeto, entendida como tal a modificação, ainda que parcial, da finalidade definida no PROJETO*" (grifo nosso) e que "[e]xcepcionalmente, a Finep poderá admitir, a pedido justificado da BENEFICIÁRIA DA SUBVENÇÃO, a reformulação do PLANO DE TRABALHO, quando se tratar apenas de alteração da programação de execução do Termo de Outorga de Subvenção Econômica" (mesma cláusula, item 2).

A partir de uma compreensão sistemática dessas cláusulas, é possível extrair uma vedação implícita a modificações contratuais mais amplas, cristalizando o pacto em seus aspectos mais basilares.

[1133] A Cláusula Primeira da minuta padronizada, ao tratar do objeto do contrato, reserva um espaço para a identificação do projeto nos seguintes termos: "1. Concessão de subvenção econômica pela Finep à BENEFICIÁRIA DA SUBVENÇÃO, para a execução do PROJETO '_____', doravante denominado PROJETO".

Se o objeto é a concessão de subvenção para a execução de um projeto determinado, ele não poderia, por exemplo, modificar sua natureza jurídica e se tornar empréstimo ou convênio para pesquisa, desenvolvimento e inovação.[1134] Também não poderia ser subvencionada iniciativa completamente desconexa do originalmente proposto.[1135]

Ademais, a segunda parte do item 1 referido explicita[1136] o que é vedado: a modificação da finalidade. Definida logo no início da relação contratual (senão antes),[1137] ela é o limite efetivo para que o objeto contratual não venha a ser desnaturado, o que é exigido pelo art. 21 do Decreto nº 9.283/18.[1138]

[1134] Fazendo-se menção ao instrumento previsto no art. 38 e seguintes do Decreto nº 9.283/18.

[1135] Por "desconexa" se entenderia uma iniciativa que não guarda qualquer similaridade lógica, temática ou histórica com a originalmente protocolada. Tomando esse requisito isoladamente, entende-se que uma proposta que represente, por exemplo, uma mudança relevante de trajetória dada a impossibilidade ou ausência de conveniência de execução originalmente proposto não seria "desconexa" mesmo ao adentrar searas antes imprevistas dada a própria forma pela qual os desforços inovativos são desenvolvidos. A ideia subjacente é evitar que o instrumento seja completamente desfigurado ou que sirva como subterfúgio para simulações, fraudes ou outros expedientes não condizentes com as melhores práticas públicas.

[1136] Por se tratar de uma vedação, adota-se uma interpretação restritiva da segunda parte do item 1 da Cláusula Décima, considerando que ela serve à delimitação do tipo de modificação que não poderia ser aceita. Entendimento diverso poderia levar a concluir que ela teria caráter exemplificativo, ilustrando uma forma de modificação irregular do objeto. Além de não se considerar este entendimento o mais adequado ao caso pontua-se que concluir pelo caráter exemplificativo tornaria ainda mais limitada a atuação estatal de fomento à inovação, com grave risco de prejuízo ao interesse público dado um incremento de indefinição quanto a quais seriam as modificações aceitas ou vedadas.

[1137] Observe-se que chamadas públicas usualmente procedem a efetiva contratação o que faz com que, não raro, os contornos do projeto tenham de ser definidos muito antes da celebração do termo de outorga.

[1138] Nesses termos, considera-se que foi esse o delineamento dado pela Finep para concretizar o previsto no art. 21 do Decreto, que se transcreve abaixo por conveniência:
"Art. 21. O termo de outorga de subvenção econômica conterá obrigatoriamente: [...]
§ 1º O plano de trabalho constará como anexo do termo de outorga e será parte integrante e indissociável deste, e somente poderá ser modificado segundo os critérios e a forma definidos pela concedente, *desde que não desnature o objeto do termo:*
I – por meio de comunicação justificada do responsável pelo projeto, quando a modificação implicar alteração de até vinte por cento nas dotações orçamentárias estimadas ou na distribuição entre grupos de natureza de despesa, desde que o valor global do projeto não seja alterado, e
II – por meio de anuência prévia e expressa da concedente, nas demais hipóteses" (grifo nosso).
Observe-se, todavia, que a Finep não adota explicitamente em sua minuta contratual a autorização prevista no inciso I, o que significa que as modificações teriam de ser realizadas segundo suas regras internas e em concordância com o restante do disposto no termo de outorga.

Permanecendo a forma de subvenção e o fim almejado, tudo poderia, em tese, ser modificado.

Observe-se, com isso, que restringir a reformulação do plano de trabalho apenas à alteração da programação de execução do pactuado não faria sentido por esvaziar as possibilidades de revisão da proposta original. Entende-se, com isso em mente, que o previsto na Cláusula Décima, item 2, constitui por sua vez um permissivo explícito para modificações mais simples uma vez que elas se restrinjam à programação da execução do convencionado.[1139]

Essa configuração enseja considerações quanto à forma como pode ser desempenhado o fomento à inovação por meio do instrumento em análise.

Limitadores para a correção de rota durante o trajeto, como tem sido dito, são entraves naturais aos processos inovativos.[1140] Com a cristalização da finalidade do projeto não poderão, como explicado, ser trilhados trajetos alternativos que dela se distanciem.

Imagine-se, por exemplo, empresa que apresente projeto para o desenvolvimento de dispositivo para a superação de desafio técnico impeditivo da expansão de seus negócios e do seu setor no país. Durante a execução do projeto, tanto a Beneficiária quanto a Finep percebem que a construção do dispositivo delineado não é mais adequada aos interesses da coletividade. Seria melhor construir um dispositivo totalmente diferente, fundada em nova abordagem do problema, desenvolver processo inovador que minimizasse a demanda por esse tipo de dispositivo ou, ou até mesmo adquirir tecnologia originalmente inédita no exterior, mas que, lançada durante o transcurso do contrato, permitiria superar obstáculos antes intransponíveis.

Nesse caso, ambas as partes pouco teriam a fazer a não ser dar continuidade do projeto, mesmo que ele tivesse deixado de

---

[1139] Chega-se a tal conclusão entendendo-se *programação de execução do Termo de Outorga de Subvenção Econômica* como o planejamento das medidas a serem efetuadas para o atingimento da finalidade e dos resultados almejados, principalmente em sua dimensão temporal (cronograma) e material (metas). Restringir as modificações apenas a essa dimensão seria tornar as possibilidades de modificação ainda mais ínfimas, contrariando as autorizações presentes em outros dispositivos da minuta.

[1140] Veja-se que, se ali o foco foi nos resultados, neste tópico a atenção é dada à trilha percorrida, e aos eventuais limitadores impostos para fazê-lo.

ser eficiente, ou buscar alternativas para a resolução contratual.[1141] Esse cenário se torna mais problemático pelo fato de as subvenções serem calcadas em *chamamento público*.[1142] A correção de rota, que poderia ser ideal tanto individual (empresa) quanto coletivamente (interesse público), não poderia ser ordinariamente ser cogitada.[1143] Podem ser perdidas oportunidades valiosas de redirecionamento a finalidades que, mesmo supervenientes, podem ser benéficas à sociedade brasileira.

A necessidade de definição prévia dos elementos que constarão do plano de trabalho também tem suas desvantagens. Embora isso propicie níveis de previsibilidade úteis ao monitoramento do projeto, há, como resultado, diminuição da flexibilidade caracterizadora da provisoriedade, havendo distanciamento das práticas experimentalistas de maior intensidade.[1144] Ter de detalhar os componentes do plano de trabalho, e em alguns casos até mesmo discipliná-los contratualmente,[1145] é por si só um desafio. Mesmo que haja espaço de reajuste, por exemplo, de prazos,[1146] a estrutura geral da minuta assume que as serem percorridas são razoavelmente conhecidas e passíveis de definição de cronograma, metas e resultados esperados.

Em iniciativas com elevado grau de incerteza, a fixação prematura dos contornos do projeto impõe entraves relevantes para o seu desenvolvimento ou as inviabiliza. E essa exigência, diga-se, estimula a realização de prognósticos excessivamente especulativos na elaboração inicial do plano de trabalho visando à concessão dos

---

[1141] Como as já referidas hipóteses de risco tecnológico, previstas nas Cláusulas Décima Primeira, 1.2 e Oitava, 2.

[1142] Cf. o item 4.3.3 e 6.3.2 para abordagens dessa noção, que é distinta da do *fluxo contínuo*, adotado para o oferecimento de empréstimos pela Finep. Relembre-se também a exigência de que assim o seja para a concessão de recursos com fonte FNDCT, em razão do art. 13, §4º, do Decreto nº 6.938/09.

[1143] Aqui, como muitas vezes se disse, igualmente não se descarta o recurso a soluções extraordinárias, uma vez fundadas em atos regulares e voltados à satisfação do interesse público associado à atividade de fomento. De toda forma, ressalte-se que a busca por soluções dessa índole também terá de ponderar o já referido art. 21 do Decreto nº 9.283/18, que veda alterações que desnaturem o objeto do contrato.

[1144] Lembre-se que nessas, como exposto no item 2.3.2, a construção dos meios e o detalhamento dos fins almejados se dá paralelamente.

[1145] A previsão encadeada dos prazos para o saque das parcelas pela Beneficiária é bem ilustrativa disso, podendo ela ser encontrada na Cláusula Terceira, itens 1 e 4.

[1146] As hipóteses de modificação de prazos previstas nas Cláusulas Quinta, 1.1 e 2.1; Cláusula Sexta, 1, "c"; e Cláusula Oitava, 3.1, ilustram isso.

recursos. É razoável esperar que uma proposta – principalmente quando submetida à seleção pública – especifique objetivos e medidas planejadas para concretizá-los. É o nível de detalhamento dela associado à rigidez do formalizado que é problemático.

É uma lógica que faz lembrar a do financiamento de projetos de engenharia em que, ao menos em termos gerais e de forma mais recorrente, é possível estabelecer projeções com maiores níveis de segurança. Se a construção de um centro de P&D interno em uma empresa pode ser normalmente efetuada com poucos ajustes, desenvolver tecnologia e inédita e dotar uma unidade fabril dela geralmente é algo bem mais complexo. A diversidade das iniciativas inovadoras, assim, demanda flexibilidade para seu fomento.[1147]

Por fim e para dar mais provas da presença da *provisoriedade* na minuta, consigne-se que ela também pode ser depreendida: da imposição à Beneficiária do ônus de aportar recursos excedentes que se fizerem necessários ao desenvolvimento do projeto, já que o valor total subvencionado é limitado;[1148] e da obrigação de informar quanto a quaisquer alterações pretendidas ou que se mostrem necessárias ao projeto.[1149]

Ao se perquirir a presença do *caráter colaborativo* na minuta padronizada, novamente considerando as especificidades da relação jurídica em análise[1150] e buscando distingui-las das

---

[1147] É possível que fatores como a influência do modelo linear na atuação da Finep, contexto em que é frequente o financiamento de estruturas físicas de pesquisa (usualmente dotadas de menores ou até inexistentes níveis de *incerteza*, mas apenas de *risco*) ou o próprio histórico desse financiador, cujas origens remontam ao financiamento de projetos de engenharia, tenham ensejado essa configuração. Preocupações com a efetividade do monitoramento dos projetos ou com a avaliação de órgãos de controle também não podem ser descartadas como causas para a exacerbação e continuidade de detalhamentos e formalismos. Cf., sobre o histórico da Finep, o item 4.2.1; e sobre a influência do modelo linear nesse ente financiador, TANAKA, Alexandre Kiyoshi Ramos. *Análise da atuação da Finep à luz da abordagem de sistemas de inovação*. 2018. Dissertação (Mestrado em Economia) – Instituto de Economia, Universidade Federal do Rio de Janeiro, Rio de Janeiro, 2018.

[1148] Cláusula Terceira, 1 e 5; e Cláusula Sexta, 2, "r". Note-se que esse é regime de repartição de ônus que, se admite que a mensuração de custos original pode ser revista, ordinariamente limita a atuação estatal. Tratando-se da concessão de recursos não reembolsáveis, entretanto, considera-se que tal limitação se mostra também prudencial servindo, para evitar serem geradas expectativas ou estimulados comportamentos indevidos por parte da Beneficiária.

[1149] Cláusula Sexta, 2, "b". Entende-se que o "objetivo", mencionado nesta cláusula, deve ser entendido com o mesmo de sentido da "finalidade", mencionada na Cláusula Décima, 1.

[1150] As conclusões expostas têm como premissa de que forma a colaboração poderia se dar dentro do contexto da concessão de uma subvenção econômica.

oportunidades de reformulação mencionados,[1151] notam-se diversas instâncias de interação dialógica no termo de outorga, comumente dotadas de certa verticalidade. Como ocorreu na análise da minuta relativa aos empréstimos, caso não se tomasse em conta as dinâmicas de fomento[1152] se vai além de uma atuação meramente fiscalizadora.

Mesmo que com certa rigidez no exercício do monitoramento, se está diante doe uma forma colaborativa de fomento. Seriam exemplos: as oportunidade de solicitação de prorrogação de prazos,[1153] indicando hipóteses de atuação de parte a parte para ultrapassar obstáculos durante a execução do projeto; a obrigação de informar quaisquer fatos que ensejem a modificação no projeto,[1154] instituindo canais de comunicação; espaços onde a atuação das contratantes é interdependente, sendo a liberação dos recursos condicionada à apresentação de formulários de resultados parciais e de demonstrativo de utilização de recursos;[1155] a exigência de adimplência do conjunto das obrigações para liberação das parcelas subsequentes à primeira;[1156] e a hipótese de suspensão dos desembolsos no caso de paralisação do projeto.[1157]

Apesar desse viés colaborativo, há traços patentes de verticalidade na relação,[1158] merecendo alguns dispositivos serem transcritos para sua visualização.

Há, por exemplo o reconhecimento da "autoridade normativa da Finep para exercer o controle e a fiscalização sobre a execução do PROJETO, reorientar ações e acatar, ou não, justificativas com

---

[1151] Medidas decorrentes da *provisoriedade*, quando não praticadas *ex officio* ou por imposição da Finep apresentam igualmente traços colaborativos.

[1152] A Finep colabora com a execução do projeto inclusive de formas não manifestas no termo de outorga de subvenção, como o faz ao promover a articulação das beneficiárias da subvenção com outros agentes do SNCTI.

[1153] Cláusula Quinta, 1.1 e 2.1; Oitava, 3.1 e Décima Oitava, 1.1.

[1154] Cláusula Sexta, 2, "b".

[1155] Cláusula Quarta, 1.2, "a" e "b".

[1156] Cláusula Quarta, 2.1, "b".

[1157] Cláusula Décima Primeira, item 1, "c".

[1158] Se considera que a verticalidade, na relação presente, não desconfigura o aspecto colaborativo no ajuste, mas apenas lhe confere contornos que se considera importante sublinhar. Por mais prerrogativas que tenha o financiador se está ao fim e ao cabo diante de uma relação de fomento, em que sempre o que se quer é incentivar a beneficiária de recursos públicos a atuar de forma determinada.

relação às eventuais disfunções havidas na sua execução";[1159] a prerrogativa de, configuradas hipóteses ensejadoras de suspensão de desembolsos dos recursos, alternativamente ou em conjunto, "fixar condicionantes de ordem técnica-operacional, jurídica ou financeira, que deverão ser cumpridas dentro de prazo a ser estabelecido", sob pena de Tomada de Contas Especial e rescisão contratual;[1160] no regramento da aquisição de bens e serviços relativos ao projeto, sendo estabelecidos, entre outros elementos, a cotação de preços como critério ordinário, com necessidade de justificativa para não realização;[1161] na possibilidade de delegação do acompanhamento da execução do termo por parte do ente financiador;[1162] na reserva da definição dos parâmetros para aferição do cumprimento de metas ao âmbito interno da Finep;[1163] e na autoridade para propor ajustes e recomendações, no âmbito das prestações de contas às Beneficiárias, tendo a última o ônus de justificar seu não atendimento.[1164]

Perquirindo-se, por fim, sobre a presença do *compartilhamento de informações como forma de transparência*, a resposta é também é afirmativa. Há um fluxo intenso de dados, englobando o intercâmbio de informações do projeto não só entre as partes, mas também para órgãos de controle e, em certa medida, contemplando até mesmo sua divulgação para a sociedade em geral. Se o compartilhamento de mostra mais pronunciado por parte da Beneficiária, há um regime expandido de publicidade que atinge também à Finep, com dispositivos que lhe são assecuratórios acentuando inclusive o controle externo sobre o financiador.

Alguns dispositivos que dão substrato a tal raciocínio: a obrigação de manutenção de conta corrente exclusiva para a movimentação dos recursos subvencionados para fins de monitoramento dos fluxos financeiros e da consonância desses com

---

[1159] Cláusula Décima, 4.
[1160] Cláusula Décima Primeira, 1.1.
[1161] A Cláusula Sétima disciplina o conjunto dessas condicionantes.
[1162] Cláusula Décima, 3. Note-se que tal delegação possui fundamentação no art. 52, §3º, do Decreto Federal de Inovação e que a Beneficiária não pode ceder ou transferir os direitos decorrentes do termo de outorga, conforme a Cláusula Sexta, 2, "t" do mesmo.
[1163] Cláusula Quinta, 3.
[1164] Faz-se referência aos itens 2.3.1 e 3.2 da Cláusula Oitava. Deve-se registrar, de toda forma, que eles apenas reproduzam normas constantes do Decreto nº 9.283/18, constantes do arts.53, §2º e 57, §3º, respectivamente.

o plano de trabalho;[1165] a já referida exigência de apresentação de formulários e demonstrativos de índole técnica e financeira,[1166] afora todo o regime de prestação de contas,[1167] com sanções caso tais atos não sejam praticados;[1168] a obrigação de resposta, pela Beneficiária, de questionamentos atinentes ao projeto assim como de serem assegurados amplos poderes de fiscalização ao financiador.[1169]

Entre os dispositivos em que é mais pronunciado o compartilhamento de informações para além das partes contratuais, podem ser citadas a obrigação de assegurar acesso aos órgãos de controle para a conferência dos gastos relativos ao projeto[1170] e o regime da Tomada de Contas Especial, que pode envolvê-los para a apuração de danos ao Erário;[1171] as medidas procedimentais relativas ao manejo de finanças públicas, que são devidamente anotados;[1172] o registro das despesas em plataforma eletrônica[1173] ou em via física, com necessidade de identificação do beneficiário no último caso;[1174] e a necessidade de publicação como condição de eficácia do termo.[1175]

5.2.4 Modalidades de investimento

Diversamente do que ocorreu nos tópicos precedentes, nesse serão abrangidos mais de um instrumento arrolado no art. 19 da Lei nº 10.973/04. Serão objeto de comentário a participação societária, os fundos de investimento, e os fundos de participação, todos arrolados no §2º-A desse artigo (incisos III, IX e X, respectivamente).

[1165] Cláusula Quarta, 1, "a"; Cláusula Sexta, 2, "c".
[1166] Cláusula Quarta, 2, "a" e "b".
[1167] Cláusula Oitava, em seu conjunto, destacando-se inclusive a obrigação de apresentação, pela Beneficiária, de resumo dos resultados alcançados pelo projeto para divulgação externa (item 8).
[1168] Cláusula Sexta, 2, "k", ii; Cláusula Décima Primeira, "b".
[1169] Cláusula Sexta, 2, "n", "o" e "p".
[1170] Cláusula Sexta, 2, "q".
[1171] Cláusula Décima Segunda.
[1172] Cláusula Terceira, 3; Cláusula Sexta, 2, "a".
[1173] Trata-se de sistemática que reproduz o previsto no art. 22 do Decreto nº 9.283/18. Não se teve notícia, durante a elaboração desse texto, de ter sido instaurada a plataforma eletrônica em questão, que certamente expandiria a transparência em relação à atividade de fomento.
[1174] Cláusula Sexta, 2, "e".
[1175] Cláusula Décima Terceira.

Enquanto instrumentos jurídicos de financiamento, todos eles têm natureza de *investimento*, fechando a trinca de perspectivas que se propôs nesta obra.[1176] Seu manejo presume níveis de previsibilidade, da perspectiva financeira, que permitem calcular os retornos esperados em consequência do aporte de capital. Seu manejo para fins de fomento, todavia, faz com que o planejamento das inversões tenha de ser temperado com a busca por objetivos de interesse coletivo, como o do fortalecimento do mercado de capitais ou de empresas com destacado potencial inovador e/ou importância estratégica para o país.

Nem todos esses instrumentos, entretanto, são viabilizados por minutas contratuais padrão que poderiam ser sujeitas à sistemática de análises adotada nesta pesquisa.[1177] De toda forma, o seu manejo potencial pelos financiadores, assim como a sua utilização efetiva pela Finep, milita em favor de sua abordagem, mesmo que de forma mais geral e restrita à sua natureza jurídica e disciplina normativa.

5.2.4.1 Natureza jurídica e disciplina normativa

Para bem compreender a *participação societária, os fundos de investimento,* e *os fundos de participação* conquanto instrumentos de apoio à inovação empresarial, interessa organizá-los em duas categorias distintas. Assim, de um lado pode ser situado o primeiro instrumento, disciplinado essencialmente pelos arts. 5º da Lei nº 10.973/04 e 4º do Decreto nº 9.283/18 e de outro os demais, regidos mormente pelo art. 23 da Lei e 5º do Decreto.

[1176] Segundo a tipologia apresentada no item 4.3.1, e considerando que já foram explorados neste capítulo o financiamento em sentido estrito (de índole *reembolsável*) e a subvenção (*não reembolsável*).

[1177] Como mencionado algumas formas de aquisição de participação societária, entabuladas via negociação personalizada, não se calcavam em minuta padronizada. De toda forma, a forma de aquisição potencial de participação societária que dá suporte ao programa *Finep Startup* é uniforme e será objeto de comentários *infra*. Quanto às formas de investimento baseadas em fundos, foi providenciado um regulamento que seria representativo dos demais investimentos, conforme explicado no anexo 5, e que pode ser consultado no anexo 13. O mesmo não foi objeto de comentários pelo fato de sua lógica se afastar excessivamente da sistemática proposta: trata-se de documento constitutivo e disciplinador da operação dos fundos e não de forma jurídica de viabilização do aporte de capital, impedindo comparações que se entende úteis a esta pesquisa.

5.2.4.1.1 Participação Societária

Tomada como instrumento de estímulo à inovação empresarial, a *participação societária* é uma categoria que se propõe para abranger uma miríade de hipóteses de *aquisição, efetiva ou potencial*, de participação nas empresas destinatárias dos financiamentos. Seu traço comum é a possibilidade da condição de sócio pelo Estado. O rol constante do art. 4º, §7º,[1178] do Decreto Federal de Inovação o explicita ao indicar que o investimento pode ser realizado via aquisição de quotas ou ações, mútuos conversíveis ou opções de compra futura delas e outros títulos conversíveis.

Ideia similar permeia os instrumentos de investimento previstos na Lei nº 182/21. Mesmo estando circunscritos a um contexto mais específico (o das *startups* e do empreendedorismo), tornar-se sócio é uma possibilidade clara.[1179] É interessante notá-lo em um contexto em que o legislador se preocupou especialmente em estatuir que a realização do aporte por investidor não traz como decorrência necessária sua participação no capital social da investida.[1180] Assim, o art. 5º, §1º[1181] arrola exemplificativamente o

---

[1178] "Art. 4º Ficam as ICT públicas integrantes da administração pública indireta, as agências de fomento, as empresas públicas e as sociedades de economia mista autorizadas a participar minoritariamente do capital social de empresas, com o propósito de desenvolver produtos ou processos inovadores que estejam de acordo com as diretrizes e as prioridades definidas nas políticas de ciência, tecnologia, inovação e de desenvolvimento industrial. [...]
§ 7º O investimento poderá ser realizado por meio de:
I – quotas ou ações;
II – mútuos conversíveis em quotas ou ações;
III – opções de compra futura de quotas ou ações; ou
IV – outros títulos conversíveis em quotas ou ações".

[1179] Sobre o fomento à inovação a cargo das *startups* e das empresas de pequeno porte, cf. o item 3.2.3.

[1180] Além do art. 5 º, o art. 8º, inciso I, da Lei Complementar nº 182/21 é um indicativo claro disso.

[1181] "Art. 5º As startups poderão admitir aporte de capital por pessoa física ou jurídica, que poderá resultar ou não em participação no capital social da startup, a depender da modalidade de investimento escolhida pelas partes.
§ 1º Não será considerado como integrante do capital social da empresa o aporte realizado na startup por meio dos seguintes instrumentos:
I – contrato de opção de subscrição de ações ou de quotas celebrado entre o investidor e a empresa;
II – contrato de opção de compra de ações ou de quotas celebrado entre o investidor e os acionistas ou sócios da empresa;
III – debênture conversível emitida pela empresa nos termos da Lei nº 6.404, de 15 de dezembro de 1976;

contrato de opção de subscrição de ações ou de quotas; contrato de opção de compra de ações ou de quotas; a debênture conversível emitida pela empresa nos termos da Lei nº 6.404/76; o contrato de mútuo conversível em participação societária; a estruturação de sociedade em conta de participação; e o contrato de investimento-anjo (ou contrato de participação) da Lei Complementar nº 123/06.[1182]

Apesar de suas diferenças de contexto,[1183] ao se atentar a ambos os róis é possível concluir que durante o manejo da *participação societária* a assunção da condição de sócio não precisa ser imediata – embora também possa sê-lo[1184] – e nem mesmo ter de se efetivar, bastando que ela seja possível.[1185] A conversão do mútuo,

---

IV – contrato de mútuo conversível em participação societária celebrado entre o investidor e a empresa;

V – estruturação de sociedade em conta de participação celebrada entre o investidor e a empresa;

VI – contrato de investimento-anjo na forma da Lei Complementar nº 123, de 14 de dezembro 2006;

VII – outros instrumentos de aporte de capital em que o investidor, pessoa física ou jurídica, não integre formalmente o quadro de sócios da startup e/ou não tenha subscrito qualquer participação representativa do capital social da empresa.

§ 2º Realizado o aporte por qualquer das formas previstas neste artigo, a pessoa física ou jurídica somente será considerada quotista, acionista ou sócia da startup após a conversão do instrumento do aporte em efetiva e formal participação societária.

§ 3º Os valores recebidos por empresa e oriundos dos instrumentos jurídicos estabelecidos neste artigo serão registrados contabilmente, de acordo com a natureza contábil do instrumento".

[1182] Arts. 61-A a 61-D dessa Lei Complementar.

[1183] Embora o contexto da Lei nº 182/21 seja distinto daquele do art. 19, §2º, inciso III, da Lei de Inovação, com o primeiro diploma estabelecendo tipologias aplicáveis ao conjunto de investimentos (públicos ou privados, não tendo os últimos necessária finalidade de fomento) em *startups* e o segundo disciplinando formas de fomento estatal, aproximá-los para alcançar a conclusão exposta se mostra adequado também pelo fato dos financiadores poderem se valer dos instrumentos arrolados no art. 5º, §1º da lei complementar para o exercício de suas atribuições. A própria Finep, na minuta a ser examinada no item 5.2.4.3, adota um *contrato de opção de subscrição* para o programa *Finep Startup*.

[1184] Afora a aquisição de ações ou quotas como contraprestação do aporte de capital, também é interessante pensar na hipótese da estruturação da sociedade em conta de participação (arts. 991 a 996 do Código Civil) entre o investidor e a empresa, prevista no art. 5º, §1º, inciso V. Nesse caso, partindo-se da dicção dos dispositivos legais, com o aporte o investidor irá se tornar sócio (provavelmente na condição de sócio participante) de outra sociedade a ser estruturada futuramente em conjunto com empresa (provável sócio ostensivo) fomentada.

[1185] Essa dinâmica é visível inclusive em negócios jurídicos como os contratos de participação. Mesmo que o investidor não assuma necessariamente a condição de sócio, previsões normativas que lhe possibilitam dispor sobre a conversão do aporte de capital em participação societária, além de lhe assegurar o direito de preferência na aquisição da empresa e o direito de venda conjunta da titularidade do aporte de capital, demonstram que integrar o capital social da empresa é uma possibilidade em contratos desse tipo caso a startup se mostre um negócio de sucesso.

da debênture e dos títulos, assim como o exercício da opção, pode jamais ocorrer; o que é inclusive uma salvaguarda do financiador nos casos em que a efetivação da participação não seja concretamente a medida mais afinada à satisfação do interesse público.[1186]

Negócios jurídicos variados, portanto, servem como plataforma para a concretização da *participação societária*. A linguagem adotada pelo Decreto nº 9.283/18 em seu art. 4º, §7º, incisos I e IV também o comprova.

Veja-se, ademais, que o investimento realizado por meio de quotas ou ações e outros títulos conversíveis pode então se dar com base em institutos como a compra e venda, a prestação de serviços,[1187] a emissão de títulos conversíveis,[1188] ou quaisquer outros mecanismos aceitos pelo direito e condizentes com a atuação pública fomentadora em tela.

Importante salientar que, mesmo que o recorte desta pesquisa e o ordenamento dê destaque para as formas de transferência de recursos públicos a empresas (fala-se em "investimento" no regulamento e na Lei Complementar nº 182/21), a aquisição da participação também pode advir de situações em que não ocorre o dispêndio de numerário público.

Isso é exemplificado pelo §6º, art. 5º, da Lei de Inovação,[1189] que dispõe que a participação pode advir de transferência de tecnologia ou de licenciamento para outorga de direito de uso ou de exploração de criação.[1190] ICTs públicas podem, assim, se associar

---

[1186] Isso poderia ocorrer, por exemplo, caso a investida esteja sendo submetida a processo falimentar ou ser verifique que ela acumulou débitos que ponham em risco o patrimônio de seus sócios.

[1187] O caso da aquisição de participação como pagamento pela prestação de serviços tecnológicos por entes estatais, como os mencionados no art. 8º da Lei nº 10.973/04, é uma hipótese.

[1188] Como as debêntures, que consistem em valores mobiliários emitidos por companhia para conferir crédito (art. 52 da Lei nº 6.404/76), uma vez que elas sejam dotadas de conversibilidade em ações. Note-se que, pelo regulamento ser mais amplo do que o âmbito da Lei Complementar nº 182/21, essas debêntures poderiam inclusive ser emitidas por grandes empresas.

[1189] "§ 6º A participação minoritária de que trata o *caput* dar-se-á por meio de contribuição financeira ou não financeira, desde que economicamente mensurável, e poderá ser aceita como forma de remuneração pela transferência de tecnologia e pelo licenciamento para outorga de direito de uso ou de exploração de criação de titularidade da União e de suas entidades".

[1190] Para uma abordagem específica do tema, cf. ROMITELLI, Gabriel. *Direito e inovação: participação minoritária de ICTs públicas em empresas como remuneração pela transferência e*

a empresas sem dispêndio adicional de verba pública, apenas aproveitando capital (intangível) de que já dispõem.[1191] Hipóteses de doação[1192] e outros ajustes de índole associativa seguiriam lógica semelhante,[1193] sendo importante compreender que a *participação societária* mencionada no art. 19, §2º-A, inciso III, da Lei nº 10.973/04 transcende, portanto, as hipóteses de financiamento como forma de estímulo à inovação nas empresas.

Dentre as hipóteses de financiamento à inovação empresarial, e dado o desenrolar programado para esta pesquisa (em especial o exame da minuta *infra*), importa fazer alguns comentários adicionais à opção de compra futura como forma de efetivação da *participação societária*.

Felipe Campana Padin Iglesias faz uma abordagem específica de sua natureza jurídica. Tidas pelo autor como uma forma contratual atípica (ou seja, não detalhada pela legislação), as opções envolveriam

> negócio, de ampla utilidade na vida negocial, que visa criar *relação jurídica* por meio da qual, de um lado, um dos sujeitos resguarda o direito de, a seu critério e unilateralmente, dentro de um prazo estabelecido, dar vida a uma relação jurídica de compra e venda de ações.[1194]

Segundo o autor, o contrato de opção poderia ser classificado como consensual (não solene), unilateral ou bilateral, gratuito ou oneroso, aleatório ou comutativo e principal (ou seja, que não é acessório).[1195]

---

licenciamento de tecnologia. 2017. Dissertação (Mestrado em Direito) – Faculdade de Direito, Universidade de São Paulo, São Paulo, 2017.

[1191] Também o disposto no art. 4º, §5º, inciso I, do Decreto Federal de Inovação menciona essa possibilidade de aporte.

[1192] Pode ser que seja do interesse da empresa se associar à autoridade estatal, mesmo sem ser remunerada pela transferência de participação, em razão de vantagens que tal forma de apoio institucional possa vir a lhe proporcionar ou como exigência para o desenvolvimento de determinada atividade econômica. Outra hipótese seria a de transferência entre entes estatais ou sem finalidade lucrativa de direito à participação originariamente adquirido frente a determinada empresa.

[1193] Pensa-se em hipóteses em que o Estado participaria, em caráter minoritário e para fins de fomento, da investida desde a sua constituição original, a título gratuito ou não, como ocorreria nos módulos convencionais cooperativos, descritos em ALMEIDA, Fernando Dias Menezes de. *Contrato administrativo*. São Paulo: Quartier Latin, 2012. p. 257-259.

[1194] IGLESIAS, Felipe Campana Padin. *Opções de compra ou venda de ações*: natureza jurídica e tutela executiva judicial. São Paulo: Almedina, 2018. p. 11-12.

[1195] IGLESIAS, Felipe Campana Padin. *Opções de compra ou venda de ações*: natureza jurídica e tutela executiva judicial. São Paulo: Almedina, 2018. p. 183-205.

Transportando esses delineamentos para o âmbito do fomento, pode-se afirmar que as opções de compra futura previstas no art. 4º, §7º, inciso III, do Decreto Federal de Inovação seriam consensuais, bilaterais, onerosas, aleatórias ou comutativas e principais. Também nessa seara seria desnecessária a forma solene, com o intuito de ser mantido o paralelismo com o contrato de compra e venda potencialmente formado;[1196] estaria claro o caráter principal do contrato, que não constituiu acessório ao negócio jurídico de aquisição de participação mas com ele se integraria, mesmo que em caráter preparatório;[1197] e presente caráter comutativo ou aleatório, que dependerá da verificação casuística do pactuado, tendo-se como parâmetro de análise a extensão das obrigações assumidas pela outorgante do direito de opção em proporção ao que lhe será ofertado pelo financiador.[1198]

Quanto à bilateralidade e onerosidade, partindo-se do recorte desta análise, considera-se a que transferência de valores pelo financiador *prêmio* (ou contraprestação) pela celebração do contrato para aquisição do direito à eventual condição de sócio[1199] torna clara a aplicação de tais classificações.[1200]

[1196] IGLESIAS, Felipe Campana Padin. *Opções de compra ou venda de ações*: natureza jurídica e tutela executiva judicial. São Paulo: Almedina, 2018. p. 293-294.

[1197] O contrato de opção "existe e irradia efeitos independentemente da formação do contrato optativo, não podendo, por isso, ser qualificado como um contrato acessório; trata-se, assim, de contrato principal *preparatório* a um contrato (também *principal*) de compra e venda" (IGLESIAS, Felipe Campana Padin. *Opções de compra ou venda de ações*: natureza jurídica e tutela executiva judicial. São Paulo: Almedina, 2018. p. 184).

[1198] Ou seja, comutativo se prevista a proporcionalidade (caso em que a participação a ser adquirida fosse limitada de forma a evitar ganhos excessivos por parte do financiador) e aleatório se não houver necessidade dessa (hipótese de participação fixa por um dado aporte, independentemente do crescimento da empresa financiada). Cf. IGLESIAS, Felipe Campana Padin. *Opções de compra ou venda de ações*: natureza jurídica e tutela executiva judicial. São Paulo: Almedina, 2018. p. 192-196.

[1199] Mesmo deixando de lado a perspectiva de transferência de valores que permeia esta pesquisa, soam estranhas as possibilidades de unilateralidade e gratuidade quando da utilização da opção de compra futura por ente estatal, não se conseguindo vislumbrar benefícios ao estabelecimento desse tipo de sujeição pela empresa outorgante da opção. Note-se que, caso ela quisesse se associar ao Estado, mesmo gratuitamente, alternativas já mencionadas como a doação ou a simples cessão parecem ser mais adequadas. Também convém não olvidar, em hipótese e novamente se afastando um pouco do objeto desta investigação, que o *prêmio* pode consistir não de numerário, mas da prestação de serviços ou outras formas de contribuição não financeiras, conforme permitido pelo §6º do art. 5º da Lei de Inovação.

[1200] Quanto à onerosidade e bilateralidade ou não do contrato em questão, e sua correlação com o prêmio, cf. IGLESIAS, Felipe Campana Padin. *Opções de compra ou venda de ações*: natureza jurídica e tutela executiva judicial. São Paulo: Almedina, 2018. p. 158-165.

Voltando a uma abordagem geral da *participação societária*, cabe salientar ainda que a nova redação da Lei de Inovação não dá mais azo à limitação desse instrumento às sociedades de propósito específico.[1201] Basta que a empresa arrole dentre os seus objetivos a execução de atividades inovativas condizentes com o interesse coletivo para que ela possa ser fomentada.[1202]

Outro elemento a ser extraído da disciplina normativa desse instrumento é a natureza *minoritária* da participação estatal efetiva ou potencial. A forma como esse qualificativo é utilizado na Lei de Inovação e seu regulamento[1203] deixa clara que a posição pública não deve ser majoritária[1204] não podendo, em consequência, tal instrumento ser utilizado para provocar resultados tendentes à estatização.[1205]

[1201] Essa interpretação advinha da antiga redação do art. 5º, *caput*, da Lei de Inovação, que dispunha: "[a]rt. 5º Ficam União e suas entidades autorizadas a participar minoritariamente do capital de *empresa privada de propósito específico* que vise ao desenvolvimento de projetos científicos ou tecnológicos para obtenção de produto ou processo inovadores" (grifo nosso). Uma vez tomado em sua literalidade, o dispositivo se mostrava bastante restritivo, principalmente pelo fato de que razões empresariais, tributárias ou financeiras poderiam militar contra a criação ou manutenção de entidade com objeto social especificado apenas para possibilitar o aporte público. Hoje o art. 5º, *caput*, da Lei de Inovação apenas fala da participação minoritária "do capital social de empresas". Sobre essa temática e sua superação, vide BARBOSA, Denis Borges (org.). *Direito da inovação*: comentários à lei federal de inovação, incentivos fiscais à inovação, legislação estadual e local, poder de compra do estado (modificações à lei de licitações). 2. ed. Rio de Janeiro: Lumen Juris, 2011. p. 63-65; e PORTELA, Bruno Monteiro. Participação minoritária no capital de empresas e fundos de investimento. *In*: PORTELA, Bruno Monteiro; BARBOSA Caio Márcio Melo; MURARO, Leopoldo Gomes; DUBEUX, Rafael (org.). *Marco legal da ciência, tecnologia e inovação no Brasil*. Salvador: Juspodivm, 2020. p. 241-243.

[1202] Não há óbices, entretanto, para a instituição de sociedade de propósito específico (SPE) para tanto. Defendendo os méritos dessa possibilidade para ICTs públicas, mesmo que em contexto prévio à modificação de conteúdo do art. 5º da Lei de Inovação, vide FERRAZ, Luciano; NEVES, Rubia Carneiro. Parcerias na lei de inovação tecnológica: o caso das sociedades de propósito específico (SPE). *Revista de Informação Legislativa*, Brasília, DF, v. 51, n. 203, p. 63-72, 2014.

[1203] O qualificativo pode ser encontrado na autorização de investimento para fins de fomento conferida pelo art. 5º, *caput*, além de ser novamente mencionado no §6º do mesmo, todos da Lei nº 10.973/04. No Decreto nº 9.283/18 ele figura no próprio título da Seção II ("Da participação minoritária no capital e dos fundos de investimento") de seu capítulo II, e no art. 4º (*caput*, §§2º e 8º).

[1204] Embora tanto a lei quanto o decreto não se aprofundem nisso, assume-se que a sua caracterização como medida de fomento exige que sejam medidas de fomento que, de forma sucessiva ou cumulativa (quando praticado por diversos entes), conduzam a tal resultado. Esse é um tema central às políticas de investimento exigidas pelo art. 4º, §1º do Decreto nº 9.283/18.

[1205] Mesmo que sua importância para o desenvolvimento da CTI nacional não deva ser subestimada, medidas de estatização já se distanciariam dos limites das ações de fomento, devendo antes serem tomadas como formas de intervenção estatal direta na economia,.

A expressão *minoritária*, aliás, deve ser compreendida não só como uma restrição quantitativa de participação, mas também como impeditivo ao exercício de qualquer forma de controle pelo sócio estatal.[1206] Não seria condizente com o instrumento em tela a celebração, por exemplo, de acordo de acionistas ou a aquisição de ações de classe especial (*golden shares*) que o produzissem.[1207]

Tidas em mente essas limitações, e uma vez verificado na investida o propósito de desenvolver produtos ou processos inovadores consoantes com as diretrizes e prioridades definidas nas políticas industriais e de CTI, entende-se, inclusive, que o art. 5º, *caput*[1208] da Lei nº 10.973/04[1209] supre, caso aplicável ao financiador, a exigência constitucional[1210] de autorização legislativa para a

---

Pense-se, por exemplo, na satisfação do interesse público via a aquisição de participação em empresa com problemas financeiros para que tecnologia ou capacidade tecnológica estratégica fosse mantida no país.

[1206] Para preocupações quanto ao enquadramento do poder de controle estatal cf. SCHIRATO, Vitor Rhein. *As empresas estatais no direito administrativo econômico atual*. São Paulo: Saraiva, 2016. p. 197-201.

[1207] Sobre esses mecanismos e sua utilização quando da participação estatal em empresa privada, cf. SCHWIND, Rafael Wallbach. *O Estado acionista*: empresas estatais e empresas privadas com participação estatal. São Paulo: Almedina, 2017. p. 339-416.

[1208] "Art. 5º São a União e os demais entes federativos e suas entidades autorizados, nos termos de regulamento, a participar minoritariamente do capital social de empresas, com o propósito de desenvolver produtos ou processos inovadores que estejam de acordo com as diretrizes e prioridades definidas nas políticas de ciência, tecnologia, inovação e de desenvolvimento industrial de cada esfera de governo".

[1209] Adota-se aqui perspectiva distinta da defendida por Fernando Dias Menezes de Almeida, Guilherme Jardim Jurksaitis e Carolina Mota, dado que, mesmo que se reconhecendo a necessidade de averiguação de propósito inovador, entende-se não ser necessária autorização legislativa adicional para a aquisição de participação societária. A previsão da Lei nº 10.973/04 seria autorização suficiente, dado que bastante delimitada pelos fins descritos. Para a perspectiva desses autores cf. ALMEIDA, Fernando Dias Menezes de; JURKSAITIS, Guilherme Jardim; MOTA, Carolina. Parcerias empresariais do estado para a inovação tecnológica. In: SCHWIND, Rafael Wallbach; JUSTEN FILHO, Marçal (org.). *Parcerias público-privadas*: reflexões sobre os 10 anos da Lei 11.079/2004. São Paulo: Revista dos Tribunais, 2015. p. 617-618.

[1210] O disposto no art. 37, inciso XX, estatui que "depende de autorização legislativa, *em cada caso*, a criação de subsidiárias das entidades mencionadas no inciso anterior, *assim como a participação de qualquer delas em empresa privada*" (grifo nosso). A posição aqui adotada é que a autorização prevista na Lei de Inovação supriria a exigência de especificidade em razão da finalidade bastante circunscrita para a aquisição de participação. Essa interpretação alinha-se com tendências jurisprudências que tem compreendido esse tipo de autorização como passível de ser depreendida contextualmente, conforme discutido nas Ações Diretas de Inconstitucionalidade nº 1.491, 1.649 e 5.624. Para uma abordagem sobre a evolução desse tipo de autorização "genérica", mas prévia à última ação direta mencionada, cf. SCHWIND, Rafael Wallbach. *O Estado acionista*: empresas estatais e empresas privadas com participação estatal. São Paulo: Almedina, 2017. p. 295-299.

aquisição de participações. Essa permissão, após a nova redação do dispositivo decorrente da Lei nº 13.243/16, expressamente abrange a União, os demais entes federativos e suas entidades.[1211]

Interessa salientar que a participação pública minoritária ordinariamente não tem o condão de modificar o regime jurídico da investida nem de inseri-la na estrutura administrativa. A empresa privada que passar a contar com sócio público (minoritário) não estaria submetida a regimes licitatórios, regras estatais de contratação de pessoal ou demais condicionantes da atuação pública.[1212]

Isso também não bastaria para que ela gozasse de vantagens reservadas a entes estatais.[1213]

[1211] Alguns autores, todavia, sustentam que tal autorização deveria se restringir à União em privilégio da autonomia dos entes federados. É a linha de Fernando Dias Menezes de Almeida, que sustenta a inconstitucionalidade de tal autorização em ALMEIDA, Fernando Dias Menezes de. A legislação federal sobre ciência, tecnologia e inovação no contexto da organização federativa brasileira., In: FREITAS, Rafael Véras de; RIBEIRO, Leonardo Coelho; FEIGELSON, Bruno (org.). *Regulação e novas tecnologias*. Belo Horizonte: Fórum, 2017. p. 109-110. Por outro caminho, mas chegando a resultados semelhantes, também Carlos Ari Sundfeld, Jacintho Arruda Câmara e Vera Monteiro consideram necessária produção legislativa pelos entes federados para que a autorização seja concedida. Cf. SUNDFELD, Carlos Ari; CÂMARA, Jacintho Arruda; MONTEIRO, Vera. Questões de direito público na lei de inovação. *Revista Zênite*: Informativo de Licitações e Contratos, Curitiba, n. 283, p. 865-876, 2017. p. 870-871.

[1212] Para uma abordagem mais completa sobre o regime das empresas privadas com participação estatal minoritária, cf. SCHWIND, Rafael Wallbach. *O Estado acionista*: empresas estatais e empresas privadas com participação estatal. São Paulo: Almedina, 2017. p. 295-335; ARAGÃO, Alexandre Santos de. Empresas público-privadas. In: CAMPILONGO, Celso Fernandes; GONZAGA, Alvaro de Azevedo; FREIRE, André Luiz (org.). *Enciclopédia jurídica da PUC-SP*. São Paulo: Pontifícia Universidade Católica de São Paulo, 2017; SANTOS, Murillo Giordan. Controle das empresas semiestatais. *Revista de Informação Legislativa*, Brasília, DF, v. 52, n. 208, p. 61-79, 2015; e GUIMARÃES, Bernardo Strobel. A participação de empresas estatais no capital de empresas controladas pela iniciativa privada: algumas reflexões. In: MARQUES NETO, Floriano de Azevedo; ALMEIDA, Fernando Dias Menezes de; MARRARA, Thiago (org.). *Direito e administração pública*: estudos em homenagem a Maria Sylvia Zanella Di Pietro. São Paulo: Atlas, 2013. p. 374-389. A participação minoritária em sociedade empresarial por empresa pública, sociedade de economia ou suas subsidiárias foi inclusive mencionada na Lei das Estatais (Lei nº 13.303/16) e seu regulamento (Decreto nº 8.945/16), sendo tratada nos arts. 1º, §7º, da Lei e 8º do Decreto. Sobre a disciplina presente nessa lei mencionada, cf. JUSTEN FILHO, Marçal. A lei 13.303/2016, a criação das empresas estatais e a participação minoritária em empresas privadas. In: JUSTEN FILHO, Marçal (org.). *Estatuto jurídico das empresas estatais*: Lei 13.303/2016 – "Lei das Estatais". São Paulo: Revista dos Tribunais, 2016. p. 50-57; e SCHWIND, Rafael Wallbach. A participação de empresas estatais no capital de empresas privadas que não integram a administração pública. In: JUSTEN FILHO, Marçal (org.). *Estatuto jurídico das empresas estatais*: Lei 13.303/2016 – "Lei das Estatais". São Paulo: Revista dos Tribunais, 2016. p. 71-92.

[1213] Sustentando que a participação minoritária poderia ensejar hipótese de dispensa prevista no art. 24, inciso XXIII, da antiga Lei nº 8.666/93 cf. SUNDFELD, Carlos Ari; SOUZA,

Todavia, como salienta Rafael Wallbach Schwind ao examinar a participação acionária estatal como técnica de ação pública, a aquisição da condição de sócio pelo Estado, acaba trazendo a investida algum nível de apoio institucional mais ou menos pronunciado e que transcende o total da verba disponibilizada.[1214] Lembre-se que os instrumentos de *investimento* não representam o apoio a um *projeto* ou a um *plano*, mas à própria *empresa*, que tem o seu potencial inovador reconhecido.[1215]

Outro ponto a destacar é que o Decreto Federal de Inovação deixa claro, no §3º do art. 4º, que o investimento associado à *participação societária* poderá ser realizado de forma *direta*, acompanhado ou não de coinvestidor privado, ou *indireta*, ocasião em que há a presença de fundo de investimento como intermediador na transferência dos recursos.[1216]

Quanto a isso, para se estar diante do uso da *participação societária* prevista no art. 19, §2º-A, inciso III, da Lei de Inovação o

---

Rodrigo Pagani de; PINTO, Henrique Motta. Empresas semiestatais. *Revista de Direito Público da Economia*, [s. l.], n. 36, p. 1-21, 2011.

[1214] "O fato é que, de certo modo, qualquer relacionamento jurídico com o Estado pode ter um efeito positivo em favor da pessoa privada, o qual será mais ou menos intenso dependendo da situação. Em certa medida, esse efeito obtido pelo particular consiste no reconhecimento institucional pelo Estado de que aquela pessoa desempenha adequadamente uma determinada atividade ou de que tal atuação é considerada de extrema relevância pelo Estado. Pode-se obter inclusive benefícios econômicos derivados desse reconhecimento estatal, embora eles não sejam mensuráveis com precisão. [...] O apoio institucional do Estado ganha nuances diversas quando um ente estatal se associa a uma pessoa privada na *qualidade de sócio*. [...] o apoio institucional do Estado por meio de sua integração como sócio de uma empresa privada apresenta uma relevância estratégica. Essa associação configura uma espécie de reconhecimento oficial das qualidades do empreendimento e do sócio privado, num grau mais elevado do que ocorre por outras medidas de apoio estatal" (SCHWIND, Rafael Wallbach. *O Estado acionista*: empresas estatais e empresas privadas com participação estatal. São Paulo: Almedina, 2017. p. 202-205). Registre-se que o autor destaca até mesmo a possibilidade de compreensão dessa forma de apoio institucional como equivalente a um bem imaterial, dotado de valor econômico. Cf. SCHWIND, Rafael Wallbach. *O Estado acionista*: empresas estatais e empresas privadas com participação estatal. São Paulo: Almedina, 2017. p. 205-208. Abordando rapidamente a aplicação da técnica acionária como forma de fomento, em linha com o discutido neste livro, vide SCHWIND, Rafael Wallbach. Empresas estatais e inovação: reflexões sobre o apoio institucional dos estados e as parcerias da "lei de inovação". *In*: QUIRINO, Carina de Castro; MENDONCA, José Vicente Santos de; BAPTISTA, Patrícia Ferreira (org.). *Inovações no direito público*. Curitiba: CRV, 2018. p. 134-149.

[1215] Sobre tal distinção, vide o item 4.3.2.

[1216] "§ 3º A entidade poderá realizar o investimento:
I – de forma direta, na empresa, com ou sem coinvestimento com investidor privado; ou
II – de forma indireta, por meio de fundos de investimento constituídos com recursos próprios ou de terceiros para essa finalidade".

fundo deve servir essencialmente como expediente de apoio para a transferência de recursos. Isso pode convir ao financiador por razões tributárias, contábeis, patrimoniais ou mesmo de gestão, dado que a constituição de um fundo aparta capital predeterminado e isola as operações societárias do cotidiano do financiador. Não sendo esse o caso, se estará diante de outro tipo de instrumento de fomento, que aqui denominamos *fundos de investimento* e de *participação*, e que serão oportunamente referidos.

Note-se, em todo caso, que mesmo que o fundo sirva meramente como veículo de investimento para os financiadores durante a concretização de *participação societária*, a sua gestão deve ser profissional e seguir os ditames formulados pela CVM por força do art. 4º, §6º, do Decreto Federal de Inovação.

Por fim, alguns dispositivos atinentes à disciplina normativa da *participação societária* merecem ser comentados.[1217]

Começando-se pelo disposto na Lei nº 10.973/04, três observações podem ser feitas considerando o *caput* de seu art. 5º e o art. 4º, *caput* do Decreto nº 9.283/18.

A primeira delas refere-se à necessidade de especificação, na esfera dos demais entes federados, da autorização de participação minoritária conferida pelo *caput* do art. 5º. Dada a natureza regulamentar do decreto o *caput* do art. 4º deve ser compreendido apenas como o detalhamento dessa autorização na esfera federal. Fica resguardada, naturalmente, a possibilidade de disciplina em sentido diverso nas outras esferas da federação.[1218]

[1217] Para uma análise adicional comentando as oportunidades trazidas pela nova regulamentação da participação societária trazido pelo Decreto nº 9.283/18, MOURÃO, Carolina Mota; ISSA, Rafael Hamze. Quais as oportunidades de parceria público-privada abertas pelo artigo 4o do Decreto Federal de Inovação? *In*: SANTOS, Fabio Gomes dos; BABINSKI, Daniel de Oliveira (org.). *Decreto federal de inovação*: novas oportunidades. São Paulo: Observatório de Inovação e Competitividade, 2019. v. 2. p. 32-39.

[1218] Tome-se como exemplo o que ocorre na esfera paulista. O atual decreto regulamentador da Lei nº 10.973/04 (relembre-se, como mencionado no item 3.1.1, que a inovação passou a ser matéria de legislação concorrente após a EC 85/15) nessa esfera, o Decreto Estadual nº 62.817/17, dispõe em seus art. 37, *caput*, que "[p]oderá ser prevista a faculdade de o Estado ou entidade da Administração Pública indireta participar de sociedade de propósitos específicos para explorar o produto da pesquisa ou continuar o desenvolvimento do projeto, caso em que o registro da propriedade intelectual deve ser realizado em seu nome, observado o art. 21 da Lei Complementar nº 1.049, de 19 de junho de 2008". Assim, talvez dada intenção de harmonização com a mencionada Lei Paulista de Inovação (que, note-se, é anterior à retirada da limitação da participação estatal minoritária às SPE ocorrida na

Importante destacá-lo dada a amplitude dessa autorização, que explicita sua concessão às ICTs públicas integrantes da Administração Indireta, às agências de fomento e às empresas estatais como sujeitos que podem utilizar as *participações societárias* como instrumentos de fomento. Por outro lado, o Decreto nº 9.283/18 não permite que ICT (órgão) componente da administração direta federal utilize o instrumento em exame sem intervenção de entidade inserida na Administração Indireta, conforme indica o §11.

A segunda refere-se ao significado da expressão "nos termos do regulamento" do *caput* do art. 5º. Deve ser extraída dela a necessidade de ato pelo Poder Executivo para que a *participação societária* possa ser manejada pelos financiadores em cada uma das esferas da federação?

Como dito, considera-se que um dos papéis exercidos por esse artigo na Lei de Inovação é saciar a exigência constitucional constante do art. 37, XX. Uma vez que ela foi satisfeita pela lei é desnecessária uma autorização adicional pelo Executivo. Regulamento poderá, claro, condicionar essa autorização ou até, em alguma esfera de federação, negá-la. O papel dos atos infralegais nesse contexto é, então, parametrizar os limites dessa autorização para além do que estabeleceu o legislador federal.

Em terceiro lugar, interessa ressaltar que o uso desse instrumento não deve se dar de forma esporádica ou afeta unicamente ao juízo do financiador. Ele precisa necessariamente ser correlacionado às diretrizes e prioridades definidas nas políticas de CTI e desenvolvimento industrial nacionais.[1219]

Em relação ao §1º do art. 5º, importa pontuar que como regra a propriedade intelectual decorrente do investimento pertencerá à empresa investida, nos termos da legislação e de seus atos constitutivos (são comuns ajustes em que direitos desse tipo são reservados aos sócios fundadores). De toda forma, o §2º prevê que o aporte de

---

esfera federal em 2016), na esfera administrativa paulista as possibilidades de *participação societária* se mostram mais restritas do que ocorre no âmbito federal. Refletindo sobre o tema nesta esfera, e ressaltando, em linha com autores mencionados previamente, a crítica à possibilidade de autorização da participação minoritária ser concedida pelo legislador federal, cf. MOURÃO, Carolina Mota. Quais são as oportunidades do Decreto Paulista de Inovação para a participação estatal em sociedades de propósito específico para a inovação? *In:* MONTEIRO, Vítor (org.). *Decreto paulista de inovação*. São Paulo: Observatório de Inovação e Competitividade, 2018. p. 31-37.

[1219] O caráter diretivo de políticas desse tipo foi objeto de comentário no item 3.2.2.

capital pode ser condicionado à previsão de licenciamento para o atendimento de interesse público, o que configura uma salvaguarda importante ao investimento estatal em termos de política pública.

Os §§3º e 4º trazem regras pertinentes ao uso da *participação societária* como ativo. O primeiro estabelece que a alienação dos ativos relativos à participação societária estaria dispensada do dever de licitar, o que é condizente com a dinamicidade exigida para o devido manejo desses bens. Já o segundo estabelece que os recursos auferidos pelo Estado em decorrência dessas operações de venda devem ser reinvestidos em pesquisa e desenvolvimento ou em novas participações societárias, favorecendo a sustentabilidade da atividades de financiamento à inovação no último caso.

O §5º refere-se à possibilidade das quotas ou ações que dão substrato a participação societária serem dotadas de poderes especiais, tais como os de veto em matérias especificadas. Trata-se do legislador explicitando mais um espaço para negociação entre o financiador e a investida, podendo-se, por exemplo, ser estabelecidas prerrogativas relacionadas a tecnologias estratégicas ou à venda da empresa a estrangeiros. Outro exemplo consistiria em assegurar assentos ao financiador, instâncias específicas na governança da empresa, como comitês associados à implementação de estratégias de inovação.

O limite dessa capacidade convencional, de toda forma, é o já mencionado caráter *minoritário* da *participação societária*, que não pode ser desnaturado para permitir formas indevidas de controle.

Chegando ao Decreto nº 9.283/18, o art. 4º, §1º, estatui que as entidades autorizadas a manejar o instrumento de fomento em exame devem dotar-se de uma "política de investimento direto e indireto". São estabelecidos requisitos mínimos para seu conteúdo: definição dos critérios e dos processos para o investimento e a seleção das empresas destinatárias da capitalização; limites orçamentários da carteira de investimentos; limites de exposição ao risco para investimento; bases para os critérios a serem adotados (como avaliação da estratégia de negócio, desenvolvimento de competências tecnológicas e de novos mercados e na ampliação da capacidade de inovação); a previsão de prazos e de critérios para o desinvestimento; formas de controle e governança dos investimentos; e a definição de equipe própria responsável tecnicamente pelas atividades relacionadas ao manejo da *participação societária*.

O §2º relembra que o uso desse instrumento não pode prescindir do disposto nas normas orçamentárias, ecoando o que aqui tem se dito para o conjunto das atividades de financiamento à inovação.[1220]

Os §§4º, 5º e 8º trazem regras específicas para as ICTs públicas integrantes da Administração Indireta. No primeiro estatui-se que, uma vez tendo lugar o investimento na modalidade *direta* (ou seja, sem a utilização de fundos de investimento), ele deve ser fundado em relevante interesse de áreas estratégicas ou envolver autonomia tecnológica ou soberania nacional. Caso ocorra o investimento, as quotas ou ações detidas pelo ente financiador deverão ser dotadas de prerrogativas na linha do art. 5º, §5º, da Lei de inovação supramencionado.

Impõem-se, portanto, exigências específicas às ICTs em comparação ao aplicável aos financiadores. Esses limitadores, entretanto, podem ser afastados (§5º) caso a ICT aporte contribuições não financeiras à investida ou quando os valores transferidos sejam equivalentes a menos de cinquenta por cento do valor total investido (por rodada de investimento isolada) e haja coinvestimento privado.

O §8º, fechando a disciplina relativa ao investimento por ICTs, deixa claro que essa modalidade de financiamento deve ser aderente às políticas institucionais de inovação da investidora, cabendo lembrar que a existência dessas diretivas é exigida pelo art. 15-A da Lei de Inovação.

Finalmente, o §9º reitera a regularidade do manejo do instrumento em comento pelas empresas estatais e explicita que a autorização alcança inclusive as subsidiárias dessas. O §10, para não haver dúvidas e de forma coerente com esse tipo de investimento, dispõe que o investimento poderá ser realizado em mais de uma rodada em benefício da mesma empresa.

5.2.4.1.2 Fundos de investimento e de participação

A abordagem dos *fundos de investimento*[1221] e *dos fundos de participação* conquanto instrumentos de apoio à inovação empresarial pode começar pela sua disciplina legal.

[1220] Cf. item 3.3.1, *supra*.
[1221] A Lei de Inovação fala em *fundos de investimentos*, no plural, no art. 19, §2º-A, inciso IX.

O art. 23 da Lei nº 10.973/04,[1222] o único dispositivo em um capítulo dedicado aos fundos de investimento nesse diploma, assim como o art. 5º do Decreto nº 9.283/18,[1223] situado na seção que também dispõe sobre as hipóteses de *participação societária*, são breves. Da lei se extrai conjuntamente a autorização para a criação de fundos que invistam em empresas inovadoras,[1224] é explicitada a competência da CVM para regulá-los; e são associados os investimentos dessa índole à disciplina proveniente da Lei nº 6.385/76.[1225] O regulamento vai além, autorizando a sua criação (no âmbito federal) pelas ICT públicas integrantes da Administração Indireta, agências de fomento, empresas públicas e sociedades de economia mista.

Registre-se que os demais entes da federação poderão igualmente especificar regras atinentes à instituição de fundos por suas unidades administrativas (como feito em relação à *participação societária*). O previsto na Lei de Inovação, nesse caso, deve ser

---

Preferiu-se, de toda forma, falar em *fundos de investimento*, no singular, não só pelo fato dessa denominação soar melhor como também ser essa a presente no Código Civil e adotada pela CVM.

[1222] "Art. 23. Fica autorizada a instituição de fundos mútuos de investimento em empresas cuja atividade principal seja a inovação, caracterizados pela comunhão de recursos captados por meio do sistema de distribuição de valores mobiliários, na forma da Lei nº 6.385, de 7 de dezembro de 1976, destinados à aplicação em carteira diversificada de valores mobiliários de emissão dessas empresas.
Parágrafo único. A Comissão de Valores Mobiliários editará normas complementares sobre a constituição, o funcionamento e a administração dos fundos, no prazo de 90 (noventa) dias da data de publicação desta Lei".

[1223] "Art. 5º Ficam as ICT públicas integrantes da administração indireta, as agências de fomento, as empresas públicas e as sociedades de economia mista autorizadas a instituir fundos mútuos de investimento em empresas cuja atividade principal seja a inovação.
§ 1º Os fundos mútuos de investimento de que trata o *caput* serão caracterizados pela comunhão de recursos captados por meio do sistema de distribuição de valores mobiliários, na forma estabelecida na Lei nº 6.385, de 7 de dezembro de 1976, destinados à aplicação em carteira diversificada de valores mobiliários de emissão dessas empresas.
§ 2º Cabe à Comissão de Valores Mobiliários editar normas complementares sobre a constituição, o funcionamento e a administração dos fundos mútuos de investimento a que se refere o *caput*".

[1224] Considera-se que as "empresas cuja atividade principal seja a inovação", nos termos do art. 23 da Lei de Inovação e do art. 5º do Decreto, constituem, em uma interpretação mais ampla, as empresas inovadoras. Interpretação literal e restritiva dessa expressão não se sustentaria diante da realidade prática já que inovar quase nunca é a atividade principal de uma empresa. A inovação pode (e algumas vezes deve) compor as atividades da empresa, colaborando com o seu sucesso. Vale relembrar, ademais, que são poucas as empresas efetivamente inovadoras no país (cf. item 1.3.2), fazendo com que mesma uma interpretação de caráter amplo conduza a uma limitação de destinatários.

[1225] A atribuição da disciplina dos fundos de investimento (em geral) também consta do art. 1.368-C, §2º, do Código Civil.

compreendido mais como uma orientação de âmbito nacional do que como autorização, visto não ser essa constitucionalmente exigida. Os entes da federação já detinham competência para instituir fundos e discipliná-los,[1226] tendo-a exercido nos últimos anos.[1227]

Dado o comando previsto no art. 23, parágrafo único, da Lei de Inovação, também merecem ser examinadas as normas exaradas pela CVM sobre o tema.

Posteriormente à promulgação da Lei nº 10.973/04 o órgão regulador expediu a Instrução nº 415/05 da CVM, modificativa da Instrução nº 209/94, relativa aos Fundos Mútuos de Investimento em Empresas Emergentes – FMIEE. Passaram então a ser previstos nela os Fundos de Investimento em Empresas Emergentes Inovadoras – FIEEI, com o claro intuito de cumprir o previsto pelo legislador.[1228]

Já naquele momento, entretanto, o regulador dialogava com o mercado e contrastava o conteúdo da Instrução nº 209/94 com normas que a haviam sucedido e outros formatos de fundo, em especial os Fundos de Investimento em Participação – FIP, regidos então pela Instrução nº 391/03.[1229] A doutrina também identificava,

---

[1226] Subscreve-se, assim e para o caso dos fundos de investimento, o raciocínio de Fernando Dias Menezes de Almeida e Carolina Mota Mourão no sentido de que as disposições têm um caráter mobilizador e uniformizador do esforço nacional de fomento à CTI. ALMEIDA, Fernando Dias Menezes de; MOURÃO, Carolina Mota. Inovação como fator de convergência normativa: análise do caso dos fundos de investimentos com participação estatal. *In:* COUTINHO, Diogo R.; FOSS, Maria Carolina; MOUALLEM, Pedro Salomon B. (org.). *Inovação no Brasil*: avanços e desafios jurídicos e institucionais. São Paulo: Blucher, 2017. p. 293-302.

[1227] No contexto paulista, a Lei Complementar Estadual nº 1.049/08 menciona em seu art. 23 a possibilidade de manejo desse instrumento, especificando os entes que poderiam instituir os fundos: o próprio Estado, suas autarquias, fundações e as empresas por ele controladas, direta ou indiretamente.

[1228] O art. 43-A a Instrução nº 209/94 expressamente sinalizava essa intenção: "Art. 43-A. A constituição, o funcionamento e a administração dos fundos de investimento de que trata o art. 23 da Lei nº 10.973, de 2 de dezembro de 2004, reger-se-ão pelo disposto nesta Instrução.
§1º Os fundos de investimento de que trata o *caput* conterão, em sua denominação, a expressão "Fundo de Investimento em Empresas Emergentes Inovadoras", e serão destinados à aplicação em carteira diversificada de valores mobiliários de emissão de empresas emergentes inovadoras.
§2º Para efeito do disposto no §1º, consideram-se empresas emergentes inovadoras as empresas, constituídas sob a forma de sociedade anônima, cuja atividade principal seja voltada para a introdução de novidade ou aperfeiçoamento no ambiente produtivo ou social que resulte em novos produtos, processos ou serviços, nos termos do inciso IV do art. 2º da Lei nº 10.973, de 2004".

[1229] Embora manifestasse sua intenção de inserir as novas modalidades de fundo dentre os FMIEE, naquele momento a CVM já discutia a pertinência de se manter os últimos tipos de

havia algum tempo, que ambas as modalidades poderiam servir como suporte à atividade de fomento.[1230]

Após convocação de audiência pública sobre a unificação e modernização de regras sobre fundos de participação com foco no desenvolvimento dos negócios da investida outro marco importante foi estabelecido pela CVM.[1231] Trata-se da Instrução nº 578/16,[1232] relativa à constituição, funcionamento e a administração dos Fundos de Investimento em Participações (FIPs), que revogou as instruções supramencionadas e dispôs sobre os investimentos em empresas emergentes.[1233] O art. 14 dessa instrução, os FIP poderiam então ser classificados da seguinte forma:

> Art. 14. Os FIP devem ser classificados nas seguintes categorias quanto à composição de suas carteiras:
> I – Capital Semente;
> II – Empresas Emergentes;

---

fundos apartados dos FIP ou se seria oportuno "[i]ncluir na Instrução CVM 391, que trata dos Fundos de Investimento em Participações, capítulos próprios que disciplinem, em suas pequenas distinções, os fundos destinados a investimento em empresas emergentes e a empresas emergentes de inovação, revogando a Instrução CVM 209". Consulte-se, para mais informações, a audiência pública convocada previamente à Instrução nº 415/05 da CVM, disponível em: http://www.cvm.gov.br/audiencias_publicas/ap_sdm/2005/sdm0505.html. Acesso em: 30 out. 2020.

[1230] Marcelo Gustavo Silva Siqueira relata que "apesar do fundo ter sido regulamentado pela Instrução CVM 209/94, os administradores, em geral, preferiam a Instrução CVM 391/03, mais flexível no âmbito gerencial para os mesmos. [...] Portanto, nada impede que o fundo seja estruturado com base na Instrução CVM 391/03 e tenha como foco o investimento em empresas emergentes inovadoras; porém, no geral, os investidores preferem estruturar o fundo com base na Instrução CVM 209/94 – muitos em decorrência do sonhado benefício fiscal; outros simplesmente por este ter sido eleito pela CVM" (SIQUEIRA, Marcelo Gustavo Silva, Dos fundos de investimento em tecnologia. In: BARBOSA, Denis Borges (org.). *Direito da inovação*: comentários à lei federal de inovação, incentivos fiscais à inovação, legislação estadual e local, poder de compra do estado (modificações à lei de licitações). 2. ed. Rio de Janeiro: Lumen Juris, 2011. p. 382-383).

[1231] Para ter acesso à audiência pública que formalizou tal diálogo, vide Audiência Pública SDM nº 5/2015, disponível em: http://www.cvm.gov.br/audiencias_publicas/ap_sdm/2015/sdm0515.html. Acesso em: 30 out. 2020.

[1232] Seguiu-se a essa a Resolução n. 175/22, já expedida após a apresentação desta pesquisa à sua banca de avaliação. Ao menos para os fins dessa pesquisa a nova disciplina normativa não trouxe diferenças marcantes quanto ao exposto com base no regime da Instrução nº 578/16.

[1233] Esses histórico é abordado em ALMEIDA, Fernando Dias Menezes de; MOURÃO, Carolina Mota. Inovação como fator de convergência normativa: análise do caso dos fundos de investimentos com participação estatal. In: COUTINHO, Diogo R.; FOSS, Maria Carolina; MOUALLEM, Pedro Salomon B. (org.). *Inovação no Brasil*: avanços e desafios jurídicos e institucionais. São Paulo: Blucher, 2017. p. 304-306.

III – Infraestrutura (FIP-IE);
IV – Produção Econômica Intensiva em Pesquisa, Desenvolvimento e Inovação (FIP-PD&I); e
V – Multiestratégia.
Parágrafo único. *Os fundos destinados à aplicação em empresas cuja atividade principal seja a inovação, nos termos do disposto na Lei nº 10.973, de 2004, devem conter, em sua denominação, a expressão "Inovação"* (grifo nosso).

A nova regulamentação explicitou, com isso, que todas as modalidades de FIP poderiam ser associadas ao conteúdo da Lei nº 10.973/04.[1234] Note-se, todavia, que essa evolução normativa da CVM não foi acompanhada de modificações na Lei de Inovação (como os efetuados pela Lei nº 13.243/16) ou em seu mais recente regulamento (Decreto nº 9.283/18).[1235]

Houve, entretanto, uma mudança importante na disciplina dos fundos introduzida pela Lei nº 13.243/16. O novo art. 19, §2º-A arrolou duas manifestações distintas desse tipo de instrumento: os *fundos de investimento* e os *fundos de participação* (incisos IX e X). Se não se pode exigir do legislador que conhecesse o conteúdo da Instrução nº 578/16 (essa foi publicada em agosto, enquanto a Lei nº 13.243/16 é de janeiro), não se pode ignorar sua intenção ao especificar duas modalidades distintas de fundo, principalmente dada a tendência de explicitar as formas de apoio presente na Lei nº 10.973/04.[1236]

Uma forma que se entende adequada para compreender os incisos IX e X do art. 19, §2º-A é lê-los como expressando uma

---

[1234] Esse direcionamento permanece na Resolução n. 175/22, estando presente em seu art. 13, parágrafo único.

[1235] Bruno Monteiro Portela menciona esse histórico, destacando o intuito do Decreto nº 9.283/18 de apenas detalhar quais órgãos e entidades estariam autorizados a instituir fundos. Cf. PORTELA, Bruno Monteiro; BARBOSA Caio Márcio Melo; MURARO, Leopoldo Gomes; DUBEUX, Rafael (org.). *Marco legal da ciência, tecnologia e inovação no Brasil*. Salvador: Juspodivm, 2020. p. 248.

[1236] O art. 19, §2º-A tem como característica marcante a escolha de arrolar, mesmo que exemplificativamente, diversos instrumentos de apoio à inovação empresarial. O antigo §2º do mesmo dispositivo mencionava apenas a "concessão de recursos financeiros, sob a forma de subvenção econômica, financiamento ou participação societária". A nova disciplina legal é construída sob a ideia de especificação dos instrumentos, ou de ao menos tornar mais claro que a disciplina da Lei nº 10.973/04 deve ser aplicável a uma grande variedade de mecanismos dispersos pela prática pública. Veja-se, aliás, que uma autorização mais ampla para o uso do mercado de capitais também pode ser extraída do §6º, inciso VI do mesmo artigo em sua redação atual, que alude à utilização do mercado de capitais em ações de inovação.

relação de continência. Os *fundos de participação* são tipos de *fundos de investimento*, operando-se o mesmo que ocorre com os incisos VIII (*uso do poder de compra do Estado*) e V (*encomenda tecnológica*) do mesmo artigo.[1237]

Há utilidade nessa distinção. Começa-se abordando a categoria mais abrangente para, posteriormente, tratar da mais específica.

Os *fundos de investimento* passaram a ser expressamente disciplinados pelos arts. 1.368-C a 1.368-F do Código Civil após o advento da Lei nº 13.874/19 (Lei de Liberdade Econômica). Sua natureza jurídica é determinada no *caput* do primeiro desses artigos: "[o] fundo de investimento é uma comunhão de recursos, constituído sob a forma de condomínio de natureza especial, destinado à aplicação em ativos financeiros, bens e direitos de qualquer natureza".[1238] Sua natureza especial[1239] afasta a aplicação de normas ordinariamente incidentes sobre as demais formas de condomínio civil (§1º do art. 1.368-C), o que se justifica pela função exercida por esses fundos.[1240]

[1237] Em uma discussão de terminologia que deixa clara a abrangência maior das *compras públicas* em relação às encomendas, mencione-se novamente FOSS, Maria Carolina. *Compras públicas como instrumento de política de inovação orientada à demanda*: experiências no Brasil, nos estados unidos e na união europeia. 2019. Tese (Doutorado em Política Científica e Tecnológica) – Instituto de Geociências, Universidade de Campinas, Campinas, 2019. p. 29-32.

[1238] A positivação da natureza jurídica dos fundos de investimento resolve antigos debates sobre o tema, conforme aborda CARVALHO, Mario Tavernard Martins de. Fundos de investimento: aspectos polêmicos. *In*: FREITAS, Bernardo Vianna; VERSIANI, Fernanda Valle (org.). *Fundos de investimento*: aspectos jurídicos, regulamentares e tributários. São Paulo: Quartier Latin, 2015. p. 21-30. De toda forma, Daniel de Avila Vio destaca que tal definição, embora supere indefinições antigas, pode trazer quanto ao estabelecimento de vínculos obrigacionais como os fundos dada a ausência de sua personalidade jurídica. Cf. VIO, Daniel de Avila. Fundos de investimento. *In*: CUNHA FILHO, Alexandre Jorge Carneiro da; PICCELI, Roberto Ricomini; MACIEL, Renata Mota (org.). *Lei da liberdade econômica anotada*. São Paulo: Quartier Latin, 2020. v. 2. p. 304-306.

[1239] Cabe dizer que os dispositivos introduzidos no Código Civil são dotados de caráter geral, atingindo inclusive os fundos dotados de disciplina normativa específica (art. 1.368-F), mas delegando à CVM a regulamentação amiúde do tema (art. 1.368-C, §2º).

[1240] Não seria, por exemplo, condizente com a dinâmica dos fundos de investimento a possibilidade de ser exigida, a qualquer tempo, divisão da coisa comum (art. 1.320 do Código Civil). A possibilidade de resgate de cotas de forma não parametrizada seria extremamente nociva ao planejamento dos investimentos a serem realizados pelo fundo. No âmbito do mercado de capitais o resgate antecipado é parametrizado ou vedado, com a Instrução Normativa nº 555/14 da CVM, em seu art. 4º, *caput* estabelecendo que o fundo de investimento poderia ter a forma de condomínio aberto, (em que os cotistas podem solicitar o resgate de suas cotas segundo os termos do regulamento do fundo em questão) ou fechado (em que as cotas somente são resgatadas ao término do prazo de duração do fundo).

Somada a novel disciplina dos fundos de investimento no Código à exarada pela CVM,[1241] mesmo que sinteticamente, pode-se fazer comentários aos *fundos de investimento* enquanto instrumentos de fomento à inovação empresarial.

Os *fundos de investimento*, quando adotados como veículos para o fomento à inovação, muitas vezes congregam recursos dos financiadores e de outros investidores.[1242] A comunhão resultante, como regra, é administrada por terceiros e sempre é dotada de regulamento constitutivo.

O aporte nos fundos algumas vezes é produto de processos seletivos em que são convocados interessados (administradores e gestores de fundos) para apresentar propostas de capitalização. O aporte só se dá caso a proposta se mostre satisfatória e consentânea ao interesse público.[1243] Previamente à efetiva inversão os financiadores e demais investidores discutem os contornos do fundo de forma mais detalhada, ficando essa discussão muito mais restrita quando o fundo já se encontra em operação e o financiador pretende apenas adentrá-lo como cotista.

Com o investimento, os recursos públicos passam a integrar espaço dotado de governança própria, distinta da do financiador, sendo a assembleia geral dos cotistas a instância decisória mais importante. É esse colegiado que detém competência para, dentre outras matérias, alterar a política de investimento (art. 66, inciso V, da Instrução nº 555/14 da CVM) e o regulamento do fundo

---

[1241] Registre-se, de qualquer forma e como um referencial fundamental para a disciplina geral dos fundos, a Instrução nº 555/14 da CVM, que "aplica-se a todo e qualquer fundo de investimento registrado junto à CVM, observadas as disposições das normas específicas aplicáveis a estes fundos" (art. 1º dessa).

[1242] Essa é a premissa assumida para distinguir este instrumento de fomento das formas de *participação societária* promovidas pela via *indireta*, conforme discutido *supra*. Não se ignora, de toda forma, a hipótese de que um fundo tenha caráter exclusivo (ou seja, contando apenas com um cotista) mas que não tenha como finalidade a aquisição títulos que conduzam, efetiva ou potencialmente, à condição de sócio de empresa. Seria uma hipótese de investimento em ativos que não os associados diretamente à participação que, conforme se verá, pode ser cabível desde que manejado de forma consentânea às ações de fomento à inovação.

[1243] Sobre essa etapa, veja-se os breves comentários de ALMEIDA, Fernando Dias Menezes de; MOURÃO, Carolina Mota. Inovação como fator de convergência normativa: análise do caso dos fundos de investimentos com participação estatal. *In:* COUTINHO, Diogo R.; FOSS, Maria Carolina; MOUALLEM, Pedro Salomon B. (org.). *Inovação no Brasil*: avanços e desafios jurídicos e institucionais. São Paulo: Blucher, 2017. p. 307-308.

(inciso VIII do mesmo, ressalvado o disposto no art. 47 também da mesma norma). Como as decisões ordinariamente são tomadas por maioria de votos, equivalendo cada cota a um voto (art. 71, *caput*, da Instrução), a proporção de capital investido pelo financiador em relação ao total de capital integralizado é diretamente proporcional ao seu nível de influência.

A condução diuturna dos negócios do fundo é confiada a administradores profissionais,[1244] cuja atuação segue os ditames previstos no capítulo VIIII da Instrução nº 555/14 da CVM. É usual que a administradora, comumente uma instituição financeira robusta responsável pelo conjunto de serviços burocráticos relacionados à operacionalização do fundo (art. 78, *caput*, da Instrução), contrate terceiros para a execução de atividades voltadas à administração de carteiras de investimentos. São as conhecidas "gestoras" ou "administradoras de carteiras" (*asset managers*) dos fundos de investimento.[1245]

Diversamente do que ocorria nas modalidades *indiretas* do *financiamento em sentido estrito* e da *subvenção*, a utilização dos *fundos de investimento* não é propriamente uma via de descentralização. Não se está diante de um contexto em que o financiador estabelece diretivas mais ou menos detalhadas para o exercício das atividades de fomento, nem em uma relação contínua e convencional marcada (em maior ou menor nível) pela sua prevalência. Pode até ser que os fundos sejam escolhidos como mecanismos para difusão de investimentos pelo país,[1246] mas a lógica que permeia os fundos é estruturalmente diversa.

[1244] A atividade de administração depende de cadastro frente a CVM, como prevê a Instrução nº 558/15 da mesma instituição.

[1245] Sobre o tema, e destacando que é necessária a qualificação profissional para o exercício dessa atividade, cf. informações disponíveis em: http://www.cvm.gov.br/menu/regulados/administradores/sobre.html. Acesso em: 29 out. 2020.

[1246] Pensa-se fundamentalmente na diretiva de descentralização das atividades de CTI, propugnadas pelo art. 1º, inciso IV, da Lei de Inovação, com o fito de conceder-lhes maior capilaridade no território nacional. Isso poderia ocorrer caso delineadas estratégias de investimento voltadas à dispersão do capital público por diversas regiões do país, não privilegiando apenas as empresas inovadoras de um dado local ou região, ou até mesmo com um ente federal investindo em fundos que atuem apenas em uma esfera da federação, como ocorreu com fundo que envolveu a Finep, FAPESP e Desenvolve SP e outros atores, conforme mencionado em ALMEIDA, Fernando Dias Menezes de; JURKSAITIS, Guilherme Jardim; MOTA, Carolina. Parcerias empresariais do estado para a inovação tecnológica. In: SCHWIND, Rafael Wallbach; JUSTEN FILHO, Marçal (org.). *Parcerias*

Claro que, ao se tornar cotista e exercer os direitos que decorrem dessa condição, o financiador define em alguma medida como se dará o emprego de seus recursos. Mas o faz apenas como mais um dos proprietários nessa comunhão de bens, e sujeito a normas e parâmetros que regulam o mercado de capitais.[1247] Quando o financiador é cotista com participação minoritária sua capacidade de direcionamento é ainda menor.

Isso não significa que inexistam vantagens na utilização dos fundos como mecanismos de fomento. Uma gestão autônoma e orientada por práticas de mercado pode ser mais dinâmica do que a conduzida diretamente pelo financiador ou até mesmo por agentes financeiros descentralizadores. O mercado de capitais também pode em certos casos trazer retornos substanciais aos investimentos de maior sucesso. Os fundos também são configurados para que haja uma estrutura de incentivos para que os administradores busquem as melhores oportunidades e estejam comprometidos com o sucesso do fundo. É comum que os regulamentos constitutivos prevejam remuneração adicional caso obtidos resultados expressivos e o aporte de recursos dos administradores/gestores para garantir que haja o alinhamento de seu interesse e dos investidores.

É claro que, mesmo havendo um grau de autonomia na gestão dos fundos, o financiador não pode se eximir de sua obrigação de zelar pelo uso da verba pública, que deve ser direcionada a fins condizentes ao fomento à inovação (com supedâneo no regulamento e na política de investimento do fundo). Deve, também, o financiador estar atento à necessidade de serem promovidos aportes adicionais, uma vez que os cotistas podem ter de cobrir inclusive dívidas do fundo.[1248]

---

público-privadas: reflexões sobre os 10 anos da Lei 11.079/2004. São Paulo: Revista dos Tribunais, 2015. p. 620-623.

[1247] Afora a já referida CVM, nesse contexto também há a incidência de diretivas produzidas por outras entidades, como a B3 – Brasil, Bolsa, Balcão, principal suporte para a infraestrutura do mercado financeiro brasileiro, a Associação Brasileira das Entidades dos Mercados Financeiro e de Capitais – ANBIMA, e a Associação Brasileira de Private Equity e Venture Capital – ABVCAP. Seus endereços eletrônicos são, respectivamente: http://www.b3.com.br/pt_br/b3/institucional/quem-somos/; https://www.anbima.com.br/pt_br/pagina-inicial.htm; e https://www.abvcap.com.br/associacao/quem-somos.aspx?c=pt-br. Acesso em: 20 out. 2020.

[1248] Embora o art. 1.368-D, inciso I, traga a possibilidade de limitação regulamentar de responsabilidade dos cotistas, a orientação geral ainda é a de sua responsabilização desses, conforme deixa claro o art. 15 da Instrução nº 555/14 da CVM: "Art. 15. Os cotistas respondem por eventual patrimônio líquido negativo do fundo, sem prejuízo da responsabilidade do

O investidor estatal precisa estar ciente desse quadro antes de optar por esse tipo de instrumento de apoio. Se ele tem grandes potencialidades em termos de rentabilidade e da flexibilidade proporcionada pelo mercado de capitais, também carrega em seu bojo os riscos naturais aos investimentos em geral.

Outro elemento a considerar, tendo ciência de que se está falando dos *fundos de investimento* como categoria geral, é a variabilidade de sua estruturação. Podem todos os tipos de fundo servir como instrumentos de estímulo à inovação empresarial?

Posta em termos absolutos, a questão deve ser respondida negativamente. Há certos formatos que pouco ou nada teriam a ver com a função de fomento em exame. É importante, de todo modo e como sempre, temperar essa afirmação diante dos casos concretos.

É difícil supor que um fundo cambial[1249] possa servir como veículo de fomento à inovação. Será que o mesmo poderia ser dito de um fundo de investimento imobiliário?[1250] Ou para um fundo de investimento em cotas de fundos de investimento ("fundos de fundos")?[1251] Seria possível observar a correlação se, respectivamente,

---

administrador e do gestor em caso de inobservância da política de investimento ou dos limites de concentração previstos no regulamento e nesta Instrução". Sobre esse tema, cf. VIO, Daniel de Avila. Fundos de investimento. In: CUNHA FILHO, Alexandre Jorge Carneiro da; PICCELI, Roberto Ricomini; MACIEL, Renata Mota (org.). *Lei da liberdade econômica anotada*. São Paulo: Quartier Latin, 2020. v. 2. p. 308-309; e ALMEIDA, Fernando Dias Menezes de; MOURÃO, Carolina Mota. Inovação como fator de convergência normativa: análise do caso dos fundos de investimentos com participação estatal. In: COUTINHO, Diogo R.; FOSS, Maria Carolina; MOUALLEM, Pedro Salomon B. (org.). *Inovação no Brasil*: avanços e desafios jurídicos e institucionais. São Paulo: Blucher, 2017. p. 309-310.

[1249] Nos termos do art. 116, *caput*, da Instrução nº 555/14 da CVM, tais fundos são aqueles que tem "como principal fator de risco de carteira a variação de preços de moeda estrangeira ou a variação do cupom cambial".

[1250] Tais fundos, disciplinados pela Lei nº 8.668/93, são "caracterizados pela comunhão de recursos captados por meio do Sistema de Distribuição de Valores Mobiliários, na forma da Lei nº 6.385, de 7 de dezembro de 1976, destinados a aplicação em empreendimentos imobiliários". Também são disciplinados pela Instrução nº 472/08 da CVM. Sobre tais fundos, vide MAIA, Luis Felipe; ISSAKA, Leandro; MELLO, Caio Watanabe Rocha de. Fundos de investimento imobiliário (FII). In: FREITAS, Bernardo Vianna; VERSIANI, Fernanda Valle (org.). *Fundos de investimento*: aspectos jurídicos, regulamentares e tributários. São Paulo: Quartier Latin, 2015. p. 255-281. Relembre-se também, oportunamente, que o art. 19, *caput*, da Lei de Inovação dispõe que a promoção da inovação inclui também a concessão de infraestrutura.

[1251] Previsto no art. 119 em diante da Instrução nº 555/14 da CVM, fundos sujeitos a essa classificação devem "manter, no mínimo, 95% (noventa e cinco por cento) de seu patrimônio investido em cotas de fundos de investimento de uma mesma classe, exceto os fundos de investimento em cotas classificados como 'Multimercado', que podem investir em cotas de fundos de classes distintas".

fosse instituído fundo voltado ao investimento em imóveis customizados para acolherem ambientes promotores de inovação ou e se o fundo de fundos tivesse como destinatários fundos de capital de risco (*venture capital*) ou setores com significativa dinamicidade tecnológica. Veja-se que, no último caso, um fundo de fundos não só permitiria ao financiador verter recursos a destinatários a fomentar mas também visualizar, conquanto cotista, como se dá uma série de dinâmicas em dados setores.

Assim, considera-se que não é adequada uma visão restritiva da abrangência desse instrumento de estímulo. Caberá averiguar, *in casu*, se determinada formatação se mostra consentânea ao interesse público, evitando noções pré-concebidas. Pode ser que não seja o caso: um fundo imobiliário descolado de finalidades inovativas e simplesmente voltado a lajes corporativas comuns dificilmente traria efeitos diretos em termos de fomento à inovação.

Delineada a abrangência do conceito de *fundos de investimento* mencionados art. 19, §2º-A, IX, passa-se abordar os *fundos de participação*, mencionados no inciso X.

Os *fundos de participação* são, como dito, espécie dos *fundos de investimento*, podendo ser associados aos Fundos de Investimento em Participação – FIP, regidos pela Resolução nº 175/22 da CVM, que os aborda em seu Anexo Normativo IV. Embora não consistam na única modalidade associada ao investimento em títulos representativos de participação no capital social empresarial,[1252] o histórico mencionado *supra* e as características dos FIP comprovam sua adequação para fins de fomento. O recente marco legal das *startups* e do empreendedorismo inovador (Lei Complementar nº 182/21) também conduzem a essa conclusão, explicitamente mencionando os FIPs como veículos para a satisfação de obrigações de investimento em pesquisa, desenvolvimento e inovação.[1253]

[1252] Os Fundos de Ações – FIA, mencionados no Anexo Normativo I da Resolução nº 175/22 da CVM são um exemplo de fundos voltados a investimentos desse tipo. Tais fundos, de toda forma, tem como foco o investimento majoritário em ações já negociadas em mercado organizado, inserindo-se em um contexto distinto do dos FIP e não sendo usualmente tão utilizado para as funções de fomento abordadas.

[1253] Essa dinâmica encontra-se descrita nos arts. 9º e 10 da lei, destacando-se que essa faz a menção aos FIP da categoria capital semente, empresas emergentes e empresas com produção econômica intensiva em pesquisa, desenvolvimento e inovação.

Embora não seja oportuno detalhar todo o seu funcionamento, interessa destacar alguns aspectos que podem ser correlacionados ao desempenho da função de fomento à inovação.

Os FIP, devido às suas características de complexidade, risco, menor liquidez, e dificuldade de precificação de ativos constitutivos, são fundos restritos a investidores qualificados[1254] (art. 4º do Anexo Normativo IV da Resolução nº 175/22 da CVM). São veículos de investimento distintos dos direcionados à economia popular,[1255] envolvendo altas somas e incidindo sobre ambientes e que podem ser rapidamente impactados pela conjuntura internacional.[1256]

Os FIPs algumas vezes investem em empresas com destacado potencial de crescimento e lucratividade, mirando na rentabilidade no médio e longo prazo como compensação pelos riscos associados

---

[1254] As categorias de investidores encontram-se previstas na Resolução nº 30/21 da CVM. Dentre os investidores qualificados encontram-se, por exemplo, investidores profissionais; pessoas naturais ou jurídicas que possuam investimentos financeiros em valor superior a um milhão de reais e que, adicionalmente, atestem por escrito sua condição de investidor qualificado mediante termo próprio; as pessoas naturais que tenham sido aprovadas em exames de qualificação técnica ou possuam certificações aprovadas pela CVM como requisitos para o registro de agentes autônomos de investimento, administradores de carteira, analistas e consultores de valores mobiliários, em relação a seus recursos próprios; e clubes de investimento, desde que tenham a carteira gerida por um ou mais cotistas, que sejam investidores qualificados.

[1255] Uma das manifestações da CVM no relatório da Audiência Pública em que foi discutida a minuta da Instrução nº 578/16, antecedente da Resolução nº 175/22, é ilustrativa. Nessa oportunidade o regulador respondia a proposta da BM&FBOVESPA (atual B3 – Brasil, Bolsa, Balcão) que propunha a extensão de acesso a esse tipo de fundo, em alguns casos, para os investidores em geral: "[a] CVM entende que a sugestão não é pertinente, tendo em vista as particularidades dos ativos que podem ser objeto de investimentos do fundo, reconhecidas pelo próprio participante. Os FIP possuem ativos com pouca ou nenhuma liquidez e difíceis de serem precificados e a CVM considera que, em comparação com outros fundos de investimento, inclusive fechados, os FIP estão em uma escala mais elevada no que tange à complexidade e ao nível de risco. [...] Por fim, a CVM observa que na maioria dos casos o público-alvo dos FIP tem sido composto por investidores ainda mais sofisticados, sendo na maior parte formado por investidores profissionais". Essa afirmação consta da página 4 do relatório, que pode ser encontrado em http://www.cvm.gov.br/audiencias_publicas/ap_sdm/2005/sdm0505.html. Aceso em 30 out. 2020.

[1256] Como regra e segundo o art. 12 do Anexo Normativo IV, os FIPs podem investir até 33% de seu capital subscrito em ativos no exterior desde que tais ativos possuam a mesma natureza econômica dos ativos pertinentes aos FIP. No caso particular dos FIP – Multiestratégia, conforme prevê o art. 18, §2º do Anexo Normativo, será possível investir até 100% de seu capital subscrito em ativos emitidos ou negociados no exterior, desde que cumpridas exigências como a previsão regulamentar dessa possibilidade. Nesse sentido, caso o financiador não tenha interesse nesse tipo de investimento, é importante a previsão de vedação da sua realização em regulamento ou por meio do exercício de seu direito de voto em assembleia de cotistas.

ao aporte de recursos,[1257] como é o caso do acontece no mercado de *venture capital*.[1258] Embora essa hipótese tenha natural aderência à temática do fomento à inovação, suas particularidades devem ser consideradas pelos financiadores que cogitem instituí-los ou se tornarem cotistas em FIPs já existentes.

O art. 4º, *caput*, da Resolução nº 175/22 define os fundos de investimento e o art. 5º, *caput* § 1º, do Anexo Normativo IV delimita as hipóteses de aplicação de seus recursos:

> Art. 4º O fundo de investimento é uma comunhão de recursos, constituído sob a forma de
> condomínio de natureza especial, destinado à aplicação em ativos financeiros, bens e direitos, de acordo com a regra específica aplicável à categoria do fundo. [...]
> Art. 5º As classes de cotas dos FIP devem ser constituídas em regime fechado, sendo destinadas à aquisição de:
> I – ações, bônus de subscrição, debêntures simples, notas comerciais e outros títulos e valores mobiliários conversíveis ou permutáveis em ações de emissão de companhias, abertas ou fechadas;
> II – títulos, contratos e valores mobiliários representativos de crédito ou participação em sociedades limitadas;
> III – cotas de outros FIP; e
> IV – cotas de Fundos de Ações – Mercado de Acesso.
> § 1º A classe de cotas deve participar do processo decisório de suas sociedades investidas, com efetiva influência na definição de sua política estratégica e na sua gestão, exceto as classes de investimento em cotas.

Alguns aspectos fundamentais dos FIP constantes deste dispositivo merecem ser sublinhados. O primeiro deles é que, constituindo formas de *condomínio fechado*, os cotistas apenas poderão ter os valores relativos às suas cotas resgatados ao término do prazo de duração do fundo. Assim, o financiador que optar por integralizar recursos em um fundo desse tipo imobilizará verba pública por tempo considerável, independentemente dos resultados da aplicação.

[1257] Para uma visualização desse mercado, apesar de ser um trabalho que precede a Instrução nº 578/16 e a Resolução nº 175/22, cf. FREITAS, Bernardo Vianna. Fundos de investimento em participações (FIP) e fundos mútuos de investimentos em empresas emergentes (FMIEE). *In*: FREITAS, Bernardo Vianna; VERSIANI, Fernanda Valle (org.). *Fundos de investimento*: aspectos jurídicos, regulamentares e tributários. São Paulo: Quartier Latin, 2015.
[1258] Relembre-se do discutido no item 3.2.3, em que o mercado de *venture capital* é mencionado ao ser discutida a disciplina normativa do fomento a *startups* e empresas de menor porte.

O segundo aspecto é o claro direcionamento de recursos diretamente à atividade empresarial dado que, na maioria das hipóteses e descontadas exceções como a das debêntures,[1259] os valores deverão ser investidos em títulos e valores mobiliários associados à participação societária.[1260]

O terceiro aspecto é a possibilidade de investimento em companhias abertas ou fechadas e em sociedades limitadas. No caso das companhias fechadas e das limitadas, se estará diante de menor publicidade (dado que ainda não listadas em Bolsa), tendo portanto mercado menos acesso aos seus detalhes operacionais e financeiros. Nesses casos há maior dificuldade na precificação de ativos da empresa e são exacerbados os riscos do investimento, o que ajuda a entender por qual razão é limitado o acesso a tais fundos.[1261]

Entretanto, são exatamente essas empresas mais "opacas" que muitas vezes precisam ser fomentadas caso tenham potencial inovador, seja por possuírem dificuldade de captação de recursos externos, por terem de manter sigilosos os detalhes de seus modelos de negócio ou esforços tecnológicos ou por não contarem com estrutura administrativa para atender as exigências aplicáveis a empresas listadas em bolsa.

O quarto, e talvez mais importante aspecto a sublinhar neste trabalho, é a exigência de que o fundo participe do processo decisório da investida, com "efetiva influência na definição de sua política estratégica e na sua gestão". Em consequência, quando um financiador direciona os seus recursos para um FIP não se dá apenas a transferência de verba pública mas também uma mudança na

---

[1259] Apesar de ser um título não ensejador de participação, aspectos como a necessidade de efetiva influência na gestão da companhia emissora pelo FIP e a limitação do investimento nesse tipo de título a 33% do total do capital subscrito do fundo foram elementos considerados pelo ente regulador para admitir a sua aquisição por fundos desse tipo à época da Instrução nº 578/16. Informação sobre o tema pode ser novamente encontrada no relatório da audiência nº 05/2015, em sua página 5, estando essa disponível em http://www.cvm.gov.br/audiencias_publicas/ap_sdm/2005/sdm0505.html. Aceso em 30 out. 2020.

[1260] Caso não cumprida essa diretiva, o fundo passará por desenquadramento, nos termos do art. 11 da Instrução nº 578/16. De toda forma, para ser mantido o enquadramento em FIP é permitido o investimento em outros FIP ou em cotas de Fundos de Ações – Mercado de Acesso, conforme o art. 13 da mesma Instrução.

[1261] Nesse sentido a comparação com os FIA, citados em nota *supra*, voltados à aquisição de ações e que não se limitam a investidores desse tipo, que se limitam essencialmente ações admitidas à negociação em mercado organizado (como é o caso da B3) é pedagógica.

direção da investida, fazendo com que os administradores do fundo tomem parte na condução dos negócios da empresa.[1262]

O aporte de valores por FIP traz uma oportunidade de profissionalização da atividade negocial, algo muitas vezes desejável para empresas menos maduras, podendo se refletir em incrementos de produtividade e aprimoramentos de governança.[1263] Trata-se de uma intervenção de impacto,[1264] fazendo com que o fomento público via *fundos de participação* transcenda a dimensão financeira.

Um parêntese, entretanto, merece ser feito em relação a exigência de efetiva influência considerando o disposto pela Lei Complementar nº 182/21. Como dito, essa lei estabeleceu que o investidor que realizar aportes em *startups* utilizando seus instrumentos não será considerado sócio ou acionista nem possuirá direito a gerência ou voto na administração da empresa (art. 8º, inciso I). Nesse sentido, e ao menos de início,[1265] haveria conflito entre as exigências da CVM e a lei complementar, fazendo com que os FIPs não possam utilizar os mecanismos nela previstos dado que sua estruturação *presume a influência*.

Outro elemento a destacar, retomando a classificação dos FIPs presente no art. 14 e seguintes da Instrução nº 578/16 da CVM (mantidos no artigo do Anexo IV da Resolução nº 175/22) é a diversidade de sua formatação. O financiador deve cuidadosamente escolher a configuração mais oportuna para o atingimento da finalidade de fomento pretendida.

[1262] O art. 6º da Resolução nº 175/22 ilustra como a participação no processo decisório pode ocorrer, indicando que essa se dará pela detenção de ações que integrem o bloco de controle (inciso I) ou por via contratual, como pela celebração de acordos de acionistas (incisos II e III). O parágrafo único desse dispositivo, assim como o art. 7º, de toda forma, arrolam hipóteses de flexibilização dessa exigência.

[1263] O art. 8º da instrução exige que as companhias fechadas investidas por FIP passem a seguir diversas práticas de governança, como a exigência de auditoria anual de demonstrações contábeis da sociedade por auditores independentes registrados na CVM.

[1264] Lembre-se, entretanto, que a opção por instrumentos associado ao mercado de capitais também pode impor restrições na trajetória inovativa das empresas dadas exigências de resultados que lhes seriam impostos. Nesse sentido, cf. KERR, William R.; NANDA, Ramana. Financing Innovation. *Annual Review of Financial Economics*, San Mateo, v. 7, n. 1, p. 445-462, 2015. p.448-452.

[1265] No momento de elaboração desta pesquisa, a norma não se encontrava em revisão, mas é possível que, principalmente em razão de outras modificações decorrentes da lei complementar (como a alteração em normas relativas ao acesso das empresas de menor porte ao mercado de capitais), o ente regulador venha a debruçar-se sobre essa antinomia.

Caso a iniciativa[1266] seja voltada a empresas menores, com receita bruta que não supere vinte milhões de reais[1267] e que não sejam controladas, direta ou indiretamente, por sociedades maiores,[1268] poderá ser instituído fundo da categoria *Capital Semente* dotado de maior flexibilidade em termos de governança FIP.[1269]

A categoria *Capital Emergente* já comporta investimentos em empresas de maior porte, com receita anual limitada a quatrocentos milhões de reais.[1270] Também nesse caso há a possibilidade (embora em menor intensidade) de serem amenizadas e exigências de governança relativas ao fundo.[1271] Igualmente, neste tipo de FIP o investimento não é orientado para empresas ligadas a grandes conglomerados, embora a verificação desse requisito também se mostre mais flexível.[1272] Em suma, trata-se de formatação que privilegia empresas em estágios subsequentes ao que se via na hipótese anterior.

Os *FIP – Infraestrutura* (FIP-IE) e *FIP – Produção Econômica Intensiva em Pesquisa, Desenvolvimento e Inovação* (FIP-PD&I), por

---

[1266] Tome-se o cuidado de dizer que, no desenvolvimento deste raciocínio, se assumiu que o financiador transferiu recursos a fundo com o intuito de se tornar cotista desse. Situação diversa seria a do financiamento dos fundos por via empréstimos, convindo, nesse sentido, alertar que a Instrução nº 578/16 da CVM limita a concessão desses a um montante correspondente a 30% dos ativos do fundo.

[1267] Art. 14, inciso I, do Anexo Normativo IV. O art. 15, §3º da prevê que as companhias ou sociedades limitadas referidas no *caput* não podem ser controladas, direta ou indiretamente, por sociedade ou grupo de sociedades, de fato ou de direito, que apresentem ativo total superior a cem milhões de reais ou receita bruta anual superior a cento e cinquenta milhões de reais. Empresas com esse perfil já seriam dotadas de considerável musculatura caso se pense na Lei Complementar nº 123/06, que estabelece que para uma empresa ser considerada de pequeno porte ela deve auferir, anualmente, até quatro milhões e oitocentos mil reais (art. 3º, inciso II, da Lei), mas ainda as permite serem consideradas *startups* segundo a Lei Complementar nº 182/21, que também adota os 16 milhões de reais como parâmetro (art. 4º, §1º, inciso II).

[1268] É de se salientar, assim, que essa categoria de fundo se distanciaria, portanto, das menos de propostas de *spin-off* de empresas já consolidadas e que já movimentam vultosas somas todos os anos.

[1269] Cf. o art. 14, inciso II do Anexo Normativo.

[1270] Art. 15, I do Anexo Normativo.

[1271] O art. 15, II do Anexo Normativo.

[1272] Segundo o §3º do art. 15 da instrução, as companhias referidas no *caput* não podem ser controladas, direta ou indiretamente, por sociedade ou grupo de sociedades, de fato ou de direito, que apresente ativo total superior a R$ 240.000.000,00 (duzentos e quarenta milhões de reais) ou receita bruta anual superior a R$ 320.000.000,00 (trezentos e vinte milhões de reais), no encerramento do exercício social imediatamente anterior ao primeiro aporte do FIP.

sua vez, adotam um recorte distinto e não baseado na receita da investida. Tendo como diferencial a possibilidade de desfrutarem de incentivos fiscais,[1273] tais fundos devem investir em empresas desenvolvedoras de novos projetos de infraestrutura ou de produção econômica intensiva em pesquisa, desenvolvimento e inovação no país, e que atuem nos setores energético, energia; de transporte; de água e saneamento básico; de irrigação; e outras áreas tidas como prioritárias pelo Poder Executivo Federal.[1274]

Interessa também destacar nessa categoria uma preocupação com a dispersão do poder entre os cotistas, devendo tais fundos contar com ao menos 5 desses e não podendo nenhum deles deter mais de 40% das cotas emitidas ou auferir rendimento superior a 40% dos rendimentos desse.[1275]

Por fim, os FIPs *Multiestratégia* representam os fundos que não se enquadram nas demais categorias, permitindo maior variabilidade nos investimentos e, em determinados casos, serem aproveitadas regras atinentes a outros tipos de FIP.[1276]

5.2.4.2 Modalidades de investimento manejadas pela Finep

Examinar as modalidades de investimento utilizadas pela Finep serve à contextualização do instrumento contratual a ser analisado no tópico seguinte e permite inclusive vislumbrar como uma agência de fomento pode ter uma atuação relevante no mercado de capitais.[1277]

[1273] Com fundamento na Lei nº 11.478/07, esse tipo de *fundos de participação* pode envolver a concessão de incentivos fiscais caso cumpridas algumas condições previstas na norma mencionada. Trata-se, assim, de hipótese de eventual cumulação de instrumentos de fomento estatal que, lembre-se, é lícita (art. 19, §7º, da Lei de Inovação).

[1274] Art. 16 do Anexo Normativo. Registre-se que, para o caso específico do FIP-PD&I, também poderão ser considerados novos projetos aqueles implementados a partir da vigência da Lei nº 12.431/11, por sociedades específicas criadas para tal fim e que atendam à regulamentação do Ministério da Ciência e Tecnologia (art. 17, §2º, inciso I).

[1275] Art. 16, §5º.

[1276] Art. 17 do Anexo Normativo IV, dispondo sobre o perfil do fundo e as potenciais dispensas, podendo ser aproveitados elementos dos fundos de *Capital Semente* e *Empresas Emergentes*.

[1277] Não se trata, naturalmente, da única a fazê-lo. O BNDES e sua controlada, a BNDESPAR, também tem destacada atuação nessa seara, como mencionado em SCHAPIRO, Mario

O manejo de investimentos pela Finep não é recente[1278] e permanece até os dias atuais. É o que atestam documentos como o seu Relatório da Administração,[1279] Relatório de Gestão do FNDCT[1280] (haja visto sua atribuição de secretária-executiva desse fundo público), e as suas Demonstrações Financeiras.[1281]

No que diz respeito à *participação societária*, a Finep utiliza esse tipo de instrumento tanto em sua forma direta quanto indireta.

Na atualidade, a via direta tem se concretizado por meio do programa *Finep Startup*.[1282] Iniciado em 2017, ele tem como finalidades: o fortalecimento do SNCTI; o apoio a atividades empresariais de alto dinamismo tecnológico desempenhadas por *startups*; a disponibilização de recursos financeiros e conhecimento para empresas com alto potencial de crescimento e retorno; a promoção do mercado de capital semente no Brasil; e o estímulo ao investimento privado por meio de investidores-anjos.

Gomes. Novos parâmetros para a intervenção do Estado na economia: persistência e dinâmica da atuação do BNDES em uma economia baseada no conhecimento. 2009. Tese (Doutorado em Direito) – Faculdade de Direito, Universidade de São Paulo, 2009; e ZANATTA, Rafael Augusto Ferreira. *Direito, desenvolvimento e experimentalismo democrático*: um estudo sobre os papéis do direito nas políticas públicas de capital semente no Brasil. 2014. Dissertação (Mestrado em Direito) – Faculdade de Direito, Universidade de São Paulo, São Paulo, 2014.

[1278] Relembre-se que a aquisição de participação societária havia sido utilizada pela Finep já em seus primeiros anos, conforme mencionado no item 4.2.1., especialmente como destacam MELO, Luiz Martins de. Financiamento à inovação no Brasil: análise da aplicação dos recursos do Fundo Nacional de Desenvolvimento Científico e Tecnológico (FNDCT) e da Financiadora de Estudos e Projetos (FINEP) de 1967 a 2006. *Revista Brasileira de Inovação*, Campinas, v. 8, n. 1, p. 87-120, 2009. p. 97-99; e DIAS, José Luciano de Mattos. Finep: 30 anos de projetos para o Brasil. In: SILVA, Francisco; DIAS, José Luciano; REZENDE, Sergio; LONGO, Waldimir; DERENUSSON, Maria Sylvia (org.). *A Finep no século XXI*. Rio de Janeiro: Finep, 2011. p. 49-50. Também a importantíssima experiência de estímulo pela Finep ao mercado de *venture capital* merece ser reiterada, podendo ser encontrada em MORAIS, José Mauro de. *Políticas de apoio financeiro à inovação tecnológica*: avaliação dos programas MCT/FINEP para empresas de pequeno porte. Rio de Janeiro: Ipea, 2007. v. 1296. p. 49-60.

[1279] BRASIL. Financiadora de Estudos e Projetos. *Relatório da Administração*. Rio de Janeiro: Finep, 2019. p. 17-19.

[1280] BRASIL. Fundo Nacional de Desenvolvimento Científico e Tecnológico. *Relatório de Gestão do Exercício de 2018*. Rio de Janeiro: FNDCT, 2018. p. 81-83.

[1281] Foram consultadas as relativas ao 3º trimestre de 2020. Cf. BRASIL. Financiadora de Estudos e Projetos. *Demonstrações Contábeis*: 3º Trimestre. Rio de Janeiro: Finep, 2020.

[1282] Cf. http://finep.gov.br/apoio-e-financiamento-externa/programas-e-linhas/finep-startup. Acesso em: 23 abr. 2020.

A ilustração seguinte o contextualiza perante outras formas de financiamento, sinalizando o objetivo de atingir espaços em que há lacunas de acesso a recursos financeiros.[1283]

Figura 8 – Financiamento FINEP[1284]

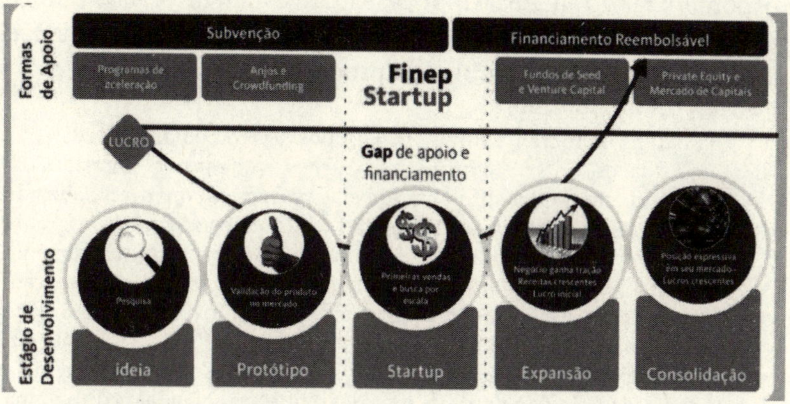

O instrumento jurídico que concretiza os financiamentos do *Finep Startup* é um contrato de opção de subscrição de participação, que será examinado pormenorizadamente adiante. Segundo informa o endereço eletrônico do financiador, podiam ser aportados até R$ 1,2 milhão na empresa investida oriundos de recursos da própria Finep. Havendo aderência a outras iniciativas do financiador, como o Programa Rota 2030, seriam possíveis investimentos adicionais, que podem chegar a R$ 2,2 milhões (havendo, em consequência, a atração das regras aplicáveis a essa fonte de recursos).

A seleção das empresas fomentadas ocorre via chamadas públicas em que são analisados planos de negócios[1285] apresentados

---

[1283] Aproximando-se, portanto, da já referida temática do "vale da morte" abordado por BRANSCOMB, Lewis M.; AUERSWALD, Philip E. *Between Invention and Innovation*: An Analysis of Funding for Early-Atage Technology Development. Washington, D.C.: National Institute of Standards and Technology, 2002.

[1284] Disponível em: http://finep.gov.br/apoio-e-financiamento-externa/programas-e-linhas/finep-startup. Acesso em: 18 jan. 2021.

[1285] Tais planos consistem, segundo definição do SEBRAE de um registro por escrito dos objetivos de um negócio e quais passos devem ser dados para alcançá-lo Cf. informações disponíveis em: https://www.sebrae.com.br/sites/PortalSebrae/artigos/como-elaborar-

pelas pleiteantes. Há banca avaliadora presencial, que convoca as 75 *startups* mais bem ranqueadas e define 25 finalistas, sucedendo-se visita técnica das últimas e checagem da documentação jurídica (*due diligence*) previamente à celebração do contrato.

No início de 2020 foi lançado o terceiro edital do programa, disponibilizando até R$ 60 milhões em investimentos. As Demonstrações Financeiras da Finep, relativas ao 3º trimestre de 2020 dão detalhes quanto ao desenrolar do programa:

> [a]o todo, o Programa atraiu 2.036 Propostas: 869 no Edital de 2017, 817 no Edital de 2018 e 350 na primeira de duas rodadas do Edital 2020. A demanda de capital apresentada pelas *startups* em quatro rodadas de investimentos soma a quantia de R$ 1,6 bilhões, sendo que o programa atraiu mais de R$ 70 milhões de investimento privado. Atualmente a Finep possui 23 *startups* contratadas e 9 *startups* em contratação, somando um valor de até R$ 31,4 milhões em investimentos. [...] O valor total liberado até 30 de setembro de 2020 foi de R$ 13.702 mil (R$ 7.085 mil em dezembro de 2019). Em agosto de 2020, por meio da venda da opção de compra de uma das empresas apoiadas no Programa Finep *Startup*, a Finep obteve Resultado com Instrumentos Financeiros Derivativos de R$ 170 mil, representando uma TIR para o investimento de 18,6% ao ano.[1286]

A via indireta da *participação societária* pela Finep é concretizada pela realização de investimentos via FIP exclusivo ou proprietário (ou seja, sendo a Finep a única cotista), denominado FIP Inova Empresa.

Constituído em 2013 com recursos próprios do financiador, o FIP Inova Empresa tem uma previsão de capital social de R$ 300 milhões, sendo que R$ 125 milhões já foram integralizados. Trata-se de um fundo multiestratégia, voltado a empresas de maior porte (receita operacional bruta igual ou superior a R$ 20.000.000,00), e com política de investimento que exige a aplicação de 54% do seu capital em empresas do setor de telecomunicações e os restantes 46% em temas preconizados na ENCTI vigente durante o investimento.

---

um-plano-de-negocio,37d2438af1c92410VgnVCM100000b272010aRCRD. Acesso em: 12 nov. 2020. Note-se que se trata essencialmente de um instrumento de avaliação da *empresa*, seguindo a lógica apresentada no item 4.3.2.

[1286] BRASIL. Financiadora de Estudos e Projetos. Demonstrações Contábeis: 3º Trimestre. Rio de Janeiro: Finep, 2020. p. 20.

Há também a restrições à concentração de aportes em um mesmo grupo econômico.[1287]

Ao se sair da *participação societária* e passar a falar de *fundos de investimento* enquanto modalidade de instrumento de financiamento, nota-se que não é mais prevalente o uso de recursos próprios pela Finep. A atuação do financiador passa a ser essencialmente a de intermediador financeiro, atuando como investidor de recursos do FNDCT. O Fundo Verde Amarelo, um dos fundos setoriais do FNDCT,[1288] é um referencial nesse tipo de atuação, sendo previsto em seu decreto regulamentar a utilização de fundos de investimento para a aplicação de seus valores (art. 2º, inciso III, do Decreto nº 4.195/02).[1289]

Segundo informa o Relatório de Gestão do FNDCT de 2018, a Finep investe em fundos de capital semente, *venture capital* e *private equity*. Os recursos são direcionados, nos dois primeiros casos, a *startups*; empresas em estágios iniciais; e em fase de crescimento e expansão. No último há investimento em empresas maduras e mais consolidadas. Em dezembro de tal ano a carteira do financiador contava com 25 fundos de investimentos em operação,[1290] sendo

---

[1287] As informações do Relatório da Administração (que falava, por sua vez, de R$ 200 milhões comprometidos) foram complementadas por dados obtidos no edital de 7 de janeiro de 2019 para a seleção de novo administrador para o fundo, e nas Demonstrações Contábeis da Finep relativas ao 3º Trimestre de 2020. Cf. informações disponíveis em: http://www.finep.gov.br/chamadas-publicas/chamadapublica/635. Acesso em: 11 nov. 2020; e BRASIL. Financiadora de Estudos e Projetos. Demonstrações Contábeis: 3º Trimestre. Rio de Janeiro: Finep, 2020. p. 18. Na Chamada Pública constava a informação de que o fundo contava com três empresas investidas, enquanto no Relatório da Administração fala-se em uma empresa investida e integralizações totalizando R$ 28 milhões entre 2018 e 2019. Consulta ao site da CVM (https://cvmweb.cvm.gov.br/swb/default.asp?sg_sistema=fundosreg), em 10 de setembro de 2021, indicava, afora investimento marginal em fundos de renda fixa, a seguinte composição de capital: 57,8% de capital investido na empresa HT MICRON SEMICONDUTORES S.A.; 5,1% na PARIT PARTICIPAÇÕES S.A. (ambas compondo estrutural empresarial importante no mercado de semicondutores pátrios) e 36,8% na RECEPTA BIOPHARMA S.A. (empresa de biotecnologia).

[1288] Sobre o funcionamento do FNDCT e seus fundos setoriais, vide o item 3.3.2.

[1289] "Art. 2º Os recursos previstos nos arts. 1o, inciso V, e 5o da Lei no 10.332, de 2001, serão alocados ao Fundo Nacional de Desenvolvimento Científico e Tecnológico – FNDCT, destinados ao Programa de Inovação para Competitividade, na categoria de programação específica referida no art. 1o, e utilizados nas seguintes finalidades: [...] III – participação minoritária no capital de microempresas e pequenas empresas de base tecnológica e fundos de investimento, por intermédio da FINEP".

[1290] A listagem dos mesmos, com breve descrição de suas (variadas) características, inclusive os resultados pertinentes aos já encerrados, pode ser encontrada no anexo II do BRASIL.

quatro fundos em período de investimento e 21 em período de desinvestimento.

O patrimônio aplicado pela Finep nesses fundos em 2018 contabilizava aproximadamente R$ 600 milhões dentre R$ 4,5 bilhões do total de recursos comprometidos. Isso demonstra que o financiador não era o único cotista deles e que essa forma de financiamento estatal tem potencial para alavancar investimentos privados. Os recursos públicos aportados teriam sido destinados a mais de 200 empresas que, em consequência das características dessa forma de fomento, teriam proporcionado às investidas o apoio dos gestores dos fundos em sua gestão e governança.[1291]

As Demonstrações Contábeis da Finep indicam que em 2020 os recursos disponibilizados para o investimento nesses fundos totalizariam aproximadamente R$ 364 milhões (descontando-se os 125 milhões investidos no FIP Inova Empresa). Como a capitalização de novos fundos pelo FNDCT tendo sido descontinuada em decorrência do contingenciamento de recursos do FNDCT,[1292] o financiador optou por investir recursos próprios para dar continuidade ao exercício de sua missão institucional. Assim, do total investido em *fundos de investimento*, aproximadamente R$ 352 milhões teriam origem no FNDCT e os aproximadamente R$ 12 milhões restantes teriam recursos próprios como fonte.[1293]

Dado que nos investimentos que utilizam fonte FNDCT incide a disciplina normativa desse fundo público, importa mencionar alguns dispositivos relevantes ao contexto em exame.

Fundo Nacional de Desenvolvimento Científico e Tecnológico. *Relatório de Gestão do Exercício de 2018*. Rio de Janeiro: FNDCT, 2018. Note-se que, dos sete fundos encerrados, avaliando-se o resultado a partir da divisão do capital amortizado pelo capital investido, apenas dois dos fundos contabilizaram retornos superiores ao investido (numa proporção de três para um, no caso de maior sucesso), sendo que nos casos restantes o retorno foi inferior ao investido. Valores mais atualizados quanto aos valores investidos podem ser encontrados em BRASIL. Financiadora de Estudos e Projetos. Demonstrações Contábeis: 3º Trimestre. Rio de Janeiro: Finep, 2020. p. 19.

[1291] BRASIL. Fundo Nacional de Desenvolvimento Científico e Tecnológico. *Relatório de Gestão do Exercício de 2018*. Rio de Janeiro: FNDCT, 2018. p. 81-82.

[1292] Nesse sentido, a Portaria MCTIC nº 1.819/20, que aprova os parâmetros de aplicação dos recursos do fundo para tal 2020, deixa claro em seu art. 6º que os aportes se limitaram aos contratos já realizados, tendo como teto o valor (inexpressivo) de R$ 50 mil reais.

[1293] BRASIL. Financiadora de Estudos e Projetos. Demonstrações Contábeis: 3º Trimestre. Rio de Janeiro: Finep, 2020. p. 18.

Segundo o Decreto nº 6.938/09, regulamentador da Lei nº11.540/07 (Lei do FNDCT), a Finep poderia contrair empréstimos para efetuar operações de investimento como ela faz quando da oferta do *financiamento em sentido estrito* (art. 14, parágrafo único, e o art. 1º de seu anexo). O financiador, entretanto, não tem contraído empréstimos, mas sim atuado em nome do fundo, em linha com o propugnado pelo art. 2º, inciso III, do Decreto nº 4.195/02, ou investido recursos próprios.

De fato, a Finep está expressamente autorizada a empregar os recursos obtidos junto ao fundo para efetivar aportes em fundos de investimento, desde que o risco assumido seja limitado ao valor da cota originária do FNDCT (art. 15 do Decreto). O produto dos rendimentos de aplicação dos fundos de investimento constitui receita do FNDCT (art. 10, inciso X, do regulamento do FNDCT). Assim, quando a Finep atua como delegatária desse fundo, ela lhe devolve os lucros obtidos.

O decreto ainda estabelece que os recursos originários do FNDCT destinados à aquisição de participação minoritária no capital de empresa privada (a *participação societária* aqui examinada) deve ser direcionada a empresa de propósitos específicos, criadas com amparo na redação do art. 5º da Lei de Inovação. Como a redação do mencionado dispositivo da foi alterado pela Lei nº 13.243/16,[1294] entende-se revogada essa restrição.

5.2.4.3 Análise de minuta contratual padrão: contrato de outorga de opção de subscrição de participação social do programa Finep Startup

Os instrumentos de *investimento* normalmente não são padronizados pelas agências de fomento. Negociações específicas relativas a cada aporte, assim como a necessidade de aderir a padrões praticados no mercado ou a acordos previamente ajustados (como no caso do ingresso em fundo já em operação) tendem a tornar menos práticas formas de atuação uniforme. Mesmo quando elaboradas

---

[1294] Esse tema foi mencionado no item 5.2.4.1.1.

cláusulas pré-definidas a serem inseridas em ajustes futuros[1295] se está indiscutivelmente perante um contexto menos afeito a padrões do que o dos instrumentos *reembolsáveis* e *não reembolsáveis*.

O programa *Finep Startup* é uma exceção a essa tendência. Por objetivar a concessão de aportes para empresas inovadoras de forma massificada e contínua uma minuta padronizada foi elaborada para lhe dar suporte. É ela que será examinada neste tópico, traçando-se paralelos com os demais instrumentos contratuais analisados conforme conveniente.[1296]

Cabe rapidamente retomar alguns temas para a devida compreensão dessa minuta. Tratando-se de forma contratual direcionada à realização de *investimento* o incentivo é estruturado pensando-se no financiamento à *empresa* e não a um *plano* ou *projeto* (como era o caso nas minutas já analisadas).[1297] Assim, mesmo que a minuta mencione *Planos de Investimentos*, tal documento apenas serve como referencial para a análise do planejamento da ação empresarial. Ele não é um parâmetro de fiscalização – inclusive de dispêndios – como ocorre no caso dos *planos de plano de trabalho* ou dos *projetos*.

Nesse sentido é importante ter em mente a relação do *Plano de Investimentos* e do *Plano de Negócios*, sendo que é o último que é submetido à avaliação durante o processo seletivo precedente ao aporte de capital. Esse último delineia aspectos que animarão a condução ordinária dos negócios pela empresa, mas sendo dotados de generalidade como é comum nos instrumentos de *investimento*. É instaurada uma dinâmica acompanhamento diversa do que ocorria no *financiamento em sentido estrito* e na *subvenção*, menos afeta a detalhes e mais centrada em aspectos gerais de desempenho. Não há, por exemplo, cláusulas sobre alteração de um objeto contratual especificado ou sobre prestação de contas para detalhas dispêndios.

[1295] Não se tem conhecimento, de toda forma, de clausulado padrão desse tipo adotado pela Finep até o momento da elaboração desta pesquisa.

[1296] Analisou-se, portanto, forma jurídica associada à *participação societária*. No caso dos *fundos de investimento* utilizados por esse financiador ele disponibilizou apenas regulamento apontado como representativo dos fundos em que ele é cotista, conforme atesta o anexo 13. Para fins de comparabilidade optou-se por adentrar o regulamento dos fundos, que eram um documento constitutivo muito distinto das outras formas de investimento já discutidas.

[1297] Lembre-se da terminologia e das noções discutidas no item 4.3.2.

Também convém destacar que a minuta se insere é direcionada ao financiamento de *startups*,[1298] contexto em que o fomento à inovação tem sido cada vez mais reconhecido como central.[1299] É por causa de sua inserção nesse ambiente, por exemplo, que os investimentos são feitos em rodadas e de forma dependente do desempenho da empresa, sendo conferido o apoio conforme ele se mostra condizente com o interesse público. É uma situação bastante diversa da dos parcelamentos de um total pré-ajustado que vai sendo liberado conforme executado *plano* ou *projeto*.[1300]

O financiamento é efetivado pela aquisição de uma *opção de compra* que confere ao investidor a possibilidade de subscrição em ações a serem emitidas pela investida caso presentes condições convencionadas. O exercício desse direito à subscrição sempre depende de um juízo de conveniência e oportunidade do financiador. Ele ocorre ordinariamente três anos da assinatura do instrumento, sendo, entretanto, cabível a sua prorrogação por mais dois anos caso assim decida a Finep.[1301]

[1298] O Edital da 2ª Rodada do Programa define as mesmas como sendo "empresa de base tecnológica, com alto potencial de crescimento e retorno, inovadora, flexível e ágil, que trabalha em condições de incerteza e que possui modelo de negócios repetível e escalável, capaz de resolver um problema real" (parte introdutória do edital). Algumas outras exigências de elegibilidade dos participantes do programa também deixam claro o pequeno porte das empresas (Receita Operacional Bruta inferior ou igual a R$ 4.800.000,00,) e que essas não podem ter seu controle associado a grandes empresas (ou seja, não voltando-se o programa ao financiamento de spin-offs dessas), conforme o item 6.1.4. É ainda necessário que as mesmas " 6.1.6. Desenvolvam tecnologia inovadora, modelo de negócios inovador ou que seus produtos, serviços ou processos sejam marcadamente inovadores e produzidos a partir de novas tecnologias ou da integração de tecnologias existentes, mas que obrigatoriamente contem com adição de desenvolvimento novo, não se limitando a revender, implantar e/ou instalar produtos e serviços de terceiros. 6.1.7. Sua tecnologia, modelo de negócios, ou produto, processo ou serviço, objeto principal da captação de recursos, deve: a) estar, no mínimo, na fase de protótipo final, com Provas de Conceito ou testes bem-sucedidos e comprovados, não podendo encontrar-se em fase de ideia ou pesquisa; b) já ter realizado as primeiras vendas ou que, alternativamente, conte, no mínimo, com compromissos firmes de compra/contratação; c) apresentem proposta com suficiência de informações e que estas guardem coerência entre si". Cf. informações disponíveis em: http://www.finep.gov.br/chamadas-publicas/chamadapublica/652. Acesso em: 13 nov. 2020.

[1299] Cf. o 3.2.3. para uma análise da disciplina jurídica atinente ao fomento das microempresas e empresas de pequeno porte.

[1300] Assim apenas a primeira *tranche* é garantida como pagamento pela aquisição da opção de compra, sendo que tanto a segunda quanto um aporte adicional são dependentes de juízo de conveniência e oportunidade do financiador ou dos investidores a ele equiparados (Cláusula Segunda, 1; 4; 6 e Cláusula Nona).

[1301] Tudo é explicado na Cláusula Primeira da minuta.

A minuta disciplina uma forma de *participação societária* que pode ser enquadrada como manifestação das opções mencionadas no art. 4º, §7º, inciso III, do Decreto Federal de Inovação e na opção de subscrição do art. 5º, §1º, inciso I, da Lei Complementar nº 182/21 ambas abordadas.[1302] Sua concretização pode ser pela via direta ou indireta, podendo ser exercido pela Finep ou por terceiro por ela indicado.[1303]

Os aportes efetivados pela minuta utilizaram recursos próprios da Finep quando da sua análise.[1304]

Em uma análise global, chama a atenção o fato de que na minuta o caráter público do financiador é muito menos aparente do que nas minutas de *financiamento em sentido estrito* e *subvenção*. Apenas dispositivos como os que proíbem a estatização da investida[1305] ou que exigem a regularidade frente a cadastros públicos para liberação dos aportes[1306] simbolizam a presença estatal.

Mesmo que não presente o mesmo nível de verticalidade que se via nas outras minutas, ela não deixa de conter dispositivos com direitos especiais reservados à Finep não extensíveis a outros investidores.[1307] Somam se elas a exigências previsões editalícias

---

[1302] Esse mecanismo foi também abordado no item 5.2.4.1.1 A minuta, apesar de adotar a expressão *opção de compra* em seu texto, se autodenomina um "contrato particular de outorga de opção de subscrição de participação social". Ademais, o projeto original do "Marco Legal das Startups e do Empreendedorismo Inovador" diferenciava, em seu art. 4º, o contrato de opção de subscrição de ações ou de quotas (inciso I) e o contrato de opção de venda de ações ou de quotas (inciso II). Cf. PL nº 249/20, disponível em: https://www.camara.leg.br/proposicoesWeb/fichadetramitacao?idProposicao=2264491. Acesso em: 27 out. 2020. Atente-se também ao fato de o Decreto Federal de Inovação falar em *opções de compra futura de quotas ou ações* (4º, §7º, III do Decreto 9.283/18), e não especificamente em opção de subscrição. De toda feita, considera-se que o contrato em análise pode ser compreendido no que lhe é essencial recorrendo-se ao instituto da *opção* analisado *supra*.

[1303] Cláusula Quarta,1. Tal previsão permite à Finep optar entre as duas formas, eventualmente adotando fundo de investimento como estrutura intermediária para o seu manejo da *participação societária*.

[1304] A minuta analisada foi a única apresentada como resultado da solicitação constante do anexo 8. De toda forma, o Edital relativo à 2ª Rodada do Programa, de outubro de 2020, mencionava a possibilidade de aporte adicional com recursos advindos do Programa Rota 2030 (item 5.1.1), fazendo crer que minutas futuras possam trazer dispositivos associados a esse programa, indicando uma conjugação de fontes. Cf. http://www.finep.gov.br/chamadas-publicas/chamadapublica/652. Acesso em: 13 nov. 2020.

[1305] Cláusula Segunda, 7.

[1306] Como previsto na Cláusula Terceira, 1.

[1307] O investidor privado, apesar de poder aderir às condições de investimento presentes na minuta, não poderá desfrutar de tudo o que ela disciplina, não lhe sendo extensíveis alguns direitos de veto nem de aplicação de penalidades, conforme disposto na Cláusula Nona, 3.

transmissíveis ao pactuado,[1308] condicionando o comportamento das potenciais investidas mesmo previamente à celebração do ajuste.[1309]

A minuta é composta por 23 cláusulas, sendo as partes a Finep (denominada "outorgada" por lhe ser outorgada a opção de compra); da empresa investida ("outorgante"); e dos sócios da última, que expressamente anuem aos termos do ajuste e se obrigam a cumprir o convencionado.[1310] Ela conta com três anexos, que consistem: dos termos mínimos para o acordo de acionistas, regrando aspectos da relação do financiador com os demais sócios em caso do exercício da opção; termo de adesão, disciplinando a participação de outros potenciais investidores na avença junto à Finep; e o Plano de Investimentos que, como dito, apresenta diretrizes para a utilização dos recursos aportados.

A Cláusula Primeira delineia a opção de compra, cujos aspectos principais já foram mencionados. A Cláusula Segunda detalha os valores a serem pagos pela sua aquisição, cabendo pontuar que se o pagamento da primeira tranche (fração ou parcela dos valores potencialmente aportados) prontamente assegura a aquisição do direito à opção (item 3). Também é previsto o desembolso de uma segunda tranche, mas condicionada a juízo de conveniência e oportunidade da outorgada e subsumida às mesmas condições do primeiro aporte caso ocorra. Também pode ocorrer um terceiro aporte, no mínimo após um ano do primeiro aporte, mas cujas condições serão abertas à negociação entre as partes (item 6).

A Cláusula Terceira arrola condições a serem cumpridas para a liberação dos recursos, aplicando-se também aqui o conjunto de exigências decorrentes da inserção da Finep na Administração

---

[1308] Como exemplo, cite-se que o descumprimento do previsto em edital, assim como o descumprimento de disposições contratuais, poderá ensejar o exercício da opção de compra em termos potencialmente desfavoráveis pela investida (Cláusula Quarta, 2, "c" e 2.2.4).

[1309] Observe-se o direito de exclusividade (*no shop provision*) presente no item 14 do Edital que faz com que os sócios da potencial investida não possam iniciar, manter ou dar continuidade a qualquer negociação que compreenda mudanças na composição societária da empresa ou em seus ativos antes do investimento.

[1310] Esse expediente é particularmente importante para assegurar que os sócios não se oponham à emissão de ações, caso a opção venha a ser exercida. Esclareça-se, ademais, que os sócios respondem solidariamente inclusive no caso de aplicação de penalidades à investida, conforme a Cláusula Décima, 1.7.

Federal.[1311] Caso haja participação concomitante de investidor privado, ela deve ser comprovada para o primeiro desembolso, sendo exigido que se comece a cumprir o Plano de Investimentos na mesma oportunidade.

A Cláusula Quarta trata do exercício da opção de compra, prevendo as hipóteses que podem ensejá-lo (sendo sempre exigido que o financiador tenha interesse em fazê-lo). São elas: o vencimento da opção de compra em razão do decurso do prazo convencionado; a ocorrência de evento de liquidez; ou do inadimplemento das obrigações associadas ao contrato ou ao edital. O item 2.1 dessa cláusula descreve tais eventos, que são sempre associados a momentos estratégicos como nova rodada de captação realizada perante novos investidores; a alienação de ativos ou negócios pela outorgante; ou uma oferta pública das ações da empresa.

Em todos os casos, o instrumento contratual disciplina os termos em que a condição de sócio será configurada, prevendo regras de conversão para o cálculo do total de ações subscritas a partir dos valores desembolsados pelo investidor.

A Cláusula Quinta estatui como prerrogativa do financiador a possibilidade de cessão de sua posição contratual conforme julgado conveniente e oportuno.

As Cláusulas Sexta, Sétima e Oitava trazem róis de obrigações das partes. A primeira delas traz um conjunto de declarações e compromissos por parte da outorgante e de seus sócios para assegurar a lisura do negócio de outorga da opção de compra e o desempenho regular das atividades empresariais. Assim, fica consignado que os sócios são proprietários da totalidade das quotas ou ações da *startup* e da propriedade intelectual associada aos negócios da investida.[1312] São assegurados, para dar outros exemplos, o cumprimento de exigências ambientais, regularidade fiscal e plena ciência dos termos do edital que originou os aportes.[1313]

A Cláusula Sétima estatui múltiplas obrigações para a outorgante e seus sócios. Nota-se também nelas intenção de assegurar a condução a contento dos negócios da empresa, sendo

---

[1311] Relembre-se, nesse sentido, o discutido no item 3.1.1.
[1312] Cláusula Sexta, 1.4 e 1.7, respectivamente.
[1313] Itens 1.10; 1.8 e 1.11 da Cláusula Sexta.

adicionados expedientes que possibilitam o seu monitoramento pelo investidor. O melhor exemplo é o extenso rol de situações submetidos à aprovação prévia da outorgada.[1314]

Outras obrigações relevantes incluem a exigência de fortalecimento da estrutura de governança da empresa[1315] e a cláusula de não competição.[1316] Também não deixam de constar no instrumento contratual deveres encontrados em outras minutas analisadas, tais como as atinentes à divulgação da Finep como financiadora.[1317]

A Cláusula Oitava apenas enuncia a necessidade de uma atuação dotada de boa-fé e probidade por parte da outorgada, reiterando a importância do cumprimento das disposições contratuais e estabelecendo que as informações obtidas em decorrência do ajuste são confidenciais.[1318]

A Cláusula Nona estabelece a possibilidade de adesão de investidores privados ao financiamento, sendo-lhes franqueado realizar aportes concomitantes e em condições assemelhadas às do financiador. É um expediente voltado à alavancagem do investimento privado, visando ao fortalecimento de segmentos que financiam *startups* e o compartilhamento dos riscos públicos com atores privados, como é usual em iniciativas de estímulo ao capital de risco ao redor do globo.[1319]

[1314] Note-se a série de alíneas na Cláusula Sétima, item 6.

[1315] Item 12 da mesma.

[1316] Itens 13 e 16 da Cláusula Sétima. O tema da vedação à concorrência é um tema candente nos estudos sobre inovação, uma vez que restrições à circulação do conhecimento podem não ser benéficos à coletividade. O Vale do Silício, com suas dinâmicas próprias, teria como um de seus diferenciais a vedação a cláusulas restritivas de concorrência (*non-compete clause*). Segundo Ronald J. Gilson, essa é uma das chaves para o seu sucesso. Cf. GILSON, Ronald J. The Legal Infrastructure of High Technology Industrial Districts: Silicon Valley, Route 128, and Covenants Cot to Compete. *New York University Law Review*, Nova York, v. 74, n. 3, p. 575-629, 1999. Tal tendência continua atual e pode inclusive ter se expandido, como pode ser observado em SAENZ, Nick; FROST, John. It's Open Season for Poaching Talent in Silicon Valley. *TechCrunch*, San Francisco, 26 abr. 2019.

[1317] Cláusula Sétima, item 19, "d", "e" e "f".

[1318] Note-se, de toda feita, a preocupação no item 2 da Cláusula Oitava em consignar exceções a tal dever de confidencialidade, fazendo menção explícita à Lei nº 12.527/11 e Lei Complementar nº 105/01.

[1319] Embora não se trate de exemplo associado à *participação societária*, mas sim ao manejo dos *fundos de investimento*, o programa chileno CORFU é um bom exemplo em que a participação privada é estimulada. Esse é também um mecanismo para auxiliar no monitoramento da investida, dado que isso nem sempre pode ser feito a contento por

Assim, embora a existência de investimento privado na empresa não seja requisito para a participação no Programa *Finep Startup*, ela é estimulada e constitui diferencial durante a seleção dos negócios fomentados.[1320] Importa destacar, entretanto, que embora os investidores privados possam promover portes nas mesmas condições das outorgadas não lhe são extensíveis direitos de veto previstos no item 6 da Cláusula Sétima[1321] ou a possibilidade de aplicação de penalidades previstas na Cláusula Décima.

A Cláusula Décima, como se adiantou, disciplina as penalidades e o eventual dever de indenização aplicáveis à outorgante. As sanções congregam: advertências que, ao se somarem, ensejam punições mais rigorosas; multa pecuniária, cabendo sublinhar a solidariedade dos sócios quanto ao seu pagamento; rescisão contratual, ensejando à devolução dos valores investidos corrigidos pelo Índice de Preços ao Consumidor Amplo – IPCA e somados a uma taxa de 10% ao ano; e exercício punitivo da opção de compra em caso de infração contratual. A cláusula também contempla indenização dos investidores em caso de perdas adicionais decorrentes dos aportes, como as provenientes de condenações judiciais ou imposição de taxas ou multas.[1322]

Finalmente, as cláusulas Décima Primeira, Décima Segunda e Décima Terceira tratam de aspectos relativos ao cotidiano da execução dos contratos. A primeira disciplina as formas de comunicação entre as partes; a segunda traz disposições gerais reiterando regras dispersas pelo instrumento contratual (algumas vezes as especificando) e assegura a solidez da relação contratual ao sublinhar seu caráter irrevogável e irretratável do pactuado;[1323] e a terceira trata da vigência e rescisão contratual, além de indicar

---

investidores públicos. Sobre o programa, vide GILSON, Ronald J. Engineering a Venture Capital Market: Lessons from the American Experience. *Stanford Law Review*, Stanford, v. 55, p. 1067-1103, 2003. p. 1098-1099.

[1320] Observe-se especialmente o item 12 do edital, disponível em http://www.finep.gov.br/chamadas-publicas/chamadapublica/652. Acesso em: 13 nov. 2020.

[1321] Embora a cláusula mencionada não fale em direito de "veto", há várias situações em que é necessária a anuência prévia da outorgada. Entende-se que é a isso a que se está fazendo referência.

[1322] A estrutura sancionatória encontra-se descrita no item 1 da Cláusula Décima, enquanto a indenização no item 2.

[1323] Cláusula Décima Segunda, 9.

a cidade do Rio de Janeiro como foro para a solução de eventuais controvérsias.

Sinteticamente exposta a sua estrutura, passa-se ao exame da minuta segundo a metodologia exposta no item 5.2.1.

Quanto à primeira questão, atinente à incorporação de aspectos conformadores do financiamento à inovação empresarial, considera-se que o instrumento contratual não a promove. Mesmo que seja possível localizar alguns indícios de sua presença eles não se manifestam com intensidade que viabilize seu reconhecimento efetivo, principalmente em comparação com as minutas já analisadas.

A forma como esse mecanismo de financiamento foi estruturado na minuta não apresenta características que permitam distingui-lo de outras formas de aporte rotineiras no mercado de capitais, e direcionadas tanto a empresas inovadoras quanto não inovadoras.[1324] É possível – e talvez seja essa uma dinâmica própria dos instrumentos de *investimento* – que sua operacionalização seja tão imbricada com e similar à atuação privada que esses elementos não sejam salientes, dado que inerentes ao próprio capital de risco.

Não está, em primeiro lugar, presente o binômio *risco e incerteza*.[1325] A minuta aborda questões pertinentes ao *risco* (financeiro) do investimento, buscando mitigá-lo. O arranjo estatuído, de fato, é voltado a assegurar a rentabilidade do investimento, sendo acompanhado o desempenho global da empresa. Como exemplos de mecanismos de calibração de *risco* podem ser citados o conjunto das declarações e garantias constantes da Cláusula Sexta;[1326] a necessidade de anuência prévia da outorgada, conforme a Cláusula Sétima, para uma série de medidas que podem impactar na atuação da investida;[1327] e o regramento para hipóteses de rescisão contratual,

---

[1324] Como discutido no item 3.2.3, a essência do *venture capital* é o investimento em empresas com elevado potencial de crescimento, que é comumente presente em empresas novas e de base tecnológica. Isso não significa, entretanto, que essa formatação seja impeditiva por si mesma do investimento em empresas que não sejam dotadas dessas características. Não se cogitando da função fomentadora, pode ser que empresas bastante tímidas (ou até irrelevantes) em termos inovativos possam ser bastante meritórias de aportes ao se pensar em retorno esperado, principalmente em mercados tecnologicamente menos dinâmicos (como o brasileiro).

[1325] Discutidos com mais vagar no item 2.2.1.

[1326] Seus itens 1.4; 1.5; 1.7; 1.8 e 2 são exemplos mais específicos.

[1327] A totalidade das alíneas do item 6 dessa cláusula seguem, de forma mais ou menos intensa, essa tendência.

exercício punitivo da opção e indenização por danos sofridos pelo investidor, todos na Cláusula Décima.[1328]

Falta, de toda feita, à completude do binômio a disciplina da *incerteza*, que é indissociável dos esforços inovativos.[1329] Não há no documento qualquer dispositivo voltado ao regramento da imprevisibilidade de forma distinta do esperado em relação à maioria dos negócios jurídicos, estejam eles associados ou não à inovação. Não se notam, por exemplo, normas atinentes à repactuação de prazos, como se viu recorrentemente nas duas minutas anteriores.[1330]

Mesmo quanto ao Plano de Investimentos, que traz as linhas gerais do que se pretende fomentar e cujo cumprimento é exigido para a efetivação dos desembolsos,[1331] sua modificação não é disciplinada,[1332] concluindo-se que resultados imprevistos não são cogitados pelo convencionado.

A ausência de dispositivos especificamente permissivos relativamente a efeitos da *incerteza*, nem mesmo em sua dimensão *técnica*[1333] (como se verificava nas minutas de *financiamento em sentido estrito* e de *subvenção*), chama atenção. Mesmo caso perquiridos os demais componentes dela, como a *incerteza de mercado, ou de índole política e econômica geral/ dos negócios*, o exame da estrutura contratual leva a concluir que se está antes da aplicação de medidas mitigadoras de *risco* do investimento do que de acautelamento frente à *incerteza*.

[1328] Itens 1.3; 1.4 e 2, respectivamente.

[1329] Lembre-se que na análise da minuta pertinente à *subvenção* se pôde prescindir da averiguação da presença do *risco* dado o caráter *não reembolsável* da transferência de recursos. A *incerteza*, de toda forma, é aqui tomada como elemento imprescindível à configuração do binômio.

[1330] Pense-se, como exemplos, no disposto na Cláusula Décima Segunda, 7, que esclarece que o contrato só poderá ser alterado por mútuo acordo das partes manifesto por escrito; e a Cláusula Décima Terceira, 2, estabelecendo que a rescisão contratual só poderá ocorrer por via bilateral ou unilateral, sob iniciativa da outorgada, caso tenha lugar alguma das condições resolutivas contratualmente previstas.

[1331] Cláusula Terceira, 1, "g" e 1.2.

[1332] Assumindo-se com isso que ou tal expediente não é visto como necessário, uma vez que sua estrutura permita correções de rota sem necessidade de modificação do originalmente previsto, ou por se assumir que não há lugar para sua alteração em condições que não sejam extraordinárias.

[1333] Repise-se a aproximação da *incerteza técnica* da noção de *risco tecnológico* presente no Decreto nº 9.283/2018, referida no item 2.2.1.

Esse pode ser o indício de uma característica do capital de risco como segmento do mercado de capitais, e que acaba sendo bastante sinérgico ao fomento à inovação: a estruturação de operações de forma a considerar a *incerteza* como *risco* por meio de uma análise global dos resultados da investida.[1334]

Não se nota, também, qualquer dispositivo que ateste a presença de preocupação com a *dimensão setorial da inovação*. Como na minuta de *subvenção*[1335] podem, com algum esforço, ser trazidas à baila cláusulas relativas a um esforço de mensuração de resultados do incentivo.[1336] Mas não se entende que isso baste para concluir pela incorporação desse aspecto à minuta.

Impera, mais uma vez, a utilização uniforme do instrumento contratual, sem adaptações notáveis ao setor da economia em que a empresa apoiada opera. Convém, todavia, registrar ao menos dois elementos extracontratuais que contrabalanceiam a ausência dessa segmentação setorial.

O primeiro deles é a especificação de temáticas no instrumento convocatório que antecede o investimento, dotando os aportes de certo direcionamento.[1337] O segundo é a convocação de profissionais da Finep com atuação setorial e consultores externos para participar das avaliações durante os processos seletivos[1338] ao lado da unidade responsável pelo manejo dos instrumentos de *investimento*.[1339]

Conclui-se também pela ausência de dispositivos que evidenciem a *necessidade da efetiva contabilização dos esforços inovativos*. Não se vislumbra esforço significativo de mensuração. Isso fica

---

[1334] Uma vez que a empresa é globalmente avaliada pode ser que medidas dissociadas de esforços inovativos possam compensá-los. Seria o caso de uma *startup* estruturada com base em uma inovação radical cujo desenvolvimento acabou sofrendo diversos reverses mas que, por uma conjuntura de mercado, tenha conseguido adaptar sua capacidade instalada para suprir uma demanda inesperada sem precisar inovar. Esse tipo de resultado positivo ser satisfatória aos investidores, mesmo que descartada a trajetória inovativa. O monitoramento da execução do Plano de Investimentos para os casos de fomento à inovação, como ocorre na minuta em análise, serve como expediente importante para que o Estado esteja atento a tais situações e calibre sua forma de investir em cada caso.

[1335] Cf. item 5.2.3.3.

[1336] A Cláusula Sétima, 19, "c" e "i"; e Décima Segunda, 12, vão nessa linha.

[1337] O item 3 do edital traz os temas estratégicos e os prioritários, sendo concedida pontuação adicional nos processos seletivos para as empresas que atuem de forma relacionada aos últimos.

[1338] Vide o item 8.2 do edital.

[1339] Cf. a brevíssima exposição sobre a estrutura da Finep no item 4.2.2.

patente ao se pensar nas minutas previamente analisadas, em que a comprovação dos dispêndios tinha papel de destaque.[1340] O crescimento do potencial inovador da empresa, portanto, não é acompanhado amiúde.[1341]

Nesse tipo de investimento a única garantia de uma trajetória empresarial inovativa é ser cobrada alguma aderência ao Plano de Investimentos justificador do aporte público.[1342] Isso, repise-se, em um contexto em que a preocupação principal é a mitigação do *risco financeiro*.[1343]

É uma sistemática que, na prática, só corresponde ao fomento à inovação quando inovar é um traço característico das investidas, e uma vez que ele permaneça durante o transcorrer de sua existência.[1344] O acompanhamento do investimento, de toda forma, permanece relevante. Mesmo ausente o aspecto em análise da minuta, essa última contém mecanismos para um acompanhamento da outorgante pela outorgada.[1345]

Essa formatação de acompanhamento, cabe dizer, faz com que os processos seletivos prévios ao investimento tenham um papel central no contexto do *Finep Startup*. Selecionar *empresa* não

---

[1340] Veja-se que, embora mencionadas na minuta contratual, em especial na Cláusula Quarta, 2, a "prestação de contas" não é disciplinada de forma clara no instrumento contratual, principalmente considerando o papel central das mesmas nas minutas relativas ao *financiamento em sentido estrito* e *subvenção*. O edital consultado e já referido, ademais, também não as detalha. Chega-se, por conta disso, à conclusão exarada acima, podendo-se assumir que a ideia de prestação de contas no contexto das minutas seria mais abrangente, eventualmente relacionando-se à ideia de serem sempre prestadas informações pelas investidas e permitida a fiscalização de seus afazeres pelo ente financiador.

[1341] E isso ocorre mesmo se feito um esforço de calibração na análise, visto agora se estar diante da *empresa* e não de um *plano* ou *projeto* como parâmetro do financiamento.

[1342] Como as presentes na Cláusula Terceira, 1, "g" e 1.2; Cláusula Sexta, 1.12, 2, "f"; Cláusula Sétima, 3, 6, "cc", 11.1, 19, "b".

[1343] Mesmo as disposições contratuais sobre o domínio e a possibilidade de uso de ativos imateriais como a propriedade intelectual (Cláusula Sexta, 1.7 e 17) podem ser bem compreendidas por esse prisma: mais para assegurar que a empresa dispõe dos meios para dar continuidade aos seus negócios do que um compromisso, por exemplo, para a produção de novas patentes.

[1344] Note-se como mesmo a minuta aproxima a consecução do objeto social da empresa à satisfação do Plano de Investimentos, como ocorre na Cláusula Sexta, 1.12.

[1345] Tanto a obrigação de que a outorgante permaneça atuando em conformidade não só com o Plano de Investimento, mas também com seu objeto social, quanto a necessidade de aprovação do plano de negócios da mesma são exemplos, previstos respectivamente na Cláusula Sétima, 5, "a"; e 6, "a". Outros exemplos são a Cláusula Sexta, 1.12, e Sétima, 3, ao disporem que serão aplicadas penalidades caso os recursos recebidos sejam gastos em desconforme com o objeto social da empresa e com o Plano de Investimento.

inovadora[1346] conduzirá invariavelmente ao dispêndio de verba pública que, mesmo que produza investimento rentável, não se justifica como medida de fomento à inovação.

Adentrando o segundo questionamento, relativo à incorporação de aspectos associados a práticas experimentalistas, os termos da minuta permitem respondê-lo positivamente. Examinando a relação entabulada entre investidores, investida e os sócios,[1347] nota-se a presença de dois dos aspectos em análise.

Começa-se pelo aspecto ausente: a *provisoriedade de objetivos*. Não há cláusulas atinentes à revisão de escolhas durante o transcorrer do Plano de Investimentos. Mesmo que assegurar sua efetivação seja um dos objetivos do ajuste, não foram localizados dispositivos tratando da sua flexibilização nem da de demais aspectos da relação convencional. Não são instituídos espaços de aprendizado e readequação, nem foi estabelecida a reavaliação periódica de metas. Restam apenas os objetivos originais, cristalizados em um anexo, de forma a conferir maior segurança aos investidores e parametrizar a ação de fomento.[1348]

Dado esse arranjo, mesmo a possibilidade de aportes caso o desempenho da investida supere o previsto[1349] deve ser mais entendida como um mecanismo de incentivo do que um verdadeiro reconhecimento da precariedade como fórmula para o enfrentamento de desafios complexos e imprevisíveis.

Quanto à presença de *caráter colaborativo*, tomando o cuidado de promover análise atenta aos traços particulares da relação

---

[1346] A inovação é um dos critérios a ser cuidadosamente ponderado, e sob diversas dimensões, na etapa de avaliação do plano de negócio (item 8.3 do edital referido) e da banca avaliadora (item 8.5). É importante destacar que as empresas selecionadas já se encontram em etapa relacionada à produção de protótipos (ex. itens 6.17 e 8.5.4). Mesmo que elas ainda estejam em seus estágios iniciais, sua proposta de atuação teria de ser dotada ao menos de alguma concretude.

[1347] Não se está, com isso, examinando a relação entre os administradores da investida e seus investidores ou sócios por ela não estar manifesta no instrumento contratual. Essa dinâmica poderia ser ainda mais afeta às práticas experimentalistas, dado toda a necessidade de aprendizado e de reajustes que permeiam as etapas iniciais de uma *startup*.

[1348] É possível que, na prática, o Plano de Investimentos venha a ser ajustado, o que se mostra razoável e até esperado. Mas a minuta não parece contar com isso ao deixar de regulamentar tal possibilidade.

[1349] É o caso das tranche adicional prevista na Cláusula Segunda, 6. A segunda tranche, prevista no item 4 da mesma cláusula, pode ser interpretada da mesma maneira, embora se entenda que sua função principal a de assegurar que a investida está executando o Plano de Investimento.

jurídica em análise, envolvendo perquirir se haveria algo além do mero exercício de fiscalização, notam-se instâncias propiciadoras de uma interação dialógica. Entre as cláusulas contratuais foram disciplinados dois temas que conduziram a esse juízo.

O primeiro está relacionado ao exercício da opção de compra, ensejador da emissão de ações com direito a voto.[1350] Estabelecido que o exercício da opção leva a esse resultado,[1351] o financiador que passa à condição de sócio (mesmo que na condição de minoritário)[1352] se torna capaz de influir ativamente na condução dos negócios da outorgante. Portanto, assegura-se à outorgada participação concreta na atuação das investidas, estreitando laços de colaboração entre a agência de fomento e as empresas inovadoras uma vez e enquanto isso for condizente com o interesse público.[1353]

O segundo é a estrutura sancionatória do contrato. Uma vez que a minuta conta com dispositivos assecuratórios do direito de defesa das outorgantes e dos sócios antes da aplicação de penalidades[1354] é instaurado um amplo diálogo entre as partes antes da tomada de medidas mais drásticas, institucionalizando uma preocupação com a continuidade da relação.[1355] Trata-se de salvaguarda também adequada ao exigido de investidores inseridos na estrutura administrativa, uma vez que o contraditório e a ampla defesa é uma exigência constitucional (art. 5º, inciso LV).

Ademais, já que se está tratando da existência de traços colaborativos, mesmo que menos intensos do que nos casos anteriores,[1356] interessa novamente sublinhar que o financiador

---

[1350] Cláusula Primeira, 2; Cláusula Quarta, 9; e o Anexo 1, que traz os termos do acordo de acionistas a ser celebrados entre as partes com a emissão das ações.

[1351] Poderiam ser previstas cláusulas que não tornassem obrigatório o direito a voto ou que, imediatamente ou em um período definido, exigissem a alienação das ações pelo investidor.

[1352] Cláusula Segunda, 7.

[1353] Tanto a continuidade como sócio na investida, assim como quaisquer intervenções possibilitadas por essa condição (tais como continuar dotando-a de um foco em atividades inovativas por meio do exercício de seus direitos políticos no interior da sociedade) devem ser guiadas pela satisfação do interesse público, não havendo sentido em sua manutenção para fins unicamente arrecadatórios ou de mero acúmulo de patrimônio público.

[1354] Cláusula Décima, 1(*caput*) e 1.6.

[1355] Lembre-se, como discutido no item 2.3.3, que as "contratações para inovação" contavam inclusive com estruturas internas de soluções de controvérsias entre as partes.

[1356] De forma semelhante ao ocorrido em outros aspectos avaliados, o enfoque na *empresa* ao invés de no *plano* ou no *projeto* podem ter contribuído para essa diluição de intensidade dos aspectos analisados.

desfruta de uma posição de destaque na relação entabulada. É o que é demonstrado pela prerrogativa da outorgada de ceder sua posição contratual, independentemente da anuência da outorgante ou de seus sócios;[1357] exclusividade da opção de compra, não podendo haver concessão de ajustes desse tipo ou de quaisquer outras formas de alienação ou promessa de alienação de participação societária durante a vigência do contrato;[1358] não extensão da plenitude das prerrogativas do financiador para investidores privados.[1359]

Chegando-se ao último aspecto, assim como ao fim deste capítulo, nota-se também a presença do *compartilhamento de informações como forma de transparência*. A minuta estabelece mecanismos de compartilhamento em três dimensões diferentes.

A primeira delas são as obrigações de compartilhamento de informações entre a empresa investida e o financiador (não devendo ser olvidado, claro, o seu dever de confidencialidade.[1360] Verificadas em abundância na Cláusula Sétima, elas servem para garantir a devida supervisão do investidor em relação ao desempenho da investida. Elas permitem acesso ao cotidiano da atividade empresarial,[1361] sendo devidas respostas caso o investidor formule questionamentos ou entenda necessária ação de fiscalização, inclusive por meio de auditorias.[1362]

A segunda deve-se a uma particularidade não encontrada nos outros instrumentos contratuais examinados: a possibilidade de adesão por outros investidores.[1363] Tendo de ser prestadas informações a mais de uma parte contratual, multiplicam-se oportunidades para obtenção de dados, principalmente quando os responsáveis pelos demais aportes possam, pela sua forma de atuação (como no caso de investidores-anjo), participar mais do cotidiano da empresa do que o financiador. Essa expansão também

---

[1357] Cláusula Quinta.
[1358] Cláusula Sétima, 4.
[1359] Cláusula Sétima, 6 e Cláusula Nona, respectivamente.
[1360] Cláusula Oitava.
[1361] A necessidade de aprovação prévia do plano negócios e/ou orçamento anual da outorgante pela outorgada, assegurada pela Cláusula Sétima, 6, "a" é um bom exemplo, dada a obrigatoriedade de ser apresentados dados que permitam ao ente financiador ter um bom panorama do desempenho das atividades da investida.
[1362] Cláusula Sétima, 7, 8, 9 e 19; Cláusula Décima Segunda, 6.
[1363] Cláusula Nona.

possibilita a checagem da consistência das informações prestadas, que podem ser comparadas.

A terceira dimensão seria mais geral, estando associada ao aumento de complexidade da estrutura de governança da investida no sentido de ser propiciada maior transparência. Exemplos são a exigência de transformação da empresa em sociedade por ações, caso ela ainda (caso ainda não seja dotada dessa configuração,[1364] e uma série de mudanças em seus mecanismos de deliberação, aumentando os quóruns para a aprovação de medidas relevantes.[1365]

[1364] Cláusula Quarta, 6.
[1365] Cláusula Sétima, 12.

CAPÍTULO 6

QUESTÕES RELATIVAS AO FINANCIAMENTO PÚBLICO À INOVAÇÃO EMPRESARIAL

> *Normas, assim como ideias, trazem consequências. Quando há uma incompatibilidade entre normas jurídicas e realidades burocráticas, as normas são distorcidas.*
>
> James Q. Wilson, Bureaucracy

Os capítulos anteriores se sucederam numa abordagem do financiamento público que expôs suas bases teóricas, normas disciplinadoras e instrumentos jurídicos que o efetivam.

Nesse último capítulo a proposta é adentrar alguns aspectos dogmaticamente relevantes aos financiamentos, trazendo a lume questões que permeiam a sua prática. A forma de fomento em estudo é pouco lembrada pela doutrina, algo a ser mudado dada a reconhecida importância de arranjos jurídico-institucionais funcionais para seu sucesso.[1366] Também serão, quando cabíveis,

---

[1366] Sobre a importância desse tipo de arranjo para dar suporte a políticas de inovação tecnológica, vide BUCCI, Maria Paula Dallari; COUTINHO, Diogo R. Arranjos políticos-institucionais da política de inovação tecnológica: uma análise baseada na abordagem de direito e políticas públicas. In: COUTINHO, Diogo R.; FOSS, Maria Carolina; MOUALLEM, Pedro Salomon B. (org.). *Inovação no Brasil*: avanços e desafios jurídicos e institucionais. São Paulo: Blucher, 2017. p. 313-339. Como o tema em estudo está profundamente associado à execução de políticas públicas, a abordagem do Direito e Políticas Públicas constitui um referencial importante para o de estudos correlatos ao discutido aqui. Sobre isso, cf. BUCCI, Maria Paula Dallari. Método e aplicação da abordagem de direito e políticas públicas (DPP). *Revista Estudos Institucionais*, Rio de Janeiro, v. 5, n. 3, p. 791-832, 2019.

apresentadas críticas e indicados tensionamentos com esteio em outros trabalhos dedicados ao tema.[1367]

Como os financiamentos são exercidos por órgãos ou entes públicos, partiu-se principalmente do direito administrativo para desenvolver os raciocínios a seguir. Foram, pensando no cotidiano dessa forma de fomento, pinçadas questões relevantes que podiam ser devidamente endereçadas pela aplicação de institutos conhecidos desse campo de saber jurídico[1368] em constante evolução.[1369]

6.1 Fomento como chave para a compreensão dos financiamentos

A esta altura se considera comprovada a relevância da atuação estatal para estimular a inovação empresarial e sua conexão ao desenvolvimento nacional.[1370] Não por acaso, portanto, tem sido

---

[1367] Salientando desafios de índole jurídica à inovação no país, além de outros trabalhos desse autor, vide COUTINHO, Diogo R.; MOUALLEM, Pedro Salomon Bezerra. O direito contra a inovação? A persistência dos gargalos jurídicos à inovação no Brasil. In: LASTRES, Helena Maria Martins; CASSIOLATO, José Eduardo; SARTI, Fernando (org.). O futuro do desenvolvimento: ensaios em homenagem a Luciano Coutinho. Campinas: Unicamp, 2016. p. 181-214.

[1368] Ele não é, naturalmente, o único que pode fundamentar análises desse tipo. O direito constitucional, o financeiro e o econômico são relevantíssimos para o deslinde de questões relativas aos financiamentos em sua dimensão pública, férteis para se tratar dos financiamentos no âmbito do direito público (com o direito tributário também se destacando assim como o direito comercial, civil e da propriedade intelectual no direito privado. Essas divisões, em qualquer caso, não devem limitar demasiadamente as análises mas sim servirem como instrumentos para o enquadramento jurídico de um dado problema. Como bem relembra Fernando dias Menezes de Almeida, "[o] direito, como conjunto normativo, é uno. Os ramos do direito são instrumentos auxiliares da razão jurídica no momento de se buscar conhecer e transmitir conhecimentos sobre o direito" (ALMEIDA, Fernando Dias Menezes de. Formação da teoria do direito administrativo no Brasil. São Paulo: Quartier Latin, 2015. p. 83-84). Veja-se também, para uma reflexão sobre a utilidade das distinções entre direito público e privado no âmbito das atividades de fomento, SANTOS, Fabio Gomes dos. Um olhar sobre a distinção entre direito público e direito privado e sua aplicação à noção jurídica de fomento. Revista de Direito do Terceiro Setor, Belo Horizonte, n. 21, p. 51-65, 2017.

[1369] A mais conhecida referência para ilustrar a evolução desse campo do saber jurídico é a obra de Odete Medauar, em especial MEDAUAR, Odete. O direito administrativo em evolução. 3. ed. Brasília, DF: Gazeta Jurídica, 2017. Ainda, como referência para observar a dinamicidade do direito administrativo pátrio, obra incontornável é ALMEIDA, Fernando Dias Menezes de. Formação da teoria do direito administrativo no Brasil. São Paulo: Quartier Latin, 2015.

[1370] Cf., em especial, os itens 2.1.2 e 1.2 para uma abordagem desta questão.

feita referência aos financiamentos como manifestações do *fomento*, servindo este vocábulo para descrever forma de ação voltada ao estímulo, ao incentivo, e à promoção da inovação pelos dos financiadores.

Fomento também é um termo dotada de significado técnico-jurídico preciso. É esse sentido que será agora explorado e mais detalhadamente relacionado aos financiamentos.

6.1.1 Conceito de fomento adotado e reflexos para a compreensão jurídica do fenômeno analisado

Fomento é uma categoria doutrinária tradicional da sistematização da atividade administrativa. Ele é normalmente conceituado a partir de distinções frente a outras formas do agir administrativo. É o que se nota na obra de Luis Jordana de Pozas, autor espanhol comumente citado como precursor da abordagem teórica desse fenômeno para a ciência jurídica nacional.[1371] Em

---

[1371] Embora a doutrina brasileira tenha desenvolvido suas próprias perspectivas sobre o tema, é comum que trabalhos de maior fôlego tenham como fundamento reflexões de autores espanhóis ou argentinos sobre essa matéria. Exemplos de autores comumente mencionados do lado espanhol são, somando-se a Pozas e o sucedendo, ALCÁZAR, Mariano Baena del. Sobre el concepto de fomento. *Revista de administración pública*, Madri, n. 54, p. 43-86, 1967; FALLA, Fernando Garrido. *Tratado de derecho administrativo*. 10. ed. Madri: Tecnos, 1992; ORTIZ, Gaspar Ariño. *Princípios de derecho público econômico*: modelos de Estado, gestión pública, regulacíon económica. Granada: Comares, 2004; e PARADA, Ramón. *Derecho administrativo II*: Regime de la actividad administrativa. Madri: Open, 2013. Do lado argentino, seriam ESCOLA, Héctor Jorge. *Compendio de derecho administrativo*. Buenos Aires: Depalma, 1990; CASSAGNE, Juan Carlos. *Derecho administrativo*. 7. ed. Buenos Aires: Abeledo Perrot, 2002; e DROMI, Roberto. *Derecho administrativo*. Buenos Aires: Ciudad Argentina, 2001. Para uma abordagem sintética do pensamento desses autores e de alguns outros, vide BARROS, Laura Mendes Amando de. *Participação democrática e fomento nos conselhos deliberativos*. São Paulo: Saraiva, 2016. p. 37-62; e MELLO, Célia Cunha. *O fomento na administração pública*. Belo Horizonte: Del Rey, 2003. p. 35-58. Mesmo que os autores nacionais tenham tradicionalmente recorrido fortemente aos autores dessas nacionalidades, a atividade de fomento é bastante antiga, acompanhando os Estados nacionais há séculos, e certamente não se restringindo a países de língua espanhola. Mesmo que bastante difundida, todavia, seu tratamento jurídico certamente não é uniforme, sendo possível que em outros sistemas jurídicos o seu exercício seja enquadrado de forma bastante diversa do que veio a ocorrer no Brasil. Essa questão animou trabalho anterior do autor desta pesquisa sobre a matéria, que pode ser consultado em SANTOS, Fabio Gomes dos. Fomento no direito brasileiro e aides d'État no direito francês: proximidades e diferenças. *In:* CUNHA FILHO, Alexandre Jorge Carneiro; ALVES, Angela Limongi; NAHAS, Fernando W.; MELONCINI, Maria Isabela (org.). *Temas de direito público II*: diálogos entre Brasil e França, Rio de Janeiro: Lumen Juris, 2017. p. 245-261.

trabalho intitulado clássico intitulado *Ensaio de uma teoria do fomento no direito administrativo*, ele pontuava que:

> A ação de fomento é um meio termo entre a inibição e o intervencionismo do Estado, pretendendo conciliar a liberdade com o bem comum mediante a influência indireta sobre a vontade do indivíduo para que esse almeje o que convenha à necessidade pública em questão. Poderíamos defini-la como a ação da Administração dedicada a proteger ou promover as atividades, estabelecimentos ou riquezas devidos aos particulares e que satisfaçam necessidades públicas ou se estimem de utilidade geral, sem usar da coação nem criar serviços públicos.[1372]

Os autores brasileiros contemporâneos não se distanciam sobremaneira das ideias expostas por Luis Jordana de Pozas. Entretanto não deixam eles de, cada um a sua maneira, sutilmente sublinhar aspectos que lhes pareçam significativos.

Odete Medauar, inserindo o fomento na tipologia das atividades administrativas, o define como "estímulo a condutas e atuações de particulares, sem uso de mecanismos de coação (por exemplo: subsídios, incentivos fiscais, prêmios e condecorações)".[1373]

Maria Sylvia Zanella Di Pietro o descreve como consistindo em "atividade administrativa de incentivo à iniciativa privada de utilidade pública."[1374]

Para Floriano de Azevedo Marques Neto, ele seria "atividade estatal de incentivo positivo ou negativo a outra atividade desenvolvida por um ou vários particulares, de forma a condicionar o comportamento privado".[1375]

[1372] No original: "[l]a acción de fomento es una vía media entre la inhibición y el intervencionismo del Estado, que pretende conciliar la libertad con el bien común mediante la influencia indirecta sobre la voluntad del individuo para que quiera lo que conviene para la satisfacción de la necesidad pública de que se trate. Podríamos definirla como la acción de la Administración encaminada a proteger o promover aquellas actividades, establecimientos o riquezas debidos a los particulares y que satisfacen necesidades públicas o se estiman de utilidad general, sin usar de la coacción ni crear servicios públicos" (POZAS, Luis Jordana de. Ensayo de una teoría del fomento en el Derecho administrativo. *Revista de Estudios Políticos*, La Rioja, n. 48, p. 41-54, 1949. p. 6).

[1373] MEDAUAR, Odete. *Direito administrativo moderno*. 22. ed. Belo Horizonte: Fórum, 2020. p. 109.

[1374] DI PIETRO, Maria Sylvia Zanella. *Direito administrativo*. 31. ed. Rio de Janeiro: Forense, 2018. p. 81.

[1375] MARQUES NETO, Floriano de Azevedo. Parte III: fomento. In: MARQUES NETO, Floriano de Azevedo; KLEIN, Aline Lícia (org.). *Tratado de direito administrativo: funções administrativas de Estado*. São Paulo: Revista dos Tribunais, 2014. v. 4. p. 412.

Segundo Diogo de Figueiredo Moreira Neto, fomento público seria

> a função administrativa através da qual o Estado ou seus delegados incentivam direta, imediata e concretamente a iniciativa dos administrados ou de entidades públicas e privadas, para que desempenhem atividades que a lei haja enfatizado como de especial interesse público para o desenvolvimento integral e harmonioso das pessoas em sociedade.[1376]

A seu turno, Marçal Justen Filho aduz que

> [f]omento é uma atividade administrativa de intervenção no domínio econômico para incentivar condutas dos sujeitos privados mediante a outorga de benefícios diferenciados, inclusive a aplicação de recursos financeiros, visando a promover o desenvolvimento econômico e social.[1377]

Carolina Caiado Lima entende o fomento como

> atividade administrativa, voltada à proteção ou estímulo de atividades de interesse público e coletivo desenvolvidas por particulares, que se concretiza por atuação indireta e não coercitiva do Estado, distinta da prestação de serviços públicos e pressupondo sempre a adesão voluntária dos agentes fomentados.[1378]

Célia Cunha Mello descreve a "administração fomentadora" como

> a atuação administrativa do Estado destinada a proteger ou promover seu objeto, sem empregar a compulsoriedade, visando a satisfação indireta das necessidades públicas. Trata-se de um modo indireto de realizar o interesse público. O agente fomentador, pretendendo cumprir determinada finalidade, não limita a liberdade dos administrados,

---

[1376] MOREIRA NETO, Diogo de Figueiredo. *Curso de direito administrativo*: parte introdutória, parte geral e parte especial. 16. ed. Rio de Janeiro: Forense, 2014. p. 732.
[1377] JUSTEN FILHO, Marçal. *Curso de direito administrativo*. 10. ed. São Paulo: Revista dos Tribunais, 2014. p. 715.
[1378] LIMA, Carolina Caiado. *O convênio administrativo colaborativo para transferência de recursos públicos a entidades privadas sem fins lucrativos como instrumento dos mecanismos diretos de fomento público*. 2011. Dissertação (Mestrado em Direito) – Faculdade de Direito, Universidade de São Paulo, São Paulo, 2011. p. 69.

impondo a eles, imperativamente, determinado comportamento, nem cria um serviço público (prestando-o diretamente ou fazendo-o por criatura sua), apenas convence o sujeito a fazer ou deixar de fazer aquilho que lhe interessa. É indireto porque a administração fomentadora não realiza diretamente a finalidade pretendida – que o faz é o agente fomentado, depois de aderir, livremente, aos propósitos da administração fomentadora, seduzida pelas vantagens e incentivos prometidos.[1379]

Na visão de José Vicente Santos de Mendonça,

[f]omento é a atividade pública de apoio à iniciativa privada, quando esta desenvolve atividades de interesse social, por meios persuasivos – ou é a dispensação não-devolutiva de bens e direitos a administrados, em razão de suas atividades, para que estes a realizem de modo facilitado.[1380]

Laura Mendes Amando de Barros descreve os elementos do fomento destrinchando-o em seus sujeitos (o agente fomentador e os destinatários); seu objeto; e os meios para sua concretização:

Quanto aos sujeitos, admitimos figure no polo passivo da relação qualquer entes ou órgãos públicos, sejam eles integrantes da estrutura estatal – administração direta ou indireta – ou não. Os destinatários, por sua vez, podem incidentalmente se desdobrar em diretos, ou simplesmente destinatários, e indiretos ou beneficiários, sendo os primeiros os sujeitos efetivamente mobilizados, envolvidos na atividade de fomento, e os outros aqueles que venham a usufruir de seus resultados positivos. O objeto do fomento será sempre a mobilização do destinatário direto com vistas à consecução do interesse público. Os meios utilizados para tanto, finalmente, correspondem aos instrumentos de estímulo, incentivo, mobilização etc., marcados pela facultatividade, pela não coercitividade.[1381]

Rafael Valim define o fomento como a "transferência de bens e direitos em favor de particulares, sem contraprestação ou com

---

[1379] MELLO, Célia Cunha. *O fomento na administração pública.* Belo Horizonte: Del Rey, 2003. p. 30-31.

[1380] MENDONÇA, Jose Vicente Santos de. Uma teoria do fomento público: critérios em prol de um fomento público democrático, eficiente e não-paternalista. *Revista de Direito da Procuradoria Geral do Rio de Janeiro*, Rio de Janeiro, n. 65, p. 115-176, 2010. p. 15.

[1381] BARROS, Laura Mendes Amando de. *Participação democrática e fomento nos conselhos deliberativos.* São Paulo: Saraiva, 2016. p. 64.

contraprestação em condições facilitadas, em ordem à satisfação direta ou indireta de interesses públicos".[1382]

Finalmente, em obra especialmente dedicada ao fomento público à inovação tecnológica, Tânia Ishikawa Mazon o define como

> uma atividade administrativa de intervenção no domínio econômico para incentivar condutas dos sujeitos privados mediante a outorga de benefícios diferenciados, inclusive mediante a aplicação de recursos financeiros, visando a promover o desenvolvimento econômico e social.[1383]

Assim, considerando todas essas definições, pode-se afirmar que o fomento é forma de atuação estatal não coercitiva (o que a distingue do Poder de Polícia) e que também não consiste em prestação, diretamente ou por delegação, de Serviço Público. Se quer fomentar algo cuja execução não é obrigatória, nem para a Administração nem para os particulares, mas atividades facultativas, dependentes da vontade do destinatário direto do fomento. No fomento administrativo, a satisfação plena do interesse público só ocorre via adesão a diretivas não vinculantes, formuladas com o intuito de estimular um agir consentâneo ao bem comum.[1384]

[1382] VALIM, Rafael. *A subvenção no direito administrativo brasileiro*. São Paulo: Contracorrente, 2015. p. 56.

[1383] MAZON, Tânia Ishikawa. *Fomento público à inovação tecnológica*. 2015. Dissertação (Mestrado em Direito) – Faculdade de Direito, Pontifícia Universidade Católica de São Paulo, São Paulo, 2015. p. 35.

[1384] Esforços mais profundos de distinção frente a outras formas de agir público podem ser encontrados em MARQUES NETO, Floriano de Azevedo. Parte III: fomento. *In:* MARQUES NETO, Floriano de Azevedo; KLEIN, Aline Lícia (org.). Tratado de direito administrativo: funções administrativas de Estado. São Paulo: Revista dos Tribunais, 2014. v. 4. p. 411-428; MAZON, Tânia Ishikawa. *Fomento público à inovação tecnológica*. 2015. Dissertação (Mestrado em Direito) – Faculdade de Direito, Pontifícia Universidade Católica de São Paulo, São Paulo, 2015. p. 39-44; MOCCIA, Maria Hermínia Pacheco e Silva. *Parâmetros para utilização do fomento econômico*: empréstimos pelo BNDES em condições favoráveis. Rio de Janeiro: Lumen Juris, 2015. p. 81-91; LIMA, Carolina Caiado. *O convênio administrativo colaborativo para transferência de recursos públicos a entidades privadas sem fins lucrativos como instrumento dos mecanismos diretos de fomento público*. 2011. Dissertação (Mestrado em Direito) – Faculdade de Direito, Universidade de São Paulo, São Paulo, 2011. p. 49-69; MENDONÇA, Jose Vicente Santos de. Uma teoria do fomento público: critérios em prol de um fomento público democrático, eficiente e não-paternalista. *Revista de Direito da Procuradoria Geral do Rio de Janeiro*, Rio de Janeiro, n. 65, p. 115-176, 2010. p. 122-133; e MELLO, Célia Cunha. *O fomento na administração pública*. Belo Horizonte: Del Rey, 2003. p. 38-58.

O fomento é referencial central para o enquadramento jurídico da atuação estatal em matéria de CTI.[1385] Ele subjaz à redação do art. 218, *caput*, da Constituição, dispondo que "[o] Estado *promoverá e incentivará* o desenvolvimento científico, a pesquisa, a capacitação científica e tecnológica e a inovação" (grifo nosso).[1386]

O financiamento público à inovação empresarial é uma forma de atuação estatal pela via do fomento. O objetivo da transferência da verba pública é estimular práticas inovadoras que normalmente não ocorreriam caso ausentes recursos do Erário.[1387]

Enquadrar os financiamentos como expressão do fomento público não quer dizer, todavia, que as agências de fomento devam restringir suas atividades a formulá-los de forma a incrementar sua atratividade. Não se trata de meramente anunciar ao público a disponibilidade dos recursos e esperar que se produza mecanicamente a inovação.

As mais modernas abordagens de política pública de CTI destacam a necessidade de uma atuação sistêmica, ciente de que o direcionamento de recursos às empresas é apenas um componente de estratégias maiores, comprometidas com a alteração da realidade socioeconômica de cada nação.[1388]

O financiamento público à inovação empresarial, deve ser desempenhado de forma consciente, harmônica e interligada a uma

---

[1385] Alguns trabalhos que abordam o estímulo à inovação aproximando-o da noção de fomento são MOREIRA, Natalia Rebello. *Atividade estatal de fomento à inovação tecnológica em empresas*. 2018. Dissertação (Mestrado em Direito) – Faculdade de Direito, Universidade de São Paulo, São Paulo, 2018; MAZON, Tânia Ishikawa. *Fomento público à inovação tecnológica*. 2015. Dissertação (Mestrado em Direito) – Faculdade de Direito, Pontifícia Universidade Católica de São Paulo, São Paulo, 2015; e CHAUVET, Rodrigo da Fonseca. Fomento público à inovação tecnológica. *In*: SADDY, André; CHAUVET, Rodrigo da Fonseca; SILVA, Priscilla Menezes da (org.). *Aspectos jurídicos das novas tecnologias (inovações) disruptivas*. Rio de Janeiro: Lumen Juris, 2019. p. 69-98.

[1386] Vale lembrar, de toda forma, que a atuação estatal na seara mencionada não se limita ao fomento, podendo também envolver formas diretas de intervenção (como a oferta de capacitação tecnológica ou a realização de esforços inovativos por instituições públicas). Para comentários mais extensos sobre a disciplina constitucional da CTI vide o item 3.1.2.

[1387] Igualmente demonstrando essa aproximação, e calcando-se especificamente em minuta de financiamento (em sentido estrito) como a analisada *supra*, vide MONTEIRO, Vítor. Os contratos de financiamento celebrados pelo Estado são contratos administrativos de fomento? *In*: MEDAUAR, Odete; SCHIRATO, Vitor Rhein; MIGUEL, Luiz Felipe; GREGO-SANTOS, Bruno (org.). *Contratos e controle na administração pública*: reflexões atuais. Rio de Janeiro: Lumen Juris, 2017. p. 75-103.

[1388] Observe-se notadamente a tendência de políticas voltadas a mudanças efetivamente transformadoras (*transformative change*), referidas no item 1.2.3.

atuação estatal mais ampla em matéria de CTI, como a que alude Mariana Mazzucato:

> Quando organizada de forma efetiva, a "mão do Estado" é firme mas não pesada, provendo a visão e o impulso dinâmico (assim como alguns "incentivos" – mesmo que incentivos não fornecem nem a revolução da Tecnologia da Informação do passado, nem a revolução verde na atualidade) para fazer coisas que não aconteceriam sem ela acontecerem. Tais ações são voltadas ao incremento da coragem por parte da iniciativa privada. Isso demanda que o Estado não seja entendido nem como um "intrometido" nem como um simples "facilitador" do crescimento econômico. Ele é um aliado chave do setor privado – e frequentemente um mais ousado, disposto a tomar riscos que a iniciativa privada não toma. O Estado não pode e não deveria se curvar facilmente diante de grupos de interesse que se aproximam dele para obter brindes, rendas e privilégios desnecessários como isenções fiscais. Ele deveria, ao invés disso, buscar que esses grupos de interesse trabalhem de forma dinâmica com ele em sua busca por crescimento e mudanças tecnológicas.[1389]

A atuação multifacetada das agências de fomento contemporâneas também mostra a importância de trajetórias de aprimoramento e aprendizado continuado (aproximados à proposta *experimentalista* neste trabalho), transcendendo a oferta de incentivos que simplesmente comportamentos de mercado (como as presentes naquilo que se aproximou de propostas de índole *minimalista*).[1390]

É importante destacar que o enquadramento dos financiamentos como forma de fomento vai além de esforços de sistematização doutrinária. Como se nota, o fomento é apenas uma dentre as medidas disponíveis ao poder público para alcançar determinada

---

[1389] No original: "when organized effectively, the State's hand is firm but not heavy, providing the vision and the dynamic push (as well as some 'nudges' – though nudges don't get you the IT revolution of the past, nor the green revolution today) to make things happen that otherwise would not have. Such actions are meant to increase the courage of private business. This requires understanding the State as neither a 'meddler' nor a simple 'facilitator' of economic growth. It is a key partner of the private sector – and often a more daring one, willing to take the risks that business won't. The State cannot and should not bow down easily to interest groups who approach it to seek handouts, rents and unnecessary privileges like tax cuts. It should seek instead for those interest groups to work dynamically with it in its search for growth and technological change" (MAZZUCATO, *op. cit.*, 2018. p. 29).

[1390] Cf. a discussão sobre a atuação das agências, e sua aproximação da proposta experimentalista, no item 2.3.

finalidade.[1391] Como observa Floriano de Azevedo Marques Neto, se todas as formas de atuação estatal devem convergir para a consecução do interesse público, é a estruturação da iniciativa frente a outras formas de ação pública que vai permitir identificação o fomento.[1392]

Assim, considerar os financiamentos como formas de exercício do *fomento* é relevante para refletir sobre sua operacionalização, permitindo inclusive afastá-los de situações limítrofes que não são verdadeiramente associadas à oferta de incentivos.

Pense-se, por hipótese, na destinação de recursos a empresas não com o fito de incrementar seu potencial inovador mas, antes, de assegurar a continuidade de suas atividades habituais ou até permitir a sua criação.[1393] É o que ocorre, no primeiro caso, em medidas de salvamento de empreendimentos que precisam com urgência de valores para sua manutenção no curto prazo[1394] ou até mesmo para se salvaguardarem da aquisição por grupo empresarial (estrangeiro, em especial) maior. No segundo estariam incluídos a instituição de grandes empresas públicas ou iniciativas a que o Poder Público é chamado a integrar, principalmente devido às suas dimensões ou por outras razões de interesse nacional.

Em ambos os casos, relativamente frequentes, podem estar em jogo matérias de relevante interesse público e profundamente afetas à inovação. A empresa a resgatar pode ser a única detentora nacional de tecnologia estratégica, ter reconhecida relevância para o complexo industrial nacional ou até servir para iniciar complexos fabris para o desenvolvimento de produtos inéditos no país.

[1391] Por isso se fala na intercambialidade de técnicas, conforme destaca MENDONÇA, Jose Vicente Santos de. Uma teoria do fomento público: critérios em prol de um fomento público democrático, eficiente e não-paternalista. *Revista de Direito da Procuradoria Geral do Rio de Janeiro*, Rio de Janeiro, n. 65, p. 115-176, 2010. p. 133-135.

[1392] MARQUES NETO, Floriano de Azevedo. Parte III: fomento. In: MARQUES NETO, Floriano de Azevedo; KLEIN, Aline Lícia (org.). Tratado de direito administrativo: funções administrativas de Estado. São Paulo: Revista dos Tribunais, 2014. v. 4. p. 405-411.

[1393] Assume-se, nesse caso, que não se está diante de uma *startup*, mas de uma iniciativa de maior monta e estruturada com lógicas mais tradicionais. Mesmo que se estivesse falando de uma *startup*, toda a lógica de fomento a essas (vide item 3.2.2) também deveria ser ponderada na avaliação da pertinência diante do caso concreto.

[1394] Em casos como esses a questão certamente é muito mais a da *manutenção* da capacidade inovativa do que seu *incremento*. A empresa ordinariamente irá direcionar recursos para assegurar sua sobrevivência, dificilmente cumprindo metas de expansão que fundamentam a lógica de incentivo baseados no financiamento de uma iniciativa determinada baseada em um *plano* ou *projeto* inovador (cf. os conceitos do item 4.3.2).

O direcionamento de verba pública a iniciativas desse tipo pode se mostrar condizente com a satisfação do interesse público. Caso seus documentos constitutivos permitam, os financiadores poderiam ser veículos para fazer tais inversões.

Mas nesses casos eles não estariam, em um sentido técnico, desempenhando atividades de fomento.

Trata-se, ao revés, de intervenções públicas diretas, mais intensas do que as atinentes às ações de fomento. A clareza conceitual, assim, serve para as ações públicas serem devidamente delimitadas em termos regime jurídico. Isso é importante na ponderação da melhor formas de ser satisfeito o interesse coletivo, até porque nem sempre os instrumentos utilizados cotidianamente pelos financiadores nem sempre serão os mais adequados *in casu*.[1395] Também é relevante para avaliar se determinado financiador é o mais apto a se envolver em operações desse tipo. Os grandes bancos públicos (tais como a Caixa Econômica Federal, Banco do Brasil e o BNDES) ou até mesmo um ente federativo maior (como um Estado ou a União) podem, por exemplo, ser mais talhados para esse tipo de transferência de capital do que agências de fomento menores.

6.1.2 A questão do fomento a empresas estatais

Se o financiamento público à inovação empresarial consiste em manifestação de fomento, seria ele aplicável às empresas estatais?[1396]

[1395] Observe-se, por exemplo, que para os casos relatados se mostraria particularmente problemático o recurso a instrumentos de índole *não reembolsável* pelo financiador, podendo eventualmente instrumentos de índole *reembolsável* ou de *investimento* se mostrarem mais aptos a assegurar algum retorno do capital disponibilizado. Tudo isso depende, por óbvio, dos contornos específicos da situação em tela. O importante, como dito *supra*, é não confundir a potencialidade dos instrumentos ou mesmo travestir seu uso para finalidades que não são condizentes com eles, conforme discutido no item 4.3.1.

[1396] Lembre-se que neste livro o termo "empresas estatais" é utilizado em sentido amplo, em especial para contrapô-las às empresas privadas (ou "sociedade privada", na linguagem do Decreto nº 8.945/16), englobando, portanto, as empresas públicas, as sociedades de economia mista e as suas subsidiárias. Trata-se de um tipo de instituição bastante recorrente no país. Segundo relatório dedicado ao exame das atividades inovadoras a cargo das estatais federais, 24,5% delas receberam algum tipo de incentivo governamental para inovar (inclusos alguns não abrangidos por essa pesquisa, como os de índole fiscal), beneficiando-se dos mesmos inclusive em níveis superiores à média das empresas brasileiras (22,3%). Vide BRASIL. Instituto Brasileiro de Geografia e Estatística. *Pesquisa de inovação nas empresas estatais federais*. Rio de Janeiro: IBGE, 2011. p. 31-32.

Tal indagação relaciona-se a um debate doutrinário mais amplo, relativo à possibilidade de a concessão de incentivos a entes públicos ser considerado exercício da função de fomento. Repare-se, por exemplo, como nas definições apresentadas *supra* o direcionamento dos estímulos aos particulares é tido pela maioria dos autores nacionais como característica meritória de destaque.[1397]

Nos casos em que a oferta de estímulos a componentes da Administração não é considerada forma de fomento ela é enquadrada como expediente de planejamento, coordenação estatal, ou de mero impulso à execução das atividades ordinárias da unidade administrativa. Argumenta-se que não faria sentido ter a Administração de estimular a si mesma na busca para a satisfação do interesse público pois já é seu dever fazê-lo. O raciocínio de Carolina Caiado Lima ilustra bem essa lógica:

> O fomento público estará, pois, direcionado ao interesse público propriamente dito, aquele coincidente com os interesses primários do Estado e reflexo das exigências gerais da coletividade. [...] *Nesta acepção de interesse público, não parece coerente direcionar ações de fomento a entidades públicas.* Neste caso, a ação estaria, ao menos no primeiro momento,

---

[1397] Entre os administrativistas mencionados *supra*, explicitamente indicam que o fomento deve ser direcionado aos particulares Odete Medauar, Maria Sylvia Zanella Di Pietro, Floriano de Azevedo Marques Neto, Marçal Justen Filho, Carolina Caiado Lima e José Vicente Santos de Mendonça. Floriano de Azevedo Marques Neto, de toda forma, ressalva que poderiam ser fomentados os "entes dotados de personalidade jurídica própria de direito privado, que se inserem no mercado como agentes privados (submetidos, inclusive às mesmas regras incidentes sobre os demais privados, conforme o art. 173 da CF/1988)" (MARQUES NETO, Floriano de Azevedo. Parte III: fomento. *In:* MARQUES NETO, Floriano de Azevedo; KLEIN, Aline Lícia (org.). Tratado de direito administrativo: funções administrativas de Estado. São Paulo: Revista dos Tribunais, 2014. v. 4. p. 415), fazendo concluir que o autor considera possível o fomento a empresas dotadas das características descritas. Quanto aos demais autores citados, apenas Diogo de Figueiredo Moreira Neto e Laura Mendes Amando de Barros aludem expressamente à possibilidade de fomento a entes públicos, embora Célia Cunha Mello e Tânia Ishikawa Mazon também o entendam possível. A última, de toda forma, o faz estabelecendo uma nuance importante: não teria lugar fomento público caso existissem vínculos de dependência ou hierarquia entre fomentador e fomentado, mas apenas se o último pudesse ser entendido como um terceiro frente ao primeiro, como ocorreria com o estímulo a unidades administrativas situadas esfera federativa diversa ou dotada de certa autonomia frente à fomentadora. Vide MAZON, Tânia Ishikawa. *Fomento público à inovação tecnológica*. 2015. Dissertação (Mestrado em Direito) – Faculdade de Direito, Pontifícia Universidade Católica de São Paulo, São Paulo, 2015. p. 36. Para uma abordagem rápida a esse debate e aproximando-o especificamente do fomento à inovação empresarial, vide MOREIRA, Natalia Rebello. *Atividade estatal de fomento à inovação tecnológica em empresas*. 2018. Dissertação (Mestrado em Direito) – Faculdade de Direito, Universidade de São Paulo, São Paulo, 2018. p. 30-31.

mais voltada ao ente público que à própria coletividade. Apenas no segundo momento a entidade fomentada diligenciaria suas funções para atendimento dos interesses gerais de toda a coletividade. *A relação entre fomentador e fomentado representaria mais cooperação para realização de competências atribuídas a pelo menos uma das entidades públicas do que atuação indireta do Estado para se atingir finalidade de interesse público e coletivo.* [...] *Ademais, a persuasão é um traço marcante do fomento público. O Estado, seja por meio dos entes federativos, seja por integrantes da Administração Pública direta ou indireta, deve atuar em prol do interesse público, mesmo sem receber qualquer incentivo para tanto.* [...] *O fomento público pressupõe incitar o agente fomentado a realizar "algo mais" relação às funções e deveres naturalmente atribuídos às entidades privadas.* Por esta razão, entende-se mais coerente direcionas as ações de fomento apenas aos particulares, e não às entidades públicas (grifo nosso).[1398]

Reconhecendo que a concessão de incentivos ao Poder Público é comum, José Vicente Santos de Mendonça expressa preocupação com a manutenção de uma coerência teórica em torno do fomento como categoria jurídica, optando-por afastá-la de situações como essas:

Vamos analisar o assunto partindo da realidade, sem fetichismos conceituais, mas tentando preservar um núcleo de certeza para a linguagem do Direito. *Primeiro ponto: estes auxílios interadministrativos são bastante frequentes no dia a dia da Administração, operados por meio dos chamados "convênios financeiros de repasse".* Chamá-los de fomento ou de outra coisa qualquer não vai mudar substancialmente sua recorrência ou a forma com que são disciplinados. E a verdade é que existem certos traços do regime jurídico do fomento em sua administração, em especial a união de esforços e a cooperação compartilhada em prol de um objetivo comum. [...] *Por outro lado, não parece acertado nomeá-los como fomento, para isso tendo que alargar a própria noção de fomento. Mercê de tudo incluir, um tal fomento talvez esclarecesse muito pouco.* [...] *Indo ao ponto: neste caso, não há acordo entre uma vontade pública e uma vontade privada para a execução de uma tarefa privada.* [...] *Há mero repasse entre órgãos ou entidades* (grifo nosso).[1399]

[1398] LIMA, Carolina Caiado. *O convênio administrativo colaborativo para transferência de recursos públicos a entidades privadas sem fins lucrativos como instrumento dos mecanismos diretos de fomento público*. 2011. Dissertação (Mestrado em Direito) – Faculdade de Direito, Universidade de São Paulo, São Paulo, 2011. p. 69-70.

[1399] MENDONÇA, Jose Vicente Santos de. Uma teoria do fomento público: critérios em prol de um fomento público democrático, eficiente e não-paternalista. *Revista de Direito da Procuradoria Geral do Rio de Janeiro*, Rio de Janeiro, n. 65, p. 115-176, 2010. p. 127.

Entretanto, ao menos quanto ao que é pertinente ao objeto desta pesquisa (ou seja, o estímulo a entes públicos dotados de estrutura empresarial),[1400] se entendem mais acertados os posicionamentos doutrinários que aceitam o estímulo a entes estatais como forma de fomento.

Há, de toda forma, um alerta a fazer antes de ser justificado esse entendimento. Embora aceito o financiamento a empresas estatais como forma de fomento, considera-se que o estímulo à inovação empresarial pátria não deve tê-las como destinatário preferencial, mas sim empresas privadas.[1401] Há ao menos duas razões para isso.

Em primeiro lugar, o estímulo a práticas inovadoras do setor privado é uma questão nacional muito mais urgente do que as do setor público (empresarial). É conhecida a baixa participação do primeiro no total dos gastos com P&D no país. Agentes privados respondem por menos da metade desse total. Há um contraste relevante com os países da OECD, em que tal índice se aproxima dos 70% (na média). Entre 2000 e 2012, a participação dos particulares nessa seara teria inclusive decrescido, de 47% a 43.1%, enquanto a participação estatal teria crescido de 53% a 56,9%.[1402]

[1400] A transposição dos raciocínios expostos nesta obra à concessão de incentivos outros entes administrativos não dotados de perfil empresarial não pode ser feita de modo automático, pois partiria de premissas muito distintas das que serão aventadas, demandando reflexões particulares para cada caso. De toda forma, vale notar que medidas de estímulo no interior do setor público tem sido cada vez mais propagadas. Sobre isso, cite-se novamente CAVALCANTE, Pedro; CAMÕES, Marizaura; CUNHA, Bruno; SEVERO, Willber. *Inovação no setor público*: teoria, tendências e casos no Brasil. Brasília, DF: Enap, 2017. Também deve ser dito que o direcionamento de recursos a entes públicos para o desenvolvimento de atividades relativas a CTI constituem uma prática antiga e consolidada, como atesta por exemplo a utilização dos atualmente denominados convênios para pesquisa, desenvolvimento e inovação (art. 38 do Decreto Federal de Inovação). Pode ser interessante, também quanto a eles, refletir se se está diante de fomento ou outra forma de atuação pública, como as de índole cooperativa.

[1401] Isso não significa, naturalmente, que se esteja postulando uma regra de preferência automática. Diante do caso concreto, caso se imponha a necessidade de escolha, pode ser naturalmente tido como mais conveniente o fomento a uma empresa estatal. O que se propõe é só uma regra de priorização, uma diretiva para as deliberações públicas dado os fatos a serem expostos.

[1402] Tais dados, e um esforço para explicar esse conhecido fenômeno podem ser encontrados em ZUNIGA, Pluvia; DE NEGRI, Fernanda; DUTZ, Mark; PILAT, Dirk; RAUEN, Andre. *Conditions for Innovation in Brazil*: A Review of Key Issues and Policy Challenges. Rio de Janeiro: Ipea, 2013. n. 218. p. 38-40.

Como a missão dos financiamentos é estimular práticas inovadoras, faz sentido o foco nas empresas privadas brasileiras dada a sua (em geral) baixa propensão para inovar.[1403] A priorização do setor privado parece premente para reverter uma predominância pública,[1404] não mais verificada na maior parte dos países desenvolvidos.

Em segundo lugar, o Estado dispõe de mecanismos não associados ao fomento – como os de mera coordenação administrativa – para assegurar que as estatais trilhem trajetórias inovadoras. Faz sentido reservar as estratégias de estímulo para situações em que há menos meios para a promoção da inovação.

Assentada a premissa de que as empresas estatais não devem ser o alvo prioritário das medidas estudadas, cabe, então, justificar por que se entende que financiar suas atividades inovativas pode ser compreendido como fomento.

No âmbito burocrático, como ocorre em qualquer organização complexa, as diretivas traçadas pelas instâncias dirigentes nem sempre são precisamente executadas.[1405] A Administração não é um monólito, mas sim um conjunto de unidades mais ou menos isoladas. Coordenar suas partes e executar o planejado é usualmente desafiador.[1406]

[1403] Relembre-se que, como mencionado no item 1.3.2, *supra*, segundo a PINTEC (2015-2017) apenas 33,6% das empresas brasileiras com dez ou mais trabalhadores efetuaram algum tipo de inovação em produtos ou processos. Disponível em https://agenciadenoticias.ibge.gov.br/agencia-sala-de-imprensa/2013-agencia-de-noticias/releases/27465-pintec-2017-caem-a-taxa-de-inovacao-os-investimentos-em-atividades-inovativas-e-os-incentivos-do-governo. Acesso em: 19 dez. 2020.

[1404] Mesmo que porventura se entenda que essa lógica de predominância estatal não precise ser revertida, pondera-se que as formas de financiamento em estudo não consistem no modelo ideal para o direcionamento massivo de recursos a finalidades públicas. Formas de intervenção mais direta (como a criação e manutenção de infraestrutura tecnológica via centros de pesquisa e laboratórios estatais) parecem mais bem configuradas para atingir tais finalidades.

[1405] Conhecidas obras estadunidenses se atentaram à complexidade das estruturas burocráticas contemporâneas e às suas interações com a chamada *street-level bureaucracy* (as parcelas da Administração que tem um contato mais direto com o público, sendo importantíssimas na implementação de políticas públicas), ilustrando o distanciamento da prática pública em comparação com o esperado de modelos burocráticos técnicos e hierarquizados de tipo weberiano, a que se fez referência no item 2.3.2. Vide, para tais críticas, WILSON, James Q. *Bureaucracy*: What Government Agencies Do and Why They Do It. Nova York: Basic Books, 2000; e LIPSKY, Michael. *Street-Level Bureaucracy*: Dilemmas of the Individual in Public Services. Nova York: Russel Sage Foundation, 2010.

[1406] Veja-se, dessa vez do lado europeu, o reconhecimento da emergência de um modelo policêntrico de atuação administrativa em CHEVALLIER, Jacques. *Science administrative*. 4. ed. Paris: Presses Universitaires de France, 2007. p. 421-436.

O cotidiano das empresas estatais insere-se nesse quadro de pulverização de centros de decisão. Enquanto resultantes de movimentos de descentralização administrativa[1407] elas tem na autonomia a um de seus elementos fundantes.[1408] Embora ela seja contrabalanceada pela sujeição à tutela administrativa, a influência do sócio público sempre será conformado pelas instâncias societárias da estatal, impondo-se o respeito às estruturas deliberativas e ritos aplicáveis às sociedades empresariais.[1409] Nas sociedades de economia mista, a presença de sócios privados acentua o peso dessa autonomia, que se reflete nas dinâmicas internas da empresa.[1410] Elas muitas vezes também desempenham atividades econômicas

---

[1407] Que envolvem, como explica Odete Medauar, a transferência de poder decisório para o ente descentralizado. Cf. MEDAUAR, Odete. *Direito administrativo moderno*. 22. ed. Belo Horizonte: Fórum, 2020. p. 55-56.

[1408] Observa-se inclusive uma preocupação bastante atual com o resguardo dessa autonomia, e não só perante outros componentes da Administração (como Ministérios), mas também perante órgãos de controle, conforme atesta o art. 50 do Decreto nº 8.945/16. Sobre o exercício da atividade de controle, cf. os itens 6.4.1 e 6.4.2.

[1409] No que concerne à tutela administrativa, Vitor Rhein Schirato esclarece que, diversamente das relações hierárquicas, caracterizadas por clara subordinação, a tutela se limitaria a um poder de acompanhamento e eventual correção de rumos, sem uma regência tão pronunciada e permanente, em privilégio da autonomia da tutelada. O autor também destaca que, dada a aplicabilidade da legislação societária às empresas estatais, a forma do exercício desse tipo de intervenção deve seguir os canais e fórmulas previstos nessa, tais como a necessidade de deliberação assemblear para fins de alteração de administradores. Cf. SCHIRATO, Vitor Rhein. *As empresas estatais no direito administrativo econômico atual*. São Paulo: Saraiva, 2016. p. 137-138. Como destaca Odete Medauar, atentando-se a ditames constitucionais (art. 87) e do Decreto-Lei nº 200/67 (arts. 25 a 29), a supervisão (nome conferido à tutela administrativa na esfera federal) atinge uma dimensão que se estende para além do simples controle, incluindo uma dimensão coordenadora e orientadora por parte da autoridade ministerial, mesmo que a ser coadunada com a autonomia da supervisionada. Cf. MEDAUAR, Odete. *Controle da administração pública*. 2. ed. São Paulo: Revista dos Tribunais, 2012. p. 57-58. Note-se, nesse sentido e conforme previsto em diploma mais recente, que o art. 49 do Decreto nº 8.945/16 explicitam que o exercício da supervisão não tem o condão de "ensejar a redução ou a supressão da autonomia conferida pela lei específica que autorizou a criação da empresa estatal supervisionada ou da autonomia inerente a sua natureza, nem autoriza a ingerência do Ministério supervisor em sua administração e seu funcionamento, devendo a supervisão ser exercida nos limites da legislação aplicável, com foco na realização de políticas públicas transparentes e em harmonia com o objeto social da empresa estatal vinculada e com as diretrizes do Plano Plurianual".

[1410] Evitar o abuso de poder de controle pelo sócio público frente ao privado é, inclusive, uma preocupação expressa do ordenamento pátrio. Por conta disso, ele enseja responsabilização, como deixa claro o art. 15 da Lei das Estatais. Sobre o exercício desse poder considerando o regime instituído pela Lei nº 13.303/16, cf. NESTER, Alexandre Wagner. O exercício do poder de controle nas empresas estatais. *In:* JUSTEN FILHO, Marçal (org.). *Estatuto jurídico das empresas estatais:* Lei 13.303/2016 – "Lei das Estatais". São Paulo: Revista dos Tribunais, 2016. p. 121-140.

(inclusas nessas a prestação de serviços públicos) com uma desenvoltura e domínio que também tende a diluir tentativas de controle puro e simples pelos governantes.[1411]

Condicionar a atuação das empresas estatais não consiste, assim, tarefa simples. A atenção a essa realidade erode a presunção de que o Estado, por um mero ato de comunicar decisões tomadas em instâncias superiores, possa incrementar o potencial inovador das estatais. Mesmo o planejamento estatal sendo dotado de caráter determinante para o setor público (art. 174, *caput*, da Constituição), nem sempre a realidade prática curva-se ao exigido pelo Direito.[1412]

A ação pública em matéria de CTI, como tem sido repisado, deve ser coordenada.[1413] Mas não se pode confundir expedientes de mobilização de unidades administrativos com o manejo de medidas de fomento. As palavras de Fernando Dias Menezes de Almeida são particularmente úteis para distingui-las:

> Isso porque há diferença, em termos finalísticos, entre o que é a busca, pela Administração, de cooperação para o desempenho de *suas* atividades, ainda que compartilhando a mesma finalidade com a outra parte contratante, e o que é o incentivo a que a outra parte contratante desenvolva atividade *dela*, mesmo que de interesse geral. Neste último caso, a vinculação recíproca das partes, em termos de volume ou da

---

[1411] A Lei nº 13.303/16 trata, em seu conjunto, tanto das conhecidas atividades econômicas em sentido estrito quanto da prestação de serviços públicos (art. 1º, *caput*, da Lei nº 13.303/16), expandindo o sentido da dicção do art. 173, *caput* e §1º, da Constituição. Sobre esse tema, e ilustrando a importância de uma superação dessa dicotomia diante da realidade contemporânea, vide COUTINHO, Diogo R.; MESQUITA, Clarissa Ferreira de Melo; NASSER, Maria Virginia Nabuco do Amaral Mesquita. Empresas estatais entre serviços públicos e atividades econômicas. *Revista Direito GV*, São Paulo, v. 15, n. 1, p.1-23, 2019. Importante ter consciência de que a prestação de serviços públicos, muitas vezes praticadas por empresas sujeitas a regime de concorrência, é uma atividade dotada de importante potencial inovador. Pense-se, por exemplo, em grandes empresas como a Companhia de Saneamento Básico do Estado de São Paulo – SABESP (que é inclusive listada em bolsa) e seu potencial para o desenvolvimento e aplicação de tecnologias inovadoras na área de sustentabilidade, ou em grandes companhias do setor elétrico, como as ligadas ao grupo ELETROBRÁS.

[1412] Ilustrando, por exemplo, como a supervisão ministerial sobre as estatais está longe de ser uma tarefa trivial, cf. PINTO JÚNIOR, Mario Engler. *Empresa estatal*: função econômica e dilemas societários. São Paulo: Atlas, 2010. p. 91-110.

[1413] Note-se, então no âmbito pátrio, estudo recente sobre a coordenação de políticas públicas no geral em SOUZA, Celina. *Coordenação de Políticas Públicas*. Brasília, DF: Enap, 2018. A questão da coordenação, inclusive, inspirou diversas pesquisas jurídicas nas últimas décadas. Exemplo é o estudo do contrato de gestão promovido por OLIVEIRA, Gustavo Justino de. *Contrato de gestão*. São Paulo: Revista dos Tribunais, 2005.

complexidade das obrigações assumidas, via de regra será mais tênue; e, ao mesmo tempo, a Administração poderá agir de modo mais flexível, seja no momento de decidir abrir ou não certa linha de fomento, seja no momento de impor as regras do fomento. Assim, afasta-se da noção de fomento a relação convencional que se estabelece por meio de alguns convênios, de consórcios (públicos ou administrativos), de contratos de gestão (com OS), de sociedades ou associações, pela qual a Administração efetivamente tem por fim o desempenho de atividade própria sua – fim esse, como visto, compartilhado pela outra parte contratante.[1414]

Os financiadores não têm, como atividade própria, o dever de *inovar*. Não lhes cabe introduzir novidade ou aperfeiçoamento no ambiente produtivo e social, mas sim incitar as empresas a fazê-lo. E para isso é necessário buscar, tanto no caso de empresas privadas quanto públicas, a adesão dos destinatários do fomento.

Inovar é arriscado e desafiador. Quando a influência do sócio público não basta pode ser decisiva a concessão do incentivo para o início ou manutenção de trajetórias inovativas. É comum, particularmente no caso das estatais não sujeitas à concorrência, a adoção de estratégias conservadoras, passivas em termos tecnológicos.

Mesmo com clara intenção de inovar pode ser que a estatal não disponha de capital para fazê-lo ou não logre captá-lo. Faria sentido privá-las do acesso a fontes de recursos disponíveis às empresas privadas quando a Constituição estabelece que lhes é devido tratamento equânime frente às últimas (art. 173, §§1º, inciso II, e 2º, da Constituição)? Ainda mais nos casos em que elas estão expostas à competição (mesmo que internacional)?

Uma vez que os financiamentos efetivem medidas de fomento – não se voltando, por exemplo, ao mero custeio de atividades ordinárias da estatal[1415] – não parece haver sentido em negar o seu enquadramento nesta categoria.

[1414] ALMEIDA, Fernando Dias Menezes de. *Contrato administrativo*. São Paulo: Quartier Latin, 2012. p. 259.

[1415] Laura Mendes Amando de Barros, entendendo cabível o fomento a entes públicos, é precisa ao aduzir que não faria sentido tomar o fomento como justificador da transferência de recursos para a cobertura de despesas administrativas ordinárias e rotineiras, dado que não faria sentido tomar como medida meritória de incentivo a simples manutenção da estrutura administrativa. Cf. BARROS, Laura Mendes Amando de. *Participação democrática e fomento nos conselhos deliberativos*. São Paulo: Saraiva, 2016. p. 61-63.

Ainda mais porque, no caso brasileiro, é patente a relevância das estatais para o conjunto dos desforços inovativos do país, sendo conhecido seu papel de destaque em diversas áreas da economia nacional.[1416]

Algumas vezes o potencial inovador das empresas estatais inclusive supera o de suas homólogas privadas, com perfil dos dispêndios inovativos distinto do dessas. Estudo que comparou o desempenho das empresas estatais federais com a média da PINTEC em 2008 verificou que 68,1% delas implementaram inovações, em contraste com os 38,6% da média das empresas brasileiras. As primeiras também estiveram envolvidas na introdução de processos novos para o setor no Brasil (29,2% versus 2,4% na PINTEC) e produtos novos para o mercado nacional (34,7% versus 23,7%).

A diferença entre a forma de inovar das empresas estatais de caráter industrial e o perfil médio da PINTEC daquele ano também é marcante: dentre a média das empresas que receberam apoio governamental, a compra de máquinas e equipamentos é o principal meio adotado para inovar (13,5%, versus apenas 2% no caso das estatais analisadas), enquanto os investimentos em P&D eram mais acentuados nas estatais (12,2%, considerando a presença ou ausência de parceria com universidades, versus 2,3% na média nacional da PINTEC).[1417]

Diante desse quadro pondera-se que que a continuidade e expansão de um desempenho empresarial público com perfil inovador não possa prescindir de medidas do fomento, mesmo que ela não tenha de ser seu alvo prioritário.

Considera-se portanto, que a concessão de financiamento público à inovação empresarial a cargo das empresas estatais pode ser enquadrada como manifestação de fomento. Presente a necessidade de persuasão da fomentada não se vê razão para deixar de aplicar o regime descrito neste trabalho a essas empresas.

[1416] Lembre-se da discussão do SNCTI brasileiro no item 1.3.2. Cf., ademais, PAULA, Fábio de Oliveira. Inovação em empresas estatais: evidências dos setores elétrico, de telecomunicações e de óleo e gás. In: SILVA, Mauro Santos; SCHMIDT, Flávia de Holanda; KLIASS, Paulo (org.). *Empresas estatais*: políticas públicas, governança e desempenho. Brasília, DF: Ipea, 2019. p. 217-259.

[1417] BRASIL. Instituto Brasileiro de Geografia e Estatística. *Pesquisa de inovação nas empresas estatais federais*. Rio de Janeiro: IBGE, 2011. p. 23-24 e 32.

6.2 Publicidade e sigilo no financiamento público à inovação empresarial

O princípio da publicidade (os arts. 37, *caput* e §3º, inciso II, e 216, §2º, são exemplos)[1418] impõe ao Estado brasileiro dever de transparência, impondo-se a necessidade de disponibilização de informações atinentes à ação administrativa. O incremento da visibilidade na atuação pública é também elemento inerente à opção por um regime democrático,[1419] associando-se a pleitos de aprofundamento da participação cidadã e visando-se ao aprimoramento da gestão pública como resultante do controle social.[1420]

Uma vez que os financiadores pertençam à estrutura administrativa[1421] a publicidade condiciona o exercício de suas atribuições. A transparência com que devem atuar, de toda forma, também deve respeitar hipóteses de sigilo asseguradas pelo ordenamento e as particularidades conexas à dinâmica dos financiamentos.

[1418] Tratando da conformação constitucional desse princípio, cf. DI PIETRO, Maria Sylvia Zanella. *Direito administrativo*. 31. ed. Rio de Janeiro: Forense, 2018. p. 98-102; e MOTA, Fabrício, O princípio constitucional da publicidade administrativa. In: MARRARA, Thiago (org.). *Princípios de direito administrativo*: legalidade, segurança jurídica, impessoalidade, publicidade, motivação, eficiência, moralidade, razoabilidade, interesse público. São Paulo: Atlas, 2012. p. 259-279.

[1419] Nessa linha, cf. MEDAUAR, Odete. *O direito administrativo em evolução*. 3. ed. Brasília, DF: Gazeta Jurídica, 2017. p. 304-311; e SCHMIDT-ASSMANN, Eberhard. *La teoría general del derecho administrativo como sistema*. Madri: Instituto Nacional de Administración Pública, 2003. p. 122-125.

[1420] Sobre essa temática, vide MARRARA, Thiago. O princípio da publicidade: uma proposta de renovação. In: MARRARA, Thiago (org.). *Princípios de direito administrativo*: legalidade, segurança jurídica, impessoalidade, publicidade, motivação, eficiência, moralidade, razoabilidade, interesse público. São Paulo: Atlas, 2012. p. 259-279; SCHIRATO, Renata Nadalin Meireles. Transparência administrativa, participação, eficiência e controle social – direito administrativo em evolução? In: ALMEIDA, Fernando Dias Menezes de; MARQUES NETO, Floriano; MIGUEL, Luiz; SCHIRATO, Vitor. *Direito Público em Evolução*: Estudos em Homenagem à Professora Odete Medauar. Belo Horizonte: Fórum, 2013. p. 117-137; MIGUEL, Luiz Felipe Hadlich. Lei de acesso à informação e seus reflexos no controle da administração pública. In: MEDAUAR, Odete; SCHIRATO, Vitor Rhein; MIGUEL, Luiz Felipe; GREGO-SANTOS, Bruno (org.). *Contratos e controle na administração pública*: reflexões atuais. Rio de Janeiro: Lumen Juris, 2017. p. 233-245; e SANTOS, Fabio Gomes dos. Participação administrativa, controle social e consensualidade: proposta de distinção teórica. In: MEDAUAR, Odete; SCHIRATO, Vitor Rhein; MIGUEL, Luiz Felipe; GREGO-SANTOS, Bruno (org.). *Contratos e controle na administração pública*: reflexões atuais. Rio de Janeiro: Lumen Juris, 2017. p. 317-337.

[1421] Cf. o mencionado na introdução e nos itens 2.3.1 e 3.1.1.

6.2.1 Parâmetros de publicidade e sigilo no ordenamento jurídico brasileiro: a Lei de Acesso à Informação

A divulgação dos atos estatais envolve uma miríade de mecanismos cabíveis a depender das características de quem os executa e da atividade em curso.[1422] A divulgação dos atos administrativos mediante publicação em veículos oficiais (art. 2º, inciso V, da Lei nº 9.784/99) é uma forma tradicional de concretização desse dever.

Entre esses mecanismos, a Lei de Acesso à Informação – (Lei nº 12.527/11)[1423] e, na esfera federal, em sua regulamentação (Decreto nº 7.724/12),[1424] constitui na atualidade um dos parâmetros normativos mais importantes para a compreensão geral das diretivas de transparência que orientam o Poder Público (embora não apenas ele)[1425] em sua atuação cotidiana.

Para ser bem compreendida, a Lei de Acesso à Informação precisa ser contextualizada. Ela se integra a tendências de

---

[1422] Tome-se, como exemplos, o temperamento na aplicabilidade da Lei de Acesso à Informação para as empresas estatais federais que atuem em regime de concorrência (art. 5º, §§1º e 2º, do Decreto nº 7.724/12) e o eventual manuseio de dados pessoais, disciplinado pela Lei Geral de Proteção de Dados Pessoais – LGPD (Lei nº 13.709/18).

[1423] Embora não se trate, por óbvio, do referencial único sobre a matéria. Outros diplomas relevantes para o tema da transparência pública e que podem ser exemplificativamente arrolados incluem a Lei de Introdução às Normas do Direito Brasileiro – LINDB (Lei nº 13.655/18) e sua regulamentação (Decreto nº 9.830/19), no que concerne à motivação e transparência das decisões estatais, e a Lei nº 13.460/17, regulamentada em parte pela Lei nº 9.094/17, que dispõe sobre a participação, proteção e defesa dos direitos do usuário dos serviços públicos, ao trazer orientações sobre a divulgação de dados para a garantia desses direitos. Alguns aspectos da LINDB serão novamente referenciados *infra*. Sobre a Lei nº13.460/17, vide CARVALHO, André Castro; VENTURINI, Otavio. A função do Código de Defesa do Usuário de Serviços Públicos (Lei no 13.460/2017) no modelo brasileiro de controle dos serviços públicos. *Revista de Direito Administrativo*, São Paulo, v. 278, n. 1, p. 141-162, 2019.

[1424] Vale notar que o decreto regulamentador da Lei de Acesso à Informação não exaure a regulamentação sobre o tema. Outro diploma relevante, por exemplo, é o Decreto nº 8.777/16, que trata da "Política de Dados Abertos do Poder Executivo federal", e que dispositivos com o intuito de franquear o acesso a informações consubstanciadas em bancos de dados estruturados e detidos pelo Estado.

[1425] Também se submetem à Lei de Acesso à Informação os Poderes Legislativo e Judiciário, os Tribunais de Contas e o Ministério Público (art. 1º, inciso I, da lei) e as entidades privadas sem fins lucrativos que recebam recursos públicos para realização de ações de interesse público no que concerne à verba pública e sua destinação (art. 2º).

aprimoramento da transparência governamental nacionais[1426] e internacionais.[1427] Mesmo ainda existentes limitações relevantes[1428] e críticas à sua configuração,[1429] o histórico desse diploma[1430] comprova uma evolução da transparência administrativa.[1431]

[1426] Como exemplo da abordagem do tema em obra jurídica de cunho mais abrangente, cf. CUNHA FILHO, Alexandre Jorge Carneiro da. *Governança pública na administração contemporânea*. 2017. Tese (Doutorado em Direito) – Faculdade de Direito, Universidade de São Paulo, São Paulo, 2017. p. 119-122.

[1427] Um exemplo são as menções à importância da transparência difundidas em diversos trechos do *World Development Report 2017* do Banco Mundial, que elenca propostas aprimoramento de governança pública necessários ao desenvolvimento econômico e social dos países. Cf. WORLD BANK GROUP. *World Development Report 2017*: Governance and the law. Washington, D.C.: The World Bank, 2017.

[1428] Uma crítica arguta sobre o tema, a partir da realidade francesa, é feita por Jacques CHEVALLIER. O autor destaca como elementos imanentes às estruturas burocráticas tradicionais, como a hierarquia, e a própria complexidade da estrutura pública contemporânea são obstáculos de difícil transposição. É apontado com acerto que a própria dinâmica dos segredos, enquanto algo imanente a qualquer instituição humana, seria algo impossível a ser plenamente superado, tendo de ser tomado em conta que a transparência seria concretamente um objetivo ilusório e limitado em muitos casos. Cf. CHEVALLIER, Jacques. *Science administrative*. 4. ed. Paris: Presses Universitaires de France, 2007. p. 445-447.

[1429] Para exemplos de abordagens críticas, vide FORTINI, Cristiana; AVELAR, Mariana Magalhães; FERREIRA, Raquel Bastos. Comentários de acesso à informação: contexto, desafios e polêmicas. In: MARQUES NETO, Floriano de Azevedo; ALMEIDA, Fernando Dias Menezes de; MARRARA, Thiago (org.). *Direito e administração pública*: estudos em homenagem a Maria Sylvia Zanella Di Pietro. São Paulo: Atlas, 2013. p. 1015-1047; e NUNES, Marcio Tadeu Guimarães. *Lei de acesso à informação*: reconstrução da verdade histórica, ambientes regulatórios e o direito à intimidade. São Paulo: Quartier Latin, 2013.

[1430] Para uma abordagem do trâmite legislativo que resultou na conformação da LAI e referências a outras propostas legislativas correlatas, ver SALGADO, Eneida Desiree. *Lei de acesso à informação (LAI)*: comentários à Lei no 12.527/2011 e ao Decreto no 7.724/12. São Paulo: Atlas, 2015. v. 33. Coleção de direito administrativo positivo. p. 9-35. Também MICHENER, Gregory; CONTRERAS, Evelyn; NISKIER, Irene. Da opacidade à transparência? Avaliando a Lei de Acesso à Informação no Brasil cinco anos depois. *Revista de Administração Pública*, São Paulo, v. 52, n. 4, p. 610-629, 2018. p. 612-613. É importante também sublinhar que, ao redor do mundo, a introdução de Leis de Acesso é uma tendência que se multiplicou nas últimas décadas. Para um panorama geral dessas e em um esforço de classificação comparativo das mesmas, vide informações disponíveis em: https://www.rti-rating.org/country-data/. Acesso em: 12 jan. 2021.

[1431] Para uma análise dos resultados cinco anos após a vigência da lei, e destacando como o desafio de implementação é maior fora da esfera federal, vide MICHENER, Gregory; CONTRERAS, Evelyn; NISKIER, Irene. Da opacidade à transparência? Avaliando a Lei de Acesso à Informação no Brasil cinco anos depois. *Revista de Administração Pública*, São Paulo, v. 52, n. 4, p. 610-629, 2018. Para uma reflexão sobre a forma como a lei tem sido aplicada às empresas estatais, notando-se particularmente uma tendência de ponderação de aspectos concretos nas decisões quanto à concessão de acesso à informação, vide SANTOS, Fabio Gomes dos; MONTEIRO, Vítor. Lei de acesso à informação e sigilo nas atividades de empresas estatais. In: CUNHA FILHO, Alexandre Jorge Carneiro; OLIVEIRA, André Tito; ISSA, Rafael Hamze; SCHWIND, Rafael Wallbach (org.). *Direito, instituições e políticas públicas*: o papel do jusidealista

A Lei nº 12.527/11 incide nos financiamentos, impondo aos financiadores dever de transparência ativa (divulgando, por iniciativa própria, suas ações de forma acessível), e passiva, permitindo aos cidadãos os instarem a fornecer informações.[1432] Apenas a Finep recebeu um total de 151 pedidos de informação em 2019, com um leve aumento em comparação aos 141 do ano anterior.[1433]

Convém, dada sua relevância, abordar a Lei de Acesso à Informação ao menos em seus aspectos gerais. Isso será feito examinando-a a partir de três perspectivas.

A primeira é a sua função como via declaratória e assecuratória do direito fundamental de acesso à informação.[1434] É o que

---

na formação do Estado. São Paulo: Quartier Latin, 2017. p. 613-637. Ademais, vale conferir também os materiais produzidos sobre a implementação da lei produzidos pela Controladoria Geral da União – CGU, entidade responsável pelo monitoramento da aplicação dessa lei no âmbito federal (arts. 68 e 69 do Decreto nº 7.724/12), podendo os mesmos ser acessados em: https://www.gov.br/acessoainformacao/pt-br. Acesso em: 29 jan. 2025. Observe-se, também, como tensionamentos relacionados à Lei de Informação têm sido recorrentes na mídia (que a tem adotado como um mecanismo investigativo), ilustrando a importância dessa norma recente na configuração da institucionalidade pátria. Cf. PIRES, Breno. Governo frauda Lei de Acesso à Informação por "risco político". *O Estado de S. Paulo*, São Paulo, 18 set. 2021.

[1432] Essas dimensões, além de serem utilizadas pela literatura pertinente, se encontram explicitamente disciplinadas nos capítulos III e IV do Decreto nº 7.724/12. Para um exemplo de trabalho empírico que as utiliza como referencial, cf. MICHENER, Gregory; CONTRERAS, Evelyn; NISKIER, Irene. Da opacidade à transparência? Avaliando a Lei de Acesso à Informação no Brasil cinco anos depois. *Revista de Administração Pública*, São Paulo, v. 52, n. 4, p. 610-629, 2018.

[1433] Esses são os valores totais da demanda, englobando inclusive matéria não afeta à atividade em estudo. No caso desse ente, informações sobre esse tipo de pedidos podem ser encontrados em relatórios produzidos pela sua ouvidoria. Cf. informações disponíveis em: http://www.finep.gov.br/ouvidoria. Acesso em: 7 jan. 2021.

[1434] O direito de acesso à informação tem índole individual, é detido por brasileiros e estrangeiros residentes no país, e abrange informações tanto de interesse particular quanto coletivo ou geral (art. 5º, *caput* e inciso XXXIII). Eventual solicitação de acesso pode ser apresentada por qualquer meio legítimo (embora cada vez mais haja plataformas específicas para seu processamento) e deve conter a identificação do requerente e a especificação da informação requerida (art. 10, *caput*, da Lei nº 10.527/11). Observe-se, de toda feita, que para o acesso a informações de interesse público a identificação do requerente não pode conter exigências que inviabilizem a solicitação, sendo igualmente vedadas quaisquer exigências relativas aos motivos determinantes de pedidos desse tipo (art. 10, §§1º e 3º). No âmbito federal, ademais, é explicitada a possibilidade de seu uso por pessoas jurídicas (arts. 2º, *caput*, e 11 do Decreto nº 7.724/12) e tida como desnecessária a apresentação de motivação para qualquer tipo de pedido (art. 14), havendo exigências adicionais no caso da solicitação de informações pessoais (arts. 60 e 61).

comprovam dispositivos como o inciso XXXIII, primeira parte, do art. 5º; e inciso II, §3º, do art. 37, ambos da Constituição.[1435] Para alcançar esse objetivo, a lei prevê princípios de forte carga semântica, como os encontrados em seus arts. 3º e 5º, com destaque para a diretiva de que a publicidade deve constituir o preceito geral da atuação estatal, e o sigilo a exceção (art. 3º, inciso I, da Lei nº 12.527/11). Ela também arrola outros direitos inerentes à satisfação do direito previsto em seu art. 7º, como o de obter orientações sobre os procedimentos para a consecução de acesso e sobre o local onde poderá ser encontrada a informação almejada (inciso I); e a garantia da disponibilização de informações primárias, íntegras, autênticas e atualizadas (inciso IV).

A segunda perspectiva, complementar à primeira, consiste na disciplina dos expedientes operacionais[1436] que concretizam esse direito fundamental (veja-se especialmente os arts. 10 e ss.), complementados pela imposição de deveres aos entes estatais e não estatais sujeitos à aplicação da lei (arts. 6º e 8º da Lei de Acesso à Informação, entre outros).

Se a Lei nº 12.527/11 privilegia publicidade ela também não deixa de explicitar o dever de proteção e controle de informações sigilosas (arts. 6º, inciso III, e 25 da Lei), sujeitando inclusive os agentes estatais a sanções pelo descumprimento desse dever (art. 32 e 34, *caput*). Eles deverão averiguar se aplicáveis hipóteses de restrição à divulgação, como ocorre no caso das informações classificadas[1437] ou sujeitas a sigilo legal ou pessoal.

Interessante sublinhar, aliás, que essa dinâmica de garantia de direito de acesso e necessidade de zelo para com hipóteses de

---

[1435] Como exemplos de trabalhos que se debruçam especialmente sobre essa perspectiva, vide SARLET, Ingo Wolfgang; MOLINARI, Carlos Alberto. O direito à informação na ordem constitucional brasileira: breves apontamentos. *In*: SARLET, Ingo Wolfgang; MARTOS, José Antonio Montilla; RUARO, Regina Linden (org.). *Acesso à informação como direito fundamental e dever estatal*. Porto Alegre: Livraria do advogado, 2016. p. 11-26; e VALIM, Rafael. O direito fundamental de acesso à informação pública. *In*: VALIM, Rafael; MALHEIROS, Antonio Carlos; BACARIÇA, Josephina (org.). *Acesso à informação pública*. Belo Horizonte: Fórum, 2015. p. 35-45.

[1436] Também é comum que os procedimentos pertinentes ao acesso à informação sejam regidos por normas internas produzidas pelo órgão ou ente detentor da informação.

[1437] Assim qualificadas segundo ritos específicos, previstos nos arts. 27 a 31 da lei, uma vez que seu sigilo seja imprescindível à segurança da sociedade ou do Estado.

sigilo é aplicável inclusive ao interior de um mesmo documento. Nas hipóteses em que não é autorizado acesso integral à informação, a Lei de Acesso à Informação prevê que seja franqueado o acesso à parcela não sigilosa por meio de certidão, extrato ou cópia, (art. 7º, §2º). Portanto, mesmo após a identificação da exigência de restrição, os responsáveis pela informação terão ainda de realizar outra deliberação: se é viável a divulgação de documentos "tarjados".[1438]

Uma terceira perspectiva é a da lei como garantia de proteção do patrimônio cultural brasileiro. Remetendo ao §2º do art. 216 da Constituição Federal, que estabelece tanto a obrigação administrativa de gestão da documentação governamental quanto a de tomada de providências para sua consulta, ela é componente central à preservação da memória institucional pátria. A Lei nº 12.527/11 é, assim, também um instrumento para o registro histórico e difusão de conhecimentos para além dos arquivos das repartições.

Exemplo interessante dessa função consta dos arts. 39 e 40 do Decreto nº 7.724/12, regulamentador da lei, estabelecendo o dever de preservação definitiva de todas as informações que vierem a ser classificadas como ultrassecretas em arquivos públicos uma vez que a restrição temporária de seu acesso termine.

Compreendida a Lei de Acesso à Informação em seus contornos gerais passa-se a ter como foco os limites de acesso à informação.

Como dito, além de assegurar o direito de acesso à informação, a Constituição prevê limites ao seu exercício. Eles são aplicáveis quando se esteja diante de questões cujo sigilo seja imprescindível à segurança da sociedade e do Estado ou necessários ao resguardo de outros direitos fundamentais como a intimidade, a vida privada, a honra e a imagem das pessoas (art. 5º, inciso XXXIII, segunda parte, e inciso X, do mesmo artigo).

A amplitude constitucional de acesso é substancialmente reduzida pela legislação ordinária e pela via regulamentar, com

---

[1438] Esse tipo de expediente, inclusive, é o recomendado pela CGU. Vide BRASIL. Controladoria Geral da União. *Aplicação da Lei de Acesso à Informação na Administração Pública Federal*. 4. ed. Brasília, DF: CGU, 2019. p. 30.

outras hipóteses de restrição sendo enunciadas. Embora consignando a impossibilidade de cerceamento de acesso à informação necessária à tutela judicial ou administrativa de direitos fundamentais, e garantindo a divulgação de informações ou documentos que versem sobre condutas relacionadas à violação dos direitos humanos por agentes públicos ou a mando de autoridades (art. 21), a Lei de Acesso à Informação estabelece que

> Art. 22. O disposto nesta Lei não exclui *as demais hipóteses legais de sigilo e de segredo de justiça* nem as hipóteses de *segredo industrial* decorrentes da exploração direta de atividade econômica pelo Estado ou por pessoa física ou entidade privada que tenha qualquer vínculo com o poder público (grifos nossos).

A Lei nº 12.527/11, portanto, reconhece a existência de hipóteses de sigilo previstas na legislação esparsa, também reiterando a restrição a informações atinentes a segredo industrial e de justiça. Ademais, o art. 7º, §1º, da Lei nº 12.527/11 dispõe que

> o acesso à informação previsto no *caput* [que é o direito de acesso à informação disciplinado pela lei em comento] não compreende as informações referentes a projetos de pesquisa e desenvolvimento científicos ou tecnológicos cujo sigilo seja imprescindível à segurança da sociedade e do Estado.

A imprescindibilidade à segurança da sociedade e do Estado – sendo retomada a locução adotada pelo texto constitucional – é também parametrizada pela Lei nº 12.527/11. Ela tem a ver com informações cuja divulgação enseje riscos de tal magnitude que justifiquem sua classificação como ultrassecretas, secretas ou reservadas, com a imposição de prazo para restrição de acesso (art. 24 da Lei). O art. 23 da Lei de Acesso à Informação arrola exaustivamente hipóteses que autorizam essa qualificação:

> Art. 23. São consideradas imprescindíveis à segurança da sociedade ou do Estado e, portanto, passíveis de classificação as informações cuja divulgação ou acesso irrestrito possam:
> I – pôr em risco a defesa e a soberania nacionais ou a integridade do território nacional;

II – prejudicar ou pôr em risco a condução de negociações ou as relações internacionais do País, ou as que tenham sido fornecidas em caráter sigiloso por outros Estados e organismos internacionais;
III – pôr em risco a vida, a segurança ou a saúde da população;
IV – oferecer elevado risco à estabilidade financeira, econômica ou monetária do País;
V – prejudicar ou causar risco a planos ou operações estratégicos das Forças Armadas;
VI – prejudicar ou causar risco a projetos de pesquisa e desenvolvimento científico ou tecnológico, assim como a sistemas, bens, instalações ou áreas de interesse estratégico nacional;
VII – pôr em risco a segurança de instituições ou de altas autoridades nacionais ou estrangeiras e seus familiares; ou
VIII – comprometer atividades de inteligência, bem como de investigação ou fiscalização em andamento, relacionadas com a prevenção ou repressão de infrações.

São explicitadas ainda mais hipóteses em âmbito regulamentar. O art. 6º do Decreto nº 7.724/12 dispõe que:

Art. 6º O acesso à informação disciplinado neste Decreto não se aplica:
I – às hipóteses de sigilo previstas na legislação, como *fiscal, bancário, de operações e serviços no mercado de capitais, comercial, profissional, industrial e segredo de justiça*; e
II – *às informações referentes a projetos de pesquisa e desenvolvimento científicos ou tecnológicos cujo sigilo seja imprescindível à segurança da sociedade e do Estado, na forma do §1º do art. 7º da Lei nº 12.527, de 2011* (grifos nossos).

O Decreto ainda restringe o acesso a documentos preparatórios ou informações utilizadas como fundamento de tomada de decisão ou de ato administrativo, limitando seu acesso até essa deliberação (art. 20, *caput*, Decreto nº 7.724/12). Também explicitadas restrições das informações de estatais e demais entidades controladas pela União que atuem em regime de concorrência; relativas à atividade empresarial de pessoas físicas ou jurídicas de direito privado obtidas pelo Banco Central do Brasil, pelas agências reguladoras ou por outros órgãos ou entidades em razão do exercício de atividade de controle, regulação e supervisão da atividade econômica (art. 5º, §§1º e 2º, do decreto).

Apresentados esses parâmetros de restrição, interessa, agora, discuti-los quanto à sua aplicação em relação à atividade em estudo.

6.2.2. Aplicação ao financiamento público à inovação empresarial

Além do exigido rotineiramente para as atividades administrativas,[1439] os responsáveis pelos financiamentos precisam tornar públicas suas ações de fomento tomando cuidados específicos, decorrentes das particularidades da política pública sendo implementada.[1440]

É importante, de partida, compreender como as limitações de acesso normalmente os atingem.

Para fazê-lo foi dado maior destaque às hipóteses mais usuais de sigilo, combinando-se o exame da legislação e doutrina aplicável; consulta à quarta edição do *Manual de Aplicação da Lei de Acesso à Informação na Administração Pública Federal*;[1441] e referência a decisões

---

[1439] Pensa-se, por exemplo, no conjunto de exigências relativas à divulgação de dados concernentes à gestão patrimonial e de pessoal, previstas no art. 7º, §3º, do Decreto nº 7.724/12, e que se estenderiam de forma relativamente uniforme a todos os órgãos e entes estatais.

[1440] Autores já citados neste trabalho fizeram ponderações sobre os desafios da transparência que, embora não sigam exatamente a mesma trajetória a ser trilhada aqui, apresentam similitudes com ele. Nesse sentido, falando respectivamente da publicidade em relação a empréstimos celebrados pelo BNDES; dos desafios que envolvem a aplicação do sigilo quando do fomento à inovação dada a informalidade que permeia o SNCTI nacional e do valor que o sigilo tem para as empresas; e, finalmente, destacando a importância de ser dada alguma publicidade, pela via procedimental, quanto do exercício de atividades de investimento (que, como visto, também pode ser uma forma de financiamento), cf. MOCCIA, Maria Hermínia Pacheco e Silva. *Parâmetros para utilização do fomento econômico*: empréstimos pelo BNDES em condições favoráveis. Rio de Janeiro: Lumen Juris, 2015. p. 250-275; MOREIRA, Natalia Rebello. *Atividade estatal de fomento à inovação tecnológica em empresas*. 2018. Dissertação (Mestrado em Direito) – Faculdade de Direito, Universidade de São Paulo, São Paulo, 2018. p. 133-143; e SCHWIND, Rafael Wallbach. *O Estado acionista*: empresas estatais e empresas privadas com participação estatal. São Paulo: Almedina, 2017. p. 247-252.

[1441] Atualizado em 2019 e disponibilizado pela Controladoria-Geral da União – CGU. À CGU é atribuída a função de monitoramento da aplicação da Lei de Acesso à Informação (arts. 68 e 69 do Decreto nº 7.724/12), o que inclui a competência para estabelecer procedimentos, regras e padrões de divulgação de informações ao público (art. 69, inciso I). Ademais, ela possui competência recursal, uma vez que tenha havido negativa de acesso por parte de órgãos ou entidades do Poder Executivo Federal diante de solicitações calcadas na Lei de Acesso à Informação (art. 16 da Lei nº 12.527/11). A atual edição do *Manual de Aplicação da Lei de Acesso à Informação na Administração Pública Federal*, assim como outras publicações com estatísticas, pode ser encontradas em: https://www.gov.br/acessoainformacao/pt-br/lai-para-sic/guias-e-orientacoes/guias. Acesso em: 8 jan. 2021.

da Comissão Mista de Reavaliação de Informações – CMRI[1442] durante o exercício de sua competência recursal.[1443]

De toda forma, precisam ser expostas algumas premissas adotadas para essa análise.

A primeira delas é a de que não devem ser divulgadas informações que privilegiem condutas oportunistas[1444] ou que possam prejudicar as ações de fomento. Como os financiamentos visam a estimular comportamentos empresariais, acaba sendo essencial que o *modus operandi* dos financiadores não seja completamente seja exposto. Caso ele seja conhecido em todos os seus detalhes, os esforços públicos poderiam ser frustrados, com os interessados – em empresas que não seriam as candidatas ideais ao fomento – se posicionando para maximizar o acesso à verba pública.

Pense-se, por exemplo, nos relatórios de avaliação econômico-financeira prévios à celebração de um empréstimo, ou dos protocolos de fiscalização da execução de um plano ou projeto fomentado. Se esses documentos se tornassem públicos tanto atividades de análise quanto de monitoramento poderiam ser comprometidas dado o

---

[1442] A CMRI, instituída pelo art. 35, §1º, da Lei de Acesso à Informação, possui competência revisional das classificações de informações e recursal, em instância final, para solicitações relativas ao acesso à informação (art. 16, §3º). Disciplinada em maiores detalhes no Decreto nº 7.724/12 (arts. 46 a 54, em especial) esse órgão também possui atribuições normativas, cabendo-lhe tratar, no âmbito federal, de lacunas na aplicação da Lei nº 12.527/11 (art. 47, inciso V).

[1443] Foram selecionadas decisões proferidas pela CMRI e que mostraram pertinência temática com o objeto desta pesquisa. Isso foi feito via consulta a tabela que consolidava os julgados do colegiado de 2012 a 2020, sendo examinadas decisões cujas partes eram órgãos ou entes de alguma forma associados ao financiamento público à inovação empresarial, tais como MCT/MCTIC (antigas denominações do atual MCTI, totalizando 11 casos); Finep (3); BNDES (15); Capes (1) CNPq (7). Para os julgados e a tabela, cf. informações disponíveis em: https://www.gov.br/acessoainformacao/pt-br/assuntos/recursos/recursos-julgados-a-cmri/recursos-julgados-pela-cmri. Acesso em: 9 jan. 2021. Posteriormente à elaboração deste trabalho, a CGU passou a adotar um sistema de busca por precedentes, não mais disponibilizando planilhas para consulta. Para sua consulta vide https://buscaprecedentes.cgu.gov.br/. Acesso em 29 jan. 2025.

[1444] O combate a ações oportunistas em interações com o Poder Público é uma questão recorrente nas reflexões sobre o direito administrativo. Embora não relacionado diretamente ao assunto em tela, mas demonstrando os desafios do tratamento teórico e prático dessas, cf. BERTOLIN, Aline. O *bid rigging* no plano material do direito brasileiro: concertação de condutas em contratações públicas e a deficitária institucionalização de mecanismos conjuntos de apreciação do ilícito colusivo. In: MEDAUAR, Odete; SCHIRATO, Vitor Rhein; MIGUEL, Luiz Felipe; GREGO-SANTOS, Bruno (org.). *Contratos e controle na administração pública*: reflexões atuais. Rio de Janeiro: Lumen Juris, 2017. p. 385-429.

risco de as empresas retratarem uma realidade fictícia apenas para ser bem avaliadas.

Outro exemplo disso são as informações relativas à estratégia governamental de fomento. Cogite-se situação em que foi instituído em caráter de urgência programa a ser iniciado no primeiro semestre de determinado ano, contemplando esforço inovativo que deve ser imediato. Os órgãos diretivos do financiador, todavia, ainda estariam discutindo se seria possível repetir o mesmo programa no segundo semestre e com condições de financiamento ainda mais favoráveis. A publicidade dessas discussões preliminares poderia desmotivar uma participação empresarial imediata, minando medidas públicas prementes.

Esses exemplos simples ilustram como certa cautela na aplicação da Lei de Acesso à Informação é necessária ao sucesso dos financiamentos. Essa cautela não significa, por óbvio, afastar a diretiva da publicidade como preceito geral da atuação pública; a opacidade estatal injustificável é exatamente o que a lei quer coibir. Não se ignora que é dever dos financiadores divulgar informações relativas à sua política, organização e serviços (art. 7º, inciso da Lei de Acesso à Informação); à implementação, acompanhamento e resultados dos seus programas, projetos e ações, bem como metas e indicadores propostos durante o desempenho das atividades pertinentes (inciso VII, alínea "a", do mesmo artigo); e até mesmo os resultados de inspeções, auditorias, prestações e tomadas de contas realizadas pelos órgãos de controle interno dos financiadores, incluindo prestações de contas relativas a exercícios anteriores (alínea "b" do mesmo inciso).[1445]

O que se quer pontuar, apenas e como previsto na própria Lei de Acesso à Informação, que não se deve prescindir da aplicação do respeito a outros princípios administrativos básicos (art. 3º, *caput*, da Lei nº 12.527/11), tais como da eficiência,[1446] quando do intuito de incrementar a transparência pública.

[1445] O dispositivo também fala de órgãos de controle externo, mas foi adaptada a dicção ao objeto da discussão neste tópico.

[1446] Que, lembre-se, figura ao lado da publicidade no *caput* do art. 37 da Constituição. É também com uma implementação preocupada com uma atuação administrativa eficiente que o Decreto nº 7.724/12 prevê que sejam atendidos pedidos de acesso à informação genéricos; desproporcionais ou desarrazoados; ou que exijam trabalhos adicionais de

A segunda delas é a de que o cuidado com as informações obtidas e produzidas pelos financiadores não se restringe à satisfação de um dever de guarda, mas também é essencial ao sucesso da atividade em estudo. A concessão e o acompanhamento dos financiamentos demandam acesso a dados operacionais, táticos e estratégicos das financiadas. As relações de longo prazo estabelecidas com as empresas normalmente criam laços duradouros e envolvem ricas oportunidades de aprendizado mútuo. A confiança das empresas nos financiadores é apenas mantida com base em uma conduta responsável desses. Sem isso, corre-se o risco de que uma empresa deixe de inovar pelo receio de quebra de confidencialidade, deixando de captar recursos para inovação por temer um vazamento indevido de dados.[1447]

A terceira premissa é a de que a transparência demanda efetivação tanto nas dimensões ativa quanto passiva. Investir em transparência ativa é um passo importantíssimo para evitar a multiplicação de solicitações formais de acesso à informação. Quanto à transparência passiva, o seu potencial como via de solicitações de dados mais específicos deve ser reconhecido, devendo ela ser igualmente efetivada com empenho.[1448]

Finalmente, a quarta premissa a ressaltar é a de que, mesmo quando o acesso não seja concedido, dada a presença de qualquer

---

análise, interpretação ou consolidação de dados e informações, ou serviço de produção ou tratamento de dados que não seja de competência do órgão ou entidade (art. 13, incisos I a III). Naturalmente, o uso desse tipo de justificativa deve se dar com parcimônia, para que não se torne mero subterfúgio para a recusa de informações legitimamente devidas. Sobre pedidos genéricos, desproporcionais ou desarrazoados e o seu potencial tratamento, cf. BRASIL. Controladoria Geral da União. *Aplicação da Lei de Acesso à Informação na Administração Pública Federal*. 4. ed. Brasília, DF: CGU, 2019. p. 24-27.

[1447] É comum, por exemplo, que empresas (principalmente as maiores) proponham aos financiadores a assinatura de "acordos de não divulgação" (*non disclosure agreements*) durante as tratativas para a concessão dos financiamentos. Na impossibilidade ou na ausência de interesse do financiador em celebrar esses ajustes, é possível que as empresas não contraiam os financiamentos.

[1448] Nas palavras de Gregory Michener, Evelyn Contreras e Irene Niskier, "[e]nquanto a informação que governos publicizam como transparência ativa e dados abertos pode ser escolhida a dedo, 'higienizada', ou extensamente mediada por gestores públicos (Michener e Bersch, 2013:239), transparência passiva obriga funcionários públicos a responder a demandas não antecipadas de informação de cidadãos em um determinado prazo. A transparência passiva representa um 'teste mais exigente' dos compromissos com o acesso à informação pública" (MICHENER, Gregory; CONTRERAS, Evelyn; NISKIER, Irene. Da opacidade à transparência? Avaliando a Lei de Acesso à Informação no Brasil cinco anos depois. *Revista de Administração Pública*, São Paulo, v. 52, n. 4, p. 610-629, 2018. p. 611).

das hipóteses de sigilo, os financiadores podem ainda ter de compartilhá-los com órgãos de controle.

Há precedente do Supremo Tribunal Federal sobre a matéria. Mesmo diante de alegação de sigilo bancário e empresarial por parte do BNDES entendeu-se devido o fornecimento ao Tribunal de Contas de União documentos relativos a operações financeiras (envolvendo empréstimos e investimento via BNDESPAR) com base nas competências do órgão de controle e na natureza pública dos recursos concedidos.[1449]

Após essas considerações passa-se, uma a uma, às hipóteses restritivas de acesso.

6.2.2.1 Hipóteses menos recorrentes ou não aplicáveis de forma distintiva à atividade estudada

Observando-se as hipóteses restritivas de acesso explicitadas pela Lei nº 12.527/11 e Decreto nº 7.724/12,[1450] nota-se rapidamente que algumas delas não seriam recorrentes nos financiamentos. Mesmo caso presentes, sua aplicação não seria dotada de contornos particularmente próprios, assemelhando-se a sua incidência ao que ocorreria com as atividades administrativas em geral. É o caso do segredo de justiça; do sigilo profissional; das informações associadas a controle, regulação e supervisão da atividade econômica; das informações pessoais; dos documentos preparatórios; do sigilo fiscal; das operações e serviços no mercado de capitais; ao sigilo bancário; e as relativas à atuação em regime de concorrência.

[1449] Vide Mandado de Segurança nº 33.340/DF, Rel. Min. Luiz Fux, publicado em 3 out. 2015. Observe-se que o TCU não tem compreendido que lhe ser franqueado acesso a informações durante o exercício de suas atribuições constituiria quebra de sigilo, mas tão só a transferência ao Tribunal do dever de confidencialidade para com as mesmas. Cf. Acórdão nº 2609/2018, Rel. Min. Walton Alencar Rodrigues, em sessão de 14 de novembro de 2018 (Ata de nº 45/18).

[1450] A opção desse tópico e dos seguintes foi a de abordar as hipóteses que figurassem explicitamente nos diplomas normativos mencionados, examinando-as a partir das características da atividade em estudo. Não se propôs, portanto, uma análise exaustiva sobre o tema, mas ao menos completa e voltada à prática do financiamento à inovação empresarial.

O segredo de justiça, mencionado no art. 22 da Lei de Acesso à Informação e fundado em dispositivos como o art. 189 do Código de Processo Civil e art. 20 do Código de Processo Penal, normalmente não incide sobre os financiamentos por eles não envolverem atividade jurisdicional ou investigativa.

O sigilo profissional, arrolado no art. 6º, inciso I, do Decreto nº 7.724/12, é atinente ao exercício regular de profissão em que a confidencialidade seja reconhecida como relevante.[1451] Ele não constitui algo recorrente nem meritório de maiores reflexões para o objeto deste estudo.

No Brasil também não é usual que os financiadores estejam envolvidos em atividades de controle, regulação e supervisão da atividade econômica (art. 5º, §2º, do Decreto nº 7.724/12). Sendo esse o caso ou caso entidades incumbidas dessas atividades passem a oferecer financiamentos, será obrigatória a estruturação de mecanismos de segregação de informações.

As informações pessoais[1452] são mais recorrentes. Entretanto, não há muitas dúvidas quanto à obrigatoriedade da sua preservação integral, uma vez que elas sejam detidas pelos financiadores. Assim, por exemplo, o financiador deve zelar pelos dados relativos à situação patrimonial de pessoas físicas que figurem como garantidores nos financiamentos.

Quanto aos documentos preparatórios[1453] ou das informações neles contidas, não se imagina nessa causa para restrição linha de ação diversa da aplicável a qualquer outra atividade administrativa. É plenamente razoável, por exemplo, que o conjunto dos documentos internos que embasam decisão classificatória em processo seletivo prévio a financiamento só sejam divulgados quando proferida decisão final.

[1451] É o caso, por exemplo, do sigilo profissional do advogado, que pratica infração disciplinar se não o respeitar (art. 34, inciso VII, do Estatuto da Advocacia).

[1452] Esse é um contexto em que já foram travados importantes debates quanto à aplicação da Lei de Acesso à Informação à atividade administrativa. É conhecida a controvérsia sobre a divulgação da remuneração de servidores públicos em sítios eletrônicos oficiais, julgadas lícitas pelo Supremo Tribunal Federal. Cf. Recurso Extraordinário com Agravo nº 652.777/SP, Rel. Min. Teori Zavascki, publicado em 1 jul. 2015.

[1453] Segundo o Decreto nº 7.724/12, documento preparatório consiste em "documento formal utilizado como fundamento da tomada de decisão ou de ato administrativo, a exemplo de pareceres e notas técnicas." (art. 3º, inciso XII).

A CGU, de toda feita, recomenda que negativas de acesso baseadas na natureza documental preparatória necessitam, para serem devidamente motivadas, de ponderação quanto ao risco à sociedade ou ao processo em curso em caso de divulgação prévia ao ato definitivo.[1454]

Quanto ao sigilo fiscal, uma das hipóteses legais exemplificadas no art. 6º, inciso I, do Decreto nº 7.724/12 e assegurada pelo art. 198 do Código Tributário Nacional,[1455] não se vislumbra sua pertinência à atividade pelo fato de os financiamentos não envolverem atividade arrecadatória.

A mesma lógica aplica-se ao sigilo das operações e serviços no mercado de capitais, também mencionado no regulamento citado, entendido esse como o associado a atividades de regulação e fiscalização exercidas por entidades como a CVM.[1456] Dados os contornos dessa hipótese de restrição de acesso,[1457] cabe sublinhar

---

[1454] BRASIL. Controladoria Geral da União. *Aplicação da Lei de Acesso à Informação na Administração Pública Federal*. 4. ed. Brasília, DF: CGU, 2019. p. 40.

[1455] Nos termos do *caput* desse artigo, com exceções em seus incisos: "[s]em prejuízo do disposto na legislação criminal, é vedada a divulgação, por parte da Fazenda Pública ou de seus servidores, de informação obtida em razão do ofício sobre a situação econômica ou financeira do sujeito passivo ou de terceiros e sobre a natureza e o estado de seus negócios ou atividades".

[1456] Note-se como, seguindo essa compreensão dessa hipótese de sigilo, ela também se aproximaria da hipótese mencionada no art. 5º, §2º, do Decreto nº 7.724/12. Entende-se que o emissor da norma quis abranger todas as hipóteses possíveis de sigilo legal conhecidas e, ao mesmo tempo, fazer uma prescrição de caráter mais geral em relação a atividades de controle, regulação e supervisão da atividade econômica.

[1457] Dispositivos como o art. 2º, §3º, da Lei Complementar nº 105/01 e o art. 28 da Lei nº 6.385/76 dão substrato a essa interpretação. Vejam-se, por conveniência, os dispositivos legais: "Art. 2º O dever de sigilo é extensivo ao Banco Central do Brasil, em relação às operações que realizar e às informações que obtiver no exercício de suas atribuições. [...]
§ 3º O disposto neste artigo aplica-se à Comissão de Valores Mobiliários, quando se tratar de fiscalização de operações e serviços no mercado de valores mobiliários, inclusive nas instituições financeiras que sejam companhias abertas". "Art. 28. O Banco Central do Brasil, a Comissão de Valores Mobiliários, a Secretaria de Previdência Complementar, a Secretaria da Receita Federal e Superintendência de Seguros Privados manterão um sistema de intercâmbio de informações, relativas à fiscalização que exerçam, nas áreas de suas respectivas competências, no mercado de valores mobiliários.
Parágrafo único. O dever de guardar sigilo de informações obtidas através do exercício do poder de fiscalização pelas entidades referidas no *caput* não poderá ser invocado como impedimento para o intercâmbio de que trata este artigo". Consultado o *Manual de Aplicação da Lei de Acesso à Informação na Administração Pública Federal* percebe-se que não há uma distinção mais pormenorizada desse tipo de sigilo, podendo-se imaginar que ele de certa forma se confunda com o sigilo bancário nesse documento dada a atuação de instituições financeiras no mercado de capitais. Cf. BRASIL. Controladoria Geral da União. *Aplicação da Lei de Acesso à Informação na Administração Pública Federal*. 4. ed. Brasília, DF: CGU, 2019. p. 34

que ela não deve ser estendida a solicitações de informações atinentes aos instrumentos de *investimento*,[1458] cujo sigilo deve ser resguardado apenas se incidentes outras hipóteses restritivas.

Além de mencionado no decreto, o sigilo bancário tem fundamento na Lei Complementar nº 105/11, que dispõe em seu art. 1º, *caput*, que "[a]s instituições financeiras conservarão sigilo em suas operações ativas e passivas e serviços prestados". O cabimento dessa hipótese de sigilo depende do enquadramento do financiador como instituição financeira para os fins dessa lei complementar, observando-se o rol exemplificativo previsto no seu art. 1º, § 1º e o § 2º.[1459]

Trata-se, portanto, de sigilo condicionado a qualificação subjetiva: se um empréstimo (*financiamento em sentido estrito*, nos termos desta pesquisa)[1460] for praticado nos mesmos termos por dois entes, mas apenas um deles for instituição financeira, apenas em um caso haverá restrição.

As restrições decorrentes da sujeição de empresas estatais e demais entidades controladas pela União sujeitas a regime de concorrência (art. 5º, §1º, do Decreto nº 7.724/12) segue lógica subjetiva. Necessário, então, verificar se os financiadores que concorrem com agentes privados e desempenham exploração direta de atividade econômica (art. 173 da Constituição).

A opção tomada durante a regulamentação da Lei de Acesso à Informação foi a de sujeitar tais entes apenas às exigências de transparência aplicáveis ao mercado em geral (por exemplo, as exigidas pela CVM). Assegurou-se, assim, sua competitividade, mas também a sua adequação aos níveis de governança corporativa em voga. É por esse prisma – de equidade para com atores privados – que deveriam, portanto, ser examinadas ações de fomento praticadas por empresas que explorem atividade econômica.[1461]

[1458] Sobre esses, vide os itens 4.3.1, e 5.2.4, *supra*.

[1459] Observe-se particularmente a abertura para o cabimento desta hipótese de sigilo legal para qualquer sociedade que venha a ser considerada, em razão de suas atividades, como instituição financeira Conselho Monetário Nacional (art. 1º, §1º, inciso IX, da Lei Complementar nº 105/11).

[1460] Cf. o item 5.2.2.

[1461] É importante ter em mente que mesmo atividades de fomento podem estar associadas aos interesses econômicos das empresas estatais, de forma semelhante ao que atualmente ocorre com grandes empresas privadas que estimulam a inovação em outras empresas de sua cadeia produtiva ou que atuem em setores de relevância estratégica para seus

Também nesse caso a CGU tem importante posicionamento sobre o tema. É recomendado que a deliberação por parte do detentor das informações quanto à aplicabilidade dessa hipótese de sigilo deve ser baseada em avaliações concretas, demandando um juízo de ponderação sobre o potencial prejuízo às atividades da empresa no caso da divulgação das informações solicitadas.[1462]

6.2.2.2 Hipóteses mais usuais: os sigilos de índole industrial, comercial, empresarial e autoral

Os sigilos de índole industrial, comercial, empresarial e autoral são os mais recorrentes no cotidiano dos financiamentos.

O sigilo industrial conta com base constitucional, sendo a proteção das criações industriais um direito fundamental (art. 5º, inciso XXIX).[1463] Há também a Lei da Propriedade Intelectual, que busca resguardá-lo para evitar a concorrência desleal, chegando

---

negócios. Observe-se, como exemplo, o programa *Conexões para Inovação*, da Petrobras que, em seu *Módulo Startups* ambiciona, dentre outros "estimular o ecossistema de inovação, financiando projetos tecnológicos de startups e pequenas empresas de todo o país que estejam buscando uma oportunidade para ingressar de forma competitiva na cadeia de petróleo, gás e energia". Sobre a iniciativa, cf. informações disponíveis em: https://conexoes-inovacao.petrobras.com.br/s/?language=pt_BR. Acesso em: 29 jan. 2025. Sobre o exercício da função de fomento por empresas estatais, vide ISSA, Rafael Hamze. *Implementação de políticas de fomento por empresas estatais*: entre missão econômica e objetivos subsidiários. Tese (Doutorado em Direito) – Faculdade de Direito, Universidade de São Paulo, São Paulo, 2020.

[1462] Nos termos do *Manual de Aplicação da Lei de Acesso à Informação na Administração Pública Federal*: "[n]a análise da aplicabilidade do art. 5º do Decreto nº 7.724/2012, portanto, a CGU tem decidido que deve haver uma análise do caso concreto para decidir se há restrição à regra da publicidade. Deve-se analisar concretamente se a disponibilização das informações solicitadas acarretará prejuízo à atividade econômica da empresa. Dessa forma, a mera menção ao art. 5º, §1º, do Decreto nº 7.724/12 não constitui fundamentação suficiente para restringir a publicidade" (BRASIL. Controladoria Geral da União. *Aplicação da Lei de Acesso à Informação na Administração Pública Federal*. 4. ed. Brasília, DF: CGU, 2019. p. 40)

[1463] "Art. 5º Todos são iguais perante a lei, sem distinção de qualquer natureza, garantindo-se aos brasileiros e aos estrangeiros residentes no País a inviolabilidade do direito à vida, à liberdade, à igualdade, à segurança e à propriedade, nos termos seguintes: [...]
XXIX – a lei assegurará aos autores de inventos industriais privilégio temporário para sua utilização, bem como proteção às criações industriais, à propriedade das marcas, aos nomes de empresas e a outros signos distintivos, tendo em vista o interesse social e o desenvolvimento tecnológico e econômico do País".

a estatuir que quebra de confidencialidade constituiria infração penal[1464] (art. 195, incisos XI e XII, da Lei nº 9.279/96).[1465]

O sigilo comercial está igualmente associado à proteção da atuação da firma frente à concorrência indevida ou outras atividades que a prejudiquem.[1466] É com esse intuito, por exemplo, que a Lei de Falências apena a quebra do sigilo de dados concernentes a operações ou serviços que prejudique o desempenho financeiro da empresa (art. 169 da Lei nº 11.101/05).[1467]

Quanto aos segredos de natureza empresarial, Elisabeth Kasznar Fekete indica que eles representariam o agrupamento dos segredos de natureza comercial e industrial:[1468]

> [o] "segredo de empresa", sinônimo, portanto, de "segredo de negócio" ou "informação confidencial", representa o gênero agrupante de duas espécies: os segredos industriais, que abrangem, entre muitos outros exemplos possíveis, os processos de fabricação, as fórmulas de produtos, os dados técnicos de P&D e os segredos comerciais, como os projetos de lançamento de novos produtos ou serviços, os estudos de marketing, os resultados de pesquisas de mercado, as listas de clientes ou fornecedores, os métodos internos de trabalho e os estudos financeiros, tais como previsões de lucros, precificação, etc.

[1464] Com pena detenção, de três meses a um ano, ou multa, segundo o art. 195 referido. À sanção penal somam-se eventuais sanções cíveis de caráter indenizatório, como pode ser a regra no contexto da Lei nº 12.527/11 (art. 34).

[1465] "Art. 195. Comete crime de concorrência desleal quem: [...]
XI – divulga, explora ou utiliza-se, sem autorização, de conhecimentos, informações ou dados confidenciais, utilizáveis na indústria, comércio ou prestação de serviços, excluídos aqueles que sejam de conhecimento público ou que sejam evidentes para um técnico no assunto, a que teve acesso mediante relação contratual ou empregatícia, mesmo após o término do contrato;
XII – divulga, explora ou utiliza-se, sem autorização, de conhecimentos ou informações a que se refere o inciso anterior, obtidos por meios ilícitos ou a que teve acesso mediante fraude".

[1466] A proteção dos livros empresariais constante no art. 1.190 do Código Civil, embora eminentemente direcionada a autoridades estatais, poderia ser um exemplo desse intuito protetivo.

[1467] "Art. 169. Violar, explorar ou divulgar, sem justa causa, sigilo empresarial ou dados confidenciais sobre operações ou serviços, contribuindo para a condução do devedor a estado de inviabilidade econômica ou financeira:
Pena – reclusão, de 2 (dois) a 4 (quatro) anos, e multa".

[1468] Para outra referência na conceituação do sigilo empresarial (e também mostrando a abrangência conceitual referida), cf. ROSSI, Juliano Scherner. Elementos de gestão de segredos empresariais para a inovação. Revista Thesis Juris, São Paulo, v. 7, n. 1, p. 25-50, 2018. p. 27-33.

Tratando-se então o "segredo de empresa" de

conhecimento utilizável na atividade empresarial, de caráter industrial ou comercial, de acesso restrito, provido de certa originalidade, lícito, transmissível, não protegido por patente, cuja reserva representa valor econômico para o seu possuidor, o qual exterioriza o seu interesse na preservação do sigilo através de providências razoáveis.[1469]

Observados os contornos dos segredos de natureza industrial, comercial e empresarial, fica claro que, uma vez verificada a intenção de empresa em manter sigilosa determinada informação,[1470] sua transmissão ao financiador o impõe dever de confidencialidade.

Esse tipo de dados é fundamental ao processamento dos financiamentos. No caso da apresentação de *plano* ou *projeto* a ser custeado, é natural que processos de fabricação sejam expostos (inclusive com detalhamento técnico) para comprovar seu potencial inovador. Resultados de pesquisas de mercado ou a compilação de fornecedores e clientes efetivos ou potenciais podem ser disponibilizados para ilustrar as chances de comercialização de novo produto. Previamente a um investimento há até mesmo casos de *due diligence*.

Deve, então, o financiador estar particularmente atento a essas hipóteses de sigilo. Alguns julgados do CMRI ajudam a demonstrar como essas hipóteses de sigilo se fazem presentes na atividade em comento.

No contexto da Decisão nº 189/2014-CMRI, a solicitante requereu acesso integral à documentação relativa a três financiamentos celebrados pela Finep com empresa fabricante de armamentos de baixa letalidade. O financiador, mesmo disponibilizando cópias dos

---

[1469] FEKETE, Elisabeth Kasznar. Segredo de empresa. *In:* CAMPILONGO, Celso Fernandes; GONZAGA, Alvaro de Azevedo; FREIRE, André Luiz (org.). *Enciclopédia jurídica da PUC-SP*. São Paulo: Pontifícia Universidade Católica de São Paulo, 2017.

[1470] Elisabeth Kasznar Fekete observa que, como também o art. 195, inciso XI, da Lei nº 9.279/96 deixa antever, que é necessário que a empresa manifeste um esforço efetivo de sigilo quanto ao resguardo da informação, sendo observável a utilidade econômica do segredo, e o seu não pertencimento ao que seja de conhecimento público, e que ele não consista em algo evidente para um técnico no assunto em questão. Cf. FEKETE, Elisabeth Kasznar. Segredo de empresa. *In:* CAMPILONGO, Celso Fernandes; GONZAGA, Alvaro de Azevedo; FREIRE, André Luiz (org.). *Enciclopédia jurídica da PUC-SP*. São Paulo: Pontifícia Universidade Católica de São Paulo, 2017.

instrumentos contratuais pertinentes, negou acesso à totalidade dos autos. Sustentou a presença de sigilo industrial e dificuldade em delimitar especificamente quais partes das informações poderiam ser divulgadas.

A CMRI acolheu os argumentos do ente público e foi além. Identificou a incidência de sigilo em razão de propriedade intelectual e do art. 7º, §1º, da Lei de Acesso à Informação, considerando estarem presentes questões atinentes à segurança da sociedade e do Estado.

Embora não envolvendo diretamente os financiamentos, a Decisão nº 23/2014-CMRI, originada de solicitação dirigida ao BNDES, pode ser tomada como referencial para reflexões sobre a transparência exigida quanto do manejo de instrumentos de *investimento*.[1471] Nesse caso pedia-se a cópia de *todos* os acordos de acionistas e de quotistas dos quais o BNDES fosse parte.

O banco, após referenciar todos os acordos vigentes celebrados com companhias abertas e indicar que o acesso aos mesmos se encontra disponível no sítio eletrônico da CVM, restringiu, todavia, acesso às avenças estabelecidas com companhias fechadas. Considerou-as informações estratégicas abrangidas pelo sigilo empresarial. Ao fim, a CMRI corroborou o entendimento de incidência dessa hipótese de sigilo, considerando como possível o prejuízo à "concorrência justa e equilibrada entre as sociedades de ações" caso as informações faltantes viessem a ser divulgadas.

A Decisão nº 543/2017/CMRI/SE/CC-PR, oriunda de solicitação dirigida à Finep, envolve o detalhamento de informações previamente fornecidas. Após ter recebido planilha produzida por essa agência de fomento retratando financiamentos concedidos a diversas empresas, a Associação Brasileira de Biogás e Metano requereu, junto a esclarecimentos quanto à operacionalização dos financiamentos, o acesso à informação sobre o conteúdo material das iniciativas fomentadas. Foi especificamente questionado se elas envolveriam a construção de estruturas de produção de biogás, chegando-se a questionar sua localização.

Após esclarecimentos sobre os dados já disponibilizados o financiador aduziu que não poderia divulgar as informações

---

[1471] Sobre esses, abordando seu manejo para o fomento à inovação empresarial, vide item 5.2.4.

relativas às estruturas de biogás em razão da incidência de sigilo industrial. Sustentou-se haver risco de prejuízo à competitividade das financiadas caso divulgadas as informações faltantes, tendo sido a linha de argumentação estatal acolhida pela CMRI.

A Decisão nº 101/2018/CMRI/SE/CC-PR, embora tendo como pano de fundo instrumentos de estímulo não abordados neste livro, serve, entretanto, como referência para a reflexão sobre o detalhamento das informações atinentes a programas de fomento à inovação.

A deliberação origina-se de solicitação, para fins de pesquisa acadêmica, de acesso a bases de dados relativas à concessão de incentivos fiscais (Lei de Informática e da Lei do Bem). Requer-se tanto a identificação de empresas que desfrutam desses benefícios como a forma como elas o faziam.

O órgão demandado, o atual MCTI, forneceu os dados de forma agregada, em planilhas, citando relatórios que os continham e já seriam de conhecimento público (transparência ativa). O órgão recusou-se, entretanto, a fornecer todos os microdados solicitados. Foi tido como aplicável o sigilo industrial ou comercial dada a impossibilidade de anonimização das informações relativas aos detalhes do uso dos incentivos. Foi, também aqui, acolhida a argumentação pela CMRI.

Por fim, interessa citar o sigilo autoral. Embora seu conteúdo mais tenha a ver com a proibição da reprodução e modificação da obra em prejuízo do autor, como ilustra seu fundamento constitucional (art. 5º, incisos XXVII e XXVIII),[1472] ele também é aventado como hipótese justificadora da restrição à informação.

Embora no âmbito dos financiamentos ele possa acabar se confundindo principalmente com o sigilo industrial (ou empresarial, em uma acepção mais ampla), dado seu fornecimento por empresas,

---

[1472] "XXVII – aos autores pertence o direito exclusivo de utilização, publicação ou reprodução de suas obras, transmissível aos herdeiros pelo tempo que a lei fixar;
XXVIII – são assegurados, nos termos da lei:
a) a proteção às participações individuais em obras coletivas e à reprodução da imagem e voz humanas, inclusive nas atividades desportivas;
b) o direito de fiscalização do aproveitamento econômico das obras que criarem ou de que participarem aos criadores, aos intérpretes e às respectivas representações sindicais e associativas".

é importante referi-lo principalmente dado posicionamento específica da CGU. A controladoria conferiu interpretação ampla à ideia de "obra científica", estendendo o alcance das restrições com origem no direito autoral. Diz manual orientador para a aplicação da Lei de Acesso à Informação:

> Ressalte-se que a jurisprudência tem dado definições amplas ao conceito de "obra científica" contido na Lei de Direitos Autorais. A título de exemplo, tem-se considerado "obra científica' curso apostilado de telemarketing (TJSP Apelação APL 9098507672005826), material publicitário (TJPR Apelação Cível AC 2787639), redação de contrato de prestação de serviços (TJRS Apelação Cível AC 70038351052), trabalho científico (STJ – Recurso Especial REsp 150.467), entre outros. O que se percebe é que qualquer texto que produza algum tipo de inovação merece ser qualificada como "obra científica", apta a receber as proteções da Lei de Direitos Autorais, tais como proibição de publicação sem o consentimento do autor. A proteção aos direitos autorais e a proibição de publicação de obra científica sem consentimento do autor funcionam, por analogia, como uma hipótese de sigilo legal específico (art. 22 da LAI).[1473]

6.2.2.3 As hipóteses de classificação (inclusas as referentes a projetos de P&D e inovação cujo sigilo seja imprescindível à segurança da sociedade e do Estado)

Também há hipóteses de restrição fundadas em atos de classificação. A operacionalização dessa forma de sigilo, de toda forma, é bastante distinta das demais hipóteses de sigilo já abordadas.[1474]

Para que uma informação possa ser classificada, ela precisa ser enquadrada em rol exaustivo, constante do art. 23 da Lei de Acesso à Informação e, no âmbito federal, no art. 25 do seu regulamento. Não

---

[1473] BRASIL. Controladoria Geral da União. *Aplicação da Lei de Acesso à Informação na Administração Pública Federal*. 4. ed. Brasília, DF: CGU, 2019. p. 37.

[1474] O manual da CGU deixa claro sua especificidade: "[a]s informações protegidas por sigilos legais, informações pessoais, documentos preparatórios ou aquelas em que incidem as hipóteses do art. 13 do Decreto nº 7.724/2012 não precisam ser classificadas. As informações passíveis de classificação são apenas aquelas que se enquadram nas 9 hipóteses previstas nos arts. 23 e 24 da LAI" (BRASIL. Controladoria Geral da União. *Aplicação da Lei de Acesso à Informação na Administração Pública Federal*. 4. ed. Brasília, DF: CGU, 2019. p. 43).

é exatamente o seu conteúdo que conduz à classificação, mas uma análise contextual em que se deve ponderar se há risco à segurança da sociedade ou do Estado em caso de divulgação.

Pense-se, por exemplo, em solicitação de acesso relativa ao financiamento para o desenvolvimento de material bélico inovador inserido em atuação conjunta de diversos Estados nacionais. Seria necessário averiguar se franquear o acesso a tal informação poderia pôr em risco negociações e relações diplomáticas transnacionais; prejudicar planos ou operações estratégicos das Forças Armadas; ou importar na divulgação de informações sigilosas confiadas ao país por outras nações ou organismos internacionais (art. 23, incisos II e V, da Lei nº 12.527/11). Afirmativa qualquer uma das respostas se vê justificativa para a aplicação da classificação, estatuindo-se o sigilo

A classificação, ademais, não se reduz a essa análise contextual. Ela demanda a execução de ritos próprios, com a participação de autoridades competentes e deliberações quanto ao grau de sigilo aplicável e de prazo para a duração da restrição.[1475] A classificação não só exige motivação específica (art. 28 da Lei de Acesso à Informação) como requer atuação de autoridades administrativas superiores na proporção que a restrição de acesso se acentue.[1476]

A definição do prazo é um elemento crucial da classificação, e que atesta seu caráter temporário. A restrição de acesso é expressamente determinada, diferenciando a classificação novamente de outras hipóteses de sigilo em que a dimensão temporal depende de outros fatores e é usualmente dotada de maior fluidez.[1477]

[1475] Os procedimentos relativos à classificação, gestão das informações classificadas e sua eventual desclassificação figuram como os trechos de caráter mais notadamente procedimental na Lei de Acesso à Informação e seu regulamento. Para uma abordagem dinâmica e prática deles, cf. (BRASIL. Controladoria Geral da União. *Aplicação da Lei de Acesso à Informação na Administração Pública Federal*. 4. ed. Brasília, DF: CGU, 2019. p. 42-51).

[1476] Observe-se especialmente o art. 27 da Lei de Acesso à informação, que deixa claro que informações ultrassecretas só poderiam ser ordinariamente classificadas como tal por meio de atos praticados pelo Presidente e o Vice-Presidente da República; Ministros de Estado e autoridades com as mesmas prerrogativas; Comandantes da Marinha, do Exército e da Aeronáutica; e Chefes de Missões Diplomáticas e Consulares permanentes no exterior.

[1477] Pense-se, para não recorrer a hipóteses de sigilo legal (que seguirão, cada um, dinâmicas próprias), nos sigilos relativos a informações pessoais (art. 31 da Lei nº 12.527/11) e a relativa aos documentos preparatórios (arts. 7º, §3º, da lei e 20 do Decreto nº 7.724/12).

A sistemática fecha-se com expedientes de controle dos prazos de restrição e de disponibilização ao público de informações classificadas uma vez findos os fundamentos para o sigilo.[1478]

E como se faria presente a classificação na prática dos financiamentos?

Ao que tudo indica, esse não é um expediente muito comum.[1479] Tome-se como exemplos a Finep e o BNDES. A primeira, quando da elaboração desse texto, informou não possuir informação classificada ou desclassificada.[1480] O segundo apresentou a público rol diminuto de informações classificadas e que haviam sido desclassificadas nos últimos 12 meses.[1481]

É possível que a natureza facultativa das atividades de fomento faça com que sejam menos recorrentes situações que justifiquem a classificação. Quanto ao que é verdadeiramente imprescindível é mais comum que o Estado assegure a execução via prestação direta, delegação ou outras formas de custeio do serviço.[1482] Também pode-se imaginar que a rigidez dos procedimentos associados à classificação torne essa hipótese menos atrativa para o financiador caso ele também possa sustentar a incidência hipóteses de sigilo legal.

Apesar desse pouco uso, cabe dizer que há inclusive hipóteses de classificação diretamente associadas às atividades de CTI. Elas

---

[1478] Importa sublinhar que constitui obrigação das autoridades máximas de cada órgão ou entidade publicar anualmente o rol das informações que tenham sido desclassificadas nos últimos 12 meses (art. 30, inciso I, da Lei de Acesso à Informação).

[1479] Caso a classificação tenha, por exemplo, sido produzida por outra autoridade pública, como as forças armadas.

[1480] Vide informações disponíveis em: http://finep.gov.br/informacoes-classificadas. Acesso em: 15 jan. 2021.

[1481] Disponível em: http://www.bndes.gov.br/wps/portal/site/home/acesso-a-informacao/informacoes-classificadas/informacoes-classificadas. Acesso em: 15 jan. 2021. Na data de consulta do site desta entidade, havia um total de sete informações (relatórios diversos) classificadas como reservadas com fundamento no art. 23, inciso VIII, da Lei de Acesso à Informação e uma, cujo assunto era "relatório de precificação da carteira", desclassificada nos últimos 12 meses, tendo sido considerada reservada com fundamento no art. 23, inciso IV, da lei.

[1482] Assim, lógica diferente poderia orientar o manejo de informações associadas a formas de intervenção mais diretas em que, por exemplo, o Estado se empenha no desenvolvimento de determinada tecnologia, contratando empresas privadas para auxiliá-lo nessa empreitada. Como se tem dito, até mesmo quando operadas pelos mesmos instrumentos – sendo esperada a mobilização dos financiadores para participar de tais iniciativas – é importante bem compreender do que consiste a forma de atuação pública concretamente em curso.

justificam a restrição de acesso para prevenir contra potencial prejuízo ou risco a risco a projetos de pesquisa e desenvolvimento científico ou tecnológico, assim como a sistemas, bens, instalações ou áreas de interesse estratégico nacional (art. 23, inciso VII, da Lei de Acesso à Informação e art. 25, inciso VI, do Decreto nº 7.724/12, e arts. 7º, §1º, da lei e 6º, inciso II, do decreto).

Embora de uso ainda incomum cabe, de toda forma, salientar que essa hipótese não deve ser utilizada de maneira trivial durante o manejo dos financiamentos. Afinal, para não banalizar a qualificação de iniciativa fomentada como de "interesse estratégico nacional" é importante que seu uso seja comedido.

6.2.2.4 Aprimoramento da publicidade durante as atividades de financiamento

A busca pelo equilíbrio entre a satisfação da transparência como preceito orientador da atuação pública e a aplicação dos regimes de sigilo durante o desempenho dos financiamentos não constitui tarefa banal. Como se viu, a legislação demanda esforços de enquadramento nas hipóteses prescritas, a instauração de procedimentos em hipóteses de classificação e a demarcação dos limites do sigilo, inclusive no interior dos documentos.

Isso exige uma atuação cuidadosa por parte dos financiadores. A disponibilização indevida pode ensejar sanções administrativas (atingindo diretamente os agentes públicos responsáveis), civis (de indenização à cominação de ato ímprobo) e penais (caso desrespeitado sigilo apenado nessa esfera, como o sigilo industrial). Assim, mesmo sendo atividade bastante desafiadora, falhas na calibração entre publicidade e do sigilo podem trazer consequências relevantes.

No fechamento desse tópico, propõe-se duas possíveis vias de aprimoramento para o desempenho dessa tarefa e que podem ser livremente adaptadas conforme as necessidades do financiador.

A primeira delas é o fortalecimento das unidades dos financiadores incumbidas de prover o acesso à informação.

Pensa-se no óbvio, mas nem sempre factível: o deslocamento de funcionários para tais unidades; provisionamento de mais materiais e recursos; sua valorização e profissionalização, para que haja acúmulo de conhecimento e especialização;[1483] e a oferta contínua de capacitação[1484] e assistência àqueles que respondam a solicitações de acesso (principalmente quando a resposta é produzida descentralizadamente).

Estruturar sistemas de acesso à informação é indiscutivelmente um ônus à atuação pública.[1485] A opção por privilegiá-lo, de toda feita, exige providências sérias para sua efetivação.

A segunda delas, que pode servir como alternativa ou se conjugar à primeira, é a de fazer com que os beneficiários de fomento auxiliem os financiadores nessa missão.

Exigir relatórios ou resumos dos *planos* ou *projetos* a serem elaborados pelas empresas financiadas segue essa lógica, são comuns, e são mecanismos bastante úteis à concretização da transparência ativa.[1486]

Mas também pode ser possível contar com as empresas na efetivação da transparência passiva. Elas poderiam destacar

---

[1483] Note-se que, nos termos do Decreto nº 7.724/12 (art. 67), o dirigente máximo de cada órgão ou entidade designará autoridade que lhe seja diretamente subordinada para exercer atividades relacionadas ao monitoramento da lei. A preocupação, nesse sentido, é para que tal atribuição não deixe de ser priorizada frente a outras atividades a cargo dessa unidade.

[1484] Relembre-se que cabe à CGU o exercício de captação no âmbito de aplicação da Lei de Acesso à Informação, por força do art. 68, inciso III, de seu decreto regulamentador na esfera federal, já tendo sido mencionadas as importantes publicações desse órgão sobre o tema.

[1485] Mesmo que a utilização da Lei de Acesso à Informação tenha como premissa a gratuidade (art. 12 da Lei nº 12.527/11), a operacionalização do direito fundamental de acesso produz custos, no mínimo em termos de mão de obra, a serem suportados pelos órgãos ou entes sujeitos à lei. Para um trabalho provocativo sobre esse tema, em uma abordagem dos custos relativos ao equivalente à lei de acesso (o *Freedom of Information Act – FOIA*) na realidade estadunidense, em que muitas solicitações de informação tem finalidade comercial, vide KWOKA, Margaret. FOIA, Inc. *Duke Law Journal*, Durham, v. 65, n. 7, p. 1361-1437, 2016. A autora, com base em seus achados, recomenda o incremento de esforços de transparência ativa naquele país como expediente para combater custos crescentes dessa atividade e desestimular um mercado instituído com base na requisição de informações a entes públicos. Para uma abordagem dessa legislação naquele contexto, cf. STRAUSS, Peter; RAKOFF, Todd; METZGER, Gillian; BARRON, David; O'CONNELL, Anne. *Gellhorn and Byse's Administrative Law*: Cases and Comments. 12. ed. Minnesota: Foundation, 2018. p. 672-740. Por fim, para uma crítica bastante contundente à essa legislação inspiradora da legislação brasileira, vide POZEN, David. Freedom of Information beyond the Freedom of Information Act. *University of Pennsylvania Law Review*, Filadélfia, v. 165, n. 5, p. 1097-1158, 2017.

[1486] Observe-se, por exemplo, o disposto na Cláusula Oitava, item 8, da minuta contratual de subvenção econômica (anexo 3), analisada no item 5.2.3.3: "[p]ara fins de divulgação externa, a *BENEFICIÁRIA DA SUBVENÇÃO* se obriga a apresentar, juntamente com o Relatório de Prestação de Contas Final, um resumo, de até 200 palavras, contendo informações relativas aos resultados alcançados pelo PROJETO, no qual deverão ser destacadas até 6 (seis) palavras-chave que melhor caracterizem o conteúdo desses resultados".

previamente informações tidas por elas como meritórias de sigilo considerando a legislação. Assim, uma vez que as financiadas se responsabilizem pelas hipóteses que merecem a restrição, é possível adotar como premissa a livre divulgação do que não tiver sido expressamente identificado por elas.[1487] Embora isso signifique um deslocamento de esforços para as beneficiárias de fomento, isso pode conduzir à simplificação da atuação pública e a aprimoramentos em termos de segurança jurídica. As empresas, mais do que ninguém, têm o interesse em gerir esse tipo de informação.

Esse é o caminho adotado pela ARPA-E, agência de referência no fomento à inovação estadunidense atuante no setor energético[1488] durante a concessão de seus financiamentos. Ela exige que sejam delimitadas as matérias sigilosas nos documentos que lhe são entregues previamente à concessão de recursos públicos.

Outro expediente adotado por essa agência, associada conjuntamente à solicitação de marcação, é estabelecer contato com as empresas fomentadas e questioná-las quanto às demandas de acesso que lhe foram direcionadas. A criação de canal de diálogo possibilita mensurar melhor as consequências de eventual divulgação[1489] e estreita os vínculos entre financiador e financiado, o que é sempre recomendável.

6.3 A processualidade como elemento disciplinador

A compreensão jurídica das atividades estatais com amparo em formas processuais é uma tendência já bastante consolidada.[1490] Seu significado sintetizado por Odete Medauar:

[1487] Assumindo-se, naturalmente, que a empresa simplesmente não pode afirmar que tudo é sigiloso dada a própria natureza dos sigilos industrial e comercial, conforme anteriormente exposto.

[1488] Vide o item 2.3.1e 2.3.3 para outros comentários sobre essa e agência norte-americana.

[1489] Observe-se nas páginas 34 e seguintes do *Applicants' Guide to Award Negotiations with ARPA-E*, como a agência solicita que sejam detalhadamente demarcadas as informações sigilosas. Ela também se compromete,, em especial quanto a informações de cunho comercial ou autoral/industrial (*proprietary information*), a dialogar com os beneficiários quando houver solicitação de acesso. Cf. UNITED STATES OF AMERICA. Department of Energy. *Applicants' Guide to Award Negotiations with ARPA-E*. Washington, D.C.: Dep. of Energy, 2016.

[1490] Nas palavras de Odete MEDAUAR "[a] partir do final dos anos 20 do século XX, entre os administrativistas, e dos 40, entre os processualistas, começa a despontar o entendimento no sentido da aceitação de uma processualidade ligada ao exercício dos três poderes do Estado.

O processo, nesse entendimento, expressa o aspecto dinâmico de um fenômeno que se vai concretizando em muitos pontos no tempo, refletindo a passagem do poder em atos ou decisões. Assim, o processo existe tanto no exercício da função jurisdicional, como na função legislativa e na função executiva.[1491]

Uma compreensão transcendente do processo, conquanto categoria jurídica que transcende o exercício da função jurisdicional, é também destacada por Cândido Rangel Dinamarco, Ada Pellegrini Grinover e Antônio Carlos de Araújo Cintra:

> Processo é conceito que transcende o direito processual. Sendo instrumento para o legítimo exercício do poder, ele está presente em todas as atividades estatais (processo administrativo, legislativo) e mesmo não estatais (processos disciplinares de partidos políticos ou associações, processos das sociedades mercantis para aumento de capital etc.).[1492]

O reconhecimento da viabilidade de uma aplicação abrangente da noção de processo ao conjunto das funções estatais, chamada pela doutrina de "processualidade ampla",[1493] traz consequências

---

Às manifestações episódicas deste período seguiu-se, nas décadas de 50 e 60 do século XX, um aumento expressivo de estudos a respeito, culminando, nos anos 70 e 80, numa convergência de processualistas e administrativistas em torno da afirmação do esquema processual relativo aos poderes estatais, sobretudo" (MEDAUAR, Odete. *A processualidade no direito administrativo*. São Paulo: Revista dos Tribunais, 2008. p. 18-19). Para uma retomada sintética da progressão dessa tendência entre autores estrangeiros e pátrio até os anos mais recentes, assim como comentários sobre a absorção da ideia de processo no direito administrativo brasileiro, vide MEDAUAR, Odete. *O direito administrativo em evolução*. 3. ed. Brasília, DF: Gazeta Jurídica, 2017. p. 285-294; SUNDFELD, Carlos Ari. Processo e procedimento administrativo no Brasil. In: SUNDFELD, Carlos Ari; MUÑOZ, Guillermo Andrés (org.). *As leis de processo administrativo (Lei Federal 9.784/99 e Lei Paulista 10.177/99)*. São Paulo: Malheiros, 2006. p. 17-36. Para exemplos da absorção dessa ideia pela doutrina pátria, apesar de algumas diferenças pontuais em seu desenvolvimento, vide DI PIETRO, Maria Sylvia Zanella. *Direito administrativo*. 31. ed. Rio de Janeiro: Forense, 2018. p. 789-792; e CARVALHO FILHO, José dos Santos. *Manual de direito administrativo*. 31. ed. Rio de Janeiro: Atlas, 2017. p. 1032-1035.

[1491] MEDAUAR, Odete. *Direito administrativo moderno*. 22. ed. Belo Horizonte: Fórum, 2020. p. 173.

[1492] CINTRA, Antonio Carlos de Araújo; GRINOVER, Ada Pellegrini; DINAMARCO, Cândido Rangel. *Teoria geral do processo*. 27. ed. São Paulo: Malheiros, 2011. p. 302. Também sobre o tema, em uma discussão mais longa e destacando a diferença entre processos jurisdicionais e não jurisdicionais vide DINAMARCO, Cândido Rangel. *A instrumentalidade do processo*. 15. ed. São Paulo: Malheiros, 2013. p. 73-89.

[1493] A noção é apresentada sinteticamente por Odete Medauar em MEDAUAR, Odete. *Direito administrativo moderno*. 22. ed. Belo Horizonte: Fórum, 2020. p. 173-175. Para uma discussão de maior fôlego, em obra de referência sobre o tema, vide MEDAUAR, Odete. *A processualidade no direito administrativo*. São Paulo: Revista dos Tribunais, 2008.

importantes. Ao sublinhar a dinamicidade da atuação pública, deixam de ser examinados estática e isoladamente os atos produzidos pelas autoridades. Dá-se relevo ao passando-se ao que os precedeu, e aos eventos e interações associados à sua criação, que não se dá *ex nihilo*.[1494]

Sua aplicabilidade à esfera administrativa encontra fundamento no texto constitucional vigente[1495] e é explicitada pela legislação pátria.[1496] Ademais, a adoção da perspectiva processual reforça a importância do diálogo com os envolvidos direta ou indiretamente nos atos praticados pelo Poder Público, valorizando a busca pela cooperação e tornando saliente a importância do contraditório como preceito orientador da atuação estatal.[1497]

A processualidade deixa claro que a atuação administrativa não se esgota na promoção mecânica de atos sucessivos.[1498] Ela

---

[1494] Essa mudança de enfoque pode ser bem representada pelo aumento dos estudos sobre *processo administrativo* em comparação aos dedicados aos *atos administrativos* pelos administrativistas nas últimas décadas do século XX, conforme relatado por MEDAUAR, Odete. Do ato ao processo. *Fórum Administrativo*: Direito Público, São Paulo, n. 100, p. 167-174, 2009.

[1495] O art. 5º, inciso LV, é comumente destacado como uma referência importante para a expansão da processualidade segundo os auspícios da Constituição de 1988 ao assegurar que "aos litigantes, em processo judicial ou administrativo, e aos acusados em geral são assegurados o contraditório e ampla defesa, com os meios e recursos a ela inerentes". É expresso o condicionamento dos processos administrativos (no mínimo no que concerne a situações litigiosas), ficando claro que eles não devem ser mecanismos para o arbítrio estatal nem para um predomínio inconteste das razões de Estado.

[1496] A Lei de Processo Administrativo Federal (Lei nº 9.784/99) simboliza a expansão do enquadramento processual do exercício da função administrativa. O enunciado de suas finalidades, presente, em seu art. 1º, é claro *caput*: "[e]sta Lei estabelece normas básicas sobre o processo administrativo no âmbito da Administração Federal direta e indireta, visando, em especial, à proteção dos direitos dos administrados e ao melhor cumprimento dos fins da Administração". Com forte conteúdo deontológico (cf. especialmente o seu art. 2º), extrai-se desse diploma uma preocupação que supera a mera descrição de ritos a serem seguidos para a produção sucessiva de atos.

[1497] Segundo Medauar, o processo no âmbito administrativo pode ser identificado pela presença da cooperação dos sujeitos processuais e pela presença do contraditório. Cf. MEDAUAR, Odete. *A processualidade no direito administrativo*. São Paulo: Revista dos Tribunais, 2008. p. 39-44. O contraditório, nesse contexto, deve ser entendido em uma dimensão ampla, que ecoa a diretiva de ser promovida a "audiência bilateral" (*audiatur et altera pars*), ou seja, de serem ouvidas as partes envolvidas previamente à tomada da decisão pela autoridade, em linha com o que propugnam CINTRA, Antonio Carlos de Araújo; GRINOVER, Ada Pellegrini; DINAMARCO, Cândido Rangel. *Teoria geral do processo*. 27. ed. São Paulo: Malheiros, 2011. p. 61-63.

[1498] A opção pelo vocábulo *processo* ao invés de *procedimento* neste texto, além de buscar manter alinhamento com a terminologia utilizada nos trabalhos citados, tem como finalidade destacar a possibilidade de estreitamento das relações entre as partes e a instauração do contraditório que a estrutura processual possibilita. Essa terminologia, de toda forma, tem

permite compreender a Administração como incumbida de tarefas complexas, cuja execução pode envolver o aprofundamento de valores democráticos. É, de fato, apenas pela via processual que a participação dos cidadãos na condução dos assuntos públicos pode ser franqueada;[1499] sem eles o poder estatal se materializa apenas por atos isolados, sem uma interação estruturada entre autoridades e o restante da sociedade;[1500] Também a transparência pode ser fortalecida por ela: a formalização favorece o acesso à informação dada a produção de registros que lhe é inerente.[1501]

6.3.1 Os financiamentos à inovação empresarial como forma de atuação processualizada

Reconhecer o caráter processual dos financiamentos atrai a incidência de exigências constantes do ordenamento para que os

---

sido objeto de comentários doutrinários quanto às suas nuances. Para uma abordagem desse debate, além de explanações adicionais sobre a temática do processo administrativo, cf. HARGER, Marcelo. Processo administrativo: aspectos gerais. *In*: CAMPILONGO, Celso Fernandes; GONZAGA, Alvaro de Azevedo; FREIRE, André Luiz (org.). *Enciclopédia jurídica da PUC-SP*. São Paulo: Pontifícia Universidade Católica de São Paulo, 2017. t. 2; e BACELLAR FILHO, Romeu Felipe. A distinção entre processo e procedimento administrativo – consequências quanto ao regime jurídico e às garantias do processo disciplinar. *In*: ALMEIDA, Fernando Dias Menezes de; MARQUES NETO, Floriano; MIGUEL, Luiz; SCHIRATO, Vitor. *Direito Público em Evolução*: Estudos em Homenagem à Professora Odete Medauar. Belo Horizonte: Fórum, 2013. p. 345-373.

[1499] Não por acaso, o "princípio da participação popular" é tratado algumas vezes como princípio aplicável à disciplina dos processos administrativos, como faz DI PIETRO, Maria Sylvia Zanella. *Direito administrativo*. 31. ed. Rio de Janeiro: Forense, 2018. p. 804-806. Isso não significa que o processo seja a única forma pela qual essas interações se manifestem. A vida prática comprova a sua ocorrência por diversas formas. Se quer apenas acentuar o potencial do processo como estrutura para dar-lhes suporte.

[1500] Novamente nas palavras de Odete Medauar: "é possível vislumbrar no processo administrativo o âmbito no qual se encontram a Administração e os sujeitos interessados na formação do ato; assim considerado, representa uma das mais importantes modalidades da presença valorizada do particular na formação do ato" (MEDAUAR, Odete. *A processualidade no direito administrativo*. São Paulo: Revista dos Tribunais, 2008. p. 64). Ainda, sobre as conexões entre processo e participação, vide SANTOS, Fabio Gomes dos. Procedimento, processo, processo administrativo e sua conexão com a participação administrativa. *Revista Brasileira de Direito Público*, São Paulo, n. 53, p. 91-100, 2016. Observe-se, de toda forma, que a via processual não é a *única* forma de interação entre Poder Público e sociedade, mas considera-se que ela contempla, mesmo em suas manifestações menos rígidas, algumas das formas mais estruturadas para sua efetivação.

[1501] Pense-se, por exemplo, como o direito de acesso à informação, discutido no tópico precedente, acaba favorecido ao poder ser exercido perante um conjunto muito mais robusto de dados.

processos administrativos não sejam conduzidos de forma arbitrária, caótica, irrazoável ou desproporcional.[1502] Embora não se pretenda abordá-las exaustivamente – uma vez que as regras aplicáveis podem, inclusive, variar de financiador para financiador[1503] – cabe ao menos ilustrar como a via processual permeia os financiamentos.[1504]

Partir do rol de finalidades do processo administrativo descrito por Odete Medauar é útil para fazê-lo. Ela elenca oito finalidades: garantia; melhor conteúdo das decisões; legitimação do poder; correto desempenho da função; justiça na Administração; aproximação entre Administração e cidadãos; sistematização de atuações administrativas; e facilidade no controle da Administração.[1505] É possível organizá-las em blocos.

O primeiro bloco incluiria as finalidades de garantia frente ao arbítrio administrativo e de busca por justiça na Administração, assegurando respeito aos direitos dos envolvidos na relação processual.

A adoção de formas processuais para a aplicação de sanções contratuais durante o transcorrer dos financiamentos[1506] ilustra como essa finalidade é satisfeita.

[1502] Os princípios e critérios arrolados no art. 2º da Lei nº 9.784/99, dentre outros, são exemplos de diretivas nesse sentido. Contrariá-los pode conduzir, por exemplo, à invalidação de atos administrativos pela via judicial. Para uma abordagem voltada à sistematização dos princípios atinentes ao processo administrativo, cf. MARRARA, Thiago, Princípios de processo administrativo. *Revista Digital de Direito Administrativo*, São Paulo, v. 7, n. 1, p. 85-116, 2020.

[1503] Elementos como a legislação que lhes é aplicável (outras esferas da federação podem ser regidas por outros diplomas que não a Lei nº 9.784/99, por exemplo) e detalhes concernentes à sua configuração jurídica (com sua inserção ou não na estrutura administrativa, ou a aplicabilidade de regime jurídico público ou privado) produzem essa variabilidade.

[1504] Estratégia semelhante, de traçar características de uma atividade pública com base em princípios a ela aplicáveis, foi adotada em SANTOS, Fabio Gomes dos. *Audiências públicas administrativas no direito brasileiro*. Rio de Janeiro: Lumen Juris, 2015.

[1505] MEDAUAR, Odete. *Direito administrativo moderno*. 22. ed. Belo Horizonte: Fórum, 2020. p. 175-176. De forma similar, Rafael Wallbach Schwind pontua que o processo admite diversas funções simultâneas: como método, servindo para conduzir a uma atuação pública organizada e direcionada; como instrumento de legitimação, conquanto mecanismo de exercício do poder; mecanismo de transparência instrumento viabilizador do controle e mecanismo de segurança jurídica. Cf. SCHWIND, Rafael Wallbach. Processo administrativo em evolução. In: ALMEIDA, Fernando Dias Menezes de; MARQUES NETO, Floriano; MIGUEL, Luiz; SCHIRATO, Vitor. *Direito Público em Evolução*: Estudos em Homenagem à Professora Odete Medauar. Belo Horizonte: Fórum, 2013. p. 377.

[1506] Lembre-se, por exemplo, a dicção do art. 5º, inciso LIV, da Constituição: "ninguém será privado da liberdade ou de seus bens sem o devido processo legal".

A prática de condutas inadequadas por parte das empresas destinatárias dos recursos, como exemplificado no capítulo precedente,[1507] pode ensejar a imposição de diversas sanções. Elas variam do envio de notificações de advertência à aplicação de medidas ressarcitórias[1508] e/ou punitivas. Em casos de fundada suspeita de irregularidades, expedientes acautelatórios como a paralisação dos desembolsos programados e a exigência de suspensão dos dispêndios pela empresa também podem ser aplicados até que as suspeitas sejam dissipadas.

Sempre que pode ser produzida condição gravosa à financiada é necessária a instituição de processo[1509] para assegurar tanto o exercício da ampla defesa e do contraditório pelas empresas quanto o acerto do agir estatal. A satisfação de exigências procedimentais, em especial as fundadas em disposições contratuais, é necessária para que as medidas sejam implementadas na exata proporção exigida pela consecução do interesse público, não se abrindo espaço para sua invalidação.[1510]

[1507] Faz-se menção às minutas analisadas nos itens 5.2.2.3, 5.2.3.3 e 5.2.4.3. Interessa reparar como nas minutas cada medida sancionatória é usualmente dotada de um rito, que usualmente contempla tanto a notificação das empresas para prestarem esclarecimentos quanto hipóteses de tomada de medidas acautelatórias por parte do financiador.

[1508] Elas podem advir inclusive em razão da responsabilização do financiador por danos causados a terceiros, em caráter regressivo. A hipótese de dano ambiental, em que o financiador é acionado ao invés do poluidor, é bem exemplificativa. Sobre a questão da responsabilização de fomentadores e fomentados, vide FREIRE, André Luiz. Responsabilidade patrimonial na atividade administrativa de fomento. *Fórum de Contratação e Gestão Pública*, São Paulo, n. 100, p. 7-30, 2010.

[1509] Na maioria dos casos, em especial aqueles que não envolvem sanções de maior gravidade, as relações processuais serão desenvolvidas de forma simplificada, envolvendo essencialmente a produção de manifestações entre financiador e financiada e a prolação de decisão sobre a aplicação de sanção.

[1510] Muitas vezes o Poder Público não toma todos os cuidados necessários à instauração de procedimentos sancionatórios ou acautelatórios, pondo em risco inclusive sua capacidade sancionatória. Márcia Walquiria Batista dos SANTOS, discutindo os procedimentos atinentes à rescisão de contratos administrativos e a aplicação de penalidades pertinentes, bem descreve problema que pode vir a afligir os financiadores: "[quanto aos casos em que o particular apenado recorra ao Judiciário para se livrar da penalidade imposta] [n]em sempre o cenário é favorável para a Administração, que sem tomar as devidas cautelas, repentinamente rescinde contratos administrativos, sem dar ao contratado o direito ao *devido processo legal* [...]. Agindo abruptamente, a Administração acaba gerando para si uma situação de descrédito, a ponto de dar elementos e argumentos para que as empresas se sintam fortalecidas e, cada vez mais, recorram ao Poder Judiciário para fazer valer seus direitos e anular penalidades impostas, as quais, muitas das vezes, seriam legalmente possíveis" (SANTOS, Márcia Walquiria Batista dos. O procedimento da rescisão de contratos administrativos e da aplicação de penalidade. *In*: MARQUES NETO, Floriano de Azevedo; ALMEIDA, Fernando Dias Menezes de; MARRARA, Thiago (org.). *Direito e administração pública*: estudos em homenagem a Maria Sylvia Zanella Di Pietro. São Paulo: Atlas, 2013. p. 929).

O segundo bloco incluiria as finalidades de legitimação do poder, aproximação entre Administração e cidadãos e a de facilitar o controle da Administração.

As estruturas processuais têm inegável potencial legitimador para o exercício do poder conquanto viabilizadoras de interações entre a Administração e a sociedade civil.[1511]

A legitimidade deve ser buscada na condução dos financiamentos dado não só o dispêndio de verba pública que lhes é inerente, mas no seu papel como mecanismos para a efetivação das políticas públicas de CTI. A organização da atuação dos financiadores seguindo parâmetros processuais confere clareza às suas ações, permitindo apresentá-las não só como uma atividade ordenada, mas como propiciadora de oportunidades de diálogo, sem decisões repentinas. Sinaliza-se que os financiamentos estão menos sujeitos aos designíos individuais dos administradores do que à persecução estruturada do interesse público.

Embora a abertura a intervenções cidadãs deva sempre ser calibrada ponderando-se os contornos da atividade estudada[1512] ela também pode ter lugar nos financiamentos. Um exemplo disso foi o da promoção de consulta pública durante a implementação do Plano de Desenvolvimento e Inovação da Indústria Química – PADIQ. Iniciativa conjunta da Finep e do BNDES, o PADIQ teve como foco o financiamento a projetos que contemplassem o desenvolvimento tecnológico e o investimento na fabricação de produtos químicos. A consulta teve como alvo prioritário parceiros e potenciais clientes empresariais e/ou acadêmicos para discutir, entre outros aspectos, as linhas temáticas orientadoras da ação de fomento. Houve inclusive o aprimoramento do originalmente proposto pelos financiadores após as contribuições dos interessados.[1513]

[1511] Destacando a importância de uma estrutura procedimental como expediente para legitimação da atuação estatal, principalmente considerando a importância de uma maior aproximação para com os cidadãos, cf. ROSANVALLON, Pierre. *La legitimité démocratique*: impartialité, réflexivité, proximité. Paris: Seuil, 2008. p. 267-291.

[1512] Como já se teve a oportunidade de dizer neste capítulo, o fomento à inovação significa tentar influir no comportamento industrial o que significa, em alguma medida, não ter todos os contornos da atuação estatal prescritos diretamente pela sociedade, mas ser essa efetivada via preceitos técnicos e em concordância com preceitos estabelecidos por governantes eleitos.

[1513] Sobre o programa e o processo de consulta, cf. informações disponíveis em: http://www.finep.gov.br/padiq. Acesso em: 29 jan. 2021.

A forma processual também serve ao controle da Administração. Com ela o controlador terá a oportunidade de partir de muito mais material para aferir a conformidade da atuação administrativa.[1514]

O terceiro e último bloco congregaria as finalidades de obtenção de melhor conteúdo decisório; correto desempenho da função; e de sistematização de atuações administrativas.

Ele também serve para realçar como a via processual contribui para um melhor desempenho das atividades públicas, ressaltando o valor das informações prestadas pelas partes processuais. Ele relembra o potencial de racionalização que decorre da opção por dinâmicas processuais, aptos a tornarem menos erráticas e mais compreensíveis e previsíveis as práticas administrativas, convidando à sua simplificação.

A noção do processo como mecanismo de conformação e aprimoramento da atuação pública que permeia esse último bloco faz com que sejam oportunos alguns comentários, uma vez que nenhuma das finalidades do processo administrativo expostas deve ser perseguida em flagrante prejuízo da eficiência administrativa.[1515]

Como pondera Egon Bockmann Moreira, a eficiência, conquanto princípio conformador dos processos administrativos, indica a importância de seu desenvolvimento célere, devendo os atos processuais serem praticados no mais curto espaço de tempo possível; o processo ser simples, não devendo serem revestidos de formalidades extravagantes ou desnecessárias; econômico, com a concentração de atos processuais e privilégio ao praticado anteriormente durante a relação processual; efetivo, com a opção por meios mais adequados para a produção dos resultados visados; e com finalidade predefinida, não sendo adequada a instauração de processos de forma inconstante e sem escopo determinado.[1516]

[1514] Sobre as virtudes da processualização para facilitar o controle da atuação administrativa, cf. CARVALHO NETO, Tarcísio Vieira de. Processualização e controle da administração pública. In: MEDAUAR, Odete; SCHIRATO, Vitor Rhein; MIGUEL, Luiz Felipe; GREGO-SANTOS, Bruno (org.). *Contratos e controle na administração pública*: reflexões atuais. Rio de Janeiro: Lumen Juris, 2017. p. 361-383.

[1515] Que constitui princípio norteador da atuação pública pátria explicitamente mencionado, lembre-se, no art. 37, *caput*, da Constituição e no art. 2º, *caput*, da Lei nº 9.784/99.

[1516] MOREIRA, Egon Bockmann. Processo administrativo e eficiência. In: SUNDFELD, Carlos Ari; MUÑOZ, Guillermo Andrés (org.). *As leis de processo administrativo (Lei Federal 9.784/99 e Lei Paulista 10.177/99)*. São Paulo: Malheiros, 2006. p. 332-340.

O processo, portanto, deve ser manejado como instrumento para que o Poder Público concretize o princípio da eficiência durante o desempenho das suas atribuições.[1517] Mesmo sendo limitadora da atuação estatal, a estrutura processual não deve servir para miná-la, mas para fortalecê-la e permitir seu exercício a contento. A necessidade desse equilíbrio é uma constante em toda a atuação pública[1518] e deve valer para os financiamentos, que não podem ser prejudicados por uma excessiva rigidez ("ossificação")[1519] administrativa.

Provocativo trabalho de Nicholas Bagley,[1520] criticando formas de atuação administrativa excessivamente processualizadas (*proceduralist*),[1521] serve como terreno fértil para reflexões sobre

---

[1517] Nesse sentido, cf. MONTEIRO, Vera. As leis de procedimento administrativo: uma leitura operacional do princípio constitucional da eficiência. *In:* SUNDFELD, Carlos Ari; MUÑOZ, Guillermo Andrés (org.). *As leis de processo administrativo (Lei Federal 9.784/99 e Lei Paulista 10.177/99)*. São Paulo: Malheiros, 2006. p. 342-363.

[1518] As seguintes palavras de Odete Medauar bem ilustram essa preocupação: "[a] ideia de disciplina, contida em leis diversas ou em texto único, do modo de formação dos atos administrativos, pode parecer, à primeira vista, oposta à tendência contemporânea no sentido da redução das exigências de documentos e papéis, do decréscimo das normas administrativas incidentes sobre atividades, sobretudo econômicas, de particulares (*deregulation*). No entanto, registra-se também, na época atual, um movimento para busca de mecanismos que propiciem melhor conhecimento do modo de atuar da Administração e maior proximidade da população aos circuitos decisionais. E verifica-se que a lentidão existe nas ações administrativas desprovidas da disciplina processual. Daí a necessidade de se partir de um ponto comum: não agravar a ação administrativa com inúteis exigências onde isso não seja fator de composição de interesses e fator de obtenção de decisões decorrentes de contraditório e ampla defesa" (MEDAUAR, Odete. *O direito administrativo em evolução*. 3. ed. Brasília, DF: Gazeta Jurídica, 2017. p. 290). Nas páginas 291-292 a autora inclusive explica que, para tanto, não se fixariam necessariamente modelos processuais, mas principalmente princípios informadores dessas relações entre Administração e cidadãos e entre os órgãos administrativos, elencando alguns desses que podiam ser encontrados já na doutrina italiana da década de 1980.

[1519] Trata-se da tradução literal da expressão *ossification*, atinente à ideia de um enrijecimento inadequado das estruturas administrativas em prejuízo das vantagens de sua flexibilidade. Trata-se de tema recorrente nos estudos de direito administrativo estadunidense, principalmente no contexto do exercício de atividade normativa pelos entes públicos daquele país. Um exemplo de trabalho relevante sobre o tema é MCGARITY, Thomas. Some Thoughts on "Deossifying" the Rulemaking Process. *Duke Law Journal*, Durham, v. 41, n. 6, p. 1385-1462, 1992.

[1520] BAGLEY, Nicholas. The procedure fetish. *Michigan Law Review*, Ann Arbor, v. 118, n. 3, p. 345-402, 2019. Outros trabalhos ousados têm sido produzidos naquele país preocupando-se com a imposição de amarras no agir administrativo na contemporaneidade. De forma ainda mais polêmica, cf. VERMEULE, Adrian. Optimal Abuse of Power. *Revista de Direito Administrativo*, São Paulo, v. 278, n. 3, p. 15-43, 2019.

[1521] Segundo o autor, *"proceduralism"* consistiria em "todo o aparato de obstáculos normativos formais que uma agência deve lidar para completar uma ação determinada". No original:

esse desafio. Advindo de tradição jurídica na qual o direito administrativo elege o processo como um de seus alicerces mais fundamentais,[1522] a desconstrução de dogmas favorecedores do enrijecimento indevido da via processual serve como aviso importante para evitar exageros.

O autor relata uma tendência, presente em todas as matizes políticas norte-americanas, de incremento das condicionantes processuais da atuação administrativa. Haveria sempre certo consenso quanto à importância da manutenção das exigências processuais aos entes governamentais. Propostas de flexibilização delas historicamente não tem contado com apoio parlamentar, mesmo não faltando exemplos concretos de resultados contraproducentes em razão de sua rigidez. Essa tendência, surpreendentemente partilhada inclusive por matizes políticas mais afeitas à intervenção estatal,[1523] poderia, entretanto, ser explicada como decorrência de

---

"By proceduralism, I mean the full panoply of formal legal obstacles that an agency must negotiate in order to complete a particular action" (BAGLEY, Nicholas. The procedure fetish. *Michigan Law Review*, Ann Arbor, v. 118, n. 3, p. 345-402, 2019. p. 351). Optou-se, no contexto deste tópico, por traduzir *procedure* como *processo* tanto pela viabilidade semântica para se fazê-lo quanto para aproximá-lo dos temas discutidos. Também seria possível traduzi-lo como *procedimento*, mas se considera que haveria alguma perda de significado, principalmente dada a importância conferida ao contraditório exercem na parametrização da atuação administrativa americana.

[1522] O *Administrative Procedure Act* – APA, de 1946, constitui condicionante fundamental para a atuação administrativa norte-americana. Prescrevendo uma forma de atuação processual inspirada nas dinâmicas jurisdicionais para que as agências produzam atos e normas, o APA selou um compromisso político para parametrizar a crescente expansão da Administração federal em decorrência do *New Deal*. Para uma introdução sobre esse diploma e seu significado, cf. STRAUSS, Peter; RAKOFF, Todd; METZGER, Gillian; BARRON, David; O'CONNELL, Anne. *Gellhorn and Byse's Administrative Law*: Cases and Comments. 12. ed. Minnesota: Foundation, 2018. p. 233-248. Para um exemplo de como discussões sobre seu conteúdo continuam atuais, relacionando-se de forma central às discussões correntes sobre a forma de atuação do governo dos Estados Unidos da América, vide METZGER, Gillian E. The Supreme Court 2016 Term Foreword – 1930's Redux: The Administrative State under Siege, *Harvard Law Review*, Cambridge, v. 131, n. 1, p. 1-95, 2017; e ERNST, Daniel R. *Tocqueville's Nightmare*: The Administrative State Emerges in America, 1900-1940. New York: Oxford University Press, 2014.

[1523] Para os republicanos, segundo o autor, o natural ônus à atuação pública que decorreria da imposição de exigências processuais já seria fundamento bastante, dado que elas dificultariam a implementação de qualquer intervenção estatal em econômicas e sociais. O surpreendente seria, de toda forma, não ver uma movimentação em sentido contrário por parte dos democratas ou daqueles mais alinhados a uma atuação estatal mais ativa e voltada à alteração da realidade socioeconômica. Vide BAGLEY, Nicholas. The procedure fetish. *Michigan Law Review*, Ann Arbor, v. 118, n. 3, p. 345-402, 2019. p. 346-348.

duas narrativas profundamente enraizadas na cultura jurídico-institucional daquele país:

> O fiel cumprimento de exigências processuais, segundo uma primeira narrativa, é essencial à manutenção da frágil legitimidade de uma Administração poderosa e constitucionalmente suspeita. Em outra narrativa, o processo garante a *accountability* pública ao moldar decisões de um Poder Executivo que poderia, de outra forma, estar sujeito a interesses faccionais. Tomadas em conjunto, essas narrativas sugerem que nós deveríamos ser gratos pelas exigências processuais existentes e nervosos quanto à sua eliminação. Mas essa narrativa de legitimidade-e-captura é exagerada; de fato, ela é em grande parte um mito. O processualismo tem um papel na preservação da legitimidade e no desencorajamento da captura, mas ele atinge tais objetivos de modo muito mais oblíquo do que é comumente assumido, além de poder exacerbar os mesmos problemas que ele objetiva solucionar.[1524]

O texto é certeiro ao criticar um exagerado apego a formas processuais e suas consequências. Interessa transcrever também outro trecho contestando a necessidade de legitimação da atuação estatal como justificativa para o enrijecimento do agir administrativo:

> A legitimidade não é unicamente – e nem mesmo primariamente – um produto do processualismo. A legitimidade advém de forma mais geral da percepção de que um órgão ou ente público[1525] é capaz, bem-informado, ágil, responsivo e justo. [...] Exigências processuais podem, algumas vezes, promover essas qualidades. Elas podem conferir foco a prioridades que possam ter sido ignoradas, orientar órgãos ou entes na direção de metas públicas mais amplas, e aprimorar a qualidade de suas deliberações. Mas o processualismo também pode canalizar os recursos dos órgãos ou entes públicos para afazeres burocráticos sem sentido, fortalecer advogados ao invés de especialistas no assunto em tela, e frustrar a capacidade dos primeiros para atingir seus objetivos. Quando o processualismo prejudica a capacidade do órgão ou ente para realizar o trabalho que lhe cabe, as consequências trazidas por isso para sua legitimidade são ambíguas. Além disso, se um órgão ou ente toma decisões ruins de modo consistente, a premissa dos advogados

---

[1524] BAGLEY, Nicholas. The procedure fetish. *Michigan Law Review*, Ann Arbor, v. 118, n. 3, p. 345-402, 2019. p. 348-349.

[1525] O texto usa a expressão *agency* que, no direito americano, tem o significado aproximado do que seria um órgão ou ente público no Brasil, embora possua um significado próprio (não abrangendo, por exemplo, órgãos ou entes do âmbito militar). Para sua definição no APA, cf. o § 551(1) do U.S.C.

de que mais processo os farão tomar melhor decisões é extremamente dúbia. Decisões ruins podem algumas vezes serem tomadas pelo fato de não terem sido cumpridas exigências processuais, mas elas são mais frequentemente o produto de limitações na disponibilidade de recursos, liderança ruim, exigências normativas, disfunções organizacionais, funcionários mal treinados, conflitos políticos internos, e causas similares. De forma geral, a melhor forma para incrementar a legitimidade de uma agência seria abordar essas questões, seja buscando o Parlamento para obter recursos ou reformas normativas necessárias, ou alguém que tenha conhecimento de gestão. Todavia os advogados, e não os gestores, assumiram a responsabilidade primária por moldar o direito administrativo nos Estados Unidos. E se tudo o que você tem é um advogado, tudo se parece com uma questão processual.[1526]

Ao final o autor aduz, selando sua proposta de combate à exagerada valorização das formas processuais:

Ao invés de defender o processualismo em um nível elevado de abstração, os advogados deveriam desenvolver uma perspectiva mais cuidadosa sobre os efeitos que exigências processuais específicas tem na prática governamental. A realidade é normalmente mais confusa do que a retórica sugere. [...] Enquanto isso, o minimalismo deveria ser um lema. Novas exigências processuais deveriam ser encaradas com suspeita; e as antigas deveriam ser revisitadas, cogitando-se a sua diminuição ou completa eliminação. O direito administrativo poderia alcançar mais fazendo menos.[1527]

Mesmo que em sentido oposto ao movimento de incremento da processualização administrativa vivenciado no Brasil nas últimas décadas, considera-se que esses alertas não devem ser ignorados. Se o respeito aos direitos fundamentais, a abertura à participação cidadã, a transparência na condução dos assuntos públicos e o aprimoramento na estruturação do agir administrativo são ainda importantíssimos em um país onde regimes autoritários são uma memória recente (e recorrente ameaça), a disciplina processual deve, entretanto, ser vista como um remédio que deve ser aplicado com cuidadosa dosimetria. Deve-se sempre indagar de que forma

---

[1526] BAGLEY, Nicholas. The procedure fetish. *Michigan Law Review*, Ann Arbor, v. 118, n. 3, p. 345-402, 2019. p. 379-380.
[1527] BAGLEY, Nicholas. The procedure fetish. *Michigan Law Review*, Ann Arbor, v. 118, n. 3, p. 345-402, 2019. p. 400-401.

ela deve contribuir e em que ponto ela se tornaria um obstáculo injustificável e que poderia ser posto de lado a bem da satisfação do interesse público.

Esse cuidado é imprescindível durante a execução dos financiamentos, cuja natureza demanda dinamicidade e flexibilidade. A necessária "atratividade dos instrumentos de fomento e de crédito, bem como sua permanente atualização e aperfeiçoamento", conquanto princípios norteadores das medidas de incentivo explicitados no art. 1º, parágrafo único, inciso XI, da Lei nº 10.973/04, o exigem.[1528].

Também o caráter experimentalista que os permeia[1529] vai na contramão das formas demasiadamente rígidas, que não permitem a provisoriedade necessária ao enfrentamento de desafios complexos. A incerteza associada à inovação[1530] demanda intensa capacidade de aprendizado e adaptação não apenas de quem pretende obtê-la, mas também de quem pretende fomentá-la. Se a estrutura processual pode criar oportunidades de colaboração e aprendizado para financiados e financiadores, ela não pode impedir a fluidez dos esforços inovadores ou do seu fomento, em qualquer dimensão.

6.3.2 A processualidade na seleção dos destinatários dos recursos

O Decreto nº 9.283/18, regulamentador da Lei de Inovação, menciona a instauração de "processo seletivo"[1531] ou simplesmente

---

[1528] Esses princípios e outros que condicionam o exercício da atividade de fomento à inovação trazidos pela Lei de Inovação e sua regulamentação (federal) foram objeto de análise no item 3.2.1.

[1529] Sobre esses raciocínios, vide o exposto principalmente nos itens 2.3.2 e 2.3.3.

[1530] Cf. item 2.2.1, *supra*.

[1531] Afora o art. 34, inciso IV, há menções no: art. 8º, parágrafo único (cessão de uso de imóvel público); art. 39, inciso I, §§2º e 5º; art. 40, inciso IV (celebração de convênio para pesquisa, desenvolvimento e inovação); e, de forma implícita, no art. 36 (que dispensa, no âmbito dos acordos de parceria para pesquisa, desenvolvimento e inovação, "licitação ou outro processo competitivo de seleção equivalente"). Ao se falar apenas em *seleção*, também podem ser citados: o art. 4º, §1º, incisos I e IV (relativos às hipóteses de participação societária); os arts. 9º e 10 (atuação das entidades gestoras nos ambientes promotores de inovação); e o art. 26, §6º (bônus tecnológico). Mesmo nesses últimos casos entende-se aplicável a forma processual, uma vez efetivada seguindo os parâmetros a serem discutidos abaixo (*fluxo contínuo* e *chamamento público*).

a "seleção"[1532] em diversas oportunidades. Para os financiamentos são particularmente relevantes o art. 4º, §1º, incisos I e IV, estatuindo que devem ser definidos critérios para a seleção das empresas quando do manejo da participação societária, e o art. 34, inciso IV, que estabelece que a celebração de termo de outorga – instrumento contratual utilizado para a concessão de subvenção econômica – deve contar com transparência nos critérios de participação e de seleção pertinentes (art. 34, inciso IV).

A seleção dos destinatários dos recursos é um contexto propício a reflexões sobre a aplicação das dinâmicas processuais aos financiamentos.[1533] Ela é a primeira etapa a que são submetidos os beneficiários das medidas de incentivo, precedendo momentos para a realização de análise técnica e financeira em que se verifica a viabilidade das contratações.

Para qualquer financiamento, esses processos seletivos se materializam no que se chamou de *fluxo contínuo* ou *chamamento público*.[1534] Antes de tratar dessas categorias mais amiúde, é essencial consignar algumas premissas sobre sua configuração e aplicabilidade.

Tanto o *fluxo contínuo* quanto o *chamamento público* constituem meios igualmente aptos para a concessão dos financiamentos. Ausente norma que expressamente exija uma ou outra forma de atuação[1535] caberá ao financiador deliberar, discricionariamente,

---

[1532] Além do arts. 4º, §1º, incisos I e IV (relativos às hipóteses de participação societária), 9º e 10 (atuação das entidades gestoras nos ambientes promotores de inovação) e 26, §6º (bônus tecnológico). Mesmo nesses últimos casos, entendem-se aplicáveis parâmetros processuais, uma vez efetivada seguindo os parâmetros a serem discutidos abaixo (*fluxo contínuo* e *chamamento público*).

[1533] Outras dinâmicas atinentes aos financiamentos também podem ensejar reflexões interessantes partindo-se de sua dimensão processual. É o caso, por exemplo, dos trâmites atinentes às prestações de contas e a instauração de medidas sancionatórias pelos financiadores são exemplos.

[1534] Essas figuras foram abordadas no item 4.3.3, quando apresentados os fluxos de seleção, análise, aprovação e acompanhamento dos instrumentos de financiamento utilizados pela Finep. Entende-se, de toda feita, que essas categorias podem ser usadas como mecanismos descritivos de qualquer financiamento.

[1535] Um exemplo onde isso ocorre é a da concessão de subvenções econômicas com fonte FNDCT, como as estudadas no item 5.2.3.2.2. Veja-se, nesse sentido, o art. 13, §4º, do Decreto nº 6.938/09 (o decreto regulamentador da Lei do FNDCT): "[o] processo de seleção das empresas e dos projetos a serem contemplados com recursos das subvenções econômicas será realizado mediante *chamamento público*" (grifo nosso).

quanto a qual seria mais conveniente e oportuna para a concretização do fomento almejado.

Mesmo não havendo *a priori* forma mais adequada, é usual que instrumentos com determinadas características sejam associados a uma ou outra forma de seleção. Os instrumentos de índole *reembolsável* normalmente operam em *fluxo contínuo*, sendo a obrigação de devolução futura provável justificativa para uma maior flexibilidade. Os não *reembolsáveis*, no outro extremo, normalmente exigem a realização de *chamamento público*. Já nos de *investimento* não parece haver maior inclinação por uma forma ou de outra.[1536]

O fundamental é que a forma escolhida seja adequada ao modo pelo qual o financiador estruture suas operações,[1537] havendo vantagens e desvantagens em ambas as hipóteses.[1538]

[1536] Essas categorias, como formas de explicarem o conjunto dos instrumentos de financiamento, são abordadas no item 4.3.1.

[1537] A EMBRAPII, por exemplo, concede recursos por via *não reembolsável* valendo-se de um *fluxo contínuo* tornado possível por um amplo leque de unidades credenciadas (usualmente ICTs reconhecidas no SNCTI pátrio) e que são responsáveis por uma triagem prévia dos projetos a serem financiados. Conforme José Luis Gordon e Fabio Stallivieri, "[o]utra característica do modelo Embrapii é a inovação institucional, que visa dar maior agilidade e flexibilidade ao financiamento e apoio à atividade de inovação colaborativa entre empresas e ICTs. Tal ação ocorreu a partir de uma autonomia decisória para as UEs contratarem, negociarem e aprovarem os projetos que vão desenvolver com as empresas. Nesse contexto, incentiva-se a interação das Unidades com o setor produtivo no desenvolvimento de projetos de P&D, pois se torna célere a contratação do projeto. O modelo da Embrapii é de fluxo contínuo sem a existência de edital para a contratação de projetos das empresas, não sendo necessário, portanto, preencher documentos de edital e esperar sua aprovação. empresas. As firmas, nas suas rotinas decisórias, muitas vezes, não podem esperar a abertura de um edital e todo o processo de julgamento, pois a corrida por atividade de inovação é cada vez mais intensa. O ciclo de vida dos produtos tem se tornado cada vez mais curto, o que obriga às empresas terem celeridade nas suas tomadas de decisão. Assim, dentro da sua estratégia interna, pode-se dizer que tende a ser mais proveitoso para o setor produtivo poder, a qualquer momento, quando necessitar de apoio para sua atividade de inovação, recorrer ao modelo da Embrapii". Cf. GORDON, José Luis; STALLIVIERI, Fabio. Embrapii: um novo modelo de apoio técnico e financeiro à inovação no Brasil. *Revista Brasileira de Inovação*, Campinas, v. 18, n. 2, p. 331-362, 2019. p. 342. Sobre esse arranjo, e sobre o rol das unidades credenciadas, recomenda-se navegar o site da instituição: https://embrapii.org.br/. Acesso em: 5 jun. 2020.

[1538] Publicação da CGEE e ANPEI ilustra bem esse ponto: "[n]esse contexto, as agências de fomento são pressionadas a mostrar agilidade e capacidade operacional compatíveis com os processos de decisão das empresas, permanentemente submetidas a pressões de seus ambientes competitivos. A otimização dos prazos para encaminhamento, apreciação e contratação de projetos deverá ser um fator importante para aumentar a confiança das empresas nos processos decisórios das agências, contribuindo para despertar o interesse de um maior número delas pelo uso dos instrumentos. Em particular, a operacionalização de parte dos instrumentos por meio de editais – é o caso, por exemplo, da subvenção –, que define um período limitado para o recebimento das propostas, não parece ser, a princípio,

É, aliás, comum que os financiadores operem os dois formatos, utilizando-os a depender das particularidades da política pública em questão.[1539]

Os processos seletivos também não têm nada tem a ver com licitações. Os financiamentos, enquanto concretização da função de fomento,[1540] não constituem atividade administrativa que as reclame.[1541] É importante peremptoriamente afastar qualquer aproximação indevida deles para com quaisquer regimes licitatórios.[1542]

Ademais, aplicam-se a ambos os formatos de seleção os preceitos condicionantes da atuação do Poder Público, como aqueles arrolados no caput do art. 37 da Constituição. Assim, a escolha dos beneficiários do fomento deve ser, por exemplo, pautada por

---

a forma mais indicada para atender a demandas com processos de tomada de decisão e timings muito distintos. *De fato, muitos dos entrevistados nas instituições de fomento reconhecem as vantagens, para as empresas, do recebimento e avaliação de propostas em fluxo contínuo. Por outro lado, alguns deles apontam que a chamada pública, ao permitir o recurso da comparação simultânea de projetos, torna mais consistente o processo de seleção pela agência e, consequentemente, mais eficiente a aplicação dos recursos públicos. Além disso, haveria dificuldades operacionais relevantes para a adoção do fluxo contínuo, tais como a capacidade do corpo técnico de responder a demanda e o planejamento da alocação de recursos. É interessante observar que o BNDES, que tem a tradição de operar em fluxo contínuo, estabeleceu recentemente três avaliações anuais para os projetos submetidos ao Fundo Tecnológico (Funtec). Essa estratégia parece corroborar a percepção de que existem vantagens e desvantagens associadas a cada uma das formas de operar"* (grifo nosso) (BRASIL. Ministério da Ciência, Tecnologia e Inovação. *Os novos instrumentos de apoio à inovação*: uma avaliação inicial. Brasília, DF: MCTI, 2009. p. 29-30).

[1539] A Finep promove seus *investimentos* relacionados à aquisição de participação societária valendo-se tanto de *fluxo contínuo* (FIP Inova Empresa) quanto por meio de *chamamento público* (Finep Startup). Ambas as iniciativas foram mencionadas no item 5.2.4.2, *supra*. O BNDES, de forma semelhante, opera tanto via *fluxo contínuo* (as operações do BNDESPAR, por exemplo) quanto através de *chamamento público* (para a seleção de fundos a serem capitalizados pelo banco).

[1540] Item 6.1, *supra*.

[1541] Por não envolvem a contratação de obras, serviços, compras e alienações por parte do Poder Público, os financiamentos não se enquadram nas hipóteses que, por força do art. 37, inciso XXI, estariam sujeitas a processo licitatório. Também o texto expresso da nova Lei de Licitações (Lei nº14.133/21), em seus arts. 2º e 3º, conduz a tal conclusão. Entretanto, estivessem sendo abordadas neste trabalho instrumentos como as encomendas tecnológicas e as compras públicas, a lógica licitatória, com os temperamentos devidos à incidência da Lei de Inovação, se imporia. Para o recorte do objeto desta pesquisa, vide a introdução.

[1542] Todo cuidado é pouco considerando a sobrevalorização dos processos licitatórios que tem permeado a cultura jurídica pátria nas últimas décadas. Para abordagem crítica desse tema, cf. SUNDFELD, Carlos Ari; ROSILHO, André Janjácomo. Onde está o princípio universal da licitação? *In*: SUNDFELD, Carlos Ari; JURKSAITIS, Guilherme Jardim (org.). *Contratos públicos e direito administrativo*. São Paulo: Malheiros, 2015. p. 19-38.

parâmetros morais e impessoais, não podendo ser veículo para privilégios indevidos.[1543]

A incidência do princípio da impessoalidade nos financiamentos merece, inclusive, breves comentários. Relacionado à necessidade de tratamento isonômico dos cidadãos em suas relações com o Poder Público, ele conduz à proibição de favorecimentos ou represálias.[1544] Ao mesmo tempo, ele sublinha a necessidade de distinguir a Administração, enquanto ente incumbido da consecução do interesse público,[1545] das pessoas que a integram, relembrando que a existência da primeira é mais duradoura do que as efêmeras contribuições de seus agentes.[1546]

A impessoalidade administrativa não significa, entretanto, que o Poder Público não se atente aos destinatários diretos de seus atos. Fazê-lo indiscutivelmente conduziria a um exercício inadequado da função pública. O fomento, em particular, demanda a atenção às características dos destinatários dos incentivos para se efetivar.[1547]

Isso também é verdade para os financiamentos. Deve ser examinado o perfil da empresa incentivada, sua história, trajetória e perspectivas de crescimento. Ela deve ser analisada ainda considerando o papel que ela desempenha em seu setor econômico[1548] e para o SNCTI pátrio.

[1543] Nessa linha principiológica, consubstanciando um esforço para estabelecer parâmetros para a concessão de financiamentos (em geral, não restritos à inovação) pelo BNDES, cf. MOCCIA, Maria Hermínia Pacheco e Silva. *Parâmetros para utilização do fomento econômico*: empréstimos pelo BNDES em condições favoráveis. Rio de Janeiro: Lumen Juris, 2015. p. 222-306.

[1544] MEDAUAR, Odete. *Direito administrativo moderno*. 22. ed. Belo Horizonte: Fórum, 2020. p. 126-127.

[1545] É nessa linha que Hely Lopes Meirelles aproxima este princípio ao da finalidade, destacando que toda atuação administrativa deve objetivar a concretização do interesse público, não a de interesses pessoais. Cf. MEIRELLES, Hely Lopes. *Direito administrativo brasileiro*. 33. ed. São Paulo: Malheiros, 2007. p. 91-92.

[1546] Vide ALMEIDA, Fernando Dias Menezes de. Princípio da impessoalidade. *In*: MARRARA, Thiago (org.). *Princípios de direito administrativo*: legalidade, segurança jurídica, impessoalidade, publicidade, motivação, eficiência, moralidade, razoabilidade, interesse público. São Paulo: Atlas, 2012. p. 109-118.

[1547] Discutindo esse tópico, em uma ponderação conjunta da impessoalidade com preceitos de isonomia, cf. MARQUES NETO, Floriano de Azevedo. Parte III: fomento. *In*: MARQUES NETO, Floriano de Azevedo; KLEIN, Aline Lícia (org.). *Tratado de direito administrativo*: funções administrativas de Estado. São Paulo: Revista dos Tribunais, 2014. v. 4. p. 474-478.

[1548] Lembre-se da relevância da dimensão setorial como característica da atividade estudada, mencionada no item 2.2.

A seletividade é essencial ao sucesso dos financiamentos e plenamente justificável dentro do seu contexto.[1549] Uma vez que diferenciações sejam aderentes e pertinentes à promoção da inovação, estabelecê-las não ofende o princípio da impessoalidade em qualquer uma de suas dimensões. Significa, pelo contrário, desempenhar a atividade administrativa estudada a contento.

Apresentadas essas considerações é possível finalmente abordar mais especificamente as figuras do *fluxo contínuo* e do *chamamento público*.

6.3.2.1 Fluxo contínuo

O *fluxo contínuo* envolve a disponibilização de recursos de forma permanente ou por alargados períodos pré-determinados. Uma vez configuradas hipóteses justificadoras, os recursos poderiam ser os concedidos a qualquer momento (ou a qualquer momento durante o período estabelecido).

Para a efetivação dessa forma de seleção é usual a utilização de canais de comunicação duradouros – plataformas eletrônicas são cada vez mais comuns – que viabilizem a apresentação contínua de solicitações de financiamento. O *fluxo contínuo*, deixe-se claro, não significa que os financiadores tenham de se restringir a uma atuação passiva. Pelo contrário; é comum sua associação a uma atuação prospectiva por parte dos financiadores, que incentivam o envio de iniciativas meritórias de fomento pelas empresas.

Essa forma de seleção relativamente "permanente" manifesta-se normalmente em uma dimensão processual mais singela do que a verificada no *chamamento público*. A possibilidade de substituir a solicitação de financiamento por nova proposta, dado que os recursos públicos continuarão teoricamente disponíveis, milita em favor de uma maior flexibilidade por ser mais fácil mitigar prejuízos caso haja imprevistos em qualquer processo em curso. O manejo reiterado do *fluxo contínuo* também induz à especialização,

---

[1549] Nessa linha, para dialogar com raciocínios expostos por Celso Antônio Bandeira de Mello, haveria um fator justificador do tratamento diferenciado, não havendo qualquer prejuízo à isonomia. MELLO, Celso Antônio Bandeira de. *Grandes temas de direito administrativo*. São Paulo: Malheiros, 2010. p. 192-198.

com a constância do tratamento das propostas de financiamento permitindo a consolidação de aprendizados.

Seu desenrolar normalmente envolve medidas cadastrais, paralelas ou não às primeiras oportunidades de diálogo entre a empresa e os financiadores. Também tem lugar o envio de documentos para análise pela agência de fomento e a prestação de esclarecimentos prévios à celebração dos contratos. Todas essas interações, compreendidas sob um prisma processual, são oportunidades para o exercício do contraditório entre potencial fomentado e fomentador.

O enquadramento do *fluxo contínuo* em uma estrutura processual confere a essa forma de seleção substrato material relevante. Há todo um condicionamento da atuação dos financiadores em linha com o apresentado neste tópico. Impõe-se a eles, por exemplo, os deveres de garantir meios idôneos para recorrer de decisões proferidas e a exigência de motivação durante o processamento das propostas de financiamento.[1550]

Asseverar a dimensão processual do *fluxo contínuo* também serve como estímulo ao registro dos diálogos travados com as financiadas, mesmo que de forma simplificada. Isso é particularmente importante no âmbito dos investimentos, em que a formalização das tratativas com as empresas – de forma enxuta e pertinente à dinamicidade que permeia o mercado de capitais[1551] – contribui com a transparência e a adequação da atuação pública.

6.3.2.2 Chamamento público

O que diferencia o *fluxo contínuo* do *chamamento público* é a limitação temporal do último. Neles, todo o processo seletivo está

[1550] Para uma abordagem das dinâmicas administrativas no meio eletrônico, destacando a importância de enquadrá-las dentro de uma estrutura processual, vide BREGA, José Fernando. *Governo eletrônico e direito administrativo*. Brasília, DF: Gazeta Jurídica, 2015. p. 257-313. Lembre-se, ademais, que a utilização da via processual em plataformas eletrônicas tem sido objeto de disciplina normativa nos últimos anos, como o exemplifica o Decreto nº 8.539/15.

[1551] Rafael Wallbach Schwind, por exemplo, ressalta a relevância de uma estrutura processual (o autor utiliza a expressão "procedimental") para parametrizar a atuação administrativa que conduz à participação minoritária em empresa privada. Cf. SCHWIND, Rafael Wallbach. *O Estado acionista*: empresas estatais e empresas privadas com participação estatal. São Paulo: Almedina, 2017. p. 247-252 e 289-292.

condicionado um cronograma pré-estabelecido a ser seguido para que a concessão de recursos possa ocorrer.

Ademais, o *chamamento público* tem uma dimensão processual ainda mais patente que a do *fluxo contínuo*. Há um momento expresso de instauração via publicação de um instrumento convocatório.[1552] Há fases delineadas para a prática de atos pré-determinados, especialmente aquelas de caráter instrutório. Não só há progressão lógica como também é comum a preclusão das fases precedentes. É comum a previsão de recursos em caso de inconformismo, sendo o resultado da seleção publicado com o rol de empresas beneficiárias.

Não é necessário, assim, repetir o que foi dito *supra* em relação às consequências do reconhecimento da processualidade dessa forma de seleção. Todas as finalidades do processo administrativo elencadas devem ser satisfeitas (inclusa a eficiência da atuação pública) durante a sua implementação.

Particularmente quanto aos *chamamentos públicos* há, entretanto, duas considerações importantes a serem feitas, e que tem íntima conexão uma para com a outra.

Em primeiro lugar, deve-se salientar que eles não são dotados de índole efetivamente competitiva. É importante indicar algumas sutilezas desses processos seletivos para amparar essa afirmação.

Como dito, as hipóteses de *chamamento público* não se confundem com as de licitação.[1553] É usual, aliás, que a legislação e doutrina adotem a denominação "chamamento" para identificar que não se está diante de regime licitatório, mas sim conexo à função de fomento.[1554]

[1552] Pensando-se nesse momento como o instaurador do processo que vai poder contar com a participação das potenciais fomentadas e se abre ao público em geral. Outros processos administrativos (de âmbito interno) tiveram de ser manejados para se chegar ao instrumento convocatório, naturalmente.

[1553] Para além do que já se disse *supra*, registre-se que Leopoldo Gomes Muraro também faz essa distinção importante ao refletir sobre as hipóteses de *chamamento público*, acatando o caráter processual desse e afastando o regime licitatório. Cf. MURARO, Leopoldo Gomes. A natureza jurídica das chamadas públicas envolvendo pesquisa, ciência, tecnologia e inovação – PCTI. *Publicações da Escola da AGU*, Brasília, DF, v. 8, n. 2, 2016. p. 68-90.

[1554] Tome-se como exemplo a utilização dessa terminologia na Lei nº 13.019/14, contexto das parcerias entre a Administração e as organizações da sociedade civil, objeto de comentário

Isso, todavia, isso não basta para afastar à noção de competição, que transcende as hipóteses licitatórias.[1555]

Pode-se atribuir, à primeira vista, certo caráter competitivo para os *chamamentos públicos*. Se é ofertado um conjunto limitado de recursos a serem direcionados apenas a iniciativas mais aptas não faria sentido que as empresas compitam pelo acesso ao numerário? As beneficiárias não teriam de propor algo mais inovador, ou que justifique o fomento estatal de forma mais intensa, do que suas concorrentes? A resposta para duas indagações é positiva: adotada unicamente essa premissa, é inescapável a adoção da competição como meio para propiciar a seleção.

Mas a condução ideal de um *chamamento público* não deve ser guiada primordialmente por essa dimensão. Se o processo seletivo for tido como um certame, as empresas passam a atuar como concorrentes. Os recursos públicos passam a ser disputados como um prêmio que, se concedido a uma, inviabiliza o gozo pela outra.

Mas essa lógica não é a ideal para o fomento à inovação empresarial. Pelo contrário: deve-se antes incitar a cooperação entre empresas nacionais do que exacerbar a competição ou comportamentos predatórios. Há todo um ecossistema a construir ou fortalecer no país nos mais variados setores da economia. É desejável que as empresas, durante o transcorrer da seleção ou por força dessa, venham a se associar para trilhar trajetórias inovativas partilhadas ou até mesmo que combinem suas propostas. Também é desejável que elas, em consequência dos chamamentos, selem alianças executadas sem depender do apoio público; ou até mesmo se desistam do que pretendiam caso verifiquem a inadequação de seus planos iniciais em razão dos diálogos estabelecidos a partir do processo seletivo.

O *chamamento público* deve antes ser tratado como plataforma para trocas informacionais, espaço para aprendizado (experimen-

---

em MARRARA, Thiago; CESÁRIO, Natália de Aquino. Chamamento público para parcerias sociais – comentários à Lei n. 13.019/2014. *Revista Digital de Direito Administrativo*, São Paulo, v. 3, n. 2, p. 453-473, 2016.

[1555] Cf. SUNDFELD, Carlos Ari. Procedimentos administrativos de competição. *Revista de Direito Administrativo e Infraestrutura*, São Paulo, v. 5, n. 16, p. 1-8, 2021.

talismo) e fortalecimento da capacidade relacional das empresas e dos financiadores do que como arena de disputas.

Ademais, assumir o caráter competitivo como elemento central é presumir, erroneamente, que a limitação de recursos significa a impossibilidade de fomentar todos os projetos meritórios. É habitual na prática dos financiamentos que não se efetivem decisões de "tudo ou nada", com bastante composição dos envolvidos e readequação dos projetos originais.

São comuns soluções envolvendo a dispersão de recursos para atingir um maior número de beneficiários. Em um *chamamento público* geralmente a preocupação não é a de encontrar "a melhor escolha" e premiá-la, mas sim a de buscar maneiras para incentivar um conjunto de propostas meritórias diversas e identificadas pela agência de fomento em razão do processo seletivo.[1556] Assim, se a competição tende à *restrição* (como na busca pelo contratante que oferte o menor preço) a forma de fomento em questão convida à *expansão*. A disseminação de práticas inovadoras lhe é imanente, e uma lógica adversarial vai em sentido contrário a esses esforços.[1557]

Salientar esse viés competitivo também pode prejudicar a flexibilidade dos processos seletivos. É nessa linha que precisam ser feitas, em segundo lugar, algumas considerações sobre a incidência do princípio da vinculação ao instrumento convocatório nos *chamamentos públicos*.

[1556] É comum que os instrumentos convocatórios estabeleçam, ao lado dos valores globais a serem disponibilizados para o *chamamento público*, valores máximos que poderão ser concedidos a cada empresa. Com isso a verba pública pode ser distribuída da forma mais adequada à satisfação do interesse público, inclusive através da oferta de financiamentos em valores menores do que os originalmente pleiteados. É importante, por óbvio, ter atenção às situações concretas, haja visto que uma excessiva pulverização pode inviabilizar o estímulo a certas atividades inovativas, como aquelas que exigem investimentos mais vultosos (compare-se, por exemplo, os valores que teriam de ser disponibilizados para o desenvolvimento de um novo aplicativo de celular e de um fármaco). Não se esqueça que a pulverização excessiva dos recursos públicos constitui um desafio a ser superado para o devido estímulo à inovação no Brasil, conforme pode ser depreendido por exemplo do analisado no item 3.2.2.

[1557] Avançando por linha semelhante, mas com algumas diferenças em seus detalhes, Natalia Rebello MOREIRA explora como o caráter informal que permeia as relações do SNCTI, dificultando o desenvolvimento de procedimentos competitivos nesse âmbito. Vide MOREIRA, Natalia Rebello. *Atividade estatal de fomento à inovação tecnológica em empresas*. 2018. Dissertação (Mestrado em Direito) – Faculdade de Direito, Universidade de São Paulo, São Paulo, 2018. p. 133-139.

O instrumento convocatório dispõe sobre o processo administrativo de seleção e sobre a forma como os recursos serão concedidos. Ele torna pública a ação de fomento, permitindo que as empresas pleiteiem os financiamentos, deixando claro como as propostas devem ser formalizadas e serão avaliadas. Há, também, o delineamento da destinação que deve ser dada à verba pública (indicando-se, por exemplo, as tecnologias apoiadas). Ele parametriza, portanto, tanto a conduta do financiador quanto das potenciais financiadas.

Incidindo sobre as manifestações da função administrativa de fomento[1558] (e sobre os processos licitatórios, onde ele é mais lembrado),[1559] o princípio da vinculação ao instrumento convocatório rege os *chamamentos públicos*. Por conta disso, o instrumento convocatório exerce uma função estabilizadora da atuação administrativa relativa aos financiamentos, impedindo mudanças bruscas, inesperadas e injustificáveis.

A aplicação desse princípio aos financiamentos deve, como tem sido dito, considerar as suas particularidades para evitar o enrijecimento indevido da atuação pública. Para tanto, são necessários cuidados tanto durante a condução do processo seletivo quanto em relação à ultratividade dos seus efeitos.

É óbvia a importância de serem seguidas as regras originalmente previstas no instrumento convocatório para assegurar previsibilidade à atuação administrativa. Mas esse imperativo não deve ser seguido a ponto de prejudicar a finalidade pública perseguida. São cabíveis flexibilizações cuidadosas e responsáveis sempre que isso for imprescindível.

[1558] Note-se a sua menção expressa, por exemplo, no art. 2º, inciso XII, da Lei nº 13.019/14.

[1559] Odete Medauar sintetiza o papel desse princípio no contexto licitatório da seguinte forma: "o edital e a carta-convite são os instrumentos convocatórios da licitação e contém as regras a serem seguidas no processo licitatório e muitas que nortearão o futuro contrato. O instrumento convocatório é a lei da licitação que anuncia, daí a exigência de sua observação durante todo o processo" (MEDAUAR, Odete. *Direito administrativo moderno*. 22. ed. Belo Horizonte: Fórum, 2020. p. 195). Ainda, sobre o tema da vinculação do instrumento convocatório, vide DI PIETRO, Maria Sylvia Zanella. *Direito administrativo*. 31. ed. Rio de Janeiro: Forense, 2018. p. 419-420; CARVALHO FILHO, José dos Santos. *Manual de direito administrativo*. 31. ed. Rio de Janeiro: Atlas, 2017. p. 253-254. Note-se que essa vinculação é expressamente arrolada como princípio no art. 5º, *caput*, da nova Lei nº 14.133/21.

Imagine-se processo seletivo para a concessão de financiamentos *não reembolsáveis* voltados ao desenvolvimento de rota tecnológica estratégica para o desenvolvimento nacional. Informadas da disponibilidade de recursos, as principais empresas do país atuantes no setor impactado se inscrevem para participar do chamamento. Todavia, por conta de exigências da fase de habilitação, as empresas com reconhecido potencial inovativo acabam não podendo apresentar propostas.[1560] Faltaram informações acessórias, sendo possível equacionar as ausências documentais com o simples envio de certidões e atos societários atualizados.

Uma leitura restritiva do instrumento convocatório, indevidamente centrada na ideia de competição, conduziria à sua eliminação. Como consequência se deixaria de financiar as empresas sabidamente mais aptas a inovar, prejudicando o interesse público ao desenvolvimento nacional por conta de um deslize das empresas.

Os prejuízos se mostrariam ainda maiores se os processos seletivos não pudessem ser refeitos ou reiniciados por razões orçamentárias, operacionais ou relacionadas a acordos internacionais, como corre em ações conjuntas com governos ou agências de fomento estrangeiras.

Não é razoável permitir que isso ocorra. Não faz sentido ameaçar o sucesso de uma iniciativa pública apenas por pequenos enganos que podem ser facilmente remediados. Assim, uma vez mantida a impessoalidade, e com a flexibilização se dando por razões objetivas e fundadas no interesse público, não se vislumbram prejuízos na concessão geral de novos prazos em situações como essas.

O importante é exercer a atividade de fomento à inovação empresarial da melhor forma possível. Devem ser afastadas amarras

---

[1560] Note-se que aqui se presume que a fase de habilitação precede a de avaliação das propostas. É comum que assim o fosse em muitos chamamentos públicos. É possível que com a Nova Lei de Licitações (Lei nº. 14.133/21), que incorporou a tendência do que anteriormente se chamava de "inversão de fases", essa tendência atinja também aos chamamentos. A lógica do raciocínio a ser exposto, de toda forma, permanece: seria adequado mão de uma proposta meritória para fins de fomento em razão de um problema documental sanável?

que, consideradas excessivas, inviabilizem sua execução. Cada caso concreto deve, assim, ser discricionariamente examinado tendo a satisfação do interesse público como norte. Se mesmo em contextos competitivos há precedentes judiciais[1561] e do TCU[1562] temperando o princípio da vinculação ao instrumento convocatório não há razão para ser muito rígido no âmbito em estudo.

O instrumento convocatório também especifica detalhes da concessão dos recursos, tais como o tipo de iniciativas a serem custeadas. Por conta disso entende-se que, mesmo findo o processo seletivo em si, ele continua a produzir efeitos jurídicos. Isso é essencial para assegurar que os seus ditames mais essenciais não deixem de ser satisfeitos. Se há condicionante do dispêndio da verba não seria razoável que, após um tempo, os recursos tenham

---

[1561] Embora a maior parte das decisões judiciais tenha como objetivo afastar violações a tal princípio diante de formas de atuação administrativa sem um substrato que justifique a flexibilização, há algumas que ressaltam a importância de evitar que um formalismo excessivo venha a prejudicar interesse público. Como exemplo, interessa transcrever trecho de decisão do Supremo Tribunal Federal que, em contexto competitivo (concurso público), asseverou a importância da ponderação do princípio da vinculação ao instrumento convocatório perante outros princípios orientadores da atuação pública: "1. Cada concurso possui suas regras próprias, estabelecidas por intermédio de edital, cujas exigências são estabelecidas de acordo com as peculiaridades do cargo público a ser provido. No caso dos autos, tem-se que após a reprovação no teste de aptidão física, o demandante obteve liminar no presente feito para prosseguir no certame, tendo sido aprovado na Academia da Polícia Federal, inclusive obtendo nota máxima (Evento 109). 2. *O princípio da vinculação ao instrumento convocatório não é absoluto, assim como nenhum princípio. No caso concreto, deve referido princípio ser ponderado e aplicado juntamente com os princípios da razoabilidade e da proporcionalidade, onde as medidas adotadas pela Administração devem ser aptas e suficientes a cumprir o fim a que se destinam, e com o menor gravame aos administrados para a consecução dessa finalidade.*3. *Não é razoável nem proporcional se apegar ao rigorismo excessivo devido à forma, ignorando a finalidade do concurso público.* Desse modo, entendo que ainda que o demandante tenha atingido a distância exigida pelo edital no teste de impulsão horizontal, com amparo no princípio da razoabilidade, o recurso merece ser provido" (grifo nosso). Cf. Recurso Extraordinário nº 1041383/SC, Min. Rel. Luís Roberto Barroso, publicado em 1 set. 2017.

[1562] Também no âmbito do TCU, a maioria das decisões reitera a importância de ser seguido o instrumento convocatório, mas não se deixam de ser localizadas hipóteses, principalmente no contexto licitatório, em que sua aplicação sofre temperamentos. No acórdão nº 3381/13, por exemplo, ressaltou-se que tal princípio deve ser aplicado mediante a consideração também de outros princípios basilares do procedimento licitatório, dentre eles o da seleção da proposta mais vantajosa, em caso em que uma interpretação dotada "de excessivo formalismo e rigor" teria sido determinante para a adjudicação de alguns itens por valores acima do preço de referência. Vide Acórdão n° 3381/2013, Rel. Min. Valmir Campelo, em sessão de 4 de dezembro de 2013 (Ata de n° 48/13). Em linha semelhante, vide também Acórdão n° 4063/2020, Rel. Min. Raimundo Carreiro, em sessão de 8 de fevereiro de 2020 (Ata de n° 47/20).

fins totalmente desconexos do originalmente pretendido (ou sem claras justificativas para tanto).

Mas, aqui também há de se ter cuidado com a rigidez excessiva para resguardar a atividade de fomento. Dois tipos de situações verificáveis na prática ajudam a ilustrar esse risco.

O primeiro tipo contempla modificações supervenientes nas características das empresas selecionadas. Imagine-se que no interstício entre a divulgação dos resultados da seleção e a efetiva concessão de recursos a empresa passa por fusão, cisão ou incorporação. Será que, nesses casos, a nova entidade resultante da fusão, a incorporadora ou a sucessora continuam a ser meritórias do fomento público?

Não há como responder a essa questão em abstrato. Apenas com reflexão cuidadosa do caso concreto e com decisões motivadas é possível chegar à solução adequada. Pode ser que o fomento continue adequado ou deixe de sê-lo.

Pense-se, de um lado, na fusão com outra empresa brasileira, disso resultando companhia ainda mais apta ao exercício dos esforços inovativos a estimular. Nesses termos, mesmo que a financiada seja de fato outra empresa, não se vislumbram razões para impedir a concessão de recursos. Pode ser que ocorra, por outro lado, a incorporação de empresa brasileira por empresa estrangeira de modo a esvaziar seu potencial inovativo. Resta, nesse caso, prejudicado o interesse público no fomento.

O segundo tipo envolve a alteração de objeto do financiamento.[1563] Se o processo seletivo, visava a privilegiar o desenvolvimento de tecnologia com características específicas e voltada a determinado setor e finalidade, não parece adequado que a empresa beneficiária possa, a seu bel prazer, mudar a destinação dos recursos públicos que lhe foram confiados. Ela não se sagrou vencedora apenas para gozar de um prêmio. Pelo contrário: ela assumiu um compromisso delineado, ainda em seus instantes iniciais, pelo instrumento con-

---

[1563] Os parâmetros para que isso ocorra constituem um elemento essencial dos contratos de financiamento à inovação empresarial, em especial aqueles que delimitam esse objeto com base em um *plano* ou *projeto*. Sobre como isso se dá nas minutas contratuais padrão analisadas *supra*, vide os itens 5.2.2.3 (financiamento em sentido estrito) e 5.2.3.3 (subvenção).

vocatório. A ultratividade dos efeitos do instrumento se mostra bastante adequada como regra.

Embora o próprio ordenamento explicite algumas restrições a alterações excessivas do originalmente proposto,[1564] essa orientação também não deve ser seguida de forma desatenta ao interesse público subjacente ao fomento à inovação.

Pense-se na seleção de empresa para a posição de beneficiária de recursos para o desenvolvimento de tecnologias de tratamento do COVID-19. De toda feita, durante o transcorrer da subvenção e como consequência do desenvolvimento do *projeto*, percebe-se que a rota tecnológica traçada não apresenta resultados favoráveis para os fins constantes do chamamento. Inesperadamente, entretanto, percebe-se resultados promissores para o tratamento de doenças autoimunes. Uma aplicação restritiva do princípio da vinculação ao instrumento convocatório obstaria o custeio da continuidade dos esforços empresariais.

Além de irrazoável, tal forma de agir ignoraria, entre outros aspectos já suscitados neste trabalho, a incerteza inerente à inovação. O prejuízo seria novamente maior se nova concessão tivesse de aguardar novo *chamamento público*, que poderia nem vir a ocorrer. Novamente poderia ser o caso de, observado o caso concreto, flexibilizar o princípio da vinculação ao instrumento convocatório.

[1564] Lembre-se, no âmbito do Decreto nº 9.283/19, a já mencionada vedação a alterações no plano de trabalho pertinente a subvenção econômica que desnaturem o objeto do termo de outorga (art. 21, §1º). Associando esse tipo de vedação ao respeito ao princípio da vinculação ao instrumento convocatório, Rafael Dubeux traça tantos os seus limites em abstrato quanto reconhece a dificuldade de verificá-los concretamente "é vedado, na modificação, desnaturar o objeto do termo. Trata-se de decorrência lógica do princípio da vinculação ao instrumento convocatório e aos critérios de julgamento empregados na escolha dos projetos beneficiados [...]. O que se veda, por óbvio, é que uma pesquisa em biotecnologia seja convertida subitamente – e sem autorização da instituição concedente – em um projeto sobre exploração espacial, a não ser, claro, na hipotética situação em que a conexão entre essas áreas já estivesse exposta desde a proposta original. Conquanto na maior parte das vezes não haja dúvida quanto às mudanças meramente acessórias no projeto, nem sempre é trivial traçar uma linha clara entre uma proposta que meramente ajusta e aprimora uma pesquisa aprovada e de uma outra que significaria uma desnaturação do projeto original. [...] O que se proíbe, no fundo, é que a alteração do objeto seja de tal modo profunda que o novo projeto sequer seja reconhecido como objeto do edital ou do instrumento correspondente". Cf. DUBEUX, Rafael. Alterações orçamentárias. *In*: PORTELA, Bruno Monteiro; BARBOSA Caio Márcio Melo; MURARO, Leopoldo Gomes; DUBEUX, Rafael (org.). *Marco legal da ciência, tecnologia e inovação no Brasil*. Salvador: Juspodivm, 2020. p. 213-214. Observe-se, de toda forma e considerando as formas de financiamento aqui analisadas, que tal restrição encontra-se explícita *apenas no que concerne à concessão de subvenção*.

6.4 O controle incidente sobre o financiamento público à inovação empresarial

6.4.1 Contextualização da temática do controle da Administração

O controle da atuação pública é um tópico recorrente em estudos contemporâneos de direito administrativo. Segundo Odete Medauar, em um sentido amplo, ele consistiria na "verificação da conformidade da atuação da Administração Pública a certos parâmetros, independentemente de ser adotada, pelo controlador, medida que afete, do ponto de vista jurídico, a decisão ou o agente".[1565]

O controle, promovido com constância, seria mecanismo fundamental ao devido funcionamento dos regimes democráticos por constituir salvaguarda frente o arbítrio administrativo.[1566] Ele envolver averiguar não só se a Administração persegue o interesse público, mas também se ela o faz satisfazendo todas as condicionantes que o ordenamento impõe ao seu agir,[1567] privilegiando o respeito as diretivas manifestas pelo legislador.[1568]

Dessa forma, embora abranja medidas como as combate à utilização indevida da verba pública e à corrupção (talvez sua faceta

---

[1565] MEDAUAR, Odete. *Controle da administração pública*. 2. ed. São Paulo: Revista dos Tribunais, 2012. p. 30.

[1566] Conhecido trecho do nº 51 dos *Federalist Papers*, justificando a necessidade de controle nos momentos formativos dos Estados Unidos como nação independente, merece ser sempre lembrado: "[s]e os homens fossem anjos, nenhum governo seria necessário. Se os anjos governassem os homens, não seriam necessários nem controles nem externos nem internos sobre o governo. Ao ser estabelecido um governo dos homens sobre os homens, a maior dificuldade é a seguinte: deve ser primeiro permitir ao governo controlar os governados; e em segundo lugar obrigá-lo a se autocontrolar". Disponível em: https://billofrightsinstitute.org/primary-sources/federalist-no-51. Acesso em: 10 fev. 2021.

[1567] DI PIETRO, Maria Sylvia Zanella. *Direito administrativo*. 31. ed. Rio de Janeiro: Forense, 2018. p. 915-916.

[1568] Tomando-se o cuidado de clarificar, de toda forma, que mesmo o controle associado à ideia de *legalidade* não deve desconsiderar a amplitude que esse conceito jurídico tem assumido na contemporaneidade. É o que destaca MOREIRA, Egon Bockmann. O princípio da legalidade, a lei e o direito. *In*: MARRARA, Thiago (org.). *Princípios de direito administrativo*: legalidade, segurança jurídica, impessoalidade, publicidade, motivação, eficiência, moralidade, razoabilidade, interesse público. São Paulo: Atlas, 2012. p. 45-61.

mais saliente no imaginário pátrio), o controle tem uma função muito mais relevante: contribuir para que o Estado permaneça voltado à satisfação do interesse público.

No Brasil, país onde sobejam insatisfações com a atuação administrativa, as últimas décadas têm testemunhado um acirramento dos controles (externos e internos) sobre o Poder Público. São rotineiramente criticados tanto a ausência quanto excessos praticados pela Administração. Entre causas possíveis para as críticas[1569] certamente figura a esperança de que, uma vez sujeito a uma fiscalização constante, o Poder Público atuaria de modo mais probo, eficiente e responsivo aos anseios dos cidadãos.

A prática tem demonstrado que fortalecer expedientes do controle sem gerar prejuízos à atividade administrativa está longe de ser algo simples. Mesmo não se deixando de reconhecer a sua importância, são cada vez mais reiteradas críticas a exacerbação dos controles em prejuízo da efetividade do agir administrativo. Riscos decorrentes da excessiva limitação da atuação pública, como o comprometimento da busca por novas soluções[1570] e o desvirtuamento do exercício da função administrativa quando a vontade do gestor

---

[1569] O fortalecimento de diversas instituições que o exercem, como o Ministério Público e o Tribunal de Contas, e aspectos como a expansão do controle abstrato de normas pelo Judiciário, todos advindos da arquitetura institucional da Constituição de 1988, também podem ser citados como razões para essa tendência. Essa percepção de fortalecimento, já nos primeiros anos posteriores à então nova carta constitucional, pode ser notada em trabalhos como FERRAZ, Sergio. O controle da administração pública na Constituição de 1988. *Revista de Direito Administrativo*, São Paulo, v.188, p.64-73, 1992. Não deve surpreender que um fortalecimento institucional dos *controladores* enseje um incremento do *controle*, em um movimento de retroalimentação pouco surpreendente. Vitor Rhein Schirato, para apontar outro exemplo de causa possível, menciona diversas influências estrangeiras em SCHIRATO, Vitor Rhein. A necessidade de parametrização do controle da administração pública – a tentativa de dar sentido a um sistema altamente complexo – breves considerações acerca do novo artigo 20 da lei de introdução às normas do direito brasileiro. *In*: CUNHA FILHO, Alexandre Jorge Carneiro da; ISSA, Rafael Hamze; SCHWIND, Rafael Wallbach (org.). *Lei de introdução às normas do direito brasileiro* – anotada: Decreto-Lei n. 4.657/42. São Paulo: Quartier Latin, 2019. v. II. p. 92-96.

[1570] Essa preocupação com a possibilidade de comprometimento da inovação em razão da incidência desmedida do controle aparece em trabalhos como BRAGA, André de Castro O. P. O Tribunal de Contas da União impõe obstáculos à inovação no setor público? *In*: SUNDFELD, Carlos Ari; ROSILHO, André Janjácomo (org.). *Tribunal de Contas da União no direito e na realidade*. São Paulo: Almedina, 2020. p. 365-402; e JORDÃO, Eduardo. A relação entre inovação e controle da administração pública. *In*: QUIRINO, Carina de Castro; MENDONCA, José Vicente Santos de; BAPTISTA, Patrícia Ferreira (org.). *Inovações no direito público*. Curitiba: CRV, 2018. p. 99-100.

público é substituída pela do controlador, têm sido sublinhados.[1571] É premente a importância de uma abordagem realista e pragmática quanto à implementação do controle, pois operá-lo não só enseja custos ao Erário como também não necessariamente assegura a obtenção das melhores soluções em todos os casos.[1572]

Muitas soluções têm, de fato, sido propostas para o aprimoramento do controle. Ainda década passada, Floriano de Azevedo Marques Neto propunha a

> (i) a supressão de controles meramente formais ou cujo custo seja evidentemente superior ao risco (diretriz já constante do Decreto-Lei nº 200) ; (ii) o controle *a posteriori*, constituindo exceção o controle prévio ou concomitante, que predomina atualmente; (iii) o predomínio da verificação de resultados (ao invés da vertente de gestão hoje prevalecente); (iv) a simplificação dos procedimentos; (v) a eliminação de sobreposição de competências e de instrumentos de controle, a fim de que a multiplicidade de mecanismos de controle não acarrete a sobreposição e, com ela, a ineficiência; (vi) o dever, para os órgãos ou entes de controle, de verificação da existência de alternativas compatíveis com as finalidades de interesse público dos atos ou procedimentos que sejam por eles impugnados; e (vii) a responsabilização pessoal do agente que atuar com incúria, negligência ou improbidade, ou seja, a responsabilização do próprio gestor.[1573]

O desempenho dos controles no país, de todo modo, tem se mantido tema espinhoso.[1574] O embate entre a tendência de

---

[1571] Nessa linha, OLIVEIRA, Gustavo Justino de. *Direito administrativo pragmático*. Rio de Janeiro: Lumen Juris, 2020. p. 33-38.

[1572] Novamente segundo JORDÃO, Eduardo. Por mais realismo no controle da administração pública. *Direito do Estado*, Brasília, DF, 3 jun. 2016.

[1573] MARQUES NETO, Floriano de Azevedo. Os grandes desafios do controle da Administração Pública. *Fórum de Contratação e Gestão Pública*, Belo Horizonte, n. 100, p. 1-34, 2010. p. 24.

[1574] Trabalho mais recente de Floriano de Azevedo Marques Neto e Juliana Bonacorsi de Palma destaca a permanência de impasses relevantes durante o exercício do controle sob o Poder Público. São destacados o deslocamento de competências administrativas para os controladores (em uma forma de "captura" das competências públicas); o incentivo ao surgimento de um controle baseado em predileções pessoais e orientação jurídica do funcionário controlador, com ares de patrimonialismo, em razão da ausência de orientações institucionais dos órgãos e entes controladores; um nocivo desvirtuamento das atividades-fim da Administração, que passa a priorizar demandas dos controladores ao invés das suas atribuições principais; dúvidas sobre a os efeitos reais da cultura do controle no combate à corrupção, dada a existência de truísmos sobre o controle que não passaram por qualquer escrutínio empírico; o aprisionamento do gestor de boa-fé, que acaba orientando suas ações de forma defensiva ante as expectativas dos

expansão dos controles a demanda para a parametrização de seu exercício ficou patente, por exemplo, nos debates concernentes às alterações na Lei de Introdução às Normas do Direito Brasileiro – LINDB pela Lei nº 13.655/18[1575] e seu regulamento (Decreto nº 9.830/19). Nesse caso, ficou plasmada vitória dos esforços de contraposição à expansão do controle, com nítidas orientações para o seu condicionamento.

Por conta disso, as decisões de controle passaram a ter de necessariamente considerar as consequências práticas que dela decorrerão, não podendo ser produzidas unicamente com base em valores jurídicos abstratos. Suas consequências devem ser apresentadas expressamente, assim como ponderadas as alternativas possíveis (arts. 20 e 21 da LINDB). O legislador também prescreveu que a interpretação as normas sobre gestão pública não devem deixar de considerar os obstáculos e as dificuldades reais do gestor, as exigências das políticas públicas a seu cargo, assim como as circunstâncias práticas envolvendo a ação dos agentes públicos (art. 22).

Assim, o ordenamento contemporaneamente exige um controle mais pragmático, responsivo e atento à realidade da atividade controlada, cabendo ao controlador ponderar sobre as consequências de seus atos e sobre alternativas concretas.

---

controladores, sendo desestimulada a sua proatividade; uma competição institucional entre os controladores, fruto de uma sobreposição sistêmica na realidade pátria; e até mesmo a instabilidade das decisões administrativas gerada pelas intervenções dos controladores, que minam a sua definitividade ao condicioná-las ao crivo dos últimos. Cf. MARQUES NETO, Floriano de Azevedo; PALMA, Juliana Bonacorsi de. Os sete impasses do controle da administração pública no Brasil. *In:* PEREZ, Marcos Augusto; SOUZA, Rodrigo Pagani de (org.). *Controle da administração pública*. Belo Horizonte: Fórum, 2017. p. 21-38. Ainda, cf. MARQUES NETO, Floriano de Azevedo. Os grandes desafios do controle da Administração Pública. *Fórum de Contratação e Gestão Pública*, Belo Horizonte, n. 100, p. 1-34, 2010.

[1575] Para uma abordagem ampla sobre a primeira lei, incluso o seu histórico, cf. PALMA, Juliana Bonacorsi de. Segurança jurídica para a inovação pública: a nova Lei de Introdução às Normas do Direito Brasileiro (Lei no 13.655/2018). *Revista de Direito Administrativo*, São Paulo, v. 279, n. 2, p. 209-249, 2020. Para um breve apanhado das razões que orientaram a construção desse diploma e suas principais características, por parte de seus principais propositores, cf. SUNDFELD, Carlos Ari. A lei de introdução às normas do direito brasileiro e sua renovação. *In:* CUNHA FILHO, Alexandre Jorge Carneiro da; ISSA, Rafael Hamze; SCHWIND, Rafael Wallbach (org.). *Lei de introdução às normas do direito brasileiro* – anotada: Decreto-Lei n. 4.657/42. São Paulo: Quartier Latin, 2019. v. I. p. 40-43.

6.4.2 O papel dos controles internos e externos durante o financiamento público à inovação empresarial

A atuação dos órgãos de controle pode trazer tanto benefícios quanto malefícios aos financiamentos. Em trabalho com foco na atuação da Finep e do BNDES, Priscila Koeller, Graziela Ferrero Zucoloto e Flávia de Holanda Schmidt destacam que o controle serviria ao aprimoramento dos instrumentos de governança e de avaliação de resultados utilizados por essas agências de fomento. Também alertam, todavia, para o risco do direcionamento dos recursos disponibilizados para iniciativas dotadas de menor risco como decorrência nociva do indevido acirramento dos controles.[1576]

Para descrever a operacionalização dos controles sobre os financiamentos, pode-se recorrer a uma entre as classificações possíveis da atividade de controle:[1577] a distinção entre o controle *interno* e *externo*, observável inclusive no texto constitucional.[1578] O pertencimento de controlador e controlado ao mesmo Poder é o seu critério distintivo, sendo, portanto, *externo* o exercido por controlador situado além dos limites orgânicos do controlado.[1579] Portanto, ao se pensar no Poder Público, o *controle interno* é o desempenhado por integrante da Administração e *externo* o exercido por aqueles alheios a ela.[1580]

[1576] KOELLER, Priscila; ZUCOLOTO, Graziela; SCHMIDT, Flávia de Holanda. Estatais federais com atuação transversal na política de ciência, tecnologia e inovação brasileira: agências federais de fomento à inovação: FINEP e BNDES. *In*: SILVA, Mauro Santos; SCHMIDT, Flávia de Holanda; KLIASS, Paulo (org.). *Empresas estatais*: políticas públicas, governança e desempenho. Brasília, DF: Ipea, 2019. p. 203-205.

[1577] Para exemplos de esforços de categorização, vide MEDAUAR, Odete. *Controle da administração pública*. 2. ed. São Paulo: Revista dos Tribunais, 2012. p. 32-46; e MARQUES NETO, Floriano de Azevedo. Os grandes desafios do controle da Administração Pública. *Fórum de Contratação e Gestão Pública*, Belo Horizonte, n. 100, p. 1-34, 2010.

[1578] Embora sem definir do que ele consistiria, o *controle externo* é mencionado nos arts. 31, *caput* e §1º, 40, § 22, inciso III, 70, *caput*, 71, *caput*, 74, inciso IV, 129, inciso VII, 212-A, inciso X, alínea "d", e 16, §2º, da ADCT. O *controle interno*, por sua vez, figura no mesmo arts. 31, *caput*, 40, § 22, inciso VII, 70, 74, *caput*, e §4º, e 212-A, inciso X, alínea "d".

[1579] O art. 70, *caput*, bem exemplifica essa lógica.

[1580] Embora o foco deste tópico seja a atuação de órgãos ou entes estatais, importa sublinhar que, em uma acepção mais ampla, o *controle externo* também incluiria o controle social. Adotada, assim, tipologia em linha com o exposto em MEDAUAR, Odete. *Controle da administração pública*. 2. ed. São Paulo: Revista dos Tribunais, 2012. p. 42-43.

Os controles incidentes sobre os financiamentos podem ser abordados (mesmo que não exaustivamente)[1581] com base nessa classificação.

Começando pelo controle *interno*, e adotando categorias propostas por Odete Medauar, interessa destacar o *autocontrole*, o *controle hierárquico*, a *supervisão*, e a *auditoria*.[1582]

O *autocontrole* é aquele exercido pelo próprio Poder Público, de ofício ou por provocação de terceiros. Ele possui particular relevância para o objeto deste estudo ao abarcar os arranjos associados à padronização, regularização, aprimoramento e manutenção de conformidade *(compliance)* empregados pelos financiadores.

Trata-se de forma de controle cuja intensidade tende a se acentuar conforme os financiadores possuam estruturas organizacionais mais complexas ou manejem somas mais vultosas, sendo comum a presença de órgãos específicos para efetivá-lo nesses casos.[1583]

[1581] Não se abordará, por exemplo, o controle exercido pelo Legislativo sobre a configuração dos financiamentos. Embora a Constituição assegure ao Parlamento prerrogativas para fazê-lo, tais como as previstas nos arts. 49, inciso X, e 50 dessa, e se faça presente todo um instrumental de elaboração orçamentária que influi na atividade de fomento em estudo (lembre-se do item 3.3, *supra*), o impacto dessa forma de controle é sentido menos rotineiramente pelos financiadores do que a exercida pelos Tribunais de Contas. A realidade brasileira, nisso, é muito diferente da estadunidense, em que o Congresso influi decisivamente no cotidiano da burocracia. Sobre tal tema, cf. STRAUSS, Peter; RAKOFF, Todd; METZGER, Gillian; BARRON, David; O'CONNELL, Anne. *Gellhorn and Byse's Administrative Law*: Cases and Comments. 12. ed. Minnesota: Foundation, 2018. p. 831-871. Isso não significa, todavia, que o Legislativo brasileiro não acompanhe o transcorrer da CTI no país. A atuação da Comissão de Ciência, Tecnologia, Inovação, Comunicação e Informática (CCT), do Senado, é um exemplo desse esforço. Sobre essa comissão e suas atividades cf. informações disponíveis em: https://legis.senado.leg.br/comissoes/comissao?0&codcol=1363. Acesso em: 23 fev. 2021.

[1582] MEDAUAR, Odete. *Controle da administração pública*. 2. ed. São Paulo: Revista dos Tribunais, 2012. p. 52-64. Outras categorias propostas pela autora incluem a inspeção, a correição, a ouvidoria e os pareceres vinculantes. Note-se, de toda forma, que apenas aquelas abordadas já bastam para refletir o desempenho do controle que deve estar presente em todos os níveis e órgãos do governo, segundo exigido pelo art. 13 do conhecido Decreto-Lei nº 200/67.

[1583] É o que atesta, por exemplo, a presença de Superintendência responsável pela Conformidade, Integridade e Gestão de Riscos – ACIR, na estrutura da Finep, e de uma Diretoria de Compliance e Riscos na do BNDES, conforme indicam seus organogramas. A Embrapii, de toda feita e demonstrando uma estrutura menos complexa (apesar de intermediar fluxos financeiros consideráveis, embora muito inferiores aos dois outros financiadores), não apresentava unidade específica voltada a essas finalidades. Cf. informações disponíveis em: http://www.finep.gov.br/a-finep-externo/organograma; http://www.bndes.gov.br/wps/portal/site/home/quem-somos/quem-e-quem/quem-e-quem; e https://embrapii.org.br/institucional/estrutura/. Acesso em: 25 fev. 2021.

Seu exercício tem potencial para estimular boas práticas e o diálogo entre as unidades internas dos financiadores, servindo seu uso adequado à propagação e consolidação de uma cultura de integridade e probidade.[1584] Ele, de toda forma, deve ser calibrado de forma a evitar que haja um enrijecimento excessivo em razão de demandas *interna corporis*, que não podem devem prejudicar a celeridade e flexibilidade necessária aos financiamentos.

Quanto ao *controle hierárquico* e à *supervisão*, que verificam o cumprimento de diretivas emanadas por unidades superiores (no primeiro caso) e à coordenação interadministrativa (no segundo caso),[1585] nos financiamentos deve ser destacada sua importância para a implementação das políticas públicas de CTI.[1586] Essas formas de controle servem como mecanismos para assegurar que os financiadores sigam direcionamentos predefinidos. Eles evitam que as unidades administrativas façam individualmente escolhas em desacordo com as orientações de governo.

Por fim, ao se falar em *auditoria*, se faz referência à avaliação da gestão pública a partir de processos e resultados gerenciais, inclusa o exame da aplicação de recursos públicos por entidades de direito privado.[1587] Essa é a dimensão do *controle interno* que mais se aproxima da verificação de conformidade orçamentária-financeira propugnada pelo art. 74 da Constituição.[1588] Isso a distingue de

---

[1584] O desafio – também aqui – é calibrar o exercício desse tipo de controle evitando o enrijecimento excessivo decorrente de demandas *interna corporis*, que podem prejudicar celeridade e flexibilidade necessária à devida satisfação do interesse público pelos financiadores.

[1585] Ou seja, no sentido de tutela administrativa. Sobre o tema veja-se, além do já exposto *supra* no item 6.1.2 (quando se falava das empresas estatais), MEDAUAR, Odete. *Controle da administração pública*. 2. ed. São Paulo: Revista dos Tribunais, 2012. p. 80-93; e DI PIETRO, Maria Sylvia Zanella. *Direito administrativo*. 31. ed. Rio de Janeiro: Forense, 2018. p. 604-608.

[1586] Nesse sentido, o controle exercido por outros entes da estrutura administrativa (como o MCTI) serve como instrumento destacado para assegurar o cumprimento de prioridades eleitas pelo Executivo. Sobre esse tema, encarando-o como um dos condicionantes que se impõe sobre a atividade em estudo, vide o item 3.2.2. De fato, é fundamental lembrar que a atividade de financiamento em estudo a cargo de qualquer ente financiador não deve ser encarada isoladamente, deslocada da compreensão de algo maior, inserida como está no SNCTI brasileiro. Sobre o tema, cf. o item 1.3.

[1587] Essa é a definição do art. 4º, § 1º, do Decreto nº 3.591/00.

[1588] "Art. 74. Os Poderes Legislativo, Executivo e Judiciário manterão, de forma integrada, sistema de controle interno com a finalidade de:
I – avaliar o cumprimento das metas previstas no plano plurianual, a execução dos programas de governo e dos orçamentos da União;

forma relevante das formas de controle com teor mais político-administrativo como o *autocontrole* e o *controle hierárquico*.[1589]

Ao se falar em *auditoria* no contexto dos financiamentos,[1590] pensa-se rapidamente na CGU. Órgão central do Sistema de Controle Interno, do Sistema de Correição e do Sistema de Ouvidoria do Poder Executivo federal (art. 1º, *caput*, do Decreto nº 9.681/19),[1591] a CGU possui extenso rol de competências, incluindo amplos poderes de requisição de informações (art. 1º, incisos VIII e IX); a possibilidade de acompanhamento de processos em curso (inciso IV); de recomendar providências e medidas legislativas (incisos I e XI); de produzir orientações para o desempenho de controle interno

---

II – comprovar a legalidade e avaliar os resultados, quanto à eficácia e eficiência, da gestão orçamentária, financeira e patrimonial nos órgãos e entidades da administração federal, bem como da aplicação de recursos públicos por entidades de direito privado;
III – exercer o controle das operações de crédito, avais e garantias, bem como dos direitos e haveres da União;
IV – apoiar o controle externo no exercício de sua missão institucional.
§ 1º Os responsáveis pelo controle interno, ao tomarem conhecimento de qualquer irregularidade ou ilegalidade, dela darão ciência ao Tribunal de Contas da União, sob pena de responsabilidade solidária.
§ 2º Qualquer cidadão, partido político, associação ou sindicato é parte legítima para, na forma da lei, denunciar irregularidades ou ilegalidades perante o Tribunal de Contas da União."

[1589] José Maurício Conti e André Castro Carvalho aproximam o controle interno previsto no art. 74 da Constituição do previsto no art. 70 da mesma (que também o menciona), e que é relativo ao sistema de fiscalização contábil, financeira, orçamentária, operacional e patrimonial da Administração Pública. Haveria, portanto, um caráter mais proeminente de controle *financeiro* do que propriamente *administrativo*. Considera-se importante ter isso em mente mesmo que cada vez mais a expansão das atividades de controle (em privilégio de sua dimensão *operacional*) torne difícil precisar esses limites na prática, como é possível depreender das competências hoje atribuídas à CGU. Cf. CONTI, José Maurício; CARVALHO, André Castro. O controle interno na administração pública brasileira: qualidade do gasto público e responsabilidade fiscal. *Direito Público*, Brasília, DF, v. 8, n. 37, p. 201-220, 2011. p. 204-205.

[1590] Como exemplo, o Relatório de Gestão do Exercício de 2018, da Finep, registra que a CGU produzira nesse ano sete Relatórios de Fiscalização e três Relatórios de Auditoria direcionados a esse financiador. As atividades de fiscalização visam a comprovar se o objeto dos programas de governo corresponde às especificações estabelecidas, atendem às necessidades para as quais foram definidos, guarda coerência com as condições e características pretendidas e se os mecanismos de controle aplicáveis são eficientes (art. 4º, § 1º do Decreto nº 3.591/00). Nesse sentido, os Relatórios de Fiscalização avaliavam a aplicação de recursos em financiamentos específicos, enquanto os Relatórios de Auditoria tratavam de assuntos mais gerais, tais como a gestão das operações de financiamento reembolsável contratadas durante um determinado período. Cf. BRASIL. Fundo Nacional de Desenvolvimento Científico e Tecnológico. *Relatório de Gestão do Exercício de 2018*. Rio de Janeiro: FNDCT, 2018. p. 92-94.

[1591] Pensando-se, naturalmente, na esfera federal. Cada esfera da federação em que se situa o financiador pode vir a contar com órgão ou ente que desempenhe funções correlatas às da CGU, potencialmente impactando os financiamentos de forma semelhante.

(inciso XIII); de requisitar a instauração de processos (inciso III); avocá-los (inciso V); e até revisar e anular procedimentos em curso ou arquivados (incisos VI e VII).

Tais competências conferem à CGU uma notável capacidade de controle, podendo promover verificações de conformidade não só em situações extraordinárias (quando presentes denúncias relativas a desvios no exercício da função pública) mas também ordinárias, influindo no cotidiano da atuação administrativa. Relatórios produzidos pelos financiadores atestam a incidência recorrente dessa forma de controle, sendo exigidas por esse controlados desde providências pontuais relacionadas ao emprego da verba pública em financiamentos específicos até mudanças gerais quanto a forma de execução dos financiamentos.

Por fim, como observação geral ao desempenho do *controle interno*, entende-se fundamental sublinhar que o exercício desse tipo de controle não deve induzir à prevalência de controlador sobre controlado (uma vez que, obviamente, esteja ausente relação hierárquica),[1592] mesmo que ambos integrem a Administração. Não é conveniente ao Poder Público a multiplicação de relações adversariais, excessivamente tensas e rígidas, mas deve esse tipo de controle sempre visar ao estímulo à cooperação necessária ao atendimento do interese público.

Passando ao controle *externo*, considera-se oportuno fazer referência àquele exercido pelo Poder Judiciário, Ministério Público e pelos Tribunais de Contas.[1593]

Mesmo sendo a atuação do Poder Judiciário a seara em que a expansão das atividades de controle seja talvez a mais notável e controversa,[1594] as consequências do exercício da função

---

[1592] Esse destaque é feito por SCHIRATO, Vitor Rhein. O controle interno da administração pública na configuração do Estado contemporâneo. In: MEDAUAR, Odete; SCHIRATO, Vitor Rhein; MIGUEL, Luiz Felipe; GREGO-SANTOS, Bruno (org.). *Contratos e controle na administração pública*: reflexões atuais. Rio de Janeiro: Lumen Juris, 2017. p. 251-251 e 268-276.

[1593] Repise-se que o elenco apresentado não é exaustivo, sendo mencionados apenas tipos de controle mais notáveis durante o desempenho da atividade em estudo. Outras hipóteses elencadas por Odete Medauar incluem o controle parlamentar, o exercido pelo *ombudsman*, o controle das políticas públicas e o social (MEDAUAR, Odete. *Controle da administração pública*. 2. ed. São Paulo: Revista dos Tribunais, 2012. p. 94-113; 148-163 e 175-184).

[1594] O tema se torna particularmente polêmico quando a atividade jurisdicional assume feições "ativistas". Como destaca Elival da Silva Ramos, essa forma de atuação poderia ser

jurisdicional não são notáveis para os financiamentos. Não são recorrentes decisões judiciais que impactem o seu desempenho global,[1595] e são raros os litígios que discutam a forma como eles são operacionalizados.[1596] Quando há controvérsia geralmente chega-se a soluções pontuais, afetando a execução de um dado contrato de financiamento ou estabelecendo diretiva para o transcurso de processo seletivo circunscrito.

O mesmo pode ser dito em relação ao controle exercido pelo Ministério Público. Tratativas com ele, quando ocorrem, normalmente são consequência de apurações sobre a malversação de verba pública, e em paralelo à atuação policial.

Algo completamente distinto ocorre no caso do controle exercido pelos Tribunais de Contas. A influência do TCU no desempenho da atividade de fomento em estudo é bastante visível.

O constituinte assegurou ao TCU, conquanto órgão auxiliar do Parlamento,[1597] amplo instrumental para realizar a fiscalização

---

problemática quando caracterizada a "ultrapassagem das linhas demarcatórias da função jurisdicional, em detrimento principalmente da função legislativa, mas também da função administrativa e até mesmo da função de governo. Não se trata do exercício desabrido da legiferação (ou de outra função não jurisdicional), que, aliás, em circunstâncias bem delimitadas, pode vir a ser deferido pela própria Constituição aos órgãos superiores do aparelho Judiciário, e sim da descaracterização da função típica do Poder Judiciário, com incursão insidiosa sobre o *núcleo essencial* de funções constitucionalmente atribuídas a outros poderes" (RAMOS, Elival da Silva. *Ativismo judicial*: parâmetros dogmáticos. São Paulo: Saraiva, 2010. p. 116-117).

[1595] Uma exceção, de toda feita, já foi referida: o Mandado de Segurança nº 33.340/DF, relativo à Lei de Acesso à Informação e abordado no item 6.2.2., estabelecedora de parâmetros de transparência ao qual devem se atentar os financiadores.

[1596] São comuns, entretanto e como seria de se esperar, litígios quanto à execução de dívidas ou sobre a aplicação de cláusulas contratuais. Pouco intervém, entretanto, o Judiciário quanto a forma como os financiadores devem operar.

[1597] É o que dispõe o art.71, *caput*, da Constituição. Em algumas de suas competências expressas essa função auxiliar é mais nítida, como no caso do julgamento das contas do Presidente da República (arts. 71, inciso I, e 48, inciso IX, da Constituição). Entretanto, cada vez mais a atuação do TCU como entidade autônoma tem se tornado patente, seja em razão da amplitude das competências previstas nos incisos do art. 71 ou mesmo do *modus operandi* dessa instituição, que tem historicamente buscado expandir seu campo de atuação independentemente da atividade parlamentar. Isso se reflete inclusive em formulações teóricas que buscam destacar o caráter "distintivo" de suas atribuições. Como um exemplo disso, em um esforço para distinguir a atuação desse ente controlador da atuação administrativa (com consequente limitação do escopo da última para alcançar tal resultado), vide HELLER, Gabriel; SOUSA, Guilherme Carvalho e. Função de controle externo e função administrativa: separação e colaboração na Constituição de 1988. *Revista de Direito Administrativo*, São Paulo, v. 278, n. 2, p. 71-96, 2019.

contábil, financeira, orçamentária, operacional e patrimonial da União e das entidades da administração direta e indireta quanto à legalidade, legitimidade, economicidade (art. 70).

Dentre as competências expressas no texto de 1988 constam a apreciação das contas do Presidente da República e o julgamento das prestadas por demais membros do Executivo, componentes da Administração e outros responsáveis por valores de origem pública (art. 71, incisos I e II); da legalidade de diversos atos administrativos (inciso III); a possibilidade de realizar, por iniciativa própria ou do Legislativo, inspeções e auditorias (inciso IV); de fiscalizar as contas nacionais das empresas supranacionais de cujo capital social a União participe (inciso V); de fiscalizar a aplicação de quaisquer recursos repassados pela União a outros entes da federação (inciso VI); de prestar informações solicitadas pelo Legislativo (inciso VII); de aplicar sanções aos responsáveis por despesas ilegais ou irregularidade de contas, dentre as quais a multa proporcional ao dano ao erário (inciso VIII); de assinar prazo para que o órgão ou entidade adote as providências necessárias ao exato cumprimento da lei, se verificada ilegalidade (inciso IX); de sustar, se não atendido, a execução de ato administrativo impugnado, comunicando a decisão à Câmara dos Deputados e ao Senado Federal (inciso X); e de representar ao Poder competente sobre irregularidades ou abusos apurados (inciso XI).[1598]

[1598] Essas competências são ainda expandidas pela Lei Orgânica do TCU (Lei nº 8.443/92), que também atribui a esse controlador, por exemplo, o acompanhamento da arrecadação da receita pela União (art. 1º, inciso IV). Sobre o tema das competências dos Tribunais de Contas – com uma especial preocupação delimitá-las para que não haja excessos – interessa conferir SUNDFELD, Carlos Ari; CÂMARA, Jacintho Arruda. Competências de controle dos tribunais de contas: possibilidades e limites, In: SUNDFELD, Carlos Ari; ROSILHO, André Janjácomo (org.). *Tribunal de Contas da União no direito e na realidade*. São Paulo: Almedina, 2020. p. 39-58. Para abordagens mais profundas sobre as competências do TCU e sua história institucional, delineando inclusive uma expansão das primeiras durante a constituinte e a elaboração da lei orgânica cf. ROSILHO, André Janjácomo. *O controle da administração pública pelo Tribunal de Contas da União*. 2016. Tese (Doutorado em Direito) – Faculdade de Direito, Universidade de São Paulo, São Paulo, 2016; e SPECK, Bruno Wilhem. *Inovação e rotina no Tribunal de Contas da União*: o papel da instituição superior de controle financeiro no sistema político-administrativo do Brasil. São Paulo: Fundação Konrad Adenauer, 2000. Para uma contextualização da atuação do TCU perante outros órgãos de controle ao redor do globo, vide ALMEIDA, Francisco Carlos Ribeiro de. O controle dos atos de gestão e seus fundamentos básicos. *Revista do TCU*, Brasília, DF, n. 80, p.17-50, 1999.

Poderes tão amplos permitem ao TCU intervir em ações administrativas em curso (os incisos IX, X e XI do art. 71 exemplificam essa possibilidade), tornando possível inclusive sua resistência a qualquer nova iniciativa do Poder Público. É importante salientá-lo dado que esse controlador rotineiramente não demonstra especial deferência à *expertise* da burocracia brasileira. O que tem sido visto no país é o contrário: é a Administração que é usualmente deferente ao TCU que, decidindo com base em pareceres produzidos por suas unidades técnicas, normalmente não tem suas decisões frontalmente contestadas.[1599]

De forma mais pronunciada do que o verificado com a CGU, o TCU tem impacto tanto em operações específicas, mormente quando da averiguação de irregularidades, quanto em uma dimensão mais ampla, com decisões que acabam por globalmente condicionar a concessão dos financiamentos.[1600] O último caso é mais usual quando

---

[1599] É provável que isso ocorra em razão do prestígio e poder (como o de julgar as contas, podendo afetar direta e individualmente os gestores públicos) que esse órgão dispõe. As intervenções do TCU na atuação das agências reguladoras, que por sua arquitetura institucional e relação estreita com o mercado regulado deveriam garantir às últimas alguma deferência, bem atestam essa realidade. Sobre o tema, cf. MARQUES NETO, Floriano de Azevedo; PALMA, Juliana Bonacorsi; REHEM, Danilo; MERLOTTO, Nara; GABRIEL, Yasser. Reputação institucional e o controle das Agências Reguladoras pelo TCU. *Revista de Direito Administrativo*, São Paulo, v. 278, n. 2, p. 37-70, 2019. Embora haja casos em que houve resistência do Poder Público quando atacados elementos centrais da atuação pública controlada, essa não costuma ser a regra. Isso ocorreu, entretanto, quando o TCU se opôs à especificidade de alguns regimes de contratações públicas. Cf. SUNDFELD, Carlos Ari. Incerteza nas contratações estatais: estratégia do controle público ainda em desenvolvimento? *Revista de Direito da Procuradoria Geral do Rio de Janeiro*, Rio de Janeiro, v. 1, n. 1, p. 1-17, 2018. Note-se que no âmbito das contratações em geral é possível observar especial rigidez por parte desse controlador, como destaca COSTA, Luísa Maffei. *O controle externo realizado pelos Tribunais de Contas da União*: uma análise de sua atuação a partir de casos concretos. 2017. Dissertação (Mestrado em Direito) – Faculdade de Direito, Universidade de São Paulo, São Paulo, 2017.

[1600] Tomando como referência o mesmo Relatório de Gestão do Exercício de 2018, produzido pela Finep, em 2018 foram recebidos 12 Acórdãos do TCU, dos quais seis continham determinações ou recomendações a esse financiador, enquanto os demais continham notificações relativas à Tomada de Contas Especiais e ações de monitoramento sem recomendações ou determinações. Desse universo, são significativos para a atividade em estudo o Acórdão nº 272/18, relacionado ao tema das prestações de contas (a ser tratado *infra*) e o Acórdão nº 1832/2018, abordando exigências de incremento de transparência de entidades federais em seus respectivos endereços eletrônicos; exigências decorrentes da já mencionada Lei de Acesso à Informação quanto a indicadores de desempenho; e outros elementos condizentes com o exercício da atividade em estudo. Cf. BRASIL. Fundo Nacional de Desenvolvimento Científico e Tecnológico. *Relatório de Gestão do Exercício de 2018*. Rio de Janeiro: FNDCT, 2018. p. 91-92. Quanto aos acórdãos citados expressamente, cf. Acórdão nº 272/2018 (Ata de nº 5/18), Rel. Min. Ana Arraes, sessão de 21 fev. 2018; e Acórdão nº 1832/2018 (Ata de nº 30/18), Rel. Min. Augusto Nardes, sessão de 8 ago. 2018.

instituídas fiscalizações operacionais,[1601] hipótese em que o controlador chega a formalizar sua perspectiva quanto ao desenvolvimento da CTI no país,[1602] ou em deliberações sobre casos específicos das quais são extraídas orientações gerais. Assim, mesmo decisões isoladas podem acabar imprimindo delineamentos particulares ao conjunto dos financiamentos.[1603]

[1601] A fiscalização de índole operacional, embora não devendo ser compreendida de forma isolada das outras atribuições fiscalizatórias do TCU (ou seja, de uma atuação de marcado caráter financeiro-orçamentário), traz ao Tribunal a possibilidade de debruçar-se sobre o próprio desempenho do Poder Público. Nesse sentido, embora a Constituição não confira expressamente ao controlador a possibilidade de emitir comandos diretos em privilégio ou detrimento de uma ou outra forma de execução de políticas públicas – devendo portanto ser respeitada a discricionariedade administrativa quanto a essas – o conjunto de competências do TCU (que inclui o julgamento das contas dos administradores e a eventual cominação de sanções pessoais aos mesmos), somada à sua forma de atuação (com histórico de determinações explícitas e sinais indicativos de posturas mais interventivas em seu interior) faz com que mesmo suas recomendações tenham um peso considerável. Para uma análise dessa dimensão de controle, inclusa discussão sobre seu histórico, limites e comparação com a forma de ação de outras instituições estrangeiras que o exercem, cf. TRISTÃO, Conrado. Tribunais de contas e controle operacional da administração. *In:* SUNDFELD, Carlos Ari; ROSILHO, André Janjácomo (org.). *Tribunal de Contas da União no direito e na realidade.* São Paulo: Almedina, 2020. p. 99-111.

[1602] São exemplos o Acórdão nº 1237/19, que objetivava "identificar atores, políticas, iniciativas e arranjos institucionais, bem como fatores que podem estar contribuindo para o persistente baixo posicionamento do Brasil nos rankings de inovação, propondo ações mitigadoras" e o Acórdão nº 1696/2019, que visou "avaliar a coerência, a transparência e os critérios distributivos atinentes aos investimentos em Ciência, Tecnologia e Inovação voltados para a região do Semiárido brasileiro, bem como a articulação e conformidade das respectivas políticas, programas e planos". Cf. Acórdão nº 1237/2019 (Ata de nº 18/19), Rel. Min. Ana Arraes, sessão de 29 maio 2019; e Acórdão nº 1696/2019 (Ata de nº 27/19), Rel. Min Ana Arraes, sessão de 24 jul. 2019.

[1603] Tome-se como exemplo o já mencionado Acórdão nº 2132/08 que, originado de denúncia durante chamada pública para concessão de subvenção econômica pela Finep, fez com que o Tribunal prescrevesse ritos específicos para os processos seletivos, determinando a tal ente financiador que "9.2.3. faça consignar em ata todas as divergências e os consensos entabulados em reuniões de consultores/especialistas promovidas no âmbito das chamadas públicas realizadas, cuidando para que as referidas atas sejam assinadas por todos os presentes" (Acórdão nº 2132/08 (Ata de nº 38/2008), Rel. Min. Augusto Sherman, sessão de 24 set. 2008). Outros exemplos do TCU atuando diretamente sobre a conformação de instrumentos de financiamento (subvenções, no caso), podem ser encontrados referidos no item 5.2.3.1, *supra*. Afora o caso das prestações de contas, que serão objeto de comentários *infra*, outros exemplo de medidas gerais que impactaram o financiamento à CTI no país incluem o acórdão nº 3440/2013, objetivando o aprimoramento das avaliações de resultado, transparência e definição de políticas atinentes ao manejo do FNDCT, e o Acórdão nº 500/2015, em que constaram determinações que limitaram as possibilidades de custeio de iniciativas públicas com recursos do FNDCT, tais como as associadas ao então Programa Ciência Sem Fronteiras e ao custeio de organizações sociais via contratos de gestão. Cf. Acórdão nº 3440/2013 (Ata de nº 48/13), Relator Augusto Sherman, sessão de 4 dez. 2013; e Acórdão nº 500/2015 (Ata de nº 8/15), Rel. Min. André de Carvalho, sessão de 11 mar. 2015.

6.4.3 O controle das atividades inovadoras objeto de financiamento: simplificação e controle por resultados como diretivas

É fundamental que o controle seja exercido construtivamente, com especial atenção às particularidades destacadas nesta pesquisa. Entre elas, considera-se especialmente relevante retomar dois princípios citados quando comentado o conteúdo da Lei de Inovação.[1604] Trata-se dos princípios da "simplificação de procedimentos[1605] para gestão de projetos de ciência, tecnologia e inovação" e de adoção de "controle por resultados em sua avaliação" (art. 1º, parágrafo único, XII da Lei 10.973/04), ambos a serem observados durante a implementação de medidas de incentivo à inovação e à pesquisa científica.

Valorizar o *controle por resultados* é importante, visto ele ser ainda é muito propagandeado, mas pouco efetivado. Isso é ilustrado pela pesquisa de Raquel Lamboglia Guimarães, em que foram analisadas decisões do TCU sobre transferências diretas de recursos para fins de fomento. Segundo a autora, embora a preocupação com a mensuração de resultados reiteradamente conste de pronunciamentos desse Tribunal – principalmente ao prescrever diretivas para a implementação de políticas públicas – ela é pouco efetivada por esse controlador. Mesmo em deliberações sobre casos concretos, em que o TCU poderia se aprofundar na verificação de resultados dada a limitação de escopo, ela é incomum. Na prática, essa forma de controle ainda se limita à verificação de documentos fiscais, consubstanciando um controle fundamentalmente preocupado com meios e não fins.[1606]

[1604] Item 3.2.1.

[1605] Essa diretiva é reiterada no mesmo diploma normativo, sendo uma de suas diretrizes "promover a simplificação dos procedimentos para gestão dos projetos de ciência, tecnologia e inovação e do controle por resultados em sua avaliação" (art. 27, inciso V).

[1606] Cf. GUIMARÃES, Raquel Lamboglia. *O controle financeiro da atividade de fomento*: o TCU e a aferição de resultados. 2019. Dissertação (Mestrado em Direito) – Faculdade de Direito, Universidade de São Paulo, São Paulo, 2019. p. 92-109. As palavras da autora merecem ser transcritas, principalmente por trazer dados quantitativos: "[c]onclui-se, portanto, que, na hipótese de fomento por meio de transferências de recursos, a preocupação com a aferição dos resultados surge com frequência maior quando se trata de fiscalizações mais amplas,

Ambos os preceitos, ademais, consistem em vias poderosas de contraposição ao formalismo exagerado que tem afligido o desenvolvimento da CTI no país. Críticas à rigidez procedimental e a labirínticas exigências que subtraem dos pesquisadores tempo que poderia ter sido dedicado à pesquisa e inovação são recorrentes, sendo o receio perante a ação dos controladores certamente um componente exacerbador desse problema.[1607]

Eles também se harmonizam com traços particulares desse tipo de financiamento que foram objeto comentários em capítulos precedentes.[1608] Nesse sentido, é apenas com um foco nos resultados que poderá ser devidamente gerenciada a *incerteza* inerente à atividade de fomento em estudo e serem criados meios para promover a *efetiva contabilização dos esforços inovativos* empreendidos pelas empresas fomentadas. O insucesso, e até mesmo sucessos

---

que acabam por abarcar políticas de fomento, mas que não visam exatamente a controlar o emprego de um determinado instrumento de fomento por uma entidade. Enquanto 64% dos acórdãos (14 dos 22 casos) que examinam o fomento de forma tangencial demonstram preocupações com resultados (dentre os quais, um busca avaliar resultados diretamente), em meio aos julgados que examinam mecanismos de fomento diretamente, a frequência da preocupação com os resultados (aí incluída a atenção ao cumprimento de objetivos) cai para apenas 26% dos acórdãos (23 dentre 88). Ao se considerar apenas as decisões que efetivamente buscam aferir resultados, a proporção cai para 10% (9 acórdãos). Ou seja, quando o TCU teria oportunidade de demonstrar maior apreço à aferição de resultados (conforme faz parecer nos casos em que o controle é exercido de modo mais amplo), constata-se que a preocupação é praticamente abandonada" (GUIMARÃES, Raquel Lamboglia. *O controle financeiro da atividade de fomento*: o TCU e a aferição de resultados. 2019. Dissertação (Mestrado em Direito) – Faculdade de Direito, Universidade de São Paulo, São Paulo, 2019. p. 107). De toda forma, a pesquisa mencionada indica que, nos casos associados a CTI e relativos ao direcionamento de recursos a empresas – são examinados acórdãos relativos a subvenções econômicas manejadas pela Finep – haveria uma valorização maior dos resultados em relação à média geral do TCU, que, supõe-se aqui, pode decorrer do acompanhamento técnico promovido pelo financiador e que serve como substrato relevante para a atuação do Tribunal.

[1607] Destacando esse desafio, de uma forma mais ampla, cf. COUTINHO, Diogo R.; MOUALLEM, Pedro Salomon Bezerra. O direito contra a inovação? A persistência dos gargalos jurídicos à inovação no Brasil. *In*: LASTRES, Helena Maria Martins; CASSIOLATO, José Eduardo; SARTI, Fernando (org.). *O futuro do desenvolvimento*: ensaios em homenagem a Luciano Coutinho. Campinas: Unicamp, 2016. p. 208-211; e BEIRÃO, Paulo Sérgio Lacerda. Arcabouço legal ou entraves legais? *Parcerias Estratégicas*, Brasília, DF, v. 15, n. 31, p. 47-52, 2012. De forma mais específica, identificando que a sistemática de controle brasileira também dificultaria o manejo de compras públicas voltadas à inovação (apesar de parcas decisões específicas sobre o tema até o momento), cf. FOSS, Maria Carolina. *Compras públicas como instrumento de política de inovação orientada à demanda*: experiências no Brasil, nos estados unidos e na união europeia. 2019. Tese (Doutorado em Política Científica e Tecnológica) – Instituto de Geociências, Universidade de Campinas, Campinas, 2019. p. 134-152.

[1608] Cf. o item 2.2, *supra*, para subtópicos sobre cada um desses aspectos.

inesperados *(serendipity)*, são fenômenos que acompanham os esforços inovativos. É imprescindível um controle que não seja refratário ao fracasso[1609] e que valorize tentativas de boa-fé. Felizmente, nesse caso, o TCU já se manifestou, reconhecendo a importância de esforços inovativos inclusive em projetos que não chegam a alcançar os resultados almejados.[1610]

Em contextos em que é impossível prever detalhadamente toda a trajetória a ser trilhada, o foco em resultados se impõe como a única técnica habilitadora de mensuração. A limitação ao exame da forma e dos meios conduz apenas a dois destinos: a imposição de um artificialismo conformador, com a adoção de parâmetros irreais que não refletem o que realmente ocorreu; ou as atitudes limitativas, que podam iniciativas que não seguem o planejado previamente.

Além disso, mesmo que possa parecer paradoxal, a valorização da *dimensão setorial* convida à simplificação. A partir de uma

---

[1609] É também a preocupação de MOREIRA, Natalia Rebello. *Atividade estatal de fomento à inovação tecnológica em empresas*. 2018. Dissertação (Mestrado em Direito) – Faculdade de Direito, Universidade de São Paulo, São Paulo, 2018. p. 129-133.

[1610] É conveniente colacionar trecho do Acórdão n° 18/2021, previamente citado, em que o órgão de controle reconheceu, durante Tomada de Contas Especial, ser importante considerar os gastos com estudos preliminares mesmo quando um projeto subvencionado não produza frutos. Assim se manifestou o TCU: "[e]m relação às propostas da unidade técnica, apresento discordância apenas quanto ao aproveitamento da parcela executada. Como dito, a SecexTCE entendeu que a parcela realizada, relativa a estudos preliminares de viabilidade técnica e desenvolvimento conceitual do protótipo, não seria aproveitável, pois o projeto não atingiu seu objeto. Assim, diante da 'impossibilidade do aproveitamento útil da parcela executada', o valor total repassado deveria ser devolvido. *Inicialmente, é importante considerar que, para os casos de desenvolvimento de novas tecnologias, é esperado e desejável que haja uma etapa preliminar de estudos de viabilidade e nem sempre o produto pensado se mostrará viável. Em não sendo viável, como no presente caso, não se pode dizer que os valores gastos até então foram aplicados de maneira indevida. Em síntese, o que pretendo demonstrar é que há uma significativa diferença entre objetos de convênios e objetos de contratos de concessão de subvenção econômica para desenvolvimento de novos produtos, de modo que a jurisprudência deste Tribunal referente a convênios não pode ser aplicada de forma indiscriminada aos contratos de concessão de subvenção econômica. No primeiro caso, os objetos acordados são previsíveis e sabidamente viáveis. No segundo, pretende-se desenvolver um objeto ou uma tecnologia, mas não se tem a certeza de que será viável*. Portanto, uma etapa de estudo de viabilidade é inerente a esse processo de desenvolvimento de tecnologias e os recursos aplicados nessa etapa não podem ser desconsiderados, mesmo que o produto se mostre inviável. O objetivo dos estudos iniciais é justamente avaliar se projeto terá ou não continuidade e assim evitar que um montante maior de dinheiro público seja desperdiçado. Assim, caso os recursos remanescentes tivessem sido devidamente devolvidos e a contrapartida aplicada na proporção acordada, não haveria que se falar em débito. Porém, como a empresa não o fez, ou seja, não devolveu o saldo remanescente nem aplicou a contrapartida esperada, resta caracterizado prejuízo ao erário" (grifo nosso) (Acórdão n° 18/21 (Ata de n° 01/21), Rel. Min. Vital do Rêgo, sessão de 26 jan. 2021.

estrutura enxuta é mais fácil especificar as formas de financiamento mais adequadas a cada setor econômico.[1611]

Por fim, tanto a *simplificação* quanto o *controle por resultados* são caminhos que permitem a adoção de dinâmicas experimentalistas.[1612] Sem ambas sempre se avizinhará o risco de limitações que aniquilam o aprendizado e a adaptação, alijando o potencial fomentador dos financiamentos.

Dada a sua relevância para os financiamentos, tanto a *simplificação de procedimentos* quanto o *controle por resultados* devem obrigatoriamente calibrar o controle incidente sobre os financiamentos.[1613]

Comece-se pela *simplificação*. Desse princípio decorre a vedação à promoção dos financiamentos de modo hermético ou excessivamente complexo. Sendo já uma meta antiga da Administração brasileira,[1614] o controlador deve colaborar com esse esforço valorizando a instauração de procedimentos enxutos, singelos e ágeis.

Um exemplo ajuda a ilustrar a importância disso. Pense-se em financiador que tenha exigido nos últimos anos a entrega de dez documentos diferentes pelas empresas interessadas participar de processo seletivo. Após reflexão motivada e cuidadosa o financiador passa a exigir apenas 6 dos documentos anteriormente solicitados. A análise de uma quantidade menor de documentos imprime

---

[1611] Observe-se, como exemplo, que é a partir de uma minuta padrão que geralmente há adaptações para programas ou setores específicos, como pôde-se observar no item 5.2.2.3, em que analisada minuta relativa a empréstimos reembolsáveis (financiamento em sentido estrito).

[1612] Vide a abordagem dessa tendência contemporânea de atuação pública no item 2.3.

[1613] Tome-se o cuidado de dizer que os dispositivos em comento privilegiam a *simplificação* e o *controle por resultados* sob ao menos duas dimensões relevantes a esta pesquisa: i) a da atuação dos financiadores perante as empresas financiadas, em uma acepção distinta da noção técnica de "controle" em discussão, sendo mais próxima de medidas de acompanhamento do pacto durante desempenho de uma relação contratual; e ii) a da atuação do controle incidente sobre as atividades dos financiadores, em âmbito interno e externo. É a última que orienta este tópico embora, para o seu desenvolvimento, seja importante se recorrer muitas vezes à primeira. Afinal, para que o controle seja bem exercido sobre a atividade de fomento, se mostra fundamental a compreensão dos parâmetros conferidos pelo legislador para a promoção da inovação.

[1614] O Decreto-Lei nº 200/67 já dispunha, com orientação que infelizmente se mantém atual por conta da ausência de sua plena absorção pela cultura jurídico-administrativa pátria que "[o] trabalho administrativo será racionalizado mediante simplificação de processos e supressão de contrôles que se evidenciarem como puramente formais ou cujo custo seja evidentemente superior ao risco" (art. 14).

agilidade à seleção, acelerando a efetivação do fomento à inovação. Entretanto, a supressão de documentos traz um decréscimo marginal relativamente às informações relativas à lisura das potenciais financiadas. A diminuição de complexidade teve indiscutivelmente lugar e, ao menos nesse exemplo, não se veria perdas consideráveis em termos de probidade da atuação pública.[1615]

Ao observar situação como essa, os controladores deveriam enxergá-la como inciativa privilegiadora da *simplificação*, e valorizá-la. Manter as coisas como eram seria simplesmente insistir em uma complexidade injustificável, com prejuízos e eficiência e benefícios marginais em termos das informações disponíveis ao financiador.

O *controle por resultados* também é uma ambição antiga.[1616] Como atesta a Lei nº 13.019/14,[1617] ele é inclusive um direcionador relevante para a condução das atividades de fomento em geral.[1618] Ele se contrapõe a formas de controle formais, que tem como foco a aderência a regras pré-estabelecidas (como procedimentos) do que com o que é produzido pela ação pública.

[1615] Imagine-se o caso em que, por hipótese, se suprime exigência de apresentação de laudo de funcionamento da empresa emitido pelo corpo de bombeiros. Há, nesse tipo de exigência, algum cuidado para com a destinação dos recursos públicos, averiguando-se indiretamente o quanto a empresa é cuidadosa no seu proceder. Esse tipo de exigência burocrática, entretanto, adiciona muito pouco em termos de qualidade do financiamento à inovação.

[1616] José Maurício Conti e André Castro Carvalho o identificam na Lei nº 4.320/64, mais especificamente em seu art. 75, inciso III, uma vez que competirá ao controle da execução orçamentária também averiguar "o cumprimento do programa de trabalho expresso em têrmos monetários e em têrmos de realização de obras e prestação de serviços" (CONTI, José Maurício; CARVALHO, André Castro. O controle interno na administração pública brasileira: qualidade do gasto público e responsabilidade fiscal. *Direito Público*, Brasília, DF, v. 8, n. 37, p. 201-220, 2011. p. 206). Diplomas mais recentes também o privilegiam, como atestam os arts. 23 e 24 do Decreto nº 10.426/20 (relativo à descentralização de créditos entre órgãos e entidades da administração pública federal via termo de execução descentralizada – TED), pontuando que a avaliação dos resultados da descentralização será feita pela avaliação de resultados de relatório do cumprimento do objeto.

[1617] Que estabelece, em seu art. 6º, inciso II, como diretriz fundamental para o regime de parcerias entre a Administração e as organizações da sociedade civil, a "priorização do controle de resultados".

[1618] Rodrigo Pagani de Souza registra que, deste a década de 90 do século passado, diplomas como a Lei das Organizações da Sociedade Civil de Interesse Público – Oscips (Lei nº 9.790/99) e a Lei das Organizações Sociais – OS (Lei nº 9.637/99) o privilegiam. Cf. SOUZA, Rodrigo Pagani de. Em busca de uma administração pública de resultados. *In*: PEREZ, Marcos Augusto; SOUZA, Rodrigo Pagani de (org.). *Controle da administração pública*. Belo Horizonte: Fórum, 2017. p. 55.

Rodrigo Pagani de Souza destaca duas tendências contemporâneas na busca por resultados administrativos: a de reivindicação por parâmetros mais precisos do controle, menos baseado em valores e princípios abstratos, e a de acentuação do controle prospectivo, preocupado antes com a mensuração de impactos no futuro do que em se limitar ao produzido preteritamente.[1619]

Pensando-se nos financiamentos, a especificação que parametriza o controle sobre eles é a definição dos objetivos cristalizada no estímulo a *projeto, plano* ou *empresa*.[1620] É segundo eles que os esforços inovativos da financiada serão examinados, e é com atenção a eles que deve ser exercido o controle sobre o último. A pergunta a ser feita é: a atuação do financiador tem efetivado o fomento à inovação pretendido?

Já o controle voltado ao futuro se traduz numa apreciação pragmática dos resultados atuais e vincendos dos incentivos, evitando-se apreço exagerado por formas e detalhes. Menos importante do que o realizado previamente é o potencial dos estímulos para alterar a realidade pátria. Ademais, ao definir o que é mais importante (os resultados) e menos importante (os meios) essa dimensão do controle também constitui importante mecanismo de diminuição de complexidade, deixando claro o que deve ser o foco dos financiadores. Não se quer dizer que os meios são irrelevantes – é inconteste que o respeito à legalidade deve ser mantido – mas deve ser claro o alerta para que sua importância não seja exacerbada.

Imagine-se financiador monitorando financiamento para a construção de parque fabril que contempla o desenvolvimento de processos e produtos inovadores inéditos no cenário internacional. Uma vez bem delimitados os objetivos a serem alcançados, será que importa averiguar como o dinheiro foi utilizado para ter certeza do custeio de tijolo a tijolo, máquina a máquina? Ou seria mais efetivo examinar, de forma mais geral, se a fábrica foi efetivamente

---

[1619] SOUZA, Rodrigo Pagani de. Em busca de uma administração pública de resultados. *In*: PEREZ, Marcos Augusto; SOUZA, Rodrigo Pagani de (org.). *Controle da administração pública*. Belo Horizonte: Fórum, 2017. p. 56-57.
[1620] Sobre esses conceitos, vide o item 4.3.2.

construída e se os esforços inovativos da empresa – esses sim meritórios de muita atenção – foram substanciais?[1621]

A segunda hipótese é a mais adequada à valorização do *controle por resultados*. Ao optar por ela parte-se de parâmetros delineados contratualmente para monitorar o realizado pela empresa. Ao renunciar a um controle excessivamente detalhado é possível ao financiador maximizar o uso de suas capacidades operacionais finitas, direcionando sua atenção à avaliação das consequências presentes e futuras do financiamento.

O controlador igualmente deve atuar orientado pela segunda hipótese. É o que exige o ordenamento além de ser sabido que, se múltiplas instâncias de controle não necessariamente se traduzem no incremento da eficiência administrativa, é certo que seu desempenho inadequado prejudica a atuação estatal.[1622] Não devem nem financiador nem controlador se concentrar em tijolos, mas sim na fábrica.

Entretanto, por mais claras as diretrizes do ordenamento e a aderência desses preceitos às exigências inerentes às características do fomento à inovação empresarial, sua implementação não é trivial. A resistência do TCU a propostas de aprimoramento do processamento das prestações de contas pela Finep é um exemplo ilustrativo do tipo de desafios em vista.[1623]

[1621] Essa é um pouco a lógica que orienta a disciplina das prestações de contas previstas no Decreto nº 9.283/18, conforme se observará adiante.

[1622] Como destaca Floriano de Azevedo Marques Neto: "[a] busca de eficiência da Administração Pública, no entanto, e ao contrário do que consta do senso comum, não implica necessariamente aumentar o controle. [...] Quando uma mesma ação administrativa se submete a uma miríade de múltiplas instâncias de controle, para além da inócua multiplicação de procedimentos, corre-se o risco de controlar várias vezes um aspecto e de se deixar de ter em conta outro, criando a falsa impressão de rigor quando na verdade há ociosidade e omissão em controlar o efetivamente relevante. A atividade de controle é em si uma atividade administrativa. Ela também deve se submeter ao cânone da economicidade e eficiência. Estruturas duplicadas ou superdimensionadas ou o desperdício de recursos com procedimentos de controle inócuos é em si um desvio a ser também ele coibido e controlado" (MARQUES NETO, Floriano de Azevedo. Os grandes desafios do controle da Administração Pública. *Fórum de Contratação e Gestão Pública*, Belo Horizonte, n. 100, p. 1-34, 2010. p. 7-8).

[1623] Uma primeira análise desse caso foi objeto de comentários em SANTOS, Fabio Gomes dos. Prestação de contas simplificada e voltada a resultados: uma oportunidade de aprimoramento nas relações público-privadas e entre entes públicos. In: SANTOS, Fabio Gomes dos; BABINSKI, Daniel de Oliveira (org.). *Decreto federal de inovação*: novas oportunidades. São Paulo: Observatório de Inovação e Competitividade, 2019. v. 2. p. 71-76.

Como é a regra nos casos de transferência de verba pública para particulares, as beneficiárias dos financiamentos têm de comprovar a adequada utilização dos recursos (art. 70, parágrafo único, da Constituição). Tanto a comprovação dos gastos pelas empresas quanto a conferência das contas por partes financiadores são parte relevante dos esforços de operacionalização das atividades de fomento.[1624] Ela também constitui seara em que a opção do ordenamento brasileiro pela *simplificação* e pelo *controle por resultados* é ainda mais explícita.[1625]

A Lei de Inovação, além dos já referidos arts. 1º, parágrafo único, inciso XII, e 27, inciso V, conta com diretivas em seus arts. 9º-A, §2º (no contexto dos convênios pesquisa, desenvolvimento e inovação),[1626] e 27-A,[1627] que reiteram a sua importância. O Decreto nº 9.283/18, atual regulamentação da Lei de Inovação na esfera federal, dedica-lhes capítulo próprio: o capítulo VII, com os arts. 47 a 60, com disciplina detalhada e específica para o fomento a CTI.[1628]

[1624] Tomando-se o cuidado em clarificar que tanto a forma de prestação de contas (em sentido amplo) quanto sua avaliação se dará de forma distinta a depender do instrumento de financiamento adotado (lembre-se, por exemplo, que instrumentos de *investimento* não contam com *projeto* nem *plano*) e das normas internas do ente financiador. Observe-se que, embora a regulamentação do Decreto nº 9.283/18 seja restrita aos instrumentos arrolados em seu art. 47, §1º, não se vislumbra óbices para sua adoção voluntária, diretamente ou como referência, para outros instrumentos de financiamento.

[1625] A valorização de tais preceitos se deu com as mudanças na Lei de Inovação introduzidas pela Lei nº 13.243/16 conjuntamente a dispositivos que os reiteraram no âmbito das prestações de contas, e que também se refletiram também na nova regulamentação da primeira lei. Afora o contexto geral dessa evolução normativa, apresentado no item 3.2.1, interessa conferir a descrição desse movimento em DUBEUX, Rafael. Alterações orçamentárias. *In*: PORTELA, Bruno Monteiro; BARBOSA Caio Márcio Melo; MURARO, Leopoldo Gomes; DUBEUX, Rafael (org.). *Marco legal da ciência, tecnologia e inovação no Brasil*. Salvador: Juspodivm, 2020. 179-202.

[1626] "Art. 9º-A. Os órgãos e entidades da União, dos Estados, do Distrito Federal e dos Municípios são autorizados a conceder recursos para a execução de projetos de pesquisa, desenvolvimento e inovação às ICTs ou diretamente aos pesquisadores a elas vinculados, por termo de outorga, convênio, contrato ou instrumento jurídico assemelhado. [...]
§ 2º A celebração e a prestação de contas dos instrumentos aos quais se refere o *caput* serão feitas de forma simplificada e compatível com as características das atividades de ciência, tecnologia e inovação, nos termos de regulamento".

[1627] "Art. 27-A. Os procedimentos de prestação de contas dos recursos repassados com base nesta Lei deverão seguir formas simplificadas e uniformizadas e, de forma a garantir a governança e a transparência das informações, ser realizados anualmente, preferencialmente, mediante envio eletrônico de informações, nos termos de regulamento".

[1628] Um dos méritos do Decreto é estabelecer um regime específico para prestação de contas no âmbito de CTI, diferenciando-o de regimes mais abrangentes como os previstos no Decreto nº 6.170/07 e a Portaria Interministerial 424/2016. É o que salientam SANTOS, Fabio

O regime de prestação de contas previsto no Decreto aplica-se aos convênios para PD&I, às subvenções econômicas e aos auxílios (art. 47, §1º). Tal diploma prescreve que elas devem ser divididas em duas etapas: uma de monitoramento e avaliação, operacionalizada via apresentação de formulários de resultado, e outra de prestação de contas final, efetivada via relatório (art. 47, inciso I e II). Embora os financiadores possam adotar sistemáticas próprias o regulamento consigna parâmetros mínimos a serem seguidos: a ausência de dever de ressarcimento quando da comprovação (aceita pelo financiador) de não atingimento de metas em razão de risco tecnológico; a possibilidade de adoção de técnicas estatísticas para o monitoramento, a avaliação e a análise das prestações de contas, tais como amostragem e agrupamento em faixas ou subconjuntos de características similares para a utilização de critérios de análise diferenciados em cada caso; a priorização de meios eletrônicos; o fornecimento de orientações gerais e de modelos dos relatórios a serem utilizados pelas fomentadas; e a disponibilização pública de dados relativos aos projetos subsidiados, seus produtos, resultados, prestações de contas e das avaliações das últimas (art. 48, *caput* e incisos I a IV).

No que tange ao monitoramento e à avaliação das prestações de contas, é deixado claro que o plano de trabalho é seu parâmetro principal (arts. 49, *caput*, e 50, §2º). É também delineada dinâmica calcada no envio de formulários pelos responsáveis pelo projeto, na atualização constante de sistemas eletrônicos mantidos pelos financiadores (quando existentes) e no livre acesso às informações necessárias à avaliação da execução técnica e financeira da iniciativa fomentada inclusa a possibilidade de visitas à mesma (arts. 50, §1º, e 51, *caput* e §§2º e 3º). A execução do plano de trabalho é, portanto, sujeita a análise periódica efetuada por representantes dos financiadores (arts. 53 e 54, *caput*).

Gomes dos. Prestação de contas simplificada e voltada a resultados: uma oportunidade de aprimoramento nas relações público-privadas e entre entes públicos. *In*: SANTOS, Fabio Gomes dos; BABINSKI, Daniel de Oliveira (org.). *Decreto federal de inovação*: novas oportunidades. São Paulo: Observatório de Inovação e Competitividade, 2019. v. 2. p. 71, e DUBEUX, Rafael. Alterações orçamentárias. *In*: PORTELA, Bruno Monteiro; BARBOSA Caio Márcio Melo; MURARO, Leopoldo Gomes; DUBEUX, Rafael (org.). *Marco legal da ciência, tecnologia e inovação no Brasil*. Salvador: Juspodivm, 2020. p. 182-183.

A prestação de contas final é feita após a vigência do instrumento,[1629] sendo também preferencialmente efetivada por meio eletrônico (art. 57). Consolidando as prestação de contas previamente enviadas pelos beneficiários, ela deve compreender: relatório de execução do objeto, com descrição das atividades desenvolvidas, demonstração e comparativo entre metas e resultados obtidos, além de eventuais justificativas no caso de discrepância quanto ao previsto; declaração de utilização de recursos unicamente no projeto, acompanhada de eventual comprovante de devolução dos recursos (se cabível); relação de eventuais bens adquiridos, desenvolvidos ou produzidos; avaliação de resultados; e demonstrativo consolidado de eventuais transposições, remanejamentos ou transferências de recursos (art. 58, *caput* e incisos I a V).

O foco do processamento da prestação de contas consiste na averiguação da execução do pactuado, sendo privilegiada a avaliação técnica dos resultados. Os pareceres conclusivos poderão considerá-las aprovadas, aprovadas com ressalvas ou rejeitadas, sendo necessária a constatação do cumprimento das metas e resultados convencionados no primeiro caso (art. 60). O relatório de execução financeira, que deve seguir modelos e relação de documentos previstos pelo financiador, deverá ser exigido subsidiariamente, apenas quando não houver aprovação do relatório de execução; caracterizado indício de ato irregular; ou for exigido como decorrência de tipologia ou faixa de valor específica (art. 58, §§2º, 3º e 7º).

Essa síntese da disciplina das prestações de contas permite observar como ela se afasta de um viés formalista, privilegiando antes o exame dos resultados técnicos do que a conferência exaustiva da comprovação financeira dos gastos.[1630] A verificação da execução

---

[1629] Essa é a linguagem da norma mencionada e bastante utilizada na prática administrativa. Por ela a vigência é antes sinônimo de duração do ajuste ou de alguns termos nele previstos do que da produção de efeitos, como entendido pela técnica jurídica tradicional. Esse cuidado é necessário para conferir sentido à disciplina do art. 57, uma vez que o contrato ainda produz efeitos após o término de sua "vigência" (e sem a aplicação da noção de ultratividade).

[1630] Rafael Dubeux traz uma explicação que serve como complemento para clarificar tal distinção: "[o] último artigo do capítulo sobre a prestação de contas é o art. 60, que expõe as opções para a instituição concedente na análise da prestação de contas, quais sejam: aprovação, aprovação com ressalvas e rejeição. Embora não seja cópia fiel, o dispositivo

do plano de trabalho é a regra, e a consulta a documentos fiscais ou bancários é ou excepcional ou reservada apenas para situações limitadas.[1631]

Embora até o primeiro semestre de 2020 algumas das principais agências de fomento federais ainda não tenham plenamente aderido às diretivas do Decreto nº 9.283/19,[1632] a Finep já tinha experiência com a utilização de procedimentos semelhantes ao que ele previu. Sem deixar nunca de examinar a adimplência técnica de suas operações, ela havia adotado técnicas amostrais em alguns de seus financiamentos. Essa mudança, que suprimia a necessidade de exame da totalidade da documentação financeira em todos os casos, iniciara-se em 2013 como parte de esforço para viabilizar o processamento de um acúmulo histórico de prestações de contas pendentes de análise.[1633]

é similar à disposição existente no art. 16 da Lei 88.443, de 1992, que dispõe sobre a Lei Orgânica do TCU, mas a ele se aplicam as particularidades próprias das atividades de ciência, tecnologia e inovação. Por isso, há ligeiras modificações nos incisos para cada uma dessas opções. [...] No primeiro caso (aprovação da prestação de contas), enquanto que o dispositivo da Lei do TCU tem foco na execução financeira ('quando expressarem, de forma clara e objetiva, a exatidão dos demonstrativos contábeis, a legalidade, a legitimidade e a economicidade dos atos de gestão do responsável'), inciso I do art. 60 do Decreto de Inovação determina a aprovação quando constatado o atingimento do resultado ou quando devidamente justificado o não atingimento em razão do risco tecnológico" (DUBEUX, Rafael. Alterações orçamentárias. *In:* PORTELA, Bruno Monteiro; BARBOSA Caio Márcio Melo; MURARO, Leopoldo Gomes; DUBEUX, Rafael (org.). *Marco legal da ciência, tecnologia e inovação no Brasil*. Salvador: Juspodivm, 2020. p. 200-201).

[1631] Os financiadores podem, naturalmente, aumentar suas exigências considerando o perfil das iniciativas fomentadas, tais como aquelas associadas a dispêndios mais vultosos. Nesse sentido, inclusive, não pode ser ignorado o art. 58, §7º do Decreto, que toma a cautela de não considerar exauriente a análise de execução técnica em determinados contextos, ao dispor que "[a] concedente deverá estipular tipologias e faixas de valores em que o relatório de execução financeira será exigido independentemente da análise do relatório de execução do objeto".

[1632] A CGU, em relatório maio 2020, verificou que Finep, CAPES e CNPq apresentavam níveis distintos de implementação do marco introduzido em 2018. O obstáculo que se mantinha, para todas, era a ausência de sistema informatizado compatível com o que previa o Decreto. Cf. BRASIL. Controladoria Geral da União. *Relatório de Avaliação*: Secretaria de Empreendedorismo e Inovação, Ministério da Ciência, Tecnologia, Inovações e Comunicações. Brasília, DF: CGU, 2020. p. 45-46.

[1633] O relato dos esforços para lidar com esse desafio, que remontava a 1993, podem ser conferidos em relatórios desse financiador. Como exemplos dos primeiros anos de implementação dessas medidas, cf. BRASIL. Financiadora de Estudos e Projetos. *Relatório de Gestão do Exercício de 2014*. Rio de Janeiro: Finep, 2015. p. 92-93; BRASIL. Fundo Nacional de Desenvolvimento Científico e Tecnológico. *Relatório de Gestão do Exercício de 2014*. Rio de Janeiro: FNDCT, 2015. p. 139-143; e BRASIL. Financiadora de Estudos e Projetos. *Relatório de Gestão do Exercício de 2015*. Rio de Janeiro: Finep, 2016. p. 94-96.

O TCU, entretanto, opôs-se diretamente a essa forma de agir nos acórdãos nº 3.235/2017 e nº 7217/2017 (julgamento de embargos de declaração interpostos ao primeiro).[1634] O controlador determinou a reanálise pela agência de fomento da totalidade das prestações de contas processadas pela técnica amostral, entendendo haver na aplicação dela afronta a princípios como o da prestação de contas e a valores de *accountability* (cf. itens 9.4 e 9.7 do acórdão nº 7217/2017).

O controlador extraiu princípio e do valor arrolado a exigência de análise integral e exaustiva de todos os documentos apresentados para a comprovação da regular aplicação dos recursos públicos (itens 108 a 113 do acórdão nº 3235/2017).[1635] Em termos práticos, a decisão do TCU estabeleceu a necessidade de conferência de número elevado de instrumentos comprobatórios nos financiamentos, rejeitando o novo mecanismo adotado pelo financiador. Voltava, e de forma chancelada pelo controlador, a exigência de comprovação de todos os materiais associados ao projeto. Na construção de um laboratório, teria de ser checada dos gastos com a nova estrutura física à compra de maquinário e insumos químicos.

Um trabalho de verificação promovido nesses termos não é necessariamente proporcional aos valores dispendidos, mas depende da natureza das despesas. Financiamento de baixo valor e muito menor impacto inovativo pode demandar esforço maior do que um aporte vultoso e de maior impacto. Ademais, mormente nos casos de financiamentos mais antigos, ele demanda o manejo de documentos físicos que devem ser exaustivamente consultados. Com essa sistemática não fica difícil entender um acúmulo histórico de prestações de contas pendentes de análise.

[1634] Acórdão n° 3235/2017 (Ata de n° 11/17), Rel. Min. André de Carvalho, sessão de 11 abr. 2017; e Acórdão n° 7217/2017 (Ata de n° 28/17), Rel. Min. André de Carvalho, sessão de 8 ago. 2017.

[1635] Nesse sentido, entre a parte dispositiva do acórdão nº 3.235/17, com as modificações trazidas pelo de nº 7217/2017, constou como determinação à Finep que "9.4.3. observe que, na prestação de contas dos convênios com recursos do FNDCT, na modalidade não reembolsável pela Lei nº 11.540/2007, deve-se promover a análise de todos os documentos que irão compor a prestação final de contas, sendo vedada a adoção de procedimentos que, por amostragem ou não, retirem da análise parte do conteúdo e/ou prevejam a tomada de decisão por meio de declarações do próprio convenente, de modo a respeitar o art. 70, parágrafo único, da Constituição de 1988 e o art. 40 da IN-CD-FNDCT 1/2010".

Primando por um exame exaustivo e formalmente rigoroso, o TCU impôs uma reorientação de trajetória na atuação administrativa. Não só impossibilitou a manutenção de expedientes que haviam contribuído de forma considerável para a eliminação de análises pendentes como desfez os avanços dos últimos anos na diminuição do estoque. De uma toada ele determinou a reanálise de ao menos 1.664 prestações de contas que haviam sido processadas pela via amostral (cf. item 3, relatório, no Acordão, nº 7217/2017).[1636]

Havia esperanças, todavia, de que a publicação do Decreto nº 9.283/18 provocasse novas reflexões por parte do TCU dada sua aderência ao que a Finep vinha praticando. Isso, lamentavelmente, não ocorreu.

O controlador não só ignorou diploma que deve gozar da presunção de legalidade e legitimidade, mantendo o teor de sua decisão malgrado claras mudanças na disciplina jurídica pertinente, como explicitou posicionamento contrário ao seu conteúdo em decisões posteriores. É o que se viu em decisões decorrentes do monitoramento das determinações originadas nos acórdãos nº 3.235/2017 e nº 7217/2017.[1637] O acórdão de nº 8991/2020, evidencia – de forma nada surpreendente – que, nos termos postos pelo controlador, o processamento das prestações de contas sujeitas a reanálise continua a ser problema de difícil solução, além de bastante custoso para o financiador.[1638] Um trecho dele merece ser transcrito, para dar indiscutível materialidade à posição do controlador:

[1636] Para bem compreender o significado disso em termos operacionais interessa observar que, no ano de 2018, a Finep conclui o exame de apenas 177 prestações de contas, sendo 79 relativas a contratos reabertos e 98 relativos à carteira vigente naquele ano. Cf. BRASIL. Fundo Nacional de Desenvolvimento Científico e Tecnológico. *Relatório de Gestão do Exercício de 2018*. Rio de Janeiro: FNDCT, 2018. p. 140.

[1637] Interessa notar que decisões posteriores, inclusive, não deixaram de tratar o Decreto nº 6.170/07 (relativo às transferências de recursos da União mediante convênios e contratos de repasse) como o referencial normativo aplicável, malgrado a especificidade do Decreto nº 9.283/18. Para as decisões que se seguiram, cf. Acórdão nº 272/2018 (Ata de nº 2/18), Rel. Min. André de Carvalho, sessão de 30 jan. 2018; Acórdão nº 2709/2019 (Ata de nº 11/19), Rel. Min. André de Carvalho, sessão de 16 abr. 2019; Acórdão nº 2556/2020 (Ata de nº 7/20), Rel. Min. André de Carvalho, sessão de 17 mar. 2020; Acórdão nº 8991/2020 (Ata de nº 29/20), Rel. Min. André de Carvalho, sessão de 25 ago. 2020; e Acórdão de Relação nº 7333/21 (Ata de nº 13/21), Rel. Min. André de Carvalho, sessão de 27 abr. 2021. Também associadas a esse debate (mas não associadas a esse monitoramento específico) vide Acórdão nº 8449/2020 (Ata de n° 27/20), Rel. Min. Raimundo Carneiro, sessão de 11 ago. 2020.

[1638] O financiador, visando a reverter a decisão do controlador, via requerimento examinado no acórdão nº 8991/2020, alegara que *"[n]as poucas ocasiões em que foi necessária cobrança por*

ACORDAM os Ministros do Tribunal de Contas da União, reunidos em Sessão da 2ª Câmara, ante as razões expostas pelo Relator, em:
9.1. [...] determinar que a Finep *prossiga prontamente na execução do plano de trabalho para a integral e plena análise sobre todas as prestações de contas dos convênios ou instrumentos congêneres destinados ao repasse de recursos federais no bojo do Fundo Nacional de Desenvolvimento Científico e Tecnológico (FNDCT), ainda que sob a modalidade não-reembolsável prevista na Lei nº 11.540, de 2007, devendo a Finep se abster de, entre outros mecanismos semelhantes, empregar a amostragem para a preocupante definição das prestações de contas a serem parcialmente analisadas pelo ente repassador, em plena sintonia com os referidos acórdãos e com os princípios constitucionais da prestação de contas, moralidade e impessoalidade;* [...] 9.2 determinar [...] que, dentro do prazo de 60 (sessenta) dias contados da ciência desta deliberação, a Financiadora de Estudos e Projetos – Finep apresente, se necessário, o seu complementar plano de ação com vistas a assegurar o efetivo cumprimento de todas as determinações proferidas [...] *com vistas a promover a integral e plena análise sobre todas as prestações de contas dos convênios ou instrumentos congêneres em plena sintonia com o item 9.1 do presente Acórdão, restando aqui fixada a improrrogável data de 31/1/2022 como termo final para o integral cumprimento de todas as aludidas determinações, sob pena da consequente responsabilização em desfavor dos desidiosos gestores públicos*, nos termos do art. 8º da Lei n.º 8.443, de 1992, sem prejuízo de, desde já, ressaltar que a eventual interposição de recurso contra a presente deliberação não terá o condão de estender esse termo final ora fixado em 31/1/2022 (grifos nossos).

---

restituição de valores repassados, os valores devolvidos somaram aproximadamente R$ 185 mil, em valores atualizados, que correspondem a 0,04% dos R$ 202 milhões analisados e aprovados [em prestação de contas reanalisadas]" (item 21 do relatório acórdão, grifo nosso). Por outro lado, "[o] gestor reforça que a soma de prejuízos aos cofres públicos, segundo as reanálises, em valores históricos, equivale a 0,012% dos recursos repassados, e que, além disso, nos únicos dois casos de conversões em tomadas de contas especiais, confirmados em relação aos três apresentados no último relatório de acompanhamento do plano de ação, os valores são inferiores a cem mil reais. Reafirma que esses resultados contrastam com os custos apurados e apresentados naquele relatório [de execução do plano de ação para processamento das prestações de contas reabertas], que, à época da petição, alcançavam aproximadamente R$ 8 milhões" (item 40 do relatório, grifo nosso). O TCU, entretanto, não se sensibilizou com o argumento voltado à reflexão sobre a economicidade das suas determinações, aduzindo que "[o] TCU deve repelir, ainda, a estranha manifestação dos gestores da Finep *no sentido de a atividade de análise sobre as prestações de contas ser muito onerosa, com irrisório retorno ao erário,* ao tentarem aduzir, para tanto, que as prestações de contas reanalisadas teriam revelado a subsistência de meras impropriedades na execução financeira dos ajustes ante a reduzida necessidade de buscar a subsequente restituição dos recursos mal aplicados sob o valor de aproximadamente R$ 185 mil, correspondendo aí a 0,04% sobre o montante de R$ 202 milhões (analisado e aprovado), *já que, a partir da sua relevante atuação, cada analista das correspondentes prestações de contas teria, na verdade, também contribuído adicionalmente para a necessária evidenciação da suscitada regularidade na aplicação desses R$ 202 milhões em recursos federais, devendo a Finep prosseguir, contudo, na efetiva avaliação de todas as demais prestações de contas ainda não analisadas*" (item 14 do voto, grifo nosso).

Esse breve relato comprova que a adoção da *simplificação* e do *controle por resultados* no âmbito dos financiamentos não é simples, em especial dado o risco de resistências – no mínimo criticáveis – por parte dos controladores. A importância desses preceitos é fundamental na busca por formas mais racionais de exercício do fomento à inovação, e não deve ser esquecida.

CONCLUSÃO

O longo caminho percorrido para enfrentar o *problema* exposto na introdução permitiu oferecer uma abordagem dogmática do financiamento público à inovação empresarial. Como *pergunta* orientadora de pesquisa questionou-se qual seria a disciplina jurídica dessa atividade pública, assumindo-se como *hipótese* a existência de particularidades em sua configuração. Concluído o esforço teórico-descritivo, pode-se ao fim apresentar uma *tese* sobre o assunto.

Antes de propriamente abordar a *tese* a ser sustentada entende-se conveniente sumarizar os capítulos precedentes. Percorrê-los rapidamente parece oportuno dadas as dimensões dessa obra, e tem o intuito de fornecer ao leitor um mapa do que foi discutido.

O primeiro capítulo estabeleceu bases conceituais sobre os financiamentos e os contextualizou conquanto forma de atuação estatal.

De início foi delimitado o significado de *inovação* para esta pesquisa a partir de perspectivas teóricas, operacionais e normativas. Pelo viés teórico definiu-se *ciência, tecnologia* e *inovação*, com a última sendo ainda distinguida de conceitos limítrofes como *invenção* e *difusão*. Foram também abordados predicados usualmente aplicados às inovações, tais como *incremental, radical* ou *disruptiva*.

A perspectiva operacional valeu-se de orientações internacionais (*Manual de Oslo*), para a mensuração de atividades inovativas. Salientou-se principalmente o caráter contextual desse tipo de análise, sendo ainda expostas noções como as de *produto* e *processo* como suas balizadoras centrais.

No âmbito normativo foi examinada a definição de *inovação* presente no art. 2º, inciso IV, da Lei nº 10.973/04, notando-se não só sua compatibilidade com as demais perspectivas, como também o seu reconhecimento da inovação pelo ordenamento nacional como fenômeno complexo e abrangente.

Firmadas bases conceituais, foi explicada a necessidade de atuação estatal para fomentar a inovação. Foi demonstrado como esse tipo de medida é relevante para o desenvolvimento das nações, tornando-a matéria de interesse público. Também foi destacada sua conexão com a implementação de políticas industriais (especialmente as dedicadas ao *catch-up* tecnológico) e de CTI, momento em que se aproveitou para apresentar o SNCTI brasileiro.

Com isso foi possível assinalar características relevantes do contexto pátrio: a raridade de gastos vultosos em P&D por parte das empresas nacionais, historicamente pouco propensas a inovar; a pouca cooperação entre empresas e instituições de pesquisa científica no país; a ausência de oferta de crédito de longo prazo pelos bancos privados para empreendimentos inovadores e a dificuldades de captação de recursos no mercado de capitais local.

O Capítulo 2 examinou traços característicos dos financiamentos empresariais. Foram abordados seus destinatários diretos, aspectos conformadores, e os agentes incumbidos da sua promoção.

Explicitou-se a escolha das *empresas* como referenciais da pesquisa dada sua condição de destinatárias diretas dos financiamentos. Todavia, uma vez que a atuação empresarial visa eminentemente o lucro, foram apontados obstáculos ao direcionamento de recursos para a inovação como a necessidade de aquisição e manutenção de ativos intangíveis (pagamento de profissionais qualificados para a composição da base de conhecimento da empresa) e a dificuldade em mensurar o retorno esperado desse tipo de investimento.

Isso permitiu vislumbrar como os financiamentos são necessários dado que parte considerável dos esforços inovativos empresariais não seriam viáveis sem apoio governamental. Também foi destacada a importância dos financiamentos para estimular a cooperação empresarial com outros agentes do SNCTI (como as Universidades e as ICTs).

Findou-se salientando que inovar não seria apenas um "fardo" a ser suportado pelas empresas desejosas de manter sua participação no mercado, mas uma oportunidade para o incremento de sua produtividade, algo também relevante ao desenvolvimento das empresas nacionais.

Quanto aos aspectos conformadores dos financiamentos, destacou-se a *incerteza* e o *risco* que os permeiam; a importância de seu manejo considerando a sua dimensão *setorial*; e a necessidade da *efetiva contabilização dos esforços inovativos* das empresas fomentadas.

A *incerteza* representa a imprevisibilidade das inovações, que tornam impossível a quantificação de seus resultados. Desdobrável em várias dimensões (*técnica, de mercado e de política e econômica geral*), a *incerteza* é inerente aos processos inovativos, servindo-lhes como característica distintiva.

Já o *risco* está associado à possibilidade de serem antevistas consequências e calculadas as chances de sua ocorrência, permitindo sua mitigação. Mesmo que teoricamente distintos, a *incerteza* e *risco* interagem constantemente durante o transcorrer dos financiamentos, sendo algumas vezes difícil dissociá-los.

Quanto à dimensão *setorial*, pontuou-se como particularidades do setor econômico da empresa fomentada precisam ser considerados quando da concessão dos financiamentos.

Por seu turno, a necessidade da *efetiva contabilização dos esforços inovativos* relaciona-se à importância de mensuração precisa como mecanismo de incentivo, não bastando a conferência mecânica do originalmente pactuado para que o fomento seja executado a contento.

A última parte desse capítulo foi dedicada aos financiadores, sendo as agências de fomento adotadas como referencial para a compreensão dos agentes incumbidos dos financiamentos. Foi pontuada a variabilidade das suas configurações organizacionais mas uma tendência foi verificada como recorrente nas suas formas de atuação mais contemporâneas: o recurso a alguma forma de *experimentalismo*.

A obra de Charles F. Sabel foi a base para a abordagem dessa noção, que tem como elementos constitutivos a valorização da provisoriedade; a instituição de relações colaborativas e coordenadas; a opção pela transparência como forma de partilha de informações e incremento de *accountability*; e o prestígio ao aprendizado mútuo, em uma busca permanente por alternativas.

O Capítulo 3 tratou das condicionantes normativas incidentes sobre os financiamentos. Do texto constitucional foram extraídos dispositivos como os constantes do capítulo constitucional dedicado à ciência, tecnologia e inovação, tendo sido seu significado sistêmico examinado. Sublinhou-se, por exemplo, como desde 1988 foi plasmada preocupação com a dimensão produtiva do desenvolvimento tecnológico, atestado pelos §§2º e 4º do artigo 218 (inalterados pela EC. nº 85/2015), além de conferido amplo espaço de manobra ao Estado em matéria de fomento à CTI.

Após isso foi examinada a Lei de Inovação (Lei nº 10.973/04) e sua regulamentação (Decreto nº 9.283/18). Ocupando espaço central na disciplina dos financiamentos, essa lei está associada desde sua origem à busca pela superação do baixo desempenho inovativo das empresas brasileiras. Saltaram aos olhos a quantidade de normas abstratas orientadoras da atuação estatal, sejam como finalidades (art. 1º, *caput*, da Lei nº 10.973/04), como princípios (incisos do parágrafo único do art. 1º) ou como diretrizes (art. 27). Apesar disso, foi possível pinçar regras específicas e constitutivas da disciplina dos financiamentos, como a autorização explícita para a combinação de instrumentos de estímulo (art. 19, § 7º da Lei de Inovação assim como o *caput*, parágrafo único, do art. 19 do decreto).

Normas relativas ao estímulo das pequenas empresas e *startups* constantes de diplomas como a Lei Complementar nº 123/06 e Lei Complementar nº 182/21 também foram examinadas dado seu impacto para os financiamentos. Ainda em nível infraconstitucional, outras condicionantes foram citadas, como as previstas em normas e orientações relativas à política industrial; política tecnológica; leis orçamentárias; e normas disciplinadoras do uso dos recursos que alimentam os financiamentos.

Os Capítulos 4 e 5 continuaram a explorar as condicionantes que se impõem aos financiamentos, mas dessa vez em razão dos instrumentos jurídicos que os efetivam. A estratégia adotada foi a de ter como foco um financiador específico – a Finep – para dele serem extraídas características presentes nos financiamentos em geral.

O Capítulo 4 apresentou o histórico e a configuração jurídica e organizacional dessa agência. Explicou-se como a Finep estrutura unidades para executar análises técnicas ou econômico-financeiras necessárias à concessão dos financiamentos. Foram sucintamente expostos os seus fluxos de seleção, análise, aprovação e acompanhamento; e registradas as fontes de recursos utilizadas. Também apresentadas noções úteis à compreensão do funcionamento dos instrumentos de financiamento, como categorias para o seu enquadramento (*reembolsável, não reembolsável* e *investimento*) e as diferenças entre o fomento ao *projeto*, ao *plano* de conteúdo inovador e à *empresa* inovadora.

CONCLUSÃO | 517

Já o Capítulo 5 abordou os instrumentos jurídicos de duas formas. Primeiramente foi explorada a natureza jurídica e disciplina normativa aplicável a cada instrumento e apresentadas noções relevantes à compreensão de seu funcionamento. Assim, por exemplo, pontuou-se como o *financiamento em sentido estrito* tem natureza de empréstimo, e descreveu-se o mecanismo da *equalização*. A seguir foram apresentados detalhes do pactuado nas minutas de financiamento padrão utilizadas pela Finep. Nesses termos analisou-se o *financiamento em sentido* estrito e sua implementação pela via direta e com recursos do FNDCT; a *subvenção econômica*, também pela via direta e utilizando a mesma fonte; e, enquanto modalidade de investimento atinente à *participação societária*, a outorga de opção de subscrição de participação social do programa *Finep Startup*.

A parte empírica desse capítulo envolveu análise qualitativa que teve como parâmetro os seguintes questionamentos, baseados em temas discutidos no Capítulo 2:

1. *a) O instrumento em questão incorpora os aspectos apontados como conformadores do financiamento público à inovação empresarial?*

1. *b) Em caso positivo, como eles são incorporados?*

1. *c) Em caso de ausência, qual é o contexto que a envolve?*

2. *a) O instrumento em questão incorpora aspectos atinentes às práticas experimentalistas?*

2. *b) Em caso positivo, como eles são incorporados?*

2. *c) Em caso de ausência, qual é o contexto que a envolve?*

Na minuta relativa ao *financiamento em sentido estrito* verificou-se conteúdo bastante usual no mercado de crédito, com nítidas semelhanças ao praticado pelas instituições bancárias em geral, públicas ou privadas. Assim, juntamente a cláusulas assecuratórias da execução do objeto financiado estavam presentes mecanismos para garantir a restituição futura dos valores disponibilizados. Notou-se relação jurídica com verticalidade pouco pronunciada em relação ao esperado em interações com o Estado, provavelmente pelo fato de a empresa tomadora remunerar o financiador mediante a quitação de seu débito.

Quanto aos questionamentos que parametrizaram a análise da minuta, a resposta foi afirmativa para ambos, verificando-se a incorporação de todos os aspectos apontados (mesmo que com limitações em alguns casos) como conformadores do financiamento público à inovação empresarial e associados às práticas experimentalistas.

No caso da minuta utilizada para a concessão de *subvenção*, notaram-se características mais comuns às formas de atuação estatal mais recorrentes, com certa verticalidade permeando a relação entabulada. Há amplo espaço de discricionariedade para o financiador e muitas prerrogativas lhe sendo asseguradas, talvez em decorrência da natureza não reembolsável dos recursos concedidos ou de eventuais semelhanças com outras formas de fomento tradicionais, como a celebração de convênios ou a concessão de bolsas e auxílios.

A primeira questão, relativa à incorporação de aspectos apontados como conformadores do financiamento à inovação empresarial, pôde ser respondida positivamente, registrando-se, todavia, que não foi verificada na minuta preocupação com a *dimensão setorial da inovação*. A segunda questão, relativa às *práticas experimentalistas*, foi respondida afirmativamente para os três aspectos de análise.

Por fim, quanto à minuta associada a instrumento de *investimento* (contrato de outorga de opção de subscrição adotado para o programa *Finep Startup*) e consubstanciando expediente de *participação societária*, notou-se contexto em que o caráter público do financiador se mostra menos pronunciado no *financiamento em sentido estrito* e ainda menos saliente caso comparado com a *subvenção*. Apenas dispositivos como os que proíbem a estatização da investida ou que exigem a regularidade frente a cadastros públicos para liberação dos aportes indicam essa característica, com a atuação estatal sendo muito semelhante à de um agente privado.

Entretanto, mesmo sem uma verticalidade patente, estão presentes estruturas que conferem à Finep um papel de destaque enquanto investidora, lhe sendo estatuídas prerrogativas não extensíveis a terceiros. Somadas essas a previsões editalícias que alcançam o pactuado e, consequentemente, condicionam o comportamento das potenciais investidas previamente à celebração do ajuste, verificou-se que o financiador goza de poderes relevantes e distintivos durante o exercício da função de fomento, mesmo quando acompanhado de outros investidores.

Passando aos questionamentos, a última minuta analisada trouxe respostas significativamente distintas das demais. O documento contratual não incorporou aspectos apontados nesta pesquisa como conformadores do financiamento à inovação empresarial. Mesmo localizados indícios deles, não foi extraída intensidade que permita o seu reconhecimento efetivo a partir da metodologia proposta e em comparação com as minutas previamente examinadas. A forma como esse mecanismo de financiamento foi configurada não apresentou características que permitam distingui-lo de outras formas de aporte comuns no mercado de capitais e que não estão necessariamente associadas à inovação. Quanto à incorporação de aspectos associados a práticas experimentalistas, o conteúdo da minuta conduziu a respostas afirmativas em dois deles, sublinhando-se a ausência da *provisoriedade de objetivos*.

O Capítulo 6, último deste livro, aproveitou o previamente exposto para abordar questões relevantes ao cotidiano dos financiamentos. Foram escolhidos quatro tópicos a comentar, sendo todos associados a institutos e matérias de direito administrativo.

Começou-se pela defesa da adoção da noção de *fomento* como conceito central à compreensão dogmática dos financiamentos. Foi destacado como eles podem ser enquadrados como manifestação dessa forma de atuação estatal não coercitiva, distinta da prestação de serviço público, e que envolve estímulos a atividades facultativas, dependentes da vontade do destinatário direto do fomento.

Apesar disso, sublinhou-se que o financiamento público à inovação empresarial deve ser desempenhado de forma consciente, harmônica e interligada a uma atuação estatal mais ampla em matéria de CTI. Também destacada a importância de separar o fomento promovido pelos financiamentos de medidas usualmente assemelhadas, como o direcionamento de recursos a empresas não com o fito de incrementar seu potencial inovador, mas de assegurar a continuidade de suas atividades.

Ademais, foi discutido se o financiamento a empresas estatais – fenômeno bastante recorrente – poderia ser tecnicamente considerado manifestações de fomento. Foi apresentado posicionamento a favor desse enquadramento, mesmo tendo sido consignado que entes públicos não deveriam ser os destinatários prioritários desse tipo de medida. A pulverização dos centros decisórios na Administração; a necessidade de incentivos financeiros para alavancar iniciativas inovadoras desempenhadas pelas estatais e a relevância delas para o conjunto dos desforços inovativos brasileiros foram expostas como justificativas para o ponto de vista exposto.

O segundo tópico abordou os imperativos de *publicidade e sigilo* incidentes sobre os financiamentos. Foi apresentado panorama do tema no ordenamento pátrio, sublinhando a importância da Lei de Acesso à Informação para sua disciplina e destacando a necessidade de equilíbrio entre a garantia do direito de acesso e necessidade de zelo para com situações legais de sigilo.

Assim, mesmo que a publicidade deva constituir a regra (e o sigilo a exceção), foram esmiuçadas as hipóteses de restrição aplicáveis à atividade em estudo com base na legislação, doutrina e documentos produzidos pela CGU e CMRI. Consignadas também breves considerações para aprimorar a publicidade durante o manejo dos financiamentos, como o fortalecimento das unidades responsáveis por prover o acesso à informação e a criação de mecanismos que façam com que as empresas fomentadas auxiliem os financiadores na produção e delimitação de dados divulgados.

O terceiro tópico debruçou-se sobre a *processualidade* como elemento condicionador dos financiamentos. Devendo a lógica processual permeá-los enquanto exercício de atividade administrativa, ilustrou-se, por exemplo, como procedimentos para a aplicação de sanções contratuais pelos financiadores servem como salvaguarda frente ao arbítrio administrativo. Não se deixou de alertar, de toda forma, que esse caráter processual não deve ser implementado em prejuízo do fomento à inovação, sendo necessária constante prudência para alcançar equilíbrio satisfatório à consecução do interesse público.

Os processos de seleção dos destinatários dos recursos foram especificamente abordados, sendo tratados o *fluxo contínuo* e *chamamento público* como categorias descritivas de estruturas processuais. A limitação temporal diferenciaria essas categorias: se no *fluxo contínuo* a disponibilização de recursos é permanente ou possível por largos períodos, no *chamamento público* impõe-se um cronograma, com prévia delimitação de momentos para a prática de atos determinados. Para o *chamamento público* destacou-se a importância de eles não serem compreendidos como regidos por um caráter competitivo, sob risco de serem criadas relações adversariais não condizentes com o fomento à inovação, e serem flexíveis, devendo a vinculação ao instrumento convocatório ser temperada pelas necessidades práticas inerentes à execução dos financiamentos.

O quarto e último tópico do capítulo 6 abordou o tema do controle da Administração. Apresentados os contornos do debate contemporâneo sobre a matéria explorou-se sua incidência sobre os financiamentos. Partiu-se da distinção doutrinária entre controles *internos* e *externos* para abordar a presença do autocontrole, do controle hierárquico, da supervisão, da auditoria, e da atuação do Poder Judiciário, Ministério Público e pelos Tribunais de Contas e suas consequências para essa forma de fomento.

A *simplificação de procedimentos* e o *controle por resultados* foram sublinhados como preceitos diretivos para o controle do fomento à inovação. Foi salientada a importância de procedimentos ágeis, com foco nos resultados, principalmente considerando a baixa penetração do controle por resultados no país e o excesso de formalismos que obstaculizam a promoção da CTI no Brasil. Dificuldades na efetivação disso foram trazidos a lume, como a resistência do TCU a medidas efetivadas pela Finep para o processamento das prestações de contas que lhe são enviadas.

Descrita a trajetória percorrida é possível firmar, como *tese*, que o *financiamento público à inovação empresarial possui regime jurídico próprio*. Essa realidade foi ficando visível conforme os capítulos deste trabalho se sucediam, conjugando arcabouço teórico especializado, condicionantes normativas específicas e imperativos práticos em um todo coerente.

Ao se identificar um *regime jurídico próprio* não se está meramente sublinhando a existência de normas especiais. Se está dando um passo além, sustentando que a aplicação de diplomas como a Lei nº 10.973/04 depende de esforço hermenêutico que pondere aspectos teóricos e práticos específicos.

A compreensão jurídica do financiamento de uma planta fabril para fins de fomento à inovação empresarial diverge da de um financiamento bancário comum. Ao repassarem verba pública os financiadores efetivam transferências dotadas de diversas particularidades.

A existência desse *regime jurídico próprio*, todavia, não significa que ele seja raro, excepcional, tendo uma configuração alheia a parâmetros estabelecidos pelo ordenamento pátrio. Os financiamentos são prática recorrente e consolidade na praxe administrativa brasileira. Compreendê-los demanda perceber como é operada essa interação entre enquadramentos gerais e os meandros de suas peculiaridades.

Pense-se no caso dos *financiamentos em sentido estrito*. Sua natureza jurídica de empréstimo atrai a disciplina do Código Civil. Entretanto, ao serem manejados para fins de fomento à inovação eles são informados por conceitos como o de *risco tecnológico* que, que é normativamente definido (Decreto nº 9.283/18), e depende de preceitos teóricos como o de *risco* e *incerteza* para sua devida delimitação.

É oportuno sublinhar a especialidade desse regime. Por razões teóricas, uma vez que a melhor compreensão jurídica de um contexto específico contribui com o avanço da ciência jurídica como um todo, e práticas, dado que devida execução dos financiamentos é necessária ao sucesso das políticas públicas de fomento à inovação.

Algumas características desse regime jurídico podem ser sublinhadas.

Em primeiro lugar, sua *hermenêutica demanda insumos multidisciplinares*. A interpretação das normas relativas aos financiamentos exige a utilização de conceitos extraídos de farta literatura multidisciplinar. *Serviço, processo, risco tecnológico, sistema nacional de ciência, tecnologia e inovação (SNCTI)* são exemplos de noções que, mesmo constando de normas jurídicas, só poderão ser bem utilizadas com a consulta a fontes não jurídicas.

Isso faz com que se trate de regime jurídico cuja semântica recebe influxos diretos da evolução conceitual em outras áreas do saber e da implementação de políticas públicas, havendo uma constante atualização de significados.

Em segundo, ele é dotado de *conteúdo programático considerável e abertura para detalhamento durante sua aplicação*. Embora a multiplicidade de normas programáticas seja comum na realidade brasileira, é importante registrar que uma série de diretivas incidem sobre os financiamentos.

Apenas no capítulo constitucional dedicado a CTI há diversas delas, e bastante genéricas: o progresso das ciências; a solução de problemas brasileiros; o desenvolvimento do sistema produtivo nacional e regional; o estímulo a empresas que invistam em pesquisa e criação de tecnologia adequada ao país etc. Há ainda muitos princípios (art. 1º, parágrafo único) e diretrizes (art. 27) previstos na Lei de Inovação, para não falar dos que constam em diplomas mais específicos como a Lei Complementar nº 182/21.

Essa quantidade de prescrições torna fácil enquadrar qualquer iniciativa em algum de seus ditames.

Com isso, será apenas no detalhamento regulamentar, orçamentário e nos documentos constitutivos das políticas públicas que será verdadeiramente definida a forma de execução dos financiamentos. Esse movimento de especificação, mais ou menos intenso – lembre-se especialmente das formas como têm sido estabelecidas as políticas industrial e tecnológica no país – é essencial à conformação do regime jurídico dos financiamentos.

Em terceiro, *o binômio incerteza e risco, a dimensão setorial e a necessidade de efetiva contabilização dos esforços inovativos lhe são aspectos conformadores*. Conceitos presentes e profundamente explorados na literatura sobre inovação, notou-se com o desenrolar do trabalho sua influência na prática dos financiamentos (mesmo que variando de acordo com o instrumento jurídico adotado), servindo-lhe como parâmetros hermenêuticos relevantes.

Em quarto, trata-se de *regime jurídico condizente com práticas experimentalistas*. Dessa forma, percebeu-se que os financiamentos seriam compatíveis com uma forma de atuação pública orientada pela *provisoriedade de objetivos*, o *caráter colaborativo* e o *compartilhamento de informações como forma de transparência*, o que seria um indício da sua adequação às tendências mais contemporâneas de atuação em matéria de inovação e de organização das agências de fomento.

Em quinto, pôde-se notar um regime disciplinador de *uma atuação estatal manifesta por instrumentos jurídicos variados*. As diferenças entre os instrumento *reembolsáveis*, *não reembolsáveis* e de *investimento* mostraram que a concretização da transferência dos recursos pode ocorrer seguindo lógicas bastante distintas.

Em sexto lugar, trata-se de um regime jurídico que *pode ser compreendido a partir de institutos jurídicos tradicionais desde que eles sejam temperados pelas particularidades do fomento à inovação*. Nesses termos, por exemplo, se a utilização de conceitos como *fomento* e de *controle* são fundamentais à compreensão das dinâmicas dos financiamentos como são a um amplo leque de iniciativas estatais, é importante ter clareza quanto aos seus limites (distinguindo-se o fomento do mero salvamento de empresas em crise) e dos contornos que lhe devem ser dados no contexto analisado (que demanda que o controle seja necessariamente simplificado e baseado em resultados).

Enunciada a tese e elencadas características desse *regime jurídico próprio*, cabe ainda dizer que há muito espaço para pesquisas jurídicas sobre o financiamento à inovação. Com este trabalho examinando uma forma específica de estímulo, subsiste a necessidade de pesquisas sobre outras manifestações desse fenômeno, como no caso da utilização de compras públicas ou de incentivos fiscais para fins de fomento. Outras perspectivas, como as relativas à oferta de estímulos por agentes privados, foram ainda menos estudadas.

Alguns dos achados expostos, ou até a forma de estruturação desta pesquisa, baseada na multidisciplinaridade e na utilização de institutos jurídicos tradicionais como pontos de partida, podem ser úteis a análises futuras. Trabalhos vindouros também podem investigar a existência de regimes próprios em outros contextos de fomento à inovação.

Finalmente, se o conhecimento é o resultado do acúmulo de descobertas, espera-se ter contribuído para aumentar o saber científico sobre o tema e com isso ofertar mais insumos para quem lida com os financiamentos em seu dia a dia. A maior contribuição dos juristas para com o fomento à inovação é bem compreender suas particularidades, devidamente equilibrando as doses de flexibilidade e consistência que o assunto exige em suas análises. É o que se tentou fazer aqui.

REFERÊNCIAS

90% DA INOVAÇÃO no Brasil é feita com investimento privado, aponta sondagem CNI. *CNN Brasil*, São Paulo, 9 mar. 2022. Disponível em: https://www.cnnbrasil.com.br/business/90-da-inovacao-no-brasil-e-feita-com-investimento-privado-aponta-sondagem-cni/. Acesso em: 10 mar. 2022.

ABRÃO, Nelson. *Direito bancário*. 16. ed. São Paulo: Saraiva, 2016.

ACORDO entre entidades científicas, governo e parlamentares assegura manutenção da secretaria-executiva do FNDCT na Finep. *Sociedade Brasileira para o Progresso da Ciência*, São Paulo, 23 maio 2019. Disponível em: http://portal.sbpcnet.org.br/noticias/acordo-entre-entidades-cientificas-governo-e-parlamentares-assegura-manutencao-da-secretaria-executiva-do-fndct-na-finep/. Acesso em: 18 jul. 2020.

AGHION, Philippe; AKCIGIT, Ufuk; BERGEAUD, Antonin; BLUNDELL, Richard; HEMOUS, David. Innovation and Top Income Inequality. *The Review of Economic Studies*, Oxford, v. 86, n. 1, p. 1-45, 2019. DOI: https://doi.org/10.1093/restud/rdy027

AGHION, Philippe; HOWITT, Peter; BURSZTYN, Leonardo. *The Economics of Growth*. Cambridge: MIT, 2009.

ALCÁZAR, Mariano Baena del. Sobre el concepto de fomento. *Revista de administración pública*, Madri, n. 54, p. 43-86, 1967.

ALMEIDA, Fernando Dias Menezes de. A legislação federal sobre ciência, tecnologia e inovação no contexto da organização federativa brasileira., *In*: FREITAS, Rafael Véras de; RIBEIRO, Leonardo Coelho; FEIGELSON, Bruno (org.). *Regulação e novas tecnologias*. Belo Horizonte: Fórum, 2017.

ALMEIDA, Fernando Dias Menezes de. *Contrato administrativo*. São Paulo: Quartier Latin, 2012.

ALMEIDA, Fernando Dias Menezes de. *Formação da teoria do direito administrativo no Brasil*. São Paulo: Quartier Latin, 2015.

ALMEIDA, Fernando Dias Menezes de. Princípio da impessoalidade. *In*: MARRARA, Thiago (org.). *Princípios de direito administrativo*: legalidade, segurança jurídica, impessoalidade, publicidade, motivação, eficiência, moralidade, razoabilidade, interesse público. São Paulo: Atlas, 2012.

ALMEIDA, Fernando Dias Menezes de; JURKSAITIS, Guilherme Jardim; MOTA, Carolina. Parcerias empresariais do estado para a inovação tecnológica. *In*: SCHWIND, Rafael Wallbach; JUSTEN FILHO, Marçal (org.). *Parcerias público-privadas*: reflexões sobre os 10 anos da Lei 11.079/2004. São Paulo: Revista dos Tribunais, 2015.

ALMEIDA, Fernando Dias Menezes de; MOURÃO, Carolina Mota. Inovação como fator de convergência normativa: análise do caso dos fundos de investimentos com participação estatal. *In*: COUTINHO, Diogo R.; FOSS, Maria Carolina; MOUALLEM, Pedro Salomon B. (org.). *Inovação no Brasil*: avanços e desafios jurídicos e institucionais. São Paulo: Blucher, 2017.

ALMEIDA, Francisco Carlos Ribeiro de. O controle dos atos de gestão e seus fundamentos básicos. *Revista do TCU*, Brasília, DF, n. 80, p.17-50, 1999.

ALMEIDA, Mansueto. Política Industrial e crescimento. *Radar*, São Paulo, n. 17, p. 47-56, 2011.

ALPEROVYCH, Yan; GROH, Alexander; QUAS, Anita. Bridging the equity gap for young innovative companies: the design of effective government venture capital fund programs. *Research Policy*, Amsterdã, v. 49, n. 10, p. 1-18, 2020.

ANDRADE, Alexandre Zuccolo Barragat de. *Estudo comparativo entre subvenção econômica à inovação operada pela Finep e programas correlatos de subsídio em países desenvolvidos*. 2009. Dissertação (Mestrado em Administração Pública) – Fundação Getúlio Vargas, Rio de Janeiro, 2009.

ANDREONI, Antonio; CHANG, Ha-Joon. The political economy of industrial policy: Structural interdependencies, policy alignment and conflict management. *Structural Change and Economic Dynamics*, Amsterdã, v. 48, p. 136-150, 2019.

ANDRIES, Petra; HÜNERMUND, Paul. Firm-level effects of staged investments in innovation: the moderating role of resource availability. *Research Policy*, Amsterdã, v. 49, n. 7, p. 1-15, 2020.

ARAGÃO, Alexandre Santos de. Empresas público-privadas. *In:* CAMPILONGO, Celso Fernandes; GONZAGA, Alvaro de Azevedo; FREIRE, André Luiz (org.). *Enciclopédia jurídica da PUC-SP*. São Paulo: Pontifícia Universidade Católica de São Paulo, 2017.

ARBIX, Glauco. Ciência e Tecnologia em um mundo de ponta-cabeça. *Estudos Avançados*, São Paulo, v. 34, n. 99, p. 65-76, 2020.

ARBIX, Glauco. Innovation policy in Brazil since 2003. *In:* REYNOLDS, Elisabeth B.; SCHNEIDER, Ben Ross; ZYLBERBERG, Ezequiel (org.). *Innovation in Brazil*: advancing development in the 21st century, Nova York: Routledge, 2019.

ARBIX, Glauco; MIRANDA, Zil. Inovar para sair da crise. *In:* COUTINHO, Diogo R.; FOSS, Maria Carolina; MOUALLEM, Pedro Salomon B. (org.). *Inovação no Brasil*: avanços e desafios jurídicos e institucionais. São Paulo: Blucher, 2017.

ARBIX, Glauco; MIRANDA, Zil; TOLEDO, Demétrio; ZANCUL, Eduardo. Made in China 2025 e Industrie 4.0: a difícil transição chinesa do *catching up* à economia puxada pela inovação. *Tempo Social*, São Paulo, v. 30, n. 3, p. 143-170, 2018. DOI: https://doi.org/10.11606/0103-2070.ts.2018.144303.

ARBIX, Glauco; SALERNO, Mario Sergio; AMARAL, Guilherme; LINS, Leonardo Melo. Avanços, equívocos e instabilidade das Políticas de Inovação no Brasil. *Novos Estudos*: CEBRAP, São Paulo, v. 36, n. 3, p. 9-28, 2017.

ARIENTE, Eduardo Altomare; BABINSKI, Daniel de Oliveira. Impressões sobre o novo decreto do Marco Legal de Ciência, Tecnologia e Inovação. *Consultor Jurídico*, São Paulo, 17 abr. 2018. Disponível em: https://www.conjur.com.br/2018-abr-17/opiniao-impressoes-decreto-marco-legal-inovacao. Acesso em: 24 nov. de 2019.

ARROW, Kenneth J. Economic Welfare and the Allocation of Resources for Invention. *In:* NATIONAL BUREAU OF ECONOMIC RESEARCH (org.) *The Rate and Direction of Inventive Activity*: Economic and Social Factors. Princeton: Princeton University, 2015.

ARTHUR, W. Brian. *The nature of technology*: what it is and how it evolves. Nova York: Free Press, 2009.

AUDRETSCH, David; COLOMBELLI, Alessandra; GRILLI, Luca; MINOLA, Tommaso; RASMUSSEN, Einar. Innovative start-ups and policy initiatives. *Research Policy*, Amsterdã, v. 49, n. 10, p. 1-14, 2020.

BACELLAR FILHO, Romeu Felipe. A distinção entre processo e procedimento administrativo – consequências quanto ao regime jurídico e às garantias do processo disciplinar. *In:* ALMEIDA, Fernando Dias Menezes de; MARQUES NETO, Floriano; MIGUEL, Luiz; SCHIRATO, Vitor. *Direito Público em Evolução*: Estudos em Homenagem à Professora Odete Medauar. Belo Horizonte: Fórum, 2013.

BAGLEY, Nicholas. The procedure fetish. *Michigan Law Review*, Ann Arbor, v. 118, n. 3, p. 345-402, 2019.

BAHIA, Domitila; GONÇALVES, Eduardo; BETARELLI JUNIOR, Admir Antônio. Efeitos macroeconômicos e setoriais das subvenções da FINEP no Brasil. *Revista Brasileira de Inovação*, Campinas, v. 20, p. 1-40, 2021.

BANCO NACIONAL DO DESENVOLVIMENTO. *Política de Atuação no Apoio à Inovação*. Brasília, DF: BNDES, [2013]. Disponível em: http://www.bndes.gov.br/wps/portal/site/home/onde-atuamos/inovacao/politica-apoio-inovacao. Acesso em: 16 jan. 2020.

BANCO NACIONAL DO DESENVOLVIMENTO. *Relatório Anual Integrado 2018*. Brasília, DF: BNDES, 2018. Disponível em: https://www.bndes.gov.br/SiteBNDES/bndes/bndes_pt/Hotsites/Relatorio_Anual_2018/. Acesso em: 18 out. 2019.

BARBOSA, Caio Márcio Melo. Competências legislativas e administrativas. *In:* PORTELA, Bruno Monteiro; BARBOSA Caio Márcio Melo; MURARO, Leopoldo Gomes; DUBEUX, Rafael (org.). *Marco legal da ciência, tecnologia e inovação no Brasil*. Salvador: Juspodivm, 2020.

BARBOSA, Denis Borges (org.). *Direito da inovação*: comentários à lei federal de inovação, incentivos fiscais à inovação, legislação estadual e local, poder de compra do estado (modificações à lei de licitações). 2. ed. Rio de Janeiro: Lumen Juris, 2011.

BARBOSA, Denis Borges, Direito ao desenvolvimento, inovação e a apropriação das tecnologias. *Revista Jurídica da Presidência*, [s. l.], v. 8, n. 83, p. 31-50, 2007. Disponível em: https://revistajuridica.presidencia.gov.br/index.php/saj/article/view/317. Acesso em: 15 dez. 2024.

BARBOSA, Denis Borges. Comentários à lei de inovação. *In:* BARBOSA, Denis Borges (org.). *Direito da inovação*: comentários à lei federal de inovação, incentivos fiscais à inovação, legislação estadual e local, poder de compra do estado (modificações à lei de licitações). 2. ed. Rio de Janeiro: Lumen Juris, 2011.

BARBOSA, Denis Borges. Noção de "empresa nacional" na lei de inovação. *In:* BARBOSA, Denis Borges (org.). *Direito da inovação*: comentários à lei federal de inovação, incentivos fiscais à inovação, legislação estadual e local, poder de compra do estado (modificações à lei de licitações). 2. ed. Rio de Janeiro: Lumen Juris, 2011.

BARBOZA, Ricardo; PESSOA, Samuel; PONTUAL, Eduardo; ROITMAN, Fábio. *What have we learned about the Brazilian development bank?* Rio de Janeiro: FGV IBRE, 2020. Disponível em: https://portalibre.fgv.br/sites/default/files/2022-05/barboza_pessoa_ribeiro_e_roitman_2020_what_have_we_learned_about_bndes_ibre_version.pdf. Acesso em: 30 nov. 2024.

BARROS, Laura Mendes Amando de. *Participação democrática e fomento nos conselhos deliberativos*. São Paulo: Saraiva, 2016.

BASSI, Camillo de Moraes. *Fundos especiais e políticas públicas*: uma discussão sobre a fragilização do mecanismo de financiamento. Rio de Janeiro: Ipea, 2019. v. 2458. Disponível em: https://repositorio.ipea.gov.br/bitstream/11058/9088/1/TD_2458.pdf. Acesso em: 30 nov. 2024.

BASTOS, Valéria Delgado. 2000-2010: uma década de apoio federal à inovação no Brasil. *Revista do BNDES*, Rio de Janeiro, n. 37, p. 127-175, 2012.

BASTOS, Valéria Delgado. Fundos públicos para ciência e tecnologia. *Revista do BNDES*, Rio de Janeiro, v. 10, n. 20, p. 229-260, 2003.

BEIRÃO, Paulo Sérgio Lacerda. Arcabouço legal ou entraves legais? *Parcerias Estratégicas*, Brasília, DF, v. 15, n. 31, p. 47-52, 2012.

BEN-ARI, Guy; VONORTAS, Nicholas S. Risk financing for knowledge-based enterprises: mechanisms and policy options. *Science and Public Policy*, Oxford, v. 34, n. 7, p. 475-488, 2007.

BENTO, Leonardo Valles. *Governança e governabilidade na reforma do estado*: entre eficiência e democratização. Barueri: Manole, 2003.

BERCOVICI, Gilberto. Ciência e inovação sob a constituição de 1988. *Revista dos Tribunais*, São Paulo, v. 101, n. 916, p. 267-294, 2012.

BERTOLIN, Aline. O *bid rigging* no plano material do direito brasileiro: concertação de condutas em contratações públicas e a deficitária institucionalização de mecanismos conjuntos de apreciação do ilícito colusivo. In: MEDAUAR, Odete; SCHIRATO, Vitor Rhein; MIGUEL, Luiz Felipe; GREGO-SANTOS, Bruno (org.). *Contratos e controle na administração pública*: reflexões atuais. Rio de Janeiro: Lumen Juris, 2017.

BID aprova captação de US$ 750 mi para o BNDES financiar quase 5 mil micro, pequenas e médias empresas. *Portal do BNDES*, Brasília, DF, 22 nov. 2018. Disponível em: http://www.bndes.gov.br/wps/portal/site/home/imprensa/noticias/conteudo/bid-aprova-captacao-de-u-s-750-mi-para-o-bndes-financiar-quase-5-mil-micro-pequenas-e-medias-empresas. Acesso em: 15 jul. 2020.

BIJOS, Paulo Roberto Simão. Avaliação do custo de políticas públicas pelo Congresso Nacional: o caso do programa de sustentação do investimento. *E-Legis*: Revista Eletrônica do Programa de Pós-Graduação da Câmara dos Deputados, Brasília, DF, n. 29, p. 205-234, 2019.

BLOCK, Fred. Swimming Against the Current: The Rise of a Hidden Developmental State in the United States. *Politics & Society*, Thousand Oaks, v. 36, n. 2, p. 169-206, 2008.

BLOCK, Fred; KELLER, Matthew R. (org.). *State of Innovation*: the U.S. Government's Role in Technology Development. Londres: Routledge, 2011.

BNDES e KfW celebram linha de crédito de US$ 142 milhões. *Portal do BNDES*, Brasília, DF, 21 dez. 2021. Disponível em: http://www.bndes.gov.br/wps/portal/site/home/imprensa/noticias/conteudo/bndes-e-kfw-celebram-linha-de-credito-de-us$-142-milhoes. Acesso em: 15 jul. 2020.

BOCCHINI, Bruno. CNI: só 10% das empresas usam financiamento público para pesquisa. *Agência Brasil*, Brasília, DF, 9 mar. 2022. Disponível em: https://agenciabrasil.ebc.com.br/economia/noticia/2022-03/cni-so-10-das-empresas-usam-financiamento-publico-para-pesquisa. Acesso em: 10 mar. 2022.

BONVILLIAN, William B. All that DARPA Can Be. *American Interest*, Concord, v. 11, n. 1, p. 52-63, 2015.

BONVILLIAN, William B. DARPA and its ARPA-E and IARPA Clones: A Unique Innovation Organization Model. *Industrial and Corporate Change*, Oxford, v. 27, n. 5, p. 897-914, 2018.

BONVILLIAN, William B. The new model innovation agencies: An overview. *Science and Public Policy*, Oxford, v. 41, n. 4, p. 425-437, 2014.

BONVILLIAN, William. Lessons from DARPA for innovating in defense legacy sectors. *In*: BONVILLIAN, William; VAN ATTA, Richard; WINDHAM, Patrick (org.). *The DARPA Model for Transformative Technologies*. Cambridge: Open Book, 2019, p. 323-360.

BORRÁS, Susana; EDQUIST, Charles. *Holistic Innovation Policy*: Theoretical Foundations, Policy Problems, and Instrument Choices. Oxford: Oxford University, 2019.

BORRÁS, Susana; EDQUIST, Charles. Innovations: a Systems Activities Approach. *In*: BORRÁS, Susana; EDQUIST, Charles. *Holistic Innovation Policy*: Theoretical Foundations, Policy Problems, and Instrument Choices. Oxford: Oxford University, 2019. p. 20-21.

BOUND, Kirsten; MILER, Paul. *The Startup Factories*: the Rise of Accelerator Programmes to Support new Technology Ventures. Londres: Nesta, 2011.

BRAGA, André de Castro O. P. O Tribunal de Contas da União impõe obstáculos à inovação no setor público? *In*: SUNDFELD, Carlos Ari; ROSILHO, André Janjácomo (org.). *Tribunal de Contas da União no direito e na realidade*. São Paulo: Almedina, 2020.

BRAGA, Marco Aurelio Cezarino. *Subdesenvolvimento, tecnologia e direito econômico*: o programa nacional de nanotecnologia e o desafio furtadiano. 2016. Dissertação (Mestrado em Direito) – Faculdade de Direito da Universidade de São Paulo, São Paulo, 2016.

BRANSCOMB, Lewis M.; AUERSWALD, Philip E. *Between Invention and Innovation*: An Analysis of Funding for Early-Atage Technology Development. Washington, D.C.: National Institute of Standards and Technology, 2002.

BRASIL. Controladoria Geral da União. *Aplicação da Lei de Acesso à Informação na Administração Pública Federal*. 4. ed. Brasília, DF: CGU, 2019.

BRASIL. Controladoria Geral da União. *Relatório de Avaliação*: Secretaria de Empreendedorismo e Inovação, Ministério da Ciência, Tecnologia, Inovações e Comunicações. Brasília, DF: CGU, 2020.

BRASIL. Financiadora de Estudos e Projetos. *Demonstrações Contábeis*: 3º Trimestre. Rio de Janeiro: Finep, 2020.

BRASIL. Financiadora de Estudos e Projetos. *Glossário Finep*. Rio de Janeiro: Finep, [2024]. Disponível em: http://finep.gov.br/component/content/article/52-biblioteca/glossario/4849-glossario. Acesso em: 30 nov. 2024.

BRASIL. Financiadora de Estudos e Projetos. *Relatório da Administração*. Rio de Janeiro: Finep, 2019.

BRASIL. Financiadora de Estudos e Projetos. *Relatório de Gestão do Exercício de 2014*. Rio de Janeiro: Finep, 2015.

BRASIL. Financiadora de Estudos e Projetos. *Relatório de Gestão do Exercício de 2015*. Rio de Janeiro: Finep, 2016.

BRASIL. Fundo Nacional de Desenvolvimento Científico e Tecnológico. *Relatório de Gestão do Exercício de 2014*. Rio de Janeiro: FNDCT, 2015.

BRASIL. Fundo Nacional de Desenvolvimento Científico e Tecnológico. *Relatório de Gestão do Exercício de 2018*. Rio de Janeiro: FNDCT, 2018.

BRASIL. Instituto Brasileiro de Geografia e Estatística. *Pesquisa de inovação nas empresas estatais federais*. Rio de Janeiro: IBGE, 2011.

BRASIL. Instituto Brasileiro de Geografia e Estatística. PINTEC: pesquisa de inovação. Brasília, DF: IBGE, [2024]. Disponível em: https://www.ibge.gov.br/estatisticas/multidominio/ciencia-tecnologia-e-inovacao/9141-pesquisa-de-inovacao.html?=&t=o-que-e. Acesso em: 30 nov. 2024.

BRASIL. Ministério da Ciência, Tecnologia e Inovação. *Estratégia brasileira para a transformação digital*. Brasília, DF: MCTI, 2018. Disponível em: https://www.gov.br/mcti/pt-br/centrais-de-conteudo/comunicados-mcti/estrategia-digital-brasileira/estrategiadigital.pdf. Acesso em: 30 nov. 2024.

BRASIL. Ministério da Ciência, Tecnologia e Inovação. *Estratégia Nacional de Ciência, Tecnologia e Inovação*: 2016-2022. Brasília, DF: MTC, 2016. Disponível em: https://antigo.mctic.gov.br/mctic/export/sites/institucional/ciencia/SEPED/Arquivos/PlanosDeAcao/PACTI_Sumario_executivo_Web.pdf. Acesso em: 30 nov. 2024.

BRASIL. Ministério da Ciência, Tecnologia e Inovação. *Manuais de Referência*. Brasília, DF: MCTI, [2024]. Disponível em: https://www.gov.br/mcti/pt-br/acompanhe-o-mcti/indicadores/paginas/manuais-de-referencia. Acesso em: 30 nov. 2024.

BRASIL. Ministério da Ciência, Tecnologia e Inovação. *Perguntas Frequentes*. Brasília, DF: MCTI, [2024]. Disponível em: https://www.gov.br/mcti/pt-br/acompanhe-o-mcti/lei-do-bem/paginas/perguntas-frequentes. Acesso em: 30 nov. 2024.

BRASIL. Ministério da Ciência, Tecnologia e Inovação. *Plano de Ação para a Inovação Tecnológica*. Brasília, DF: MTC, 2018. Disponível em: https://www.sict.rs.gov.br/upload/arquivos/202006/16182031-plano-acao-promocao-inovacao-tecnologica.pdf. Acesso em: 30 nov. 2024.

BRASIL. Ministério da Ciência, Tecnologia e Inovação. *Os novos instrumentos de apoio à inovação*: uma avaliação inicial. Brasília, DF: MCTI, 2009.

BRASIL. *Plano Brasil Maior*: Inovar para competir. Competir para crescer. Brasília, DF, 2011. Disponível em: https://www.gov.br/agricultura/pt-br/assuntos/camaras-setoriais-tematicas/documentos/camaras-setoriais/cachaca/anos-anteriores/plano-brasil-maior. Acesso em: 30 nov. 2024.

BREGA, José Fernando. *Governo eletrônico e direito administrativo*. Brasília, DF: Gazeta Jurídica, 2015.

BRESSER-PEREIRA, Luiz Carlos. Da administração pública burocrática à gerencial. *Revista do Serviço Público*, Brasília, DF, v. 120, n. 1, p. 7-40, 1996.

BREZNITZ, Dan. *Innovation and the State*: Political Choice and Strategies for Growth in Israel, Taiwan, and Ireland. New Haven: Yale University, 2007.

BREZNITZ, Dan. *Innovation in Real Places*: Strategies for Prosperity in an Unforgiving World. Nova York: Oxford University, 2021.

BREZNITZ, Dan; MURPHREE, Michael. *Run of the Red Queen*: Government, Innovation, Globalization, and Economic Growth in China. New Haven: Yale University, 2011.

BREZNITZ, Dan; ORNSTON, Darius. The Politics of Partial Success: Fostering Innovation in Innovation Policy in an Era of Heightened Public Scrutiny. *Socio-Economic Review*, Oxford, v. 16, n. 4, p. 721-741, 2018.

BREZNITZ, Dan; ORNSTON, Darius. The Revolutionary Power of Peripheral Agencies: Explaining Radical Policy Innovation in Finland and Israel. *Comparative Political Studies*, Thousand Oaks, v. 46, n. 10, p. 1219-1245, 2013.

BREZNITZ, Dan; ORNSTON, Darius; SAMFORD, Steven. Mission Critical: the Ends, Means, and Design of Innovation Agencies. *Industrial and Corporate Change*, Oxford, v. 27, n. 5, p. 883-896, 2018.

BRIGANTE, Paulo César. *Efetividade dos instrumentos de políticas públicas nos gastos privados em P&D no Brasil*. 2016. Tese (Doutorado em Engenharia de Produção) – Escola de Engenharia, Universidade de São Paulo, São Carlos, 2016.

BROWN, James R.; MARTINSSON, Gustav; PETERSEN, Bruce C. Do Financing Constraints Matter for R&D? *European Economic Review*, Amsterdã, v. 56, n. 8, p. 1512-1529, 2012.

BUAINAIN, Antônio Márcio; LIMA JUNIOR, Irineu de Souza; CORDER, Solange. Desafios do Financiamento à Inovação no Brasil. *In:* COUTINHO, Diogo R.; FOSS, Maria Carolina; MOUALLEM, Pedro Salomon B. (org.). *Inovação no Brasil*: avanços e desafios jurídicos e institucionais. São Paulo: Blucher, 2017.

BUCCI, Maria Paula Dallari. Método e aplicação da abordagem de direito e políticas públicas (DPP). *Revista Estudos Institucionais*, Rio de Janeiro, v. 5, n. 3, p. 791-832, 2019.

BUCCI, Maria Paula Dallari; COUTINHO, Diogo R. Arranjos políticos-institucionais da política de inovação tecnológica: uma análise baseada na abordagem de direito e políticas públicas. *In:* COUTINHO, Diogo R.; FOSS, Maria Carolina; MOUALLEM, Pedro Salomon B. (org.). *Inovação no Brasil*: avanços e desafios jurídicos e institucionais. São Paulo: Blucher, 2017.

BUENO, Alexandre; TORKOMIAN, Ana Lúcia Vitale. Financiamentos à inovação tecnológica: reembolsáveis, não reembolsáveis e incentivos fiscais. *Revista de Administração e Inovação*, São Paulo, v. 11, n. 4, p. 135-158, 2014.

BUENO, Igor Ferreira. *Financiamento à inovação na indústria farmacêutica brasileira*: uma análise do papel do BNDES e da Finep no período de 2007 até 2018. 2021. Tese (Doutorado em Economia) – Faculdade de Economia, Universidade Federal Fluminense, Niterói, 2021.

BUSH, Vannevar; KEVLES, Daniel J.; BLOCH, Erich. *Science*: The Endless Frontier: A Report to the President on a Program for Postwar Scientific Research. Washington, D.C.: National Science Foundation, 1990.

BUTLER, Brian E. *Democratic Experimentalism*. Amsterdã: Brill Academic Publishers, 2013.

CABRAL, Mario André Machado; ALEM, Nichollas de Miranda. ICT de empresas? Oportunidades e desafios. *In:* SANTOS, Fabio Gomes dos; BABINSKI, Daniel de Oliveira (org.). *Decreto federal de inovação*: novas oportunidades. São Paulo: Observatório de Inovação e Competitividade, 2019. v. 2. Disponível em: http://www.iea.usp.br/publicacoes/cadernos-de-inovacao-volume-2-1. Acesso em: 30 nov. 2024.

CABRAL, Mario André Machado; MOREIRA, Natalia Rebello. Consulta e PMI: oportunidades para a modelagem de encomendas tecnológicas para além do decreto federal de inovação. *In:* SANTOS, Fabio Gomes dos; BABINSKI, Daniel de Oliveira (org.). *Decreto federal de inovação*: novas oportunidades. São Paulo: Observatório de Inovação e Competitividade, 2019. v. 2. Disponível em: http://www.iea.usp.br/publicacoes/cadernos-de-inovacao-volume-2-1. Acesso em: 30 nov. 2024.

CANTNER, Uwe; VANNUCCINI, Simone. Elements of a Schumpeterian catalytic research and innovation policy. *Industrial and Corporate Change*, Oxford, v. 27, n. 5, p. 833-850, 2018.

CARNAÚBA, César Augusto Martins; SIMIONATO, Marina. Fundo nacional do desenvolvimento científico e tecnológico: instrumento de auxílio à política nacional de inclusão digital. *Revista Pesquisas Jurídicas*, Avaré, v. V, n. 1, p. 19-39, 2016.

CARVALHO FILHO, Carlos Augusto de. *O contrato de financiamento*. 2003. Dissertação (Mestrado em Direito) – Faculdade de Direito, Universidade de São Paulo, São Paulo, 2003.

CARVALHO FILHO, José dos Santos. *Manual de direito administrativo*. 31. ed. Rio de Janeiro: Atlas, 2017.

CARVALHO NETO, Tarcísio Vieira de. Processualização e controle da administração pública. *In:* MEDAUAR, Odete; SCHIRATO, Vitor Rhein; MIGUEL, Luiz Felipe; GREGO-SANTOS, Bruno (org.). *Contratos e controle na administração pública*: reflexões atuais. Rio de Janeiro: Lumen Juris, 2017.

CARVALHO, André Castro; CASTRO, Leonardo Freitas de Moraes e. Introdução ao project finance. *In:* CARVALHO, André Castro; CASTRO, Leonardo Freitas de Moraes e (org.). *Manual de project finance no direito brasileiro*. São Paulo: Quartier Latin, 2016.

CARVALHO, André Castro; VENTURINI, Otavio. A função do Código de Defesa do Usuário de Serviços Públicos (Lei no 13.460/2017) no modelo brasileiro de controle dos serviços públicos. *Revista de Direito Administrativo*, São Paulo, v. 278, n. 1, p. 141-162, 2019.

CARVALHO, Mario Tavernard Martins de. Fundos de investimento: aspectos polêmicos. *In:* FREITAS, Bernardo Vianna; VERSIANI, Fernanda Valle (org.). *Fundos de investimento*: aspectos jurídicos, regulamentares e tributários. São Paulo: Quartier Latin, 2015.

CASSAGNE, Juan Carlos. *Derecho administrativo*. 7. ed. Buenos Aires: Abeledo Perrot, 2002.

CASSIOLATO, José Eduardo. Mecanismos de apoio à inovação no Brasil: uma breve nota crítica. *Parcerias Estratégicas*, Brasília, DF, v. 15, n. 31, p. 75-82, 2012.

CASSIOLATO, José Eduardo; LASTRES, Helena Maria Martins. Políticas de inovação e desenvolvimento. *In:* COUTINHO, Diogo R.; FOSS, Maria Carolina; MOUALLEM, Pedro Salomon B. (org.). *Inovação no Brasil*: avanços e desafios jurídicos e institucionais. São Paulo: Blucher, 2017.

CASSIOLATO, José Eduardo; LASTRES, Helena Maria Martins. Sistemas de inovação e desenvolvimento: as implicações de política. *São Paulo em Perspectiva*, São Paulo, v. 19, n. 1, p. 34-45, 2005.

CAVALCANTE, Pedro; CAMÕES, Marizaura; CUNHA, Bruno; SEVERO, Willber. *Inovação no setor público*: teoria, tendências e casos no Brasil. Brasília, DF: Enap, 2017.

CENTRO DE GESTÃO E ESTUDOS ESTRATÉGICOS. *Panorama da ciência brasileira*: 2015-2020. Brasília, DF: CGEE, 2021. Disponível em: https://www.cgee.org.br/documents/10195/11009696/CGEE_OCTI_Boletim_Anual_do_OCTI_2020.pdf/7e762635-eaae-4daf-bfc9-814c785300c1?version=1.12. Acesso em: 15 dez. 2024.

CESTARI, Renata; CARNAÚBA, César; GULIM, Marcello; SARQUIS, Alexandre. Tomada de contas especial. Um importante mecanismo de controle no âmbito dos tribunais de contas. *Revista da Faculdade de Direito*, São Paulo, v. 111, p. 587-613, 2017. Disponível em: https://www.revistas.usp.br/rfdusp/article/view/133530. Acesso em: 30 nov. 2024.

CGEE comemora 17 anos de contribuições ao SNCTI. *Centro de Gestão e Estudos Estratégicos*, Brasília, DF, 20 set. 2018. Disponível em: https://www.cgee.org.br/-/cgee-comemora-17-anos-de-contribuicoes-ao-sncti. Acesso em: 31 mar. 2021.

CHAMINADE, Cristina; LUNDVALL, Bengt-Åke; HANEEF, Shagufta. *Advanced introduction to national innovation systems*. Cheltenham: Edward Elgar, 2018.

CHANG, Ha-Joon. *Kicking away the ladder*: development strategy in historical perspective. Londres: Anthem, 2002.

CHAUVET, Rodrigo da Fonseca. Fomento público à inovação tecnológica. *In*: SADDY, André; CHAUVET, Rodrigo da Fonseca; SILVA, Priscilla Menezes da (org.). *Aspectos jurídicos das novas tecnologias (inovações) disruptivas*. Rio de Janeiro: Lumen Juris, 2019.

CHEVALLIER, Jacques. *Science administrative*. 4. ed. Paris: Presses Universitaires de France, 2007.

CHRISTENSEN, Clayton M. *The Innovator's Dilemma*: When New Technologies Cause Great Firms to Fail. Boston: Harvard Business School, 1997.

CHRISTENSEN, Clayton M.; RAYNOR, Michael E.; MCDONALD, Rory. What Is Disruptive Innovation? *Harvard Business Review*, Boston, p. 1-17, 2015.

CHRISTENSEN, Jesper Lindgaard. The Role of Finance in National Systems of Innovation. *In*: LUNDVALL, Bengt-Åke (org.). *National Systems of Innovation*: Toward a Theory of Innovation and Interactive Learning. Londres: Anthem, 2012.

CINTRA, Antonio Carlos de Araújo; GRINOVER, Ada Pellegrini; DINAMARCO, Cândido Rangel. *Teoria geral do processo*. 27. ed. São Paulo: Malheiros, 2011.

COIMBRA, Elisa Mara. Desafios do fomento público à inovação: perspectivas e possibilidades. *In*: SADDY, André; CHAUVET, Rodrigo da Fonseca; SILVA, Priscilla Menezes da (org.). *Aspectos jurídicos das novas tecnologias (inovações) disruptivas*. Rio de Janeiro: Lumen Juris, 2019.

COIMBRA, Elisa Mara. Fomento às micro e pequenas empresas inovação por meio dos contratos de investimento-anjo. *Meritum*: Revista de Direito da Universidade FUMEC, Belo Horizonte, v. 15, n. 1, p. 292-314, 2020.

COLLINS, Francis; SCHWETZ, Tara; TABAK, Lawrence; LANDER, Eric. ARPA-H: Accelerating Biomedical Breakthroughs. *Science*, Washington, D.C., v. 373, n. 6551, p. 165-167, 2021.

COLOMBO, Massimo G.; CUMMING, Douglas J.; VISMARA, Silvio. Governmental Venture Capital for Innovative Young Firms. *Journal of Technology Transfer*, Nova York, v. 41, n. 1, p. 10-24, 2016.

CONFEDERAÇÃO NACIONAL DA INDÚSTRIA. *MEI Tools*: ferramentas para promover a inovação nas empresas. Brasília, DF: CNI, 2020. Disponível em: https://static.portaldaindustria.com.br/media/filer_public/d3/e8/d3e8f6b4-51de-418a-9225-30ac1f03ca49/cni_-_publicacao_mei_tools_-_v1811_outubro.pdf. Acesso em: 30 nov. 2024.

CONGRESSO Nacional rejeita veto sobre descontingenciamento do FNDCT. *Ministério da Ciência, Tecnologia e Inovação*, Brasília, DF, 17 mar. 2021. Disponível em: https://www.gov.br/mcti/pt-br/acompanhe-o-mcti/noticias/2021/03/congresso-nacional-rejeita-veto-sobre-descontingenciamento-do-fndct. Acesso em: 22 mar. 2021.

CONTI, José Mauricio; CARVALHO, André Castro. O controle interno na administração pública brasileira: qualidade do gasto público e responsabilidade fiscal. *Direito Público*, Brasília, DF, v. 8, n. 37, p. 201-220, 2011.

CORDER, Solange; SALLES FILHO, Sergio. Financiamento e incentivos ao Sistema Nacional de Inovação. *Parcerias Estratégicas*, Brasília, DF, v. 9, n. 19, p. 129-164, 2010.

COSENDEY, Priscilla de Souza Francisco. *O uso do poder de compra do Estado como instrumento de fomento à inovação*. 2017. Dissertação (Mestrado em Direito) – Faculdade de Direito, Universidade Federal do Estado do Rio de Janeiro, Rio de Janeiro, 2017.

COSTA, Ana Czeresnia. *Política de inovação brasileira*: análise dos novos instrumentos operados pela Finep. 2013. Tese (Doutorado em Economia) – Instituto de Economia, Universidade Federal do Rio de Janeiro, Rio de Janeiro, 2013.

COSTA, Henrique Chain; TONETTI, Rafael Roberto Hage; MONTEIRO, Vítor. Debêntures incentivadas e FIPs para projetos de ciência, tecnologia e inovações. *Consultor Jurídico*, São Paulo, 5 mar. 2021. Disponível em: https://www.conjur.com.br/2021-mar-05/costa-tonetti-monteiro-debentures-incentivadas-fips. Acesso em: 8 mar. 2021.

COSTA, Luisa Maffei. *O controle externo realizado pelos Tribunais de Contas da União*: uma análise de sua atuação a partir de casos concretos. 2017. Dissertação (Mestrado em Direito) – Faculdade de Direito, Universidade de São Paulo, São Paulo, 2017.

COUTINHO, Diogo R.; MESQUITA, Clarissa Ferreira de Melo; NASSER, Maria Virginia Nabuco do Amaral Mesquita. Empresas estatais entre serviços públicos e atividades econômicas. *Revista Direito GV*, São Paulo, v. 15, n. 1, p.1-23, 2019.

COUTINHO, Diogo R.; MOUALLEM, Pedro Salomon Bezerra. O direito contra a inovação? A persistência dos gargalos jurídicos à inovação no Brasil. *In*: LASTRES, Helena Maria Martins; CASSIOLATO, José Eduardo; SARTI, Fernando (org.). *O futuro do desenvolvimento*: ensaios em homenagem a Luciano Coutinho. Campinas: Unicamp, 2016.

CUNHA FILHO, Alexandre Jorge Carneiro da. Contratando inovação: desafios e oportunidades à vista do decreto federal de inovação. *In*: SANTOS, Fabio Gomes dos; BABINSKI, Daniel de Oliveira (org.). *Decreto federal de inovação*: novas oportunidades. São Paulo: Observatório de Inovação e Competitividade, 2019. v. 2. Disponível em: http://www.iea.usp.br/publicacoes/cadernos-de-inovacao-volume-2-1. Acesso em: 30 nov. 2024.

CUNHA FILHO, Alexandre Jorge Carneiro da. *Governança pública na administração contemporânea*. 2017. Tese (Doutorado em Direito) – Faculdade de Direito, Universidade de São Paulo, São Paulo, 2017.

CUPELLO, Natalia Cintia; ABREU, Isabela Brod Lemos de; SANTOS, Leonardo de Oliveira; CORDEIRO, Vinícius Ribeiro. *Os resultados do BNDES Funtec*: nova avaliação baseada na Análise Sistêmica de Efetividade. Rio de Janeiro: BNDES, 2019. n. 148.

DAHLMAN, Carl J.; FRISCHTAK, Claudio R. National Systems Supporting Technical Advance in Industry: The Brazilian Experience. *In*: NELSON, Richard R. (org.). *National Innovation Systems*: A Comparative Analysis. Nova York: Oxford University, 1993. p. 414-450.

DE NEGRI, Fernanda. Elementos para a análise da baixa inovatividade brasileira e o papel das políticas públicas. *Revista USP*, São Paulo, n. 93, p. 81-100, 2012.

DE NEGRI, Fernanda. Por uma nova geração de políticas de inovação no brasil. *In*: MORAIS, José Mauro de; TURCHI, Lenita Maria (org.). *Políticas de apoio à inovação tecnológica no Brasil*: avanços recentes, limitações e propostas de ações. Brasília, DF: Ipea, 2017.

DE NEGRI, Fernanda; CAVALCANTE, Luiz Ricardo. Os dilemas e os desafios da produtividade no Brasil. *In*: DE NEGRI, Fernanda; CAVALCANTE, Luiz Ricardo (org.). *Produtividade no Brasil*: desempenho e determinantes. Brasília, DF: ABDI: Ipea, 2014.

DE NEGRI, Fernanda; CHIARINI, Tulio; KOELLER, Priscila; ZUCOLOTO, Graziela; MIRANDA, Pedro; PEREIRA, Larissa; SZIGETHY, Leonardo; RAUEN, André; LOBO, Flavio. Análise da nova "Estratégia Nacional de Inovação". *Ipea*: Centro de Pesquisa em Ciência, Tecnologia e Sociedade, Rio de Janeiro, 3 set. 2021. Disponível em: http://www.ipea.gov.br/cts/pt/central-de-conteudo/artigos/artigos/278-analise-da-nova-estrategia-nacional-de-inovacao. Acesso em: 10 ago. 2021.

DE NEGRI, Fernanda; DE NEGRI, João Alberto; LEMOS, Mauro Borges. Impactos do ADTEN e do FNDCT sobre o Desempenho e os Esforços Tecnológicos das Firmas Industriais Brasileiras. *Revista Brasileira de Inovação*, Campinas, v. 8, n. 1, p. 211-254, 2009.

DE NEGRI, Fernanda; KOELLER, Priscila. O declínio do investimento público em ciência e tecnologia: uma análise do orçamento do ministério da ciência, tecnologia, inovações e telecomunicações até o primeiro semestre de 2019. *Nota Técnica*, Rio de Janeiro, n. 48, 2019. Disponível em: https://repositorio.ipea.gov.br/bitstream/11058/9320/1/NT_48_Diset_O%20Decl%c3%adnio%20do%20investimento%20p%c3%bablico%20em%20ci%c3%aancia%20e%20tecnologia.pdf. Acesso em: 30 nov. 2024.

DE NEGRI, Fernanda; ZUCOLOTO, Graziela; MIRANDA, Pedro; KOELLER, Priscila; RAUEN, André; SZIGETHY, Leonardo. Redução drástica da inovação e no investimento em P&D no Brasil: o que dizem os indicadores de pesquisa e inovação em 2017. *Nota Técnica*, Rio de Janeiro, n. 60, 2020. Disponível em: https://portalantigo.ipea.gov.br/agencia/images/stories/PDFs/nota_tecnica/200416_nt_diset_n%2060.pdf. Acesso em: 30 nov. 2024.

DE NEGRI, João Alberto; ARAÚJO, Bruno César; BACELETTE, Ricardo; FIORAVANTE, Dea; LI, Denise Ley; FURTADO, Bernardo. Financiamento do desenvolvimento no Brasil. *In*: DE NEGRI, João Alberto; ARAÚJO, Bruno César; BACELETTE, Ricardo (org.). *Financiamento do desenvolvimento no Brasil*. Brasília, DF: Ipea, 2018. Disponível em: https://repositorio.ipea.gov.br/bitstream/11058/8820/1/Fiinanciamento__do_desenvolvimento_no_Brasil.pdf. Acesso em: 30 nov. 2024.

DEFENSE ADVANCED RESEARCH PROJECTS AGENCY. *The Heilmeier Catechism*. Arlington: DARPA, [2024]. Disponível em: https://www.darpa.mil/work-with-us/heilmeier-catechism. Acesso em: 28 maio 2020.

DEWEY, John. *The Public and its Problems*: An Essay in Political Inquiry. Chicago: Gateway Books, 1946. GUIMARÃES, Eduardo Augusto. *Políticas de inovação*: financiamento e incentivos. Rio de Janeiro: Ipea, 2006. v. 1212. BASTOS, Valéria Delgado. Fundos públicos para ciência e tecnologia. *Revista do BNDES*, Rio de Janeiro, v. 10, n. 20, p. 229-260, 2003.

DI JOHN, Jonathan. The Political Economy of Development Banking. *In*: OQUBAY, Arkebe; CRAMER, Christopher; CHANG, Ha-Joon; KOZUL-WRIGHT, Richard (org.). *The Oxford Handbook of Industrial Policy*. Oxford: Oxford University, 2020.

DI PIETRO, Maria Sylvia Zanella. *Direito administrativo*. 31. ed. Rio de Janeiro: Forense, 2018.

DIAS, José Luciano de Mattos. Finep: 30 anos de projetos para o Brasil. *In*: SILVA, Francisco; DIAS, José Luciano; REZENDE, Sergio; LONGO, Waldimir; DERENUSSON, Maria Sylvia (org.). *A Finep no século XXI*. Rio de Janeiro: Finep, 2011. Disponível em: http://finep.gov.br/images/institucional/Livro_Finep_no_Seculo_XXI.pdf. Acesso em: 30 nov. 2024.

DIERCKS, Gijs; LARSEN, Henrik; STEWARD, Fred. Transformative Innovation Policy: Addressing Variety in an Emerging Policy Paradigm. *Research Policy*, Amsterdã, v. 48, n. 4, p. 880-894, 2019.

DIMAGGIO, Paul J.; POWELL, Walter W. The Iron Cage Revisited: Institutional Isomorphism and Collective Rationality in Organizational Fields. *In:* DIMAGGIO, Paul J.; POWELL, Walter W (org.). *The New institutionalism in organizational analysis.* Chicago: University of Chicago, 1991.

DINAMARCO, Cândido Rangel. *A instrumentalidade do processo.* 15. ed. São Paulo: Malheiros, 2013.

DING, Xuedong; LI, Jun (org.). *Incentives for Innovation in China*: Building an Innovative Economy. Londres: Routledge, 2015.

DORF, Michael C.; SABEL, Charles F. A Constitution of Democratic Experimentalism. *Columbia Law Review*, Nova York, v. 98, n. 2, p. 267-473, 1998.

DROMI, Roberto. *Derecho administrativo.* Buenos Aires: Ciudad Argentina, 2001.

DUBEUX, Rafael. Alterações orçamentárias. *In:* PORTELA, Bruno Monteiro; BARBOSA Caio Márcio Melo; MURARO, Leopoldo Gomes; DUBEUX, Rafael (org.). *Marco legal da ciência, tecnologia e inovação no Brasil.* Salvador: Juspodivm, 2020.

DUTZ, Mark A. Brazil's Promise: Boosting Productivity for Shared Prosperity. *In:* REYNOLDS, Elisabeth B.; SCHNEIDER, Ben Ross; ZYLBERBERG, Ezequiel (org.), *Innovation in Brazil*: Advancing Development in the 21st Century. Nova York: Routledge, 2019.

EDLER, Jakob; FAGERBERG, Jan. Innovation Policy: What, Why, and How. *Oxford Review of Economic Policy*, Oxford, v. 33, n. 1, p. 2-23, 2017.

EDLER, Jakob; GÖK, Abdullah; CUNNINGHAM, Paul; SHAPIRA, Philip. Introduction: Making Sense of Innovation Policy. *In:* EDLER, Jakob; GÖK, Abdullah; CUNNINGHAM, Paul; SHAPIRA, Philip (org.). *Handbook of Innovation Policy Impact.* Cheltenham; Northampton: Edward Elgar, 2016. DOI: https://doi.org/10.4337/9781784711856.00008.

EDLER. Jakob. Review of Policy Measures to Stimulate Private Demand for Innovation: Concepts and Effects. *Nesta Working Paper*, Londres, n. 13, 2013.

EDQUIST, Charles (org.). *Systems of Innovation*: Technologies, Institutions, and Organizations. Londres: Routledge, 1997.

EDQUIST, Charles. Systems of Innovation Approaches: Their Emergence and Characteristics. *In:* EDQUIST, Charles (org.). *Systems of Innovation*: Technologies, Institutions, and Organizations. Londres: Routledge, 1997.

ELLERY JUNIOR, Roberto. Desafios para o cálculo da produtividade total dos fatores. *In:* DE NEGRI, Fernanda; CAVALCANTE, Luiz Ricardo (org.). *Produtividade no Brasil*: desempenho e determinantes. Brasília, DF: ABDI: Ipea, 2014.

ENGEL, Dirk; ECKL, Verena; ROTHGANG, Michael. R&D Funding and Private R&D: Empirical Evidence on the Impact of the Leading-Edge Cluster Competition. *The Journal of Technology Transfer*, Nova York, v. 44, n. 6, p. 1720-1743, 2019.

ERNST, Daniel R. *Tocqueville's Nightmare*: The Administrative State Emerges in America, 1900-1940. New York: Oxford University Press, 2014.

ESCOLA, Héctor Jorge. *Compendio de derecho administrativo.* Buenos Aires: Depalma, 1990.

FAGERBERG, Jan. Innovation: A Guide to the Literature. *In:* FAGERBERG, Jan (org.). *Innovation, Economic Development and Policy.* Nova York: Edward Elgar, 2018.

FAGERBERG, Jan; GODINHO, Manuel M. Innovation and catching-up. *In:* FAGERBERG, Jan (org.). *Innovation, Economic Development and Policy.* Nova York: Edward Elgar, 2018.

FAGERBERG, Jan; MARTIN, Ben R.; ANDERSEN, Esben Sloth (org.). *Innovation Studies*: Evolution and Future Challenges. Oxford: Oxford University, 2013.

FAGERBERG, Jan; SAPPRASERT, Koson. National Innovation Systems: The Emergence of a New Approach. *Science and Public Policy*, Oxford, v. 38, n. 9, p. 669-679, 2011.

FAGERBERG, Jan; VERSPAGEN, Bart. Innovation Studies: The Emerging Structure of a New Scientific Field. *Research Policy*, Amsterdã, v. 38, n. 2, p. 218-233, 2009.

FALLA, Fernando Garrido. *Tratado de derecho administrativo*. 10. ed. Madri: Tecnos, 1992.

FASSIO, Rafael; RADAELLI, Vanderléia; AZEVEDO, Eduardo; DÍAZ, Karina. *Revisitando as compras públicas de inovação no Brasil*: oportunidades jurídicas e institucionais. Washington, D.C.: Banco Interamericano de Desenvolvimento, 2021. DOI: http://dx.doi.org/10.18235/0003622.

FEKETE, Elisabeth Kasznar. Segredo de empresa. *In*: CAMPILONGO, Celso Fernandes; GONZAGA, Alvaro de Azevedo; FREIRE, André Luiz (org.). *Enciclopédia jurídica da PUC-SP*. São Paulo: Pontifícia Universidade Católica de São Paulo, 2017.

FERRARI, Amílcar Figueira. O Fundo Nacional de Desenvolvimento Científico e Tecnológico - FNDCT e a Financiadora de Estudos e Projetos - FINEP. *Revista Brasileira de Inovação*, Campinas, v. 1, n. 1, p. 151-188, 2002.

FERRAZ, Luciano; NEVES, Rubia Carneiro. Parcerias na lei de inovação tecnológica: o caso das sociedades de propósito específico (SPE). *Revista de Informação Legislativa*, Brasília, DF, v. 51, n. 203, p. 63-72, 2014.

FERRAZ, Sergio. O controle da administração pública na Constituição de 1988. *Revista de Direito Administrativo*, São Paulo, v.188, p.64-73, 1992.

FINEP e BID assinam contrato de empréstimo para projetos de inovação no valor total de US$1,5 bi. *Finep*, Rio de Janeiro, 1 ago. 2018. Seção Notícias. Disponível em: http://www.finep.gov.br/noticias/todas-noticias/5732-governo-federal-e-bid-assinam-contrato-de-emprestimo-para-projetos-de-inovacao. Acesso em: 15 jul. 2020.

FINEP e KfW firmam acordo de doação inédito de 4 milhões de euros. *Finep*, Rio de Janeiro, 19 dez. 2018. Seção Notícias. Disponível em: http://www.finep.gov.br/noticias/todas-noticias/5829-finep-e-kfw-firmam-acordo-de-doacao-inedito-de-4-milhoes-de-euros. Acesso em: 15 jul. 2020.

FORTINI, Cristiana; AVELAR, Mariana Magalhães; FERREIRA, Raquel Bastos. Comentários de acesso à informação: contexto, desafios e polêmicas. *In*: MARQUES NETO, Floriano de Azevedo; ALMEIDA, Fernando Dias Menezes de; MARRARA, Thiago (org.). *Direito e administração pública*: estudos em homenagem a Maria Sylvia Zanella Di Pietro. São Paulo: Atlas, 2013.

FOSS, Maria Carolina. *Análise jurídica da promoção da inovação tecnológica no setor brasileiro de tecnologias da informação e comunicação*. 2016. Dissertação (Mestrado em Direito) – Faculdade de Direito, Universidade de São Paulo, São Paulo, 2016.

FOSS, Maria Carolina. *Compras públicas como instrumento de política de inovação orientada à demanda*: experiências no Brasil, nos estados unidos e na união europeia. 2019. Tese (Doutorado em Política Científica e Tecnológica) – Instituto de Geociências, Universidade de Campinas, Campinas, 2019.

FOSS, Maria Carolina; ROMITELLI, Gabriel; SPANÓ, Eduardo; MAIA, Gabriel Dantas. Encomendar inovação em software: oportunidades e desafios a partir de contratações no estado de São Paulo. *Revista de Estudos Empíricos em Direito*, São Paulo, v. 8, p. 1-42, 2021. DOI: https://doi.org/10.19092/reed.v8i.531.

FREEMAN, Christopher. *Technology Policy and Economic Performance*: Lessons from Japan. Londres: Pinter, 1987.

FREEMAN, Christopher; SOETE, Luc. Economics of Industrial Innovation. 3. ed. Londres: Routledge, 2004.

FREIRE, André Luiz. Responsabilidade patrimonial na atividade administrativa de fomento. *Fórum de Contratação e Gestão Pública*, São Paulo, n. 100, p. 7-30, 2010.

FREIRE, Carlos Torres; POLLI, Marco; MARUYAMA, Felipe Massami, Políticas públicas e ações privadas de apoio ao empreendedorismo inovador no Brasil: programas recentes, desafios e oportunidades. *In:* MORAIS, José Mauro de; TURCHI, Lenita Maria (org.). *Políticas de apoio à inovação tecnológica no Brasil*: avanços recentes, limitações e propostas de ações. Brasília, DF: Ipea, 2017.

FREITAS, Bernardo Vianna. Fundos de investimento em participações (FIP) e fundos mútuos de investimentos em empresas emergentes (FMIEE). *In:* FREITAS, Bernardo Vianna; VERSIANI, Fernanda Valle (org.). *Fundos de investimento*: aspectos jurídicos, regulamentares e tributários. São Paulo: Quartier Latin, 2015.

FROMHOLD-EISEBITH, Martina. Effectively linking international, national and regional innovation systems: insights from India and Indonesia. *In:* LUNDVALL, Bengt-Åke; INTARAKUMNERD, Patarapong; VANG, Jan (org.). *Asia's Innovation Systems in Transition*. Cheltenham: Edward Elgar, 2006. p. 75-99.

FUCHS, Erica R. H. Cloning DARPA Successfully. *Issues in Science & Technology*, Washington, D.C., v. 26, n. 1, p. 65-70, 2009.

GASSMANN, Oliver; ENKEL, Ellen; CHESBROUGH, Henry. The Future of Open Innovation. *R&D Management*, Hoboken, v. 40, n. 3, p. 213–221, 2010.

GELELETE, Felipe Cardoso. *Políticas públicas de fomento ao ecossistema de startups brasileiro*. 2018. Dissertação (Mestrado em Administração) – Faculdade de Administração e Finanças, Universidade Federal do Rio de Janeiro, Rio de Janeiro, 2018.

GERRING, John. *Case study research*: principles and practices. Nova York: Cambridge University, 2007.

GERSCHENKRON, Alexander. *Economic Backwardness in Historical Perspective*: A Book of Essays. Cambridge: Belknap, 1962.

GILSON, Ronald J. Engineering a Venture Capital Market: Lessons from the American Experience. *Stanford Law Review*, Stanford, v. 55, p. 1067-1103, 2003.

GILSON, Ronald J. The Legal Infrastructure of High Technology Industrial Districts: Silicon Valley, Route 128, and Covenants Cot to Compete. *New York University Law Review*, Nova York, v. 74, n. 3, p. 575-629, 1999.

GILSON, Ronald J.; SABEL, Charles F.; SCOTT, Robert E. Braiding: The Interaction of Formal and Informal Contracting in Theory, Practice and Doctrine. *Columbia Law Review*, Nova York, v. 110, n. 6, p. 1377-1447, 2010.

GILSON, Ronald J.; SABEL, Charles F.; SCOTT, Robert E. Contracting for Innovation: Vertical Disintegration and Interfirm Collaboration. *Columbia Law Review*, Nova York, v. 109, n. 3, p. 431-502, 2009.

GLENNIE, Alex; BOUND, Kirsten. *How Innovation Agencies Work*: International Lessons to Inspire and Inform National Strategies. Londres: Nesta, 2016. Disponível em: https://www.nesta.org.uk/report/how-innovation-agencies-work/. Acesso em: 11 maio 2020.

GLOBAL INNOVATION POLICY ACCELERATOR. *Understanding Brazil's Innovation System*. Londres: Nesta, 2019. Disponível em: https://media.nesta.org.uk/documents/Brazil_GIPA_Scoping_Studies.pdf. Acesso em: 30 nov. 2024.

GODIN, Benoît. "Innovation Studies": Staking the Claim for a New Disciplinary "Tribe". *Minerva*, Nova York, v. 52, n. 4, p. 489-495, 2014.

GODIN, Benoît. "Innovation Studies": The Invention of a Specialty (Part I). *Project on the Intellectual History of Innovation*, Montreal, n. 7, 2010. Disponível em: https://www.csiic.ca/PDF/IntellectualNo7.pdf. Acesso em: 30 nov. 2024.

GODIN, Benoît. "Innovation Studies": the Invention of a Specialty. *Minerva*, Nova York, v. 50, n. 4, p. 397-421, 2012.

GODIN, Benoît. Innovation without the Word: William F. Ogburn's Contribution to the Study of Technological Innovation, *Minerva*, v. 48, n. 3, p. 277-307, 2010.

GODIN, Benoît. Making Sense of Innovation: From Weapon to Instrument to Buzzword. *Quaderni*: Communication, Technologies, Pouvoir, Paris, n. 90, p. 21-40, 2016.

GODIN, Benoît. *Measurement and Statistics on Science and Technology*: 1920 to the Present. Londres: Routledge, 2004.

GODIN, Benoît. National Innovation System: The System Approach in Historical Perspective. *Science, Technology, & Human Values*, Thousand Oaks, v. 34, n. 4, p. 476-501, 2009.

GODIN, Benoît. Technological Innovation: On the Origins and Development of an Inclusive Concept. *Technology and Culture*, Baltimore, v. 57, n. 3, p. 527-556, 2016.

GODIN, Benoît. Theories of Innovation. *In*: GODIN, Benoît; GAGLIO, Gérald; VINCK, Dominique (org.). *Handbook on Alternative Theories of Innovation*. Cheltenham: Edward Elgar, 2021. p. 38-58.

GOLDSTEIN, Anna P.; NARAYANAMURTI, Venkatesh. Simultaneous Pursuit of Discovery and Invention in the US Department of Energy. *Research Policy*, Amsterdã, v. 47, n. 8, p. 1505-1512, 2018.

GOMES, Orlando. *Obrigações*. 16. ed. Rio de Janeiro: Forense, 2005.

GOMPERS, Paul; LERNER, Josh. The Venture Capital Revolution. *The Journal of Economic Perspectives*, Nashville, v. 15, n. 2, p. 145-168, 2001.

GORDON, José Luis ; CASSIOLATO, José Eduardo. O papel do estado na política de inovação a partir dos seus instrumentos: uma análise do plano inova empresa. *Revista de Economia Contemporânea*, Rio de Janeiro, v. 23, n. 3, p. 1-26, 2019. DOI: https://doi.org/10.1590/198055272334.

GORDON, José Luis. The Role of the State in Fostering Innovation Activity: Case Studies of the USA and Germany. *Brazilian Journal of Political Economy*, São Paulo, v. 39, n. 4, p. 571-590, 2019.

GORDON, José Luis; STALLIVIERI, Fabio. Embrapii: um novo modelo de apoio técnico e financeiro à inovação no Brasil. *Revista Brasileira de Inovação*, Campinas, v. 18, n. 2, p. 331-362, 2019.

GRILLITSCH, Markus; HANSEN, Teis; MADSEN, Stine. Transformative Innovation Policy: a novel approach? *In*: GODIN, Benoît; GAGLIO, Gérald; VINCK, Dominique (org.). *Handbook on Alternative Theories of Innovation*. Cheltenham: Edward Elgar, 2021.

GROFF, Fabio de Carvalho. Criação. *In:* SIQUEIRA NETO, José Francisco; MENEZES, Daniel Francisco Nagao (org.). *Dicionário de Inovação Tecnológica*. Belo Horizonte: Arraes, 2020. v. 1.

GUIMARÃES, Bernardo Strobel. A participação de empresas estatais no capital de empresas controladas pela iniciativa privada: algumas reflexões. *In:* MARQUES NETO, Floriano de Azevedo; ALMEIDA, Fernando Dias Menezes de; MARRARA, Thiago (org.). *Direito e administração pública*: estudos em homenagem a Maria Sylvia Zanella Di Pietro. São Paulo: Atlas, 2013.

GUIMARÃES, Eduardo Augusto. *Políticas de inovação*: financiamento e incentivos. Rio de Janeiro: Ipea, 2006. v. 1212. Disponível em: https://repositorio.ipea.gov.br/bitstream/11058/1686/1/TD_1212.pdf. Acesso em: 30 nov. 2024.

GUIMARÃES, Raquel Lamboglia. *O controle financeiro da atividade de fomento*: o TCU e a aferição de resultados. 2019. Dissertação (Mestrado em Direito) – Faculdade de Direito, Universidade de São Paulo, São Paulo, 2019.

HALL, Bronwyn H.; LERNER, Josh. The Financing of R&D and Innovation. *In:* HALL, Bronwyn H.; ROSENBERG, Nathan (org.). *Handbook of the Economics of Innovation*. Oxford: Elsevier, 2010. v. 1.

HALL, Robert E; WOODWARD, Susan E. The Burden of the Nondiversifiable Risk of Entrepreneurship. *American Economic Review*, Nashville, v. 100, n. 3, p. 1163-1194, 2010.

HARGER, Marcelo. Processo administrativo: aspectos gerais. *In:* CAMPILONGO, Celso Fernandes; GONZAGA, Alvaro de Azevedo; FREIRE, André Luiz (org.). *Enciclopédia jurídica da PUC-SP*. São Paulo: Pontifícia Universidade Católica de São Paulo, 2017. t. 2.

HASKEL, Jonathan; WESTLAKE, Stian. *Capitalism without capital*. Princeton: Princeton University, 2018.

HELLER, Gabriel; SOUSA, Guilherme Carvalho e. Função de controle externo e função administrativa: separação e colaboração na Constituição de 1988. *Revista de Direito Administrativo*, São Paulo, v. 278, n. 2, p. 71-96, 2019.

HO, Daniel E. Does Peer Review Work? An Experiment of Experimentalism. *Stanford Law Review*, Stanford, v. 69, n. 1, p. 1-119, 2017.

HOTTENROTT, Hanna; RICHSTEIN, Robert. Start-up Subsidies: Does the Policy Instrument Matter? *Research Policy*, Amsterdã, v. 49, n. 1, p. 1-21, 2020.

HOUNSHELL, David A. The Medium is the Message, or how Context Matters: The RAND Corporation Builds an Economics of Innovation, 1946-1962. *In:* HUGHES, Agatha C.; HUGHES, Thomas Parke (org.). *Systems, Experts, and Computers*: The Systems Approach in Management and Engineering, World War II and After. Cambridge: MIT, 2000.

HSU, David H.; KENNEY, Martin. Organizing Venture Capital: The Rise and Demise of American Research & Development Corporation, 1946-1973. *Industrial & Corporate Change*, Oxford, v. 14, n. 4, p. 579-616, 2005.

IGLESIAS, Felipe Campana Padin. *Opções de compra ou venda de ações*: natureza jurídica e tutela executiva judicial. São Paulo: Almedina, 2018.

INOVAÇÃO. *In:* DICIONÁRIO Priberam da Língua portuguesa. Porto: Priberam, [2024]. Disponível em: https://dicionario.priberam.org/inovação. Acesso em: 25 abr. 2020.

INOVAÇÃO. *In:* Michaelis Dicionário Brasileiro de Língua Portuguesa. São Paulo: UOL, [2024]. Disponível em: https://michaelis.uol.com.br/moderno-portugues/busca/portugues-brasileiro/inova%C3%A7%C3%A3o/. Acesso em: 25 abr. 2020.

ISSA, Rafael Hamze. *Implementação de políticas de fomento por empresas estatais*: entre missão econômica e objetivos subsidiários. Tese (Doutorado em Direito) – Faculdade de Direito, Universidade de São Paulo, São Paulo, 2020.

JORDÃO, Eduardo. A relação entre inovação e controle da administração pública. *In*: QUIRINO, Carina de Castro; MENDONCA, José Vicente Santos de; BAPTISTA, Patrícia Ferreira (org.). *Inovações no direito público*. Curitiba: CRV, 2018.

JORDÃO, Eduardo. Por mais realismo no controle da administração pública. *Direito do Estado*, Brasília, DF, 3 jun. 2016. Disponível em: http://www.direitodoestado.com.br/colunistas/eduardo-ferreira-jordao/por-mais-realismo-no-controle-da-administracao-publica. Acesso em: 20 fev. 2021.

JUSTEN FILHO, Marçal. A lei 13.303/2016, a criação das empresas estatais e a participação minoritária em empresas privadas. *In*: JUSTEN FILHO, Marçal (org.). *Estatuto jurídico das empresas estatais*: Lei 13.303/2016 - "Lei das Estatais". São Paulo: Revista dos Tribunais, 2016.

JUSTEN FILHO, Marçal. *Curso de direito administrativo*. 10. ed. São Paulo: Revista dos Tribunais, 2014.

KALIL, Gilberto Alexandre de Abreu; GONÇALVES, Oksandro Osdival. Incentivos fiscais à inovação tecnológica como estímulo ao desenvolvimento econômico: o caso das Start-ups. *Revista Jurídica da Presidência*, Brasília, DF, v. 17, n. 113, p. 497-520, 2016.

KERR, William R.; NANDA, Ramana. Financing Innovation. *Annual Review of Financial Economics*, San Mateo, v. 7, n. 1, p. 445-462, 2015.

KHOSLA, Pradeep K.; BEATON, Paul (org.). *An assessment of ARPA-E*: summary. Washington, DC: The National Academies, 2017. DOI: https://doi.org/10.17226/24811.

KING, Gary; KEOHANE, Robert O.; VERBA, Sidney. *Designing Social Inquiry*: Scientific Inference in Qualitative Research. Princeton: Princeton University, 1994.

KLINE, Stephen J.; ROSENBERG, Nathan. An overview of innovation. *In*: ROSENBERG, Nathan; LANDAU, Ralph (org.). *The Positive Sum Strategy*: Harnessing Technology for Economic Growth. Washington, D.C.: National Academy, 1986.

KNIGHT, Frank Hyneman. *Risk, Uncertainty and Profit*. Boston; Nova York: The Riverside Press Cambridge, 1921.

KOELLER, Priscila; RAUEN, André Tortato. Previsão de arrecadação de recursos do Fundo Nacional de Desenvolvimento Científico e Tecnológico (FNDCT) para o período 2021-2024, segundo novas determinações legais. *Nota Técnica*, Rio de Janeiro, n. 82, 2021. Disponível em: https://repositorio.ipea.gov.br/bitstream/11058/10619/1/NT_82_Diset_Previs%c3%a3odearrecadacao.pdf. Acesso em: 30 nov. 2024.

KOELLER, Priscila; ZUCOLOTO, Graziela; SCHMIDT, Flávia de Holanda. Estatais federais com atuação transversal na política de ciência, tecnologia e inovação brasileira: agências federais de fomento à inovação: FINEP e BNDES. *In*: SILVA, Mauro Santos; SCHMIDT, Flávia de Holanda; KLIASS, Paulo (org.). *Empresas estatais*: políticas públicas, governança e desempenho. Brasília, DF: Ipea, 2019.

KUHN, Thomas S. *A estrutura das revoluções científicas*. 12. ed. São Paulo: Perspectiva, 2000.

KWOKA, Margaret. FOIA, Inc. *Duke Law Journal*, Durham, v. 65, n. 7, p. 1361-1437, 2016.

LAMOREAUX, Naomi R.; SOKOLOFF, Kenneth Lee (org.). *Financing Innovation in the United States, 1870 to the present*. Cambridge: MIT, 2007.

LAPLANE, Andrea. *The Risk-Reward Nexus*: A Qualitative Analysis of Public-Private Partnerships for Investments in Innovation in Brazil. 2020. Tese (Doutorado em Filosofia em Ciências e Estudos de Políticas Tecnológicas) – University of Sussex, Brighton, 2020.

LAPLANE, Andrea; MAZZUCATO, Mariana. Socializing the Risks and Rewards of Public Investments: Economic, Policy, and Legal Issues. *Research Policy*, Amsterdã, v. 2, p. 1-11, 2020.

LERNER, Josh. The Future of Public Efforts to Boost Entrepreneurship and Venture Capital. *Small Business Economics*, Nova York, v. 35, n. 3, p. 255-264, 2010.

LESSA, Marcus Augustus. *Compras públicas como incentivo à inovação*: uma análise institucionalista do Small Business Innovation Research. 2014. Dissertação (Mestrado em Políticas Públicas, Estratégias e Desenvolvimento) – Instituto de Economia, Universidade Federal do Rio de Janeiro, Rio de Janeiro, 2014.

LESSA, Marcus Augustus. Contratos para inovação. In: BARBOSA, Denis Borges (org.). *Direito da inovação*: comentários à lei federal de inovação, incentivos fiscais à inovação, legislação estadual e local, poder de compra do estado (modificações à lei de licitações). 2. ed. Rio de Janeiro: Lumen Juris, 2011.

LEYDESDORFF, Loet; MEYER, Martin. The triple helix of university-industry-government relations. *Scientometrics*, Nova York, v. 58, n. 2, p. 191-203, 2003.

LIMA, Carolina Caiado. *O convênio administrativo colaborativo para transferência de recursos públicos a entidades privadas sem fins lucrativos como instrumento dos mecanismos diretos de fomento público*. 2011. Dissertação (Mestrado em Direito) – Faculdade de Direito, Universidade de São Paulo, São Paulo, 2011.

LIPPERT, Márcia Mallmann. *O "elemento de empresa" como fator de reinclusão das atividades de natureza científica, literária ou artística na definição das atividades empresariais*. 2009. Tese (Doutorado em Direito) – Faculdade de Direito, Universidade Federal do Rio Grande do Sul, Porto Alegre, 2009.

LIPSKY, Michael. *Street-Level Bureaucracy*: Dilemmas of the Individual in Public Services. Nova York: Russel Sage Foundation, 2010.

LOCHAGIN, Gabriel Loretto. *A execução do Orçamento Público*: flexibilidade e orçamento impositivo. São Paulo: Blucher, 2016.

LONGO, Waldimir Pirró; DERENUSSON, Maria Sylvia. FNDCT, 40 Anos. *Revista Brasileira de Inovação*, Campinas, v. 8, n. 2, p. 515-533, 2009.

LOPES, Julio Aurélio Vianna. *A carta da democracia*: o processo constituinte na ordem pública de 1988. Rio de Janeiro: Topbooks, 2008.

LUNDVALL, Bengt-Åke (org.). *National Systems of Innovation*: Toward a Theory of Innovation and Interactive Learning. Londres: Anthem, 2012.

MACDUFFIE, John Paul. The Road to "Root Cause": Shop-Floor Problem-Solving at Three Auto Assembly Plants. *Management Science*, [s. l.] v. 43, n. 4, p. 479-502, 1997.

MAIA, Gabriel; SPANÓ, Eduardo. Por que utilizar encomendas tecnológicas? Oportunidades em relação a outros instrumentos para a contratação de inovações. In: SANTOS, Fabio Gomes dos; BABINSKI, Daniel de Oliveira (org.). *Decreto federal de inovação*: novas oportunidades. São Paulo: Observatório de Inovação e Competitividade, 2019. v. 2. Disponível em: http://www.iea.usp.br/publicacoes/cadernos-de-inovacao-volume-2-1. Acesso em: 30 nov. 2024.

MAIA, Luis Felipe; ISSAKA, Leandro; MELLO, Caio Watanabe Rocha de. Fundos de investimento imobiliário (FII). *In*: FREITAS, Bernardo Vianna; VERSIANI, Fernanda Valle (org.). *Fundos de investimento*: aspectos jurídicos, regulamentares e tributários. São Paulo: Quartier Latin, 2015.

MALERBA, Franco. Sectoral Systems of Innovation: Basic Concepts. *In*: MALERBA, Franco (org.). *Sectoral Systems of Innovation*: Concepts, issues and analyses of six major sectors in Europe. Nova York: Cambridge University, 2004.

MARANHÃO, Romero de Albuquerque; STORI, Norberto. Alianças estratégicas como instrumento para o desenvolvimento da ciência, tecnologia e inovação na marinha do Brasil: um estudo exploratório. *Espacios*, Caracas, v. 38, n. 08, p. 1-15, 2017.

MARINHO, Maria Edelvacy Pinto. *Inovação e setor farmacêutico*: aspectos econômicos. São Paulo: Saraiva, 2017.

MARINHO, Maria Edelvacy Pinto. O conceito dos ambientes promotores de inovação: oportunidades trazidas pelo Decreto Federal de Inovação. *In*: SANTOS, Fabio Gomes dos; BABINSKI, Daniel de Oliveira (org.). *Decreto federal de inovação*: novas oportunidades. São Paulo: Observatório de Inovação e Competitividade, 2019. v. 2. Disponível em: http://www.iea.usp.br/publicacoes/cadernos-de-inovacao-volume-2-1. Acesso em: 30 nov. 2024.

MARQUES NETO, Floriano de Azevedo. A lei de introdução às normas do direito brasileiro e sua renovação. *In*: CUNHA FILHO, Alexandre Jorge Carneiro da; ISSA, Rafael Hamze; SCHWIND, Rafael Wallbach (org.). *Lei de introdução às normas do direito brasileiro* – anotada: Decreto-Lei n. 4.657/42. São Paulo: Quartier Latin, 2019. v. I.

MARQUES NETO, Floriano de Azevedo. Os grandes desafios do controle da Administração Pública. *Fórum de Contratação e Gestão Pública*, Belo Horizonte, n. 100, p. 1-34, 2010.

MARQUES NETO, Floriano de Azevedo. Parte III: fomento. *In*: MARQUES NETO, Floriano de Azevedo; KLEIN, Aline Lícia (org.). Tratado de direito administrativo: funções administrativas de Estado. São Paulo: Revista dos Tribunais, 2014. v. 4.

MARQUES NETO, Floriano de Azevedo; PALMA, Juliana Bonacorsi de. Os sete impasses do controle da administração pública no Brasil. *In*: PEREZ, Marcos Augusto; SOUZA, Rodrigo Pagani de (org.). *Controle da administração pública*. Belo Horizonte: Fórum, 2017.

MARQUES NETO, Floriano de Azevedo; PALMA, Juliana Bonacorsi; REHEM, Danilo; MERLOTTO, Nara; GABRIEL, Yasser. Reputação institucional e o controle das Agências Reguladoras pelo TCU. *Revista de Direito Administrativo*, São Paulo, v. 278, n. 2, p. 37-70, 2019.

MARRARA, Thiago, Princípios de processo administrativo. *Revista Digital de Direito Administrativo*, São Paulo, v. 7, n. 1, p. 85-116, 2020.

MARRARA, Thiago. O princípio da publicidade: uma proposta de renovação. *In*: MARRARA, Thiago (org.). *Princípios de direito administrativo*: legalidade, segurança jurídica, impessoalidade, publicidade, motivação, eficiência, moralidade, razoabilidade, interesse público. São Paulo: Atlas, 2012.

MARRARA, Thiago; CESÁRIO, Natália de Aquino. Chamamento público para parcerias sociais – comentários à Lei n. 13.019/2014. *Revista Digital de Direito Administrativo*, São Paulo, v. 3, n. 2, p. 453-473, 2016.

MASHAW, Jerry L. Management Side of Due Process: Some Theoretical and Litigation Notes on the Assurance of Accuracy Fairness and Timeliness in the Adjudication of Social Welfare Claims. Cornell Law Review, Ithaca, v. 59, n. 5, p. 772-824, 1973.

MATA, Paula Carolina de Azevedo da; CORDEIRO, Marisa Neves Magalhães. Os princípios do novo marco regulatório da ciência, tecnologia e inovação. In: SOARES, Fabiana de Menezes; PRETE, Esther Külkamp Eying (org.). *Marco regulatório em ciência, tecnologia e inovação*: texto e comentário da lei nº 13.243/2016. Belo Horizonte: Arraes, 2018.

MAZON, Tânia Ishikawa. *Fomento público à inovação tecnológica*. 2015. Dissertação (Mestrado em Direito) – Faculdade de Direito, Pontifícia Universidade Católica de São Paulo, São Paulo, 2015.

MAZZUCATO, Mariana. *Mission Economy*: A Moonshot Guide to Changing Capitalism. Londres: Allen Lane, 2021.

MAZZUCATO, Mariana. *The Entrepreneurial State*. Londres: Anthem, 2014.

MAZZUCATO, Mariana. *The Value of Everything*: Making and Taking in the Global Economy. Londres: Allen Lane, 2018.

MAZZUCATO, Mariana; KATTEL. Rainer. Grand Challenges, Industrial Policy, and Public Value. *In:* OQUBAY, Arkebe; CRAMER, Christopher; CHANG, Ha-Joon; KOZUL-WRIGHT, Richard (org.). *The Oxford Handbook of Industrial Policy*. Oxford: Oxford University, 2020.

MCGARITY, Thomas. Some Thoughts on "Deossifying" the Rulemaking Process. *Duke Law Journal*, Durham, v. 41, n. 6, p. 1385-1462, 1992.

MEDAUAR, Odete. *A processualidade no direito administrativo*. São Paulo: Revista dos Tribunais, 2008.

MEDAUAR, Odete. *Controle da administração pública*. 2. ed. São Paulo: Revista dos Tribunais, 2012.

MEDAUAR, Odete. *Direito administrativo moderno*. 22. ed. Belo Horizonte: Fórum, 2020.

MEDAUAR, Odete. Do ato ao processo. *Fórum Administrativo*: Direito Público, São Paulo, n. 100, p. 167-174, 2009.

MEDAUAR, Odete. *O direito administrativo em evolução*. 3. ed. Brasília, DF: Gazeta Jurídica, 2017.

MEIRELLES, Hely Lopes. *Direito administrativo brasileiro*. 33. ed. São Paulo: Malheiros, 2007.

MELLO, Célia Cunha. *O fomento na administração pública*. Belo Horizonte: Del Rey, 2003.

MELLO, Celso Antônio Bandeira de. *Grandes temas de direito administrativo*. São Paulo: Malheiros, 2010.

MELO, Luiz Martins de. Financiamento à inovação no Brasil: análise da aplicação dos recursos do Fundo Nacional de Desenvolvimento Científico e Tecnológico (FNDCT) e da Financiadora de Estudos e Projetos (FINEP) de 1967 a 2006. *Revista Brasileira de Inovação*, Campinas, v. 8, n. 1, p. 87-120, 2009.

MELO, Luiz Martins de; RAPINI, Márcia Siqueira. Innovation, finance, and funding in the national system of innovation: the Brazilian case. *In:* KAHN, Michael; MELO, Luiz Martins de; MATOS, Marcelo G. Pessoa de (org.). *Financing Innovation*: BRICS National Systems of Innovation. Nova Delhi: Routledge, 2014.

MENDONÇA, Jose Vicente Santos de. Uma teoria do fomento público: critérios em prol de um fomento público democrático, eficiente e não-paternalista. *Revista de Direito da Procuradoria Geral do Rio de Janeiro*, Rio de Janeiro, n. 65, p. 115-176, 2010.

METCALFE, James Stanley. Systems Failure and the Case for Innovation Policy. *In:* LLERENA, Patrick; MATT, Mireille (org.). *Innovation Policy in a Knowledge-Based Economy*: Theory and Practice. Berlin: Springer, 2005.

METZGER, Gillian E. The Supreme Court 2016 Term Foreword – 1930's Redux: The Administrative State under Siege, *Harvard Law Review*, Cambridge, v. 131, n. 1, p. 1-95, 2017.

MICHENER, Gregory; CONTRERAS, Evelyn; NISKIER, Irene. Da opacidade à transparência? Avaliando a Lei de Acesso à Informação no Brasil cinco anos depois. *Revista de Administração Pública*, São Paulo, v. 52, n. 4, p. 610-629, 2018.

MIGUEL, Luiz Felipe Hadlich. Lei de acesso à informação e seus reflexos no controle da administração pública. *In:* MEDAUAR, Odete; SCHIRATO, Vitor Rhein; MIGUEL, Luiz Felipe; GREGO-SANTOS, Bruno (org.). *Contratos e controle na administração pública*: reflexões atuais. Rio de Janeiro: Lumen Juris, 2017.

MILLER, Fiona; LEHOUX, Pascale. The Innovation Impacts of Public Procurement Offices: The Case of Healthcare Procurement. *Research Policy*, Amsterdã, v. 49, n. 7, p. 104075, 2020.

MOCCIA, Maria Hermínia Pacheco e Silva. *Parâmetros para utilização do fomento econômico*: empréstimos pelo BNDES em condições favoráveis. Rio de Janeiro: Lumen Juris, 2015.

MOHNEN, Pierre; HALL, Bronwyn H. Innovation and Productivity: An Update. *Eurasian Business Review*, Nova York, v. 3, n. 1, p. 47-65, 2013.

MOKYR, Joel. The Contribution of Economic History to the Study of Innovation and Technical Change: 1750-1914. *In:* HALL, Bronwyn H.; ROSENBERG, Nathan (org.). *Handbook of the Economics of Innovation*. Oxford: Elsevier, 2010. v. 1.

MONEBHURRUN, Nitish. *Metodologia jurídica*: técnicas para argumentar em textos jurídicos. São Paulo: Saraiva, 2015.

MONTEIRO, Vera. As leis de procedimento administrativo: uma leitura operacional do princípio constitucional da eficiência. *In:* SUNDFELD, Carlos Ari; MUÑOZ, Guillermo Andrés (org.). *As leis de processo administrativo (Lei Federal 9.784/99 e Lei Paulista 10.177/99)*. São Paulo: Malheiros, 2006.

MONTEIRO, Vítor (org.). *Decreto paulista de inovação*. São Paulo: Observatório de Inovação e Competitividade, 2018. Disponível em: http://www.iea.usp.br/publicacoes/caderno-de-direito-e-inovacoes. Acesso em: 30 nov. 2024.

MONTEIRO, Vítor. Bônus tecnológico. *In:* SIQUEIRA NETO, José Francisco; MENEZES, Daniel Francisco Nagao (org.). *Dicionário de Inovação Tecnológica*. Belo Horizonte: Arraes, 2020. v. 1.

MONTEIRO, Vítor. *Características do sistema jurídico brasileiro de fomento estatal à inovação*. 2021. Tese (Doutorado em Direito) – Faculdade de Direito, Universidade de São Paulo/ Université Paris II Panthéon-Assas, São Paulo/Paris, 2021.

MONTEIRO, Vítor. Os contratos de financiamento celebrados pelo Estado são contratos administrativos de fomento? *In:* MEDAUAR, Odete; SCHIRATO, Vitor Rhein; MIGUEL, Luiz Felipe; GREGO-SANTOS, Bruno (org.). *Contratos e controle na administração pública*: reflexões atuais. Rio de Janeiro: Lumen Juris, 2017.

MONTEIRO, Vítor. Quais são as novas oportunidades abertas pelo Decreto Federal de Inovação ao uso da subvenção econômica como mecanismo de estímulo à inovação nas empresas pela União Federal? *In:* SANTOS, Fabio Gomes dos; BABINSKI, Daniel de Oliveira (org.). *Decreto federal de inovação*: novas oportunidades. São Paulo: Observatório de Inovação e Competitividade, 2019. v. 2. Disponível em: http://www.iea.usp.br/publicacoes/cadernos-de-inovacao-volume-2-1. Acesso em: 30 nov. 2024.

MORAIS, José Mauro de. *Políticas de apoio financeiro à inovação tecnológica*: avaliação dos programas MCT/FINEP para empresas de pequeno porte. Rio de Janeiro: Ipea, 2007. v. 1296. Disponível em: https://repositorio.ipea.gov.br/bitstream/11058/1797/1/TD_1296.pdf. Acesso em: 30 nov. 2024.

MORAIS, José Mauro de; DE NEGRI, João Alberto. Análise e evolução das ações e dos programas da Finep de apoio à inovação empresarial (2003-2014). In: MORAIS, José Mauro de; TURCHI, Lenita Maria (org.). *Políticas de apoio à inovação tecnológica no Brasil*: avanços recentes, limitações e propostas de ações. Brasília, DF: Ipea, 2017.

MORAIS, Lívia Baylão de. Concessão de bolsas por fundações de apoio a servidores das instituições apoiadas: aspectos jurídicos e institucionais. *Revista de Direito do Terceiro Setor*, Belo Horizonte, n. 11, p. 115-145, 2012.

MORCEIRO, Paulo César. *A indústria brasileira no limiar do século XXI*: uma análise da sua evolução estrutural, comercial e tecnológica. 2019. Tese (Doutorado em Economia) – Faculdade de Economia, Universidade de São Paulo, São Paulo, 2019.

MOREIRA NETO, Diogo de Figueiredo. *Curso de direito administrativo*: parte introdutória, parte geral e parte especial. 16. ed. Rio de Janeiro: Forense, 2014.

MOREIRA, Egon Bockmann. O princípio da legalidade, a lei e o direito. In: MARRARA, Thiago (org.). *Princípios de direito administrativo*: legalidade, segurança jurídica, impessoalidade, publicidade, motivação, eficiência, moralidade, razoabilidade, interesse público. São Paulo: Atlas, 2012.

MOREIRA, Egon Bockmann. Processo administrativo e eficiência. In: SUNDFELD, Carlos Ari; MUÑOZ, Guillermo Andrés (org.). *As leis de processo administrativo (Lei Federal 9.784/99 e Lei Paulista 10.177/99)*. São Paulo: Malheiros, 2006.

MOREIRA, Natalia Rebello. *Atividade estatal de fomento à inovação tecnológica em empresas*. 2018. Dissertação (Mestrado em Direito) – Faculdade de Direito, Universidade de São Paulo, São Paulo, 2018.

MORETTINI, Felipe Tadeu Ribeiro. *Financiamento de longo prazo e desenvolvimento*: uma análise da regulação das debêntures de infraestrutura no financiamento nacional entre os anos de 2011 e 2016. 2019. Tese (Doutorado em Direito) – Faculdade de Direito, Universidade de São Paulo, 2019.

MORITA, Daniel Miorando. *Avaliação de impacto de um programa de crédito para inovação no Brasil*. 2016. Dissertação (Mestrado Profissional em Economia) – Insper Instituto de Ensino e Pesquisa, São Paulo, 2016.

MORRIS, Diego M. Innovation and Productivity Among Heterogeneous Firms. *Research Policy*, Amsterdã, v. 47, n. 10, p. 1918-1932, 2018.

MOTA, Fabrício, O princípio constitucional da publicidade administrativa. In: MARRARA, Thiago (org.). *Princípios de direito administrativo*: legalidade, segurança jurídica, impessoalidade, publicidade, motivação, eficiência, moralidade, razoabilidade, interesse público. São Paulo: Atlas, 2012.

MOUALLEM, Pedro Salomon Bezerra. *Direito e políticas de inovação*: dimensões políticas e jurídico-institucionais na coordenação do financiamento público à inovação no Brasil. 2016. Dissertação (Mestrado em Direito) – Faculdade de Direito, Universidade de São Paulo, São Paulo, 2016.

MOURÃO, Carolina Mota. Quais são as oportunidades do Decreto Paulista de Inovação para a participação estatal em sociedades de propósito específico para a inovação? In: MONTEIRO, Vítor (org.). *Decreto paulista de inovação*. São Paulo: Observatório de Inovação e Competitividade, 2018. Disponível em: http://www.iea.usp.br/publicacoes/caderno-de-direito-e-inovacoes. Acesso em: 30 nov. 2024.

MOURÃO, Carolina Mota; FOSS, Maria Carolina. Decodificando as alianças estratégicas da Lei de Inovação. *Jota*, São Paulo, 20 jul. 2021. Disponível em: https://www.jota.info/coberturas-especiais/inova-e-acao/aliancas-estrategicas-lei-de-inovacao-20072021. Acesso em: 22 jul. 2021.

MOURÃO, Carolina Mota; ISSA, Rafael Hamze. Quais as oportunidades de parceria público-privada abertas pelo artigo 4o do Decreto Federal de Inovação? In: SANTOS, Fabio Gomes dos; BABINSKI, Daniel de Oliveira (org.). *Decreto federal de inovação*: novas oportunidades. São Paulo: Observatório de Inovação e Competitividade, 2019. v. 2. Disponível em: http://www.iea.usp.br/publicacoes/cadernos-de-inovacao-volume-2-1. Acesso em: 30 nov. 2024.

MOURÃO, Carolina Mota; SANTOS, Fabio Gomes dos; MACERA, Paulo Henrique; MONTEIRO, Vítor. Significado, alcance e contextualização de inovação no contexto da nova lei de licitações. In: CUNHA FILHO, Alexandre Jorge; PICCELLI, Roberto Ricomini; ARRUDA, Carmem Silvia (coord.). *Lei de licitações e contratos comentada*: Lei nº 14.133/21. São Paulo: Quartier Latin, 2022. v. I. p. 103-139.

MOWERY, David C. Defense-Related R&D as a Model for "Grand Challenges" Technology Policies. *Research Policy*, Amsterdã, v. 41, n. 10, p. 1703-1715, 2012.

MURARO, Leopoldo Gomes. A natureza jurídica das chamadas públicas envolvendo pesquisa, ciência, tecnologia e inovação – PCTI. *Publicações da Escola da AGU*, Brasília, DF, v. 8, n. 2, 2016.

MURARO, Leopoldo Gomes. Instrumentos jurídicos de parceria. In: PORTELA, Bruno Monteiro; BARBOSA Caio Márcio Melo; MURARO, Leopoldo Gomes; DUBEUX, Rafael (org.). *Marco legal da ciência, tecnologia e inovação no Brasil*. Salvador: Juspodivm, 2020.

MURÇA, Alan; D'ÁVILA, Lucimara Santos; BABINSKI, Daniel de Oliveira. Incentivos Tributários à Importação de Bens para PD&I e Procedimentos Aduaneiros à Luz do Decreto Federal de Inovação. In: SANTOS, Fabio Gomes dos; BABINSKI, Daniel de Oliveira (org.). *Decreto federal de inovação*: novas oportunidades. São Paulo: Observatório de Inovação e Competitividade, 2019. v. 2. Disponível em: http://www.iea.usp.br/publicacoes/cadernos-de-inovacao-volume-2-1. Acesso em: 30 nov. 2024.

NADER, Helena Bonciani; DAVIDOVICH, Luiz. Legislativo e financiamento da Ct&I - precisamos avançar mais, muito mais. In: NADER, Helena Bonciani; OLIVEIRA, Fabiola de; MOSSRI, Beatriz de Bulhões (org.). *A ciência e o poder legislativo*: relatos e experiências. São Paulo: SBPC, 2017.

NADER, Helena Bonciani; OLIVEIRA, Fabiola de; MOSSRI, Beatriz de Bulhões (org.). *A ciência e o poder legislativo*: relatos e experiências. São Paulo: SBPC, 2017.

NAKASONE, William Joji. *O financiamento de inovações por meio do venture capital*: adequação dos instrumentos jurídicos brasileiros. 2017. Dissertação (Mestrado em Direito) – Faculdade de Direito, Universidade de São Paulo, São Paulo, 2017.

NANDA, Ramana; RHODES-KROPF, Matthew. Financing Entrepreneurial Experimentation. *Innovation Policy and the Economy*, Chicago, v. 16, p. 1-24, 2016.

NARAYANAMURTI, Venkatesh; ODUMOSU, Tolu. *Cycles of Invention and Discovery*: Rethinking the Endless Frontier. Cambridge: Harvard University, 2016.

NARAYANAMURTI, Venkatesh; ODUMOSU, Tolu; VINSEL, Lee. RIP: The Basic/Applied Research Dichotomy. *Issues in Science and Technology*, Washington, D.C., v. 29, n. 2, p. 31-36, 2013.

NATIONAL ACADEMY OF SCIENCES, NATIONAL ACADEMY OF ENGINEERING, AND INSTITUTE OF MEDICINE. *Rising Above the Gathering Storm*: Energizing and Employing America for a Brighter Economic Future. Washington, D.C.: The National Academies Press, 2007. DOI: https://doi.org/10.17226/11463.

NELSON, Richard R. (org.). *National Innovation Systems*: A Comparative Analysis. Nova York: Oxford University, 1993.

NELSON, Richard R.; ROSENBERG, Nathan. Technical Innovation and National Systems. *In*: NELSON, Richard R. (org.). *National Innovation Systems*: A Comparative Analysis. Nova York: Oxford University, 1993.

NESTA. *Funding innovation*: a practice guide. Londres: Nesta, 2018.

NESTER, Alexandre Wagner. O exercício do poder de controle nas empresas estatais. *In*: JUSTEN FILHO, Marçal (org.). *Estatuto jurídico das empresas estatais*: Lei 13.303/2016 - "Lei das Estatais". São Paulo: Revista dos Tribunais, 2016.

NILSEN, Øivind A.; RAKNERUD, Arvid; IANCU, Diana-Cristina. Public R&D Support and Firm Performance: A Multivariate Dose-Response Analysis. *Research Policy*, Amsterdã, v. 49, n. 7, p. 1-16, 2020.

NOLASCO, Loreci Gottschalk. Risco tecnológico. *In*: SIQUEIRA NETO, José Francisco; MENEZES, Daniel Francisco Nagao (org.). *Dicionário de Inovação Tecnológica*. Belo Horizonte: Arraes, 2020. v. 1.

NUNES, Marcio Tadeu Guimarães. *Lei de acesso à informação*: reconstrução da verdade histórica, ambientes regulatórios e o direito à intimidade. São Paulo: Quartier Latin, 2013.

OLIVEIRA, Gustavo Justino de. *Contrato de gestão*. São Paulo: Revista dos Tribunais, 2005.

OLIVEIRA, Gustavo Justino de. *Direito administrativo pragmático*. Rio de Janeiro: Lumen Juris, 2020.

OLIVEIRA, Joelmo Jesus de. Ciência, tecnologia e inovação no Brasil: poder, política e burocracia na arena decisória. *Revista de Sociologia e Política*, Curitiba, v. 24, n. 59, 2016.

OQUBAY, Arkebe; CRAMER, Christopher; CHANG, Ha-Joon; KOZUL-WRIGHT, Richard (org.). *The Oxford Handbook of Industrial Policy*. Oxford: Oxford University, 2020.

ORGANISATION FOR ECONOMIC CO-OPERATION AND DEVELOPMENT. *Frascati manual 2015*: Guidelines for Collecting and Reporting Data on Research and Experimental Development. Paris: OECD Publishing, 2015. Disponível em: https://www.oecd-ilibrary.org/science-and-technology/frascati-manual-2015_9789264239012-en. Acesso em 2 dez. 2024.

ORGANISATION FOR ECONOMIC CO-OPERATION AND DEVELOPMENT. *Key STI Statistics, Databases and Publications*. Paris: OECD Publishing, [2024]. Disponível em: https://www.oecd.org/innovation/inno/stistatistics.htm. Acesso em: 2 dez. 2024.

ORGANISATION FOR ECONOMIC CO-OPERATION AND DEVELOPMENT. *Managing National Innovation Systems*. Paris: OECD Publishing, 1999. DOI: https://doi.org/10.1787/9789264189416-en.

ORGANISATION FOR ECONOMIC CO-OPERATION AND DEVELOPMENT. *Measurement of Scientific and Technological Activities*: Manual on the Measurement of Human Resources Devoted to S&T - Canberra Manual. Paris: OECD Publishing, 1995. DOI: https://doi.org/10.1787/9789264065581-en.

ORGANISATION FOR ECONOMIC CO-OPERATION AND DEVELOPMENT. *OECD Patent Statistics Manual*. Paris: OECD Publishing, 2009. DOI: https://doi.org/10.1787/9789264056442-en.

ORGANISATION FOR ECONOMIC CO-OPERATION AND DEVELOPMENT. *OECD Science, Technology and Industry Outlook 2014*. Paris: OECD Publishing, 2014. Disponível em: https://read.oecd-ilibrary.org/science-and-technology/oecd-science-technology-and-industry-outlook-2014_sti_outlook-2014-en. Acesso em: 18 out. 2019.

ORGANISATION FOR ECONOMIC CO-OPERATION AND DEVELOPMENT. *OECD Science, Technology and Innovation Outlook 2021*: Time of Crisis and Opportunity. Paris: OECD Publishing, 2021. Disponível em: https://www.oecd-ilibrary.org/science-and-technology/oecd-science-technology-and-innovation-outlook-2021_75f79015-en. Acesso em: 15 nov. de 2021.

ORGANISATION FOR ECONOMIC CO-OPERATION AND DEVELOPMENT. *Oslo Manual 2018*: Guidelines for Collecting, Reporting and Using Data on Innovation. 4. ed. Paris: OECD Publishing, 2018. DOI: https://doi.org/10.1787/9789264304604-en.

ORGANISATION FOR ECONOMIC CO-OPERATION AND DEVELOPMENT. *SME and Entrepreneurship Policy in Brazil 2020*. Paris: OECD Publishing, 2020. DOI: https://doi.org/10.1787/cc5feb81-en.

ORGANISATION FOR ECONOMIC CO-OPERATION AND DEVELOPMENT. *The Innovation System of the Public Service of Brazil*: An Exploration of its Past, Present and Future Journey. Paris: OECD Publishing, 2019. DOI: https://doi.org/10.1787/a1b203de-en.

ORTIZ, Gaspar Ariño. *Princípios de derecho público económico*: modelos de Estado, gestión pública, regulacíon económica. Granada: Comares, 2004.

PACHECO, Carlos Américo. Estratégia para Fundos Setoriais. *Revista Brasileira de Inovação*, Campinas, v. 6, n. 1, p. 191-223, 2007.

PACHECO, Carlos Américo. Institutional Dimensions of Innovation Policy in Brazil. In: REYNOLDS, Elisabeth B.; SCHNEIDER, Ben Ross; ZYLBERBERG, Ezequiel (org.), *Innovation in Brazil*: Advancing Development in the 21st Century. Nova York: Routledge, 2019.

PACKARD, Mark D.; BYLUND, Per L.; CLARK, Brent B. Keynes and Knight on Uncertainty: Peas in a Pod or Chalk and Cheese? *Cambridge Journal of Economics*, [s. l.], v.45, n.5, p. 1099-1125, 2021.

PALMA, Juliana Bonacorsi de. Segurança jurídica para a inovação pública: a nova Lei de Introdução às Normas do Direito Brasileiro (Lei no 13.655/2018). *Revista de Direito Administrativo*, São Paulo, v. 279, n. 2, p. 209-249, 2020.

PARADA, Ramón. *Derecho administrativo II*: Regime de la actividad administrativa. Madri: Open, 2013.

PAUL M. Romer: Facts. *The Nobel Prize*, Estocolmo, 2018. Disponível em: https://www.nobelprize.org/prizes/economic-sciences/2018/romer/facts/. Acesso em: 2 abr. 2020.

PAULA, Fábio de Oliveira. Inovação em empresas estatais: evidências dos setores elétrico, de telecomunicações e de óleo e gás. *In*: SILVA, Mauro Santos; SCHMIDT, Flávia de Holanda; KLIASS, Paulo (org.). *Empresas estatais*: políticas públicas, governança e desempenho. Brasília, DF: Ipea, 2019. p. 217-259.

PAVITT, Keith. Sectoral Patterns of Technical Change: Towards a Taxonomy and a Theory. *Research Policy*, Amsterdã, v. 13, n. 6, p. 343-373, 1984.

PENNA, Caetano; MAZZUCATO, Mariana. *The Brazilian Innovation System*: A Mission-Oriented Policy Proposal. Brasília, DF: CGEE, 2016. Disponível em: https://www.cgee.org.br/documents/10195/1774546/The_Brazilian_Innovation_System-CGEE-MazzucatoandPenna-FullReport.pdf. Acesso em: 30 nov. 2024.

PERANI, Giulio. Business Innovation Measurement: History and Evolution. *In*: GODIN, Benoît; GAGLIO, Gérald; VINCK, Dominique (org.). *Handbook on Alternative Theories of Innovation*. Cheltenham: Edward Elgar, 2021.

PEREIRA, Caio Mário da Silva. *Instituições de direito civil*. 12. ed. Rio de Janeiro: Forense, 2006.

PEREIRA, Newton Müller. *Fundos setoriais*: avaliação das estratégias de implementação e gestão. Rio de Janeiro: Ipea, 2005. v. 1156. Disponível em: https://repositorio.ipea.gov.br/bitstream/11058/1648/1/TD_1136.pdf. Acesso em: 30 nov. 2024.

PEREZ, Gilberto. Open Innovation. *In*: SIQUEIRA NETO, José Francisco; MENEZES, Daniel Francisco Nagao (org.). *Dicionário de Inovação Tecnológica*. Belo Horizonte: Arraes, 2020. v. 1.

PEREZ, Marcos Augusto. Organizações sociais para a gestão de parques tecnológicos. *In*: MARQUES NETO, Floriano de Azevedo; ALMEIDA, Fernando Dias Menezes de; MARRARA, Thiago (org.). *Direito e administração pública*: estudos em homenagem a Maria Sylvia Zanella Di Pietro. São Paulo: Atlas, 2013.

PIERSON, Paul. Power and path dependence. *In*: MAHONEY, James; THELEN, Kathleen (org.). *Advances in Comparative-Historical Analysis*. Cambridge: Cambridge University, 2015.

PINHEIRO, Maurício Canêdo; FERREIRA, Pedro Cavalcanti; PESSOA, Samuel de Abreu; SCHYMURA, Luiz Guilherme. Por que o Brasil não precisa de política industrial. *Ensaios Econômicos da Fundação Getúlio Vargas*, São Paulo, n. 644, 2007. Disponível em: https://repositorio.fgv.br/server/api/core/bitstreams/4d032213-81bd-400b-a7d4-b9ff10e88f0f/content. Acesso em: 30 nov. 2024.

PINTEC 2017: caem a taxa de inovação, os investimentos em atividades inovativas e os incentivos do governo. *Agência IBGE Notícias*, Rio de Janeiro, 16 abr. 2020. Disponível em: https://agenciadenoticias.ibge.gov.br/agencia-sala-de-imprensa/2013-agencia-de-noticias/releases/27465-pintec-2017-caem-a-taxa-de-inovacao-os-investimentos-em-atividades-inovativas-e-os-incentivos-do-governo. Acesso em: 19 dez. 2020.

PINTO JÚNIOR, Mario Engler. *Empresa estatal*: função econômica e dilemas societários. São Paulo: Atlas, 2010.

PIRES, Breno. Governo frauda Lei de Acesso à Informação por "risco político". *O Estado de S. Paulo*, São Paulo, 18 set. 2021. Disponível em: https://politica.estadao.com.br/noticias/geral,governo-frauda-lei-de-acesso-a-informacao-por-risco-politico,70003843822. Acesso em: 22 set. 2021.

POIDOMANI, Isabella Lucia; OLIVEIRA FILHO, João Glicério. Análise crítica da lei complementar no 155 de 2016 na regulamentação do investidor-anjo. *Revista Brasileira de Direito Empresarial*, Florianópolis, v. 3, n. 2, p. 22-39, 2017.

POLLMAN, Elizabeth. Startup governance. *University of Pennsylvania Law Review*, Filadélfia, v. 168, n. 1, p. 1-37, 2019.

POMPERMAYER, Fabiano Mezadre; DE NEGRI, Fernanda; CAVALCANTE, Luiz Ricardo Mattos Teixeira (org.). *Inovação tecnológica no setor elétrico brasileiro*: uma avaliação do programa de P&D regulado pela Aneel. Brasília, DF: Ipea, 2011.

PORTELA, Bruno Monteiro. Participação minoritária no capital de empresas e fundos de investimento. *In:* PORTELA, Bruno Monteiro; BARBOSA Caio Márcio Melo; MURARO, Leopoldo Gomes; DUBEUX, Rafael (org.). *Marco legal da ciência, tecnologia e inovação no Brasil*. Salvador: Juspodivm, 2020.

PORTELA, Bruno Monteiro. Subvenção econômica. *In:* PORTELA, Bruno Monteiro; BARBOSA Caio Márcio Melo; MURARO, Leopoldo Gomes; DUBEUX, Rafael (org.). *Marco legal da ciência, tecnologia e inovação no Brasil*. Salvador: Juspodivm, 2020.

PORTELA, Bruno Monteiro; BARBOSA Caio Márcio Melo; MURARO, Leopoldo Gomes; DUBEUX, Rafael (org.). *Marco legal da ciência, tecnologia e inovação no Brasil*. Salvador: Juspodivm, 2020.

PORTELA, Bruno Monteiro; MURARO, Leopoldo Gomes. Bônus tecnológico. *In:* PORTELA, Bruno Monteiro; BARBOSA Caio Márcio Melo; MURARO, Leopoldo Gomes; DUBEUX, Rafael (org.). *Marco legal da ciência, tecnologia e inovação no Brasil*. Salvador: Juspodivm, 2020.

PORTO, Geciane Silveira. *A decisão empresarial de desenvolvimento tecnológico por meio da cooperação empresa-universidade*. 2000. Tese (Doutorado em Administração) – Faculdade de Administração, Universidade de São Paulo, São Paulo, 2000.

PORTO, Geciane Silveira; MEMÓRIA, Caroline Viriato. Incentivos para inovação tecnológica: um estudo da política pública de renúncia fiscal no Brasil. *Revista de Administração Pública*, São Paulo, v. 53, n. 3, p. 520-541, 2019.

POZAS, Luis Jordana de. Ensayo de una teoría del fomento en el Derecho administrativo. *Revista de Estudios Políticos*, La Rioja, n. 48, p. 41-54, 1949.

POZEN, David. Freedom of Information beyond the Freedom of Information Act. *University of Pennsylvania Law Review*, Filadélfia, v. 165, n. 5, p. 1097-1158, 2017.

PRETE, Esther Külkamp Eying. Considerações para uma abordagem sistemática da emenda constitucional 85 de 2015. *In:* SOARES, Fabiana de Menezes; PRETE, Esther Külkamp Eying (org.). *Marco regulatório em ciência, tecnologia e inovação*: texto e comentário da lei nº 13.243/2016. Belo Horizonte: Arraes, 2018.

PREUSLER, Taísa Scariot; COSTA, Priscila Rezende da; CRESPI. Tatiane Baseggio. Capacidade relacional em alianças estratégicas de inovação: um ensaio teórico para o desenvolvimento de um modelo conceitual. *Exacta*, São Paulo, v. 18, n. 1, p. 185-210, 2020.

PROMOVER. *In*: DICIONÁRIO Priberam da Língua portuguesa. Porto: Priberam, [2024]. Disponível em: https://dicionario.priberam.org/promover. Acesso em: 25 abr. 2020.

PROMOVER. *In*: Michaelis Dicionário Brasileiro de Língua Portuguesa. São Paulo: UOL, [2024]. Disponível em: https://michaelis.uol.com.br/moderno-portugues/busca/portugues-brasileiro/promover/. Acesso em: 25 abr. 2020.

RABELO, Fernanda Lima. De experts a "bodes expiatórios": a elite técnica do DASP e a reforma no funcionalismo público federal no Estado Novo (1938-1945). *Acervo*: Revista do Arquivo Nacional, Rio de Janeiro, v. 25, n. 2, p. 78-91, 2013.

RABELO, Fernanda Lima. O DASP e o combate à ineficiência nos serviços públicos: a atuação de uma elite técnica na formação do funcionalismo público no Estado Novo (1937-1945). *Revista Brasileira de História & Ciências Sociais*, Carreiros, v. 3, n. 6, p. 132-142, 2011.

RAIMO, Vania Bogado de Souza Di. Serendipity. *In:* SIQUEIRA NETO, José Francisco; MENEZES, Daniel Francisco Nagao (org.). *Dicionário de Inovação Tecnológica*. Belo Horizonte: Arraes, 2020. v. 1.

RAMOS, Elival da Silva. *Ativismo judicial*: parâmetros dogmáticos. São Paulo: Saraiva, 2010.

RAUEN, André Tortato. Atualização do mapeamento das encomendas tecnológicas no Brasil. *Nota Técnica*, Rio de Janeiro, n. 53, 2019. Disponível em: https://repositorio.ipea.gov.br/bitstream/11058/9524/1/NT_53_Diset_Atualiza%c3%a7%c3%a3o%20do%20mapeamento%20das%20encomendas%20tecnol%c3%b3gicas%20no%20Brasil.pdf. Acesso em: 30 nov. 2024.

RAUEN, André Tortato. Mapeamento das compras federais de P&D segundo uso da lei de inovação no segundo período de 2010-2015. *In:* RAUEN, André Tortato (org.). *Políticas de inovação pelo lado da demanda no Brasil*. Brasília, DF: Ipea, 2017. Disponível em: https://repositorio.ipea.gov.br/bitstream/11058/7969/1/Pol%c3%adticas%20de%20inova%c3%a7%c3%a3o%20pelo%20lado%20da%20demanda%20no%20Brasil.pdf.Acesso em: 30 nov. 2024.

RAUEN, André Tortato; BARBOSA, Caio Márcio Melo. *Encomendas tecnológicas no Brasil*: guia geral de boas práticas. Brasília, DF: Ipea, 2019.

RAUEN, André Tortato; SAAVEDRA, Cayan Atreio Portela Bárcena; HAMATSU, Newton Kenji. Crédito para inovação no Brasil: impactos da atuação da financiadora de estudos e projetos no esforço de P&D das firmas beneficiárias. *In:* DE NEGRI, João Alberto; ARAÚJO, Bruno César; BACELETTE, Ricardo (org.). *Financiamento do desenvolvimento no Brasil*. Brasília, DF: Ipea, 2018. Disponível em: https://repositorio.ipea.gov.br/bitstream/11058/8820/1/Fiinanciamento__do_desenvolvimento_no_Brasil.pdf. Acesso em: 30 nov. 2024. p. 259-279.

RAUEN, Cristiane Vianna. O novo marco legal da inovação no Brasil: o que muda na relação ICT-empresa? *Radar*, São Paulo, n. 43, p. 21-35, 2016.

REAL, Sofia Preto Villa. Análise comparada dos procedimentos de contratação de encomendas tecnológicas no Brasil e parcerias para inovação na União Europeia: um novo olhar sobre premissas das oportunidades de interação público/privado abertas pelo Decreto Federal de Inovação? *In:* SANTOS, Fabio Gomes dos; BABINSKI, Daniel de Oliveira (org.). *Decreto federal de inovação*: novas oportunidades. São Paulo: Observatório de Inovação e Competitividade, 2019. v. 2. Disponível em: http://www.iea.usp.br/publicacoes/cadernos-de-inovacao-volume-2-1. Acesso em: 30 nov. 2024.

REES, Joseph V. *Hostages of Each Other*: The Transformation of Nuclear Safety Since Three Mile Island. Chicago: University of Chicago, 1994.

REINERT, Erik S. The Role of the State in Economic Growth. *Journal of Economic Studies*, Bingley, v. 26, n. 4-5, p. 268-326, 1999.

REINERT, John T., In-Q-Tel: The Central Intelligence Agency as Venture Capitalist. *Northwestern Journal of International Law & Business*, Chicago, v. 33, n. 3, p. 677-709, 2013.

RIZZARDO, Arnaldo. Contratos de crédito bancário. 11. ed. São Paulo: Revista dos Tribunais, 2014.

ROBINSON, Douglas K. R.; MAZZUCATO, Mariana. The Evolution of Mission-Oriented Policies: Exploring Changing Market CREATING policies in the US and European Space Sector. *Research Policy*, Amsterdã, v. 48, n. 4, p. 936-948, 2019.

ROCHA, Sílvio Luis Teixeira. *Terceiro setor*. 2. ed. São Paulo: Malheiros, 2006.

RODRIK, Dani; SABEL, Charles F. Building a good jobs economy. *In:* ALLEN, Danielle; BENKLER, Yochai; HENDERSON, Rebecca (org.). *Political Economy and Justice*. Chicago: University of Chicago, 2020.

ROGERS, Everett M. *Diffusion of Innovations*. 5. ed. Nova York: Free, 2003.

ROMER, Paul M. Endogenous technological change. *Journal of Political Economy*, Chicago, v. 98, n. 5, p. S71-S102, 1990.

ROMITELLI, Gabriel. *Direito e inovação: participação minoritária de ICTs públicas em empresas como remuneração pela transferência e licenciamento de tecnologia*. 2017. Dissertação (Mestrado em Direito) – Faculdade de Direito, Universidade de São Paulo, São Paulo, 2017.

ROMITELLI, Gabriel; FOSS, Maria Carolina. Oportunidades para as encomendas tecnológicas: análise de novos arranjos jurídicos a partir do decreto federal de inovação. *In:* SANTOS, Fabio Gomes dos; BABINSKI, Daniel de Oliveira (org.). *Decreto federal de inovação*: novas oportunidades. São Paulo: Observatório de Inovação e Competitividade, 2019. v. 2. Disponível em: http://www.iea.usp.br/publicacoes/cadernos-de-inovacao-volume-2-1. Acesso em: 30 nov. 2024.

ROSANVALLON, Pierre. *La legitimité democratique*: impartialité, réflexivité, proximité. Paris: Seuil, 2008.

ROSILHO, André Janjácomo. *O controle da administração pública pelo Tribunal de Contas da União*. 2016. Tese (Doutorado em Direito) – Faculdade de Direito, Universidade de São Paulo, São Paulo, 2016.

ROSSI, Juliano Scherner. Elementos de gestão de segredos empresariais para a inovação. *Revista Thesis Juris*, São Paulo, v. 7, n. 1, p. 25-50, 2018.

RUTTAN, Vernon W. *Is War Necessary for Economic Growth?* Military Procurement and Technology Development. Oxford: Oxford University, 2006.

SABEL, Charles F.; SIMON, William H. Minimalism and Experimentalism in the Administrative State. *The Georgetown Law Journal*, Washington D.C., v. 100, p. 53-93, 2011.

SABEL, Charles F.; SIMON, William H. The Management Side of Due Process in the Service-Based Welfare State. *In:* PARRILLO, Nicholas R (org.). *Administrative Law from the Insiout*. Cambridge: Cambridge University, 2017.

SABEL, Charles F.; VICTOR, Daniel G. *Fixing the Climate*. New Jersey: Princeton University, 2022.

SABEL, Charles F.; ZEITLIN, Jonathan. Experimentalist governance. *In:* LEVI-FAUR, David (org.). *The Oxford Handbook of Governance*. Oxford: Oxford University, 2012.

SAENZ, Nick; FROST, John. It's Open Season for Poaching Talent in Silicon Valley. *TechCrunch*, San Francisco, 26 abr. 2019. Disponível em: https://techcrunch.com/2019/04/26/its-open-season-for-poaching-talent-in-silicon-valley/. Acesso em: 16 nov. de 2020.

SALGADO, Eneida Desiree. *Lei de acesso à informação (LAI)*: comentários à Lei no 12.527/2011 e ao Decreto no 7.724/12. São Paulo: Atlas, 2015. v. 33. Coleção de direito administrativo positivo.

SALLES FILHO, Sérgio. Política de Ciência e Tecnologia no I PND (1972/74) e no I PBDCT (1973/74). *Revista Brasileira de Inovação*, Campinas, v. 1, n. 2, p. 397-419, 2002.

SALLES FILHO, Sérgio; BONACELLI, Maria Beatriz; CARNEIRO, Ana Maria; CASTRO, Paula F. Drummond; SANTOS, Fernando Oliveira. Evaluation of ST&I Programs: A Methodological Approach to the Brazilian Small Business Program and Some Comparisons with the SBIR Program. *Research Evaluation*, Oxford, v. 20, n. 2, p. 159-171, 2011.

SANCHES, Osvaldo Maldonado. Fundos federais: origens, evolução e situação atual na administração federal. *Revista de Administração Pública*, São Paulo, v. 36, n. 4, p. 627-670, 2002.

SANTOS, Fabio Gomes dos. *Audiências públicas administrativas no direito brasileiro*. Rio de Janeiro: Lumen Juris, 2015.

SANTOS, Fabio Gomes dos. Fomento no direito brasileiro e aides d'État no direito francês: proximidades e diferenças. In: CUNHA FILHO, Alexandre Jorge Carneiro; ALVES, Angela Limongi; NAHAS, Fernando W.; MELONCINI, Maria Isabela (org.). *Temas de direito público II*: diálogos entre Brasil e França, Rio de Janeiro: Lumen Juris, 2017.

SANTOS, Fabio Gomes dos. Fundos setoriais de inovação. In: SIQUEIRA NETO, José Francisco; MENEZES, Daniel Francisco Nagao (org.). *Dicionário de Inovação Tecnológica*. Belo Horizonte: Arraes, 2020. v. 1.

SANTOS, Fabio Gomes dos. Lei da liberdade econômica: comentários sobre a disciplina da atuação pública frente à inovação. In: CUNHA FILHO, Alexandre Jorge Carneiro da; PICCELI, Roberto Ricomini; MACIEL, Renata Mota (org.). *Lei da liberdade econômica anotada*. São Paulo: Quartier Latin, 2020. v. 2.

SANTOS, Fabio Gomes dos. Participação administrativa, controle social e consensualidade: proposta de distinção teórica. In: MEDAUAR, Odete; SCHIRATO, Vitor Rhein; MIGUEL, Luiz Felipe; GREGO-SANTOS, Bruno (org.). *Contratos e controle na administração pública*: reflexões atuais. Rio de Janeiro: Lumen Juris, 2017.

SANTOS, Fabio Gomes dos. Prestação de contas simplificada e voltada a resultados: uma oportunidade de aprimoramento nas relações público-privadas e entre entes públicos. In: SANTOS, Fabio Gomes dos; BABINSKI, Daniel de Oliveira (org.). *Decreto federal de inovação*: novas oportunidades. São Paulo: Observatório de Inovação e Competitividade, 2019. v. 2. Disponível em: http://www.iea.usp.br/publicacoes/cadernos-de-inovacao-volume-2-1. Acesso em: 30 nov. 2024.

SANTOS, Fabio Gomes dos. Procedimento, processo, processo administrativo e sua conexão com a participação administrativa. *Revista Brasileira de Direito Público*, São Paulo, n. 53, p. 91-100, 2016.

SANTOS, Fabio Gomes dos. Um olhar sobre a distinção entre direito público e direito privado e sua aplicação à noção jurídica de fomento. *Revista de Direito do Terceiro Setor*, Belo Horizonte, n. 21, p. 51-65, 2017.

SANTOS, Fabio Gomes dos; FOSS, Maria Carolina. As vacinas na maior velocidade possível: a operação Warp Speed. *Jota*, São Paulo, 23 jun. 2021. Disponível em: https://www.jota.info/artigos/vacinas-velocidade-operacao-warp-speed. Acesso em: 19 jul. 2021.

SANTOS, Fabio Gomes dos; MONTEIRO, Vítor. Lei de acesso à informação e sigilo nas atividades de empresas estatais. In: CUNHA FILHO, Alexandre Jorge Carneiro; OLIVEIRA, André Tito; ISSA, Rafael Hamze; SCHWIND, Rafael Wallbach (org.). *Direito, instituições e políticas públicas*: o papel do jusidealista na formação do Estado. São Paulo: Quartier Latin, 2017.

SANTOS, Fabio Gomes dos; TONETTI, Rafael Roberto Hage; MONTEIRO, Vítor. Desafios jurídicos para o fomento financeiro da inovação pelas empresas. *In:* COUTINHO, Diogo R.; FOSS, Maria Carolina; MOUALLEM, Pedro Salomon B. (org.). *Inovação no Brasil*: avanços e desafios jurídicos e institucionais. São Paulo: Blucher, 2017.

SANTOS, Márcia Walquiria Batista dos. O procedimento da rescisão de contratos administrativos e da aplicação de penalidade. *In:* MARQUES NETO, Floriano de Azevedo; ALMEIDA, Fernando Dias Menezes de; MARRARA, Thiago (org.). *Direito e administração pública*: estudos em homenagem a Maria Sylvia Zanella Di Pietro. São Paulo: Atlas, 2013.

SANTOS, Murillo Giordan. Controle das empresas semiestatais. *Revista de Informação Legislativa*, Brasília, DF, v. 52, n. 208, p. 61-79, 2015.

SARLET, Ingo Wolfgang; MOLINARI, Carlos Alberto. O direito à informação na ordem constitucional brasileira: breves apontamentos. *In:* SARLET, Ingo Wolfgang; MARTOS, José Antonio Montilla; RUARO, Regina Linden (org.). *Acesso à informação como direito fundamental e dever estatal*. Porto Alegre: Livraria do advogado, 2016.

SCHAPIRO, Mario Gomes. Novos parâmetros para a intervenção do Estado na economia: persistência e dinâmica da atuação do BNDES em uma economia baseada no conhecimento. 2009. Tese (Doutorado em Direito) – Faculdade de Direito, Universidade de São Paulo, 2009.

SCHIRATO, Renata Nadalin Meireles. Transparência administrativa, participação, eficiência e controle social – direito administrativo em evolução? *In:* ALMEIDA, Fernando Dias Menezes de; MARQUES NETO, Floriano; MIGUEL, Luiz; SCHIRATO, Vitor. *Direito Público em Evolução*: Estudos em Homenagem à Professora Odete Medauar. Belo Horizonte: Fórum, 2013.

SCHIRATO, Vitor Rhein. A necessidade de parametrização do controle da administração pública – a tentativa de dar sentido a um sistema altamente complexo – breves considerações acerca do novo artigo 20 da lei de introdução às normas do direito brasileiro. *In:* CUNHA FILHO, Alexandre Jorge Carneiro da; ISSA, Rafael Hamze; SCHWIND, Rafael Wallbach (org.). *Lei de introdução às normas do direito brasileiro* – anotada: Decreto-Lei n. 4.657/42. São Paulo: Quartier Latin, 2019. v. II.

SCHIRATO, Vitor Rhein. *As empresas estatais no direito administrativo econômico atual*. São Paulo: Saraiva, 2016.

SCHIRATO, Vitor Rhein. Bancos estatais ou estado banqueiro? *In:* ARAGÃO, Alexandre Santos de (org.). *Empresas públicas e sociedades de economia mista*. Belo Horizonte: Fórum, 2015.

SCHIRATO, Vitor Rhein. O controle interno da administração pública na configuração do Estado contemporâneo. *In:* MEDAUAR, Odete; SCHIRATO, Vitor Rhein; MIGUEL, Luiz Felipe; GREGO-SANTOS, Bruno (org.). *Contratos e controle na administração pública*: reflexões atuais. Rio de Janeiro: Lumen Juris, 2017.

SCHMIDT, Flávia de Holanda; ASSIS, Lucas Rocha Soares de. O Estado como cliente: características das firmas industriais fornecedoras do governo. *Radar*, Brasília, DF, n. 17, p. 1-12, 2011.

SCHMIDT-ASSMANN, Eberhard. *La teoría general del derecho administrativo como sistema*. Madri: Instituto Nacional de Administración Pública, 2003.

SCHOT, Johan; STEINMUELLER, W. Edward. Three Frames for Innovation Policy: R&D, Systems of Innovation and Transformative Change. *Research Policy*, Amsterdã, v. 47, n. 9, p. 1554-1567, 2018.

SCHUMPETER, Joseph A. *The Theory of Economic Development*: An Inquiry into Profits, Capital, Credit, Interest, and the BUSINESS cycle. New Brunswick: Transaction Books, 1983.

SCHWIND, Rafael Wallbach. A participação de empresas estatais no capital de empresas privadas que não integram a administração pública. *In*: JUSTEN FILHO, Marçal (org.). *Estatuto jurídico das empresas estatais*: Lei 13.303/2016 – "Lei das Estatais". São Paulo: Revista dos Tribunais, 2016.

SCHWIND, Rafael Wallbach. Empresas estatais e inovação: reflexões sobre o apoio institucional dos estados e as parcerias da "lei de inovação". *In*: QUIRINO, Carina de Castro; MENDONCA, José Vicente Santos de; BAPTISTA, Patrícia Ferreira (org.). *Inovações no direito público*. Curitiba: CRV, 2018.

SCHWIND, Rafael Wallbach. *O Estado acionista*: empresas estatais e empresas privadas com participação estatal. São Paulo: Almedina, 2017.

SCHWIND, Rafael Wallbach. Processo administrativo em evolução. *In*: ALMEIDA, Fernando Dias Menezes de; MARQUES NETO, Floriano; MIGUEL, Luiz; SCHIRATO, Vitor. *Direito Público em Evolução*: Estudos em Homenagem à Professora Odete Medauar. Belo Horizonte: Fórum, 2013.

SCHWIND, Rafael Wallbach. Subvenções, transferências e aportes de recursos nas parcerias público-privadas. *In*: SCHWIND, Rafael Wallbach; JUSTEN FILHO, Marçal (org.). *Parcerias público-privadas*: reflexões sobre os 10 anos da Lei 11.079/2004. São Paulo: Revista dos Tribunais, 2015.

SCHWINGEL, Inês; RIZZA, Gabriel. Políticas públicas para formalização das empresas: lei geral das micro e pequenas empresas e iniciativas para a desburocratização. *Mercado de trabalho*: conjuntura e análise. Rio de Janeiro, n. 54, p. 47-56, 2013.

SEAWRIGHT, Jason; GERRING, John. Case Selection Techniques in Case Study Research: A Menu of Qualitative and Quantitative Options. *Political Research Quarterly*, Thousand Oaks, v. 61, n. 2, p. 294-308, 2008.

SENADORES tiram FNDCT da PEC dos Fundos. *Notícias da SBPC*, São Paulo, 4 mar. 2020. Disponível em: http://portal.sbpcnet.org.br/noticias/senadores-tiram-fndct-da-pec-dos-fundos/. Acesso em: 15 jul. 2020.

SENOR, Dan; SINGER, Saul. *Start-up Nation*: The Story of Israel's Economic Miracle. Nova York: Twelve, 2009.

SERENDIPIDADE. *In*: DICIONÁRIO Priberam da Língua portuguesa. Porto: Priberam, [2024]. Disponível em: https://dicionario.priberam.org/serendipidade. Acesso em: 25 abr. 2020.

SERENDIPIDADE. *In*: Michaelis Dicionário Brasileiro de Língua Portuguesa. São Paulo: UOL, [2024]. Disponível em: https://michaelis.uol.com.br/moderno-portugues/busca/portugues-brasileiro/serendipidade/. Acesso em: 18 dez. 2021..

SILVA, Danilo Tavares da. *Política industrial e desenvolvimento regional*: o fomento estatal dos arranjos produtivos locais. 2010. Dissertação (Mestrado em Direito) – Faculdade de Direito, Universidade de São Paulo, São Paulo, 2010.

SILVA, José Afonso da. *Curso de direito constitucional positivo*. 34. ed. São Paulo: Malheiros, 2010.

SILVA, Luciana Bittencourt da. *As infraestruturas de pesquisa no Brasil e o perfil de financiamento da Finep*. 2017. Dissertação (Mestrado Profissional em Administração Pública) – Escola Brasileira de Administração Pública e de Empresas, Fundação Getúlio Vargas, São Paulo, 2017.

SILVA, Thiago de Carvalho. A emenda constitucional n. 85/2015 e a oportunidade para implementação de políticas públicas na área de ciência, tecnologia e inovação. *Revista do Mestrado em Direito da Universidade Católica de Brasília*, Brasília, DF, v. 12, n. 1, p. 142-161, 2019.

SIQUEIRA, Marcelo Gustavo Silva, Dos fundos de investimento em tecnologia. *In:* BARBOSA, Denis Borges (org.). *Direito da inovação*: comentários à lei federal de inovação, incentivos fiscais à inovação, legislação estadual e local, poder de compra do estado (modificações à lei de licitações). 2. ed. Rio de Janeiro: Lumen Juris, 2011.

SMITH, Daniel. The Effects of Federal Research and Development Subsidies on Firm Commercialization Behavior. *Research Policy*, Amsterdã, v. 49, n. 7, p. 1-8, 2020.

SOARES, Fabiana de Menezes; PRETE, Esther Külkamp Eying (org.). *Marco regulatório em ciência, tecnologia e inovação*: texto e comentário da lei nº 13.243/2016. Belo Horizonte: Arraes, 2018.

SOETE, Luc. Is innovation always good? *In:* FAGERBERG, Jan; MARTIN, Ben R.; ANDERSEN, Esben Sloth (org.). *Innovation Studies*: Evolution and Future Challenges. Oxford: Oxford University, 2013.

SOETE, Luc. Science, Technology and Innovation Studies at a Crossroad: SPRU as Case Study. *Research Policy*, Amsterdã, v. 48, n. 4, p. 849-857, 2019.

SOLOW, Robert M. A Contribution to the Theory of Economic Growth. *The Quarterly Journal of Economics*, Oxford, v. 70, n. 1, p. 65-94, 1956.

SOLOW, Robert M. Growth Theory and After. *The Nobel Prize*, Estocolmo, 8 dez. 1987. Disponível em: https://www.nobelprize.org/prizes/economic-sciences/1987/solow/lecture/. Acesso em: 31 jan. 2020.

SOLOW, Robert M. Technical Change and the Aggregate Production Function. *The Review of Economics and Statistics*, Cambridge, v. 39, n. 3, p. 312-320, 1957.

SOPRANA, Paula. Brasil chega a 12 unicórnios, startups que valem mais de US$ 1 bi. *Folha de S. Paulo*, São Paulo, 29 set. 2020. Disponível em: https://www1.folha.uol.com.br/mercado/2020/09/brasil-chega-a-12-unicornios-startups-que-valem-mais-de-us-1-bi.shtml. Acesso em: 10 nov. de 2020.

SOUTO, Gabriel Araújo. Decreto federal da inovação: quais são as novas oportunidades advindas da definição normativa de risco tecnológico para acordos públicos e privados? *In:* SANTOS, Fabio Gomes dos; BABINSKI, Daniel de Oliveira (org.). *Decreto federal de inovação*: novas oportunidades. São Paulo: Observatório de Inovação e Competitividade, 2019. v. 2. Disponível em: http://www.iea.usp.br/publicacoes/cadernos-de-inovacao-volume-2-1. Acesso em: 30 nov. 2024.

SOUTO, Marcos Juruena Villela. Estímulos positivos. *In:* OLIVEIRA, Gustavo Justino de (org.). *Terceiro setor, empresas e Estado*: novas fronteiras entre o público e o privado. Belo Horizonte: Fórum, 2007.

SOUZA, Celina. *Coordenação de Políticas Públicas*. Brasília, DF: Enap, 2018.

SOUZA, Eduardo Pinho Pereira; MARQUES, Felipe Silveira; ABREU, Isabela Brod; CAPANEMA, Luciana Xavier; SILVA, Vanessa Pinto. Atuação do BNDES no sistema brasileiro de inovação: avanços e oportunidades. *In:* COUTINHO, Diogo R.; FOSS, Maria Carolina; MOUALLEM, Pedro Salomon B. (org.). *Inovação no Brasil*: avanços e desafios jurídicos e institucionais. São Paulo: Blucher, 2017.

SOUZA, Eduardo Pinho Pereira; PEREIRA, Guilherme Costa; CAPANEMA, Luciana Xavier de Lemos. Avaliação do BNDES Funtec: uma análise sistêmica de efetividade. *Revista do BNDES*, Rio de Janeiro, n. 45, p. 65-97, 2016.

SOUZA, J. M. de. Mar territorial, zona econômica exclusiva ou plataforma continental? *Revista Brasileira de Geofísica*, Rio de Janeiro, v. 17, n. 1, p. 79-82, 1999.

SOUZA, Rodrigo Pagani de. Em busca de uma administração pública de resultados. *In:* PEREZ, Marcos Augusto; SOUZA, Rodrigo Pagani de (org.). *Controle da administração pública*. Belo Horizonte: Fórum, 2017.

SPEAR, Steven J. *Chasing the Rabbit*: How Market Leaders Outdistance the Competition and How Great Companies Can Catch Up and Win. Nova York: McGraw-Hill, 2009.

SPECK, Bruno Wilhem. *Inovação e rotina no Tribunal de Contas da União*: o papel da instituição superior de controle financeiro no sistema político-administrativo do Brasil. São Paulo: Fundação Konrad Adenauer, 2000.

STEIN, Guilherme de Queiroz; JÚNIOR, Ronaldo Herrlein. Política industrial no Brasil: uma análise das estratégias propostas na experiência recente (2003-2014). *Planejamento e Políticas Públicas*, Rio de Janeiro, n. 47, p. 251-252, 2015.

STOKES, Donald E. *Pasteur's Quadrant*: Basic Science and Technological Innovation. Washington, D.C.: Brookings Institution, 1997.

STONEMAN, Paul; BATTISTI, Giuliana. The Diffusion of New Technology. *In:* HALL, Bronwyn H.; ROSENBERG, Nathan (org.). *Handbook of the Economics of Innovation*. Oxford: Elsevier, 2010. v. 2.

STRAUSS, Peter; RAKOFF, Todd; METZGER, Gillian; BARRON, David; O'CONNELL, Anne. *Gellhorn and Byse's Administrative Law*: Cases and Comments. 12. ed. Minnesota: Foundation, 2018.

SUNDFELD, Carlos Ari. A lei de introdução às normas do direito brasileiro e sua renovação. *In:* CUNHA FILHO, Alexandre Jorge Carneiro da; ISSA, Rafael Hamze; SCHWIND, Rafael Wallbach (org.). *Lei de introdução às normas do direito brasileiro* – anotada: Decreto-Lei n. 4.657/42. São Paulo: Quartier Latin, 2019. v. I.

SUNDFELD, Carlos Ari. Incerteza nas contratações estatais: estratégia do controle público ainda em desenvolvimento? *Revista de Direito da Procuradoria Geral do Rio de Janeiro*, Rio de Janeiro, v. 1, n. 1, p. 1-17, 2018.

SUNDFELD, Carlos Ari. Procedimentos administrativos de competição. *Revista de Direito Administrativo e Infraestrutura*, São Paulo, v. 5, n. 16, p. 1-8, 2021.

SUNDFELD, Carlos Ari. Processo e procedimento administrativo no Brasil. *In:* SUNDFELD, Carlos Ari; MUÑOZ, Guillermo Andrés (org.). *As leis de processo administrativo (Lei Federal 9.784/99 e Lei Paulista 10.177/99)*. São Paulo: Malheiros, 2006.

SUNDFELD, Carlos Ari; CÂMARA, Jacintho Arruda. Competências de controle dos tribunais de contas: possibilidades e limites, *In:* SUNDFELD, Carlos Ari; ROSILHO, André Janjácomo (org.). *Tribunal de Contas da União no direito e na realidade*. São Paulo: Almedina, 2020.

SUNDFELD, Carlos Ari; CÂMARA, Jacintho Arruda; MONTEIRO, Vera. Questões de direito público na lei de inovação. *Revista Zênite*: Informativo de Licitações e Contratos, Curitiba, n. 283, p. 865-876, 2017.

SUNDFELD, Carlos Ari; CAMPOS, Rodrigo Pinto de. Incentivo à inovação tecnológica nas contratações governamentais: um panorama realista quanto à segurança jurídica. *Fórum de Contratação e Gestão Pública*, Belo Horizonte, v. 5, n. 60, p. 1-10, 2006.

SUNDFELD, Carlos Ari; ROSILHO, André Janjácomo. Onde está o princípio universal da licitação? *In:* SUNDFELD, Carlos Ari; JURKSAITIS, Guilherme Jardim (org.). *Contratos públicos e direito administrativo*. São Paulo: Malheiros, 2015.

SUNDFELD, Carlos Ari; SOUZA, Rodrigo Pagani de. Parcerias para o desenvolvimento produtivo em medicamentos e a Lei de Licitações. *Revista de Direito Administrativo*, São Paulo, v. 264, p. 91, 2013.

SUNDFELD, Carlos Ari; SOUZA, Rodrigo Pagani de. Parcerias para o desenvolvimento produtivo de medicamentos: a questão do preço. *Revista de Direito Administrativo & Constitucional*, Curitiba, v. 14, n. 55, p. 109-122, 2014.

SUNDFELD, Carlos Ari; SOUZA, Rodrigo Pagani de; PINTO, Henrique Motta. Empresas semiestatais. *Revista de Direito Público da Economia*, [s. l.], n. 36, p. 1-21, 2011.

SUZIGAN, Wilson; ALBUQUERQUE, Eduardo da Mota e; CARIO, Silvio Antonio Ferraz (org.). *Em busca da inovação*: interação universidade-empresa no Brasil. São Paulo: Fapesp: Autêntica, 2011.

SUZIGAN, Wilson; VILLELA, Annibal V. *Industrial Policy in Brazil*. Campinas: Unicamp: Instituto de Economia, 1997.

SZÜCS, Florian. Do Research Subsidies Crowd Out Private R&D of Large Firms? Evidence from European Framework Programmes. *Research Policy*, Amsterdã, v. 49, n. 3, p. 1-13, 2020.

TANAKA, Alexandre Kiyoshi Ramos. *Análise da atuação da Finep à luz da abordagem de sistemas de inovação*. 2018. Dissertação (Mestrado em Economia) – Instituto de Economia, Universidade Federal do Rio de Janeiro, Rio de Janeiro, 2018.

TAVARES, André Ramos. Ciência e tecnologia na constituição. *Revista de Informação Legislativa*, Brasília, DF, v. 44, n. 175, p. 7-20, 2007.

TAVARES, João Marcos Hausmann. *O papel do BNDES no financiamento da inovação tecnológica*. 2013. Dissertação (Mestrado em Economia) – Instituto de Economia, Universidade Federal do Rio de Janeiro, Rio de Janeiro, 2013.

TEDESCHI, Patrícia Pereira. *Inovação tecnológica e direito administrativo*. 2011. Dissertação (Mestrado em Direito) – Faculdade de Direito, Universidade de São Paulo, São Paulo, 2011.

TEECE, David J. Technological Innovation and the Theory of the Firm. *In:* HALL, Bronwyn H.; ROSENBERG, Nathan (org.). *Handbook of the Economics of Innovation*. Oxford: Elsevier, 2010. v. 1.

THALER, Richard H.; SUNSTEIN, Cass R. *Nudge*: Improving Decisions about Health, Wealth and Happiness. New Haven: Yale Press, 2008.

TOLLEFSON, Jeff. The Rise of "ARPA-everything" and What it Means for Science. *Nature*, Londres, v. 595, p. 483-484, 2021.

TRISTÃO, Conrado. Tribunais de contas e controle operacional da administração. *In:* SUNDFELD, Carlos Ari; ROSILHO, André Janjácomo (org.). *Tribunal de Contas da União no direito e na realidade*. São Paulo: Almedina, 2020.

TUNES, Regina Helena. *Geografia da inovação*: território e inovação no Brasil no século XXI. 2015. Tese (Doutorado em Geografia) – Faculdade de Filosofia e Ciências Humanas, Universidade de São Paulo, São Paulo, 2015.

TURCHI, Lenita Maria; ARCURI, Marcos. Interação institutos públicos de pesquisa e empresas: avaliação das parcerias. *In:* MORAIS, José Mauro de; TURCHI, Lenita Maria (org.). *Políticas de apoio à inovação tecnológica no Brasil*: avanços recentes, limitações e propostas de ações. Brasília, DF: Ipea, 2017.

TURCHI, Lenita Maria; RAUEN, Cristiane Vianna. Apoio à inovação por institutos públicos de pesquisa: limites e possibilidades legais da interação ICT-empresa. *In:* MORAIS, José Mauro de; TURCHI, Lenita Maria (org.). *Políticas de apoio à inovação tecnológica no Brasil*: avanços recentes, limitações e propostas de ações. Brasília, DF: Ipea, 2017.

UNITED STATES OF AMERICA. Department of Energy. *Applicants' Guide to Award Negotiations with ARPA-E*. Washington, D.C.: Dep. of Energy, 2016. Disponível em: https://arpa-e.energy.gov/sites/default/files/ARPA-E%20236,%20Award%20Negotiations%20Guide.pdf. Acesso em: 30 nov. 2024.

UYARRA, Elvira; ZABALA-ITURRIAGAGOITIA, Jon Mikel; FLANAGAN, Kieron; MAGRO, Edurne. Public Procurement, Innovation and Industrial Policy: Rationales, Roles, Capabilities and Implementation. *Research Policy*, Amsterdã, v. 49, n. 1, p. 103844, 2020.

VALIM, Rafael. *A subvenção no direito administrativo brasileiro*. São Paulo: Contracorrente, 2015.

VALIM, Rafael. O direito fundamental de acesso à informação pública. *In:* VALIM, Rafael; MALHEIROS, Antonio Carlos; BACARIÇA, Josephina (org.). *Acesso à informação pública*. Belo Horizonte: Fórum, 2015.

VALLONE, Alex Fedozzi. *Cooperação em inovação e desempenho de pequenas empresas de base tecnológica*: uma análise exploratória a partir da PINTEC. 2017. Dissertação (Mestrado em Política Científica e Tecnológica) – Instituto de Geociências, Universidade de Campinas, Campinas, 2017.

VELHO, Léa. Conceitos de ciência e a política científica, tecnológica e de inovação. *Sociologias*, Porto Alegre, v. 13, n. 26, p. 128-153, 2011.

VERMEULE, Adrian. Optimal Abuse of Power. *Revista de Direito Administrativo*, São Paulo, v. 278, n. 3, p. 15-43, 2019.

VERONESE, Alexandre. A institucionalização constitucional e legal da ciência, tecnologia e inovação a partir do marco de 1988: os artigos 218 e 219 e a política científica e tecnológica brasileira. *Novos Estudos Jurídicos*, Itajaí, v. 19, n. 2, p. 525-558, 2014.

VEUGELERS, Reinhilde. Which Policy Instruments to Induce Clean Innovating? *Research Policy*, Amsterdã, v. 41, n. 10, p. 1770-1778, 2012.

VIDIGAL, Lea. *BNDES*: um estudo de direito econômico. São Paulo: Libers Ars, 2019.

VIEGAS, Juliana Laura Bruna. *Incentivos legais à inovação tecnológica e à integração universidade-empresa*: um estudo de direito comparado. 2016. Dissertação (Mestrado em Direito) – Faculdade de Direito, Universidade de São Paulo, São Paulo, 2016.

VIEIRA, André Luis; ÁLVARES, João Gabriel. *Acordos de compensação tecnológica* (offset): teoria e prática na experiência brasileira. Rio de Janeiro: Lumen Juris, 2017.

VILLARES, Andréa Lúcia Nazário. Quais as oportunidades trazidas pelo decreto federal de inovação no âmbito das alianças estratégicas e projetos de cooperação entre o poder público e as startups? *In:* SANTOS, Fabio Gomes dos; BABINSKI, Daniel de Oliveira (org.). *Decreto federal de inovação*: novas oportunidades. São Paulo: Observatório de Inovação e Competitividade, 2019. v. 2. Disponível em: http://www.iea.usp.br/publicacoes/cadernos-de-inovacao-volume-2-1. Acesso em: 30 nov. 2024.

VIO, Daniel de Avila. Fundos de investimento. *In:* CUNHA FILHO, Alexandre Jorge Carneiro da; PICCELI, Roberto Ricomini; MACIEL, Renata Mota (org.). *Lei da liberdade econômica anotada*. São Paulo: Quartier Latin, 2020. v. 2.

WADE, Robert H. The Developmental State: Dead or Alive? *Development & Change*, Hoboken, v. 49, n. 2, p. 518-546, 2018.

WARD, Allen; LIKER, Jeffrey K.; CRISTIANO, John J.; SOBEK II, Durward K. The Second Toyota Paradox: How Delaying Decisions Can Make Better Cars Faster. *MIT Sloan Management Review*, Cambridge, v. 36, n. 3, p. 43-61, 1995.

WEBER, Max. *Economia e sociedade*. Brasília, DF: UNB, 2004.

WEISS, Linda. *America Inc.?* Innovation and Enterprise in the National Security State. Ithaca: Cornell University, 2014.

WEISS, Linda; THURBON, Elizabeth. Developmental State or Economic Statecraft? Where, Why and How the Difference Matters. *New Political Economy*, Abingdon, v. 26, n. 3, p. 472-489, 2021.

WILSON, James Q. *Bureaucracy*: What Government Agencies Do and Why They Do It. Nova York: Basic Books, 2000.

WORLD BANK GROUP. *World Development Report 2017*: Governance and the law. Washington, D.C.: The World Bank, 2017. Disponível em: https://www.worldbank.org/en/publication/wdr2017. Acesso em: 30 nov. 2024.

YIN, Robert K. *Case Study Research*: Design and Methods. 5. ed. Thousand Oaks: SAGE, 2014.

ZAGO, Marina Fontão. *Poder de compra estatal como instrumento de políticas públicas?* Brasília, DF: Escola Nacional de Administração Pública, 2018.

ZANATTA, Rafael Augusto Ferreira. *Direito, desenvolvimento e experimentalismo democrático*: um estudo sobre os papéis do direito nas políticas públicas de capital semente no Brasil. 2014. Dissertação (Mestrado em Direito) – Faculdade de Direito, Universidade de São Paulo, São Paulo, 2014.

ZEITLIN, Jonathan (org.). *Extending experimentalist governance?* The European Union and Transnational Regulation. Oxford: Oxford University, 2015.

ZHAO, Bo; ZIEDONIS, Rosemarie. State Governments as Financiers of Technology Startups: Evidence from Michigan's R&D Loan Program. *Research Policy*, Amsterdã, v. 49, n. 4, p. 1-19, 2020.

ZUCOLOTO, Graziela; NOGUEIRA, Mauro Oddo. *A dinâmica inovativa das empresas de pequeno porte no Brasil*. Rio de Janeiro: Ipea, 2016. v. 2255. Disponível em: https://repositorio.ipea.gov.br/bitstream/11058/7335/1/td_2255.pdf. Acesso em: 30 nov. 2024.

ZUCOLOTO, Graziela; NOGUEIRA, Mauro Oddo. Inovação nas inovações ou mais do mesmo? O papel do BNDES no apoio ao desenvolvimento tecnológico. *In:* MORAIS, José Mauro de; TURCHI, Lenita Maria (org.). *Políticas de apoio à inovação tecnológica no Brasil*: avanços recentes, limitações e propostas de ações. Brasília, DF: Ipea, 2017.

ZUNIGA, Pluvia; DE NEGRI, Fernanda; DUTZ, Mark; PILAT, Dirk; RAUEN, Andre. *Conditions for Innovation in Brazil*: A Review of Key Issues and Policy Challenges. Rio de Janeiro: Ipea, 2013. n. 218.

Esta obra foi composta em fonte Palatino Linotype, corpo 10,5
e impressa em papel Pólen Bold 70g (miolo) e Supremo 250g (capa)
pela Gráfica Star7.